KB245877

웹표준
핵심가이드북
XHTML+CSS

김데레사

현) 삼성 SDS 멀티캠퍼스 전임교수
현) 한국생산성본부 전임교수
현) 행정안전부 웹 접근성 과정 출강
현) 한국인터넷진흥원 웹 접근성 자문
전) 계원디자인예술대학
　　멀티미디어 디자인학과 출강
email : seulbinim@gmail.com

방미희

현) SK커뮤니케이션즈 UI개발팀 소속
전) 머니투데이방송 웹TV팀 디자이너
전) 웹에이전시 다짐커뮤니케이션 디자인 팀장
전) 인포셀 디자이너
　　월간 「웹」 포토샵 CS 연재
email : izamlover@gmail.com

『웹 표준 핵심 가이드북 XHTML+CSS』에 관한 궁금한 점은 네이버카페(http://cafe.naver.com/webcafe2010)로 문의하기 바랍니다.

웹 표준 핵심 가이드북 XHTML+CSS
- 웹 접근성에서 크로스 브라우징까지

1판 1쇄 2010년 4월 16일
2판 3쇄 2016년 3월 2일

글쓴이 김데레사 · 방미희
펴낸이 서인석
펴낸곳 ㈜제우미디어
출판등록 제 3-429호

주소 서울시 마포구 상수동 324-1 한주빌딩 5층
전화 02-3142-6843
팩스 02-3142-0075
홈페이지 www.jeumedia.com
가격 28,000원
ISBN 978-89-5952-202-6 13000

Copyright ⓒ2010 by jeumedia Co.,LTD. ALL right reserved. First edition Printed 2010. Print in Korea.

이 책은 ㈜제우미디어와 저작권자와의 계약에 따라 발행한 것이므로 이 책을 무단 복사, 복제, 전재하는 것은 저작권법에 저촉됩니다.

이 책에 언급된 프로그램은 각 회사의 등록상표입니다.

파본 및 잘못된 책은 바꾸어 드립니다.

만든 사람들

출판사업부총괄 손대현 | **기획** 한혜영, 신소연, 이은숙 | **영업** 김한호, 김경훈, 김소영, 이창배

제작 복대한 | **표지디자인** 디박스 | **내지디자인** 디자인결 | **제본** 신우 D.P.K, 정민제본

웹표준 핵심가이드북

핵심가이드북

XHTML+CSS

웹 접근성에서 크로스 브라우징까지

김데레사 · 방미희 지음

제우미디어

웹 접근성과 크로스 브라우징을 해결하는 키워드!
웹 표준(XHTML&CSS)

이 책은 웹 표준에 대한 기본서이자 웹 표준 실무 활용서라고 할 수 있습니다. 현재 국내의 웹 표준 관련 서적들 중에는 문법이나 단편적인 예제들만 나열되어 있는 것이 대부분입니다. 문법 학습에만 치우쳐 있는 서적은 내용이 지루하여 기본기를 갖추는 데에 어려움이 많고, 예제만을 나열하고 있는 책 또한 단편적이고 근시안적인 측면만 강조하여 실무에서 느끼는 갈증을 해소하는 데에 도움을 주지 못합니다. 이 책은 이러한 문제들을 한 번에 해결하는 데에 초점을 맞추었습니다.

웹 표준에 대해 거부감을 가지고 있는 사람들은 대부분 웹 표준에 대한 필요성은 느끼고 있지만 어디서부터, 어떻게 시작해야 할지를 몰라 답답해 하는 경우가 많습니다. 심지어는 웹 표준에 대한 잘못된 생각으로 인해 그저 table 요소를 div 요소로 바꾸기만 하면 된다고 생각하고 웹 표준에 접근하는 경우도 있습니다. 이는 웹 표준에 대한 기본 개념과 지식이 부족한 상태에서 바로 실무에 적용하려고 하기 때문입니다.

웹 표준은 그리 어렵지 않습니다. 그리고 웹 표준을 제대로 준수하기만 하면 웹 접근성이나 크로스 브라우징 이슈 또한 손쉽게 해결할 수 있습니다. 웹 표준은 다양한 웹 브라우저 환경에서 발생하는 문제점들을 최소화하고, 웹을 이용하는 모든 사람들에게 안정적으로 보이도록 만들어 주는 유일한 해결책이라 할 수 있습니다.

이 책에서는 특히 국내에서 많은 사용자층을 확보하고 있는 인터넷 익스플로러 대신 웹 표준 계열의 최신 웹 브라우저인 파이어폭스(Firefox)를 사용하였습니다. 특히 파

Forword

이어폭스의 가장 큰 장점이라고 할 수 있는 다양한 add-ons을 활용하여 웹 표준 프로젝트를 수행할 때에 도움이 될 수 있도록 구성하였습니다. 또 기본적인 마크업 문법뿐만 아니라 Best & Worst Case를 통해 웹 표준이나 웹 접근성 측면에서 콘텐츠를 어떻게 마크업하는 것이 바람직한지에 대한 방향을 제시하였습니다.

웹 표준 실무 프로젝트에서는 기획부터 제작 단계에 이르는 전반적인 내용과 함께 메인 및 서브 페이지의 마크업, 디자인, 유효성 검사(Validation), 크로스 브라우징 문제 해결 등의 단계를 통해 웹 사이트를 제작하는 노하우를 학습할 수 있습니다.

웹 접근성과 크로스 브라우징 이슈는 이제 '선택'이 아니라 '필수' 입니다.

고리타분한 고어(古語)이긴 하지만 필자가 좋아하는 공자님 말씀 중에 "知之者 不如好之者 好之者 不如樂知者"라는 말이 있습니다. '알고 있는 사람은 좋아하는 사람을 따라갈 수 없으며, 좋아하는 사람은 즐기는 사람을 따라갈 수 없다.' 는 말입니다. 결국 즐기면서 일하는 사람이 그 분야에서 최고가 될 수 있다는 말인데, 어떤 일을 즐기기 위해서는 무엇보다 기본기가 중요합니다. 기본기가 튼튼해야 어떤 상황에서도 유연하고 현명하게 대처할 수 있기 때문입니다.

이 책에는 필자가 오랜 시간 강의를 하면서 느꼈던 생각과 경험들이 고스란히 담겨 있습니다. 따라서 웹 표준이나 웹 접근성에 대해서 고민하는 분들이라면 이 책을 통해 기본기를 튼튼히 할 수 있음은 물론 더 나아가 실무에 적용하는 데에도 많은 도움을 받을 수 있으리라 생각합니다. 끝으로 집필을 마무리할 수 있도록 물심양면으로 도와주신 제우미디어의 한혜영 팀장님께 감사의 마음을 전합니다.

김데레사 · 방미희

장성민
잡코리아, 웹 접근성 연구소
자문위원
www.jangkunblog.com
블로그 운영

현재 그리고 당분간 국내 웹 시장에서의 가장 큰 화두는 웹 표준과 웹 접근성입니다. 특히 웹 접근성은 "장애인 차별 금지 및 권리 구제 등에 관한 법률"과 같은 법적 장치를 바탕으로 이미 큰 시장을 형성하고 있습니다.

민간 기업의 개발자들에게서 시작된 웹 표준 열풍, 몇 년간에 걸친 웹 접근성에 대한 홍보와 개발 방법론에 대한 연구를 통해 국내 웹은 5년 전과 비교하여 많은 발전을 이루었습니다. 그러나 발전의 이면에는 웹 표준에 대한 올바른 이해가 부족한 상태에서 유입된 개발자들에 의해 왜곡된 부분도 생겨났습니다. 또 웹 접근성에 대한 오해로 인해 웹 접근성이 '귀찮은 작업'으로 인식되기도 하였습니다.

웹 접근성을 '귀찮은 작업'으로 인식하는 가장 큰 이유는 웹 접근성을 기술의 범주로 생각하기 때문입니다. 하지만 웹 접근성은 단순히 웹 사이트를 개발하는 기술을 넘어 소통의 범주에 속하는 것입니다. 비장애인이 아무렇지도 않게 이용하는 웹 콘텐츠를 장애인들도 함께 이용하자는 것이 웹 접근성입니다. 예를 들면, 이미지에 포함된 콘텐츠를 화면 낭독 프로그램이나 점자변환기 등을 통해 장애인들도 함께 소통하자는 것입니다. 이러한 웹 접근성은 웹 표준을 준수하면 '귀찮은 작업' 없이도 충분히 보장할 수 있습니다. 즉, 웹 표준을 잘 지켜서 웹 사이트를 제작하면 웹 접근성은 자연스럽게 보장됩니다.

'사상누각(沙上樓閣)'이라는 사자성어가 있습니다. 기초가 약하여 오래가지 못하는 경우에 쓰는 말로 기초가 중요하다는 점을 강조하는 말입니다. 웹 표준을 잘 지키려면 먼저 웹 표준을 올바르게 이해해야 합니다. 기술적인 기교를 배우기 이전에 기초적인 개념을 터득해야 합니다. 그렇지 않으면 다양한 레이아웃과 창조적인 디자인을 요구하는 국내 웹 시장의 요구를 충족시키기 어렵고, 웹 접근성도 보장하기 어렵습니다.

이런 면에서 웹 표준과 웹 접근성을 심도 있게 다루고 있는 이 책은 환영할 만합니다. 특히 국내 웹 표준과 웹 접근성을 체계화, 보편화시킨다는 점에서 큰 의미를 지닌 책이라 생각합니다.

책을 출간하기 위해 엄청나게 고생하는 두 분을 보았습니다. 두 분의 고생이 큰 결실을 맺게 됨을 축하드리며, 2쇄, 3쇄… 계속되어 웹이 더욱 아름다워지기를 기원합니다.

정찬명
NHN 오픈UI기술팀
선임UI개발자
naradesign.net
블로그 운영

옳지 못함을 부끄러워하는 마음.

웹 디자이너로 활동했던 지난 5년 동안 수많은 웹 사이트 구축 프로젝트에 참여하면서 제 실수가 무엇인지 전혀 깨닫지 못했습니다. 한국에서 태어나서 한국에서만 살았으며, 한국 말만 해왔기 때문에 제가 만든 웹이 바다 건너 어느 시골집 PC에서 늙은 농부에 의해 열릴 수 있으리라고는 생각조차 하지 못했던 것입니다. 지난 5년 동안 제가 만든 웹 사이트들은 단 하나의 웹 브라우저에 최적화되어 있었습니다. 윈도우 운영체제와 인터넷 익스플로러 6 이외의 웹 브라우저에서 어떻게 보이는지 전혀 신경 쓰지 않았고, 그 어떤 고객도 이런 웹 사이트 설계 방법에 대하여 불만을 제기하거나 수정을 요청해 오지도 않았습니다. 모두 저와 같은 운영체제와 같은 웹 브라우저를 사용하고 있었으니까요.

저는 표 태그를 이용해서 화면 전체를 덮는 레이아웃용 그리드를 만들어 놓고 표 안에 글과 그림과 플래시를 마구 섞어 넣었습니다. CSS는 글꼴 모양을 바꿀 때만 사용했습니다. 표 안에는 또다시 작은 표가 들어갔고, 그 작은 표 안에는 또다시 표가 들어갔습니다. 드림위버는 그런 복잡한 구조를 매우 힘겨워했고, 웹 브라우저 또한 그것을 힘겨워했습니다. 제가 만든 웹 사이트는 너무 느리고 경직되어 있었으며, 다른 웹 브라우저에서는 무참히 깨졌습니다.

웹에 표준 같은 것이 있는지는 중요하지 않았습니다. 포토샵에서 그린 그림이 내 웹 브라우저에서 깨지지 않고 잘 맞아 들어가기만 하면 끝이었습니다. 저는 정말 열심히 노력했고 고객들은 감사해 했습니다. 저희 사장님은 월말이 되면 고생 많았다며 제 급여 통장에 꼬박꼬박 월급을 넣어 주었습니다. 제 실수를 처음 깨닫는 순간이 그리 즐겁지만은 않았습니다. 그동안 쌓아온 경력들은 모두 거짓이 되었고, 저는 다시 초보자로 돌아가야만 했습니다. 웹 디자인을 시작한 지가 벌써 5년인데, 처음부터 다시 시작하라는 충고는 정말 자존심이 상했습니다. 저는 분노했고, 반박하기 위하여 웹 표준이 얼마나 쓸모 없는 짓인지를 연구하기 시작했습니다. 그러나 결국은 제가 얼마나 쓸모 없는 짓을 하고 다녔는지를 깨닫게 되더군요. 정말 부끄러운 일이었습니다.

지난 세월 동안 저지른 제 실수를 만회하기 위하여 블로그에 글을 쓰기 시작했습니다. 웹에는 표준이라는 것이 있다더라. 웹에 접근하기 어려운 사람들이 있다더라. 어떻게 하면 '다수' 아닌 '모든' 사람들이 웹을 더 쉽게 이용할 수 있을지 함께 고민해 보자. 이런 글들을 말이죠. 사람은 태어나서 누구나 실수를 합니다. 성장은 그것을 깨닫고 부끄러워하는 마음을 갖는 것으로부터 시작됩니다. 누구든, 무엇이든 처음부터 잘할 수는 없는 노릇이지요. 지금 여러분은 자신의 실수를 인정하고 받아들일 준비가 되어 있으신지요? 조금이라도 부끄러운 마음이 든다면 여러분도 충분히 희망이 있습니다. 웹 표준은 나를 위한 길이며, 우리 모두를 위한 길입니다. 처음 시작하는 사람으로부터 저와 같이 다시 시작하려는 사람 모두에게 이 한 권의 책은 충분한 도움이 될 것입니다. 웹이 무엇이고, 결국 우리는 어떻게 해야 하는지 이 책에서 그 해답을 찾아보시기 바랍니다.

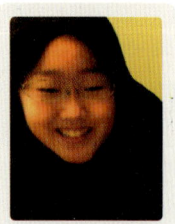

이도영 / 예비 디자이너
ldy8520@naver.com

평소 학교에서 웹 표준에 대해 배웠기 때문에 저에게는 이 개념이 낯설지는 않습니다. 하지만 점차 학년이 올라가면서 뭔가 부족함을 느끼게 되었고, 웹 표준에 대해 좀 더 깊이 있는 공부를 해 볼 요량으로 다른 웹 표준 관련 서적들을 찾아 읽기 시작했습니다. 하지만 대부분의 서적들이 웹 표준의 기본만을 장황하게 다루고 있어서 독학을 하기에는 무리가 있었습니다. 우연한 기회에 이 책의 베타테스터가 되면서 '이제야 제대로 된 책을 만났구나.' 하는 생각에 가슴이 설레었습니다. 이 책은 제가 굳이 외우려고 하지 않는데도 저절로 외워질 정도로 개념부터 하나씩 차근차근 설명되어 있었습니다. 새로운 것을 배워나가는 데에 있어서 가장 좋은 방법은 하나하나 발을 내딛는 것이라고 생각합니다. 따라서 스크립트, 이미지 예시, 설명의 3박자가 조화롭게 어우러진 이 책은 웹 표준에 대해 체계적으로 알고자 하는 사람들에게 최적의 교재라고 생각합니다. 웹 표준에 대해서 공부를 하려고는 하지만 선뜻 엄두가 안 나는 사람들에게 이 책을 강력하게 추천합니다.

이인석/웹 퍼블리셔
inska@lisky.net

저는 웹 표준이 사람들에게 널리 알려지지 않았던 2006년에 이미 웹 표준에 대해 인식하고, 웹 표준을 알리는 행사에 많이 참석하곤 했습니다. 하지만 대학생 신분이었기 때문에 큰 영향력은 행사할 수 없었습니다. 2007년, 웹 표준 관련 책들이 쏟아지면서 사람들의 인식은 조금씩 바뀌었습니다. 그때 저는 책의 중요성에 대해 다시 깨달았습니다. 당시에는 개발자를 위한 HTML 서적이 참 많이 나와 있었습니다. Javascript와 관련하여, 또는 웹 2.0에 맞는 HTML 제작이라는 주제로 서버사이드 언어와 엮어서 나온 책도 꽤 있었습니다. 하지만 정작 웹 디자이너를 위한 책은 별로 없었습니다. 사실 예전에는 CSS 코드와 HTML까지 모두 개발자가 손대곤 했는데, 요즘에는 웹 디자이너가 CSS를 다루어야 하고, 또 그러려면 어느 정도 HTML 코드를 볼 수 있어야 합니다. 하지만 기존의 책들은 웹 개발자에게만 초점이 맞추어져 있었습니다. 이미 HTML에 대해 많이 알고 있는 사람들이 쓴 책이었기 때문에 웹 디자이너가 CSS를 다루는 것이 얼마나 어려운지를 생각하지 못했나 봅니다. 하지만 이 책을 보면서 여러모로 웹 디자이너에게 초점이 맞추어져 있다는 느낌이 들었습니다. 개발자라면 모든 HTML 엘리먼트에 대해 알고, 약간의 CSS를 알면 되지만, 웹 디자이너는 모든 엘리먼트를 알 필요가 없습니다. 단지 CSS를 잘 사용하기 위한 스킬들이 필요할 뿐이지요. 이 책에는 그러한 내용들이 잘 표현되어 있는 것 같습니다. 이 책은 웹 표준과 XHTML/CSS 전체를 아우르는 책이 아닙니다. 하지만 웹 디자이너에게 특화되어 있는 책인 것만은 확실합니다.

백인진/프리랜서
bnja@naver.com

웹 표준을 공부하면서 관련 서적을 여러 권 보았지만, 내용 설명이 너무 어렵고, 원하는 내용을 찾기가 어려웠습니다. 관련 내용을 인터넷에 검색해 보아도 여러 사람이 이것저것 올려놓았기 때문에 내용이 서로 달라 웹 표준에 대해 오해할 수 있는 소지가 많았습니다. 또 W3C에 접속한다고 하여도 웹 표준에 관련하여 기초 지식이 없는 상태였기 때문에 부담을 느낄 수밖에 없었습니다. 이 책은 HTML과 CSS 등의 웹 표준과 관련하여 기초부터 상세하게 정리되어 있기 때문에 웹 표준을 처음 접하는 사람들이 쉽게 이해할 수 있을 것이라 생각합니다. 특히 웹과 관련된 공부를 하고 있는 학생들에게 강력하게 추천합니다.

김연옥/웹 퍼블리셔
yonok1103@naver.com

영양을 고루 갖춘 음식은 그 자체만으로도 건강에 도움이 되지만, 즐겁게 먹었을 때 비로소 음식이 제역할을 한다고 생각합니다. 이 책은 바로 이러한 '음식'이 아닐까요? 내용을 즐겁게 읽어나가다 보면 전문 지식을 익혀야 한다는 압박감은 어느 순간 눈 녹듯 사라지고, 콘텐츠가 채워지고 페이지가 완성될 때마다 웹 표준과 웹 접근성에 대한 인식이 자연스럽게 체득됩니다. 이 책은 많은 웹 디자이너들이 앞으로 수행해야 할 작업에 있어 큰 힘이 되어 주리라 생각합니다.

최지향/웹 디자이너
zimu@naver.com

기존에 나와 있는 수많은 웹 표준 관련 서적들은 레퍼런스 위주의 책들이 대부분이기 때문에 실무에 바로 적용하기에는 무리가 있고, 또 최근 들어 실무 위주로 나온 책들이라고 해도 막상 따라해 보면 어딘가 부족하고 아쉬운 느낌의 책들이 많았습니다.

이 책이 출간되면 많은 웹 디자이너들은 물론 웹 표준을 처음 접하는 사람들이 시행착오 없이 웹 표준을 바르게 접할 수 있게 될 것이라 확신합니다. 아울러 어느 정도 웹 표준으로 작업을 해 왔던 실무자들에게는 남들이 그렇게 하니까, 또는 그것이 맞다고 하니까 여과 없이 습관적으로 마크업했던 부분에 대해 왜 그렇게 해야 하는지에 대한 설명도 꼼꼼하게 되어 있기 때문에 자신의 마크업 습관을 한 번쯤 되돌아 볼 수 있는 기회를 제공할 것입니다.

이 책은 실무자들에게 도움이 되는 웹 표준 실무 서적이라고 할 수 있으며, 웹 표준에 대해 알고 싶거나 실무에 종사하는 사람들에게 도움이 될 만한 친절한 가이드라 생각합니다.

김용환/웹 디자이너
yonghany0440@nate.com

웹 디자인을 해 왔던 저는 평소 '웹 디자이너가 굳이 웹 표준을 공부할 필요가 있을까?'라는 생각을 하고 있었습니다. 하지만 실무를 하면서 웹 표준 작업이 필요할 때가 많아지기 시작했고, 자연스럽게 웹 표준에 대한 공부를 시작하게 되었습니다. 하지만 저에게는 웹 표준이라는 것이 왠지 어렵게만 느껴졌고, 크로스 브라우징과 웹 접근성에 대한 개념 또한 잡기가 쉽지 않았습니다. 여러 서적을 보면서 약간의 지식은 쌓을 수 있게 되었지만, 웹 표준은 여전히 저에게 해결하지 못한 숙제로 남아 있었습니다. 하지만 우연한 기회에 베타테스터를 하면서 그동안 이해가 잘 되지 않았던 부분들을 이 책을 통해 알 수 있게 되었습니다. Index 페이지부터 sub 페이지까지 책의 예제 파일을 보면서 하나하나 만들다 보니 어느새 저도 웹 표준에 눈을 뜨게 되었습니다. 특히 Markup 부분과 CSS 부분으로 나누어진 예제와 설명에서는 독자를 배려한 저자의 마음을 느낄 수 있었습니다. 웹 표준의 시작을 꺼려하시는 분들에게 강력히 추천합니다.

윤준/RIA 개발자
junyun0516@gmail.com

실버라이트 개발만을 하다가 작년에 HTML 5라는 것을 처음 접했습니다. 이때부터 웹에 대해서 관심을 가지게 되었고, 관련 서적들을 읽기 시작했습니다. 웹 표준, 웹 접근성, CSS, 자바스크립트라는 것이 어떤 것이고, 이것들이 어떻게 만들어지고 서로 어떻게 작용하는지는 어느 정도 알고 있었지만 이 책에서는 웹 표준과 접근성이 왜 필요한가부터 설명하고 있었기 때문에 좀 더 근본적인 문제에서부터 접근할 수 있었습니다. 웹을 이용하는 사람의 입장에서 웹 표준과 접근성이 왜 필요하고, 우리가 그것을 위해 무엇을 해야 하는지를 깨달을 수 있도록 해 준 것이 이 책의 가장 큰 특징이라고 할 수 있습니다. 이제 막 웹에 대해서 배우기 시작하는 사람은 물론 웹에 대해서 잘 아시는 사람들도 한 번쯤 읽어 볼 만한 책인 것 같습니다.

이 책의 특징

이 책은 누가 봐야 할까요?

• 웹 분야에 입문하려는 사람

• 웹 접근성을 고려하여 웹 사이트를 만들고 싶은 사람

• 웹 표준을 바탕으로 실무 경험을 쌓고 싶은 사람

• 크로스 브라우징 이슈 해법이 궁금한 사람

1. 올바른 웹 표준 개념을 제시하는 학습서

이 책은 XHTML 요소와 CSS의 개념 및 그 밖의 다양한 속성들에 대해 소개하고 있습니다. 이 책은 특히 구조적인 마크업과 콘텐츠 중심의 마크업을 위해 XHTML 요소를 의미 있게 사용하는 방법을 익힐 수 있도록 구성하였습니다. 또 CSS의 경우에는 다양한 예제를 통해 단계적으로 속성의 개념과 문법을 학습하면서 CSS 디자인에 좀 더 가깝게 다가설 수 있도록 구성하였습니다.

2. 웹 접근성 및 웹 표준 관점에서의 다양한 웹 사이트 사례 분석

다양한 사례 분석에서는 웹 접근성 및 웹 표준 관점에서 올바르게 작성된 Best Case와 잘못 작성된 Worst Case를 소개하였습니다. 이 분석을 통해 웹 접근성이 높은 웹 표준 사이트를 구축하는 노하우를 익힐 수 있을 것입니다.

3. 실무 프로젝트를 통한 저자 노하우 전수

기존의 책에서 제시하고 있는 문법이나 단편적인 예제에서 탈피하여 전체적인 흐름을 파악할 수 있도록 하는 한편, 웹 표준 방식의 프로젝트를 통해 제작 노하우를 익힐 수 있도록 구성하였습니다. 이 밖에도 구조, 논리적인 순서, 헤딩 처리, 이미지 콘텐츠 등을 단계적으로 분석하는 방법에 대해 자세하게 설명하였습니다.

4. 크로스 브라우징 환경을 지원하기 위한 해법 제시

웹 브라우저 환경은 다양하기 때문에 CSS를 이용한 레이아웃이나 디자인이 종종 불가능하거나 어렵게 느껴질 때가 있습니다. 이러한 상황을 극복하고 적극적으로 대처할 수 있는 제작 스킬 및 해법을 제시하였습니다.

이 책은 어떤 책일까요?

이제까지의 웹 표준 관련 서적은 이론적인 문법에만 치중되어 있거나 단편적인 CSS만을 다루고 있는 서적들이 대부분이었습니다. 웹에 입문하는 사람들은 보통 웹 기본서를, 그리고 현업의 웹 디자이너나 웹 개발자들은 실무의 어려움을 보완하기 위해 단편적인 CSS 예제를 다루고 있는 서적들을 선택하는 경우가 많습니다. 하지만 이론적인 문법만을 다루고 있는 웹 기본서는 학습을 하기가 무척 어렵다는 단점이 있고, 단편적인 CSS 예제를 다루고 있는 서적 또한 전체적인 흐름과 다양한 상황에서의 노하우를 얻는 데에 부족함이 많습니다. 이 책은 기존의 웹 표준 관련 서적들이 가지고 있는 장점은 살리고, 단점은 보완하고자 노력하였습니다. 이 책은 기본기를 다지고자 하는 웹 입문자와 실무 능력을 향상시키고자 하는 웹 디자이너, 웹 개발자 모두에게 도움이 되는 최고의 지침서가 될 것입니다.

이 책의 구성

본책

웹 접근성에서 크로스 브라우징까지 총 4개의 장으로
구성되어 있습니다.

본문 페이지

본문 페이지 | 해당 장에서 다루고 있는 기능에 대해
설명하는 한편, 따라할 수 있는 예제를 제시하여 학습
에 도움이 되도록 하였습니다.

여기서 잠깐 | 알아 두면 유익한 정보를 담았습니다.

용어 설명 | 웹에서 사용하는 전문 용어에 대해 설명하
였습니다.

Best Case | 웹 접근성이나 웹 표준 측면에서 바람
직한 마크업 사례를 제시하였습니다.

Worst Case | 의미 없는 마크업이나 보이는 측면만
을 고려한 잘못된 마크업 사례를 제시하였습니다.

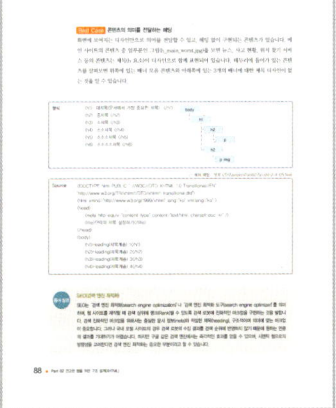

부록

＊ 제우미디어 홈페이지(www.jeumedia.com) 좌측 〈컴퓨터서적 샘플파일 다운로드〉에서 받을 수 있습니다.

예제 파일 | 본문에 있는 예제를 따라하는 데에 필요한 예제 파일이 담겨 있습니다.

동영상 강의 | 동영상 강좌를 먼저 수강한 후에 책을 보면, 책의 내용을 이해하는 데에 많은 도움이 될 것입니다.

① 북마크 추가하기　　　　⑦ CSS 기본 서식　　　　⑬ 포지션
② 부가 기능 사용법　　　　⑧ CSS 선택자　　　　　⑭ CSS 핵
③ 문서형 정의 및 선언　　　⑨ CSS 개념　　　　　　⑮ 크로스 브라우징
④ XHTML 서식　　　　　⑩ CSS 적용 방법　　　　⑯ Reset CSS
⑤ 블록 요소와 인라인 요소　⑪ 박스 모델　　　　　　⑰ 실전 예제 제작 가이드
⑥ Acid 테스트　　　　　⑫ 플로트

강의 교안 | 핵심 강의 교안 PPT 파일이 담겨 있습니다.

북마크(즐겨찾기) | 웹 접근성과 웹 표준에 관련된 북마크 모음입니다.

묻고 답하기 | 본문의 예제와 이 책에 대한 궁금증은 네이버 카페(http://cafe.naver.com/webcafe2010)로 문의바랍니다.

이 책의 목차

Contents

Contents

Part 03 자유롭고 창의적인 디자인 기법(CSS)

Part01

웹 접근성과
웹 표준

"The power of the web is in it's universality. Access by everyone regardless of disability is an essential aspect."

"웹의 힘은 보편성에 있다. 불리한 조건에 관계없이 접근하는 것은 누구에게나 필수적인 측면이다."

팀 버너스 리(Timothy John Berners Lee)경의 말입니다. 팀 버너스 리경은 정보 공유를 위한 글로벌 하이퍼텍스트 개념을 제시하고, 이 개념을 바탕으로 월드 와이드 웹을 탄생시켰습니다. 또 그는 이 기술을 공개하여 누구나 웹을 공유할 수 있도록 하였는데, 이것이 바로 인터넷의 시작이라고 볼 수 있습니다. 이러한 인터넷과 월드 와이드 웹(World Wide Web)이 탄생한 지 한 세대도 지나지 않았지만 인터넷과 웹은 폭발적으로 발전, 팽창하여 이제는 생활이 되었습니다. 웹을 통하여 의견을 교환하고, 상품을 구매하고, 공공 서비스를 이용하는 것이 더 이상 새롭거나 신기한 일이 아니라는 것이지요. 이렇듯 생활 속에 깊숙하게 파고든 웹은 아직도 멈추지 않고 진화하고 있습니다. 때로는 웹의 진화 속도를 따라가기가 벅차다고 느껴질 정도로 말입니다.

그런데 이렇듯 빠르게 진화하고 있는 웹이 과연 팀 버너스 리경이 처음 웹 관련 기술을 공개하였을 때의 의도를 제대로 반영하면서 발전하고 있는 것일까요? 보편적으로, 불리한 조건에 관계없이, 누구에게나 말입니다. 하루가 멀다 하고 등장하는 신제품들, 신기술들. 그 밑바탕에 과연 그것을 사용하는 인간에 대한 배려가, 그리고 환경에 대한 배려가 깔려 있는지, 신제품과 신기술의 혜택이 누구에게나 공평하게 보장되는지, 만약 공평하지 못하다면 이러한 문제를 해결할 수 있는 근본적인 해결책은 무엇인지 이 책을 통해 그 해답을 얻을 수 있었으면 좋겠습니다.

01 웹 접근성 (web accessibility)

웹 접근성의 개요

오늘 하루 많이 걸었나요? 건물 입구에 있는 5~6개의 계단도 높아 보여서 자연스럽게 옆에 있는 경사로로 발걸음을 옮기게 됩니다. 점심 식사 후 잠깐의 여유 시간에는 한가롭게 카페에 앉아 웹 서핑 삼매경에 빠져 봅니다. 어제 있었던 야구 경기의 결과가 궁금해서 동영상을 실행했는데, 깜빡하고 이어폰을 두고 나온 것이 생각났습니다. 하지만 다행히 동영상에 함께 제공되는 자막 덕분에 비록 소리는 들을 수 없었지만 궁금증을 해결할 수 있었습니다.

함박눈이 펑펑 내리는 날, 설레는 마음을 안고 달려간 스키장. 오랜만에 만끽하는 즐거운 시간! 그러나 보드를 타다가 잠깐의 실수로 오른손을 다쳐서 당분간은 깁스를 하고 오른손을 쓰지 못할 듯합니다. 그렇다고 인터넷을 사용하지 않을 수도 없고 불편한 대로 왼손으로 마우스를 이용하고 있는데, 생각만큼 쉽지 않네요! 마우스 대신 키보드를 사용해 보려고 했지만 왼손으로 마우스를 쓰는 것보다 더 힘이 들어서 금새 포기하고 맙니다. 당분간은 내 블로그에 글을 쓰는 일도, 메일을 확인하거나 답장을 보내는 일도 쉽지 않을 것 같습니다.

이와 같은 에피소드에서 느낄 수 있는 것이 바로 접근성의 중요성입니다. 그렇다면 이 에피소드들은 접근성과 어떤 관련이 있을까요? 경사로 에피스드에서의 경사로는 많이 걸어 다리가 아플 때나 무거운 짐을 수레로 옮길 때에 매우 유용한 수단입니다. 또 동영상 에피소드에서의 자막은 주변 환경이나 장소, 정보통신 기기 등에 구애되지 않고 웹 사이트의 정보에 접근할 수 있도록 도와줍니다. 즉, 경사로와 자막은 접근성과 밀접한 관련이 있습니다.

접근성이 새삼 특별하게 느껴진다면 자주 사용하는 컴퓨터의 윈도우 환경을 생각해 봅시다. 파일을 복사하는 데는 몇 가지 방법이 있을까요? 필자가 알고 있는 방법은 다음과 같습니다.

❶ 복사할 파일을 선택한 후, 마우스 오른쪽 버튼을 클릭하면 나타나는 단축 메뉴에서 [복사하기]를 선택한다. 그런 다음, 대상 폴더로 이동하여 마우스 오른쪽 버튼을 클릭하면 나타나는 단축 메뉴에서 [붙여 넣기]를 클릭한다.

❷ 복사할 파일을 Ctrl을 누른 채 대상 폴더로 드래그한다.

❸ 파일을 선택한 후 단축키인 Ctrl + C를 눌러 복사하고, 대상 폴더에서 단축키인 Ctrl + V를 눌러 파일을 붙여 넣는다.

❹ 실행 창에서 'copy c:\standard\test.file c:\accesbility\test' 라는 명령어를 직접 입력하여 원하는 파일을 대상 폴더에 직접 복사한다.

어떤 방법이 더 편리하고 효율적인지는 각 사용자마다 다르지만 중요한 점은 다양한 사용 환경에서 수행하고자 하는 작업을 할 수 있도록 배려하고 있다는 것입니다. 접근성을 높이기 위한 복수 경로는 우리가 생활하면서 인지하지 못할만큼 다양한 곳에 적용되어 있습니다. 특히 많은 사람들이 함께 사용하는 공공 시설물들에는 이러한 접근성의 개념을 법으로 강제 적용하고 있습니다.

그렇다면 웹에서는 접근성의 개념을 어떻게 해석할 수 있을까요?

법적 관점에서의 웹 접근성은 '모든 사용자가 신체적 · 환경적 조건에 관계없이 웹에 접근하여 이용할 수 있도록 보장하는 것'입니다. 여기서 신체적 조건이란, 일반 사용자는 물론, 장애를 가진 사람, 고령자 등을 의미하며, 환경적 조건이란 다양한 기기(PC, Mobile, Tablet 등), OS(운영체제), 웹 브라우저(Internet Explorer, FireFox, Safari, Chrome, Opera 등) 또는 저사양 및 저속회선 사용자나 이미지, 동영상 등을 볼 수 없는 환경 등을 의미합니다.

웹 접근성(Web Accessibility)

웹 사이트에서 제공하는 정보를 차별 및 제한 없이
동등하게 이용할 수 있도록 보장하는 것

장애인 및 고령자 등을 포함한 모든 사람	다양한 플랫폼 및 장치, 웹 브라우저 등의 모든 환경

웹 접근성 준수 시 기대 효과

웹을 구성하는 가장 중요한 요소인 HTML은 다양한 플랫폼과 장치에 독립적인 정보교환 수단을 제공하기 위해 탄생되었습니다. 쉽게 말하면 웹은 원래부터 사용자의 환경이나 사용하는 기기, 운영체제에 가능한 한 영향을 받지 않고 웹이 제공하는 정보를 사용자에게 전달하고자 하는 목적에서 만들어진 정보 전달 체계입니다.

최초의 탄생 목적이 이러했기 때문에 웹은 단기간에, 다양한 환경에서, 다양한 사람들이 정보를 공유하는 공간이 될 수 있었던 것이지요. 이러한 관점에서 본다면, 웹 접근성은 새롭게 등장한 것이 아니라 웹 자체가 당연히 가져야 할 개념이라고 할 수 있습니다.

그러나 국내 웹의 현실은 정보의 보편적 전달이라는 웹의 기본적이고 중요한 목적을 등한시하고 특정 기기나 운영체제에만 최적화되어 있었기 때문에 웹 사이트가 제공하는 정보를 정상적으로 이용하기 어렵거나 아예 사용할 수 없는 경우가 많았습니다. 이러한 상황은 웹에 접속하는 기기들이 다양해지고 웹이 생활 속에 깊게 파고든 현 시점에서 커다란 문제점으로 지적되고 있습니다. 특히 노인이나 장애인, 사회적 약자 등은 정보화의 혜택이 가장 필요한 계층임에도 불구하고 웹 접근성 수준을 보장하지 못하는 국내 웹 환경으로 인해 소외되고 있습니다. 웹 접근성은 어느 누군가에게는 직접적으로 피부에 와 닿는 생활의 일부입니다. 이러한 정보의 격차를 줄이고 모두 함께 공유할 수 있는 웹 세상을 만드는 것이 웹 접근성의 궁극적인 목표라 할 수 있습니다.

그렇다면 웹 접근성 보장 수준을 높이려는 노력을 통해 기대할 수 있는 효과는 무엇일까요?
몇 가지 사례를 들어 정리해 보면 다음과 같습니다.

⊙ 장애인, 고령자 등을 포함한 사용자층 확대
장애인, 고령자 등과 같은 정보 소외 계층이 원하는 정보를 자유롭게 접근하고 이용할 수 있게 해 주며, 이러한 잠재적인 계층을 사용자 계층으로 끌어내어 새로운 고객층을 발굴하는 기회로 활용할 수 있습니다. 실제로 웹 접근성 향상을 통해 다양한 사용자층을 확보하여 매출이 증가한 외국의 쇼핑몰 사례도 있으며, 국내 쇼핑몰의 매출 형태를 보더라도 노년층의 매출이 점차 증가 추세를 보이고 있기 때문입니다.

⊙ **규정과 법적 요구 사항에 대한 준수**

2008년 4월 11일부터 시행된 '장애인 차별 금지 및 권리 구제 등에 관한 법률' 및 동법 시행령 등의 관련 규정을 준수할 수 있습니다.

⊙ **다양한 환경, 새로운 기기에서의 이용**

공항처럼 시끄러운 곳이나 움직이는 차 안처럼 마우스 조작이 어려운 곳 등 공공장소에서의 접근 가능성이 제고됩니다. 또 모바일과 같은 새로운 기기와의 호환성을 담보할 수 있으며, 다양한 OS 및 웹 브라우저의 사용 범위가 확대됩니다.

⊙ **개발 및 운용의 효율성 제고**

웹 사이트 기획 및 제작 단계에서부터 다양한 환경을 고려하여 진행되므로 제작 및 운용의 효율성을 높일 수 있습니다.

⊙ **사회 공헌 및 복지 기업으로서의 기업 이미지 향상**

민간 기업의 경우, 기업의 사회적 책임이 중요하게 주목받고 있는 시점에서 기업의 이익을 사회 공헌 및 복지 향상에 사용하고 책임감 있는 기업으로서의 이미지 향상을 꾀할 수 있습니다.

웹 접근성 향상의 기대 효과

- 장애인, 고령자 등을 포함한 사용자층 확대
- 규정과 법적 요구 사항에 대한 준수
- 다양한 환경, 새로운 기기에서의 이용
- 개발 및 운용의 효율성 제고
- 사회 공헌 및 복지 기업으로서의 기업 이미지 향상

웹 콘텐츠 접근성 지침(WCAG)

웹의 표준화 관련 국제 기구인 월드 와이드 웹 컨소시엄(W3C ; World Wide Web Consortium)에서는 1990년대 중반 이후 폭발적으로 성장한 웹 서비스에서 장애인의 접근성에 관련된 문제가 발생하자, 1997년에 웹 접근성 이니셔티브(WAI ; Web Accessibility Initiative)라는 산하 단체를 설립하여 이 문제를 전문적으로 연구하기 시작했습니다. WAI는 웹 접근성을 위해 다양한 활동을 펼치고 있는데, 그 중의 하나가 '웹 접근성을 위한 지침'을 마련하는 것입니다. WAI의 웹 콘텐츠 접근성 지침은 다음과 같습니다.

1. 인지성(Perceivable)

정보와 사용자 인터페이스 요소는 그들이 인지할 수 있도록 사용자에게 표시될 수 있어야 한다.

❶ 모든 텍스트가 아닌 콘텐츠에 대체 텍스트를 사람들이 원하는 인쇄, 점자, 음성, 기호 또는 간단 언어 등과 같은 형태로 제공해야 한다.

❷ 시간을 바탕으로 한 미디어에 대한 대안을 제공해야 한다.

❸ 정보와 구조의 손실 없이 콘텐츠를 다른 방식(예를 들면 더욱 간단한 형태로)들로 표현할 수 있어야 한다.

❹ 사용자들이 보다 쉽게 보고 들을 수 있는 전경에서 배경을 분리한 콘텐츠를 만들어야 한다.

2. 운용성(Operable)

사용자 인터페이스 요소와 탐색은 운용 가능해야 한다.

❶ 키보드로 모든 기능을 사용할 수 있도록 해야 한다.

❷ 읽기 및 콘텐츠를 사용하는 사용자에게 충분한 시간을 제공해야 한다.

❸ 알려진 방법으로 발작을 일으킬 수 있는 콘텐츠를 디자인하지 않아야 한다.

❹ 사용자가 탐색하고, 콘텐츠를 찾고 그들이 어디에 위치하고 있는지를 알 수 있도록 도와주는 방법을 제공해야 한다.

3. 이해성(Understandable)

정보와 사용자 인터페이스 운용은 이해할 수 있어야 한다.

❶ 텍스트 콘텐츠를 판독하고 이해할 수 있도록 만들어야 한다.

❷ 웹 페이지의 탑재와 운용을 예측 가능한 방법으로 제작해야 한다.

❸ 사용자의 실수를 방지하고 수정할 수 있도록 도와야 한다.

웹 접근성 이니셔티브(WAI : Web Accessibility Initiative)
WAI는 시각·청각 기능 등에 장애를 지닌 사람도 일반인과 동등하게 웹에 접근하여 이용할 수 있도록 관련 지침을 개발하고 웹 접근성 향상을 위한 노력을 기울이는 W3C의 산하 단체를 말한다(http://www.w3.org/WAI).

4. 견고성(Robust)

콘텐츠는 보조 기술을 포함한 넓고 다양한 사용자 에이전트에 의존하여 해석될 수 있도록 충분히 내구성을 가져야 한다.

❶ 보조 기술을 포함한 현재 및 미래의 사용자 에이전트의 호환성을 극대화해야 한다.

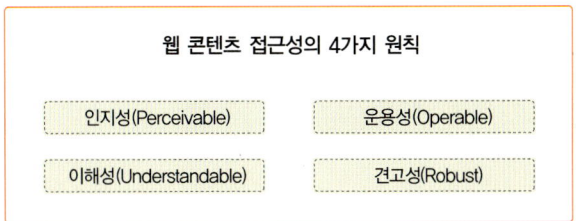

여기서
잠깐

한국형 웹 콘텐츠 접근성 지침

우리나라의 경우에는 WAI에서 정한 웹 콘텐츠 접근성 지침을 바탕으로 한국적 특수성을 고려하여 웹 접근성을 준수하기 위한 KWCAG 1.0(2005. 12. 21. 제정)을 발표했습니다. 이후 2009년 12월 23일 KWCAG 2.0이 확정되었으며, 2010년 12월 31일부로 국가 표준으로 제정되었습니다. 다음은 KWCAG 1.0 지침과 KWCAG 2.0 지침을 비교한 것입니다.

한국형 웹 콘텐츠 접근성 지침 2.0 (TTAS.KO-10.0003/R1)	한국형 웹 콘텐츠 접근성 지침 1.0 (TTAS.KO-10.0003)	비 고
1.1 대체 텍스트	1.1 텍스트가 아닌 콘텐츠의 인식	동일
1.2 멀티미디어 대체 수단	1.2 영상 매체의 인식	동일
1.3 명료성	1.3 색상에 무관한 인식	유사 (추가)
2.1 키보드 접근성	2.4 키보드만으로 운용 가능	동일
2.2 충분한 시간 제공	2.6 반응 시간의 조절 기능	동일
2.3 광과민성 발작 예방	2.3 깜빡거리는 객체 사용 제한	동일
2.4 쉬운 네비게이션	2.2 프레임의 사용 제한 2.5 반복 네비게이션 링크	동일
3.1 가독성		추가
3.2 예측 가능성		추가
3.3 콘텐츠의 논리성	3.1 데이터 테이블 구성 3.2 논리적 구성	동일
3.4 입력 도움	3.3 온라인 서식 구성	추가
4.1 문법 준수		추가
4.2 웹 어플리케이션 접근성	4.1 신기술의 사용 2.1 이미지 맵 기법 사용 제한	삭제

▲ 출처 : 한국정보통신기술협회

장애인 차별 금지 및 권리 구제 등에 관한 법률의 이해

국내 웹 접근성과 관련된 법률이나 제도로는 2008년 4월 11일부터 시행된 '장애인 차별 금지 및 권리 구제 등에 관한 법률'(이하 장차법)을 들 수 있습니다. 웹 접근성과 관련하여 법적 효력을 발생시킬 수 있도록 제도화된 것이 바로 이 '장차법'인 것입니다. 이 법의 시행으로 인해 2009년 4월 11일 이후부터는 일반 사용자는 물론이고 장애인이 웹 사이트의 접근성이 용이하지 않다고 판단할 경우 국가인권위원회에 진정서를 제출하여 접근성을 개선하도록 요구할 수 있는 법적 환경이 조성되었습니다.

장차법의 적용 대상은 2009년 4월 11일부터 5년 동안 단계별로 공공기관, 특수학교, 종합병원, 복지시설 등과 관련된 웹 사이트에서 웹 접근성 보장이 의무화되고, 2013년부터는 모든 법인으로 확대 적용되어 국내 대부분의 웹 사이트에서 의무적으로 웹 접근성을 준수해야 합니다. 또 장차법에서 보장하는 웹 접근성 준수 의무를 지키지 않아 사용자에 의해 이의 제기를 당했을 경우, 국가인권위원회에서는 시정 명령을 내리게 되는데, 만약 국가인권위원회의 권고를 무시하고 악의적으로 웹 접근성을 준수하지 않을 경우 3년 이하의 징역이나 3천만 원 이하의 벌금을 선고 받을 수 있습니다. 이제 법적 저촉을 받지 않기 위해서라도 웹 접근성은 반드시 준수해야 할 필수적인 요소입니다.

장애인 차별 금지 및 권리 구제 등에 관한 법률

제21조(정보통신·의사소통에서의 정당한 편의 제공)
– 행위자는 장애인에게 전자 정보 및 비전자 정보를 동등하게 접근, 이용할 수 있는 필요한 수단을 제공

시행령 제14조(정보 접근·의사소통에서의 정당한 편의 제공의 단계적 범위 및 편의의 내용)
1. 누구든지 신체적, 기술적 여건과 관계없이 웹 사이트를 통하여 원하는 서비스를 이용할 수 있도록 접근성이 보장되는 웹 사이트

 여기서 잠깐

웹 접근성과 관련된 유용한 자료 모음

- 한국형 웹 콘텐츠 접근성 지침 2.0(2010.12.31)
  http://www.wah.or.kr/Example2.0/index.asp
- 웹 접근성을 고려한 콘텐츠 제작 기법 2.0
  http://www.wah.or.kr/Board/brd_view.asp?page=1&brd_sn=4&brd_idx=741
- 웹 접근성 향상을 위한 국가 표준 기술 가이드라인(2009. 3. 17.)
  http://www.wah.or.kr/Guide/valuation.asp
- W3C 접근성 문서 번역
  http://www.wah.or.kr/w3c_doc/index.asp

국내에서 2009년부터 장차법에 근거하여 웹 접근성 보장이 의무화되었다면 외국의 경우에는 어떠할까요? 외국의 경우에는 각 나라별로 오래 전부터 시행되고 있는데, 호주의 '장애인 차별 금지법(Disability Discrimination Act 1992)', 미국의 '재활법 508조(Section 508 of the Rehabilitation Act)', 영국의 '장애인 차별 금지법(The Disability Discrimination Act 1995)' 등이 있습니다. 이 모두는 WCAG(Web Content Accessibility Guideline)의 내용을 바탕으로 하여 각 나라별 상황에 맞게 제도화되어 있습니다.

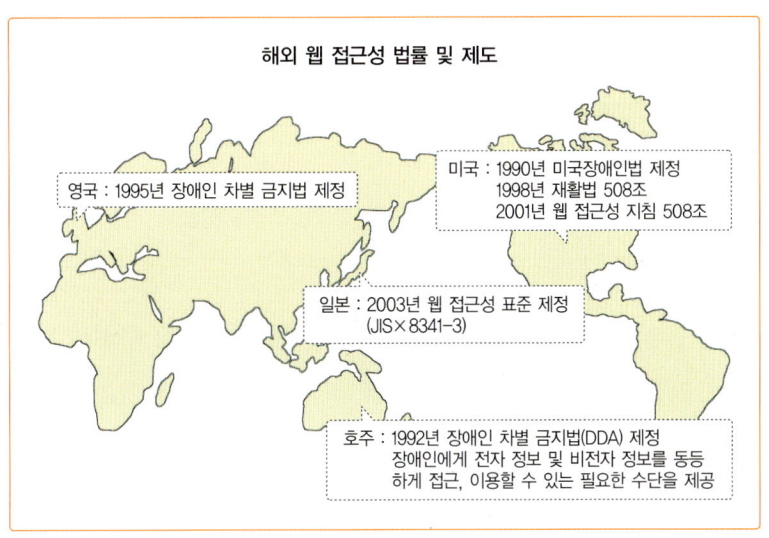

해외 웹 접근성 법률 및 제도

영국 : 1995년 장애인 차별 금지법 제정

미국 : 1990년 미국장애인법 제정
1998년 재활법 508조
2001년 웹 접근성 지침 508조

일본 : 2003년 웹 접근성 표준 제정
(JIS×8341-3)

호주 : 1992년 장애인 차별 금지법(DDA) 제정
장애인에게 전자 정보 및 비전자 정보를 동등
하게 접근, 이용할 수 있는 필요한 수단을 제공

여기서 잠깐

국내 웹 접근성 관련 참고 웹 사이트

- 웹 접근성 연구소(http://www.wah.or.kr)
  정보문화진흥원에서 운영하는 웹 사이트로 웹 접근성 관련 소식, 세미나 안내, 웹 접근성 품질 마크 소개, 웹 접근성 콘텐츠 제작 사례 및 전문가 자문을 받을 수 있습니다.
- 한국 웹 접근성 그룹 KWAG(http://kwag.net)
  국내 웹 접근성을 향상시키기 위한 자발적인 모임으로써, 회원 상호간의 정보 공유와 스터디, 세미나 등을 진행하는 온·오프라인 모임입니다. 많은 분들의 참여를 기다리고 있습니다.

02 웹 표준 (web standards)

웹 표준이란?

최근 국내 웹 관련 업계에서는 웹 접근성 수준 향상에 대한 요구로 인해 웹 표준에 대한 관심이 고조되고 있습니다. 이처럼 웹 접근성 이슈를 통해 웹 표준이 주목을 받고 있는 이유는 웹 접근성 수준을 향상시킬 수 있는 다양한 방법론의 중심에 웹 표준이 있기 때문입니다.

웹 접근성 수준 향상의 최적의 방법론으로 관심을 모으고 있는 웹 표준이란, '웹에서 표준적으로 사용되는 기술이나 규칙'을 의미하는데, 이는 우리가 흔히 생각하는 표준(standard)과는 조금 다릅니다. 웹에서의 표준은 W3C의 토론을 통해 나온 권고안(recomendation)을 말하며, 권고안 이외 단계 수준의 스펙은 비표준이거나 독자확장 요소를 의미하기 때문에 구분하여 사용해야 합니다.

웹 표준 요소가 아닌 독자확장 요소의 대표적인 예로는 인터넷 익스플로러에서 지원했던 marquee 요소와 bgsound 요소, 넷스케이프 네비게이터에서 지원했던 layer 요소 등을 들 수 있습니다. 이러한 요소는 자사 웹 브라우저의 우수성을 홍보할 목적에서 경쟁적으로 지원했던 요소이기 때문에 웹 표준 권고안에는 포함되어 있지 않습니다. 과거에는 비표준 요소나 독자확장 요소를 구분하지 않고 웹 사이트를 구축하였기 때문에 오히려 웹 표준을 지원하는 기기나 웹 브라우저에서 제대로 보이지 않는 문제가 발생하기도 하였습니다.

웹 접근성의 수준을 보장하고 향상시키기 위해서는 이제부터라도 웹 표준에 대한 올바른 이해를 통해 비표준 요소나 독자확장 요소를 배제하고 최대한 W3C의 웹 표준 권고안을 준수하여 웹 사이트를 구현할 수 있도록 노력해야 합니다.

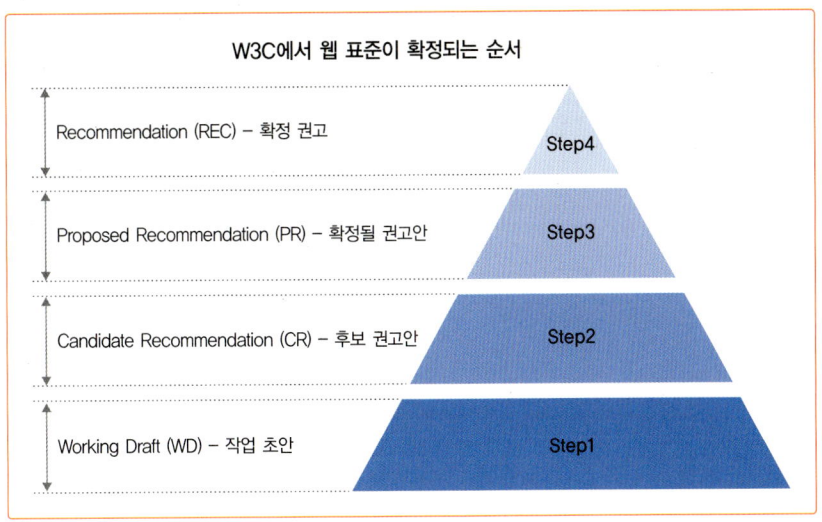

W3C에서 웹 표준이 확정되는 순서

Recommendation (REC) – 확정 권고 — Step4

Proposed Recommendation (PR) – 확정될 권고안 — Step3

Candidate Recommendation (CR) – 후보 권고안 — Step2

Working Draft (WD) – 작업 초안 — Step1

웹 표준 관련 기술의 소개

이번에는 웹 접근성의 수준을 향상시키는 데에 최적의 방법으로 인식되고 있는 웹 표준 관련 기술에는 어떠한 것이 있는지 살펴보고, 이러한 기술의 쓰임새와 의미에 대해 자세히 살펴보겠습니다.

웹 표준 관련 기술

구조 (X)HTML · 표현 CSS · 동작 Script

⊙ (X)HTML & XML

HTML

HTML은 'HyperText Markup Language' 의 약자로, 하이퍼텍스트를 표현하기 위한 마크업 언어라고 정의할 수 있습니다. HTML은 SGML(Standard Generalizes Markup Language)을 모체로 하여 국제 표준 기구인 ISO가 1986년에 채택한, 웹에서 사용하는 표준 마크업 언어입니다.

HTML은 컴퓨터 언어로서는 매우 느슨한 구조입니다. 예를 들어 태그의 운용법이나 오류의 처리 방법 등이 일반적인 컴퓨터 언어보다 매우 관대합니다. 물론 이러한 특징 때문에 HTML이 빠르게 확산될 수 있었지만, 점점 복잡하고 다양해지는 웹과 환경에 적용하기에는 어려움이 있었습니다.

W3C(World Wide Web Consortium)

W3C는 1994년 10월 미국의 MIT 컴퓨터 과학 연구소, 정보수학유럽연구 컨소시엄, 그리고 일본의 게이오 대학이 연합하여 만든 국제적인 웹 기술 표준 기구를 말합니다. W3C의 역할은 정보, 의견 교환, 아이디어 창출, 독립적 사고, 그리고 공동의 이해를 위하여 명세, 가이드라인, 소프트웨어, 그리고 도구 및 규칙 등의 표준안을 제정함으로써 웹의 모든 잠재력(lead the Web to its full potential)을 이끌어 내는 것입니다.

그렇다면 W3C의 목적인 웹의 모든 잠재력이란 무엇일까요?

이에 대해서 W3C in 7 Point(http://www.w3.org/Consortium/Points)라는 문서에는 다음과 같이 기술되어 있습니다.

1. Universal Access(광역 접근성)
2. Semantic Web(시맨틱 웹)
3. Trust(신용)
4. Interoperability(상호 운영성)
5. Evolvability(진화)
6. Decentralization(분산화)
7. Cooler Multimedia!(멋있는 멀티미디어!)

W3C가 웹 표준을 만든 이유는 위의 W3C in 7 Point에서 찾아볼 수 있습니다. 이에는 여러 가지 이유가 있지만 이 중에서 가장 중요한 것은 Universal Aceess(광역 접근성)일 것입니다. 다시 말해 웹 표준은 가능한 한 많은 사람이 웹이 제공하는 정보에 접근할 수 있도록 하기 위한 수단으로 연구되고, 제정되는 것입니다.

[원문] Universal Access

W3C defines the Web as the universe of network-accessible information(available through your computer, phone, television, or networked refrigerator…). Today this universe benefits society by enabling new forms of human communication and opportunities to share knowledge. One of W3C's primary goals is to make these benefits available to all people, whatever their hardware, software, network infrastructure, native language, culture, geographical location, or physical or mental ability. W3C's Internationalization Activity, Device Independence Activity, Voice Browser Activity, and Web Accessibility Initiative all illustrate our commitment to universal access.

[번역문] 광역 접근성

W3C는 웹을 (컴퓨터, 전화기, 텔레비전 또는 냉장고 등을 통해 접근할 수 있는) 광역 네트워크 접근 정보로 정의한다. 현재, 이러한 새로운 형태의 의사소통과 지식 공유의 기회를 가능하게 함으로써 인류에 이득을 주고 있다. W3C의 주요 목표 중의 하나는 모든 사람에게 그들의 하드웨어, 소프트웨어, 네트워크 구조, 모국어, 문화, 지역적인 위치, 또는 육체적·정신적 능력에 상관없이 이러한 혜택을 제공하는 것이다. W3C의 국제화 활동, 기기 독립 활동, 보이스 브라우저 활동, 그리고 WAI는 광역 접근에 대한 W3C의 의무이다.

사용 예	`<!DOCTYPE HTML PUBLIC "-//W3C//DTD HTML 4.01 Transitional//EN"`
	`"http://www.w3.org/TR/html4/loose.dtd">`
	`<html>`
	`  <head>`
	`    <title>문서 제목</title>`
	`    <meta http-equiv="content-type" content="text/html; charset=euc-kr">`
	`  </head>`
	`  <body>`
	`    <h1>본문 제목</h1>`
	`    <p>본문 내용 1</p>`
	`    <p>본문 내용 2</p>`
	`  </body>`
	`</html>`

XML

XML(eXtensible Markup Language)은 1996년 W3C(World Wide Web Consortium)에서 제안한 것으로, 웹에서 구조화된 문서를 전송할 수 있도록 설계된 표준화된 텍스트 형식입니다. 이것은 인터넷에서 기존에 사용하던 HTML의 한계를 극복하고 SGML의 복잡함을 해결하는 방안으로 HTML에 담겨져 있는 형식적 요소를 완전히 배제하고 순수 데이터 포맷으로 작성되었습니다. 또 HTML과는 달리 태그의 운용 방법이나 오류에 매우 엄격합니다. XML에 대한 내용은 이 책의 범위를 벗어나는 내용이므로 자세히 다루지는 않지만, 간단히 말하자면 HTML에 사용자가 새로운 태그를 정의할 수 있는 기능이 추가되었다고 생각하면 됩니다.

사용 예	`<?xml version="1.0" encoding="euc-kr" ?>`
	`<일기장>`
	`  <작성자>홍길동</작성자>`
	`  <날짜>7월25일</날짜>`
	`  <제목>웹 표준</제목>`
	`  <본문>웹 표준은 W3C에서 정한 기술 사양을 말합니다.</본문>`
	`</일기장>`

XHTML

W3C에서는 XHTML(eXtensible Hypertext Markup Language)을 'XML 응용으로써의 HTML 4를 다시 공식화한 것'이라고 정의하고 있습니다. HTML 4.01과 XHTML 1.0의 실제 내용은 큰 차이가 없습니다. 그런데 어째서 XHTML을 새로 제정했을까요? 앞에서 설명한 것처럼 사람들에게는 HTML의 느슨한 규칙이 좋았을지 모르지만, 이것을 처리하고 가공해야 하는 기계들에는 좋지 않은 것이었습니다. 그래서 W3C는 좀 더 원활하게 기계적으로 처리하도록 XML의 형식을 빌어 HTML 4.01를 재정의하였습니다. 이후 기계에 더욱 친화적인 XHTML 2.0을 정의했지만, 여러 가지 이유

로 중단되고 HTML 5로 전환하여 진행 중입니다. XHTML은 HTML과 거의 같은 요소로 구성되었지만, 엄밀하게 말하면 XML이므로 XML과 같이 엄격하게 태그를 운용해야 합니다.

사용 예	

	``
	〈!DOCTYPE html PUBLIC "-//W3C//DTD XHTML 1.0 Transitional//EN"
	"http://www.w3.org/TR/xhtml1/DTD/xhtml1-transitional.dtd"〉
	〈html〉
	    〈head〉
	        〈title〉문서 제목〈/title〉
	        〈meta http-equiv="content-type" content="text/html; charset=euc-kr" /〉
	    〈/head〉
	    〈body〉
	        〈h1〉본문 제목〈/h1〉
	        〈p〉본문 내용 1〈/p〉
	        〈p〉본문 내용 2〈/p〉
	    〈/body〉
	〈/html〉
	``

HTML 5

HTML5는 차세대 웹표준으로 HTML4와 XHTML1.0의 후속 버전이라 할 수 있습니다. HTML5에서는 〈section〉, 〈article〉, 〈nav〉, 〈header〉, 〈footer〉, 〈aside〉 등 강력해진 시맨틱 요소와 특정 플러그인 없이 웹 브라우저에서 비디오 및 오디오 콘텐츠를 재생할 수 있는 〈video〉, 〈audio〉 요소 등이 추가되었습니다. 또한 강력해진 Web Forms과 함께 다양한 API를 제공하고 있는 것이 특징입니다. Chrome, Firefox, Safari, Opera, IE 10 이상의 최신 웹 브라우저들은 경쟁적으로 HTML5를 지원하고 있는 상태입니다. HTML5는 2014년 4분기에 확정 권고(Recommendation)를 예정하고 있으며 단기간에 정리하기 힘든 이슈들은 HTML5.1 또는 HTML5.2 등을 통해 단계적으로 표준화를 하겠다는 계획을 가지고 있습니다.

사용 예	

	``
	〈!doctype html〉
	〈html〉
	    〈head〉
	        〈title〉문서 제목〈/title〉
	    〈/head〉
	〈body〉
	    〈header〉헤더〈/header〉
	    〈nav〉내비게이션〈/nav〉
	    〈section〉
	            〈article〉섹션〈/article〉
	    〈/section〉
	    〈figure〉
	``

```
└→          〈video src="URI"〉…〈/video〉
            〈legend〉캡션〈/legend〉
        〈/figure〉
        〈footer〉푸터〈/footer〉
    〈/body〉
    〈/html〉
```

⊙ CSS

CSS(Cascading Style Sheet)는 HTML 3.2부터 지원하기 시작한 것으로, 웹 제작자와 사용자들의 필요에 의해 특별히 개발되었습니다. CSS에서는 폰트, 색상, 공백, 공간과 그 밖의 문서 표현 등을 자유롭게 지정할 수 있는 기능을 제공합니다. 기존의 HTML은 웹 문서를 다양하게 설계하고 수시로 변경하는 데에 많은 제약이 있었기 때문에 이것을 보완하기 위해 CSS를 만든 것입니다.

HTML을 이용하여 웹 페이지를 제작할 경우에는 전반적인 틀에서부터 세세한 글꼴 하나하나에 이르기까지 일일이 지정해야 합니다. 하지만 CSS를 이용하여 웹 페이지의 스타일(작성 형식)을 미리 지정해 두면 웹 페이지의 한 가지 요소만 변경해도 관련되는 전체 페이지의 내용이 한꺼번에 변경되므로 문서 전체의 일관성을 유지할 수 있고, 작업 시간도 단축할 수 있습니다.

따라서 웹 개발자들은 보다 풍부한 디자인으로 웹을 설계할 수 있고, 글자의 크기와 서체, 줄 간격, 배경, 색상, 배열 위치 등을 자유롭게 선택하거나 변경할 수 있게 되었으며, 아울러 유지 보수도 간편해졌습니다. 또 서로 다른 사용자 환경에서도 같은 형태의 문서를 제공할 수 있습니다. CSS는 W3C 표준이므로 CSS를 이용하여 만든 문서는 사용자의 웹 브라우저 환경에 따라 홈페이지가 다르게 나타나지 않고, 어느 환경에서나 제작자가 의도한 대로 표현할 수 있습니다.

⊙ DOM & ECMA Script

웹 페이지의 요소를 객체화해서 동작을 제어하는 데 사용하는 웹 표준 기술에는 DOM과 ECMA Script가 있습니다. DOM(Document Object Model)은 웹 페이지의 구성 체계를 말하는데, 이것은 HTML을 작성하면서 생성되는 논리적 규칙입니다. 다시 말해서 별도로 저작자가 구성하는 것은 아닙니다. 웹 브라우저는 이 논리적 구성 체계인 DOM을 해석하여 페이지를 표시하거나 ECMA Script 등의 기술을 통하여 DOM의 구조를 변경할 수 있습니다. 즉, 사용자 측에서 작동하는 많은 동적 요소들이 DOM을 이용하여 객체 모델에 접근한 후, 스크립트 언어인 ECMA Script를 이용하여 웹 페이지의 요소의 동작을 제어하는 방법으로 작성한 것입니다. DOM과 ECMA Script를 이용하면 웹 페이지에 동적인 효과를 적용할 수 있습니다.

웹 표준의 장점

커뮤니티를 중심으로 웹 제작자들과 네이버(Naver)와 다음(Daum) 같은 국내 포털 사이트들은 일찍부터 웹 접근성 향상을 위한 첫걸음으로 웹 표준 준수를 위한 노력들을 꾸준히 기울여왔습니다. 이러한 웹 표준 준수를 통한 일련의 노력들이 어떤 장점이 있는지 살펴보겠습니다.

◉ 웹 접근성 수준의 향상

웹 표준을 준수하는 것만으로도 자연스럽게 웹 접근성이 향상됩니다. 스크린 리더, 최신의 웹 브라우저, 모바일 등 웹에 접근할 수 있는 환경은 매우 다양합니다. 이러한 다양성이 때로는 개발을 어렵게 만드는 원인이 되기도 합니다. 하지만 이러한 문제는 웹 표준을 준수하는 것만으로도 쉽게 해결할 수 있습니다. 웹 표준을 준수한 웹 사이트는 다양한 웹 브라우저나 새로운 기기에서도 올바르게 표시되기 때문입니다.

◉ 검색 친화적인 웹 사이트 구현 (SEO, Search Engine Optimization)

meta 요소를 이용한 정확한 문서 정보의 제공과 적절한 제목(heading 요소)의 사용, 의미에 맞는 마크업은 검색 시 결과에 영향을 미칠 수 있는 중요한 정보입니다. 따로 홍보를 위한 비용을 지출하지 않더라도 충실하게 작성된 문서 정보만으로도 검색의 효율성을 높일 수 있습니다.

◉ 구조와 표현의 분리

테이블(table)을 레이아웃의 용도로 활용하여 사용하던 과거의 방식은 구조와 표현이 뒤섞여 접근 및 사용을 어렵게 하는 원인으로 작용했습니다. 그러나 웹 표준 방법론에서는 콘텐츠 의미에 맞는 HTML 요소를 사용하여 마크업하고, 디자인과 레이아웃 같은 표현 정보는 CSS를 이용함으로써 구조와 표현이 분리된 독립적인 구현이 가능하도록 도와줍니다.

◉ 손쉬운 유지 보수 및 비용 절감 효과

구조와 표현을 분리하여 제작하면 유지 보수 시 많은 이점을 얻을 수 있습니다. 가령 리뉴얼을 위해 디자인만 변경하고자 할 경우 기존의 마크업 코드는 그대로 재사용하고 디자인을 위한 CSS 코드만을 재작성하면 되기 때문입니다. 또 구조와 표현을 분리했을 경우, 소스의 경량화로 인해 서버의 트래픽 비용이 감소하는 부수적인 효과도 얻을 수 있습니다.

⦿ 호환성 확보

올바른 마크업과 CSS를 이용하여 웹 사이트를 제작하면 오래된 버전의 웹 브라우저에서도 콘텐츠가 적절하게 표시되고 웹 표준을 지원하는 최신의 기기나 환경에서도 항상 동일한 결과를 기대할 수 있기 때문에 하위호환성이나 상위호환성을 확보할 수 있습니다.

웹 브라우저와 웹 표준

웹 브라우저(Web Browser)란, 사용자가 웹 서버의 하이퍼텍스트 문서를 볼 수 있도록 해 주는 클라이언트 프로그램을 말합니다. 웹에서 제공하는 다양한 정보에 접근하기 위해서는 이러한 클라이언트 프로그램인 웹 브라우저를 이용해야 합니다. 웹 브라우저에서는 웹 서핑에 필요한 다양한 기능을 제공합니다. 최초의 멀티미디어 웹 브라우저로는 모자익(Mosaic)이 있으며, 현재에는 웹 브라우저의 기능만큼이나 다양한 종류의 웹 브라우저가 있으며 대표적인 웹 브라우저는 다음과 같습니다.

⦿ 웹 브라우저의 종류

인터넷 익스플로러 6

인터넷 익스플로러 6(Internet Explorer 6, 이하 IE 6)은 마이크로소프트사에서 2001년 8월에 윈도우용으로 개발한 웹 브라우저입니다. IE 6의 경우 W3C의 권고안인 웹 표준을 제대로 지원하지 않는 웹 브라우저이기 때문에 몇몇 최신 기술을 표시할수 없다는 단점이 있습니다. 이 때문에 개발자들은 별도로 더 많은

▲ 출처 : 위키피디아

작업을 해야 하며, 보안상 취약점이 많기 때문에 해외의 유명 웹 사이트들이 점점 IE 6에 대한 지원을 축소하고 있습니다. 그러나 국내에서는 아직도 대다수의 사용자가 웹 표준을 제대로 지원하지 못하는 IE 6을 사용하고 있기 때문에 웹 접근성이나 웹 표준 측면에서 많은 장애가 되고 있습니다.

인터넷 익스플로러 7

인터넷 익스플로러 7(Internet Explorer 7, 이하 IE 7)은 기존의 인터넷 익스플로러 6보다 보안 기능이 강력해졌고, 새로운 기능이 많이 포함된 웹 브라우저입니다. IE 7은 탭 브라우징, 국제화 도메인 지원, RSS 리더, 피싱 필터, 새로운 보안, 확대 기능이 지원되며, 렌더링 엔진이 크게 바뀌었습니다. 또 마이크로소프트사가 기존의 IE 6에서 지원하지 않았던 웹 표준을 지원하기 시작하였으며, 국내에서 IE 6과

▲ 출처 : 위키피디아

함께 점유율이 가장 높은 웹 브라우저라는 특징을 가지고 있습니다.

인터넷 익스플로러 8

인터넷 익스플로러 8(Internet Explorer 8, 이하 IE 8)은 마이 크로소프트사의 인터넷 익스플로러 시리즈 중에서 가장 최근에 개발된 웹 브라우저입니다. IE 8에는 추천 웹 사이트, 바로 연결, 웹 조각, 개발자 도구, 자동 충돌 복구 기능 등이 새로 추가되었습니다. IE 8은 '인터넷 익스플로러 8 표준 모드'로 알

▲ 출처 : 위키피디아

려진 새로운 렌더링 모드를 포함하고 있으며, ActiveX 기능을 최소화하고 웹 표준을 준수하기 위해 대대적인 페이지 표시 환경을 수정했습니다. 이 밖에도 IE 8에서는 하위 버전의 인터넷 익스플로러와의 호환성을 위해 IE 7 버전으로 에뮬레이트할 수 있는 기능을 추가로 제공합니다.

모질라 파이어폭스

모질라 파이어폭스(Mozilla Firefox)는 모질라 프로젝트에서 독립한 게코 엔진을 기반으로 하는 오픈 소스 웹 브라우저입니다. 파이어폭스는 탭 브라우징, 맞춤법 검사, 통합 검색, 라이브 북마크, 다운로드 관리자 기능을 제공하며, 다양한 운영 체제에서 사용할 수 있습니다. 웹 표준을 많이 지원하는 최신 웹 브라우저인 파이 어폭스는 2009년 12월 현재, 전 세계 웹 브라우저 점유율(24.72~31.99%) 2위를 기록 중인데, 우리나라에서는 '불여우', '파폭', 'FF'로도 불립니다.

▲ 출처 : 위키피디아

용어 설명

하위호환성(backward compatibility)
구버전의 브라우저에서도 화면이 제대로 표시되며, 동작에도 무리가 없는 것을 의미합니다. 다만 하위호환성만을 과도하게 고려하면 접근성을 담보하기가 어려워질 수 있습니다.

상위호환성(foward compatibility)
최신의 웹 브라우저나 미래에 개발될 다양한 장치에서 문제 없이 출력되고 안정적으로 동작하는 것을 의미하며, 상위호환성 확보를 위한 최선의 노력은 바로 '웹 표준 준수'를 들 수 있습니다.

스크린 리더(screen reader)
스크린 리더는 시각장애인에게 음성으로 컴퓨터의 정보를 읽어 주는 화면 낭독 프로그램입니다. 운영체제 및 각종 응용 프로그램 등의 실행이나 명령, 메뉴 선택, 키보드 입력 등과 같은 일련의 작업을 음성으로 출력해 주기 때문에 시각장애인들에게는 정보 접근을 위한 필수적인 프로그램이라고 할 수 있습니다.

오페라

오페라(Opera)는 노르웨이, 오슬로의 오페라 소프트웨어가 개발 중이고, 렌더링 엔진으로는 프레스토 엔진을 사용합니다. 오페라는 스마트폰과 PDA를 위한 웹 브라우저 분야에서 스몰 스크린 렌더링(Small Screen Rendering) 기술로 시장을 선도하고 있습니다. 또 오페라는 iTV 플랫폼, 닌텐도의 게임기인 위(Wii), 닌텐도 DS용 웹 브라우저 등과 같은 다양한 플랫폼을 개발 중입니다.

▲ 출처 : 위키피디아

오페라는 기본적으로 다양한 기능을 탑재하고 있으면서도 같은 종류의 다른 소프트웨어보다 작고, 가벼우며, 페이지의 렌더링 속도가 빠릅니다. 이는 확장성을 중시한 파이어폭스나 범용적인 IE 7과 구분되는 오페라만의 특징입니다. 오페라는 웹 표준에 대해 모질라 재단과 같은 행보를 하고 있는데, 이는 자바스크립트 표준안이나 CSS 2와 같은 새로운 웹 표준 제정 및 Acid 2, Acid 3 테스트 등에서 드러나고 있습니다.

사파리

사파리(Safari)는 애플이 개발한 웹 브라우저로, RSS와 Atom 읽기 기능을 내장하고 있습니다. 사파리의 다른 기능으로는 보안 브라우징, 웹 페이지의 저장 및 이메일 전송, 북마크 검색 기능이 있고, 다양한 운영체제를 지원합니다. 사파리 3의 경우 Acid 2 테스트를 통과한 최초의 웹 브라우저이며, 사파리 4는 Acid 3 테스트를 통과한 최초의 웹 브라우저입니다. 사파리는 아이튠즈와 유사한 북마크 관리 체계를 가지고 있고, 애플의 퀵타임 멀티미디어 기술과 통합되어 있으

▲ 출처 : 위키피디아

며, 탭 브라우징 인터페이스를 사용합니다. 구글 검색 상자는 사파리 인터페이스의 기본 요소이며, 웹 주소 자동 완성과 웹 페이지 텍스트 영역의 맞춤법 검사를 지원합니다. 사파리는 웹 페이지 렌더링 및 자바스크립트를 실행할 때 애플의 웹키트 엔진을 사용하고 있습니다.

구글 크롬

구글 크롬(Google Chrome)은 구글에서 애플의 웹키트 렌더링 엔진을 사용하여 개발한 오픈 소스 웹 브라우저입니다. 구글 크롬은 간단하고 효율적인 사용자 인터페이스를 제공하며, 현존하는 다른 웹 브라우저보다 안정적이고, 속도가 빠르며, 높은 보안성을 목표로 하고 있습니다. 구글 크롬은 2008년 9월 2일 마이크로소프트 윈도용 베타 버전이 나왔고, 12월 11일 첫 정식 버전이 출시되었습니다. 구글 크롬은 다음과 같은 기능을 가지고 있습니다.

▲ 출처 : 위키피디아

❶ 주소 자동 완성 기능

❷ 검색 기능 갖춘 옴니박스(omnibox) 주소 창

❸ 현존하는 다른 자바스크립트 엔진보다 훨씬 빠르다고 주장하는 V8 자바스크립트 가상 머신 탑재

❹ 시크릿 모드(인코그니토, incognito)라는 개인 정보 보호 모드 주소 창과 도구 모음이 없는 창을
  통해 웹 어플리케이션 직접 구동 가능

❺ 피싱 웹 사이트나 유해 소프트웨어 차단 정보를 구글 세이프 브라우징 API를 통해 자동으로 갱신

❻ 웹키트 렌더링 엔진으로 보안과 신뢰성 향상을 위해 개별 탭에 대한 프로세스 분리

❼ 기어(소프트웨어)와의 통합

❽ 독립적인 탭과 자체적인 작업 관리자 기능

❾ 기타 향상된 보안 기능(향상된 팝업 창 차단 등), 다양한 확장 기능 설치, 테마 적용 등 지원

◉ 5대 웹 브라우저의 전 세계 시장 점유율

위에서 살펴본 다양한 종류의 웹 브라우저는 2009년 12월 현재 전체 웹 브라우저 시장에서 각각 다음과 같은 시장 점유율을 보이고 있습니다.

조사 기관	조사 기준 시기	인터넷 익스플로러	파이어폭스	오페라	사파리	크롬
The Counter	2009년 12월	68.94%	18.50%	0.88%	5.30%	(N/A)
Net Applications	2009년 12월	62.69%	24.61%	2.40%	4.46%	4.63%
W3Counter	2009년 12월	50.30%	32.00%	1.30%	4.62%	5.40%
Star Counter	2009년 12월	55.72%	31.97%	2.06%	3.48%	5.45%

◉ 최신 웹 브라우저의 웹 표준 지원

과거 웹 브라우저의 양대 산맥으로 꼽히던 넷스케이프와 인터넷 익스플로러의 경우, 초기에는 웹 표준 지원 여부를 중요하게 생각하지 않았습니다. 그저 자사의 웹 브라우저 점유율을 높이기 위해 웹 표준 요소가 아닌 독자확장(비표준) 요소들을 마구 지원하기 시작함으로써 웹 페이지 제작에 혼란을 야기시켰습니다. 또 이 시기에는 플랫폼 독점을 위해 특정 환경에서만 작동하는 비표준 기술들이 생겨나기도 했습니다. 이러한 문제점을 바로잡기 위해 Web Standards Projects(WaSP)가 출범했으며, WaSP에서는 웹 브라우저가 웹 표준을 적절히 지원하도록 설득하는 활동을 전개하였고, 그 결과 대부분의 최신 웹 브라우저들이 웹 표준을 지원하게 되었습니다.

인터넷 익스플로러, 파이어폭스, 오페라, 사파리, 크롬 등이 바로 웹 표준을 지원하는 최신 웹 브라우저들이라고 생각하면 됩니다. 그러나 최신 웹 브라우저라고 해서 모두 웹 표준을 완벽하게 지원하는 것은 아닙니다. 인터넷 익스플로러의 경우 버전별로 웹 표준 지원 수준이 다릅니다. 인터넷 익스

플로러는 Mac용 5.5 버전부터 웹 표준 지원을 시작했으며, 8 버전에서 좀 더 지원이 강화되었습니다. 그러나 아직도 국내 점유율이 높은 인터넷 익스플로러 6 버전의 경우 웹 표준이 제대로 지원되지 않는 문제점을 안고 있기 때문에 크로스 브라우징 환경에 어려움이 있습니다.

웹 브라우저의 웹 표준 지원 여부 및 수준과 함께 웹 브라우저의 성능도 관심의 대상이 되고 있는데, 최근에는 식스 리비전(sixrevisions.com) 사이트에서 최신의 웹 브라우저들의 성능을 비교해 볼 수 있는 통계를 발표하였습니다. 식스 리비전 사이트에서는 보편적으로 많이 사용하는 웹 브라우저인 인터넷 익스플로러 8, 파이어폭스 3.5, 오페라 10, 사파리 4, 크롬 3의 성능을 비교하였으며 비교 항목 및 결과는 다음과 같습니다.

자바스크립트의 실행 속도

자바스크립트 실행 속도는 Ajax(에이젝스)로 구현된 웹 사이트들이나 지메일과 같은 웹 어플리케이션 등이 사용자의 요구에 좀 더 빨리 응답할 수 있게 됨을 의미합니다. 아래 테스트는 선스파이더 자바스크립트 벤치마크(SunSpider JavaScript Benchmark)를 이용하여 자바스크립트의 실행 속도를 측정한 것입니다. 측정 결과 542.3ms로 크롬이 가장 빠른 속도를 보였으며, 인터넷 익스플로러가 6,305.5ms로 크롬과 큰 격차를 보인 것을 확인할 수 있습니다.

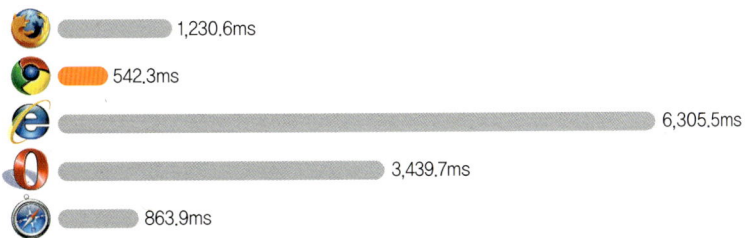

CPU 사용률

다음은 각 웹 브라우저들이 실행될 때 어느 정도의 CPU 자원이 요구되는지를 나타낸 지표입니다. 이러한 CPU 자원의 점유율 확인에는 선스파이더와 윈도우 리소스 모니터(Windows Resource Monitor)가 사용되었습니다.

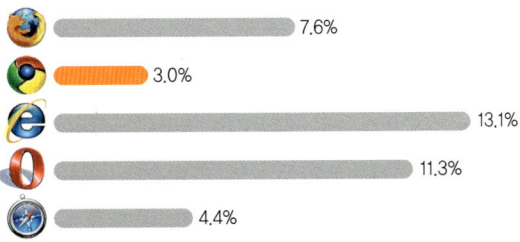

DOM 객체 선택

이 테스트에서는 슬랙스피드(SlickSpeed)를 이용하여 JQuery가 엘리먼트를 얼마나 빨리 선택하는 하는지 측정하였으며, 크롬보다 오페라의 싱크율이 가장 높았습니다.

웹 브라우저가 웹 페이지에서 엘리먼트를 더 빨리 선택할수록 갱신 정보를 더 빠르게 업데이트시킬 수 있습니다.

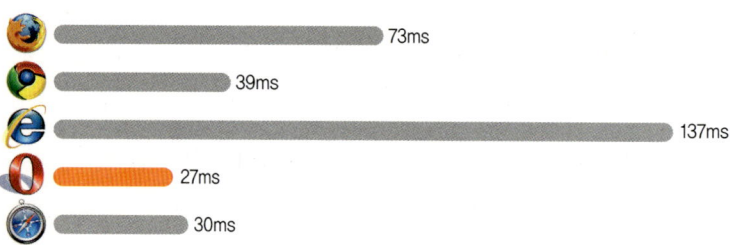

CSS 렌더링 속도

CSS 렌더링 속도가 빠른 웹 브라우저들은 페이지 응답 속도가 빠르다는 것을 의미합니다. Nontroppo. org에서 제공하는 CSS 렌더링 벤치마크(CSS Rendering Benchmark)를 이용하여 table을 div로 변환하는 데에 걸리는 시간을 측정한 결과, 크롬이 91ms로 가장 빠른 속도를 나타내고 있습니다.

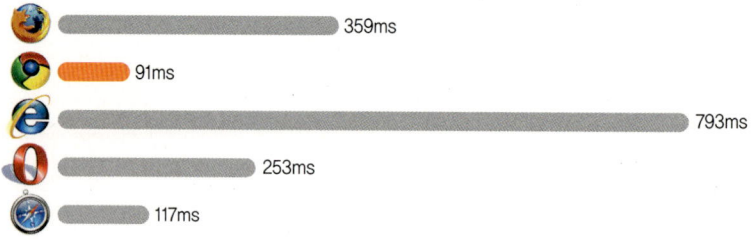

페이지 로딩 시간

mion Stopwatch를 사용하여 Yahoo.com의 초기 화면을 로딩하는 데에 필요한 시간을 측정한 결과입니다. 로딩 테스트는 순간의 네트워크 트래픽과 서버 로딩 시 발생하는 지연 시간의 차이 때문에 결과에 오차가 있을 수도 있습니다.

웹 브라우저 캐시의 성능

이미 방문했던 웹 사이트를 재방문했을 때 웹 브라우저가 얼마나 잘 수행하는지를 측정한 결과입니다. 웹 브라우저 캐시의 성능 측정은 페이지 로딩 시간 측정 때와 마찬가지로 지연 시간의 차이로 인한 오차가 있을 수 있습니다.

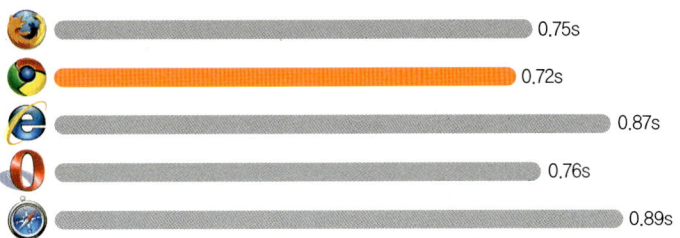

전체 성능

위의 결과들을 기준으로 각 웹 브라우저들의 성능을 평가한 결과는 아래와 같습니다.

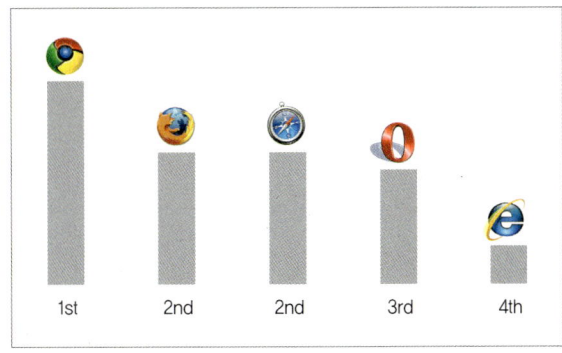

테스트에 사용된 웹 브라우저

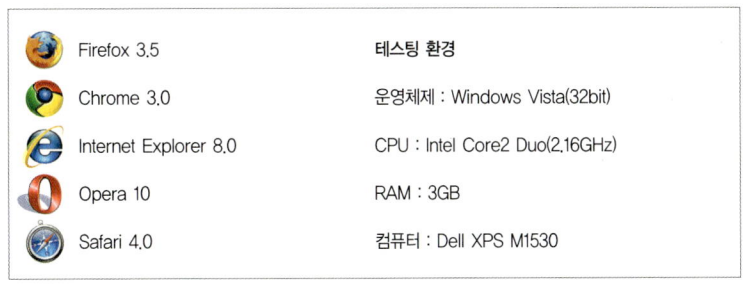

	테스팅 환경
Firefox 3.5	
Chrome 3.0	운영체제 : Windows Vista(32bit)
Internet Explorer 8.0	CPU : Intel Core2 Duo(2.16GHz)
Opera 10	RAM : 3GB
Safari 4.0	컴퓨터 : Dell XPS M1530

위의 비교 결과에서 알 수 있듯이 국내 점유율이 가장 높은 인터넷 익스플로러의 경우 대부분의 항목에서 좋지 못한 결과를 보이고 있습니다. 특정 테스트만을 기준으로 판단하는 것은 무리가 있을 수 있지만 한 가지 웹 브라우저가 독점적으로 시장을 지배하는 것은 여러 가지 문제점을 야기시킬

수 있으므로 현재 사용하고 있는 인터넷 환경이나 작업에 맞게 효율적인 웹 브라우저를 선택하는 것이 바람직할 것입니다.

⊙ **마치며**

웹 접근성과 웹 표준에 대한 뜨거운 관심과 더불어 웹 접근성이나 웹 표준에 대한 오해도 많은 듯합니다. 몇 가지 예를 들어 보겠습니다.

"table을 활용하여 웹 사이트를 제작했던 방식은 절대로 사용하면 안된다."
"table을 모두 div로 바꾸기만 하면 된다."
"웹 접근성은 장애인만을 위한 것이다."
"웹 접근성을 향상시키기 위해서는 많은 시간과 비용이 들어간다."
"웹 접근성은 퍼블리셔가 구현하는 것이다."
"드림위버를 사용하면 안된다."
"인터넷 익스플로러 6 때문에 적용할 수 없다."
"특별한 솔루션을 구입하여 적용하면 구현될 수 있다."

이런 이야기들은 얼마나 맞는 이야기일까요? 이 책에서는 웹 접근성과 웹 표준에 관한 올바른 이해를 돕고 가장 쉽고 경제적인 방법으로 웹 접근성을 향상시킬 수 있는 방법론인 웹 표준 중 사용자에게 직접적으로 전달되는 문서 구조(XHTML)와 그에 대한 표현 언어(CSS)에 대해 학습해 보겠습니다.

Universal Design에 대해 알아봅시다.

Universal Design이란, '모든 사람들을 위한 디자인(Design for All People)' 이라고도 하며, 미국의 로널드 메이스에 의해 처음 이야기 되었습니다. 장애의 유무나 연령 등에 관계없이 모든 사람들이 제품, 건축, 환경, 서비스 등을 보다 편하고 안전하게 이용할 수 있도록 설계하는 것을 말하며, 예로 물건을 쥐는 힘이 약한 사람들을 위해 레버식 문 손잡이 설치나 휠체어가 이동할 수 있도록 계단 대신 경사로를 설치하는 것 등을 들 수 있습니다.

유용한 북마크 모음

다음은 웹 접근성과 웹 표준에 관련된 북마크 모음입니다. Part 02부터 Part 04를 학습하기에 앞서 인터넷 익스플로러와 파이어폭스에 북마크를 해 놓으면 유용하게 사용할 수 있습니다. 인터넷 익스플로러와 파이어폭스에 북마크 모음을 추가하는 방법은 동영상 강의 ① 북마크 추가하기를 참조하기 바랍니다.

1. W3C - [World Wide Web Consortium]
   http://www.w3.org

2. 웹카페에서 웹표준을
   http://cafe.naver.com/webcafe2010

3. 웹 접근성 연구소
   http://www.wah.or.kr

4. 네이버 NULI 웹표준화 가이드
   http://html.nhncorp.com/

5. Daum 웹표준을 다루다 - 다룸
   http://ui.daum.net/

6. Mozilla 한국 포럼
   http://forums.mozilla.or.kr

7. 한국어 - The W3C Markup Validation Service
   http://validator.kldp.org

8. Yahoo UI Library Reset CSS
   http://developer.yahoo.com/yui/reset

9. The Web Standards Project
   http://www.webstandards.org

10. CSS Zen Garden
    http://www.csszengarden.com

11. Stuff and Nonsense
    http://www.stuffandnonsense.co.uk

12. CDK - Standard Magazine - Forum
    http://cssdesign.kr/forum/

13. 한국 시각 장애인 연합회
    http://www.kbuwel.or.kr

14. 한국정보통신기술협회(TTA)
    http://www.tta.or.kr

15. 한국형 웹 콘텐츠 접근성 지침 2.0
    http://www.wah.or.kr/Example2.0/

16. CSS Filters and Hacks
    http://www.communis.co.uk/dithered/css_filters

17. CSS 비지원 웹 브라우저를 위한 자바스크립트
    http://code.google.com/p/ie7-js

18. W3Schools Online Web Tutorials
    http://www.w3schools.com

19. Web Cafe 실전 예제
    http://webcafe2010.com

20. 제우미디어
    http://www.jeumedia.com

Part 02

견고한 웹을 위한
구조 설계
(XHTML)

우리 주변에 있는 다양한 웹 사이트들은 얼마나 견고할까요? 대부분의 국내 웹 사이트들은 3~4년 전만 해도 테이블(table)을 이용한 레이아웃 방식으로 제작되었습니다. 현재는 웹 표준을 준수하고 있는 웹 사이트가 늘어나고 있으며, 웹 표준을 준수해야 한다는 인식이 점차 확산되고 있지만, 아직도 많은 웹 사이트들은 테이블 레이아웃을 사용하거나 비표준 형식의 잘못된 방식으로 제작되고 있습니다. 특히 테이블을 사용하여 콘텐츠를 배치하는 방식의 경우는 불필요하고 의미가 불분명한 코드를 생성하며, 콘텐츠가 가지는 본래의 의미를 훼손할 뿐만 아니라 유지 보수 및 리뉴얼 작업을 어렵게 만드는 요인이 됩니다. 또 이미지를 무분별하게 남발하거나 스크립트를 과도하게 사용하면 특정 웹 브라우저나 기기에서만 동작하는 반쪽짜리 웹 사이트로 전락할 위험이 높습니다. 그렇다면 견고한 웹을 구축하고 웹의 체질을 개선할 방법은 무엇일까요?

여러 가지 해결책 중에서 가장 바람직한 방법은 바로 웹 표준을 준수하여 웹 사이트를 제작하는 것입니다. 웹 표준은 낡은 방법으로 여겨질 수도 있지만 기본을 지키는 것이 가장 단순하면서도 명쾌한 해답이 될 수 있을 것입니다. 더 이상 웹 표준을 모른 채 다가올 미래의 웹 시대를 주도할 수는 없습니다. 현재 미국이나 일본의 경우 다수의 웹 사이트들이 웹 표준을 준수하여 제작하고 있지만, 우리나라는 아직도 웹 표준이 무엇인지조차 제대로 인식하지 못하고 있습니다. 웹 표준조차 지키지 않고 웹 사이트를 제작한다면 미래에는 웹 사이트를 리뉴얼하기 위해 더 많은 비용과 시간을 지출해야 하는 문제점이 발생할 수 있습니다. 웹 표준은 답답한 제약처럼 느껴질 수 있지만, 웹을 바르게 만들기 위한 약속입니다. 그러므로 이제부터라도 웹 표준에 대해 제대로 이해하고, 웹 표준을 준수하려는 노력을 기울여야 할 것입니다.

01 시작하기 전에

저작도구 설치 및 환경설정

웹을 구성하는 XHTML, CSS, ECMA Script(Java Script)는 기본적으로 텍스트 파일로 작성되고, 별도 컴파일(Compile)을 거치지 않기 때문에 기본적인 메모장만으로도 완전한 웹 페이지를 작성할 수 있습니다. 그러나 메모장보다는 웹 문서를 보다 편리하게 작성할 수 있도록 도와주는 전용 프로그램을 사용하는 것이 더 효율적입니다. 이러한 웹 제작에 필요한 전용 프로그램을 일명 웹 에디터라고 합니다. 웹 에디터는 크게 텍스트 기반의 웹 에디터와 위지윅(WYSIWYG) 방식의 웹 에디터로 나누어집니다. 메모장이나 에디트플러스(EditPlus), 울트라에디트(Ultra Edit), 압타나(Aptana) 등은 텍스트 기반의 웹 에디터이며 드림위버(DreamWeaver)나 나모 웹 에디터 등은 위지윅 방식의 웹 에디터입니다.

특히 위지윅 방식의 웹 에디터는 디자인 뷰(View)를 제공하기 때문에 해당 코드가 어떻게 렌더링되는지를 미리 볼 수 있습니다. 다만 이러한 위지윅 방식의 웹 에디터에서 볼 수 있는 디자인 뷰의 결과가 실제 웹 브라우저의 렌더링 결과와 차이가 있을 수 있기 때문에 전적으로 디자인 뷰의 결과에 의존해서는 안됩니다. 웹 제작을 함에 있어 텍스트 기반의 웹 에디터나 위지윅 방식의 웹 에디터 중에서 어느 한 가지만을 고집하기보다는 상황에 따라 유용한 웹 에디터를 선택하는 것이 좋습니다.

◉ 에디트플러스 설치하기

Part 02부터 진행되는 전반적인 실습에는 위지윅 방식의 국산 웹 에디터인 에디트플러스를 이용하여 진행하겠습니다. 에디트플러스는 쉐어웨어로 배포되므로, 다운로드하여 30일 동안 사용할 수 있습니다. 최신 버전은 에디트플러스 홈페이지에서 다운로드할 수 있으며, 30일의 평가 기간 이후에도 계속 사용하고자 할 경우에는 정식 라이선스를 구입하면 됩니다.

01 에디트플러스를 다운로드 하기 위해 http://www.editplus. co.kr/kr/download.html에 접속 한 후 Download Now 버튼을 클 릭합니다.

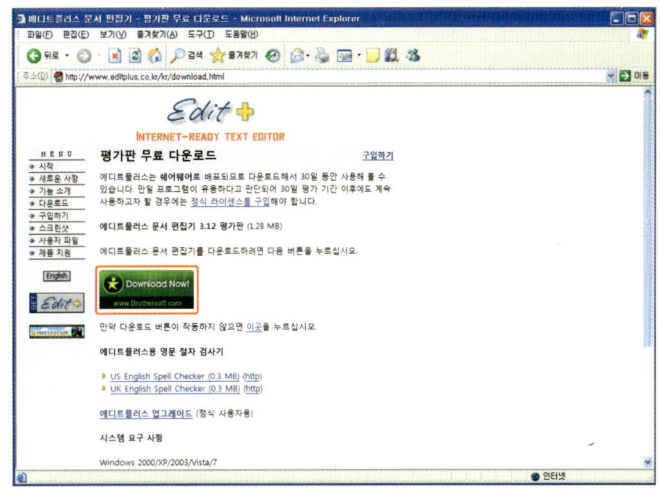

02 자동 다운로드가 실행되지 않을 경우 주소 표시줄 아래쪽에 나타나는 노란색 경고 문구를 클 릭하여 **파일 다운로드** 메뉴를 선 택합니다.

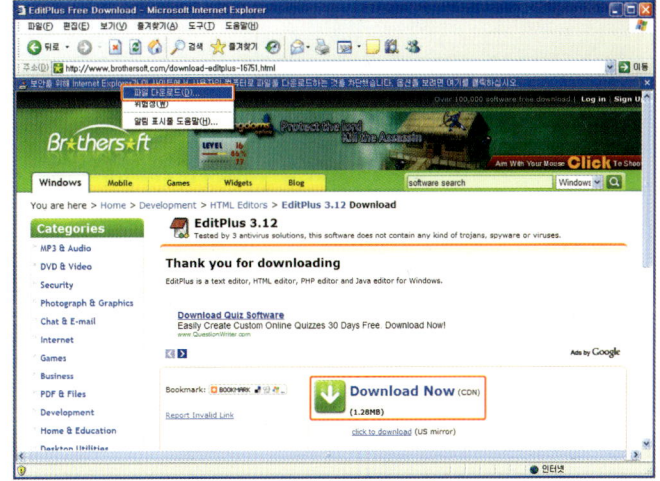

03 파일 다운로드 – 보안 경고 메시지 창이 나타 나면 실행 버튼을 클릭합니다.

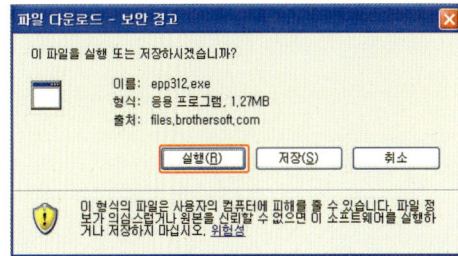

04 소프트웨어 보안 경고 창이 나타나면
실행 버튼을 클릭합니다.

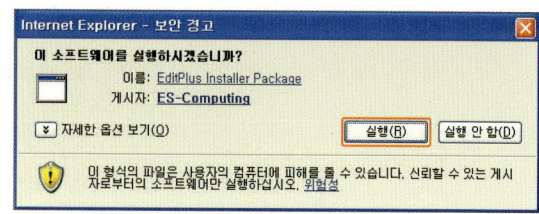

05 라이선스 안내 창이 나타나면 내용을
읽어 본 후 Accept 버튼을 클릭합니다.

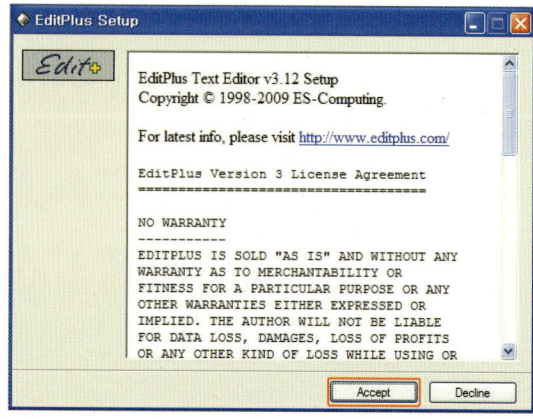

06 Install 진행 창이 나타나면 잠시 기다
립니다.

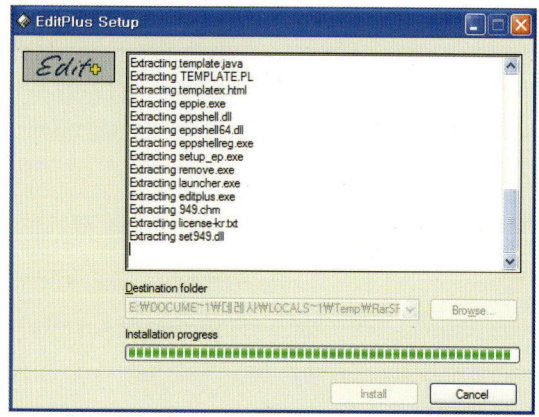

07 에디트플러스에서 사용할 언어 선택 창이 나타나면 한글(Korean)을
선택하고 확인 버튼을 클릭합니다.

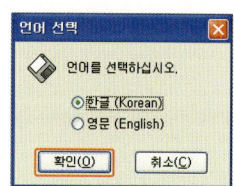

08 설치 디렉터리 선택 창이 나타나면 기본 경로로 복사하거나 원하는 디렉터리로 변경한 후 복사 시작 버튼을 클릭합니다.

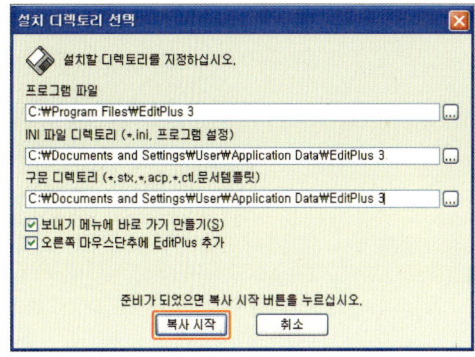

09 설치가 성공적으로 완료된 경우 아래와 같은 메시지가 나타납니다. 이때 확인 버튼을 클릭하면 바탕화면에 에디트플러스 실행 아이콘이 생성됩니다.

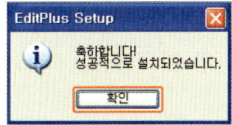

⊙ 환경설정하기

에디트플러스를 설치한 후 HTML이 아닌 XHTML을 기본 마크업 언어로 설정하기 위해 환경설정을 다음과 같이 변경해 보겠습니다.

01 바탕화면에 있는 에디트플러스 실행 아이콘을 더블클릭하면 사용권 계약서 창이 나타납니다. 이때 계약서 조항에 동의할 것인지의 여부를 묻는 메시지 창이 나타나면 예 버튼을 클릭합니다(계약서 동의 여부를 묻는 메시지 창은 설치 후 처음 실행 시에만 나타납니다.).

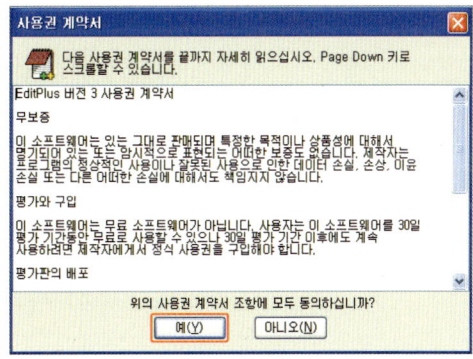

02 정식 라이선스를 구입한 경우에는 사용자 이름과 등록 코드를 입력한 후 등록하기 버튼을 클릭합니다. 만약 정식 라이선스를 구입하지 않은 경우 평가하기 버튼을 클릭하면 30일 동안 무료로 평가판을 사용할 수 있습니다(설치 후 등록 코드 입력 창은 처음 실행 시에만 나타납니다.).

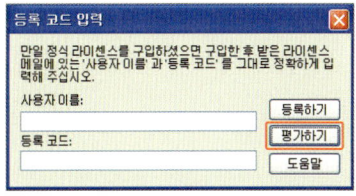

03 평가판임을 알리는 메시지 창이 나타났을 때 동의함 버튼을 클릭하면 에디트플러스를 실행할 수 있습니다.

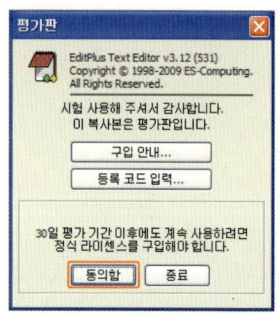

04 에디트플러스가 실행되면 도구 메뉴의 기본 설정 메뉴를 클릭합니다.

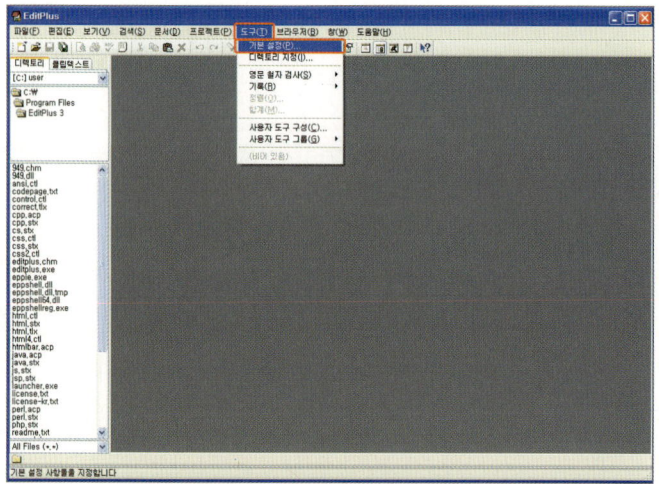

05 기본 설정 창이 나타나면 일반 항목의 옵션을 다음과 같이 지정합니다.

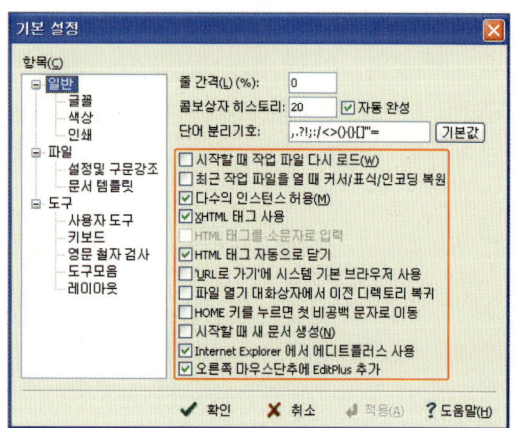

파이어폭스 및 부가 기능 설치

웹 표준을 지원하는 다양한 웹 브라우저를 대상으로 실습을 진행하기에 앞서 파이어폭스(FireFox)를 설치하겠습니다. 파이어폭스는 비영리 재단인 모질라에서 2004년도에 발표한 웹 브라우저로 누구나 자유롭게 참여할 수 있는 오픈 소스를 기반으로 개발되었으며, 주요 기능으로는 탭 브라우징, 맞춤법 검사, 통합 검색, 라이브 북마크, 다운로드 관리자 및 사용자가 원하는 검색엔진을 사용할 수 있는 통합 검색 시스템이 제공됩니다.

◉ 파이어폭스 설치하기

01 모질라 홈페이지(http://www.mozilla.or.kr/ko)에 접속한 후 파이어폭스를 다운로드하기 위해 무료 다운로드 버튼을 클릭합니다.

02 파일 다운로드 – 보안 경고 창이 나타나면 실행 버튼을 클릭합니다.

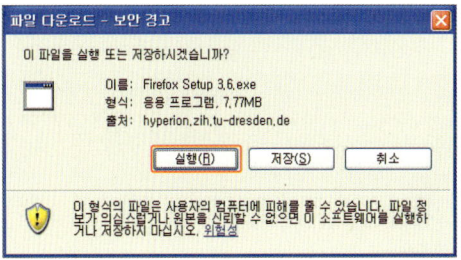

03 파이어폭스의 실행을 위해 설치 파일을 다운로드
합니다(설치를 위해 실행 파일을 다운로드하는 동안 잠
시 기다립니다.).

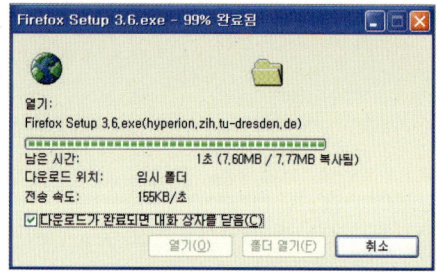

04 소프트웨어 설치를 위한 보안 경고 창
이 나타나면 실행 버튼을 클릭합니다.

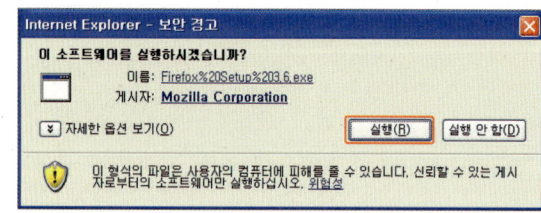

05 설치를 하기 위해 압축을 푸는 동안 잠시 기다립니다.

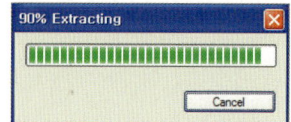

06 파이어폭스 설치 첫 단계로 설치 마법사
창이 나타나면 다음 버튼을 클릭합니다.

07 설치 방법을 선택하는 창이 나타나면 기본 설치를 선택한 후 다음 버튼을 클릭합니다.

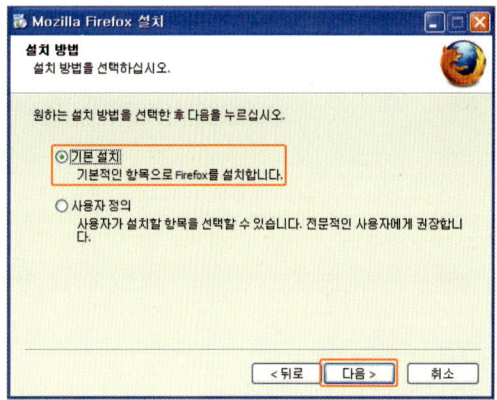

08 파이어폭스 설치 디렉터리를 확인한 후 Firefox를 기본 웹 브라우저로 사용 항목을 클릭한 후 설치 버튼을 클릭합니다.

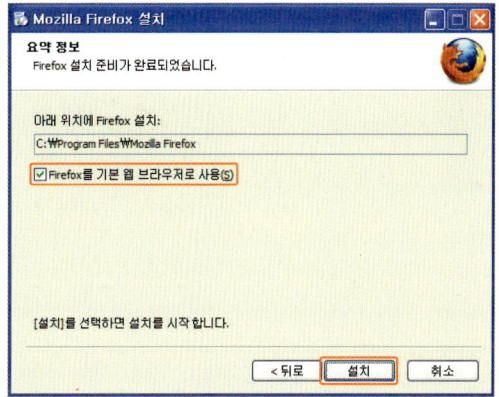

09 파이어폭스를 설치하는 동안 잠시 기다립니다.

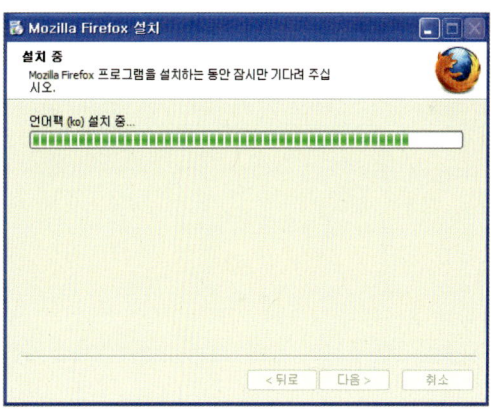

10 파이어폭스 설치 마법사 완료 후 Mozilla Firefox 바로 실행을 선택한 후 완료 버튼을 클릭합니다.

11 파이어폭스 설치 후 가져오기 마법사 창이 나타나면 가져오기 옵션을 선택한 후 다음 버튼을 클릭합니다(가져오기 옵션 중에서 Microsoft Internet Explorer를 선택하면 Explorer 웹 브라우저의 북마크, 즐겨찾기 등의 데이터를 파이어폭스로 복사하여 가져옵니다.).

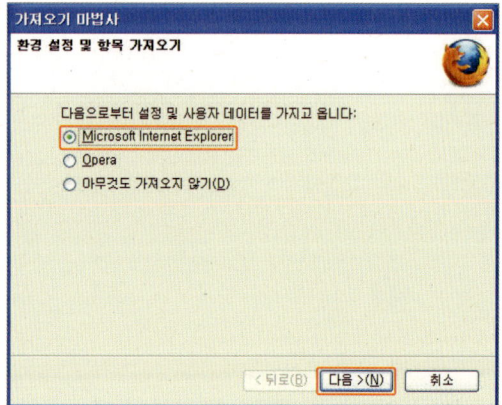

12 'Firefox 시작하기, 빠른 검색 기능을 제공합니다.'를 선택한 후 다음 버튼을 클릭합니다.

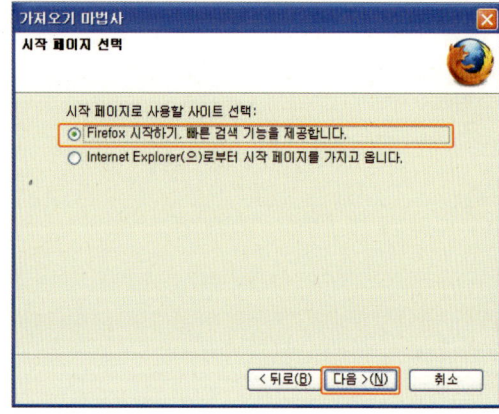

13 가져오기 마법사를 이용하여 가져오기가 끝나면 완료 버튼을 클릭합니다.

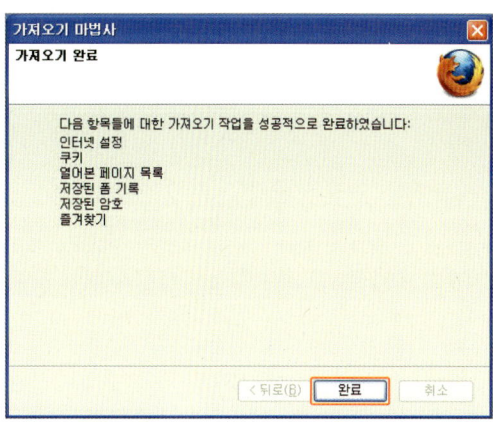

14 파이어폭스 설치가 완료되면 자동으로 파이어폭스가 실행됩니다.

⊙ 부가 기능(Add-ON) 설치하기

파이어폭스의 장점은 다양하고 강력한 부가 기능에 있습니다. 그 중에서도 웹 표준 관련 프로젝트를 수행할 때 도움이 될 수 있는 부가 기능을 다운로드해 보겠습니다. 부가 기능을 다운로드하여 설치하기 위해서는 파이어폭스 도구 메뉴의 부가 기능을 선택한 후 전체 검색 창에서 설치하고자 하는 부가 기능을 검색하여 설치하거나 구글과 같은 검색엔진에서 해당 부가 기능을 별도로 검색하여 설치할 수도 있습니다.

다음에 소개된 부가 기능을 검색하여 파이어폭스에 설치해 봅시다.

파이어버그(Firebug)

웹 페이지 디버깅 툴로, 마크업 코드, CSS 코드, 자바스크립트 오류, DOM 구조, 레이아웃 구조, 객체별 다운로드 속도 등과 같은 다양한 기능을 제공하며 웹 개발 시에 유용한 도구입니다.

다운로드 및 설치하기

01 www.google.co.kr에서 'firebug 부가 기능' 으로 검색한 후 검색된 목록 중에서 Firebug :: Firefox 부가 기능 항목을 선택합니다.

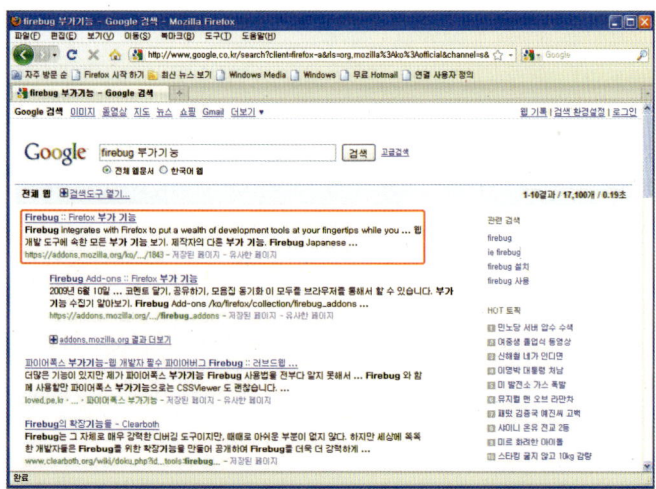

02 Firebug 부가 기능 설치 페이지에 접속한 후 Firefox에 추가 버튼을 클릭합니다.

03 소프트웨어 설치 창에서 설치를 위한 버튼이 활성화되면 지금 설치 버튼을 클릭합니다.

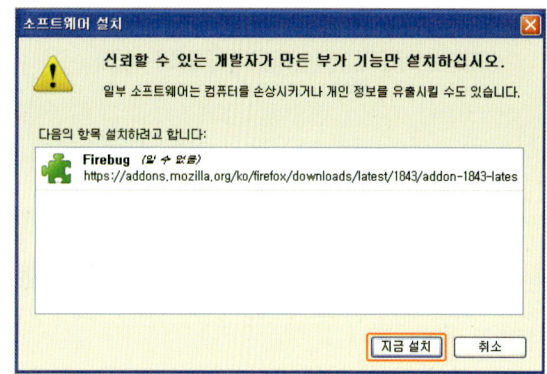

04 파이어버그의 설치가 완료되면 Firefox 다시 시작 버튼을 클릭하여 설치를 마칩니다.

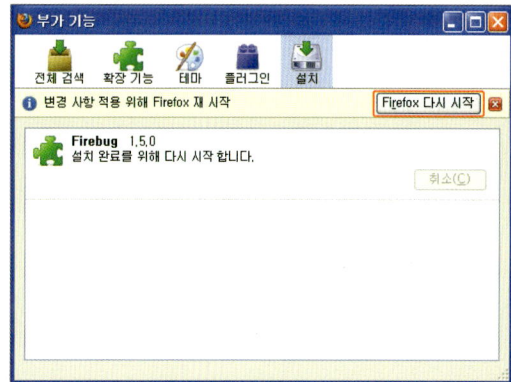

05 파이어버그의 실행을 위해 F12를 누르거나 보기 메뉴에서 Firebug를 선택하면 웹 페이지의 소스를 확인할 수 있습니다.

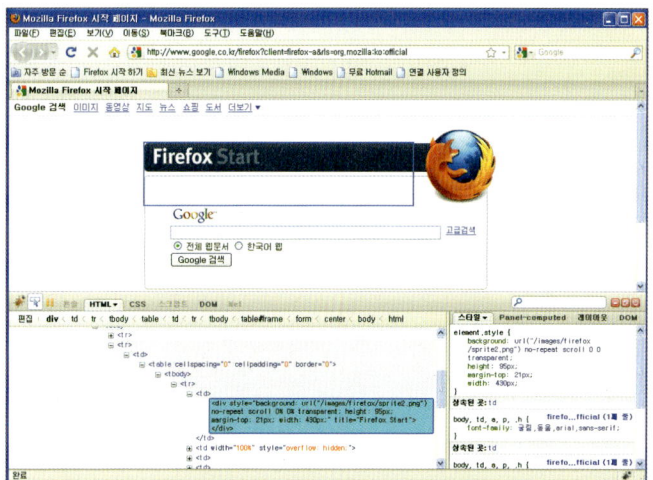

웹 개발 툴(Web Developer)

Web Developer는 웹 개발 시 필수적인 플러그인으로, CSS 적용을 해제하거나 웹 페이지의 이미지를 제거하여 대체 텍스트를 확인하는 등의 점검 시에 활용할 수 있는 도구들로 구성되어 있습니다.

다운로드 및 설치하기

01 www.google.co.kr에서 'web developer 부가 기능'으로 검색한 후 검색된 목록 중에서 Web Developer::Firefox 부가 기능 항목을 선택합니다.

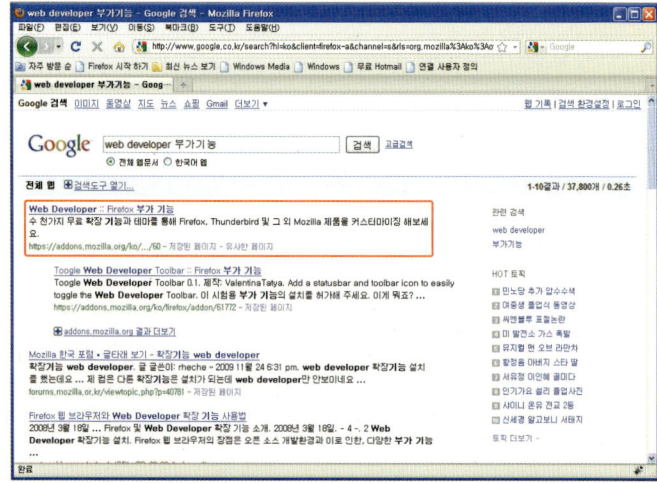

02 Web Developer 부가 기능 설치 페이지에 접속한 후 Firefox에 추가 버튼을 클릭합니다.

03 소프트웨어 설치 창에서 설치를 위한 버튼이 활성화되면 지금 설치 버튼을 클릭합니다.

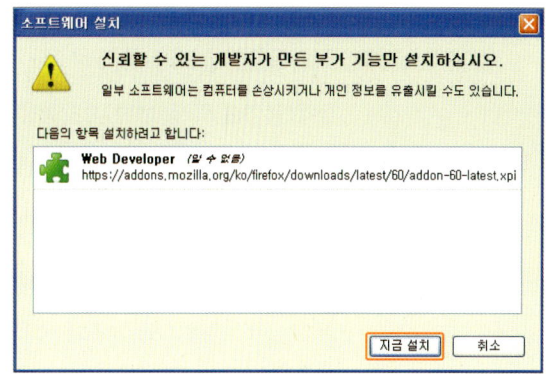

04 Web Developer의 설치가 완료되면 Firefox 다시 시작 버튼을 클릭하여 설치를 마칩니다.

05 파이어폭스 실행 창에서 Web Developer가 설치된 것을 확인할 수 있습니다.

Html 유효성 검사(Html Validator)

웹 개발 시 필수 플러그인으로 Tidy, SGML 파서, 병행 등의 다양한 알고리즘 기준으로 HTML 또는 XHTML의 문법적 오류를 검수해 주는 부가 기능입니다. 우측 하단에 아이콘이나 오류 내용을 보여 주며, 더블클릭 시 상세 내용을 볼 수도 있습니다.

다운로드 및 설치하기

01 www.google.co.kr에서 'html validator 부가 기능'으로 검색한 후 검색된 목록 중에서 Html Validator::Firefox 부가 기능 항목을 선택합니다.

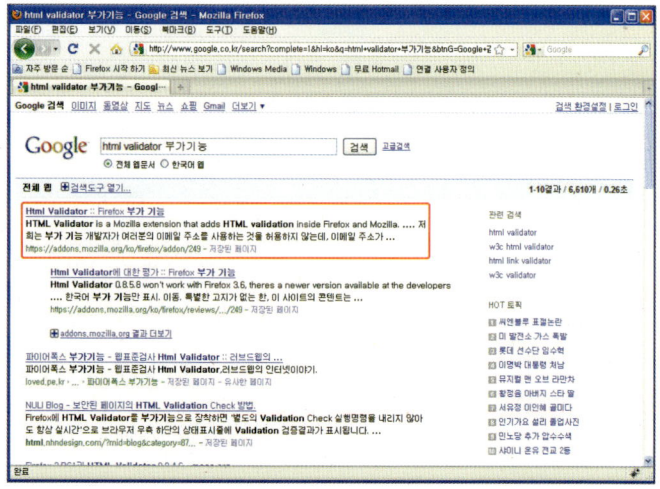

02 Html Validator 부가 기능 설치 페이지에 접속한 후 Firefox에 추가 버튼을 클릭합니다.

03 소프트웨어 설치 창에서 설치를 위한 버튼이 활성화되면 지금 설치 버튼을 클릭합니다.

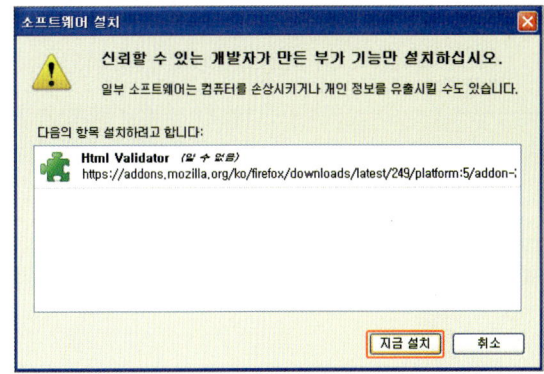

04 Html Validator의 설치가 완료되면 Firefox 다시 시작 버튼을 선택하여 설치를 마칩니다.

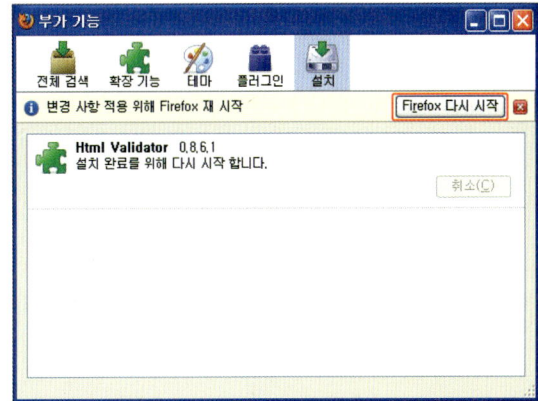

05 Html Validator를 설치한 후 파이어폭스를 다시 시작하면 Html Validator의 'HTML 검증기 : 알고리즘 선택' 창이 나타납니다. W3C에서 제공하는 Validator와 동일한 결과를 보기 위해서는 검증기 알고리즘 중에서 SGML 파서를 선택합니다.

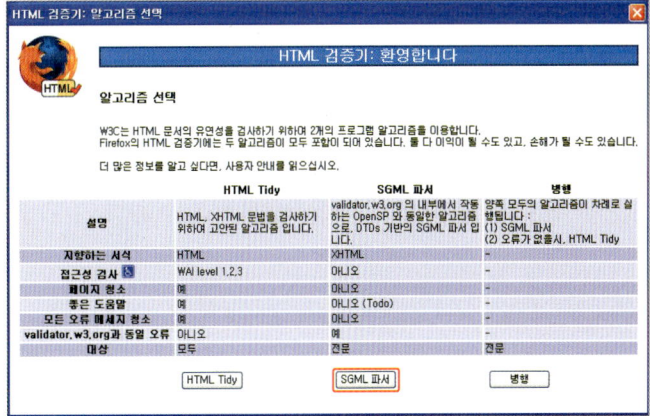

06 Html Validator의 검증기 알고리즘을 변경하거나 우측 하단의 경고 아이콘을 아이콘과 글자 형태로 보고자 할 경우에는 도구 메뉴의 Html 검증기 선택사항을 선택하여 변경할 수 있습니다.

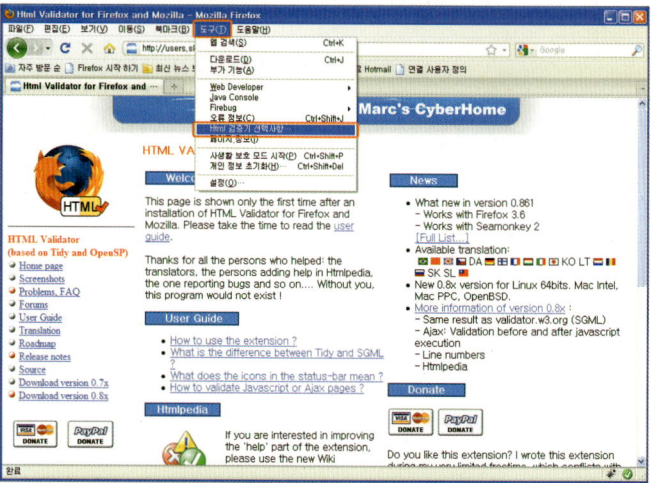

07 Html 검증기 선택사항 창에서 상태 막대 내 표시 방법은 아이콘 및 글자로 지정합니다.

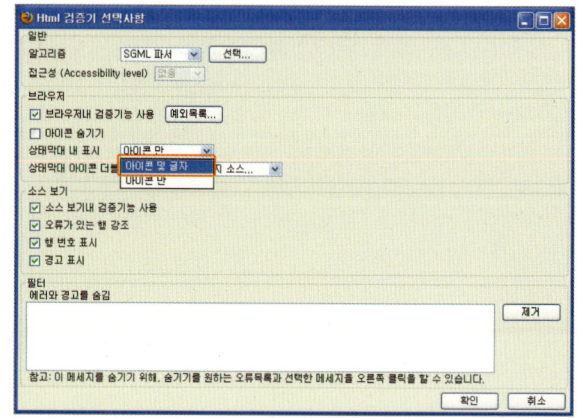

08 우측 하단에 있는 상태 막대를 통해 오류와 경고를 확인할 수 있으며 자세한 오류의 내용이나 해당 웹 페이지의 소스를 확인하고자 할 경우에는 해당 아이콘이나 글자를 더블클릭합니다.

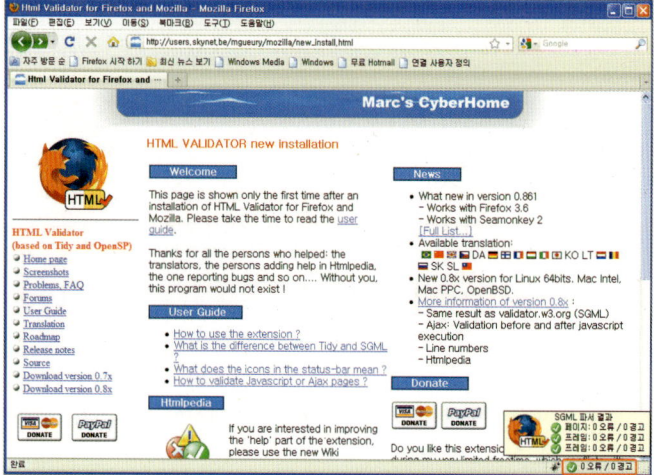

09 소스 창이 실행되면서 해당 웹 페이지의 HTML 소스 및 오류를 확인할 수 있습니다.

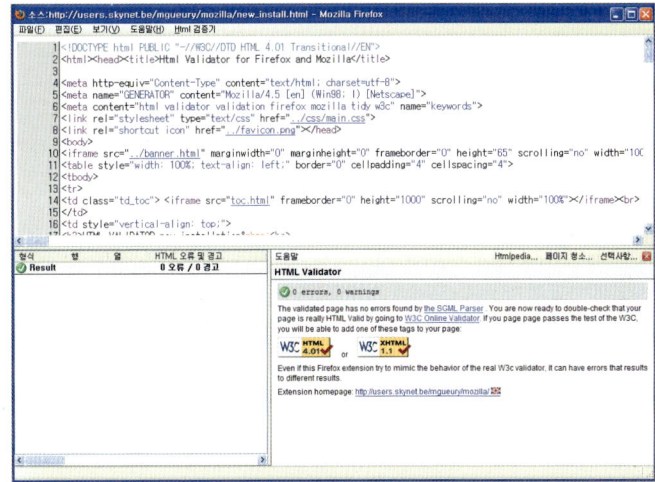

10 파이어폭스에 필요한 부가 기능이 모두 설치된 경우 부가 기능 창에 아래와 같이 나타납니다.

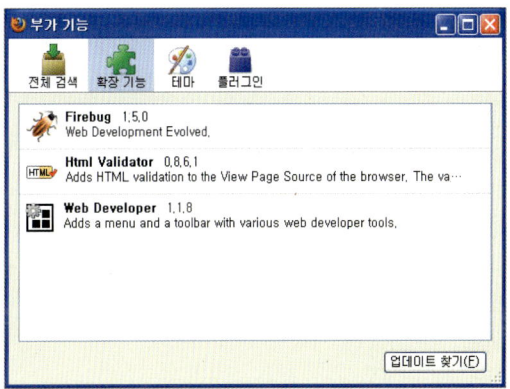

02 웹(World Wide Web)

웹(WWW) 서비스

우리가 흔히 '인터넷'이라고 부르는 웹(World Wide Web)은 2009년에 탄생 20주년을 맞이했습니다. 웹은 1989년 유럽분자물리학연구소(CERN)에서 근무하고 있던 팀 버너스 리 경이 여기저기 흩어져 있는 물리학자들의 자료를 연결하여 쉽게 주고받기 위해 정보를 링크하는 기본 시스템을 제안한 데서 비롯되었습니다. 이 시스템은 모든 요소에 고유한 주소를 할당할 수 있는 방법, 링크한 정보를 전송하는 규약, 마지막으로 정보를 인코딩하는 언어의 세 부분으로 이루어집니다. 그는 TCP/IP와 DNS 등의 기술을 기반으로 하여 HTTP를 만들었고, 웹의 마크업 언어인 HTML을 고안했으며, 심지어 직접 NeXT용 웹 브라우저까지 설계했습니다. 이후 많은 웹 브라우저들이 개발되면서 웹은 점차 대중화될 수 있었습니다.

웹의 동작 방식은 서버(Server)와 클라이언트(Client)의 형태를 띄며, 클라이언트가 웹 브라우저를 통해 특정 콘텐츠를 요청하면 서버는 클라이언트의 요청에 응답하는 형식으로 이루어져 있습니다. 웹 브라우저가 웹 서버에 콘텐츠를 요청하고 응답하는 과정을 좀 더 자세히 살펴볼까요?

❶ 사용자가 웹 브라우저의 주소 입력 창에 특정 웹 서버의 주소(URL)를 입력합니다.

❷ 웹 브라우저는 현재 사용자의 컴퓨터와 연결되어 있는 DNS(Domain Name System) 서버를 통해 해당 주소(URL)를 IP 주소로 전환하고, 라우터를 통해 해당 IP를 검색한 후 해당 IP를 가진 서버에 연결을 요청합니다.

❸ 연결 요청을 받은 서버에서 IP를 확인한 후 연결을 허용한다는 답을 송신자의 IP로 보내면 웹 브라우저에서는 해당 서버에 필요한 데이터를 요청합니다.

❹ 웹 브라우저를 통해 데이터의 요청을 받은 서버에서는 요청한 IP로 해당 데이터를 전송하고, 웹 브라우저에서는 해당 데이터를 다운로드하여 임시 공간에 저장한 후, 해당 데이터를 메모리에 올려 웹 문서를 웹 브라우저 화면에 표시합니다.

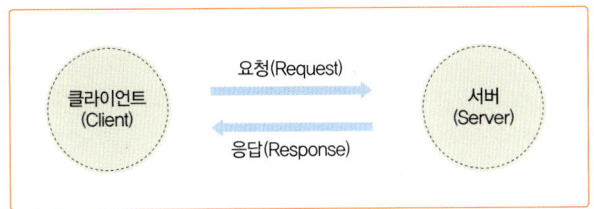

 여기서 잠깐

WWW의 숨은 이야기

1991년 웹은 로열티 없이 일반인에게 공개되었기 때문에 누구나 참여할 수 있었고, 크게 성장할 수 있었습니다. 만약 웹의 로열티를 받았다면 웹을 개발한 팀 버너스 리 경은 빌게이츠 부럽지 않은 억만장자가 될 수도 있었을 텐데 말이죠.

 용어 설명

서버(Server), 클라이언트(Client), 도메인(Domain)

서버? 클라이언트? 도메인?

처음에는 마음에 잘 와 닿지 않는 용어들일텐데요, 지금부터 좀 더 쉽게 이러한 용어들을 살펴보겠습니다. 웹 사이트를 흔히 '홈페이지'라고도 부르죠? 자, 그러면 '홈(집)'이라는 단어와 연결하여 웹 사이트를 제작하기 위해 필요한 것들을 집을 짓는 과정(homepage)에 비유해 보겠습니다.

일단 집을 지으려면 집이 지을 공간이 필요합니다. 공간이 준비되면 다양한 도구를 사용하여 원하는 형태의 집을 만들게 될 것입니다. 집을 다 지으면 다른 사람들이 쉽게 기억하거나 식별할 수 있는 주소가 필요합니다. 자, 이렇게 간단하게 집을 완성했습니다.

여기서 집을 지을 공간이 바로 '서버(Server)'라고 볼 수 있습니다. 서버라는 공간에는 살아가기 위해 필요한 모든 생필품들이 구비되어 있을 것입니다. 그러다면 도메인은 무엇이고, 서버와는 어떻게 다를까요? 도메인(Domain)은 실제 집의 주소라고 생각하면 됩니다. 행정 구역상 국가에서 해당 집(공간)을 인식하고 구별할 수 있는 주소를 말하는 것이죠. 가끔 도메인만을 구매한 사용자가 집을 어떻게 지을지 몰라 난감해 하는 경우가 있는데, 도메인만 구매한 경우에는 식별할 수 있는 주소만 있는 상태이기 때문에 집을 지을 공간(서버)이 따로 필요합니다.

서버와 도메인에 대해 이해를 하였으면 마지막으로 클라이언트(client)에 대해서도 알아보겠습니다. 어느 날 누군가가 지어 놓은 집(서버)에 있는 물건이 필요합니다. 이때 해당 집주인에게 필요한 물건을 빌려달라고 요청해야 하는데, 여러분이라면 어떤 수단을 이용하여 요청할까요? 전화로? 또는 직접 만나서? 이때 요청 수단으로 사용하는 전화 같은 것들을 클라이언트라고 생각하면 됩니다.

여기서 잠깐

웹 브라우저의 과거와 W3C

1991년에 발표된 HTML은 문단, 링크, 제목, 목록 등 문서의 구조를 표현할 수 있는 간결한 언어였습니다. 1993년 4월 미국 일리노이 대학에서 학생들이 개발한 모자이크 브라우저의 등장으로 웹을 접하게 된 사람들이 늘어나고, 여기저기에서 웹 사이트가 생기기 시작했습니다. 점점 사람들은 자신의 문서에 담긴 글자를 기울이거나, 크고 굵게 강조하거나, 색을 입히거나, 그림을 넣고 싶어 했습니다. 하지만 HTML은 구조적인 정보만 담는 마크업 언어였기 때문에 이런 일들을 처리할 수 없었습니다.

이후 모자이크 브라우저에 img 요소를 추가하면서 웹 브라우저에서 이미지를 볼 수 있게 되었고, 뒤에 등장한 넷스케이프에서는 font 요소를 도입하여 색상, 글꼴, 크기와 같은 글꼴 속성을 지원하게 되었습니다. 이 밖에도 배경 이미지를 위한 background, 글자를 반짝이게 하는 blink 요소가 추가되었습니다. 여기에 라이벌로 등장한 마이크로소프트사의 인터넷 익스플로러에는 텍스트가 흐르는 것처럼 보이게 해 주는 marquee 요소, 웹 페이지 안에 다른 웹 페이지를 불러올 수 있는 iframe 요소, 음악을 재생하는 bgsound 등의 독자적인 HTML 요소가 추가되었습니다.

웹 브라우저의 점유율을 높이기 위해 시작된 이러한 일들은 배타적인 기술이 도입되면서 같은 웹 페이지가 웹 브라우저마다 다르게 보이거나 특정 요소는 지원되지 않는 등의 혼란을 야기시켰습니다. 또 HTML은 〈font color="red" size="14" face="돋움"〉첫 제목〈/font〉와 같이 문서의 구조나 의미를 갖지 못하고, 웹 브라우저가 화면에 표시하는 방법을 나타내는 의미 없는 표현 요소들로 채워졌습니다. W3C에서도 이러한 문제점들을 인식하고 그 해결책을 찾게 되었는데, 그 결과로 1996년에 CSS 권고안이 발표되었습니다. 이로써 CSS는 테이블 없이 레이아웃을 지정하거나, 사용자들이 자신의 웹 사이트를 쉽게 꾸밀 수 있는 도구로 자리 잡게 되었습니다.

이를 통해 W3C는 표준을 발표하고 무조건 이에 따르라는 선언적 방식이 아니라 통합적 방식으로 전환하는 계기를 마련하였습니다. 1998년에는 웹 사이트의 제작 비용과 복잡함을 줄이고, 모든 웹을 장기적으로 유지할 수 있도록 지지하는 웹 표준화 프로젝트(WaSP ; Web Standards Project)가 등장했습니다. 이 모임은 웹 브라우저 제작 업체들에게 웹 표준을 준수해 줄 것을 강력하게 요청함으로써 웹 브라우저 전쟁을 종식시키는 데에 큰 역할을 했고, 이러한 노력 덕분에 현재의 웹 브라우저들이 웹 표준을 지원하게 되었습니다(웹 표준화 프로젝트 사이트 : http://www.webstandards.org).

인터넷 익스플로러도 6, 7 버전과의 호환성의 문제 속에서 웹 표준을 지원(Acid2 Test를 통과)하는 8 버전이 등장하게 되었습니다. W3C에서는 HTML 5가 2004년부터 제정되기 시작하여 2014년 권고를 목표로 진행되고 있으며, 아울러 CSS 3도 진행 중입니다(참고 : http://www.w3.org/TR/html5, http://www.w3.org/Style/CSS/current-work).

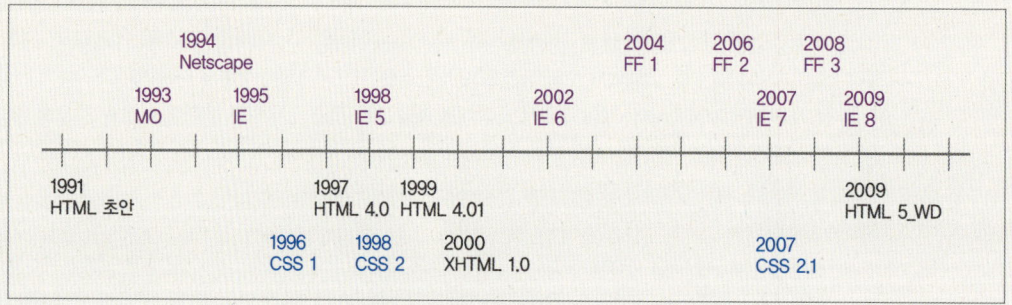

▲ HTML, CSS 그리고 웹 브라우저의 역사(IE : 마이크로소프트 인터넷 익스플로러, FF : 모질라 파이어폭스)

웹 프로그램은 수행되는 위치에 따라 클라이언트 측과 서버 측으로 분류할 수 있으며, 컴파일의 여부에 따라 '컴파일 방식'과 '비컴파일 방식(Script 포함)'으로 나눌 수 있습니다. 클라이언트가 요청한 파일이 서버의 우선 처리 없이 클라이언트에 도착한 후 웹 브라우저로 수행되면 '클라이언트 측'으로 분류하고 서버에서 우선 처리한 후 클라이언트에서 수행되면 '서버 측'으로 분류합니다.

 여기서 잠깐

Q HTML 이전에 다른 마크업 언어도 있었나요?

A HTML의 모체로 SGML이 있습니다. 1969년도에 IBM에서 일하는 찰스 골드파브(Chales Goldfarb), 에드워드 모셔(Edward Mosher), 그리고 레이먼드 로리(Raymond Lorie) 등이 수천 건의 전자 문서를 편집 및 공유, 재사용할 수 있는 방법으로 GML(Generalized Markup Language)을 개발한 후, 1980년대 중반에 SGML(Standard Generalized Markup Language)로 완성했습니다. 전자 문서 시스템의 역사 안에서 하나의 표준으로 자리 잡은 SGML은 당시로서는 혁명적인 일이었지만, 다양한 기능을 제공하려다 보니 보편적으로 사용하기에는 너무 복잡했고, 이것을 제대로 활용할 수 있는 곳도 거의 없었습니다. 이렇게 복잡한 SGML을 벗어나 누구나 사용하기 쉽도록 한 것이 바로 웹(World Wide Web)과 함께 탄생한 HTML입니다.

 용어 설명

URI, URL, URN

URI는 'Uniform Resource Identifier'의 약자로, 웹에 있는 다양한 자원을 식별할 수 있는 수단을 의미합니다. URI의 가장 보편적인 형태로는 URL(Uniform Resource Locator)이 있습니다. URL은 URI의 한 형태이자, 부분 집합이라고 할 수 있습니다. URL은 자원에 접근하는 데 필요한 프로토콜, 도메인, 파일의 경로 및 접근할 파일명 등으로 구성되어 있으며, 형식은 다음과 같습니다.

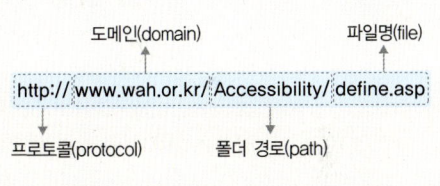

URN(Uniform Resource Name)은 불변의 의미를 가지는 이름으로 인터넷 자원을 찾는 방식을 말합니다. URN은 경우에 따라 URL이 될 수도 있기 때문에 비슷하게 보일 수 있습니다. 하지만 URL이 프로토콜, 도메인 등 자원의 위치를 알아야 자원을 찾을 수 있는 형식인데 비해, URN은 자원의 이름만으로 자원을 찾을 수 있다는 것이 다릅니다.

 용어 설명

컴파일(Compile)

사람이 컴퓨터에게 일을 시키기 위해서는 컴퓨터와 사람 간의 공통적인 대화 수단이 필요합니다. 그러나 불행하게도 컴퓨터는 사람의 말을 이해하지 못하고, 사람 또한 컴퓨터가 인식할 수 있는 기계어를 알지 못합니다. 그래서 사람과 컴퓨터가 이해할 수 있도록 중간에서 통역을 이용하여 서로 간의 의사소통이 가능하도록 하였는데 이러한 통역의 역할을 컴파일이라고 합니다.

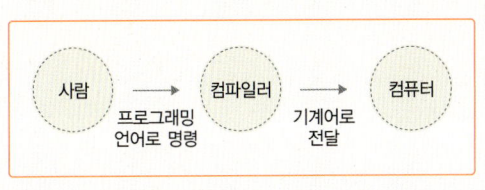

클라이언트 측(client side)	서버 측(server side)
(X)HTML, CSS, DOM, ECMA Script, XML 등	ASP, JSP, PHP 등

웹 페이지는 '정적 페이지'와 '동적 페이지'로 분류할 수 있는데, 정적 페이지는 서버가 보이는 데이터 그대로를 클라이언트에게 반환하고, 동적 페이지는 요청한 페이지가 서버에서 클라이언트의 요구에 맞게 변환하여 보여집니다. 동적 페이지는 실제 1개의 페이지로, 사용자에 따라, 시간에 따라, 장소에 따라 다른 페이지로 변경할 수 있다는 점에서 정적 페이지와 다릅니다. 동적 페이지는 대부분 서버 측 웹 프로그래밍을 이용하며 구현할 수 있고, 서버 측 프로그램은 실행 방식에 따라 (구) CGI 방식과 어플리케이션 방식으로 구분할 수 있습니다. 다음은 서버 측 웹 프로그래밍에 대한 설명입니다.

⊙ CGI(Common Gateway Interface)

CGI는 웹 서버(정보 제공 측)와 클라이언트(정보 이용 측) 간에 필요한 정보를 교환할 수 있게 해 주는 일종의 인터페이스입니다. CGI는 가장 먼저 개발된 언어로, 웹 서버와 외부 프로그램 사이에서 정보를 주고받는 방법이나 규약을 말하며, 서버를 경유하여 데이터베이스 서버에 질의를 요구하는 대화형(동적) 웹 페이지를 작성할 때 이용합니다. CGI는 CGI의 규약만 준수한다면 어떠한 언어라도 사용할 수 있다는 것이 장점입니다. 게이트웨이의 개발 언어로는 유닉스 플랫폼에서의 Perl, 윈도우에서의 비주얼베이직 등이 있습니다.

⊙ ASP(Active Server Page)

ASP는 웹 서버에서 많이 사용하는 CGI보다 서버 부담을 덜 수 있다는 측면에서 각광받고 있습니다. CGI에 대응하기 위해 마이크로소프트 IIS(Internet Information Server)에서 만든 ASP는 서버 기반 기술로써 WWW이나 인트라넷에 사용할 수 있는 대화형 HTML 페이지를 제작할 수 있도록 고안된 언어입니다.

⊙ PHP(Personal HomePage tools, Professional HyperText Preprocessor)

PHP는 1994년 가을 Rasmus Lerdorf가 처음 고안하였고, 1995년 초부터 외부에서 사용되었는데, 그때부터 'Personal Home Page Tools'라고 불렀습니다. PHP는 서버에서 해석되는 스크립트 언어로, 유사한 언어에는 마이크로소프트사의 ASP가 있습니다. 이러한 서버용 언어는 서버에서 해석한 후 그 결과를 HTML 형태로 만들어 클라이언트(웹 브라우저)로 보내므로 내부 소스 코드를 볼 수 없습니다. PHP는 ASP처럼 특정 영역에서만 동작하지 않고 C 언어의 문법과 유사하기 때문에 기존의 개발자들이 좀 더 쉽게 접근할 수 있고, 적은 명령어로 프로그래밍이 가능하다는 장점이 있습니다. 그러나 컴포넌트의 문제 등 지원하는 기능이 미약하다는 단점도 있습니다.

⊙ Servlet/JSP

서블릿(Servlet ; Server+Applet)

서블릿(Servlet)은 선(Sun)에서 발표한 기술로, 자바 언어를 기반으로 동적인 콘텐츠를 생성하는 기술을 제공합니다. 서블릿은 자바와 거의 같은 형식으로 되어 있기 때문에 쉽게 작성할 수 없습니다. 또, 코드에 HTML 코드가 혼재되어 있어서 작업의 분리적인 측면에서 볼 때 효율성이 떨어진다는 단점이 있습니다.

JSP(Java Server Pages)

기본적으로 JSP는 자바 서블릿(Java Servlet)과 같습니다. JSP는 웹 전용 스크립트 언어로, PHP나 ASP와 문법은 비슷하지만 자바의 막강한 기능을 그대로 가지고 있기 때문에 더욱 강력한 서버측 언어입니다. JSP는 서블릿처럼 자바를 기반으로 만들어졌으며, 서블릿과 달리 ASP나 PHP처럼 HTML 태그 사이에 자바 코드가 들어간 형태입니다. JSP는 스크립트 언어 형식으로 프로그램을 작성할 수 있으며, 사용자가 직접 태그를 정의해서 사용할 수 있는 사용자 정의 태그 기능으로 인해 보다 쉽게 프로그램을 개발하고 효율적으로 웹 사이트를 구성할 수 있습니다.

시맨틱 웹

웹의 미래는 '참여', '공유', '개방'을 의미하는 웹 2.0에서 '개인화', '지능화'의 웹 3.0으로 변화하고 있습니다. 그렇다면 웹 3.0의 의미하는 지능화는 무엇을 뜻할까요? 바로 차세대 지능형 웹인 시맨틱 웹(Semantic Web)을 말합니다. 시맨틱 웹은 웹의 모든 잠재력을 이끌어낼 수 있는 방법으로, 시맨틱 웹의 정확한 의미는 인간만 이해하는, 웹이 아닌 기계가 이해할 수 있는, 더 나아가 기계 처리가 가능한 웹을 의미합니다. 시맨틱 웹은 월드 와이드 웹(WWW)의 창시자인 팀 버너스 리경의 저서인 『Weaving the Web』에서 처음 소개한 개념으로, 우리나라에서는 『월드 와이드 웹 : 당신이 꿈꾸는 인터넷 세상』이라는 번역서로 출간되었습니다.

시맨틱 웹은 웹 표현 방식인 HTML의 한계를 극복하기 위해 등장한 XML 언어를 기반으로 하는 차세대 웹으로, 시맨틱 웹이 구현하려는 환경은 인간의 언어 구조가 기계에게도 이해될 수 있도록 하는 것입니다. 시맨틱 웹은 현존하는 웹(WWW)을 대체하는 개념이 아니라 좀 더 체계화하는 데에 목적이 있습니다. 이러한 시맨틱 웹을 위한 첫걸음으로 의미를 살린 마크업이 필요합니다. 제목은 제목의 의미를 가진 요소로, 목록 콘텐츠는 목록의 의미를 가진 요소로 마크업하고, 요소에 id나 class를 이용하여 의미를 가지는 네이밍(naming)을 사용하는 것이 바람직하다고 할 수 있습니다.

이제 시맨틱 마크업에 대해 살펴보겠습니다. 예를 들어 다음과 같이 이름과 학번이 들어간 계절학기 수강신청자 명단을 정리할 경우 어떻게 나타내는 것이 가장 좋을까요?

> 계절학기 수강신청자 명단
> 방미희 120701
> 홍길동 122392
> 김철수 212301
> 권희숙 120321
> 정태영 221928

눈에 보이는 형태만 고려해서 웹에 정보를 올린다고 가정하면 다음과 같이 표현할 수 있습니다.

> 〈p〉계절학기 수강신청자 명단〈/p〉
> 〈p〉방미희 120701〈br /〉
> 홍길동 122392〈br /〉
> 김철수 212301〈br /〉
> 권희숙 120321〈br /〉
> 정태영 221928〈br /〉〈/p〉

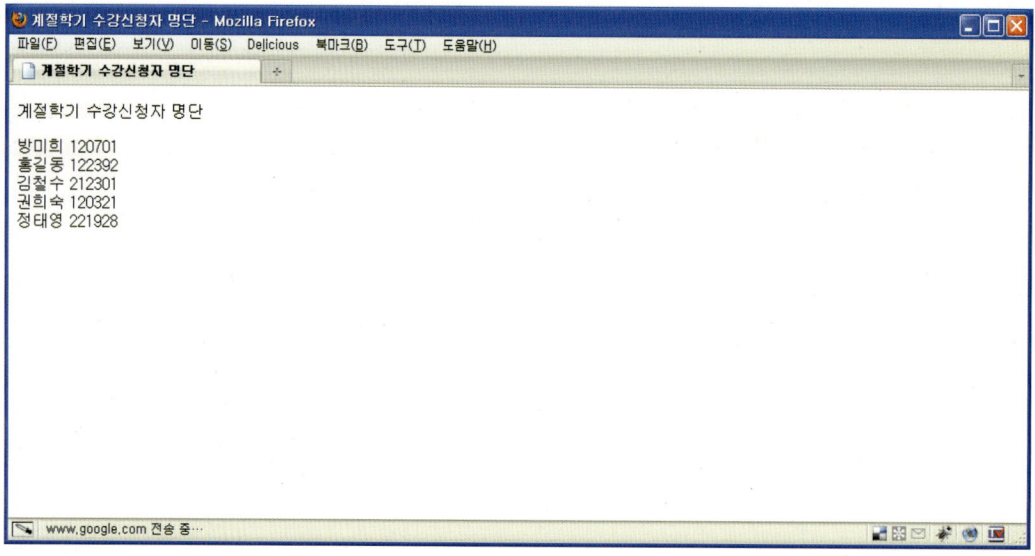

▲ 계절학기 수강신청자 명단 마크업 문서

위의 내용을 보면 '계절학기 수강신청자 명단'이라는 제목과 학생 목록에 단락을 의미하는 p 요소를 동일하게 사용하고 있습니다. 그리고 이름과 학번을 구분하기 위해 줄바꿈 br 요소를 사용하여 한 줄씩 내려서 표시했습니다.

위와 같이 작성하여도 웹 브라우저에서는 위와 동일하게 나타날 것입니다. 눈으로만 볼 때는 '계절학기 수강신청자 명단'은 '제목', '방미희 120701'은 '명단'이라고 이해할 수 있지만, 검색엔진이나 시각장애인을 위한 스크린 리더에서는 단순한 텍스트 단락만으로 인식되어 정보가 가지고 있는 의미인 '제목'이나 '명단'의 의미를 파악하지 못하게 됩니다. 이 경우 '제목'의 의미인 h1 요소를 사용하여 이 문서의 제목 정보를 가질 수 있도록 하고, 학생 명단은 '목록'의 의미를 가진 ul 요소를 사용해야 합니다.

```
<h1>계절학기 수강신청자 명단</h1>
<ul>
    <li>방미희 <em>120701</em></li>
    <li>홍길동 <em>122392</em></li>
    <li>김철수 <em>212301</em></li>
    <li>권희숙 <em>120321</em></li>
    <li>정태영 <em>221928</em></li>
</ul>
```

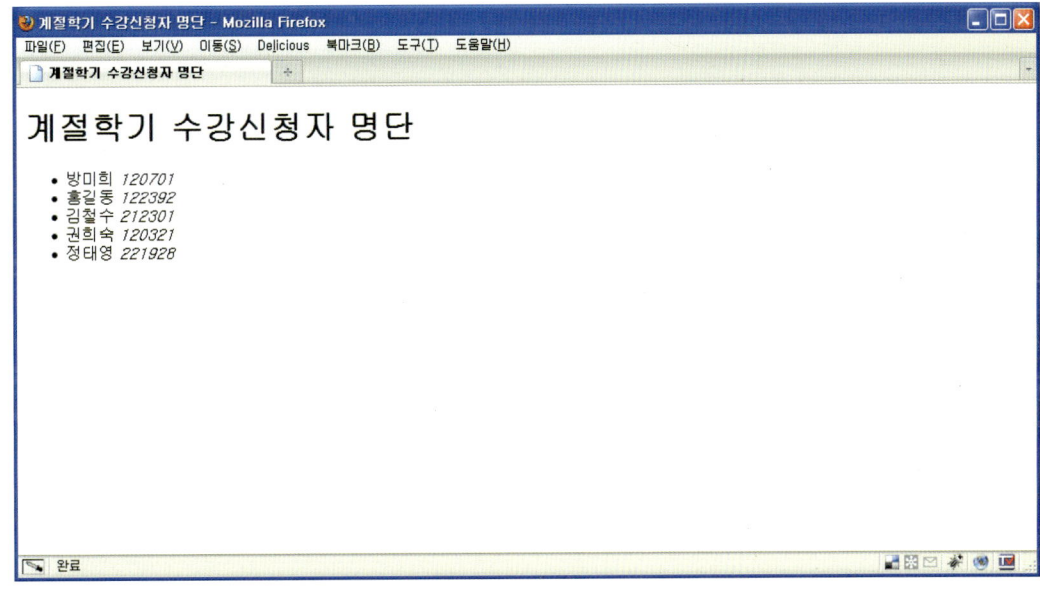

▲ 콘텐츠에 의미를 부여한 계절학기 수강신청자 명단 마크업 문서

위와 같이 구조를 잘 나타내면 보조 기기에서도 어떤 성격을 가진 콘텐츠인지를 파악할 수 있고, 검색 엔진에서도 h1의 정보로 이 문서가 가진 정보를 파악할 수 있습니다(책을 볼 때 본문을 읽기 전에 목차로 내용이나 구조를 먼저 파악하는 것과 비슷합니다.). 시각적인 측면에서도 제목은 크고 두꺼운 텍스트로 표현되고, 목록 형태도 적용되어 보입니다. 이렇게 문서의 구조가 잘 정리되면 디자인을 적용하기가 쉽고, 원하는 부분에 CSS를 적용하기에도 좋습니다.

이왕 설명이 나왔으므로 간단하게 제목은 빨간색 점선 라인으로 가운데 정렬되며, 이름은 굵게, 학번은 녹색으로 기울이지 않게 보이도록 CSS를 작성해 보겠습니다.

```
<style type="text/css">
h1 { border: 3px dotted red; background-color:#FFFFCC; text-align: center;}
/* 제목 빨간 점선, 배경색은 #FFFFCC, 가운데 정렬 */
ul li { font-weight: bold; } /* 목록 텍스트는 굵게 */
ul li em { font-style: normal; color:green; } /* 학번은 기울임 없이 녹색 */
</style>
```

CSS를 적용하고 웹 브라우저에서 확인하면 다음과 같습니다.

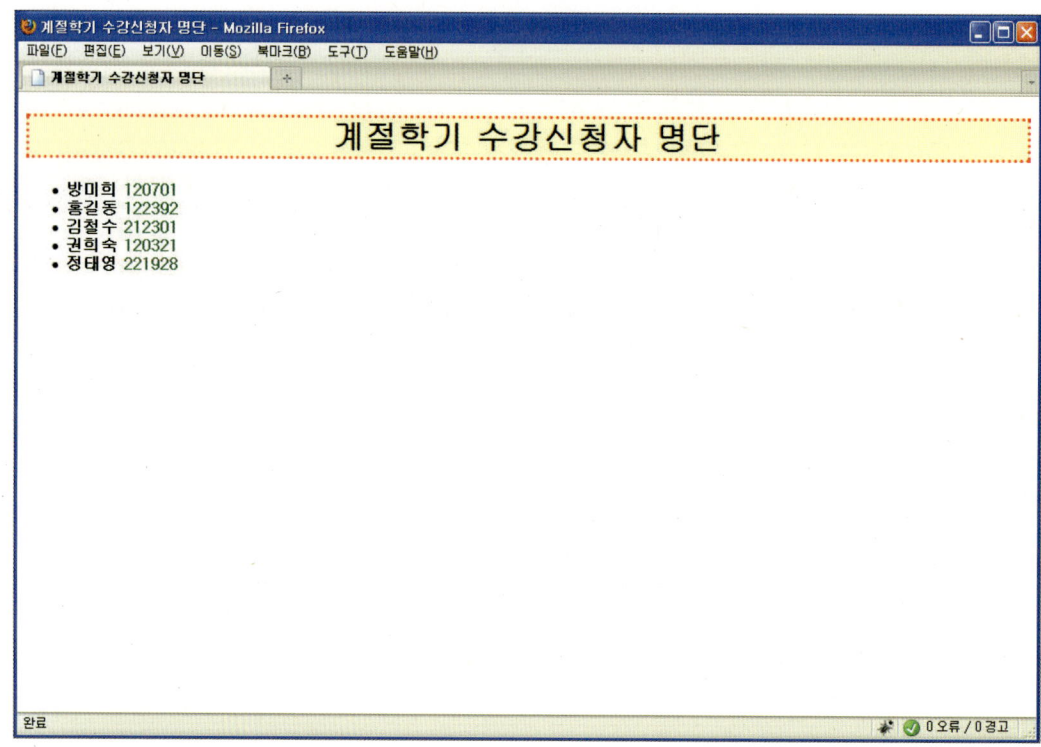

▲ CSS를 적용한 계절학기 수강신청자 명단 미리보기

마크업 문서에 위와 같이 원하는 대로 디자인을 적용하려면 HTML 요소나 디자인을 적용하기 위해 콘텐츠를 구분할 수 있는 class 정보 등을 추가로 작업해야 하는 상황이 발생합니다. h1 요소, p 요소, em 요소, ul 요소, CSS 등을 처음 보면 낯설게 보일 것입니다. 이에 대해서는 뒤에서 자세히 다룰 예정인데, 마크업할 때 이 요소들을 활용하면 다양한 환경에서도 정보의 의미를 정확하게 전달할 수 있습니다.

03 구조를 위한 XHTML

마크업 언어의 분류

마크업 언어에는 크게 순차적 마크업 언어(procedural markup language)와 서술적 마크업 언어 (descriptive markup language)가 있습니다. 순차적 마크업 언어는 한 문서에 기본 데이터, 구조, 표현 정보가 저장되며, 문서 내용을 어떻게 시각적으로 표현할 것인가에 대한 정보를 비롯하여 폰트, 색상, 여백, 줄 간격 등 표현에 관련된 다수의 추가 정보가 포함됩니다. 반면 서술적 마크업 언어는 기본 데이터와 구조만으로 이루어져 있기 때문에 제목, 부제목, 작가, 서론, 주소, 참고 도서 등의 구조 정보만 가집니다.

◉ 순차적 마크업(Procedural Markup)

순차적 마크업은 동질의 환경에서 정보 저장, 교환용으로 사용하기에는 문제가 없지만, 서로 다른 시스템 간의 정보 교환용으로는 부적절합니다. 또 순차적 마크업은 특정 응용 소프트웨어에서만 인식될 수 있다는 단점이 있는데, 대표적인 순차적 마크업 언어로는 HTML을 들 수 있습니다.

◉ 서술적 마크업(Descriptive Markup)

서술적 마크업은 문서가 기본 데이터와 구조(의미)만 가지기 때문에 결과적으로 문서 구조와 표현 정보를 분리(Document-View Pattern의 일종)할 수 있습니다. 또 분리된 표현 정보를 필요로할 때 다양하게 적용할 수 있고, 텍스트를 기반으로 하기 때문에 이질적인 환경에서 데이터 교환 형태로도 적합합니다. 대표적인 순차적 마크업 언어인 HTML은 웹 문서를 제작하기 위한 언어로 설계되었기 때문에 범용적 전자 문서나 전자 데이터를 표현하는 기능은 충분하지 않았습니다. 이 때문에 서술적 마크업인 XML(eXtensible Makeup Language)이 등장했습니다.

순차적인 마크업의 기능과 서술적인 마크업의 장점을 모두 수용한 마크업 언어로는 XHTML이 있습니다. XHTML은 HTML은 XML로 재구축한 마크업 언어로, HTML의 단점을 보완하여 좀 더 폭넓게 사용할 수 있습니다. 간혹 HTML이 표준이 아니고 XHTML이 표준이기 때문에 XHTML을 사용해야 한다고 오해하는 경우가 있습니다. 하지만 HTML과 XHTML 모두 웹 문서를 제작할 때 사용하는 웹 표준 기술이므로 상황이나 환경에 따라 제작자가 선택할 수 있습니다. 다만 이 장에서는 HTML을 XML 방식으로 재구성한 XHTML을 기준으로 웹 문서를 제작하는 방법을 설명하겠습니다.

XHTML의 서식

XHTML은 HTML을 XML로 재정의한 언어이기 때문에 요소(element)와 속성(attribute)에는 차이가 없습니다. 하지만 기존의 HTML이 사용하던 느슨한 규칙이 아니라 XML 방식의 엄격한 규칙을 적용하기 때문에 문법상 HTML과 XHTML은 몇 가지 차이점이 있습니다.

⊙ 요소 사용 시 종료 태그의 생략 불가능

HTML에서는 P, TR, TH, TD, LI 등의 요소명을 사용할 때 종료 태그를 생략할 수 있지만, XHTML에서는 이를 허용하지 않습니다. 따라서 모든 요소는 반드시 시작과 종료가 선언되어야 합니다.

```
<P><IMG SRC="images/back.gif" alt="뒤로"> ---------------------------------------------------- (HTML)
<p><img src="images/back.gif" alt="뒤로"></p> --------------------------------------------------- (XHTML)
```

⊙ 요소명과 속성명에 소문자 사용

HTML에서는 요소명과 속성명에 대소문자를 구분하지 않고 사용했지만, XHTML에서는 모든 요소명과 속성명에 소문자만 사용할 수 있습니다.

```
<P><IMG SRC="images/back.gif" alt="뒤로"></P> --------------------------------------------------- (HTML)
<p><img src="images/back.gif" alt="뒤로"></p> --------------------------------------------------- (XHTML)
```

⊙ 빈 요소 사용 시 〈요소명 /〉 형식으로 기술

HTML에서는 빈 요소의 경우 시작 태그만 기술해도 되지만, XHTML에서는 모든 요소에 종료의 표현을 기술해야 합니다. 따라서 빈 요소는 HTML과 XHTML이 다르게 표현합니다.

```
<P><IMG SRC="images/back.gif" alt="뒤로"></P> -------------------------------------------------- (HTML)
<p><img src="images/back.gif" alt="뒤로" /></p> --------------------------------------------- (XHTML)
```

◉ 속성에 속성값 생략 불가능

HTML에서는 몇 가지 속성의 경우 속성값을 생략할 수 있지만, XHTML에서는 이러한 단축 표기가
허용되지 않으므로 반드시 속성값을 지정해야 합니다.

```
<OPTION selected>…</OPTION> -------------------------------------------------------- (HTML)
<option selected="selected">…</option> ---------------------------------------------- (XHTML)
```

◉ 잘못된 중첩 사용 불가능

HTML에서는 규칙을 느슨하게 적용하여 중첩을 잘못해도 문제가 발생하지 않는 경우가 있었지만,
XHTML에서는 잘못된 중첩이 허용되지 않습니다.

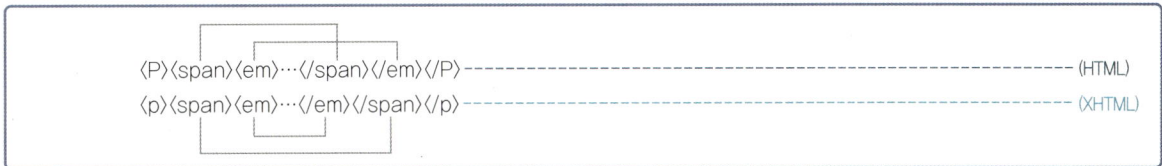

◉ 모든 속성값에 인용 부호 사용

HTML에서는 속성에 값을 지정할 때 인용 부호를 생략할 수 있지만, XHTML에서는 속성값은 시작
과 끝을 반드시 인용 부호로 감싸야 합니다.

```
<IMG SRC=cake.jpg alt=케이크> -------------------------------------------------------- (HTML)
<img src="cake.jpg" alt="케이크" /> -------------------------------------------------- (XHTML)
```

◉ <, >, &을 <, >, &로 변환하여 사용

HTML과 XHTML 모두 문자 참조(특수 문자)의 경우 Characters Entity Name이나 Characters
Entity Code로 변환해야 합니다. 다음의 예와 같이 &의 문자 참조를 Entity Name으로 지정할 경
우에는 &로, Entity Code로 지정할 경우에는 &로 지정합니다.

```
<h1>웹 표준 & 웹 접근성</h1>
<h1>웹 표준 &amp; 웹 접근성</h1> ------------------------------------------- Characters Entity Name
<h1>웹 표준 &#38; 웹 접근성</h1> -------------------------------------------- Characters Entity Code
```

⊙ **주석은 바르게 사용하고 그 안에 --(더블대시) 사용 불가**

HTML과 XHTML에서 사용하는 올바른 주석은 〈!-- 주석 --〉입니다. 특히 해당 주석에 영역을 구
분할 목적으로 더블대시를 반복해서 사용하지 않도록 주의합니다.

〈!-- 주석 삽입 --〉
〈!----- -- 잘못된 사용 방법. --(더블대시)는 연결하여 사용하지 않는다.-- -----〉
〈!-- ****** 유효한 주석 표현 방법 ****** --〉
〈!-- ------- 유효한 주석 표현 방법 ------- --〉

XHTML 구성 요소

XHTML은 여러 가지 구성 요소로 이루어져 있으며, 웹 브라우저는 해당 구성 요소를 읽어와서 해
석한 후 웹 브라우저 화면에 렌더링(표현)합니다. XHTML의 구성 요소는 다음과 같습니다.

⊙ **태그(tag)**

태그는 〈와 〉로 묶어서 표현하는 명령어를 말합니다. 기본 형식은 시작 태그와 종료 태그(〈tag〉~
〈/tag〉)이며, 일부 콘텐츠를 갖지 않는 빈 요소(empty element)의 경우에는 〈tag /〉 형태로 기술합
니다.

⊙ **요소(element)**

시작 〈tag〉~종료 〈/tag〉까지의 모든 명령어 집합을 '요소(element)'라고 합니다. XHTML 문서에
서 콘텐츠는 이러한 요소들로 구성되며, 각 요소의 의미에 따라 콘텐츠의 제목이나 본문의 구조를
가집니다. 요소는 다음과 같은 항목으로 구성되어 있습니다.

⊙ **속성(attribute)**

시작 태그는 태그의 의미와 필요에 따라 개별적인 옵션을 가질 수 있는데, 이러한 옵션을 '속성
(attribute)'이라고 합니다. 속성은 태그마다 다를 수 있으며, 여러 개의 속성을 하나의 태그에 지정
할 때는 공백으로 구분하여 시작 태그에 지정할 수 있습니다.

```
<p id="note" class="box" title="대체설명">단락 내에 여러 개의 속성을 지정한 경우</p>
     속성         속성        속성
```

◉ 값(value)

각 속성이 가지는 값을 의미하며, 속성에 값을 할당할 때는 대입 연산자인 =과 함께 지정합니다.

XHTML의 구성 요소

```
                              요소
<p><a href = "http://www.w3.org"> XHTML Homepage! </a></p>
  시작 태그    속성        값                        종료 태그
```

XHTML 문서의 기본 구조

모든 XHTML 문서는 기본적으로 다음과 같은 구조를 갖습니다.

```
<!DOCTYPE>---------------------------------------------- DTD 선언
<html>------------------------------------------------- XHTML 문서의 시작
    <head>…</head> --------------------------------- head 영역
    <body>…</body> --------------------------------- body 영역
</html>-------------------------------------------- XHTML 문서의 종료
```

◉ DTD 선언

웹 페이지를 제작할 때 사용할 문서형 정의를 선언합니다. 문서형 정의의 종류에는 엄격형(Strict)과 호환형(Transitional), 프레임형(Frameset) 등이 있습니다.

◉ <html>~</html>

모든 웹 페이지의 콘텐츠는 <html> 태그와 </html> 태그 안에 선언해야 하며, <html>~</html> 태그는 웹 페이지의 시작과 종료를 의미합니다.

◉ <head>~</head>

HTML 문서는 머리 부분과 본문 부분으로 나눌 수 있는데, 머리 영역의 시작은 <head> 태그로, 종

료는 〈/head〉 태그로 선언합니다. 그리고 〈head〉 태그 안에는 문서의 일반적인 정보와 title 등의 제목을 선언할 수 있습니다.

⊙ 〈body〉~〈/body〉

body 요소는 HTML 문서의 본문 부분에 해당하며, 웹 브라우저 화면에 나타나는 모든 콘텐츠는 〈body〉 태그와 〈/body〉 태그 사이에 선언해야 합니다.

블록 요소와 인라인 요소

⊙ 블록 요소(block element)

블록 요소는 독립적인 형태의 상자를 의미하는데, 어릴 때 가지고 놀았던 레고 블록으로 이해하면 좋을 것 같습니다. 단, 레고 블록은 위쪽으로 쌓이지만, 마크업에서의 블록은 아래쪽으로 쌓인다는 것이 다릅니다.

블록 요소는 제목(〈h1〉~〈h6〉), 문단(p 요소), 작성자 정보(address 요소) 등이 있으며, 대부분의 블록 요소는 인라인 요소와 텍스트를 포함할 수 있고, 일부는 또 다른 블록 레벨 요소를 포함할 수 있습니다. 블록 요소와 블록 요소 사이에는 기본적으로 여백이 있는데, 이 크기는 웹 브라우저마다 약간씩 다를 수 있습니다.

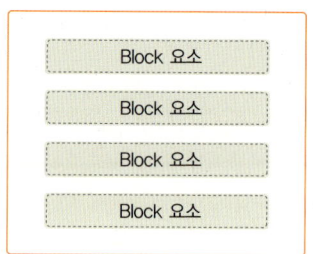

⊙ 인라인 요소(inline element)

인라인 요소는 '블록 상자 안의 일부' 라는 의미로, 링크(a 요소), 이미지(img 요소), 강조(em, strong 요소) 등이 해당됩니다. 텍스트도 인라인 요소로 취급되는데, 인라인 요소 안에는 대부분 인라인 요소와 텍스트를 포함할 수 있지만 블록 요소를 포함할 수는 없습니다.

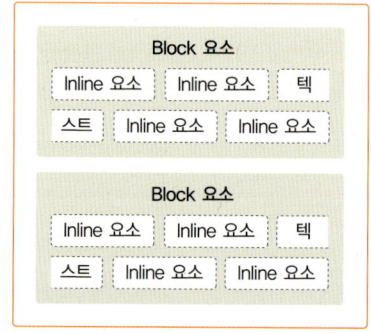

인라인 요소와 텍스트는 반드시 블록 레벨 요소에 포함시켜 나타내야만 합니다. 즉 body 요소의 바로 하위에는 블록 레벨 요소만 자식 요소로 올 수 있고, 인라인 요소를 body 요소의 직접적인 하위 내용으로 하는 것은 옳지 않습니다.

문서형 정의 및 선언, 네임 스페이스, 휴먼 랭귀지

1. 문서형 정의 및 선언(DTD)

마크업 문서를 작성하려면 문서의 첫머리에 문서형 정의(DTD ; Document Type Definition)를 선언해야 합니다. HTML이나 XHTML이라는 두 가지 마크업 언어 모두 세 가지의 문서형 정의가 있는데, 여기서 말하는 문서형 정의란, 마크업 문서의 요소와 속성 등을 어떤 규칙에 따라 기술해야 하는지에 대한 기준을 의미합니다.

이런 문서형 정의의 종류에 따라 특정 요소의 사용이 제한되거나 규칙이 다르게 적용되며, 웹 브라우저에서 문서가 렌더링되는 기준이 됩니다. 간혹 마크업 문서에 문서형 정의를 생략하는 경우가 있는데, 이것은 웹 브라우저가 표준 모드가 아니라 퀵스 모드(quirks mode)로 렌더링되어 크로스 브라우징 환경에서 각각의 문서가 다르게 표현되는 원인이 되기도 합니다.

크로스 브라우징 환경에서 일관된 기준으로 렌더링되도록 구현하려면 마크업 문서를 작성할 때 문서형 정의 선언이 필요합니다. 그리고 HTML과 XHTML에서 제공하는 문서형 정의의 종류에는 엄격형(Strict), 호환형(Transitional), 프레임형(Frameset)이 있습니다.

Strict DTD는 W3C가 의도했던 문서 타입으로, 구조와 표현을 분리하기 위해 단계적으로 사라질 '표현(presentation)'에 관한 요소와 속성을 배제한 엄격한 문서 타입을 말합니다. 또 기존에 만든 문서들과의 호환성을 유지하기 위해 Transitional DTD를 사용할 수 있습니다. 과거의 모든 문서들을 Strict DTD에 맞게 바꾸려면 엄청난 변화가 필요하므로 그 중간 단계로 설정한 것이 Transitional DTD입니다. 참고로 Strict DTD에서 제한되는 요소로는 center, font, iframe, strike, u 등이 있으며 제한되는 속성으로는 target이 있습니다.

다음은 HTML과 XHTML에서 사용할 수 있는 세 가지 문서형 정의의 종류와 유형입니다.

HTML 4.01

Strict
```
<!DOCTYPE html PUBLIC "-//W3C//DTD HTML 4.01//EN"
"http://www.w3.org/TR/html4/strict.dtd">
```
Transitional
```
<!DOCTYPE html PUBLIC "-//W3C//DTD HTML 4.01 Transitional//EN"
"http://www.w3.org/TR/html4/loose.dtd">
```
Frameset
```
<!DOCTYPE html PUBLIC "-//W3C//DTD HTML 4.01 Frameset//EN"
"http://www.w3.org/TR/html4/frameset.dtd">
```

XHTML 1.0	Strict
	`<!DOCTYPE html PUBLIC "-//W3C//DTD XHTML 1.0 Strict//EN"`
	`"http://www.w3.org/TR/xhtml1/DTD/xhtml1-strict.dtd">`
	Transitional
	`<!DOCTYPE html PUBLIC "-//W3C//DTD XHTML 1.0 Transitional//EN"`
	`"http://www.w3.org/TR/xhtml1/DTD/xhtml1-transitional.dtd">`
	Frameset
	`<!DOCTYPE html PUBLIC "-//W3C//DTD XHTML 1.0 Frameset//EN"`
	`"http://www.w3.org/TR/xhtml1/DTD/xhtml1-frameset.dtd">`

모든 웹 문서의 시작은 문서형 선언(DTD)으로부터 시작합니다. 일단 웹 사이트의 목적과 목표를 명확히 정한 후 첫 번째로 HTML로 마크업할 것인지, XHTML로 마크업 할 것인지를 결정합니다. 그리고 두 번째로 웹 사이트를 제작할 때 필요한 기능을 구현하기 위해 비추천 요소(element)와 속성 (attribute)을 사용할 것인지를 고려합니다. 이 경우 Strict DTD와 Transitional DTD 중에서 선택하는 것이 좋은데 Strict DTD보다 Transitional DTD를 더 권장합니다. 왜냐하면 Strict DTD는 Transitional DTD보다 과거 콘텐츠와의 호환성면에서 문제가 발생할 수 있으며, 새 창 띄우기 (target="_blank") 및 iframe의 사용이 제한되기 때문입니다. 그러나 Strict DTD이든 Transitional DTD이든 웹 사이트의 목적과 목표에만 명확히 부합된다면 상관없습니다.

DTD 선언은 반드시 HTML 문서 첫 줄에 위치해야 하며, DTD 선언의 위에는 공백을 포함해서 어떤 요소도 올 수 없습니다. 앞으로의 실습에서는 마크업할 때 XHTML을 사용하고, DTD의 종류는 Transitional DTD를 사용할 것이므로 문서를 제작할 때 다음과 같이 선언해야 합니다.

XHTML 1.0 Transitional

```
<!DOCTYPE html PUBLIC "-//W3C//DTD XHTML 1.0 Transitional//EN"
"http://www.w3.org/TR/xhtml1/DTD/xhtml1-transitional.dtd">
```

2. 네임 스페이스

XHTML은 HTML을 XML로 재정의한 언어이기 때문에 XML이 가지는 확장성을 이용하여 다른 XML 형식의 문서 표준을 네임 스페이스(xmlns)를 이용하여 지원할 수 있습니다. 만약 XHTML 문서에 XML 네임 스페이스를 이용하여 MathML이라는 수학식 기호를 표현하기 위한 언어를 삽입하려면 네임 스페이스에 http://www.w3.org/TR/2000/REC-xhtml1-20000126를 지정하면 됩니다. HTML을 XML로 재정의한 언어인 XHTML은 다음과 같은 네임 스페이스값을 가집니다.

```
<html xmlns="http://www.w3.org/1999/xhtml">
```

3. 휴먼 랭귀지

웹 브라우저나 화면 낭독기와 같은 User Agents가 웹 문서에 쓰여진 언어를 올바로 해석할 수 있도록 (X)HTML 문서에 사용 언어를 선언할 수 있는데, 대표적 방법에는 휴먼 랭귀지(human language) 명시와 meta 요소를 이용한 선언이 있습니다.

휴먼 랭귀지 명시는 한국어, 영어, 중국어 또는 독일어 등의 인간이 사용하는 언어를 HTML 문서에 선언하여 (X)HTML을 해석할 수 있는 소프트웨어들이 올바르게 동작하도록 하는 것을 의미합니다. 영문 단어의 경우에는 영어 또는 프랑스어, 스페인어로 접근하면 읽는 방식이 달라지므로 스크린리더가 어떤 언어로 읽을 것인지를 선택할 수 있도록 도와줍니다. 특히 검색엔진의 경우 사용자 언어와 일치하는 검색 결과를 제시할 수 있기 때문에 좀 더 원하는 정보에 근접해서 검색할 수 있습니다.

휴먼 랭귀지 명시는 html 요소에 선언할 수 있으며, 콘텐츠 안에서 다양한 휴먼 랭귀지를 사용하는 경우 특정 요소마다 각각 다시 선언할 수 있습니다. 휴먼 랭귀지 명시는 가능하면 기본 선언을 하는 것이 좋고, 각 콘텐츠 요소에 대한 휴먼 랭귀지 명시는 가능하다면 선언하는 것이 바람직합니다.

휴먼 랭귀지 코드는 주요 사용 언어에 따라 '한국어(ko), 영어(en), 일어(ja), 중국어(zh), 프랑스어(fr) …' 형식으로 지정할 수 있고, 선언하는 방법은 다음과 같습니다.

```
<html xml:lang="ko" lang="ko">
<p>사과는 영어로 <span lang="en">apple</span>,
독일어로 <span lang="de">apfel</span>이라고 합니다.</p>
```

언어를 설정하는 방식은 HTML에서는 lang 속성을 사용하고, XHTML 1.0에서는 text/html인 경우에 lang과 xml:lang 속성을 사용하며, XHTML 1.1에서는 xml:lang 속성만 사용합니다.

 용어 설명

퀵스 모드와 표준 모드

퀵스 모드는 웹 브라우저가 점점 표준에 맞게 개선되면서 이전의 오래된 웹 페이지들을 정상적으로 보여 주기 위해 최신 버전의 브라우저에서 제공하는 호환 모드를 말합니다. 다시 말해서 퀵스 모드(quirks mode)는 웹 페이지의 하위 호환성을 유지하기 위해 W3C나 IETF의 표준을 엄격히 준수하는 표준 모드(standards mode)를 대신하여 사용되는 웹 브라우저의 기술을 말합니다. 이 모드에서는 같은 코드라도 웹 브라우저마다 서로 다르게 해석하기 때문에 전혀 다른 결과물을 보여 주기도 합니다.

└→ 렌더링(rendering)

서버로부터 넘겨받은 HTML 코드는 웹 브라우저에서 읽어온 후 화면에 시각적으로 표시하게 되는데, 이 과정을 '렌더링'
이라고 합니다.

DTD 선언에 따른 웹 브라우저별 렌더링 비교

▼ 출처 : http://hsivonen.iki.fi/doctype

DTD 선언	IE 6	E 7	IE 8	FF 3 & SF 4 & OP 10
DTD를 선언하지 않은 경우	Q	Q	Q	Q
⟨!DOCTYPE HTML PUBLIC "-//W3C//DTD HTML 4.01 Transitional//EN"⟩	Q	Q	Q	Q
⟨!DOCTYPE HTML PUBLIC "-//W3C//DTD HTML 4.01 Transitional//EN" "http://www.w3.org/TR/html4/loose.dtd"⟩	A	A	A	A
⟨!DOCTYPE HTML PUBLIC "-//W3C//DTD HTML 4.01//EN"⟩	A	A	S	S
⟨!DOCTYPE HTML PUBLIC "-//W3C//DTD HTML 4.01//EN" "http://www.w3.org/TR/html4/strict.dtd"⟩	A	A	S	S
⟨!DOCTYPE html PUBLIC "-//W3C//DTD XHTML 1.0 Transitional//EN" "http://www.w3.org/TR/xhtml1/DTD/xhtml1-transitional.dtd"⟩	A	A	A	A
⟨!DOCTYPE html PUBLIC "-//W3C//DTD XHTML 1.0 Strict//EN" "http://www.w3.org/TR/xhtml1/DTD/xhtml1-strict.dtd"⟩	A	A	S	S

IE : Internet Explorer FF : Firefox SF : Safari OP : Opera
Q : 쿽스 모드(quirks mode – 하위 버전 렌더링 호환성 유지 모드)
A : 표준에 준하는 모드(almost standards mode) S : 표준 모드(standards mode)

Q 마크업 시 DTD 선언도 외워서 직접 입력해야 하나요?

A DTD 유형을 띄어쓰기를 포함해 한 글자도 틀리지 않게 입력하려면 손으로 100번씩 쓰면서 외워야 할지도 모릅니다.
이 경우에는 기존의 www.w3.org 사이트나 위지윅 편집 툴에서 자동으로 생성하는 것을 그대로 사용해야 안전하게 마크
업할 수 있습니다. 위의 코드 내용 중에서 참조 URL이 없거나 오타 등이 생기면 쿽스 모드로 렌더링합니다. 그리고 개발
상의 이유나 실수로 문서의 DTD를 선언하기 이전에 공백 또는 한 줄 내려쓰기가 되어 있는 경우, 인터넷 익스플로러 6에
서는 이 DTD를 제대로 인식하지 못하고 쿽스 모드로 렌더링하기도 합니다. 가급적 DTD 선언 앞에는 공백 없이 바로 시
작될 수 있도록 해야 합니다. DTD를 선언하는 경우에는 다음의 웹 표준 프로젝트 사이트에서 제공하는 템플릿
(templates)을 복사하여 사용할 수 있습니다.

• http://www.webstandards.org/learn/reference/templates

W3C HTML DTD 명세서를 읽는 방법

HTML 마크업을 하면서 궁금한 부분을 명확하게 알고 싶을 때 또는 Markup Validation의 기준이 무엇인지 궁금할 때는
HTML,XHTML DTD 명세를 살펴보면 됩니다. 그러나 DTD 명세서를 보면 처음 보는 기호와 단어로 인해 오히려 당혹스
러울 수도 있습니다. 이 경우 DTD 명세서 해석이나 읽는 방법 등에 도움이 되는 유용한 블로그를 소개하려고 합니다.
DTD 명세서는 어렵게 느껴지지만 직접 읽고 명세서 규칙들을 해석해 보면 스스로 공부하는 데에 도움이 될 것입니다.

• http://naradesign.net/wp/2010/01/28/1165
• http://trio.co.kr/webrefer/html/intro/sgmltut.html#h-3.3 (한글번역)
• http://www.w3.org/TR/1999/REC-html401-19991224/sgml/loosedtd.html

04 XHTML 요소

문서 정보 및 문서 제목

1. 문서 정보와 문자 코드 세트(meta)

웹 브라우저에서 한글이나 영어와 같은 문자를 처리하기 위해 사용할 문자 코드 세트(인코딩) 선언 값과 저작자, 키워드, 요약문, 만기일 등에 관한 문서 정보의 경우 빈 요소인 meta 요소를 이용하여 지정할 수 있습니다.

◉ 문자 코드 세트 지정하기

웹 브라우저에서 웹 페이지를 제작할 때 사용한 문자가 깨지지 않고 인코딩되도록 하려면 meta 요소를 이용하여 문자 코드 세트를 지정해야 합니다. 이때 다국어 인코딩의 경우 utf-8을 지정할 수 있으며 한글은 euc-kr을 지정합니다. 또한 문자 코드 세트를 지정할 때 마임 타입도 함께 지정할 수 있는데 XHTML 문서에 지정하는 마임 타입은 application/xhtml+xml이 일반적입니다. 그러나 HTML이 application/xhtml+xml을 사용할 수 없기 때문에 하위 호환성을 고려하여 HTML에서 사용하는 text/html을 사용합니다.

형식	`<meta http-equive="content-type" content="text/html;charset=euc-kr" />`

🗁 예제 파일 : Sample\Part02\Sec04\2-4-01.html

Source	`<!DOCTYPE html PUBLIC "-//W3C//DTD XHTML 1.0 Transitional//EN"`
	`"http://www.w3.org/TR/xhtml1/DTD/xhtml1-transitional.dtd">`
	`<html xmlns="http://www.w3.org/1999/xhtml" lang="ko" xml:lang="ko" >`
	`<head>`
	`    <meta http-equiv="content-type" content="text/html; charset=euc-kr" />`----- euc-kr → 한글 문자 코드 세트
	`    <title>문자 코드 세트 지정</title>`
	`</head>`
	`<body>`
	`    <h1>한글 문자 코드 세트</h1>` ↵

```
└▶          <p>다국어 인코딩의 경우 utf-8을 지정할 수 있으며 한글은 euc-kr을 지정합니다.</p>
        </body>
        </html>
```

Result

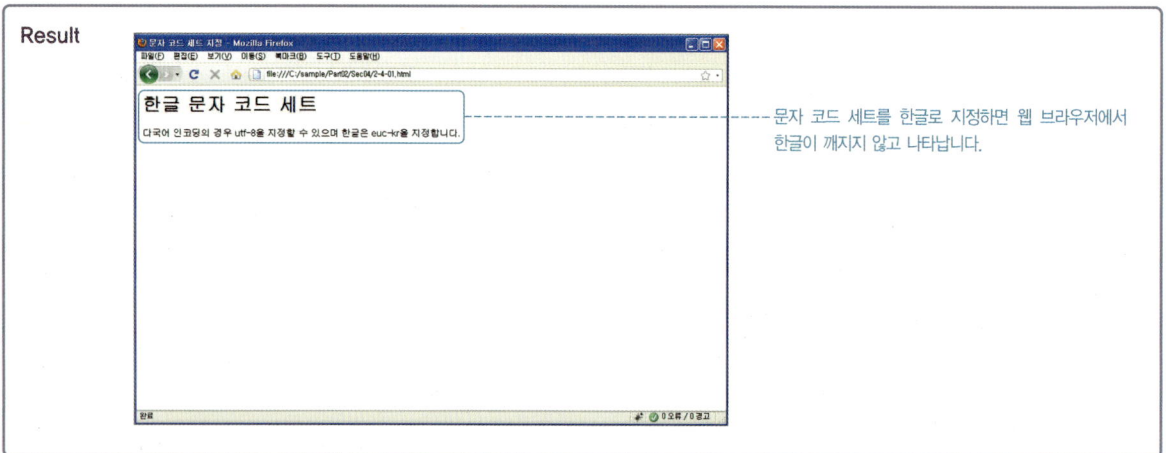

문자 코드 세트를 한글로 지정하면 웹 브라우저에서
한글이 깨지지 않고 나타납니다.

⊙ 키워드 지정하기

meta 요소를 이용하면 웹 페이지 홍보의 수단으로 검색 키워드를 지정할 수 있습니다. 웹 페이지에
검색 키워드를 지정하면 검색할 때 웹 사이트가 상위에 노출되는 효과를 얻을 수 있습니다. meta 요
소를 이용하여 검색 키워드를 지정할 때는 검색 키워드를 콤마(,)로 구분하여 선언합니다.

형식   `<meta name="keywords" content="검색 키워드" />`

🗁 예제 파일 : Sample\Part02\Sec04\2-4-02.html

Source
```
<!DOCTYPE html PUBLIC "-//W3C//DTD XHTML 1.0 Transitional//EN"
"http://www.w3.org/TR/xhtml1/DTD/xhtml1-transitional.dtd">
<html xmlns="http://www.w3.org/1999/xhtml" lang="ko" xml:lang="ko" >
<head>
    <meta http-equiv="content-type" content="text/html; charset=euc-kr" />
    <title>검색 키워드 지정</title>
    <meta name="keywords" content="웹 접근성, 웹 표준, 품질마크, 웹 콘텐츠 접근성 지침" />  ── 키워드는 콤마(,)로
                                                                                        구분하여 선언
</head>
<body>
    <h1>검색 키워드</h1>
    <p>meta 요소를 이용하면 웹 페이지 홍보의 수단으로 검색 키워드를 지정할 수 있습니다. 웹 페이지에 검색 키
       워드를 지정하면 검색할 때 웹 사이트가 상위에 노출되는 효과를 얻을 수 있습니다. meta 요소를 이용하여 검
       색 키워드를 지정할 때는 검색 키워드를 콤마(,)로 구분하여 선언합니다.</p>
</body>
</html>
```

Result

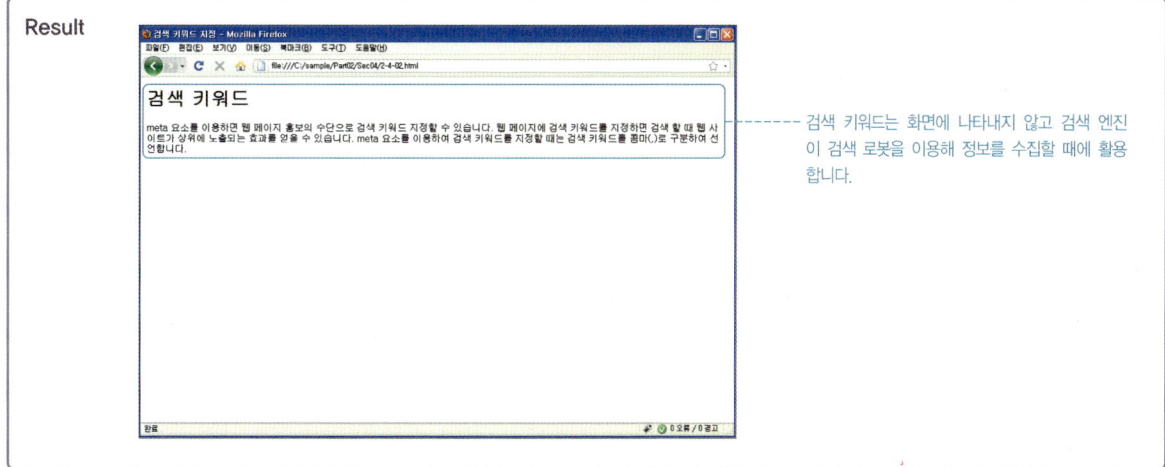

검색 키워드는 화면에 나타내지 않고 검색 엔진이 검색 로봇을 이용해 정보를 수집할 때에 활용합니다.

⊙ 다양한 문서 정보 지정하기

화면에 보이는 콘텐츠는 아니지만 웹 페이지의 다양한 문서 정보를 지정할 때도 meta 요소를 사용할 수 있습니다. 문자 코드 세트와 키워드 외에도 subject를 이용하여 문서 제목 정보를 제공하고, description값으로 웹 페이지의 요약 정보, 제작자 정보, 저작권 정보 및 검색 로봇 제어 여부 등의 문서 정보를 지정할 수 있습니다.

형식

```
〈meta name="subject" content="문서 제목 정보" /〉
〈meta name="description" content="웹 페이지 요약 정보" /〉
〈meta name="author" content="제작자 정보" /〉
〈meta name="robots" content="검색 로봇 제어" /〉
〈meta name="copyright" content="저작권 정보" /〉
```

🗁 예제 파일 : Sample\Part02\Sec04\2-4-03.html

Source

```
〈!DOCTYPE html PUBLIC "-//W3C//DTD XHTML 1.0 Transitional//EN"
"http://www.w3.org/TR/xhtml1/DTD/xhtml1-transitional.dtd"〉
〈html xmlns="http://www.w3.org/1999/xhtml" lang="ko" xml:lang="ko" 〉
〈head〉
    〈meta http-equiv="content-type" content="text/html; charset=euc-kr" /〉
    〈title〉문서 정보 삽입하기〈/title〉
〈meta name="keywords" content="웹 접근성, 웹 표준, 품질마크, 웹 콘텐츠 접근성 지침" /〉
〈meta name="subject" content="웹 접근성 전문가 소개" /〉
〈meta name="description" content="웹 접근성에 대한 개요와 웹 접근성 품질마크 소개 및 한국형 인터넷
웹 콘텐츠 지침에 대한 내용입니다." /〉
〈meta name="author" content="seulbinim@gmail.com(Teresa Kim), 김데레사" /〉
〈meta name="robots" content="index,follow" /〉
〈meta name="copyright" content="copyrights 2010 WAP corp." /〉
```

meta 요소를 이용한 다양한 문서 정보

```
        └
                    〈/head〉
                    〈body〉
                        〈h1〉다양한 문서 정보 지정〈/h1〉
                        〈p〉화면에 보이는 콘텐츠는 아니지만 웹 페이지의 다양한 문서 정보를 지정할 때도 meta 요소를 사용할 수 있습
                        니다. 문자 코드 세트와 키워드 외에도 subject를 이용하여 문서 제목 정보를 제공하고, description값으로 웹 페
                        이지의 요약 정보, 제작자 정보, 저작권 정보 및 검색 로봇 제어 여부 등의 문서 정보를 지정할 수 있습니다.〈/p〉
                    〈/body〉
                    〈/html〉
```

Result

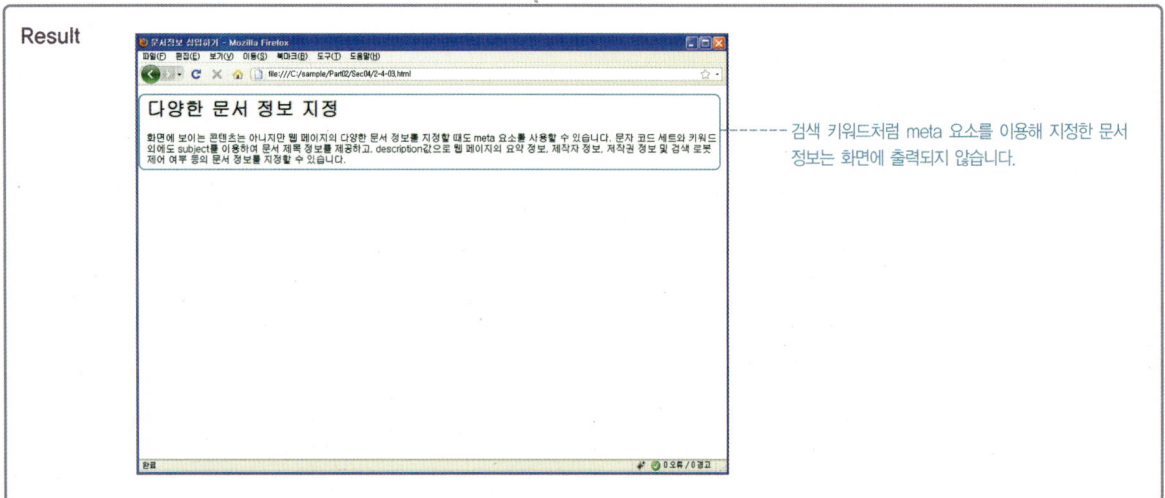

검색 키워드처럼 meta 요소를 이용해 지정한 문서
정보는 화면에 출력되지 않습니다.

2. 문서 제목(title)

웹 문서의 제목을 선언할 때 사용하는 요소로, 문서마다 유일한 내용으로 구성해야 합니다. 시각장
애인의 경우에는 화면 낭독기를 이용하여 콘텐츠를 탐색합니다. 따라서 title 요소는 문서를 구별할
수 있는 첫 번째 관문이라고 할 수 있습니다. 또 title 요소는 즐겨찾기 및 북마크에 해당 웹 문서를
추가할 경우에 사용되는 북마크 이름으로도 활용되므로, 같은 title을 가진 웹 문서가 여러 개 있어
서는 안됩니다. title의 선언 형식은 다음과 같습니다.

형식	〈title〉문서 제목〈/title〉

예제 파일 : Sample\Part02\Sec04\2-4-04.html

Source	〈!DOCTYPE html PUBLIC "-//W3C//DTD XHTML 1.0 Transitional//EN" "http://www.w3.org/TR/xhtml1/DTD/xhtml1-transitional.dtd"〉 〈html xmlns="http://www.w3.org/1999/xhtml" lang="ko" xml:lang="ko" 〉 〈head〉

```
        〈meta http-equiv="content-type" content="text/html; charset=euc-kr" /〉
        〈title〉웹 문서의 제목〈/title〉----------------------------------------- 웹 브라우저의 제목 표시줄에 나타납니다.
〈/head〉
〈body〉
    〈h1〉웹 문서의 제목〈/h1〉
    〈p〉웹 문서의 제목을 선언하려고 할 때 사용하는 요소로, 문서마다 유일한 내용으로 구성해야 합니다. 시각장애
    인의 경우에는 화면 낭독기를 이용하여 콘텐츠를 탐색합니다. 따라서 title 요소는 문서를 구별할 수 있는 첫 번
    째 관문이라고 할 수 있습니다.〈/p〉
〈/body〉
〈/html〉
```

Result

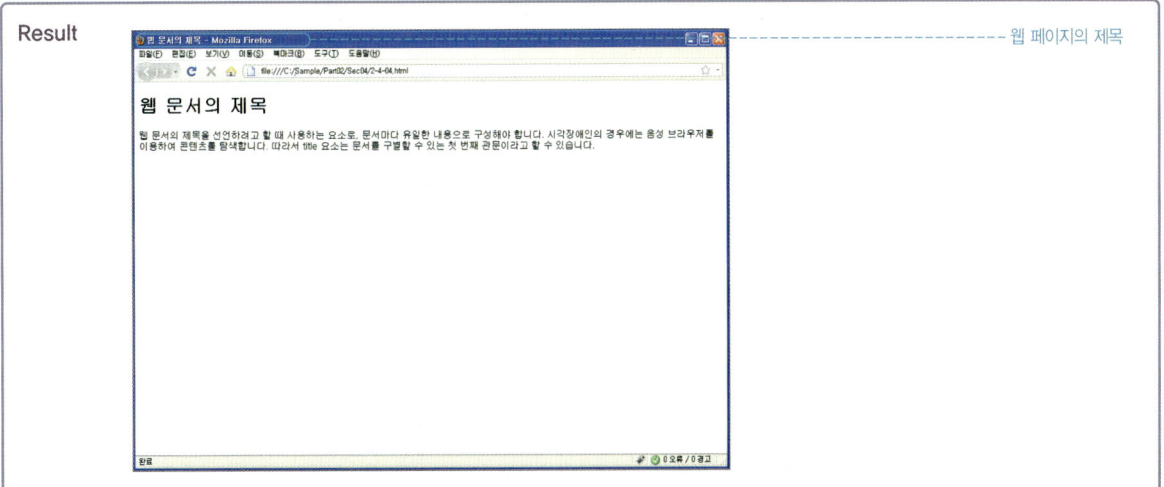 ----- 웹 페이지의 제목

Best Case 페이지와 웹 사이트 정보 함께 표기하기

title 요소는 문서와 문서 사이를 이동할 때 해당 웹 페이지가 어떤 정보를 담고 있는지를 제일 먼저 알려 줍니다. 따라서 현재 페이지가 어떤 내용을 담고 있는지를 문서 제목을 통해 쉽게 파악할 수 있어야 하고, 다음 페이지가 어떤 내용을 담고 있는지도 함께 표시하는 것이 좋습니다. 최근에는 대부분의 웹 브라우저가 탭 브라우징을 제공하고 있습니다. 예를 들어 '공지사항' 페이지의 경우 단순하게 '공지사항' 이라고만 표기하면, 한 웹 브라우저에 여러 웹 사이트를 탭으로 띄었을 경우 '공지사항' 콘텐츠가 담긴 페이지인 것은 알지만 어느 웹 사이트의 공지사항인지는 알 수 없게 됩니다.

〈title〉묻고 답하기 | WebCafe〈/title〉 // WebCafe라는 웹 사이트의 묻고 답하기 페이지

▲ 웹 브라우저 탭에 표시된 문서 제목

위의 예처럼 탭 브라우징을 생각하면 '〈title〉WebCafe|묻고 답하기〈/title〉'와 같이 웹 사이트명이 먼저 나오는 것이 좋다고 생각할 수 있습니다. 하지만 시각이 아닌 음성에 의해 정보를 순차적으로 제공하는 환경이라면 현재 접속한 곳이 어떤 웹 사이트인지를 인식한 상태에서 링크를 클릭했을 때 원하는 정보에 맞게 접근했는지를 문서 제목을 통해 가장 먼저 확인할 수 있습니다. 문서 제목이 없을 경우에는 화면에 표시되는 내용을 보고 현재 문서의 정보를 알 수 있지만, 시각장애인의 경우에는 일일이 페이지의 내용을 탐색하여 파악해야 하므로 불편합니다.

Worst Case 1 의미 없는 장식 문자 사용하기

제목을 좀 더 멋지게 보이려는 목적으로 title 요소 안에 ':::' 등의 장식 문자를 사용한 경우입니다.

〈title〉::::::::::: ■ 우리회사에 방문하신 것을 환영합니다. ::::::::::: ■〈/title〉

위와 같이 장식 문자를 과도하게 사용하면 처음에는 멋지게 보일 수 있지만, 스크린 리더와 같은 보조기기를 통해 접근할 때 '콜론콜론콜론콜론(반복) 우리회사에 방문하신 것을 환영합니다 콜론콜론콜론…'으로 읽힐 수 있고, 탭에서는 정보 텍스트가 콜론 기호에 밀려 안 보이게 됩니다.

여기서 잠깐

title 요소에 사용하는 장식 문자

과거에 어떤 에이전시의 경우에는 웹 사이트의 title 장식 문자가 정해져 있어서 그것을 자사에서 제작한 웹 사이트라는 고유의 표시로 사용하기도 했습니다. 하지만 웹 접근성을 유지하기 위해 이 경우에는 앞에서 배운 meta 요소를 이용하여 제작사 정보 등으로 변경하여 넣는 것이 좋습니다.

```
<title>우리회사</title>
```

가장 간단하게 회사명만 넣거나 웹 사이트의 첫 화면(메인)이라면 "우리 회사에 오신 것을 환영합니다"와 같이 인사 문구도 함께 쓸 수도 있습니다. 웹 문서의 검색 최적화를 위해 title은 간결하고, 현재 페이지의 정보를 잘 나타낼 수 있도록 수정합니다.

Worst Case 2 현재 페이지의 위치 경로를 나타내는 문서 제목

웹 접근성을 유지하고 현재 웹 페이지의 정보를 잘 나타내야 한다는 생각에 현재 페이지의 위치 정보를 title에 담는 경우를 종종 볼 수 있습니다. 대부분의 웹 사이트들은 현재 위치 정보를 알려 주는 '홈 〉 회사소개 〉 연혁' 과 같은 정보를 담고 있으므로, 이것을 웹 페이지의 title에 동일하게 넣는다면 오히려 정보를 과도하게 제공하는 것과 같습니다.

```
<title>홈 &gt; 회사소개 &gt; 연혁 &gt; 2009년도</title>
<title>홈 &gt; 알림마당 &gt; 공지사항 &gt; 공지사항 글쓰기</title>
```

▲ title에 현재 페이지의 위치 경로를 사용한 경우

위의 그림에서 현재 페이지 콘텐츠 정보인 '공지사항 글쓰기' 는 뒤로 가려져서 웹 브라우저 탭에서 확인하기가 어렵습니다. 이 경우 현재 문서의 정보가 잘 나타날 수 있도록 다음과 같이 수정하는 것이 바람직합니다.

```
<title>2009년도 연혁 | 우리회사</title>
```

문단 관련 요소

1. 제목 〈h1〉~〈h6〉

제목은 콘텐츠의 내용에 따라 적절하게 지정합니다. 이때 대제목, 중제목, 소제목 등으로 작성하며, 제목 요소는 h1, h2, h3, h4, h5, h6의 여섯 가지를 사용할 수 있습니다. 제목 요소는 블록 요소를 포함할 수 없으며, 인라인 요소와 텍스트만을 포함할 수 있습니다. 특히 잘 구성된 헤딩은 기기에서의 정보 인식성을 높일 수 있습니다. 예를 들어 문서의 구조 정보와 콘텐츠를 나타내는 제목을 가지고 있는 헤딩은 검색엔진 로봇이 중요한 정보로 인식하므로 검색엔진 최적화(SEO) 관점에서 바람직합니다. 또 시각장애인의 경우 스크린 리더에서 웹 페이지의 헤딩 구조를 파악하여 헤딩 사이의 이동 기능을 제공하므로, 웹 페이지로 빠르게 이동할 수 있도록 도와줍니다.

헤딩을 이용하여 제목을 작성할 때는 h1 다음에 h2, h3순으로 나와야 계층구조가 어긋나지 않으며 바로 h3으로 건너 뛰는 구조를 가질 경우에는 논리적인 웹 문서를 제작할 수 없으므로 주의해야 합니다. 헤딩의 선언 형식은 다음과 같습니다.

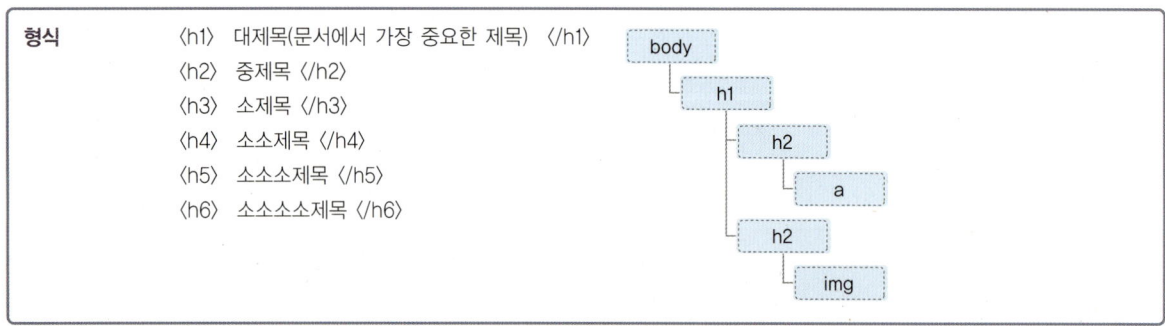

형식

| 〈h1〉 대제목(문서에서 가장 중요한 제목) 〈/h1〉 |
| 〈h2〉 중제목 〈/h2〉 |
| 〈h3〉 소제목 〈/h3〉 |
| 〈h4〉 소소제목 〈/h4〉 |
| 〈h5〉 소소소제목 〈/h5〉 |
| 〈h6〉 소소소소제목 〈/h6〉 |

📁 예제 파일 : Sample\Part02\Sec04\2-4-05.html

Source

```
<!DOCTYPE html PUBLIC "-//W3C//DTD XHTML 1.0 Transitional//EN"
"http://www.w3.org/TR/xhtml1/DTD/xhtml1-transitional.dtd">
<html xmlns="http://www.w3.org/1999/xhtml" lang="ko" xml:lang="ko" >
<head>
    <meta http-equiv="content-type" content="text/html; charset=euc-kr" />
    <title>단락의 제목 설정하기</title>
</head>
<body>
    <h1>Heading(제목계층) 1</h1>
    <h2>Heading(제목계층) 2</h2>
    <h3>Heading(제목계층) 3</h3>
    <h4>Heading(제목계층) 4</h4>
```

SEO(검색엔진 최적화)

SEO는 '검색엔진 최적화(search engine optimization)'나 '검색엔진 최적화 도구(search engine optimizer)'를 의미하며, 웹 사이트를 제작할 때 검색 상위에 랭크(Rank)될 수 있도록 검색 로봇에 친화적인 마크업을 구현하는 것을 말합니다. 검색 친화적인 마크업을 위해서는 충실한 문서 정보(meta)와 적절한 제목(heading), 구조적이며 의미에 맞는 마크업이 중요합니다. 그러나 국내 포털 사이트의 경우 검색 로봇의 수집 결과를 검색 순위에 반영하지 않기 때문에 원하는 만큼의 결과를 기대하기가 어렵습니다. 하지만 구글과 같은 검색 엔진에서는 즉각적인 효과를 얻을 수 있으며, 시맨틱 웹으로의 방향성을 고려한다면 검색엔진 최적화는 중요한 부분이라고 할 수 있습니다.

```
            〈h5〉Heading(제목계층) 5〈/h5〉
            〈h6〉Heading(제목계층) 6〈/h6〉
            〈p〉Hn 요소를 이용하여 대제목, 중제목, 소제목 등으로 작성하며 제목 요소는 h1, h2, h3, h4, h5, h6의 여섯 가
            지를 사용할 수 있습니다. 제목 요소는 블록 요소를 포함할 수 없으며 인라인 요소와 텍스트만을 포함할 수 있습
            니다.〈/p〉
       〈/body〉
       〈/html〉
```

Result

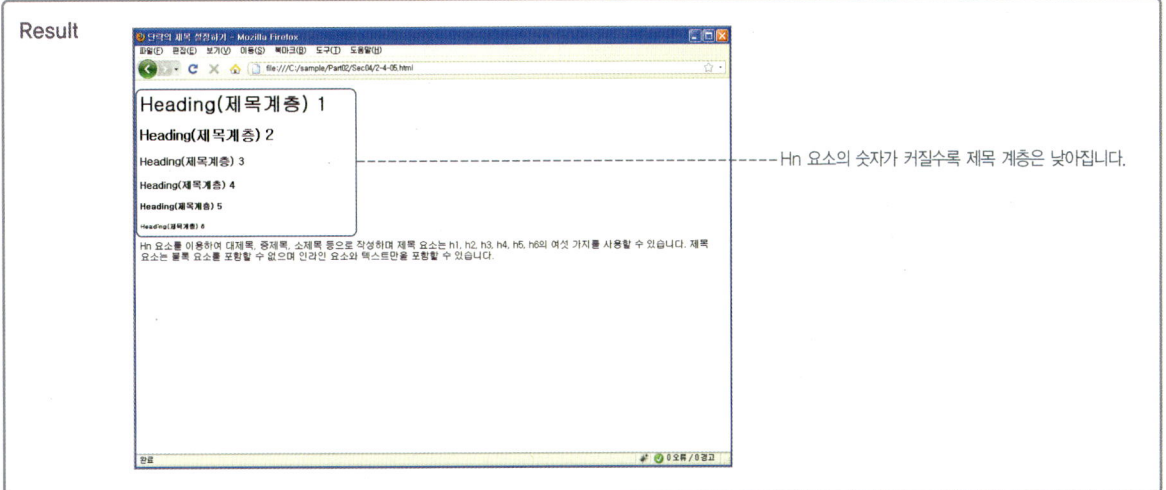

Hn 요소의 숫자가 커질수록 제목 계층은 낮아집니다.

Best Case 콘텐츠의 의미를 전달하는 헤딩

메인 콘텐츠들의 디자인을 살펴보면 헤딩에 해당되는 디자인 요소가 있거나 없는 경우를 볼 수 있습니다. 메인 사이트의 콘텐츠 중 일부분인 아래 그림을 보면 뉴스, 사고 현황, 위치 찾기 서비스 등의

▲ 메인 콘텐츠 구성 중 헤딩 요소 디자인이 없는 콘텐츠

콘텐츠는 제목(h 요소)이 디자인으로 함께 표현되어 있습니다. 테두리에 들어가 있는 콘텐츠를 살펴보면 위쪽에 있는 배너 모음 콘텐츠와 아래쪽에 있는 3개의 배너에 대한 제목 디자인이 없는 것을 알 수 있습니다. 눈으로 화면을 직접 보면 사이트 배너 모음인지, 회사 윤리 경영 방침에 대한 내용인지를 알 수 있지만 콘텐츠 제목 없이 '생활 안전 주부봉사대 모집' 이라는 텍스트 하나만으로는 공지사항인지, 알림 콘텐츠인지, 그리고 그 다음에는 어떤 정보가 나올 것인지를 예측하기 어렵습니다.

디자인상 생략된 헤딩 요소를 콘텐츠의 특성에 맞게 마크업할 때 작성하면 순차적으로 정보에 접근하는 시각장애인에게 도움이 됩니다. 화면에 헤딩 요소가 표시되어 디자인상 문제가 되는 부분은 CSS를 이용하여 헤딩을 숨길 수 있습니다.

▲ 각 콘텐츠에 맞는 헤딩을 적용

Worst Case 레이아웃 구조를 위한 헤딩 사용

간혹 웹 사이트의 레이아웃 정보를 헤딩으로 표현하고, 헤딩을 CSS를 이용하여 숨기는 경우가 있습니다. 다음과 같이 〈h2〉상단영역〈/h2〉이라고 적은 '상단영역'은 무의미한 제목이 됩니다.

```
〈h1〉생활안전공사〈/h1〉
    〈h2〉상단영역〈/h2〉
        〈h3〉주요메뉴〈/h3〉
        〈ul〉
            〈li〉회사소개〈/li〉
            〈li〉메뉴소개〈/li〉
        〈/ul〉
    〈h2〉중앙콘텐츠영역〈/h2〉
        〈h3〉공지사항〈/h3〉
        … 생략 …
    〈h2〉하단영역〈/h2〉
        〈h3〉하단메뉴〈/h3〉
        〈ul〉
            〈li〉회사소개〈/li〉
            〈li〉개인정보보호방침〈/li〉
            〈li〉사이트맵〈/li〉
            … 생략 …
        〈/ul〉
        〈address〉…〈/address〉
```

이와 같은 경우는 레이아웃만 표현하는 것이 아니라 실제 콘텐츠의 정보를 나타내는 것으로, 수정을 하거나 가급적 사용하지 않는 것이 좋습니다.

```
〈h1〉생활안전공사〈/h1〉
    〈h2〉주요메뉴〈/h2〉
        〈ul〉                                                          ↵
```

 여기서 잠깐

Q 스크린 리더에서 제목(heading) 요소를 사용하면 어떻게 읽어 주나요?

A 국산 스크린 리더인 센스리더를 사용할 때 Ctrl + F6을 누르면 헤딩 간 이동을 할 수 있으며, 이전 헤딩으로 이동하려면 Ctrl + Shift + F6을 누르면 됩니다. 이 경우 h1은 '헤딩1', h2는 '헤딩2'로 읽는데, 〈h2〉홍보배너〈/h2〉는 '**홍보배너 헤딩2**'라고 읽고, 이미지를 사용한 〈h1〉〈img src="subject_web.gif" alt="웹 접근성이란" /〉〈/h1〉은 '**헤딩1 웹 접근성이란 이미지**'라고 읽습니다. 이와 같이 텍스트와 이미지로 h 요소를 사용한 경우에는 읽어 주는 순서가 다릅니다. 외국에서 사용하는 스크린 리더 중 하나인 JAWS의 경우도 이와 같은데, 작업할 때 같은 레벨의 h 요소를 텍스트, 이미지 형식에 맞춰 주면 시각장애인이 스크린 리더로 웹을 탐색할 때 도움이 됩니다.

```
                    <li>회사소개</li>
                    <li>메뉴소개</li>
                … 생략 …
            </ul>
        <!-- 생략 -->
        <h3>공지사항</h3>
        … 생략 …
        <h2>사이트 이용안내</h2>
            <ul>
                <li>회사소개</li>
                <li>개인정보보호방침</li>
                <li>사이트맵</li>
                … 생략 …
            </ul>
            <address>…</address>
```

2. 단락(p)

텍스트를 단락으로 정의할 때 사용합니다. 단락 요소 안에는 a, img 등 인라인 요소와 텍스트만 포함할 수 있으며, 블록 요소는 사용할 수 없습니다. 단락 안에서 강제로 줄바꿈해야 하는 경우에는 br 요소를 사용할 수 있지만, 시각적 효과 등을 위해 남용하지 않아야 합니다.

형식	`<p>단락 텍스트</p>`

📁 예제 파일 : Sample\Part02\Sec04\2-4-06.html

Source	```<!DOCTYPE html PUBLIC "-//W3C//DTD XHTML 1.0 Transitional//EN" "http://www.w3.org/TR/xhtml1/DTD/xhtml1-transitional.dtd"> <html xmlns="http://www.w3.org/1999/xhtml" lang="ko" xml:lang="ko" > <head> <meta http-equiv="content-type" content="text/html; charset=euc-kr" /> <title>단락 나누기</title>```

Q h1은 웹 페이지에서 한 번만 사용해야 하나요? 또 어떤 콘텐츠를 h1으로 지정해야 하나요?

A h1이 한 웹 페이지에 몇 번 나오는 것이 좋은가에 대해서는 '웹 페이지를 대표하는 역할로 보면 한 번만 사용하는 것이 좋다.'라는 의견과 '남용하지 않는 조건 아래 필요하면 두 번 이상 사용할 수 있다.'라는 의견으로 나누어집니다. 이는 마크업하면서 많은 논의가 이루어졌던 부분 중 하나이며, HTML 권고안에서는 횟수에 대해 명시되어 있지 않습니다.

그리고 어떤 정보를 h1에 담아야 하는가에 대해서는 '웹 페이지를 대표하는 정보인 웹 사이트의 로고에 지정하는 것이 맞다.'라는 의견과 '웹 페이지의 메인 콘텐츠 제목에 사용해야 한다.'는 의견이 많았습니다. 이 이야기는 트위터(Twitter)에서도 제기된 후 http://www.h1debate.com라는 웹 사이트에서 투표도 진행되었습니다.

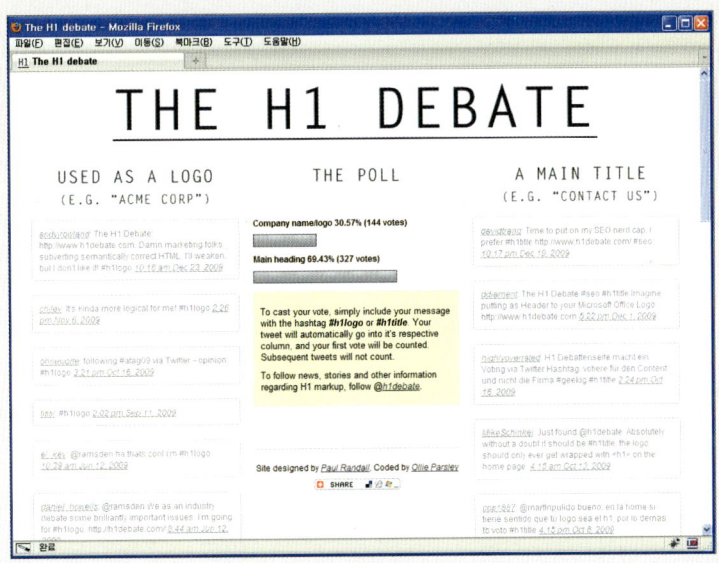

▲ http://www.h1debate.com The H1 dabate 사이트(2009. 12.)

이러한 이야기가 진행되는 상황 속에서 2009년 가을 W3C의 w3.org 사이트가 리뉴얼되었습니다. 리뉴얼된 W3C 사이트의 h1은 어떻게 사용되었을까요? 서브 페이지에서 사용한 h1은 2개이며, 로고와 메인 타이틀의 두 곳에 각각 h1을 사용했습니다.

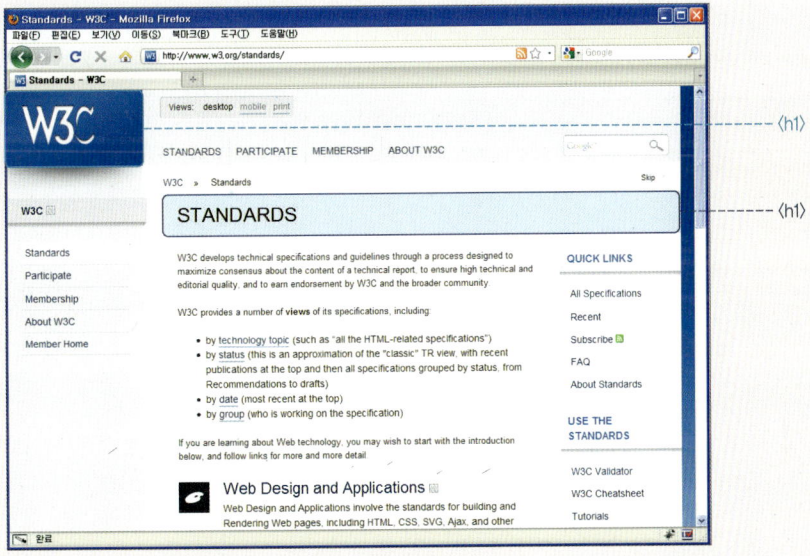

▲ W3C의 STANDARDS(http://www.w3.org/standards) 페이지의 h1

여기에서 W3C 사이트는 h1을 잘 사용하기 위한 하나의 예로 보고 페이지에 담긴 콘텐츠를 나타낼 수 있는 가장 중요한 항목에 사용했는지, 단계가 순차적인지, 너무 남용하지는 않았는지를 고려하여 사용하는 것이 중요합니다.

```
        </head>
        <body>
            <h1>단락 요소</h1>
            <p>텍스트를 단락으로 정의할 때 사용합니다. 단락 요소 안에는 &lt;a&gt;, &lt;img&gt;등 <strong>인라인 요소
            </strong>와 <strong>텍스트만 포함</strong>할 수 있으며 블록 요소는 사용할 수 없습니다.</p>
            <p>단락과 단락 사이는 <strong>마진</strong>으로 인해 기본적으로 <strong>여백</strong>이 생기기 때문에
            시각적으로 단락이 구분되어 있음을 알 수 있습니다.</p>
        </body>
        </html>
```

└---- p 요소를 이용해 단락 영역 구분

Result

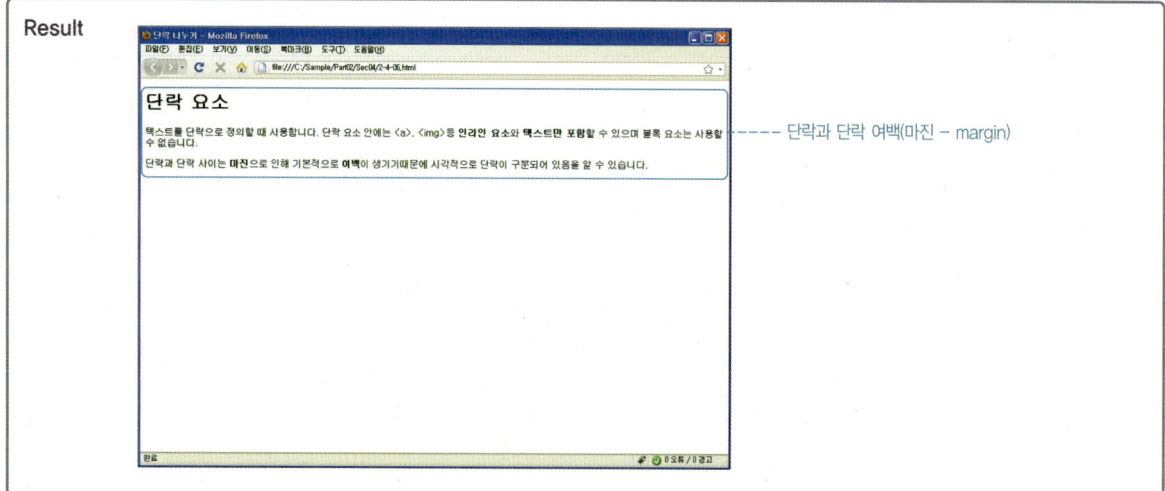

----- 단락과 단락 여백(마진 – margin)

Worst Case br 요소의 남용

단순히 문장과 문장 사이의 간격을 넓히기 위해, 또는 p 요소를 사용하지 않고 단락처럼 보이도록
남용한 사례입니다. 단락을 나타내는 p 요소가 있으므로 br로 도배하는 것은 문서 구조상 견고하지
못할 뿐만 아니라 올바른 사용법도 아닙니다.

```
<p>텍스트를 단락으로 정의할 때 사용합니다. 단락 요소 안에는 &lt;a&gt;, &lt;img&gt; 등 <strong>인라인 요소
</strong>와 <strong>텍스트만 포함</strong>할 수 있으며 블록 요소는 사용할 수 없습니다.<br /><br />

단락과 단락 사이는 <strong>마진</strong>으로 인해 기본적으로 <strong>여백</strong>이 생기기 때문에 시각적으로
단락이 구분되어 있음을 알 수 있습니다.</p>

<br /><br />
```

개선안	〈p〉텍스트를 단락으로 정의할 때 사용합니다. 단락 요소 안에는 <a>, <img> 등 〈strong〉인라인 요소〈/strong〉와 〈strong〉텍스트만 포함〈/strong〉할 수 있으며 블록 요소는 사용할 수 없습니다.〈/p〉 〈p〉단락과 단락 사이는 〈strong〉마진〈/strong〉으로 인해 기본적으로 〈strong〉여백〈/strong〉이 생기기 때문에 시각적으로 단락이 구분되어 있음을 알 수 있습니다.〈/p〉

3. 줄바꿈(br)

단락에서 텍스트를 강제로 줄바꿈할 때는 'line break'의 의미인 br 요소를 사용합니다. br 요소는 빈 요소(empty element)로, 사용 형식은 다음과 같습니다.

형식	〈p〉 　첫 줄 텍스트〈br /〉 　두 번째 줄 텍스트〈br /〉 　세 번째 줄 텍스트 〈/p〉

☞ 예제 파일 : Sample\Part02\Sec04\2-4-07.html

Source	〈!DOCTYPE html PUBLIC "-//W3C//DTD XHTML 1.0 Transitional//EN" "http://www.w3.org/TR/xhtml1/DTD/xhtml1-transitional.dtd"〉 〈html xmlns="http://www.w3.org/1999/xhtml" lang="ko" xml:lang="ko" 〉 〈head〉 　〈meta http-equiv="content-type" content="text/html; charset=euc-kr" /〉 　〈title〉단락 내 줄바꿈〈/title〉 〈/head〉 〈body〉 　〈h1〉텍스트 강제 줄바꿈〈/h1〉 　〈p〉웹 문서에서 〈br /〉-- 강제 줄바꿈을 위한 line break 　　태그는 "Line Break"를 의미하며,〈br /〉 　　강제적으로 줄바꿈을 할 때 사용합니다.〈br /〉 　　
 명령어를 사용하지 않고 키보드의 Enter만 사용하면〈br /〉 　　공백(space)이 추가될 뿐〈br /〉줄바꿈 효과는 적용되지 않습니다.〈br /〉 　　그래서
 명령어를 사용해서〈br /〉 　　줄바꿈을 해 주어야 합니다.〈br /〉 　　
 명령어는 빈 요소(empty element)이므로 〈br /〉 　　
 형식으로 선언해야 합니다. 　〈/p〉 〈/body〉 〈/html〉

Result

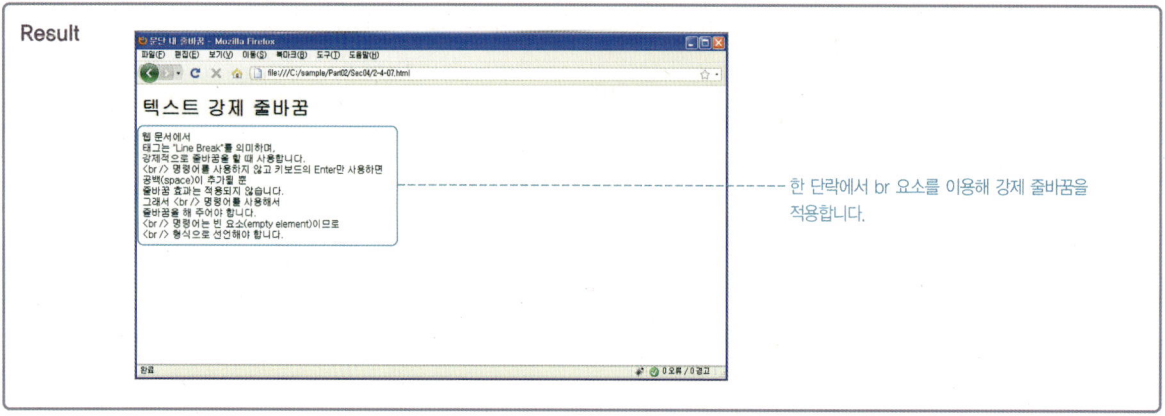

---- 한 단락에서 br 요소를 이용해 강제 줄바꿈을
적용합니다.

Best Case 시 – 단락에서 행을 구분할 때 br 사용

시를 구성하는 단락은 p 요소를 사용하여 구분하고, 단락에서 행을 구분할 때는 br을 사용합니다.

```
〈h1〉오늘 밤은〈/h1〉
〈p〉
    그 동안의〈br/〉
    낡은 관습을 버리고〈br /〉
    약속을 지키기 위해〈br /〉
    테이블(table)을 걷어 차네〈br /〉
〈/p〉
〈p〉
    째깍째깍〈br /〉
    시간은 흐르고〈br /〉
    아차 퇴근시간 지났네〈br /〉
〈/p〉
〈p〉지은이 〈em〉야그너〈/em〉〈/p〉
```

Result

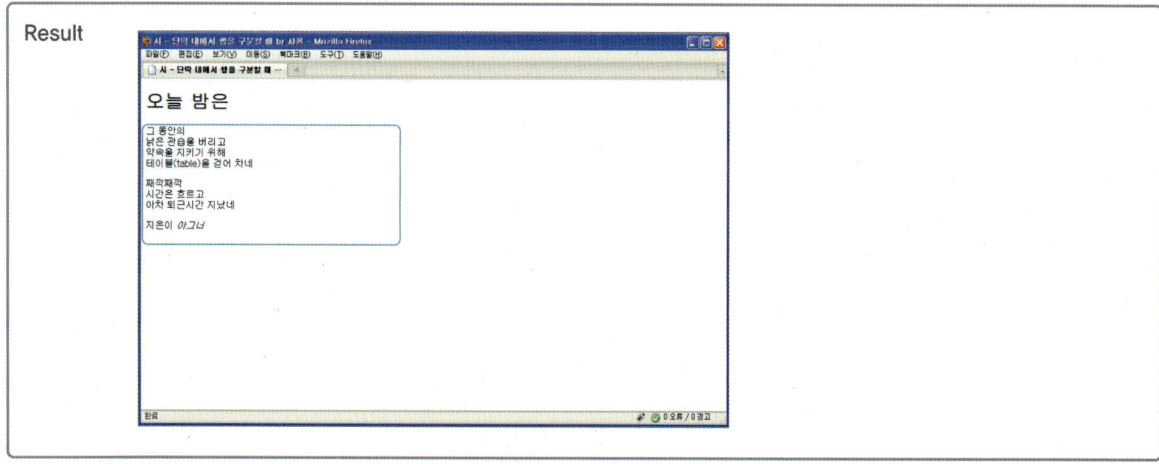

Worst Case 정렬하기 위해 강제로 br 요소를 사용하여 문장 나누기

정렬을 목적으로 br 요소를 사용하여 하나의 문장이나 단어를 강제로 줄바꿈하는 경우가 있습니다. 예를 들어 '웹 접근성 향상을 위한 국가 표준 기술 가이드 라인' 이라는 문장을 너비가 제한된 영역에 넣어보니 문장이 끊겨 2줄로 보이는 경우 정렬되지 않거나 문장이 끊어지는 위치에 따라서 의미가 잘못 전달될 수도 있습니다.

> 웹 접근성 향상을 위한 국
> 가 표준 기술 가이드 라인

▲ 너비가 제한된 영역에서의 자동 줄바꿈

이런 부분을 방지하기 하기 위해 br 요소를 사용하여 강제로 줄을 바꿀 수 있습니다.

```
<p>웹 접근성 향상을 위한<br />국가 표준 기술 가이드 라인</p>
```

웹 브라우저에서 확인하면 원하는 대로 줄바꿈이 적용된 것을 확인할 수 있습니다.

> 웹 접근성 향상을 위한
> 국가 표준 기술 가이드 라인

▲ br 요소를 사용하여 원하는 위치에서 강제로 줄바꿈하기

이렇게 강제로 줄바꿈할 경우 두 가지 문제가 발생합니다. 즉 스크린 리더를 통해 듣는 경우 하나의 문장이 연결되어 들려야 하지만 br 요소가 있는 곳에서 음성 정보가 끊어지며 웹 브라우저에서 텍스트만 확대했을 경우 글자 간격이 부자연스럽게 변합니다.

> 웹 접근성 향상을 위
> 한
> 국가 표준 기술 가이드
> 라인

▲ 파이어폭스에서 텍스트의 크기만 키운 후 보이는 화면

이런 문제를 예방하기 위해서는 br 요소를 이용하여 강제 줄 바꿈하기 보다는 span 요소와 padding 속성을 이용하여 글자 사이에 빈 공간을 추가해 줄 바꿈 효과를 제공하는 것이 좋습니다. span 요소와 padding 속성을 이용하여 글자 사이에 빈 공간을 추가해 줄 바꿈을 해 보겠습니다.

```
<p>웹 접근성 향상을 위한 <span style="padding-left:20px;"></span>국가 표준 기술 가이드 라인</p>
```

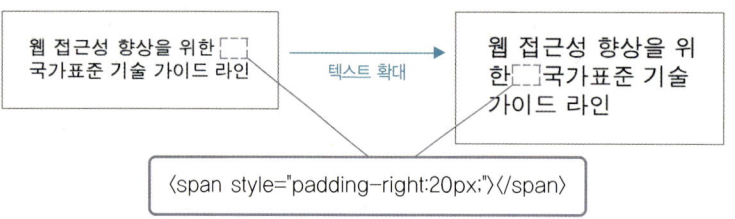

▲ span 요소와 padding 속성을 이용한 줄바꿈

조금 번거롭기는 하지만 span 요소를 이용하면 위의 그림과 같이 br 요소를 사용한 것과 같은 효과를 얻고, 스크린 리더로 접근한 경우 하나의 문장으로 읽히며, 글자를 확대했을 경우에도 어색하지 않은 결과를 얻을 수 있습니다.

4. 주소(address)

웹 문서의 아래쪽에 연락처(이메일 주소 포함) 및 제작자, 저작권(copyrights) 정보 등을 표시할 수 있습니다. 이들 요소는 종종 문서의 시작이나 끝에 위치합니다. 이때 연락처 정보는 address 요소로 정의할 수 있는데, address 요소 안에는 인라인 요소와 텍스트를 포함할 수 있지만 블록 요소는 포함할 수 없습니다. 단순한 집 주소의 의미가 아니라 웹 사이트 작성자 정보로써 문서의 공개일, 갱신일, 연락처(이메일 주소)의 정보를 사용자에서 제공하려고 할 때 사용하는 요소입니다.

여기서 잠깐

Q 파이어폭스에서 텍스트만 확대해서 볼 수 있나요?

A 파이어폭스의 경우 [보기] → [크기 조정] → [글자 크기만 조정] 메뉴를 선택하면 텍스트 크기만 확대, 축소할 수 있습니다. Ctrl + + 를 누르면 텍스트만 확대되고, Ctrl + − 를 누르면 축소됩니다.

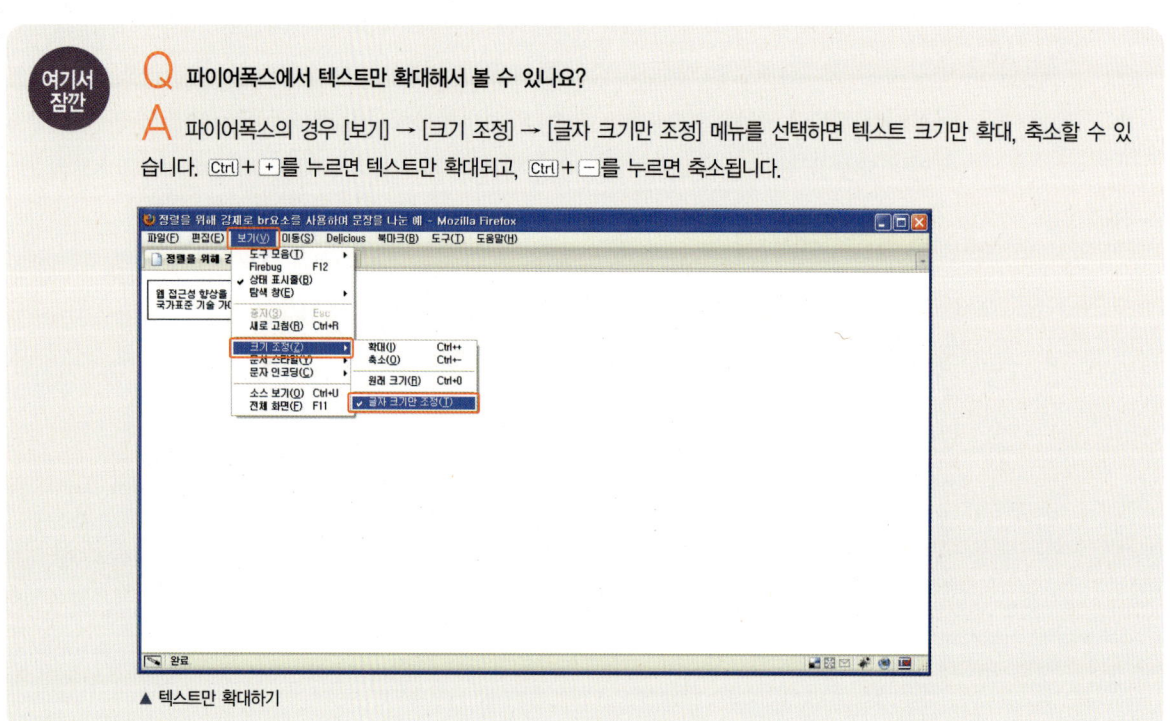

▲ 텍스트만 확대하기

형식	〈address〉작성자 정보 콘텐츠〈/address〉

📁 예제 파일 : Sample\Part02\Sec04\2-4-08.html

Source

```
〈!DOCTYPE html PUBLIC "-//W3C//DTD XHTML 1.0 Transitional//EN"
"http://www.w3.org/TR/xhtml1/DTD/xhtml1-transitional.dtd"〉
〈html xmlns="http://www.w3.org/1999/xhtml" lang="ko" xml:lang="ko" 〉
〈head〉
    〈meta http-equiv="content-type" content="text/html; charset=euc-kr" /〉
    〈title〉주소〈/title〉
〈/head〉
〈body〉
    〈h1〉주소 삽입하기〈/h1〉
    〈p〉웹 문서의 아래쪽에 연락처(이메일 주소 포함) 및 제작자, 저작권(copyrights) 정보 등을 표시할 수 있습니다.
    이때 연락처 정보는 address 요소로 정의할 수 있는데, address 안에는 인라인 요소와 텍스트를 포함할 수 있
    지만 블록 요소는 포함할 수 없습니다.〈/p〉
    〈address〉서울시 마포구 상수동 123-12 한주빌딩 5층 제우미디어〈br /〉
    tel: 02-1234-1234 fax: 02-1234-4321〈br /〉
    copyright&copy:2010 JEU media All Right Reserved.
    〈/address〉
〈/body〉
〈/html〉
```

·········· address 요소를 이용하여 작성자 정보 콘텐츠 표현합니다.

**여기서
잠깐**

Q address 요소 안에 p 요소를 사용해도 되나요?

A address 요소의 경우 DTD 종류에 따라 다릅니다. Transitional의 경우에는 인라인 요소나 p 요소를 사용할 수 있고, Strict
일 경우에는 인라인 요소만 사용할 수 있습니다. 예를 들어 문서가 Transitional인 경우에는 다음과 같이 작성할 수 있습니다.

```
〈address〉
    〈p〉
    제우미디어 서울시 마포구 상수동 123-12 한주빌딩 5층〈br /〉
    〈span〉전화: 〈/span〉 02-1234-1234 〈span〉FAX:〈/span〉 02-1234-1234
    〈a href="mailto:webmaster@mail.com"〉webmaster@mail.com〈/a〉〈br /〉
    Copyright ⓒ WebCafe CORPORATION ALL RIGHTS RESERVED.
    〈/p〉
〈/address〉
```

Strict인 경우에 인라인 요소인 span, a, strong과 br 등으로 작성할 수 있습니다.

```
〈address〉
    제우미디어 서울시 마포구 상수동 123-12 한주빌딩 5층 〈br /〉
    〈span〉전화: 〈/span〉 02-1234-1234 〈span〉FAX:〈/span〉 02-1234-1234
    〈a href="mailto:webmaster@mail.com"〉webmaster@mail.com〈/a〉〈br /〉
    Copyright ⓒ WebCafe CORPORATION ALL RIGHTS RESERVED.
〈/address〉
```

Result

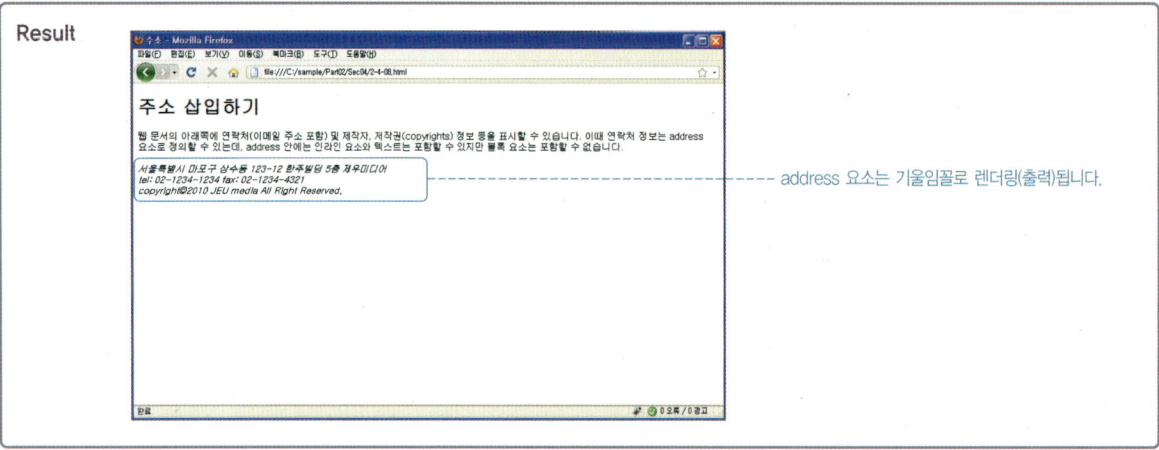

address 요소는 기울임꼴로 렌더링(출력)됩니다.

Worst Case 일반 주소 콘텐츠에 사용한 address

웹 사이트의 제작자 정보 및 연락처의 의미가 아닌 일반 주소 콘텐츠에 address 요소를 쓰는 것은
잘못된 사용 방법입니다.

▲ 각 지역의 지사 정보 콘텐츠의 예

용어 설명

ISO-HTML

ISO-HTML은 W3C(World Wide Web Consortium) HTML(HyperText Markup Language) 4.01의 국제 표준을 의미
합니다. 국제 표준이란, 국제 표준 제정 기구인 ISO(International Organization for Standardization)에서 W3C HTML
4.01의 내용 중 국제 표준으로 채택할 수 있는 29가지 요소를 재정의한 것입니다. W3C의 표준인 HTML 4.01은 강제성이
없는 권고 사항이지만, ISO-HTML은 권고 사항을 넘어선 국제 표준입니다. 그러나 ISO-HTML은 HTML 4.01 strict보다
규칙이 더 엄격하기 때문에 의미(semantics)와 구조(structure)를 명확하게 분리해야 합니다. 또 위지윅 방식의 저작툴들
이 ISO-HTML를 지원하지 않는다는 단점 때문에 업계에서는 사실상 ISO-HTML을 거의 사용하지 않으며, 존재 자체를
모르는 경우도 많습니다. HTML/XHTML과 다르게 ISO-HTML에서는 address 요소가 img 요소, object 요소, map 요
소 등의 인라인 요소를 포함할 수 없습니다.

위의 그림과 같이 일반 콘텐츠로서의 정보를 갖는 주소인 경우 'address 요소는 주소나 연락처 등을 나타낼 수 있으므로 한번 이용해 볼까?' 라는 생각으로 다음과 같이 마크업할 경우에는 address 요소를 바르게 사용한 것이 아닙니다.

```
<h4><img src="/images/business/global_tit1.gif" alt="점보(말레이시아)" />
<span><img src="/images/business/global_tit1_date.gif" />경영권보유법인/설립일 : 1996. 1.</span></h4>
<dl>
    <dt>사업영역</dt>
    <dd>냉연 가공 및 판매</dd>
    <dt>주소</dt>
    <dd><address>16 1/2 MILES JLN IPOH, 48000 RAWANG, SELANGOR, MALAYSIA</address></dd>
    <dt>Tel</dt>
    <dd>60-3-6092-1400</dd>
    <dt>FAX</dt>
    <dd>60-3-6092-0382</dd>
</dl>
```

이 부분은 다른 콘텐츠와 마찬가지로 address 요소가 아닌 주소만 표현하여 작성합니다.

```
<h4><img src="/images/business/global_tit1.gif" alt="점보(말레이시아)" />
<span><img src="/images/business/global_tit1_date.gif" />경영권보유법인/설립일 : 1996. 1.</span></h4>
<dl>
    <dt>사업영역</dt>
    <dd>냉연 가공 및 판매</dd>
    <dt>주소</dt>
    <dd>16 1/2 MILES JLN IPOH, 48000 RAWANG, SELANGOR, MALAYSIA</dd>
    <dt>Tel</dt>
    <dd>60-3-6092-1400</dd>
    <dt>FAX</dt>
    <dd>60-3-6092-0382</dd>
</dl>
```

또 다음과 같이 약도의 주소를 나타내는 콘텐츠를 address 요소로 잘못 사용한 예입니다.

```
<address><span class="addrTitle">약도 위치 : </span>서울시 마포구 상수동 123-12 한주빌딩 5층</address>
```

이 부분도 address 요소를 사용하지 않고 다음과 같이 표현할 수 있습니다.

<p><span class="addrTitle">약도 위치 : </span> <span class="addrInfo">서울시 마포구 상수동 123-12 한주빌딩 5층</span></p>

5. 구분선(hr)

hr 요소는 수평선으로 표현되어 구분선 역할을 하고, 빈 요소이며, 〈hr /〉로 종료 태그 없이 사용합니다. 이는 논리적인 의미의 구분이라기보다는 콘텐츠 전후의 내용을 구분할 수 있도록 선으로 나타내는 것이라고 할 수 있습니다. hr 요소는 텍스트 브라우저나 CSS가 제공되지 않는 환경에서 콘텐츠의 구조적 구분을 표현할 수 있기 때문에 사용자에게 유용합니다.

형식

```
<div id="content">content 영역</div>
<hr />
<div id="aside">aside 영역</div>
```

🗁 예제 파일 : Sample\Part02\Sec04\2-4-09.html

Source

```
<!DOCTYPE html PUBLIC "-//W3C//DTD XHTML 1.0 Transitional//EN"
"http://www.w3.org/TR/xhtml1/DTD/xhtml1-transitional.dtd">
<html xmlns="http://www.w3.org/1999/xhtml" lang="ko" xml:lang="ko" >
<head>
    <meta http-equiv="content-type" content="text/html; charset=euc-kr" />
    <title>구분선</title>
</head>
<body>
    <h1>콘텐츠 영역 나누기</h1>
    <div id="header">헤더 영역</div>
    <hr />
    <div id="content">콘텐츠 영역</div>
    <hr />----------------------------------------- 콘텐츠 영역과 사이드 영역을 구분하기
    <div id="aside">사이드 영역</div>                위해 사용한 hr 요소
    <hr />
    <div id="footer">푸터 영역</div>
</body>
</html>
```

Result

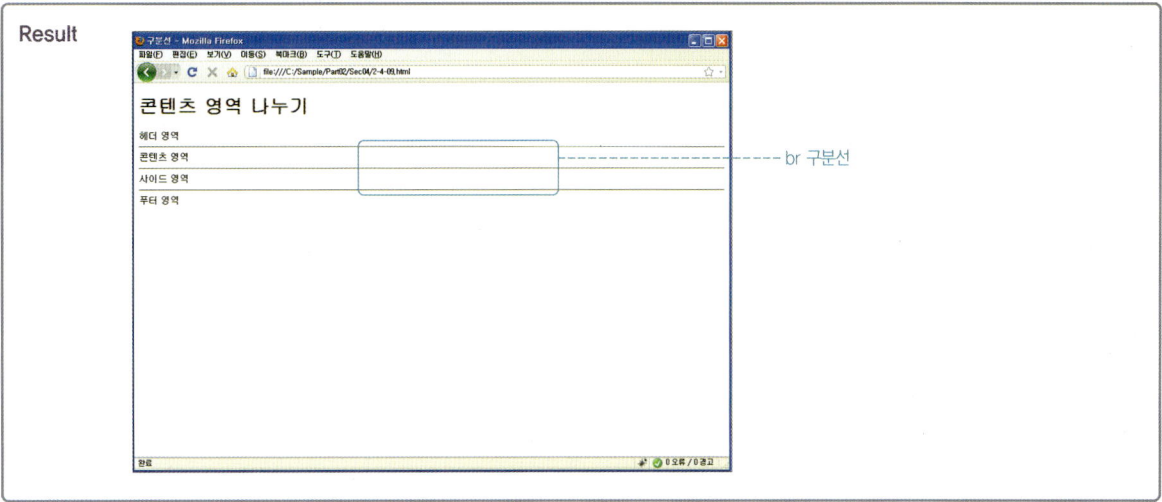

링크와 이미지

1. 하이퍼링크(a)

a 요소는 텍스트나 이미지 콘텐츠에 링크를 설정할 때 사용합니다. 사용할 수 있는 속성에는 href 속성, target 속성, title 속성 등이 있으며, Transitional과 Frameset DTD일 경우에만 target 속성을 지정할 수 있습니다.

형식	⟨p⟩ ⟨a href="파일명 또는 URL" target="_blank" title="대체설명"⟩텍스트 또는 이미지⟨/a⟩⟨/p⟩

📂 예제 파일 : Sample\Part02\Sec04\2-4-10.html

Source
```
⟨!DOCTYPE html PUBLIC "-//W3C//DTD XHTML 1.0 Transitional//EN"
"http://www.w3.org/TR/xhtml1/DTD/xhtml1-transitional.dtd"⟩
⟨html xmlns="http://www.w3.org/1999/xhtml" lang="ko" xml:lang="ko" ⟩
⟨head⟩
    ⟨meta http-equiv="content-type" content="text/html; charset=euc-kr" /⟩
    ⟨title⟩하이퍼링크⟨/title⟩
⟨/head⟩
⟨body⟩
    ⟨h1⟩텍스트링크⟨/h1⟩
    ⟨ul⟩
        ⟨li⟩⟨a href="http://www.w3.org"⟩World Wide Web Consortium⟨/a⟩⟨/li⟩
        ⟨li⟩⟨a href="http://forums.mozilla.or.kr" target="_blank"⟩----target 속성을 이용하여 하이퍼링크 결과를
            Mozilla 한국 포럼⟨/a⟩⟨/li⟩                                       새 창에 열기
```

```
            <li><a href="http://www.wah.or.kr" title="사이트로 이동">
            웹 접근성 연구소</a></li>
        </ul>
        <h1>이미지링크</h1>
        <p><a href="http://www.webstandards.org/"><img src="images/acid2Test.jpg"
            width="150" height="180" alt="acid2 테스트" /></a></p>
    </body>
</html>
```

title 속성은 XHTML의 모든 요소에 사용할 수 있는 공용 속성으로 콘텐츠에 대한 부연 설명(대체 설명)을 위해 사용하는 속성으로, 마우스를 over할 경우 title의 값이 풍선 도움말 형태로 나타납니다.

Result

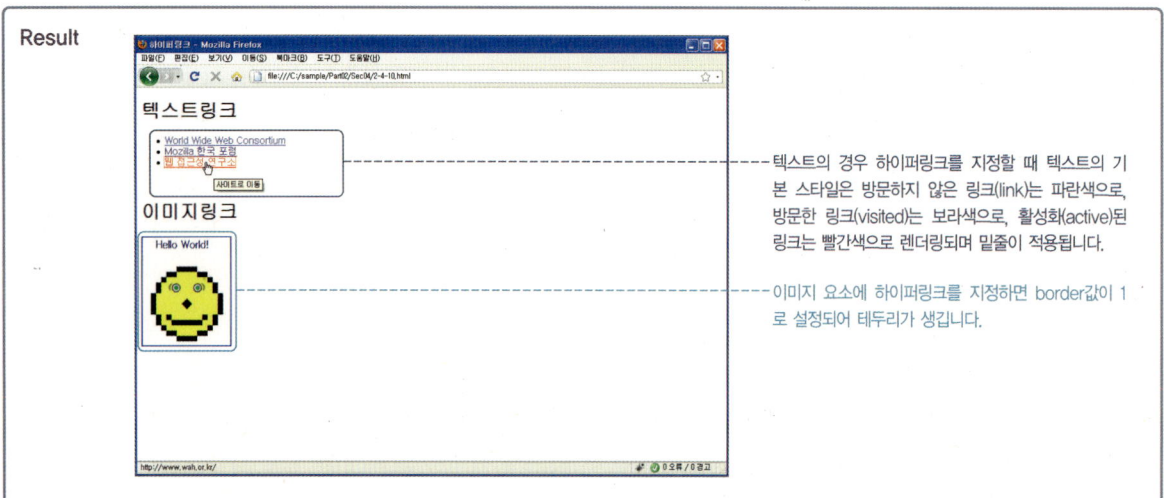

텍스트의 경우 하이퍼링크를 지정할 때 텍스트의 기본 스타일은 방문하지 않은 링크(link)는 파란색으로, 방문한 링크(visited)는 보라색으로, 활성화(active)된 링크는 빨간색으로 렌더링되며 밑줄이 적용됩니다.

이미지 요소에 하이퍼링크를 지정하면 border값이 1로 설정되어 테두리가 생깁니다.

Worst Case **구체적이지 않은 링크 콘텐츠**

사이트를 이용하다 보면 '자세한 사항은 이곳을 클릭하여 주세요.' 라는 문구를 종종 봅니다. 이 경우 '이곳' 이라는 단어에 링크가 연결되어 있어서 클릭하면 연결된 페이지로 넘어갑니다. 그렇다면 '이곳' 은 어디일까요? 사용자는 막연하게 상세 정보가 있을 것이라 생각하고 링크를 클릭하지만, '이곳' 이라는 텍스트만으로는 링크의 의미를 제대로 전달하지 못합니다.

이렇게 링크가 연결되는 경우는 의미에 맞게 적용해야 합니다. '자세한 사항은 고객문의게시판에서 확인해 주세요.' 와 같이 링크 자체만으로도 의미를 전달할 수 있어야 합니다.

```
<p>자세한 사항은 <a href="customer_bbs.html">고객문의게시판</a>에서 확인해 주세요.</a>
```

절대 경로와 상대 경로 알아보기

웹 문서에서 링크를 설정하거나 이미지를 삽입할 때 또는 외부 스타일시트 문서를 연결하는 작업 등을 할 때는 파일 경로를 지정해야 합니다. 파일 경로 지정 방식에는 '절대 경로'와 '상대 경로'가 있습니다. 주로 외부 사이트나 외부 자원을 연결하는 경우에 절대 경로를 사용하고 사이트 내부에서 페이지 링크 시 상대 경로를 사용합니다.

절대 경로

절대 경로는 전체 구조 내에서의 위치를 표시하는 방법입니다. 만약 로컬 기준으로 절대 경로를 지정하는 경우, file:///프로토콜을 시작으로 연결하려는 파일의 전체 경로를 명시합니다.

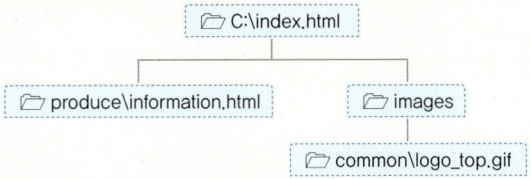

위의 예시에서 logo_top.gif 이미지를 index.html 문서에 삽입할 때 다음과 같이 절대 경로를 지정할 수 있습니다.

형식

```
<img src="file:///루트 폴더(C:\)/폴더 경로/파일명" alt="대체 텍스트" />
<img src="file:///C:\/images/common/logo_top.gif" alt="로고" />
```

절대 경로는 웹 서버 기준으로도 지정할 수 있는데, 이때 http:// 프로토콜을 시작으로 전체 경로를 명시합니다.

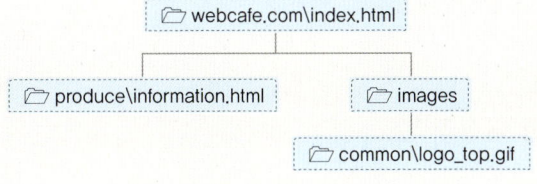

형식

```
<a href="http://도메인/폴더 경로/파일명">상세안내</a>
<a href="http://webcafe.com/produce/information.html">상세안내</a>
(information.html 문서를 절대 경로 방식으로 연결할 경우)
```

상대 경로

상대 경로는 작업하고 있는 파일의 현재 위치를 기준으로 경로를 지정하는 방법입니다. 상대 경로의 형식으로 정리해 보면 다음과 같습니다.

1. 연결하려는 파일이 현재 편집 중인 문서와 같은 폴더에 위치한 경우

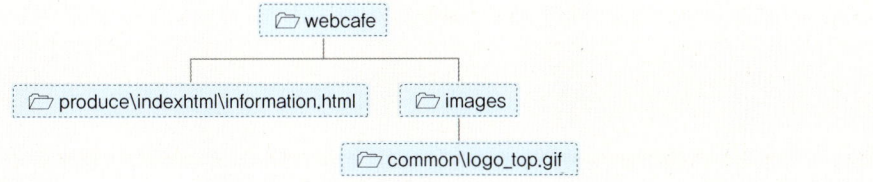

형식

> ⟨a href="파일명"⟩연결할 문서⟨/a⟩ 또는 ⟨a href="./파일명"⟩연결할 문서⟨/a⟩
> ⟨a href="information.html"⟩상세안내⟨/a⟩ 또는 ⟨a href="./ information.html"⟩상세안내⟨/a⟩
> ("./"는 같은 폴더를 의미)

2. 연결하려는 파일이 현재 편집 중인 문서보다 하위 폴더에 위치한 경우

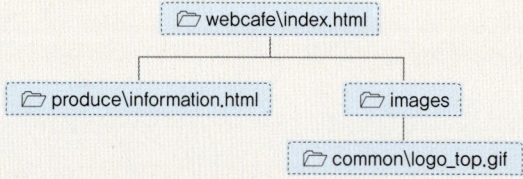

형식

> ⟨a href="하위 폴더명/파일명"⟩연결할 문서⟨/a⟩
> ⟨a href="produce/information.html"⟩상세안내⟨/a⟩

3. 연결하려는 파일이 현재 편집 중인 문서보다 상위 폴더에 위치한 경우

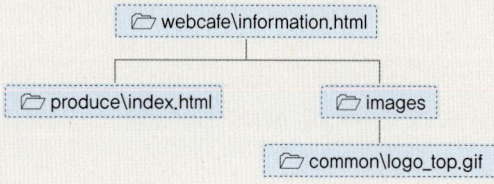

형식

> ⟨a href="../파일명"⟩연결할 문서⟨/a⟩
> ⟨a href="../information.html"⟩상세안내⟨/a⟩
> (상위 폴더의 표현은 "../" 형식으로 지정하며, 상위 폴더로 한 번 이상 이동할 경우에는 이동 폴더의 개수만큼 "../" 을 지정합니다.)

4. 연결하려는 파일이 현재 편집 중인 문서와 같은 레벨의 폴더에 위치한 경우

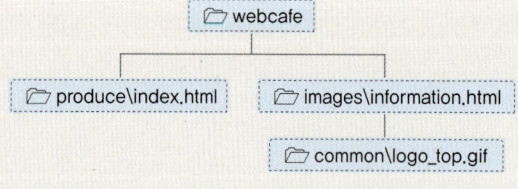

형식

> ⟨a href="../하위 폴더명/파일명"⟩연결할 문서⟨/a⟩
> ⟨a href="../images/information.html"⟩연결할 문서⟨/a⟩

 **여러 개의 같은 이름을 가지는 링크**

워드나 한글로 된 문서 정보를 다운로드하는 페이지가 필요한 경우 '다운로드 콘텐츠명 : 다운로드 버튼'과 같은 방식으로 디자인되는 경우가 있습니다.

■, 공개정보목록

| · 2009년 7월 목록 다운로드 | · 2009년 6월 목록 다운로드 | · 2009년 5월 목록 다운로드 |
| · 2009년 4월 목록 다운로드 | · 2009년 3월 목록 다운로드 | · 2009년 2월 목록 다운로드 |

▲ 자료 다운로드 링크 페이지 디자인의 예

```
<h2>공개정보목록</h2>
<ul>
    <li>2009년 7월 목록 <a href="info2009_07.hwp"><img src="btn_download.gif" alt="다운로드" /></a></li>
    <li>2009년 6월 목록 <a href="info2009_06.hwp"><img src="btn_download.gif" alt="다운로드" /></a></li>
    <li>2009년 5월 목록 <a href="info2009_05.hwp"><img src="btn_download.gif" alt="다운로드" /></a></li>
    <li>2009년 4월 목록 <a href="info2009_04.hwp"><img src="btn_download.gif" alt="다운로드" /></a></li>
    <li>2009년 3월 목록 <a href="info2009_03.hwp"><img src="btn_download.gif" alt="다운로드" /></a></li>
    <li>2009년 2월 목록 <a href="info2009_02.hwp"><img src="btn_download.gif" alt="다운로드" /></a></li>
</ul>
```

WCAG 1.0에서는 a 요소를 설정할 때 구체적인 의미를 가지는 텍스트를 포함하여 작성하도록 권고하고 있습니다. 위와 같이 코딩한 경우 키보드의 Tab 키만 이용하여 문서에서 이동할 때 Tab 키로 이동한 콘텐츠는 모두 '다운로드' 라는 정보를 제공합니다. 시각장애인의 경우에는 웹 문서를 탐색할 때 스크린 리더에서 페이지에 있는 링크를 보여주는 '링크 목록' 기능을 활용하기도 합니다. 위의 예제에서 국산 스크린 리더인 센스리더로 링크 목록을 확인하면 '다운로드' 라는 6개의 링크 목록으로만 표시됩니다.

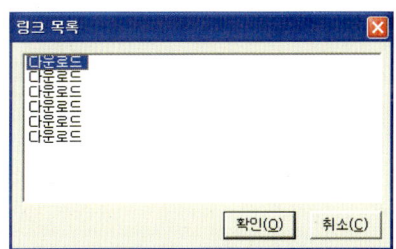

▲ 센스리더에서 불러온 예제 페이지의 링크 목록

이와 같은 경우에는 어떤 다운로드 링크가 2009년 3월 자료인지 알 수 없습니다. 이 부분은 title 속성을 사용하여 링크의 설명을 보완할 수 있습니다.

```
<h2>공개정보목록</h2>
<ul>
    <li>2009년 7월 목록 <a href="info2009_07.hwp" title="2009년 7월 목록">
        <img src="btn_download.gif" alt="다운로드" /></a></li>
    <li>2009년 6월 목록 <a href="info2009_06.hwp" title="2009년 6월 목록">
        <img src="btn_download.gif" alt="다운로드" /></a></li>
    <li>2009년 5월 목록 <a href="info2009_05.hwp" title="2009년 5월 목록">
        <img src="btn_download.gif" alt="다운로드" /></a></li>
    <li>2009년 4월 목록 <a href="info2009_04.hwp" title="2009년 4월 목록">
        <img src="btn_download.gif" alt="다운로드" /></a></li>
    <li>2009년 3월 목록 <a href="info2009_03.hwp" title="2009년 3월 목록">
        <img src="btn_download.gif" alt="다운로드" /></a></li>
    <li>2009년 2월 목록 <a href="info2009_02.hwp" title="2009년 2월 목록">
        <img src="btn_download.gif" alt="다운로드" /></a></li>
</ul>
```

그러나 링크의 title 속성은 스크린 리더에서 기본으로 읽어 주지 않기 때문에 설정을 바꾸지 않는 한, 사용자는 이 부분을 알지 못하고 지나칠 수 있습니다. 또 이미 텍스트로 제공하고 있는 같은 정보를 title로 중복 제공하는 문제점이 발생합니다. title과 콘텐츠의 중복을 막고 디자인을 변경하지 않으면서 가장 쉽게 바꿀 수 있는 방법은 앞의 텍스트도 버튼 이미지와 함께 a 요소로 마크업하는 것입니다.

```
<h2>공개정보목록</h2>
<ul>
    <li><a href="info2009_07.hwp">2009년 7월 목록 <img src="btn_download.gif" alt="다운로드" /></a></li>
    <li><a href="info2009_06.hwp">2009년 6월 목록 <img src="btn_download.gif" alt="다운로드" /></a></li>
    <li><a href="info2009_05.hwp">2009년 5월 목록 <img src="btn_download.gif" alt="다운로드" /></a></li>
    <li><a href="info2009_04.hwp">2009년 4월 목록 <img src="btn_download.gif" alt="다운로드" /></a></li>
    <li><a href="info2009_03.hwp">2009년 3월 목록 <img src="btn_download.gif" alt="다운로드" /></a></li>
    <li><a href="info2009_02.hwp">2009년 2월 목록 <img src="btn_download.gif" alt="다운로드" /></a></li>
</ul>
```

위의 경우 title을 제거하고 a 요소의 위치를 텍스트에 포함하도록 변경하므로 수정 시간이 오래 걸리지 않습니다. 스크린 리더로 링크 목록을 불러오면 다음과 같이 표현합니다. 단, 텍스트와 이미지가 동시에 a 요소로 마크업된 경우에는 텍스트 정보만 보여 줍니다.

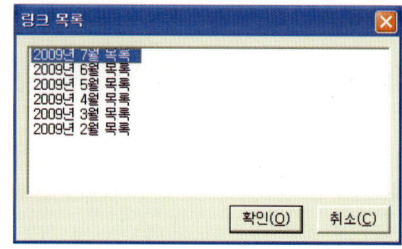

또 다른 방법은 다운로드 버튼을 이용한 디자인이 아니라 '2009년 7월 목록 다운로드' 텍스트가 하나의 링크가 되고, 다운로드를 나타내는 아이콘으로 디자인을 변경하는 것입니다. CSS를 이용하여 아이콘 디자인 요소를 나타내면 콘텐츠와 디자인 양식을 분리할 수 있습니다. 이 경우 스크린 리더에서 링크 목록을 확인하면 '2009년 7월 목록 다운로드' 라고 나타납니다.

· 2009년 7월 목록 다운로드

```
<li style="background:url(icon_down.gif) no-repeat 100% 0;">
    <a href="info2009_02.hwp">2009년 7월 목록 다운로드</a></li>
```

2. 이미지(img)

웹 문서에 텍스트가 아닌 이미지 개체를 삽입할 때는 빈 요소인 img 요소를 이용해야 하며, img 요소의 경우 src 속성과 alt 속성은 필수 속성입니다. 그러나 이들 두 가지 속성 외에 이미지의 크기 정보를 지정하는 것이 좋습니다. 이미지의 크기 정보를 지정할 경우에는 width와 height 속성을 사용합니다. 특히 alt 속성은 이미지가 보이지 않는 환경에서 대체 텍스트를 제공하기 위한 목적으로 사용하며, 이미지와 동등한 정보를 제공해야 합니다. 만약 alt 속성으로 대체 텍스트를 지정하기 어려운 경우에는 longdesc 속성을 이용하여 이미지에 대한 대체 정보로 연결할 수 있습니다. 또 IR 기법과 같은 다양한 기술을 이용하여 이미지에 대한 대체 콘텐츠를 제공할 수 있습니다.

Q 센스리더로 접근성 테스트를 하고 있습니다. 그런데 센스리더에서 링크 목록을 보려면 어떻게 해야 하나요?

A 센스리더에서 링크 목록은 단축키 Ctrl + L 을 눌러 확인할 수 있습니다.

스크린 리더의 title 지원에 대해(센스리더 프로페셔널 Sense Reader 버전 1.2.0.3)

이미지 맵 링크, 이미지 버튼, 이미지 등에는 거의 대부분 alt만 씁니다. ⟨a⟩ 링크에도 title을 사용할 경우가 거의 없습니다. 하지만 title을 꼭 사용해야 하는 특별한 경우에는 title을 읽어 줄 수 있도록 개선되었습니다. 그리고 다음과 같이 '툴팁 읽기' 설정을 '선택'으로 바꾼 후 읽어 줄 수 있습니다.

툴팁 읽기 설정 방법

스크린 리더 → 설정(Ctrl + Shift + F9) → 가상 커서 설정 → 툴팁 읽기를 '선택'으로 바꿉니다(Space Bar 를 눌러서 '해제'를 '선택'으로 바꿀 수 있음.).

※ 툴팁 읽기 기능은 '해제' 상태가 기본 설정 상태이며, 스크린 리더 사용자가 기본 설정을 바꾸어 사용하는 경우는 거의 없습니다.

주의 사항 : alt 속성을 지정했을 경우 인터넷 익스플로러 7 이하 버전에서 풍선 도움말(tooltip)로 나타나는 기능은 W3C의 권고를 MS가 오용하여 발생한 버그입니다. 따라서 웹 표준을 제대로 지원하는 웹 브라우저에서는 alt 속성을 지정해도 풍선 도움말이 나타나지 않습니다. 풍선 도움말로 표시하려면 title 속성을 활용해야 합니다.

형식	〈p〉 〈img src="이미지명" alt="대체텍스트" /〉 〈/p〉

📁 예제 파일 : Sample\Part02\Sec04\2-4-11.html

Source
```
<!DOCTYPE html PUBLIC "-//W3C//DTD XHTML 1.0 Transitional//EN"
"http://www.w3.org/TR/xhtml1/DTD/xhtml1-transitional.dtd">
<html xmlns="http://www.w3.org/1999/xhtml" lang="ko" xml:lang="ko" >
<head>
    <meta http-equiv="content-type" content="text/html; charset=euc-kr" />
    <title>이미지</title>
</head>
<body>
    <h1>이미지 삽입하기</h1>
    <p><img src="images/waffle.jpg" width="200" height="150" alt="바나나 와플" /></p>
    <p><img src="images/waffle.jpg" width="300" height="220" alt="바나나 와플" /></p>
    <p>웹 문서에 텍스트가 아닌 이미지 개체를 삽입하려고 할 때는 빈 요소인 img 요소를 이용해야 하며, img 요소의 경우 src 속성과 alt 속성은 필수 속성입니다. 그러나 이 두 가지 속성 외에 이미지의 크기 정보를 알려 주는 것이 좋습니다. 이미지의 크기 정보를 지정하는 경우에는 width와 height 속성을 사용합니다.</p>
</body>
</html>
```

> 이미지는 인라인 요소이기 때문에 p와 같은 블록 요소에 지정해야 하며, src 속성과 alt 속성은 필수 속성입니다.

Result

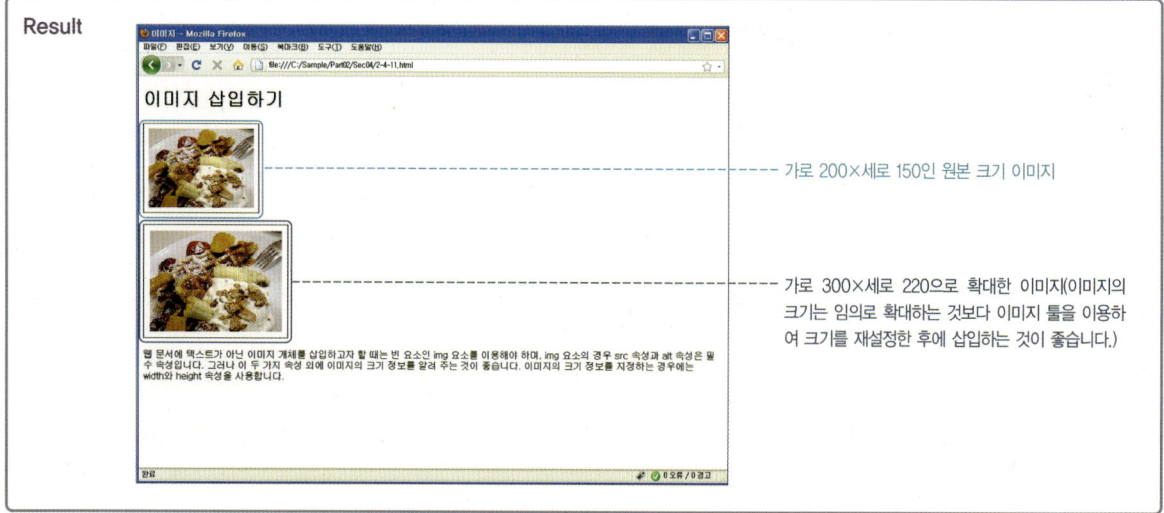

가로 200×세로 150인 원본 크기 이미지

가로 300×세로 220으로 확대한 이미지(이미지의 크기는 임의로 확대하는 것보다 이미지 툴을 이용하여 크기를 재설정한 후에 삽입하는 것이 좋습니다.)

3. 이미지 맵(map, area)

이미지 맵은 이미지의 복수 영역에 링크를 설정할 때 사용할 수 있습니다. 이미지 맵에는 크게 클라이언트 사이드 이미지 맵(client-side image map)과 서버 사이드 이미지 맵(server-side image map)이 있습니다. 클라이언트 사이드 이미지 맵의 경우 사용자가 이미지의 특정 영역을 클릭할 경우 브라우저에서 클릭한 곳의 좌표를 기준으로 링크 위치를 판단하는 형태를 말합니다. 이러한 동작이 브라우저에서 처리되기 때문에 '클라이언트 사이드 이미지 맵'이라고 부릅니다. 그리고 서버 사이드 이미지 맵은 사용자가 이미지의 특정 영역을 클릭하면 서버에 있는 CGI 등의 프로그램을 통해 클릭한 곳의 좌표가 서버로 전송됩니다.

이러한 두 가지 유형의 이미지 맵은 서버 사이드 이미지 맵보다 클라이언트 사이드 맵이 반응 및 처리 속도, 키보드 조작 등에서 우위에 있기 때문에 WCAG 1.0에서는 클라이언트 사이드 이미지 맵을 사용하도록 권고하고 있습니다. 클라이언트 사이드 이미지 맵의 사용 형식은 다음과 같습니다.

형식	`<img src="URI" alt="대체텍스트" usemap="이미지 맵 id" />`
	`<map id="맵 요소 이름">`
	　`<area shape="default | rect | circle | poly" codes="좌표" href="URI" alt="대체텍스트" />`
	`</map>`

📁 예제 파일 : Sample\Part02\Sec04\2-4-12.html

Source	`<!DOCTYPE html PUBLIC "-//W3C//DTD XHTML 1.0 Transitional//EN"`
	`"http://www.w3.org/TR/xhtml1/DTD/xhtml1-transitional.dtd">`
	`<html xmlns="http://www.w3.org/1999/xhtml" lang="ko" xml:lang="ko" >`
	`<head>`
	　`<meta http-equiv="content-type" content="text/html; charset=euc-kr" />`
	　`<title>이미지 맵</title>`
	`</head>`
	`<body>`
	　`<h1>이미지 맵 사용하기</h1>`
	　`<p><img src="images/imageMap.jpg" alt="웹 접근성 연구소 다이어그램" width="400" height="335"`
	　`border="0" usemap="#Map" />`
	　　`<map name="Map" id="Map">`

Q 이미지를 삽입할 때 항상 width와 height를 지정해야 하나요?

A 이미지의 width와 height를 지정하면 브라우저에서 이미지 렌더링이 좀 더 빠릅니다. 자주 수정하는 이미지는 유지보수 작업을 쉽게 하기 위해 width와 height를 생략한 채 작업하기도 합니다. 이미지의 width, height값은 기본적으로 표기하는 것이 원칙이지만, 상황에 따라 생략하기도 합니다. 하지만 alt 속성은 생략하면 안됩니다.

```
            ↳          〈area shape="circle" coords="201,169,60" href="http://www.wah.or.kr" alt="웹 접근성 연구소 " /〉
                                      └------ 원형 모양의 영역

                       〈area shape="rect" coords="40,77,112,152" href="http://www.wah.or.kr/Certification/quality.asp"
                       alt="품질마크" /〉  └------ 사각형 모양의 영역

                                    ┌------ 다각형 모양의 영역
                       〈area shape="poly" coords="293,15,232,51,254,111,334,111,355,51"
                       href="http://www.wah.or.kr/Example/" alt="개발자 아카이브" /〉

                                 ┌----- 좌표값, shape에 따라 지정 방법이 다르고, 좌표값들은 콤마(,)로 구분하여 지정합니다.
                       〈area shape="poly" coords="310,185,250,283,370,283"
                       href="http://www.wah.or.kr/Board/brd_list.asp?brd_sn=4" alt="자료실" /〉


                       〈area shape="poly" coords="83,213,139,213,160,261,139,310,83,310,60,264"
                       href="http://www.wah.or.kr/Education/edu.asp" alt="교육/세미나" /〉
                                         └------shape 영역의 좌표를 클릭했을 때 이동할 하이퍼링크 정보 및 대체 텍스트입니다. 특히 대
                                                체 텍스트는 이미지가 보이지 않는 환경을 위해 반드시 선언해야 하는 속성입니다.
            〈/map〉
         〈/p〉
      〈/body〉
   〈/html〉
```

Result

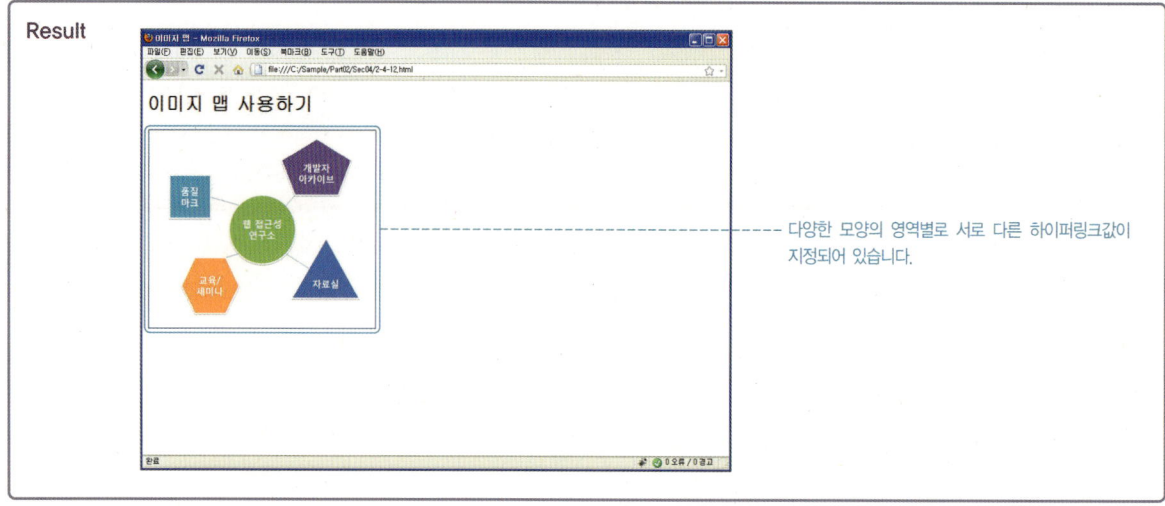

다양한 모양의 영역별로 서로 다른 하이퍼링크값이 지정되어 있습니다.

JPG, GIF, PNG 등의 이미지 포맷

사진 또는 디자인된 시안을 웹에서 사용하기 위해서는 용량 등을 최적화한 이미지 파일로 만들어 사용해야 합니다. 주로 jpg, gif, png 등의 이미지 확장자를 사용하는데, 이 확장자들은 파일 포맷(이미지 압축 방식)의 차이로 구분됩니다. 각각 장단점이 있으며 이미지의 품질과 파일 용량, 웹 페이지 로딩 속도에 영향을 미치므로 원본 자체의 이미지의 특성과 사용 목적에 따라 적합한 이미지 포맷을 사용하는 것이 중요합니다.

JPEG(Joint Photographic Experts Group)

JPEG는 손실 압축 방법의 표준 형식으로, ISO와 ITU–T에서 제정했습니다. JPEG를 사용하는 파일 형식을 'JPEG 이미지' 라고 부르며, jpg, jpeg, jpe 등의 확장자를 사용합니다. JPEG는 웹에서 사진 등의 정보를 전송할 때 가장 널리 사용하는 파일 형식으로, 24비트의 수백만 가지 색상을 사용하기 때문에 다양한 디자인이나 사진을 압축하는 데 효과적입니다. 이 압축 방법은 문자, 선, 세밀한 격자 등 고주파 성분이 많은 이미지의 변환에서는 GIF나 PNG보다 품질이 나쁜 경우가 있습니다.

▲ 원본 이미지

▲ 원본 이미지를 부분 확대

▲ 원본 이미지를 JPG 형식으로 저장
한 후 부분 확대

예로 위의 이미지에 표시된 텍스트 '맛있는'과 흰색 테두리 사이에 있는 White 색상의 디더링이 제대로 표현되지 않는 것을 확인할 수 있습니다.

GIF(Graphics Interchange Format)

GIF는 비트맵 그래픽 파일 포맷으로, 1987년 컴퓨서브가 발표했습니다. GIF는 웹에서 가장 널리 쓰이는 파일 포맷으로, 웹에서 오래 전부터 지원하는 양식입니다. GIF는 최대 256색까지 저장할 수 있는 비손실 압축 형식으로, 투명한 이미지 (단색 투명)를 제작하거나 애니메이션 등의 기능을 제공하며, 파일 크기가 작기 때문에 자주 사용됩니다. 이 파일 형식은 클립아트나 단순한 컬러와 깔끔한 라인, 회색 또는 단색으로 된 드로잉 이미지에 적합한데, 이미지의 크기가 많이 커지는 경우 jpg보다 용량이 커질 수도 있으므로 최종 용량 크기를 비교하는 것이 좋습니다.

▲ 원본 이미지를 2배 확대

▲ 원본 이미지를 GIF 형식으로 저장한 후 2배 확대

사진 이미지를 GIF 형식으로 저장할 경우 색상 정보가 많이 손실됩니다. 그리고 원본 이미지와 GIF 형식을 비교해 보면 색상의 그라데이션이 자연스럽게 표현되지 못하고 계단 현상이 나타내는 것을 알 수 있습니다.

PNG(Portable Network Graphics)

PNG는 비손실 그래픽 파일 포맷으로, 특허 문제가 얽힌 GIF 포맷의 문제를 해결하고 개선하기 위해 고안되었습니다. PNG는 GIF보다 약간 더 압축률이 높고, 안티에일리어싱과 투명 기능, 다른 비트 심도와 저장 방법들을 지원합니다. PNG는 8비트 알파 채널을 사용하여 파일의 투명도를 정의하는데, GIF보다 부드러운 투명도를 지원하고, JPEG보다 깔끔하게 저장되어 웹에서 많이 활용됩니다. 그러나 인터넷 익스플로러 6 이하의 웹 브라우저에서는 지원되지 않고 투명한 부분은 회색으로 처리되기 때문에 인터넷 익스플로러 6에서 제대로 보이기 위해서는 추가 작업이 필요하다는 단점이 있습니다. 어도비사의 포토샵에서 Save for Web 기능을 이용하면 결과물과 용량을 비교할 수 있습니다.

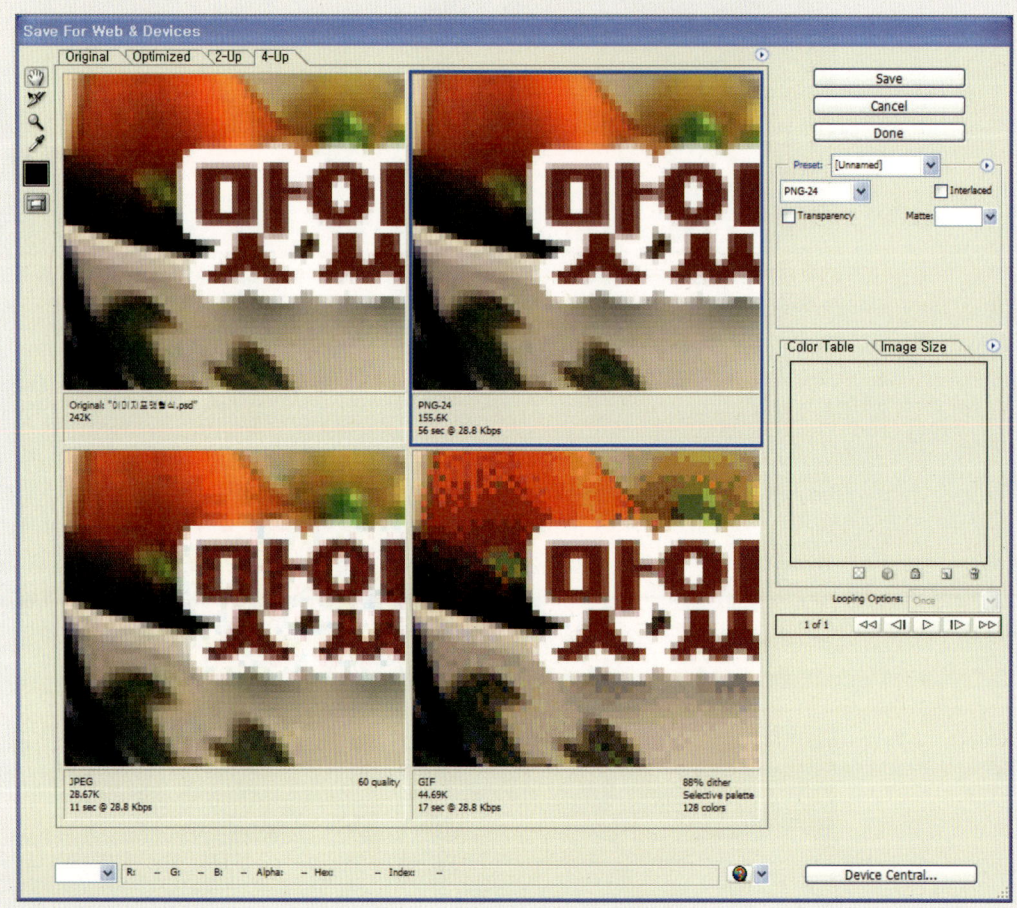

▲ 포토샵의 Save for Web을 통해 이미지 비교하기

목록 관련 요소

XHTML에서 사용할 수 있는 목록의 종류에는 ul, ol, dl 요소 등이 있습니다. 목록은 웹 문서의 다양한 콘텐츠를 마크업하기에 적당한 element로 유용하게 사용됩니다. ul 요소는 순서가 중요하지 않은 콘텐츠에 적절하며, ol 요소의 경우에는 순서가 중요한 콘텐츠에 사용합니다. 예를 들어 요리에 관한 콘텐츠를 마크업할 경우 재료는 ul 요소로, 요리 순서는 ol 요소로 마크업하는 것이 좋습니다.

1. 비순서형 목록(ul)

비순서형 목록을 마크업할 때 사용하는 ul 요소의 형식은 다음과 같습니다.

형식	

	`<ul>`
	　　`<li>` 목록 항목 `</li>`
	　　`<li>` 목록 항목 `</li>`
	`</ul>`

예제 파일 : Sample\Part02\Sec04\2-4-13.html

Source	
	``<!DOCTYPE html PUBLIC "-//W3C//DTD XHTML 1.0 Transitional//EN"
"http://www.w3.org/TR/xhtml1/DTD/xhtml1-transitional.dtd">
<html xmlns="http://www.w3.org/1999/xhtml" lang="ko" xml:lang="ko" >
<head>
<meta http-equiv="content-type" content="text/html; charset=euc-kr" />
<title>비순서형 목록</title>
</head>
<body>
<h1>커리(Curry) 재료</h1>
<ul>
<li> 카레 가루 100g</li>
<li> 닭가슴살 200g</li>
<li> 감자 1개 </li>
<li> 양파 1/2개 </li>
<li> 당근 1/2개 </li>
</ul>
<p><img src="images/curry.jpg" width="200" height="150" alt="커리" /></p>
</body>
</html>```

Result

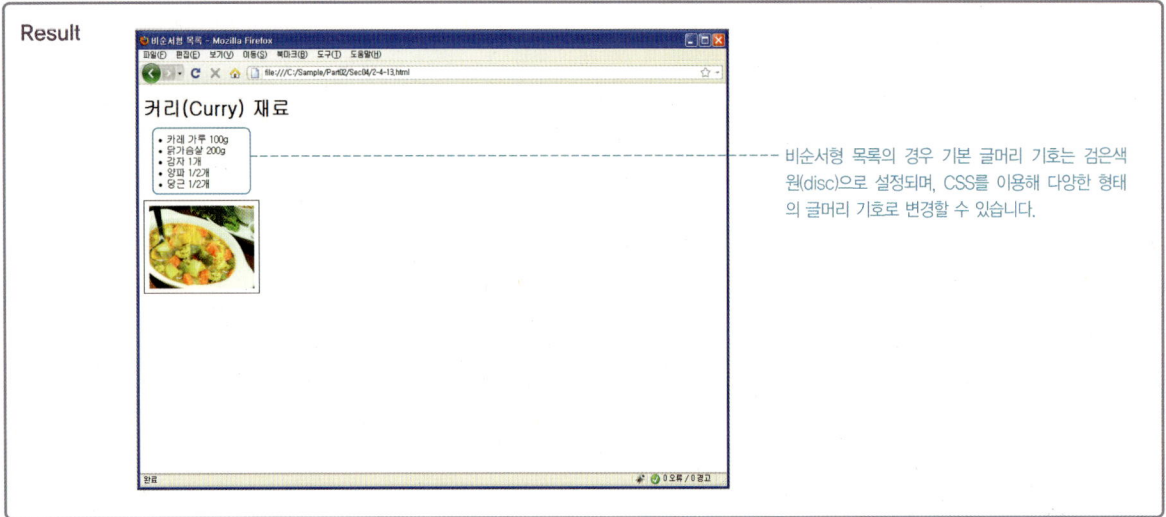

비순서형 목록의 경우 기본 글머리 기호는 검은색 원(disc)으로 설정되며, CSS를 이용해 다양한 형태의 글머리 기호로 변경할 수 있습니다.

2. 순서형 목록(ol)

순서형 목록을 마크업할 때 ol 요소의 사용 형식은 다음과 같습니다.

형식	⟨ol⟩ 　　⟨li⟩ 목록 항목 ⟨/li⟩ 　　⟨li⟩ 목록 항목 ⟨/li⟩ ⟨/ol⟩

📁 예제 파일 : Sample\Part02\Sec04\2-4-14.html

Source	⟨!DOCTYPE html PUBLIC "-//W3C//DTD XHTML 1.0 Transitional//EN" "http://www.w3.org/TR/xhtml1/DTD/xhtml1-transitional.dtd"⟩ ⟨html xmlns="http://www.w3.org/1999/xhtml" lang="ko" xml:lang="ko" ⟩ ⟨head⟩ 　　⟨meta http-equiv="content-type" content="text/html; charset=euc-kr" /⟩ 　　⟨title⟩순서형 목록⟨/title⟩ ⟨/head⟩ ⟨body⟩ 　　⟨h1⟩커리(Curry) 만드는 법⟨/h1⟩ 　　⟨p⟩⟨img src="images/curry.jpg" width="200" height="150" alt="커리" /⟩⟨/p⟩ 　　⟨ol⟩ 　　　　⟨li⟩ 카레 가루 8큰술에 물 6큰술을 넣어 풀어놓는다.⟨/li⟩ 　　　　⟨li⟩ 닭가슴살, 감자, 양파, 당근 등을 따로 중불에 살짝 볶는다.⟨/li⟩ 　　　　⟨li⟩ 볶아 놓은 재료를 카레를 풀어놓은 물과 함께 냄비에 넣고 물 2컵을 부은 후 15분 정도 끓인다.⟨/li⟩ 　　⟨/ol⟩ ⟨/body⟩ ⟨/html⟩

Result

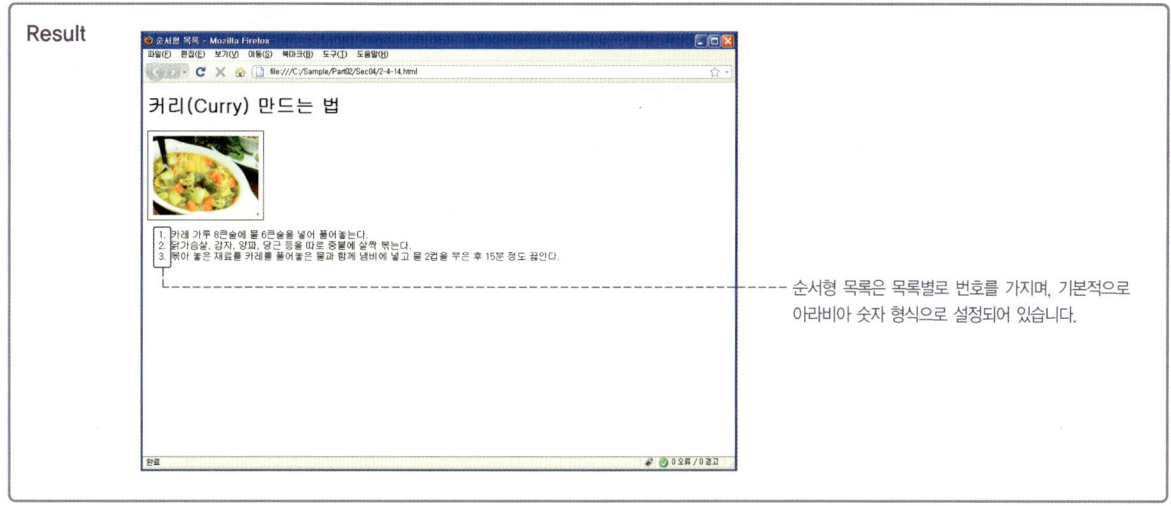

커리(Curry) 만드는 법

1. 카레 가루 8큰술에 물 6큰술을 넣어 풀어놓는다.
2. 닭가슴살, 감자, 양파, 당근 등을 따로 중불에 살짝 볶는다.
3. 볶아 놓은 재료를 카레를 풀어놓은 물과 함께 냄비에 넣고 물 2컵을 부은 후 15분 정도 끓인다.

순서형 목록은 목록별로 번호를 가지며, 기본적으로
아라비아 숫자 형식으로 설정되어 있습니다.

주의 사항 : 중첩 형식의 하위 목록을 마크업할 경우 ul 요소나 ol 요소의 자식 요소로는 li 요소만 올
수 있고, 직접적으로는 ul 요소나 ol 요소가 올 수 없습니다. 또 li 요소의 자식 요소는 목록 요소나
다른 블록 요소를 포함할 수 있습니다.

3. 정의형 목록(dl)

dl은 'Definition List'의 약자로, 용어 정의 리스트를 생성할 때 사용합니다. 최근에는 웹 표준의 적
용으로 의미 있는 콘텐츠에 대해 관심이 많아지고 있지만, 디테일한 의미 부여가 XML처럼 자유롭
지 못하기 때문에 제한된 요소 중에서 적당한 요소로 마크업하기 위한 고민이 깊어지고 있습니다.
그 중에서도 dl 요소를 이용한 콘텐츠 마크업이 주목을 받고 있습니다. 왜냐하면 dl 요소의 경우 단
순히 정의형 목록(용어 제목, 용어 설명 등)만이 아니라 주종 관계가 성립되는 콘텐츠에 광범위하게
사용할 수 있기 때문입니다. dl 요소의 사용 형식은 다음과 같습니다.

형식

```
〈dl〉
    〈dt〉용어 제목〈/dt〉
    〈dd〉용어 설명〈/dd〉
〈/dl〉
```

예제 파일 : Sample\Part02\Sec04\2-4-15.html

Source

```
〈!DOCTYPE html PUBLIC "-//W3C//DTD XHTML 1.0 Transitional//EN"
"http://www.w3.org/TR/xhtml1/DTD/xhtml1-transitional.dtd"〉
〈html xmlns="http://www.w3.org/1999/xhtml" lang="ko" xml:lang="ko" 〉
〈head〉
    〈meta http-equiv="content-type" content="text/html; charset=euc-kr" /〉
```

```
                    <title>정의형 목록</title>
                </head>
                <body>
                    <h1>정의형 목록</h1>
                    <dl>
                        <dt>XHTML</dt>------------------------------ definition term을 의미하며 용어 제목을 마크업하려고 할 때
                        <dd>HTML은 Hyper Text Markup Language의 약자로, 웹 문서를 제작하기 위한 언어로 설계되었습니
                        다. 그래서 범용적 전자 문서나 전자데이터를 표현하는 기능은 충분하지 않았습니다. 이러한 요구로 인해
                        등장한 것이 바로 XML(eXtensible Makeup Language)이며, XHTML은 HTML을 XML로 재구축한 마
                        크업 언어입니다. 그러므로 HTML과 XHTML은 동일한 요소를 가지며 두 가지 마크업 언어 모두 웹 문서
                        를 제작할 때 사용되는 웹 표준 기술입니다.</dd>
                                                          ---------- definition description을 의미하며 용어에 대한 설명을 마크업하려고 할 때
                        <dt>CSS</dt>
                        <dd>CSS란 Cascading Style Sheet의 약자로, 마크업 요소에 스타일을 적용하기 위해 W3C에서 고안해
                        낸 언어입니다. 웹 표준에 대한 관심이 높아지면서 CSS를 이용한 디자인도 함께 주목을 받고 있습니다. 그
                        이유는 CSS가 기존 디자인 방식의 체질개선을 가능하게 해 줄 수 있기 때문입니다. 특히 CSS는 table 방
                        식의 레이아웃으로 인해 마크업 코드가 복잡해진 표현에 관련된 요소(b 요소와 i 요소 등)의 사용을 제한할
                        수 있습니다.</dd>
                    </dl>
                </body>
            </html>
```

Result

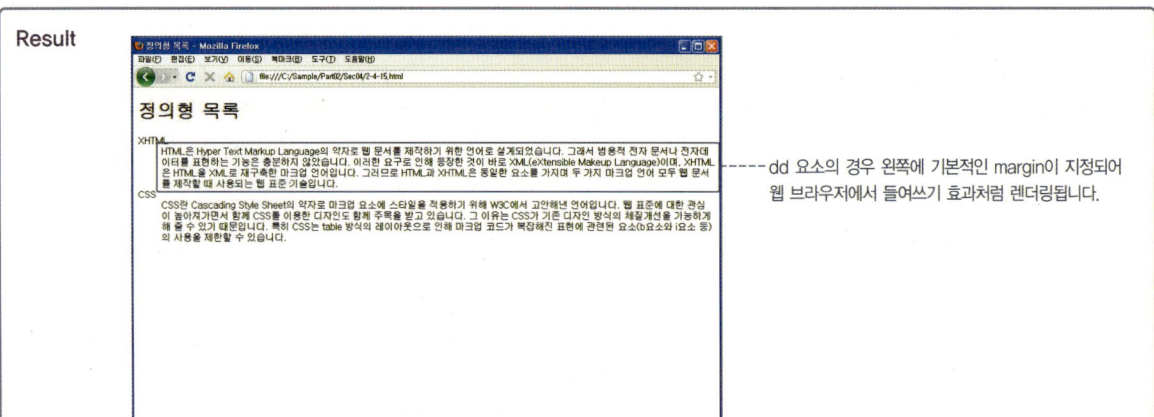

dd 요소의 경우 왼쪽에 기본적인 margin이 지정되어
웹 브라우저에서 들여쓰기 효과처럼 렌더링됩니다.

ul, ol, dl 목록 요소들의 남용

웹 접근성을 향상시키기 위해서는 기존 레이아웃용으로 사용하던 table 요소를 절대로 사용하면 안된다는 잘못된 정보 때
문에, ul, ol, dl 각 요소를 종종 디자인을 위한 레이아웃용으로 사용하는 경우가 있습니다. 그러나 이는 table이나 ul, ol,
dl 요소의 정확한 개념을 알지 못하기 때문에 생기는 현상입니다. 따라서 콘텐츠의 의미에 맞게 table, ul, ol, dl 요소를
사용하는 것이 좋습니다.

텍스트 관련 요소

1. 강조(strong & em)

단락의 내용 중에서 강조하려는 콘텐츠를 마크업할 때는 strong 요소와 em 요소를 사용할 수 있는데, strong 요소는 강한 강조를, em 요소는 강조의 의미를 갖습니다. 또 일부 화면 낭독기의 경우 강조 관련 요소로 마크업한 콘텐츠는 좀 더 크게 읽어 주거나 두 번 반복하여 읽어 주기도 합니다.

형식	〈p〉텍스트〈em〉강조할 텍스트〈/em〉텍스트〈/p〉
	〈p〉텍스트〈strong〉강조할 텍스트〈/strong〉텍스트〈/p〉

📂 예제 파일 : Sample\Part02\Sec04\2-4-16.html

Source	

```
〈!DOCTYPE html PUBLIC "-//W3C//DTD XHTML 1.0 Transitional//EN"
"http://www.w3.org/TR/xhtml1/DTD/xhtml1-transitional.dtd"〉
〈html xmlns="http://www.w3.org/1999/xhtml" lang="ko" xml:lang="ko" 〉
〈head〉
    〈meta http-equiv="content-type" content="text/html; charset=euc-kr" /〉
    〈title〉강조〈/title〉
〈/head〉
〈body〉
    〈h1〉em을 이용한 콘텐츠 강조〈/h1〉
    〈p〉 홈 &gt; 웹 콘텐츠 접근성 지침 &gt; 〈em〉 인식의 용이성 〈/em〉 〈/p〉
    〈h1〉strong을 이용한 콘텐츠 강조〈/h1〉
    〈p〉 홈 &gt; 웹 콘텐츠 접근성 지침 &gt; 〈strong〉 인식의 용이성 〈/strong〉 〈/p〉
〈/body〉
〈/html〉
```

특정 콘텐츠를 강조하기 위해 사용한 요소로, strong보다는 낮은 레벨의 강조 요소입니다.

Result

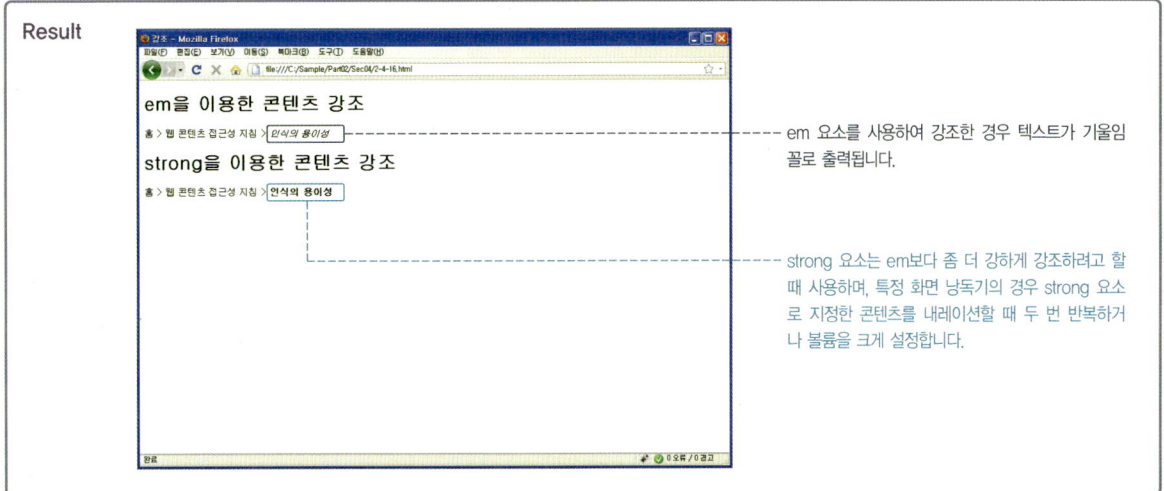

em 요소를 사용하여 강조한 경우 텍스트가 기울임꼴로 출력됩니다.

strong 요소는 em보다 좀 더 강하게 강조하려고 할 때 사용하며, 특정 화면 낭독기의 경우 strong 요소로 지정한 콘텐츠를 내레이션할 때 두 번 반복하거나 볼륨을 크게 설정합니다.

2. 인용문(blockquote & q)

블록 단위의 인용문이나 문장 형태의 짧은 인용문의 경우 blockquote 요소와 q 요소를 이용할 수 있습니다. blockquote 요소는 블록 요소만 포함할 수 있고, q는 인라인 요소와 텍스트를 포함할 수 있습니다. 인용문의 경우 출처를 명시하려고 할 때 cite 속성으로 인용한 곳을 지정할 수 있습니다. 특히 q 요소를 사용할 경우 웹 표준을 지원하는 웹 브라우저에서 인용의 표현으로 따옴표가 함께 표시됩니다(인터넷 익스플로러 7 이하는 지원하지 않음.).

형식	```<blockquote cite="출처">```
	   ```<p>블록 인용구</p>```
	```</blockquote>```
	```<p> 텍스트 <q cite="출처">인라인 인용구</q> 텍스트 </p>```

📁 예제 파일 : Sample\Part02\Sec04\2-4-17.html

| Source | ```<!DOCTYPE html PUBLIC "-//W3C//DTD XHTML 1.0 Transitional//EN"```
```"http://www.w3.org/TR/xhtml1/DTD/xhtml1-transitional.dtd">```
```<html xmlns="http://www.w3.org/1999/xhtml" lang="ko" xml:lang="ko" >```
```<head>```
  ```<meta http-equiv="content-type" content="text/html; charset=euc-kr" />```
  ```<title>인용문</title>```
```</head>```
```<body>```
  ```<h1>블록 인용구 [blockquote]</h1>```
  ```<p>장애인 차별 금지 및 권리 구제 등에 관한 법률[일부개정 2008.3.21 법률 제8974호] 제20조에는 정보 접근에서의 차별 금지를 아래와 같이 명시하고 있습니다.</p>```
  ```<blockquote cite="http://www.wah.or.kr/Accessibility/korealaw_view2.asp">```
    ```<p>개인·법인·공공기관(이하 이 조에서 "개인 등"이라 한다.)은 장애인이 전자 정보와 비전자 정보를 이용하고 그에 접근함에 있어서 장애를 이유로 제4조 제1항 제1호 및 제2호에서 금지한 차별행위를 하여서는 아니 된다.</p>```
  ```</blockquote>``` |

blockquote 요소에 포함된 p 단락은 인용한 단락임을 의미하며, 인용한 곳의 출처는 cite 속성에 명시합니다.

  ```<h1>인라인 인용구 [q]</h1>```
  ```<p>웹의 창시자 팀 버너스 리경은 <q cite="http://www.w3.org" title="웹 관련 정보 제공, 연구개발 촉진, 신기술 프로토타입 개발 등에 관여하는 웹 표준 관련 기구">The power of the Web is in its universality, Access by everyone regardless of disability is an essential aspect.(웹의 힘은 그것의 보편성에 있다. 불리한 조건에 관계 없이 누구나 접근하는 것은 필수적인 측면이다.)</q>라고 했습니다. 이렇듯 웹 접근성은 누구나에게 차별없이 보장되어야만 하는 영역입니다.</p>```
```</body>```
```</html>```

인라인 인용구를 지정할 경우 인라인 요소인 q 요소를 이용할 수 있으며, blockquote 요소와 마찬가지로 출처는 cite 속성으로 지정합니다. title 속성을 이용하여 인용한 곳에 대한 대체 설명을 지정할 수도 있습니다.

Result

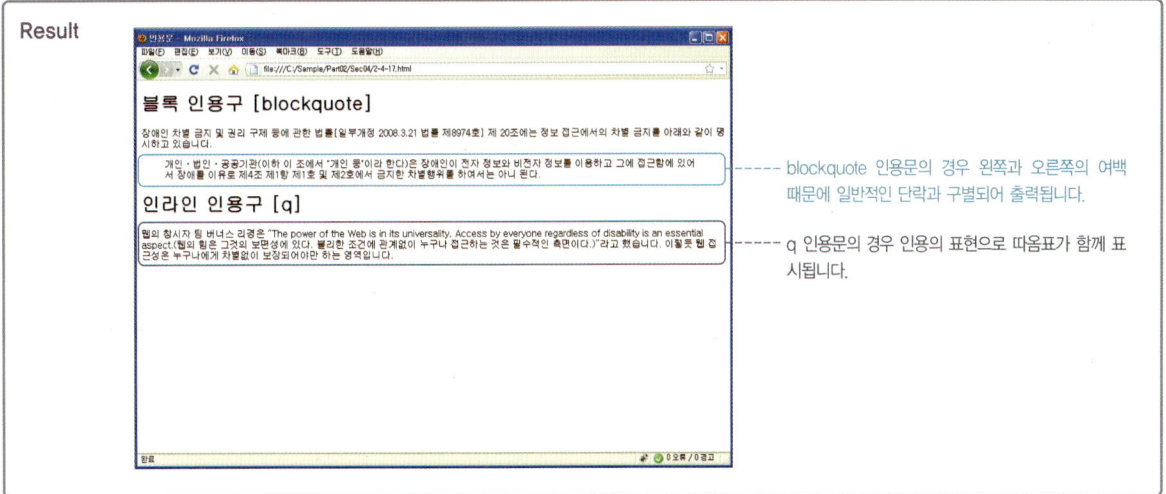

블록 인용구 [blockquote]

장애인 차별 금지 및 권리 구제 등에 관한 법률[일부개정 2008.3.21 법률 제8974호] 제 20조에는 정보 접근에서의 차별 금지를 아래와 같이 명시하고 있습니다.

개인·법인·공공기관(이하 이 조에서 "개인 등"이라 한다)은 장애인이 전자 정보와 비전자 정보를 이용하고 그에 접근함에 있어서 장애를 이유로 제4조 제1항 제1호 및 제2호에서 금지한 차별행위를 하여서는 아니 된다.

인라인 인용구 [q]

웹의 창시자 팀 버너스 리경은 "The power of the Web is in its universality. Access by everyone regardless of disability is an essential aspect.(웹의 힘은 그것의 보편성에 있다. 불리한 조건에 관계없이 누구나 접근하는 것은 필수적인 측면이다.)"라고 했습니다. 이들못 웹 접근성은 누구나에게 차별없이 보장되어야만 하는 영역입니다.

────── blockquote 인용문의 경우 왼쪽과 오른쪽의 여백 때문에 일반적인 단락과 구별되어 출력됩니다.

────── q 인용문의 경우 인용의 표현으로 따옴표가 함께 표시됩니다.

3. 축약어 및 두문자어(abbr & acronym)

abbr과 acronym 요소는 축약어(abbreviation) 및 두문자어(initial letter)를 마크업할 때 사용하는 요소입니다. abbr 요소는 WWW(World Wide Web)처럼 스펠링을 하나씩 발음하는 경우나 Apartmention을 Apt.라고 줄여서 단어의 자음이나 모음만 맞추는 등 긴 단어를 단순하게 줄여 사용하는 것을 말합니다.

두문자어인 acronym 요소는 축약어인 abbr 요소와 비슷하지만, 여러 개의 단어들로 이루어진 문장 또는 복합 단어의 앞글자만 따서 줄여 사용하는 것을 말합니다. 예를 들어 'Random Access Memory'를 'RAM' 이라고 발음하는 경우에 해당합니다. 우리말의 경우 이렇게 두문자어로 표현하는 사례가 많으며, 노사모(노무현을 사랑하는 사람들의 모임), 문광부(문화 체육 관광부), 전교조(전국 교직원 노동조합), 경실련(경제 정의 실천 시민 연합) 등이 이러한 예에 해당됩니다.

형식

```
<p> <abbr title="World Wide Web Consortium">W3C</abbr></p>
<p> <acronym title="Rich Internet Application">RIA</acronym></p>
```

📁 예제 파일 : Sample\Part02\Sec04\2-4-18.html

Source

```
<!DOCTYPE html PUBLIC "-//W3C//DTD XHTML 1.0 Transitional//EN"
"http://www.w3.org/TR/xhtml1/DTD/xhtml1-transitional.dtd">
<html xmlns="http://www.w3.org/1999/xhtml" lang="ko" xml:lang="ko" >
<head>
    <meta http-equiv="content-type" content="text/html; charset=euc-kr" />
    <title>축약어 및 두문자어</title>
</head>
```

```
        〈body〉
          〈h1〉축약어 [abbr]〈/h1〉
          〈p〉〈abbr title="Liquid Crystal Display"〉LCD〈/abbr〉(액정표시장치) 패널 가격이 이상 급등 현상을 나타내면서 디
          스플레이 관련주가 증시의 새로운 관심사로 떠오르고 있다. 보통 〈abbr title="Liquid Crystal Display"〉LCD〈/abbr〉
          업종은 4분기와 이듬해 1분기까지 비수기를 겪은 뒤 2분기와 3분기에 주로 상승하지만, 올해는 이 사이클이 몇 개월
          앞당겨졌다.〈/p〉
                                                    └ 축약어 형태로, 스펠링을 하나씩 발음하는 경우

          〈h1〉두문자어 [acronym]〈/h1〉
          〈p〉인터넷 정보보호 협의회 운영위원회 및 3개 분과위원회, 방송통신위원회, 한국인터넷진흥원 등 국내 최고 정보
          보호 전문가 70여 명이 한자리에 모여 인터넷 정보보호 종합대책안에 대한 의견을 교환하고, "내년을 〈acronym
          title="Distributed Denial of Service"〉DDoS〈/acronym〉없는 한 해로 만들겠다"며 굳은 의지를 다졌다.〈/p〉
        〈/body〉
                                            ------------------- 두문자어로 형태로, 단어의 앞글자만 따서 줄여쓰는 것
      〈/html〉
```

Result

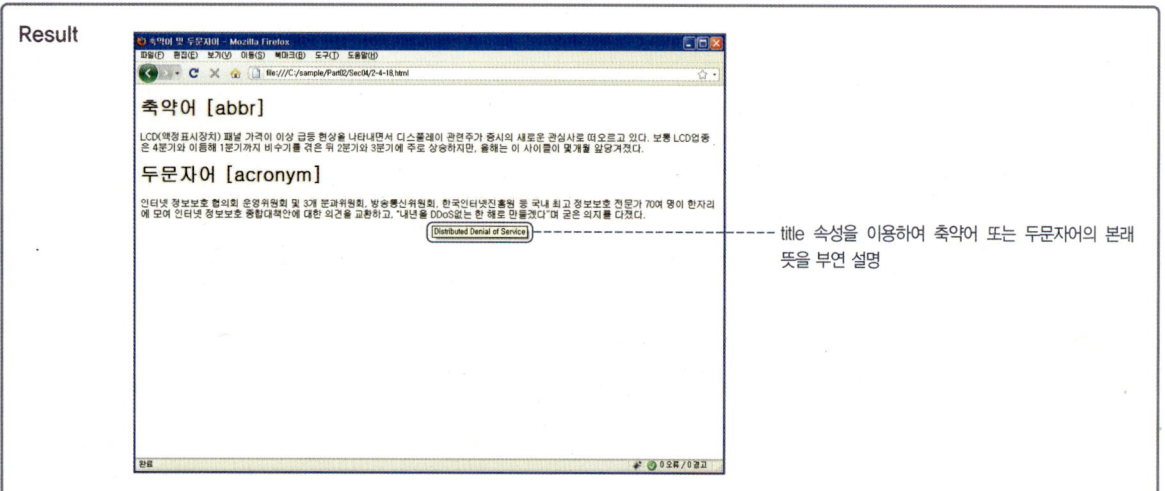

---- title 속성을 이용하여 축약어 또는 두문자어의 본래
     뜻을 부연 설명

4. 추가글 및 삭제글(ins & del)

추가글을 마크업하고자 할 때는 ins 요소를, 삭제글을 마크업할 때는 del 요소를 사용합니다. ins 요
소와 del 요소의 경우 블록 콘텐츠 단위로 추가하거나 삭제할 때, 인라인 콘텐츠 단위로 추가하거나
삭제할 때 모두 사용할 수 있다는 특징이 있습니다.

| 형식 | 〈p〉〈ins〉추가 콘텐츠〈/ins〉〈p〉 또는 〈ins〉〈p〉추가 콘텐츠〈/p〉〈/ins〉 |
| | 〈p〉〈del〉취소 콘텐츠〈/del〉〈p〉 또는 〈del〉〈p〉취소 콘텐츠〈/p〉〈/del〉 |

🗁 예제 파일 : Sample\Part02\Sec04\2-4-19.html

| Source | 〈!DOCTYPE html PUBLIC "-//W3C//DTD XHTML 1.0 Transitional//EN" |
| | "http://www.w3.org/TR/xhtml1/DTD/xhtml1-transitional.dtd"〉 |

```
          〈html xmlns="http://www.w3.org/1999/xhtml" lang="ko" xml:lang="ko" 〉
          〈head〉
              〈meta http-equiv="content-type" content="text/html; charset=euc-kr" /〉
              〈title〉취소 및 추가〈/title〉
          〈/head〉
          〈body〉
              〈h1〉취소 및 추가 콘텐츠〈/h1〉
              〈dl〉
                  〈dt〉프라이팬〈/dt〉
                  〈dd〉〈img src="images/fryingpan.jpg" width="100" height="150" alt="프라이팬" /〉〈/dd〉
                  〈dd〉상품정가 :〈del〉138,000원〈/del〉〈/dd〉
                                                           ─────── 삭제 콘텐츠
                  〈dd〉할인가 :〈ins〉99,000원〈/ins〉〈/dd〉
              〈/dl〉                                        ─────── 추가 콘텐츠
          〈/body〉
          〈/html〉
```

Result

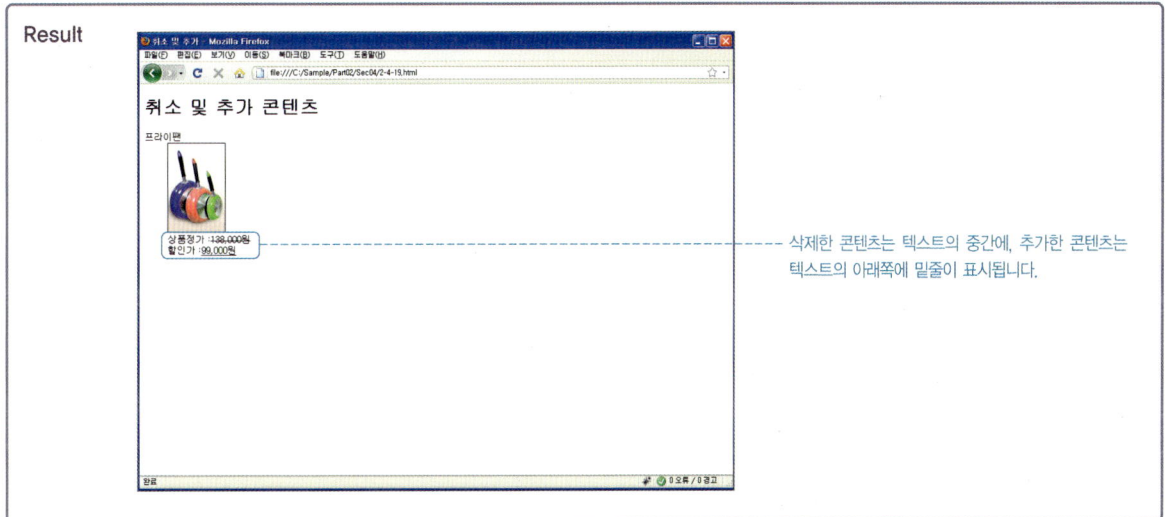

삭제한 콘텐츠는 텍스트의 중간에, 추가한 콘텐츠는
텍스트의 아래쪽에 밑줄이 표시됩니다.

5. 첨자(sup & sub)

X^2와 같이 윗첨자로 표현해야 하는 텍스트는 sup 요소를 사용하고, H_2O처럼 아랫첨자로 표현해야
하는 텍스트는 sub 요소를 사용합니다.

형식	
〈p〉X〈sup〉2〈/sup〉 〈/p〉	─────────────────────── 윗첨자
〈p〉H〈sub〉2〈/sub〉O 〈/p〉	─────────────────────── 아랫첨자

Source

```
<!DOCTYPE html PUBLIC "-//W3C//DTD XHTML 1.0 Transitional//EN"
"http://www.w3.org/TR/xhtml1/DTD/xhtml1-transitional.dtd">
<html xmlns="http://www.w3.org/1999/xhtml" lang="ko" xml:lang="ko" >
<head>
    <meta http-equiv="content-type" content="text/html; charset=euc-kr" />
    <title>윗첨자 및 아랫첨자</title>
</head>
<body>
    <h1>윗첨자와 아랫첨자</h1>
    <p>X<sup>2</sup> </p>
                        ──────── superscript의 의미로 윗첨자 요소
    <p>H<sub>2</sub>O </p>
</body>           ──────── subscript의 의미로 아랫첨자 요소
</html>
```

Result

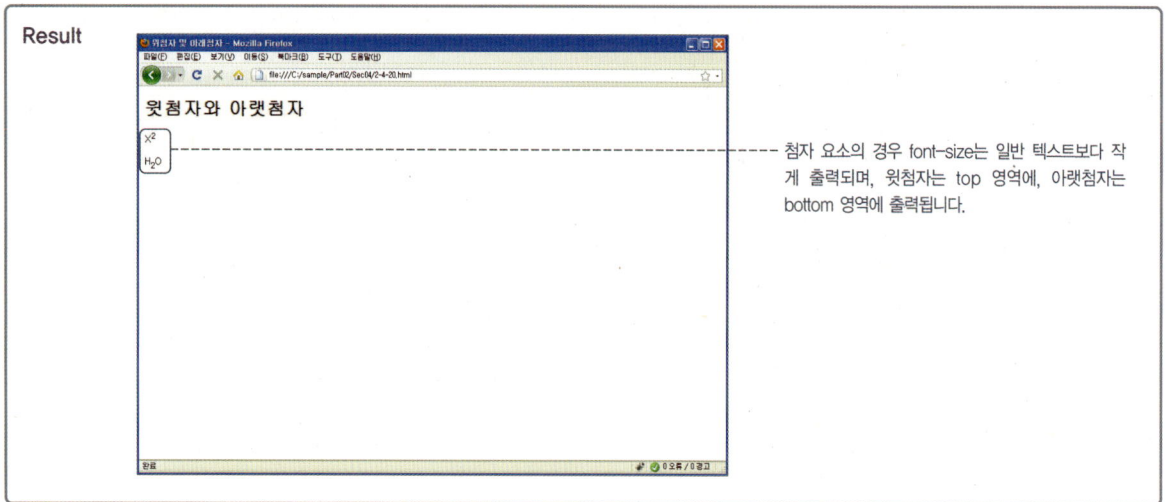

첨자 요소의 경우 font-size는 일반 텍스트보다 작게 출력되며, 윗첨자는 top 영역에, 아랫첨자는 bottom 영역에 출력됩니다.

테이블 관련 요소

1. 테이블 요소(table, tr, th, td)

2차원의 격자 형태로 구성된 표를 생성할 때는 XHTML의 테이블 관련 요소를 이용할 수 있습니다. 테이블(table)은 크게 열(column)과 행(row), 그리고 셀(cell)로 구성되며, 기본적인 형식은 다음과 같습니다.

형식	〈table〉--- 테이블 시작
	〈tr〉------ 행(row) 시작
	〈th〉제목 셀(header cell)〈/th〉┐
	〈/tr〉
	--------------------- 셀(cell)
	〈tr〉------ 행(row) 종료
	〈td〉내용 셀(data cell)〈/td〉┘
	〈/tr〉
	〈/table〉--- 테이블 종료

테이블의 구성 요소

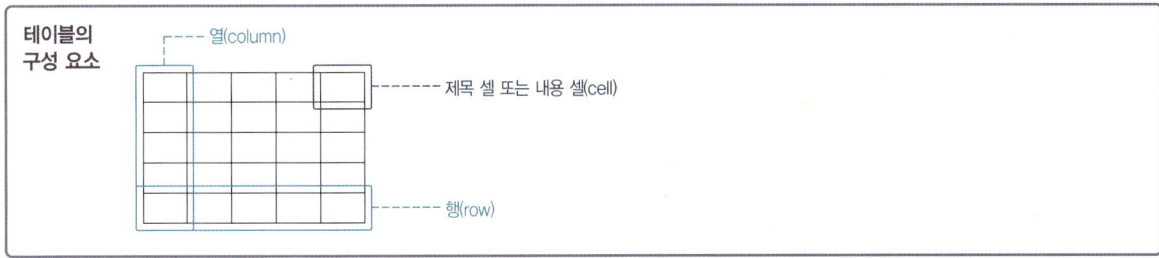

열(column)
제목 셀 또는 내용 셀(cell)
행(row)

📁 예제 파일 : Sample\Part02\Sec04\2-4-21.html

Source

```
〈!DOCTYPE html PUBLIC "-//W3C//DTD XHTML 1.0 Transitional//EN"
"http://www.w3.org/TR/xhtml1/DTD/xhtml1-transitional.dtd"〉
〈html xmlns="http://www.w3.org/1999/xhtml" lang="ko" xml:lang="ko" 〉
〈head〉
    〈meta http-equiv="content-type" content="text/html; charset=euc-kr" /〉
    〈title〉테이블의 기본형식〈/title〉
〈/head〉
〈body〉
    〈h1〉테이블의 기본형식〈/h1〉
    〈table border="1"〉------------------------------------------ 테이블의 외곽선을 나타내기 위한 속성(attribute)
        〈tr〉
            〈th〉서적명〈/th〉
            〈th〉출판사〈/th〉---------------------------------- 제목 셀(header cell)
            〈th〉가격〈/th〉
        〈/tr〉
        〈tr〉
            〈td〉HTML&amp;CSS 모든걸 알켜주마〈/td〉
            〈td〉제우미디어〈/td〉------------------------------ 내용 셀(data cell)
            〈td〉25,000원〈/td〉
        〈/tr〉
        〈tr〉
            〈td〉크리에이티브 디자이너를 위한 웹 표준〈/td〉
            〈td〉제우미디어〈/td〉
            〈td〉20,000원〈/td〉
        〈/tr〉
        〈tr〉
```

```
└┐                           〈td〉웹 표순 바로바로 알려주마〈/td〉
                            〈td〉제우미디어〈/td〉
                            〈td〉28,000원〈/td〉
                        〈/tr〉
                    〈/table〉
                〈/body〉
            〈/html〉
```

Result

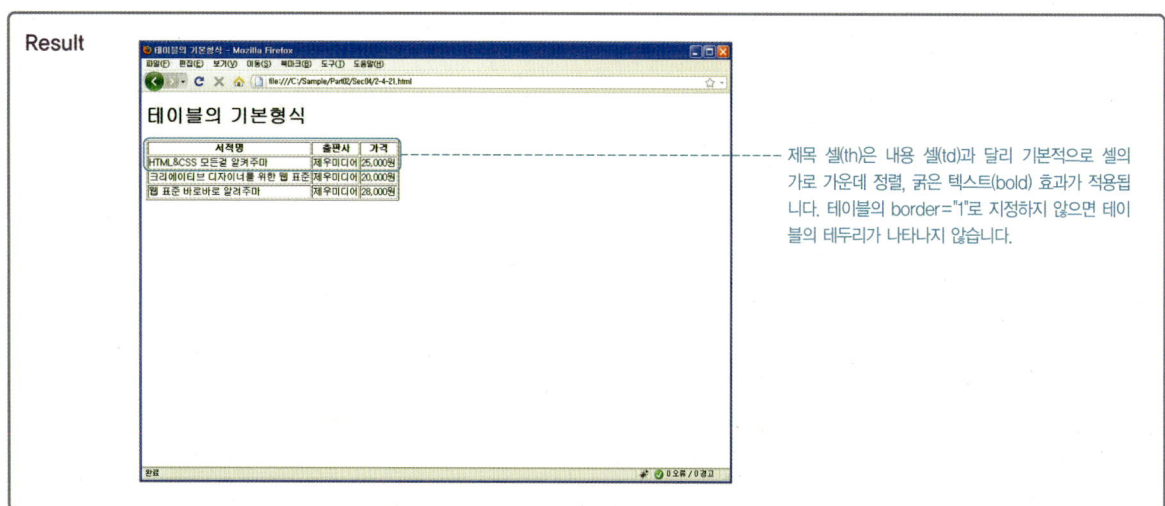

제목 셀(th)은 내용 셀(td)과 달리 기본적으로 셀의 가로 가운데 정렬, 굵은 텍스트(bold) 효과가 적용됩니다. 테이블의 border="1"로 지정하지 않으면 테이블의 테두리가 나타나지 않습니다.

2. 셀 병합(colspan 속성, rowspan 속성)

제목 셀(th)이나 내용 셀(td)은 colspan 속성이나 rowspan 속성을 이용하여 원하는 방향으로 셀을 병합할 수 있습니다. 열이 서로 다른 셀을 병합할 때는 colspan 속성을, 행이 서로 다른 셀을 병합할 때는 rowspan 속성을 사용하며, 사용 형식은 다음과 같습니다.

형식

열이 서로 다른 셀 병합하기
```
〈table border="1"〉
    〈tr〉
        〈td colspan="2"〉열이 서로 다른 2개의 셀을 병합〈/td〉
        〈td〉병합되지 않은 셀〈/td〉
    〈/tr〉
    〈tr〉
        〈td〉병합되지 않은 셀〈/td〉
        〈td〉병합되지 않은 셀〈/td〉
        〈td〉병합되지 않은 셀〈/td〉
    〈/tr〉
〈/table〉
```

행이 서로 다른 셀 병합하기

```
〈table border="1"〉
    〈tr〉
        〈td rowspan="2"〉행이 서로 다른 2개의 셀을 병합〈/td〉
        〈td〉병합되지 않은 셀〈/td〉
        〈td〉병합되지 않은 셀〈/td〉
    〈/tr〉
    〈tr〉
        〈td〉병합되지 않은 셀〈/td〉
        〈td〉병합되지 않은 셀〈/td〉
    〈/tr〉
〈/table〉
```

예제 파일 : Sample\Part02\Sec04\2-4-22.html

Source

```
〈!DOCTYPE html PUBLIC "-//W3C//DTD XHTML 1.0 Transitional//EN"
"http://www.w3.org/TR/xhtml1/DTD/xhtml1-transitional.dtd"〉
〈html xmlns="http://www.w3.org/1999/xhtml" lang="ko" xml:lang="ko" 〉
〈head〉
    〈meta http-equiv="content-type" content="text/html; charset=euc-kr" /〉
    〈title〉셀 병합〈/title〉
〈/head〉
〈body〉
    〈h1〉셀 병합하기〈/h1〉
    〈table border="1" summary="웹 접근성 및 웹 표준 관련 서적명과 출판사, 가격 정보"〉
        〈tr〉
            〈th〉출판사〈/th〉
            〈th〉서적명〈/th〉
            〈th〉판매 부수〈/th〉
        〈/tr〉
        〈tr〉                                    ──── 행 방향으로 3개의 셀 병합
            〈td rowspan="3"〉제우미디어〈/td〉
            〈td〉웹 접근성 향상을 위한 웹 표준〈/td〉
            〈td〉25,000부〈/td〉
        〈/tr〉
        〈tr〉
            〈td〉크리에이티브 디자이너를 위한 웹 표준〈/td〉
            〈td〉20,000부〈/td〉
        〈/tr〉
        〈tr〉
            〈td〉웹 표준 바로바로 알려주마〈/td〉
            〈td〉21,000부〈/td〉
        〈/tr〉
        〈tr〉                                    ──── 열 방향으로 2개의 셀 병합
            〈td colspan="2"〉평균 판매 부수〈/td〉
```

```
└─                          〈td〉22,000부〈/td〉
                       〈/tr〉
                   〈/table〉
               〈/body〉
           〈/html〉
```

Result

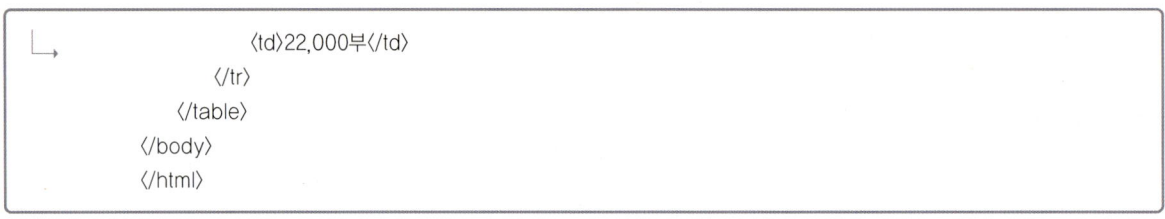

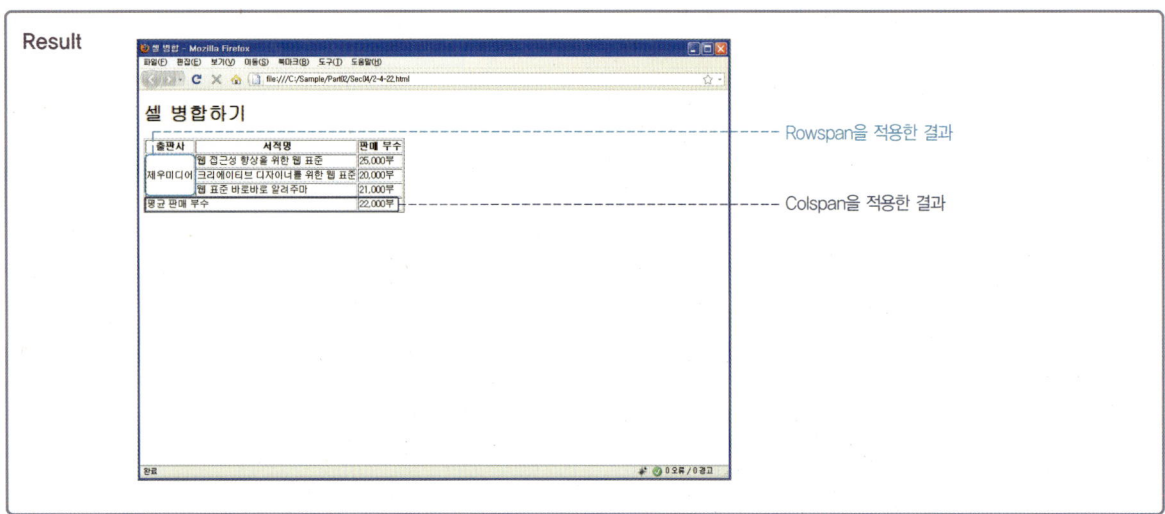

─── Rowspan을 적용한 결과

─── Colspan을 적용한 결과

3. 테이블 제목 및 요약문(caption & summary)

접근성 높은 테이블 데이터를 마크업할 때는 테이블의 제목 및 테이블 데이터의 내용을 요약해서 알려 줄 수 있는 caption 요소와 summary 속성을 사용합니다. caption 요소에는 테이블의 내용을 대표할 수 있는 제목을 삽입하고, summary 속성에는 간단한 제목보다 테이블의 내용을 설명하여 시각적으로 테이블 접근이 쉽지 않은 사용자가 summary 속성의 내용을 듣고 해당 테이블의 콘텐츠를 파악한 후 건너뛸 것인지, 탐색할 것인지를 선택할 수 있도록 해야 합니다. 테이블의 제목 및 요약 내용을 삽입할 때 사용하는 형식은 다음과 같습니다.

형식
```
〈table border="1" summary="테이블 내의 데이터 요약 및 구조 설명"〉
    〈caption〉테이블 제목〈/caption〉
        … 생략 …
〈/table〉
```

📁 예제 파일 : Sample\Part02\Sec04\2-4-23.html

Source
```
〈!DOCTYPE html PUBLIC "-//W3C//DTD XHTML 1.0 Transitional//EN"
"http://www.w3.org/TR/xhtml1/DTD/xhtml1-transitional.dtd"〉
〈html xmlns="http://www.w3.org/1999/xhtml" lang="ko" xml:lang="ko" 〉
〈head〉                                                          ↵
```

```
                        <meta http-equiv="content-type" content="text/html; charset=euc-kr" />
                        <title>테이블 제목 및 요약 내용</title>
            </head>
            <body>
                <h1>테이블 제목 및 요약 내용</h1>
                <table border="1" summary="웹 접근성 및 웹 표준 관련 3권의 서적명, 출판사, 가격 정보">
                    <caption>웹 접근성 및 웹 표준 관련 서적</caption>
                    <tr>
                        <th>서적명</th>
                        <th>출판사</th>
                        <th>가격</th>
                    </tr>
                    <tr>
                        <td>HTML&amp;CSS 모든걸 알켜주마</td>
                        <td>제우미디어</td>
                        <td>25,000원</td>
                    </tr>
                    <tr>
                        <td>크리에이티브 디자이너를 위한 웹 표준 </td>
                        <td>제우미디어</td>
                        <td>20,000원</td>
                    </tr>
                    <tr>
                        <td>웹 표준 바로바로 알려주마</td>
                        <td>제우미디어</td>
                        <td>28,000원</td>
                    </tr>
                </table>
            </body>
            </html>
```

테이블 필드의 항목 소개를 통해 테이블의 데이터의 내용을 짐작할 수 있도록 요약 설명합니다.

테이블의 내용을 대표할 수 있는 제목

Result

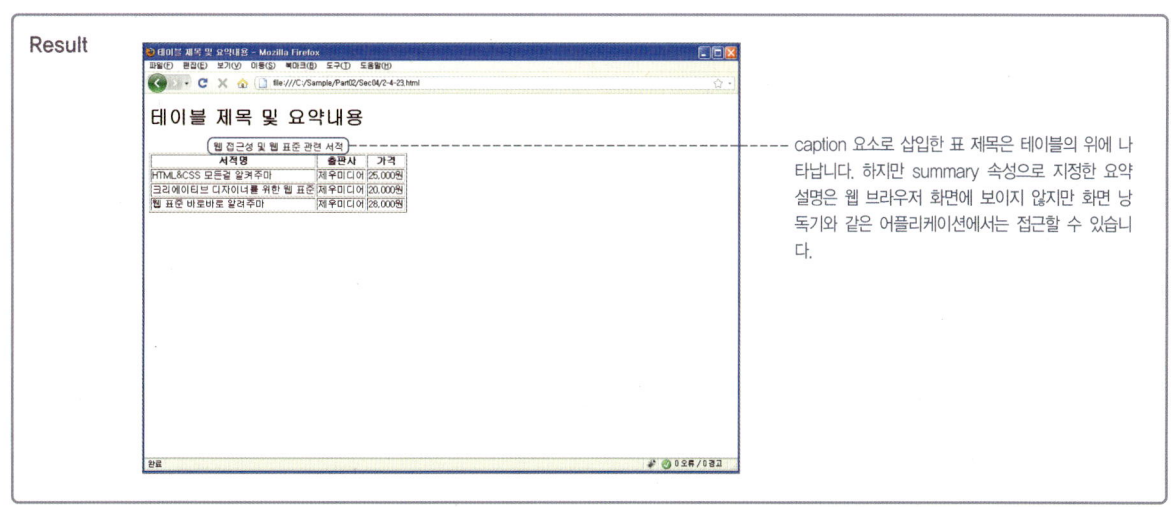

caption 요소로 삽입한 표 제목은 테이블의 위에 나타납니다. 하지만 summary 속성으로 지정한 요약 설명은 웹 브라우저 화면에 보이지 않지만 화면 낭독기와 같은 어플리케이션에서는 접근할 수 있습니다.

4. 열 그룹화 요소(colgroup, col)

테이블의 열끼리 논리적으로 그룹화하면 colgroup, col 요소를 사용할 수 있습니다. 이때 그룹화하는 열이 하나 이상일 경우 span 속성을 사용하여 그룹화하려는 열을 지정합니다. colgroup 요소는 논리적인 그룹화를 위해 사용하고, col 요소는 스타일을 지정할 목적으로 사용한다는 점이 다릅니다. 또 col 요소는 colgroup 요소의 자식 요소로 표현할 수 있으며 빈 요소입니다. 열을 그룹화한 영역의 테두리(border)를 지정하려고 할 때는 table 요소에 rules="groups"를 지정합니다. colgroup 요소의 경우 table 요소나 caption 요소의 다음에 마크업하며, 사용 형식은 다음과 같습니다.

형식	

	```<table rules="groups">```
	　　```<colgroup span="2">```
	　　　　```<col id="publishing" />```
	　　　　```<col id="bookTitle" />```
	　　```</colgroup>```
	　　```<col id="circulation" />```
	```</table>```

📁 예제 파일 : Sample\Part02\Sec04\2-4-24.html

Source

```
<!DOCTYPE html PUBLIC "-//W3C//DTD XHTML 1.0 Transitional//EN"
"http://www.w3.org/TR/xhtml1/DTD/xhtml1-transitional.dtd">
<html xmlns="http://www.w3.org/1999/xhtml" lang="ko" xml:lang="ko" >
<head>
    <meta http-equiv="content-type" content="text/html; charset=euc-kr" />
    <title>열의 그룹화</title>
</head>
<body>
    <h1>열 그룹화 요소</h1>         ┌------------ rules="groups"로 선언하면 그룹으로 지정한 영역에만 테두리가 표시됩니다.
    <table border="1" rules="groups" summary="제우미디어의 웹 접근성 및 웹 표준 관련 서적명과 판매 부수 정보">
        <caption>웹 접근성 및 웹 표준 관련 서적</caption>
        <colgroup span="2">
            <col id="publishing" />
            <col id="bookTitle" />  ┈┈┈┈┈┈┈ 해당 테이블에는 출판사(publishing), 서적명(bookTitle), 판매 부수(circulation) 열
        </colgroup>                            이 있으며, '출판사' 열과 '서적명' 열은 논리적으로 그룹화되어 있다는 의미입니다.
        <col id="circulation" />
        <tr>
            <th>출판사</th>
            <th>서적명</th>
            <th>판매 부수</th>
        </tr>
        <tr>
            <td rowspan="3">제우미디어</td>
            <td>웹 접근성 향상을 위한 웹 표준</td>
```

```
       ↳                      〈td〉25,000부〈/td〉
                    〈/tr〉
                    〈tr〉
                       〈td〉크리에이티브 디자이너를 위한 웹 표준〈/td〉
                       〈td〉20,000부〈/td〉
                    〈/tr〉
                    〈tr〉
                       〈td〉웹 표준 바로바로 알려주마〈/td〉
                       〈td〉21,000부〈/td〉
                    〈/tr〉
                    〈tr〉
                       〈td colspan="2"〉평균 판매 부수〈/td〉
                       〈td〉22,000부〈/td〉
                    〈/tr〉
                 〈/table〉
          〈/body〉
       〈/html〉
```

Result

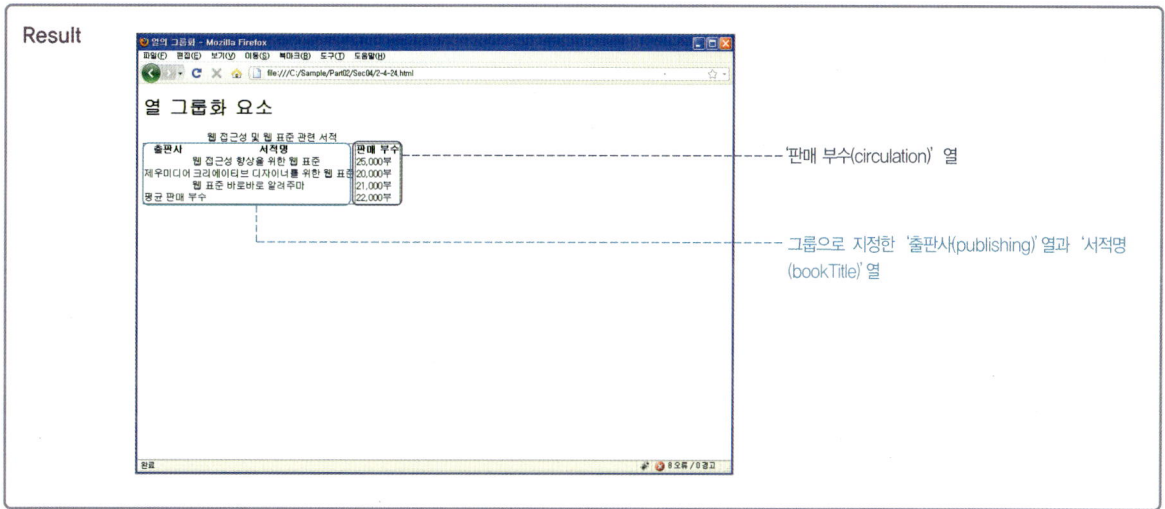

'판매 부수(circulation)' 열

그룹으로 지정한 '출판사(publishing)' 열과 '서적명
(bookTitle)' 열

5. 행 그룹화 요소(thead, tfoot, tbody)

테이블의 행을 논리적으로 구성할 때 헤더 행은 thead 요소로, 푸터 행은 tfoot 요소로, 본문 행은
tbody 요소를 사용할 수 있습니다. 그리고 thead 요소와 tfoot 요소는 테이블에서 한 번만 사용할
수 있습니다. 행 그룹화 요소의 선언 순서는 thead, tfoot, tbody순이고, colgroup 요소나 col 요소
의 다음에 지정합니다. 또 제목 행으로 지정된 thead 요소에는 반드시 제목 셀(th 요소)을 이용해서
해당 영역이 테이블의 헤더 영역임을 지정해야만 합니다. 행 그룹화 요소의 사용 형식은 다음과 같
습니다.

| 형식 | ```
<table border="1">
    <thead>
        <tr>
            헤더 행
        </tr>
    </thead>

    <tfoot>
        <tr>
            푸터 행
        </tr>
    </tfoot>

    </tbody>
        <tr>
            본문 행
        </tr>
    </tbody>
</table>
``` |
|---|---|

☞ 예제 파일 : Sample\Part02\Sec04\2-4-25.html

| Source | ```
<!DOCTYPE html PUBLIC "-//W3C//DTD XHTML 1.0 Transitional//EN"
"http://www.w3.org/TR/xhtml1/DTD/xhtml1-transitional.dtd">
<html xmlns="http://www.w3.org/1999/xhtml" lang="ko" xml:lang="ko" >
<head>
    <meta http-equiv="content-type" content="text/html; charset=euc-kr" />
    <title>행 그룹화</title>
</head>
<body>
    <h1>행 그룹화</h1>
    <table border="1" rules="groups" summary="제우미디어 교육센터의 교육과정명, 교육비, 정원 등의 자료">
    <caption>제우미디어 교육과정</caption>
        <thead>
            <tr>
                <th>교육과정</th>
                <th>교육비</th>
                <th>정원</th>
            </tr>
        </thead>
        <tfoot>
            <tr>
                <td>평균 교육비</td>
                <td colspan="2">700,000</td>
            </tr>
        </tfoot>
``` |
|---|---|

thead 요소로 지정한 영역은 테이블의 헤더 영역이며, 반드시 th 요소를 이용하여 제목 셀이라는 것을 명시해야 합니다.

tfoot 요소는 마크업 순서와 상관없이 테이블의 가장 마지막 행에 위치합니다.

```
            〈tbody〉
                〈tr〉
                    〈td〉웹 접근성 향상 전략〈/td〉
                    〈td〉600,000〈/td〉
                    〈td〉30명〈/td〉
                〈/tr〉
                〈tr〉
                    〈td〉웹 표준 방법론〈/td〉
                    〈td〉700,000〈/td〉
                    〈td〉25명〈/td〉
                〈/tr〉
                〈tr〉
                    〈td〉DOM &amp; ECMA Script〈/td〉
                    〈td〉800,000〈/td〉
                    〈td〉20명〈/td〉
                〈/tr〉
            〈/tbody〉
        〈/table〉
    〈/body〉
〈/html〉
```

tbody 요소는 테이블 데이터를 논리적으로 구분할 경우에 여러 번 등장할 수 있습니다.

Result

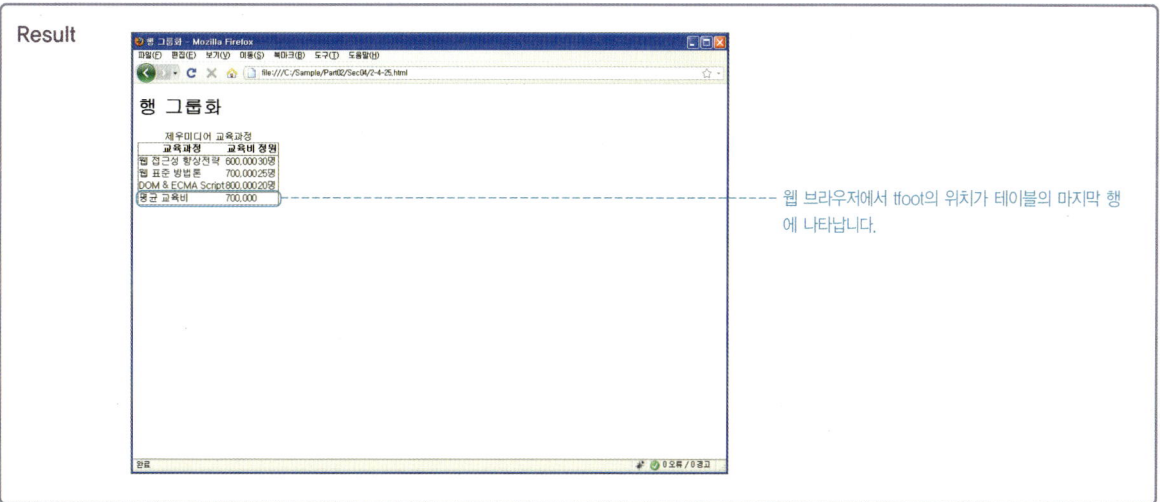

웹 브라우저에서 tfoot의 위치가 테이블의 마지막 행에 나타납니다.

Q thead, tfoot 요소의 장점은 무엇인가요?

A 웹 브라우저에 따라 테이블의 데이터가 매우 많기 때문에 인쇄할 때 여러 장에 걸쳐 출력되는 경우 페이지마다 테이블의 thead, tfoot 정보를 인쇄할 수 있습니다. 그리고 thead 요소 다음에 tfoot 요소의 정보가 위치하여 순차적으로 콘텐츠에 접근하는 시각장애인의 경우에는 점수 통계 및 등수와 같은 테이블 종합 정보를 일일이 모든 셀의 데이터를 다 읽지 않아도 먼저 알 수 있습니다.

6. 제목 셀과 내용 셀의 연관성(scope, id, headers 속성)

일반 사용자의 경우에는 웹 브라우저에 나타나는 테이블 데이터를 열과 행, 그리고 셀로 구별하는 것이 어렵지 않습니다. 하지만 시각장애가 있는 사용자나 화면 낭독기의 경우에는 왼쪽에서 오른쪽으로 셀의 내용만 듣고 판단하기 때문에 열과 행을 파악하고 내용 셀의 연관성을 유추하는 것이 쉽지 않습니다. 따라서 이러한 경우에는 테이블의 열과 행의 제목 셀에 해당하는 th 요소에 scope 속성을 사용할 것을 권장합니다. th 요소에 scope 속성을 지정하고 해당 값으로 col이나 row, rowgroup, colgroup를 할당하면 해당 셀이 열의 제목인지, 행의 제목인지 등을 알 수 있습니다.

scope 속성의 경우 주로 병합되지 않은 단순한 형태의 테이블 유형에 사용할 수 있습니다. 그리고 좀 더 복잡하게 병합된 셀의 경우, th 요소는 id 속성으로 네이밍을 하고 해당 제목 셀과 연관성이 있는 내용 셀에 headers 속성과 id값을 연결하여 제목 셀과 내용 셀의 관계를 지정할 수 있습니다. 일부 화면 낭독기의 경우 이런 방법으로 제목 셀과 내용 셀의 관계를 지정하면 제목 셀과 내용 셀을 함께 읽어 주기 때문에 데이터의 의미 및 관계를 파악하기가 쉽다는 장점이 있습니다. scope 속성이나 id, headers 속성의 사용 형식은 다음과 같습니다.

형식

scope 속성의 사용

```
<table border="1">
    <tr>
        <th scope="col">열 제목</th>
        <th scope="col">열 제목</th>
        <th scope="col">열 제목</th>
    </tr>
    <tr>
        <th scope="row">행 제목</th>
        <td>내용 셀</td>
        <td>내용 셀</td>
    </tr>
</table>
```

id, headers 속성의 사용

```
<table>
    <tr>
        <th> </th>
        <th id="imported" colspan="2">수입품목</td>
    </tr>
    <tr>
```

```
        <th> </th>
        <th id="cosmetic">화장품</td>
        <th id="car">자동차</td>
    </tr>
    <tr>
        <th id="america">미국</th>
        <td headers="imported cosmetic america">7000</td>
        <td headers="imported car america">30</td>
    </tr>

    <tr>
        <th id="japan">일본</th>
        <td headers="imported cosmetic japan">5000</td>
        <td headers="imported car japan">80</td>
    </tr>
</table>
```

📁 예제 파일 : Sample\Part02\Sec04\2-4-26.html

Source

```
<!DOCTYPE html PUBLIC "-//W3C//DTD XHTML 1.0 Transitional//EN"
"http://www.w3.org/TR/xhtml1/DTD/xhtml1-transitional.dtd">
<html xmlns="http://www.w3.org/1999/xhtml" lang="ko" xml:lang="ko" >
<head>
    <meta http-equiv="content-type" content="text/html; charset=euc-kr" />
    <title>제목 셀과 내용 셀의 연관성 부여</title>
</head>
<body>
    <h1>제목 셀과 내용 셀의 연관성</h1>
    <h2>scope 속성의 사용</h2>
    <table border="1">
        <tr>
            <th scope="col">서적명</th>
            <th scope="col">출판사</th>
            <th scope="col">판매 부수</th>
        </tr>
        <tr>
            <th scope="row">웹 접근성 향상을 위한 웹 표준</th>
            <td>제우미디어</td>
            <td>25,000부</td>
        </tr>
        <tr>
            <th scope="row">크리에이티브 디자이너를 위한 웹 표준</th>
            <td>제우미디어</td>
            <td>20,000부</td>
```

scope 속성을 이용해 열 제목 또는 행 제목을 지정할 경우 화면 낭독기에서 접근하여 읽어 줄 때의 순서는 서적명 : 웹 접근성 향상을 위한 웹 표준 → 출판사 : 제우미디어 → 판매 부수 : 25,000부입니다.

```
└▸                〈/tr〉
             〈/table〉

             〈h2〉id, headers 속성의 사용〈/h2〉
             〈table border="1"〉
                〈tr〉
                   〈th id="publishing"〉출판사〈/th〉
                   〈th id="bookTitle"〉서적명〈/th〉
                   〈th id="circulation"〉판매 부수〈/th〉
                〈/tr〉
                〈tr〉
                   〈th headers="publishing" id="jeumedia" rowspan="2"〉제우미디어〈/th〉
                   〈td headers="jeumedia bookTitle"〉웹 접근성 향상을 위한 웹 표준〈/td〉
                   〈td headers="jeumedia circulation"〉25,000부〈/td〉
                〈/tr〉
                〈tr〉
                   〈td headers="jeumedia bookTitle"〉크리에이티브 디자이너를 위한 웹 표준〈/td〉
                   〈td headers="jeumedia circulation"〉20,000부〈/td〉
                〈/tr〉
             〈/table〉
          〈/body〉
       〈/html〉
```

Result

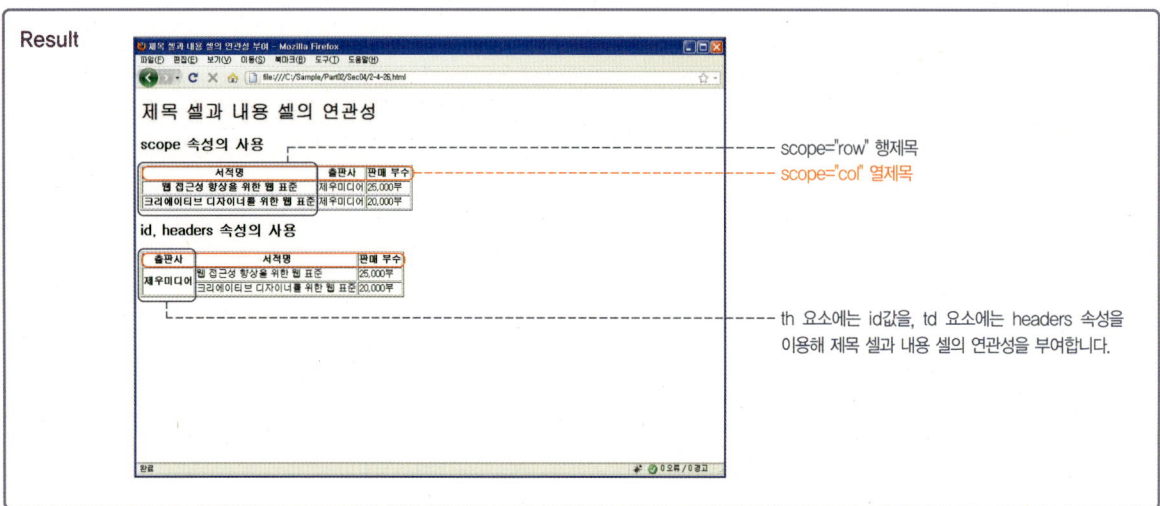

여기서
잠깐

Q scope 속성과 headers 속성을 같이 사용해도 되나요?

A 이들 속성 모두 제목 셀이 어떤 데이터를 안내하는지를 알려 주며, 보조기기의 접근성을 도와주는 역할을 합니다. 예를 들면, 다음과 같습니다.

```
<th scope="col" id="tel">전화번호</th>
    … 생략 …
<th scope="raw" id="a">홍보실</th>
<td headers="tel a">02-123-1234</td>
```

이렇게 되면 중복된 정보를 제공하는데, 코드를 작성하는 사람도 중복 작업을 하는 것입니다. 그러므로 둘 중 하나를 테이블의 구조에 맞추어 선택하여 사용해야 합니다. 예를 들어 scope 속성은 제목 셀이 명확한 단순한 표에 적용하면 충분히 표 구조를 나타낼 수 있습니다. headers 속성은 셀 병합이 많이 되거나 표 정보가 복잡한 경우 또는 thead가 2줄이 되어 셀 제목 구조가 복잡한 양식의 경우 각 셀의 정보를 id, headers 속성으로 명확하게 연결하는 것이 좋습니다.

Best Case id, headers 속성을 이용한 table과 스크린 리더

정보 구조가 복잡한 연락처 테이블 정보를 제목 셀(th)과 내용 셀(td)로 나누고, 테이블 전체를 눈으로 보는 경우 '123-1111'은 '비서실 비서실장 전화번호(02+)'라는 것을 알 수 있지만, '123-1111'이라는 정보만으로는 어느 부서의 전화번호인지, 팩스번호인지 알기 어렵습니다. 따라서 id와 headers 속성을 사용하여 정보를 연결하여 줍니다.

부서명		전화번호 (02+)	팩스번호 (02+)
종합상황실		123-1001~1005	321-1001
비서실	비서실장	123-1111	321-1002 (사장) 321-1003 (감사)
	비서실	123-1112 (사장) 123-1113 (감사)	
홍보실	홍보실장	123-1001	321-1101
	홍보부	123-2001~123-2009	
	국제협력부	123-1230~1234	

▲ 부서별 연락처 테이블

여기서
잠깐

Table 내의 내용 없는 셀(td) 표현

값이 없거나 0인 경우에는 아무것도 없는 <td></td>와 같이 빈 셀로 표현하는 경우가 있습니다. 이런 경우 CSS에서 border-collapse:collapse를 사용하지 않는 경우 설정한 border가 제대로 표현되지 않을 수 있으며, 스크린 리더를 사용할 경우 내용 없는 빈 셀은 테이블의 구조의 파악을 어렵게 만들기도 합니다. 이 경우에는 값을 사용하여 빈 데이터를 넣거나 값이 없는 경우는 '없음'과 같은 텍스트를 삽입한 후 CSS를 사용하여 텍스트를 숨겨서 제공하면 디자인상의 문제 없이 table의 정보 접근성을 높일 수 있습니다.

먼저 테이블의 요약 정보와 테이블 제목을 입력합니다. summary 속성은 현재 테이블이 가지고 있는 데이터를 스크린 리더 사용자가 테이블을 전체 다 듣지 않아도 어떤 내용인지 파악할 수 있도록 도와줍니다.

```
〈table summary="본사의 종합상황실, 비서실, 홍보실의 전화번호 및 팩스번호 안내"〉
〈caption〉본사 부서별 연락처〈/caption〉
```

상단 부서명/전화번호(02+)/팩스번호(02+)의 정보는 thead 요소를 사용하여 테이블 제목으로 묶고, 각 셀은 제목 셀로 정합니다. 그리고 부서명인 '종합상황실', '비서실' 등은 전화번호와 팩스번호의 제목으로도 볼 수 있으므로 th 요소로 마크업한 후 '123-1001~1005' 와 같은 전화번호나 팩스번호를 내용 셀 td 요소로 마크업합니다.

전화번호를 설명할 '부서명, 전화번호, 팩스번호' 에 id값을 부여하고

```
〈th id="org"〉부서명〈/th〉
〈th id="tel"〉전화번호(02+)〈/th〉
〈th id="fax"〉팩스번호〈/th〉
```

'전화번호, 팩스번호' 내용 셀에 해당하는 '부서명과 전화번호 또는 팩스번호' 의 id값을 headers 속성으로 연결합니다.

```
〈td headers="tel a"〉310-1300~1304〈/td〉 // tel은 전화번호(02+), a는 종합상황실
```

테이블 전체의 마크업을 정리해 보겠습니다.

```
〈table border="1" cellpadding="0" cellspacing="0" summary="본사의 종합상황실, 비서실, 홍보실의 전화번호
및 팩스번호 안내"〉
    〈caption〉본사 부서별 연락처〈/caption〉
    〈thead〉
        〈tr〉
            〈th id="org" colspan="2"〉부서명〈/th〉
            〈th id="tel"〉전화번호(02+)〈/th〉
            〈th id="fax"〉팩스번호(02+)〈/th〉
        〈/tr〉
    〈/thead〉
    〈tbody〉
```

```
        └┘                    <tr>
                                <th colspan="2" id="a">종합상황실</th>
                                <td headers="tel a">310-1300~1304</td>
                                <td headers="fax a">312-0019</td>
                            </tr>
                            <tr>
                                <th rowspan="2" id="b">비서실</th>
                                <th id="b1">비서실장</th>
                                <td headers="tel b b1">310-1110</td>
                                <td headers="fax b b1" rowspan="2">314-8184(사장)<br />312-1952(감사)</td>
                            </tr>
                            <tr>
                                <th id="b2">비서실</th>
                                <td headers="tel b b2">310-1112(사장)<br />310-1113(감사)</td>
                            </tr>
                            <tr>
                                <th rowspan="3" id="c">홍보실</th>
                                <th id="c1">홍보실장</th>
                                <td headers="tel c c1">310-1220</td>
                                <td rowspan="3" headers="fax c c1">313-3109</td>
                            </tr>
                            <tr>
                                <th id="c2">홍보부</th>
                                <td headers="tel c c2">310-1221~2,1224~5,1226~7,1229</td>
                            </tr>
                            <tr>
                                <th id="c3">국제협력부</th>
                                <td headers="tel c c3">310-1230~1234</td>
                            </tr>
                        </tbody>
                    </table>
```

국산 스크린 리더 중 하나인 센스리더에서 어떻게 읽어 주는지 확인해 보겠습니다. 키보드의 방향키 ↓를 이용하여 차례대로 움직여 봅니다.

```
테이블 시작(7행 4열)(1 / 1)------------------------------------------
테이블 설명:  본사의 종합상황실, 비서실, 홍보실의 전화번호 및 팩스번호 안내
테이블 제목:  본사 부서별 연락처
부서명
전화번호(02+)
팩스번호(02+)
빈줄
```

마크업상에 존재하지 않지만 센스리더에서 문서 전체의 테이블 개수를 파악하여 그 중 몇 번째 테이블인지 안내해 줍니다. 현재 테스트하고 있는 문서에는 1개의 테이블이 있으며, 그 중에 첫 번째 테이블이라는 뜻입니다. 만약 이 페이지에 3개의 테이블이 있다면 (1/3)이라고 알려 줍니다.

└→　　종합상황실

310-1300~1304

312-0019

빈줄

비서실

비서실장

310-1110

314-8184(사장)

312-1952(감사)

빈줄

Juicy Studio Accessibility Toolbar

테이블이 복잡하고 정보가 많은 경우 id와 headers 속성을 제대로 적용했는지를 일일이 값을 비교하면서 작업하기는 어렵습니다. 파이어폭스의 부가 기능 중 하나인 Juicy Studio Accessibility Toolbar에서는 테이블의 summary와 th 요소를 이용한 제목셀 등의 정보를 한눈에 보기 쉽게 제공합니다. https://addons.mozilla.org/ko/firefox/addon/9108에서 다운로드한 후 설치하면 웹 브라우저의 위쪽에 툴바가 설치되며, 툴바에서 [Table Inspector] 메뉴를 클릭하면 됩니다.

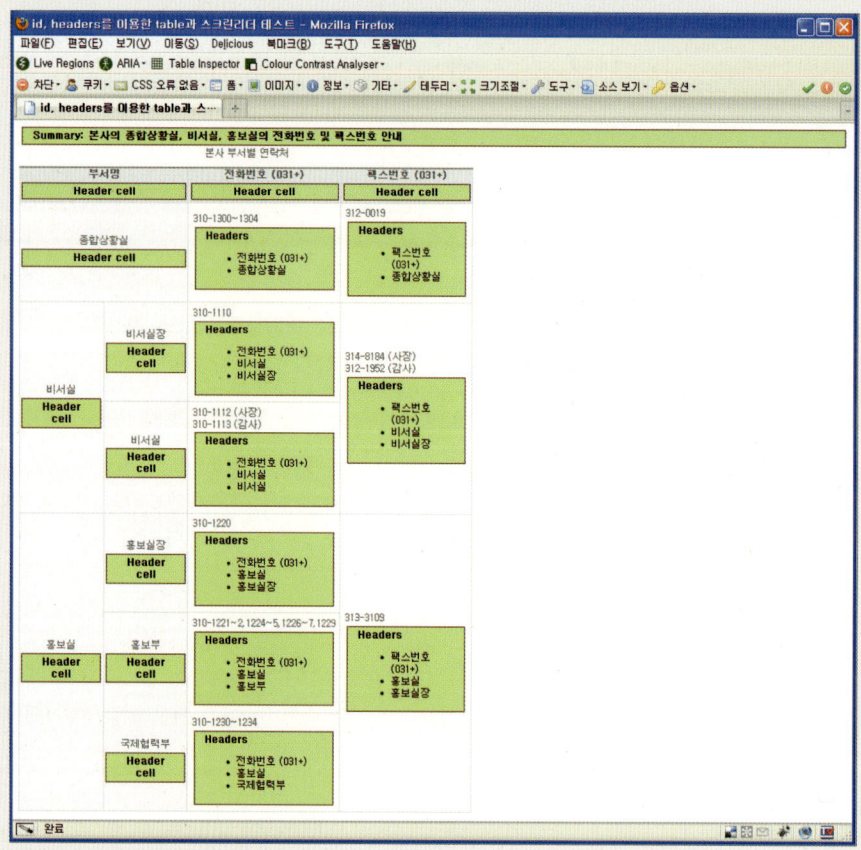

▲ 파이어폭스에서 Juicy Studio의 [Table Inspector] 실행 화면

비서실
310-1112(사장)
310-1113(감사)
빈줄
홍보실
홍보실장
310-1220
313-3109
빈줄
홍보부
310-1221~2,1224~5,1226~7,1229
빈줄
국제협력부
310-1230~1234
테이블 끝

id, headers 속성을 이용하면 스크린 리더에서 지원한다고 하는데 위의 대본을 보면 각 셀의 내용만 그대로 읽어 주고 있어 제대로 적용이 되었는지, 지원이 정말 되는 것인지 알 수 없습니다. 이 부분을 확인하기 위해 센스리더의 경우에는 데이터 셀 간 이동 시 방향키와 함께 Ctrl+Alt 누르면 지정된 scope, id와 headers 속성의 정보를 전달해 주는 것을 확인할 수 있습니다.

	부서명	전화번호 (02+)	팩스번호 (02+)
❶	종합상황실	123-1001~1005	321-1001 ❷
비서실	비서실장	123-1111	321-1002 (사장) 321-1003 (감사)
	비서실	123-1112 (사장) 123-1113 (감사)	
홍보실	홍보실장	123-1001	
	홍보부	123-2001~123-2009	321-1101
	국제협력부	123-1230~1234 ❸	

▲ 테이블안에서 키보드의 이동 방향

테이블 시작(7행 4열)(1 / 1)------------------------------> 마크업상에 존재하지 않지만 센스리더에서 문서 전체의 테이블 개수를 파악하여 그 중 몇 번째 테이블인지 안내해 줍니다. 현재 테스트하고 있는 문서에는 1개의 테이블이 있으며, 그 중에 첫 번째 테이블이라는 뜻입니다. 만약 이 페이지에 3개의 테이블이 있다면 (1/3)이라고 알려 줍니다.

테이블 설명 : 본사의 종합상황실, 비서실, 홍보실의 전화번호 및 팩스번호 안내
테이블 제목 : 본사 부서별 연락처
부서명
전화번호(02+)
팩스번호(02+)
팩스번호(02+) 종합상황실 312-0019
팩스번호(02+) 비서실 비서실장 314-8184(사장)
팩스번호(02+) 홍보실 홍보실장 313-3109

전화번호(02+) 홍보실 홍보실장 310-1220
전화번호(02+) 비서실 비서실 310-1112(사장)
전화번호(02+) 비서실 비서실장 310-1110
전화번호(02+) 종합상황실 310-1300~1304

폼 관련 요소

1. 폼이란?

이제까지 살펴보았던 다양한 요소들과 달리 폼 요소는 웹 문서가 서로 상호작용을 할 수 있도록 하는 역할을 담당합니다. 사용자가 자료를 검색하기 위한 검색어 입력 상자나 여러 가지 항목에서 원하는 값을 선택할 수 있도록 제공하는 라디오 버튼 또는 체크 박스, 목록 형태로 펼쳐지는 목록 상자(combo box), 서버로 자료를 전송하기 위한 전송 버튼 등이 이에 해당됩니다.

웹 문서는 서버에 미리 지정된 위치로 사용자가 입력하거나 선택한 값을 전송하는데, 이때 서버에서는 사용자가 송신한 자료를 데이터베이스에 저장하거나 처리합니다. 서버 처리와 관련된 프로그램으로는 CGI(common Gateway Interface)나 PHP(Personal Hypertext Preprocessor), JSP(Java Server Pages), ASP(Active Server Pages) 등이 있습니다. 이러한 서버 처리 프로그램들은 하나 이상의 작은 내장 프로그램(스크립트)을 갖고 있는 HTML 페이지를 사용자가 볼 수 있도록 도와줍니다.

다음 그림은 폼 컨트롤 요소에 사용자가 인증 정보(아이디, 비밀번호)를 입력한 후, 서버로 정보를 전송하면 서버는 요구받은 인증 정보를 데이터베이스에서 추출하여 인증 결과를 알려 주는 과정을 나타낸 것입니다.

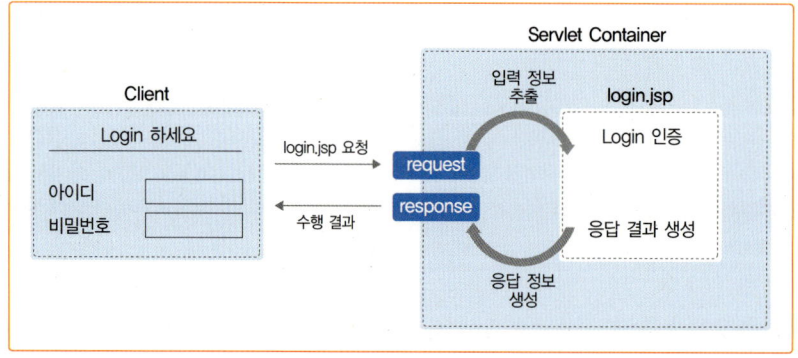

2. 폼 요소(form)

폼의 범위를 정의할 때는 form 요소를 사용합니다. form 요소의 속성으로는 폼의 내용을 처리하는 서버의 URI를 지정하기 위한 action과 폼의 내용을 처리하는 방법인 method가 있고, 사용 형식은 다음과 같습니다.

| 형식 | ⟨form action="서버 URI" method=""get 또는 post "⟩
　　폼의 내용
⟨/form⟩ |

action="URI" : 폼의 내용을 처리하기 위한 서버의 URI(필수)

method="get 또는 post"

- get : action 속성에 지정한 URI에 폼의 내용을 추가하여 서버에 송신하는 방식으로, form을 지정할 때 기본값으로 설정되어 있습니다. get 방식은 데이터의 길이가 짧을 경우에 적합하며, post 방식보다 처리 속도가 약간 빠릅니다. get 방식의 경우 웹 브라우저의 주소 창에 변수값이 노출되기 때문에 보안상 중요한 데이터라면 post 방식을 사용하는 것이 바람직합니다.
- post : 폼의 본문으로 송신하는 방식으로, 데이터의 길이가 긴 경우에 적합하며, 보안 문제 때문에 데이터값을 노출시킬 수 없을 때 사용합니다.

3. 폼 요소 그룹화 및 제목(fieldset, legend)

여러 개의 폼 요소를 그룹화하여 좀 더 구조적으로 만들려면 fieldset 요소를 사용해야 합니다. fieldset 요소를 이용하면 fieldset의 주위에 border가 생성되어 해당 그룹 안에 있는 콘텐츠가 폼과 관련된 컨트롤 요소임을 쉽게 구별할 수 있습니다. 또 legned 요소로 fieldset의 컨트롤들이 어떠한 성격의 콘텐츠인지 제목 형식으로 알려 줄 수 있으며, fieldset 요소의 바로 뒤에 한 번만 작성할 수 있습니다. 다만 legend 요소의 경우 크로스 브라우징 관점에서 웹 브라우저 스타일이 다르게 적용되어 있으므로 CSS를 이용한 디자인 작업에는 어려움이 있을 수 있습니다. fieldset과 legend 요소의 사용 형식은 다음과 같습니다.

| 형식 | ⟨form action="member.asp" method="post"⟩
　　⟨fieldset⟩
　　　　⟨legend⟩폼 요소의 제목⟨/legend⟩
　　　　… 생략 …
　　⟨/fieldset⟩
⟨/form⟩ |

Source

```
<!DOCTYPE html PUBLIC "-//W3C//DTD XHTML 1.0 Transitional//EN"
"http://www.w3.org/TR/xhtml1/DTD/xhtml1-transitional.dtd">
<html xmlns="http://www.w3.org/1999/xhtml" lang="ko" xml:lang="ko" >
<head>
    <meta http-equiv="content-type" content="text/html; charset=euc-kr" />
    <title>폼 컨트롤 그룹화</title>
</head>
<body>
    <h1>폼 컨트롤 그룹화</h1>
    <form method="post" action="member.asp">
        <fieldset>
            <legend>필수 입력 사항</legend>
            <p>아이디<input type="text" id="userId" /></p>
            <p>비밀번호<input type="text" id="userPwd" /></p>
        </fieldset>
        <fieldset>
            <legend>선택 입력 사항</legend>
            <p>연락처<input type="text" id="userPhone" /></p>
            <p>주소<input type="text" id="userAddr" /></p>
        </fieldset>
    </form>
</body>
</html>
```

----------------- 연관성 있는 컨트롤 요소끼리
fieldset 요소를 이용하여 그룹화
합니다.

Result

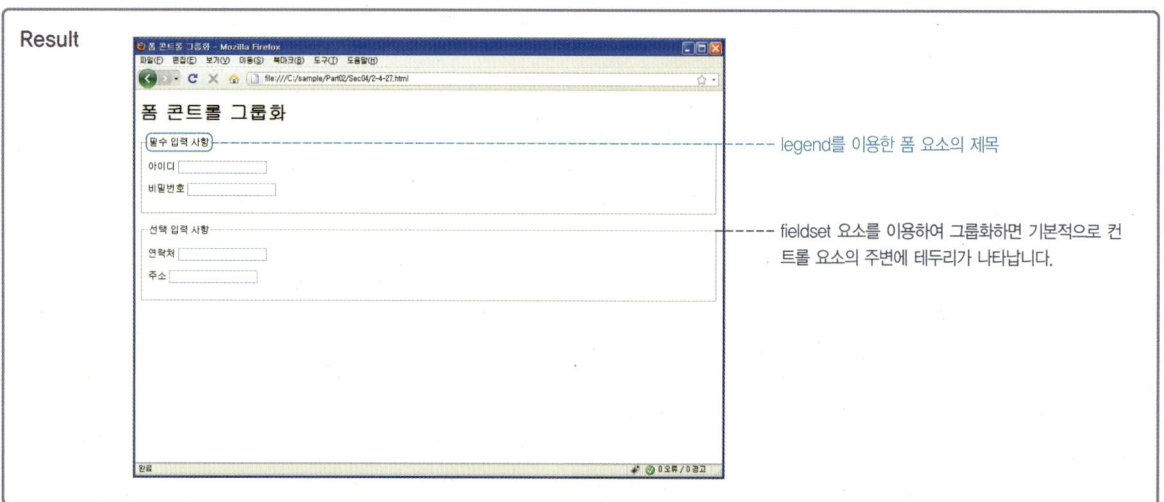

---- legend를 이용한 폼 요소의 제목

---- fieldset 요소를 이용하여 그룹화하면 기본적으로 컨트롤 요소의 주변에 테두리가 나타납니다.

Worst Case 의미에 맞지 않는 fieldset, legend 요소

다음 그림은 연도별 통계 자료에 대한 3개의 탭 메뉴로, 주로 한 페이지에 들어가기에는 다소 많은 콘텐츠를 나누어서 보여 줄 때 사용합니다. 이것은 폼 콘텐츠로, 마크업과는 관련이 없습니다. 단순히 탭 메뉴라는 것을 그룹화하여 보여 주기 위해 마크업한 예입니다.

| 연도별 통계자료 | **2009년 통계** | 2008년 통계 | 2007년 통계 |

◀ 탭 메뉴 콘텐츠

```
〈h3〉연도별 통계자료〈/h3〉
〈fieldset〉
    〈legend〉탭 메뉴〈/legend〉
    〈ul〉
        〈li〉〈a href="sum_2009.html"〉2009년 통계〈/a〉〈/li〉
        〈li〉〈a href="sum_2008.html"〉2008년 통계〈/a〉〈/li〉
        〈li〉〈a href="sum_2007.html"〉2007년 통계〈/a〉〈/li〉
    〈/ul〉
〈/fieldset〉
```

fieldset 요소와 legend 요소의 시각적 표현상의 장점과 웹 접근성을 응용하여 단순한 목록 링크 콘텐츠에 적용했다고 생각할 수 있지만, 요소의 의미에 맞지 않게 사용하고 있습니다. 폼 컨트롤의 그룹화를 의미하는 fieldset 요소와 legend 요소는 제거하고, legend에 들어간 내용은 h4 요소를 이용하여 수정해 보겠습니다.

```
〈h3〉연도별 통계자료〈/h3〉
    〈h4〉통계 연도 선택〈/h4〉
    〈ul〉
        〈li〉〈a href="sum_2009.html"〉2009년 통계〈/a〉 〈span〉활성〈/span〉〈/li〉
        〈li〉〈a href="sum_2008.html"〉2008년 통계〈/a〉〈/li〉
        〈li〉〈a href="sum_2007.html"〉2007년 통계〈/a〉〈/li〉
    〈/ul〉
```

여기서 잠깐

Q fieldset으로 폼 요소를 그룹화하고 legend 요소를 생략해도 되나요?

A XHTML과 HTML 사이의 미묘한 차이에 대해 W3C에서 따로 언급하고 있는 부분은 없습니다(관련 링크 : HTML4와 XHTML1의 차이점 - http://www.w3.org/TR/xhtml1/#diffs).

단, HTML 4.01에서는 반드시 fieldset 요소 안에 legend 요소를 함께 사용하도록 되어 있으며, XHTML에서는 선택적으로 사용할 수 있다고 되어 있습니다. 하지만 fieldset 요소와 legend 요소는 스크린 리더와 같은 보조 기기에의 접근성과 연관되어 있으므로 특별한 상황이 아니라면 생략하지 않는 것이 좋습니다.

참고 자료 : http://centricle.com/archive/2005/06/fieldset+legend-xhtml-html

'탭 메뉴'를 h4 요소를 이용하여 탭 목록의 제목으로 지정한 후, 활성화된 탭 메뉴를 알려 주기 위해 span 요소와 '활성'이라는 텍스트 정보를 추가합니다. 이는 활성화된 이미지의 시각적 정보가 없더라도 탭 메뉴가 선택된 상황을 구별할 수 있도록 한 것입니다.

4. 레이블(label)

폼을 구조화하고 접근성을 높일 수 있는 요소 중에는 label 요소가 있습니다. label 요소는 각 폼 컨트롤의 연관 관계와 설명을 추가하는 역할을 담당합니다. 웹 표준을 지원하는 최신 웹 브라우저의 경우 레이블만 선택해도 폼 컨트롤을 선택할 수 있으며, 화면 낭독기의 경우 폼 컨트롤이 레이블과 인접하지 않는 경우에도 인식할 수 있도록 지원합니다. 따라서 웹 접근성을 높이기 위해 모든 폼 컨트롤 등에 label 요소를 사용하도록 권장하고 있습니다.

이러한 label 요소의 사용에는 명시적인 방법과 암묵적인 방법의 두 가지가 있는데, 암묵적인 방법보다는 명시적인 방법이 더 권장됩니다. 폼 컨트롤을 설명할 때 label 요소를 사용하는 것이 어려울 경우에는 title 속성을 활용할 수 있습니다.

형식	
	명시적 label(id와 for 속성 연결하기)

```
⟨form action="member.asp" method="post"⟩
    ⟨fieldset⟩
        ⟨legend⟩회원가입 정보⟨/legend⟩
        ⟨p⟩⟨label for="userName"⟩이름⟨/label⟩
        ⟨input type="text" id="userName" name="name" value="value" /⟩ ⟨/p⟩
    ⟨/fieldset⟩
⟨/form⟩
```

암묵적 label(label 요소에 폼 컨트롤 포함시키기)

```
⟨form action="member.asp" method="post"⟩
    ⟨fieldset⟩
        ⟨legend⟩회원가입 정보⟨/legend⟩
        ⟨p⟩ ⟨label ⟩이름
        ⟨input type="text" id="userName" name="name" value="value" /⟩
        ⟨/label⟩⟨/p⟩
    ⟨/fieldset⟩
⟨/form⟩
```

Source

```
<!DOCTYPE html PUBLIC "-//W3C//DTD XHTML 1.0 Transitional//EN"
"http://www.w3.org/TR/xhtml1/DTD/xhtml1-transitional.dtd">
<html xmlns="http://www.w3.org/1999/xhtml" lang="ko" xml:lang="ko" >
<head>
    <meta http-equiv="content-type" content="text/html; charset=euc-kr" />
    <title>레이블 지정하기</title>
</head>
<body>
    <h1>레이블 지정하기</h1>
    <form method="post" action="member.asp">
        <fieldset>
            <legend>명시적인 레이블</legend>
            <p><label for="userId">아이디</label> <input type="text" id="userId" /></p>
            <p><label for="userPwd">비밀번호</label> <input type="password" id="userPwd" /></p>
        </fieldset>
        <fieldset>
            <legend>암묵적인 레이블</legend>
            <p><label>연락처 <input type="text" id="userPhone" /></label></p>
            <p><label>주소 <input type="text" id="userAddr" /></label></p>
        </fieldset>
    </form>
</body>
</html>
```

input 요소의 id값과 label 요소의 for값을 같게 지정해야 합니다.

label 요소에 input 요소를 포함합니다.

Result

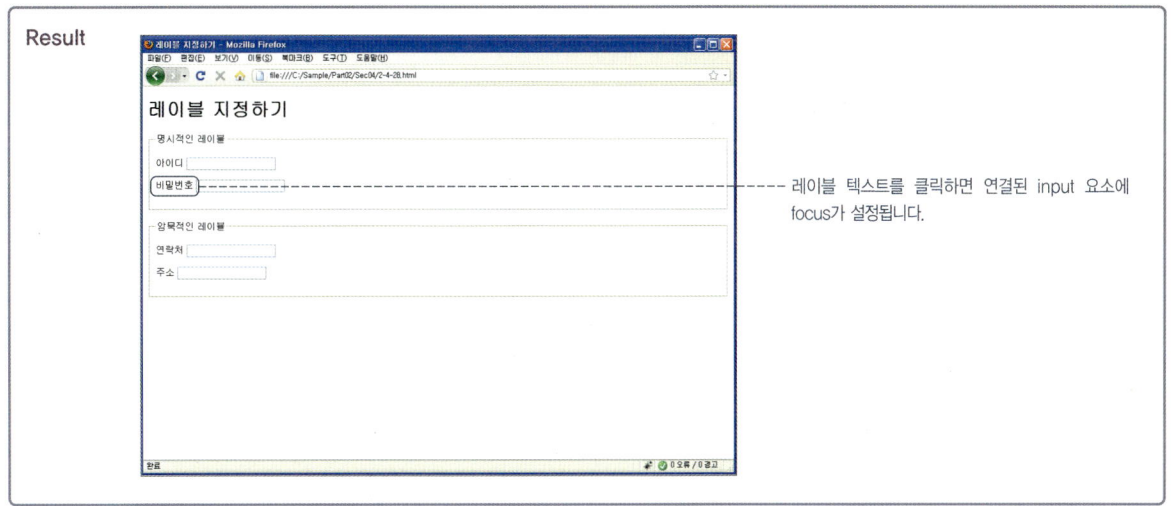

레이블 텍스트를 클릭하면 연결된 input 요소에 focus가 설정됩니다.

간단한 개인 입력 정보 폼이 있습니다. 4행 2열의 테이블 구조 안에 label 요소와 해당 input 요소를 연결합니다.

개인정보 입력	
이름	[ ]
휴대폰	[ ] - [ ] - [ ]
이메일	[ ]
메일링 리스트 가입	◉ 예 ○ 아니오

▲ 개인 정보 입력 콘텐츠

label 요소는 기본적으로 입력 폼과 레이블이 일대일로 대응됩니다. 아래 예제에 제시된 휴대폰의 경우에는 3개의 텍스트 박스를 가지고 있습니다. 이 경우에는 첫 번째 텍스트 박스인 input 요소와 휴대폰 레이블을 연결하고, 나머지 2개의 텍스트 박스에는 title 속성을 이용하여 대체 설명을 입력합니다.

```
〈tr〉
    〈th scope="row"〉〈label for="cellno"〉휴대폰〈/label〉〈/th〉
    〈td〉〈input type="text" name="cellno" id="cellno" maxlength="3" size="3" title="휴대폰첫째자리" /〉 –
        〈input type="text" name="cellno2" maxlength="4" size="4" title="휴대폰중간자리" /〉 –
        〈input type="text" name="cellno3" maxlength="4" size="4" title="휴대폰끝자리" /〉〈/td〉
〈/tr〉
```

메일링 리스트 가입은 2개의 라디오 버튼을 가지고 있습니다. 라디오 버튼은 '예', '아니오'의 값을 레이블로 가지며, "메일링 리스트"는 제목 셀(th)로 마크업되고, scope 속성을 이용하여 정보와 연관성을 가지도록 합니다. 스크린 리더 사용자가 라디오 버튼으로 직접 접근하면 '예'라는 정보만 갖게 되어 어떤 것에 대한 '예'인지 알 수 없게 됩니다. 따라서 좀 더 웹 접근성을 높이려면 title 속성을 사용하여 '메일링 리스트 가입 여부'에 대한 '예'라는 정보를 알 수 있도록 제공하는 것이 좋습니다.

```
〈tr〉
    〈th scope="row"〉메일링 리스트 가입〈/th〉
    〈td〉〈input name="receivecd" type="radio" id="receiveYes" value="Y" checked="checked"
        title="메일링 리스트 가입 여부" /〉 〈label for="receiveYes"〉예〈/label〉
    〈input type="radio" name="receivecd" id="receiveNo" value="N" title="메일링 리스트 가입 여부" /〉
    〈label for="receiveNo"〉아니오〈/label〉〈/td〉
〈/tr〉
```

전체 정리된 마크업을 살펴보겠습니다.

<table>
<tr><td>형식</td><td>

```
<table border="1" cellspacing="0" cellpadding="0" summary="이름, 휴대폰, 이메일 정보 입력 및 메일링 가입여
부 확인">
    <caption>개인정보 입력</caption>
    <tbody>
        <tr>
            <th scope="row"><label for="username">이름</label></th>
            <td><input type="text" name="username" id="username" /></td>
        </tr>
        <tr>
            <th scope="row"><label for="cellno">휴대폰</label></th>
            <td><input type="text" name="cellno" id="cellno" maxlength="3" size="3" title="휴대폰첫째자리" />
            -
            <input type="text" name="cellno2" maxlength="4" size="4" title="휴대폰중간자리" />
            -
            <input type="text" name="cellno3" maxlength="4" size="4" title="휴대폰끝자리" /></td>
        </tr>
        <tr>
            <th scope="row"><label for="mailaddr">이메일</label></th>
            <td><input type="text" name="mailaddr" id="mailaddr" maxlength="60" size="57" /></td>
        </tr>
        <tr>
            <th scope="row">메일링 리스트 가입</th>
            <td><input name="receivecd" type="radio" id="receiveYes" value="Y" checked="checked" title="
            메일링 리스트 가입 여부" /> <label for="receiveYes">예</label>
            <input type="radio" name="receivecd" id="receiveNo" value="N" title="메일링 리스트 가입 여부" />
            <label for="receiveNo">아니오</label></td>
        </tr>
    </tbody>
</table>
```

</td></tr>
</table>

명시적인 label과 암묵적인 label 함께 사용하기

구조적인 마크업을 지향하면서 스타일 컨테이너로서의 독립적인 역할을 할 수 있도록 설계할 때는 다음과 같은 형식으로
label을 지정할 수 있습니다.

```
<label for="username">
    <span>이름</span>
    <input type="text" name="username" id="username" />
</label>
```

이와 같은 label의 처리 방식은 '이름'이 레이블 텍스트의 역할을 하게 하면서 span 요소로 그룹화하여 스타일을 독립적
으로 적용할 수 있도록 합니다. 동시에 스크린 리더 등의 응용 프로그램에 접근할 수 있다는 장점이 있습니다.

5. 다양한 폼 컨트롤(input)

폼 요소 안에 한 줄 글상자, 라디오 버튼, 체크 박스 등의 폼 컨트롤을 생성할 때는 input 요소를 사용합니다. input 요소의 경우 type 속성값에 따라 폼의 종류가 결정되며, 컨트롤의 종류는 다음과 같습니다.

type = "컨트롤값"
- text : 한 줄 글상자, 이름, id 등의 컨트롤을 생성할 때 사용
- password : 비밀번호 입력 상자로, 웹 브라우저 화면에 값을 입력한 값을 *나 •로 표시
- radio : 여러 개의 라디오 버튼 중 하나만 선택 가능
- checkbox : 다중 선택이 가능한 체크 박스
- file : 파일을 첨부 형태로 서버로 보낼 때 사용하는 컨트롤
- image : 이미지 버튼으로 src 속성을 이용하여 버튼 이미지로 사용하려는 이미지 지정. alt 속성을 이용하여 대체 텍스트 지정 가능
- submit : 전송 버튼
- reset : 취소 버튼
- button : 범용 버튼으로, 이벤트가 발생할 때 스크립트 또는 프로그램을 수행하기 위한 버튼
- hidden : 숨김 컨트롤로, 화면에는 표시되지 않으며, 프로그램에 송신하려고 하는 데이터를 지정하기 위한 컨트롤

input 요소의 사용 형식은 다음과 같습니다.

형식	⟨input type="컨트롤값" value="초기값" size="크기" id="식별자" name="변수명" /⟩

📁 예제 파일 : Sample\Part02\Sec04\2-4-29.html

Source	

```
⟨!DOCTYPE html PUBLIC "-//W3C//DTD XHTML 1.0 Transitional//EN"
"http://www.w3.org/TR/xhtml1/DTD/xhtml1-transitional.dtd"⟩
⟨html xmlns="http://www.w3.org/1999/xhtml" lang="ko" xml:lang="ko" ⟩
⟨head⟩
    ⟨meta http-equiv="content-type" content="text/html; charset=euc-kr" /⟩
    ⟨title⟩다양한 폼 컨트롤⟨/title⟩
⟨/head⟩
⟨body⟩
    ⟨h1⟩다양한 폼 컨트롤(input)⟨/h1⟩
    ⟨form method="post" action="member.asp"⟩
        ⟨fieldset⟩
            ⟨legend⟩회원정보⟨/legend⟩
            ⟨p⟩⟨label for="userId"⟩아이디⟨/label⟩ ⟨input type="text" id="userId" /⟩ ------------ 한 줄 글상자
                                                                ------------ 이미지 버튼
            ⟨input type="image" src="images/btnMember.jpg" alt="중복확인" /⟩⟨/p⟩
                                                                ------------ 비밀번호 입력란
            ⟨p⟩⟨label for="userPwd"⟩비밀번호⟨/label⟩ ⟨input type="password" id="userPwd" /⟩⟨/p⟩
```

```
        ⌐                <p><label for="userEmail">이메일</label>
                            <input type="text" id="userEmail" title="이메일 아이디 입력" /> &#64;
                            <input type="text" id="userAccount" title="이메일 계정 입력" /></p>
                        <p>
                            성별<br />
                            <input type="radio" name="gender" id="man" value="male" />-------------라디오 버튼
                            <label for="man">남자</label>
                            <input type="radio" name="gender" id="woman" value="female" />
                            <label for="woman">여자</label>
                        </p>
                        <p>
                            <label for="attchPhoto">사진</label>
                            <input type="file" name="attchPhoto" id="attchPhoto" />-------------------파일 첨부
                        </p>
                        <p>
                            수신설정<br />
                            <input type="checkbox" name="accept" id="acceptEmail" />--------------체크 박스
                            <label for="acceptEmail">메일 수신 허용</label><br />
                            <input type="checkbox" name="accept" id="acceptSMS" />
                            <label for="acceptSMS">SMS 수신 허용</label>
                        </p>
                        <p><input type="submit" value="확인" /> <input type="reset" value="취소" /></p>
                    </fieldset>
                </form>
        </body>
    </html>
```

Result

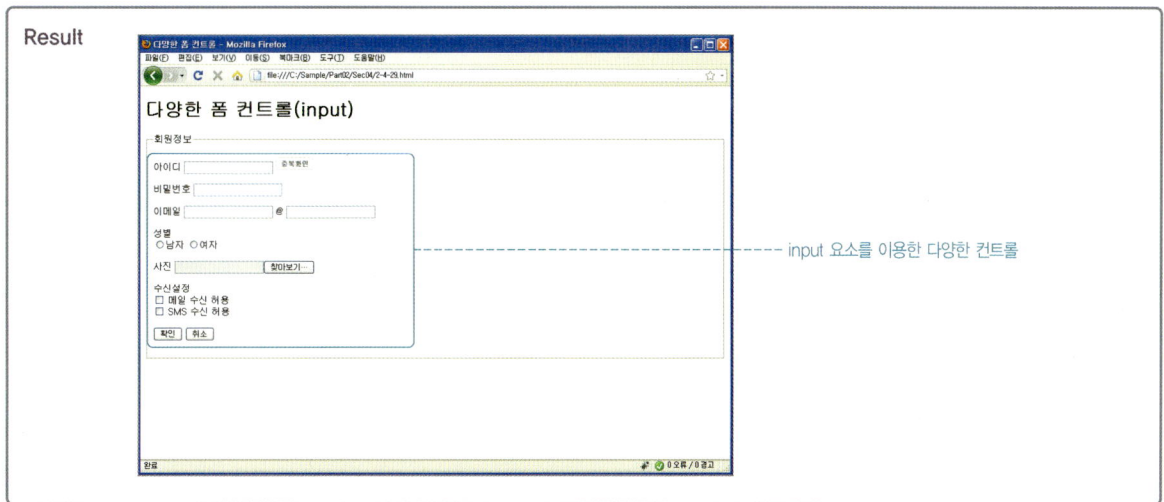

input 요소를 이용한 다양한 컨트롤

6. 목록 상자(select, option, optgroup)

select와 option 요소를 이용하여 목록 상자를 생성할 수 있습니다. 목록 상자는 드롭다운 메뉴와 리스트 박스로 나눌 수 있습니다. 사용 형식은 다음과 같습니다.

형식	`<select name="변수명" id="식별자">`
	　　`<option value="초기값">항목</option>`
	`</select>`

예제 파일 : Sample\Part02\Sec04\2-4-30.html

| Source | `<!DOCTYPE html PUBLIC "-//W3C//DTD XHTML 1.0 Transitional//EN"`
`"http://www.w3.org/TR/xhtml1/DTD/xhtml1-transitional.dtd">`
`<html xmlns="http://www.w3.org/1999/xhtml" lang="ko" xml:lang="ko" >`
`<head>`
　`<meta http-equiv="content-type" content="text/html; charset=euc-kr" />`
　`<title>목록상자</title>`
`</head>`
`<body>`
　`<h1>목록상자 만들기</h1>`
　`<form method="post" action="">`
　　`<fieldset>`
　　　`<legend>목록상자</legend>`
　　　`<p>`
　　　　`<label for="userAge">연령</label>`
　　　　`<select id="userAge">`
　　　　　`<option value="10">10대</option>`
　　　　　`<option value="20">20대</option>`
　　　　　`<option value="30">30대</option>`
　　　　　`<option value="40">40대</option>`
　　　　　`<option value="after50">50대 이후</option>`
　　　　`</select>`
　　　`</p>`
　　　`<p>`
　　　　`<label for="userPhone">연락처정보</label><br />`
　　　　`<select id="userPhone" size="10" multiple="multiple">`
　　　　　`<option value="010-234-5678">010-234-5678</option>`
　　　　　`<option value="011-345-6789">011-345-6789</option>`
　　　　　`<option value="016-456-7890">016-456-7890</option>` |

> ---- size 속성을 1 이상으로 지정할 경우 리스트 상자 형태로 출력됩니다.

Q 파일 첨부 폼 요소의 디자인을 변경할 수 있나요?

A 전면적인 디자인을 변경하는 것은 불가능하고, 일부 영역에 CSS를 이용해서 border 및 배경색을 바꾸는 정도는 가능합니다. 간혹 자바스크립트나 다른 트릭을 이용해서 파일 첨부 폼 요소의 전면적인 디자인을 강제적으로 변경할 수 있지만, 가급적이면 사용자의 경험을 고려하여 입력 폼의 형태를 변형하지 않는 것이 좋습니다.

```
            ⌐
                      <option value="017-567-8912">017-567-8912</option>
                      <option value="018-678-9123">018-678-9123</option>
                      <option value="019-789-1234">019-789-1234</option>
                  </select>
              </p>
          </fieldset>
          <fieldset>
              <legend>목록항목의 그룹화</legend>
              <p>
                  <label for="userAddr">주소</label>
                  <select id="userAddr">
                      <optgroup label="서울특별시">
                          <option value="gangnam-gu">강남구</option>
                          <option value="dongdaemun-gu">동대문구</option>
                          <option value="songpa-gu">송파구</option>
                          <option value="seongdong-gu">성동구</option>
                          <option value="jung-gu">중구</option>
                      </optgroup>
                      <optgroup label="경기도">
                          <option value="gwacheon-si">과천시</option>
                          <option value="gwangju-si">광주시</option>
                          <option value="bucheon-si">부천시</option>
                          <option value="seongnam-si">성남시</option>
                          <option value="anyang-si">안양시</option>
                      </optgroup>
                  </select>
              </p>
          </fieldset>
      </form>
  </body>
</html>
```

----- select 요소의 option 영역을 그
룹화하여 하위 목록 형식으로 목
록 상자를 구현할 때는 optgroup
요소를 사용하며, label 속성값으
로 상위 그룹을 지정합니다.

Result

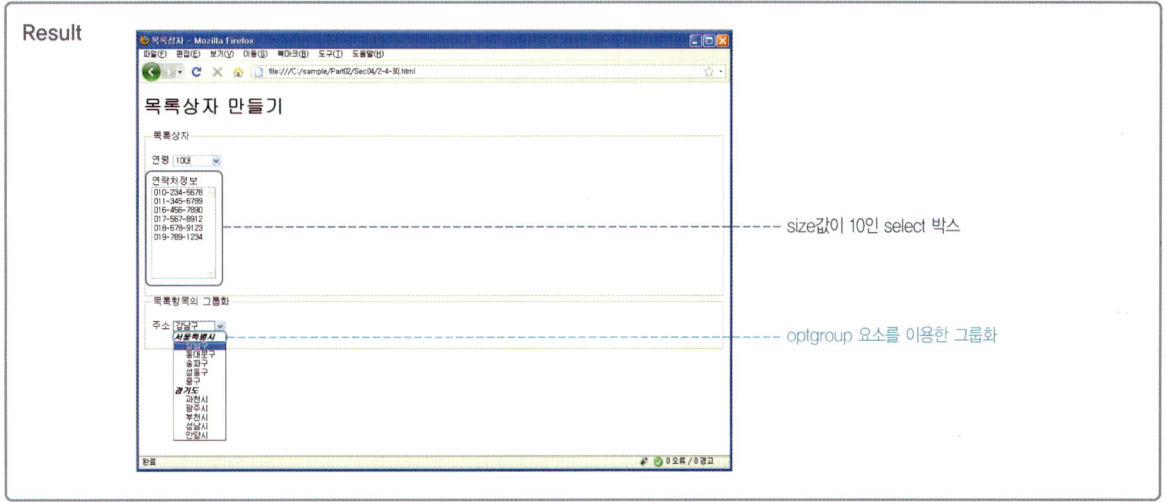

----- size값이 10인 select 박스

----- optgroup 요소를 이용한 그룹화

7. 여러 줄 글상자(textarea)

여러 줄로 된 텍스트를 입력받을 때는 textarea 요소를 이용합니다. textarea 요소는 input 요소를 이용한 한 줄 글상자와 달리 textarea 요소 안에서 입력한 텍스트의 내용이 길어지면 임의의 줄로 바뀝니다. 이때 입력받을 수 있는 텍스트 수는 제한이 없습니다.

여러 줄 글상자의 영역 크기는 cols, rows 속성을 이용하여 지정할 수 있습니다. 예를 들어 cols="60" row="10"으로 지정하면 영문 A의 경우 A가 가로로 60개 들어가며, 10줄로 보이는 영역을 차지합니다. 단, 이 값은 웹 브라우저의 설정이나 글꼴의 크기값에 영향을 받으므로 환경에 따라 크기가 다르게 보일 수 있습니다. 따라서 정확하게 정렬하려면 CSS의 width, height 속성을 이용하여 영역의 크기를 지정합니다. 사용 형식은 다음과 같습니다.

| 형식 | 〈textarea cols="" rows="" name="" id=""〉
초기값이 되는 텍스트 작성〈/textarea〉 |

예제 파일 : Sample\Part02\Sec04\2-4-31.html

```
Source   <!DOCTYPE html PUBLIC "-//W3C//DTD XHTML 1.0 Transitional//EN"
         "http://www.w3.org/TR/xhtml1/DTD/xhtml1-transitional.dtd">
         <html xmlns="http://www.w3.org/1999/xhtml" lang="ko" xml:lang="ko" >
         <head>
            <meta http-equiv="content-type" content="text/html; charset=euc-kr" />
            <title>여러 줄 글상자</title>
         </head>
         <body>
            <h1>여러 줄 글상자 만들기</h1>
            <form method="post" action="">
               <fieldset>
                  <legend>여러 줄 글상자</legend>
                  <p>
                     <label for="memo">메모</label><br />
                     <textarea cols="50" rows="10" id="memo" name="memo">
                     의견을 남겨 주세요.
                     </textarea>
                  </p>
               </fieldset>
            </form>
         </body>
         </html>
```

------ 여러 줄 글상자 컨트롤을 생성할 때 textarea 요소를 사용할 수 있으며, textarea 요소는 cols 속성과 rows 속성이 필수입니다.

Result	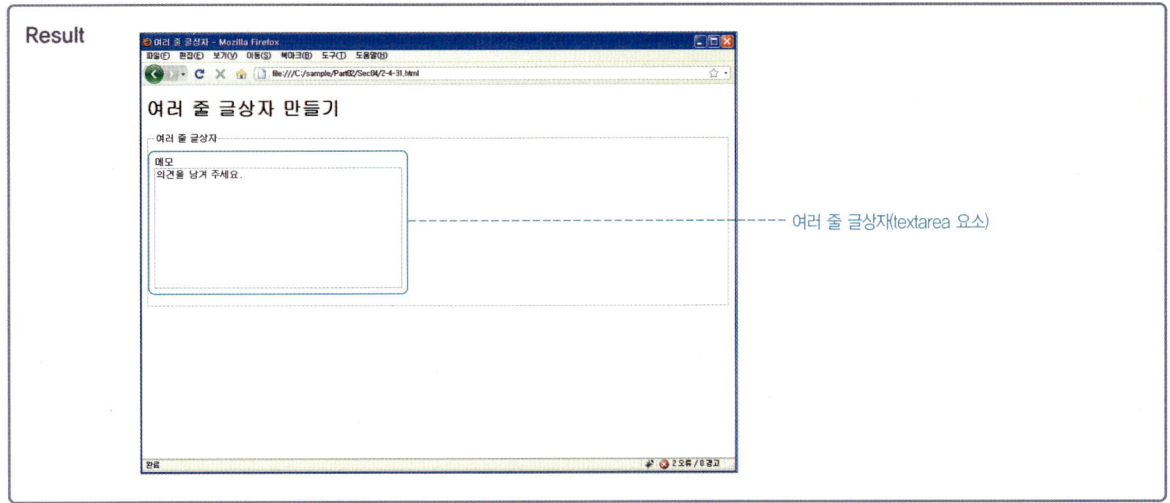

여러 줄 글상자(textarea 요소)

8. 버튼 요소(button)

button 요소를 이용하여 생성할 수 있는 경우는 input 요소의 submit, reset, button 등의 type값과 같지만, 좀 더 유연한 디자인이 가능하다는 장점이 있습니다. button 요소의 사용 형식은 다음과 같습니다.

형식	⟨button type="버튼의 종류" name="변수명" id="식별자"⟩ 　버튼명 ⟨/button⟩

📁 예제 파일 : Sample\Part02\Sec04\2-4-32.html

Source	⟨!DOCTYPE html PUBLIC "-//W3C//DTD XHTML 1.0 Transitional//EN" "http://www.w3.org/TR/xhtml1/DTD/xhtml1-transitional.dtd"⟩ ⟨html xmlns="http://www.w3.org/1999/xhtml" lang="ko" xml:lang="ko" ⟩ ⟨head⟩ 　⟨meta http-equiv="content-type" content="text/html; charset=euc-kr" /⟩ 　⟨title⟩버튼만들기⟨/title⟩ 　⟨style type="text/css"⟩ 　　img { 　　　border:0 none; 　　　background:transparent;

여기서
잠깐

textarea 요소와 iframe 요소의 올바르지 못한 사용법

textarea 요소와 iframe 요소는 가로 세로 스크롤이 생기는 점을 이용하여 콘텐츠를 표현하는 데 사용하는 경우가 많습니다. 회원 약관의 콘텐츠를 textarea 요소를 사용하여 웹 문서의 일부분에서 스크롤이 생기도록 하는 것이 대표적인 예이지만, 이는 올바른 사용 방법이 아닙니다. 이와 같이 콘텐츠를 구성할 때 특정 영역을 지정하거나, 스크롤 효과가 필요한 경우에는 CSS의 overflow 속성을 이용하면 됩니다.

```
        └→              }
                    </style>
            </head>
            <body>
                <h1>버튼 만들기</h1>
                <form method="post" action="">
                    <fieldset>
                        <legend>여러 가지 버튼</legend>
                        <p><label for="ok">전송 버튼</label>
                            <button type="submit" id="ok" value="전송">전송</button></p>
                                          ┆
                                          └┄┄┄┄┄┄┄┄┄┄┄┄┄┄┄┄┄┄┄┄┄┄┄┄┄┄┄ button 요소의 type에 따라 버
                        <p><label for="cancel">취소 버튼</label>                           튼의 종류가 결정됩니다.
                            <button type="reset" id="cancel" value="취소">취소</button></p>
                        <p><label for="textBtn">일반 텍스트 버튼</label>
                            <button type="button" id="textBtn" value="텍스트 버튼">
                            텍스트 버튼</button></p>
                        <p>이미지 버튼
                            <button type="image" id="imgBtn" value="이미지 버튼">
                            <img src="images/btnImg.gif" alt="자세히 보기" /></button></p>
                    </fieldset>
                </form>
            </body>
        </html>
```

Q 웹 접근성을 지키기 위해 온라인 서식에 적절한 레이블을 제공하라는 부분이 있는데, button 요소에도 적용해야 하나요?

A button 요소의 경우 스스로 어떤 콘텐츠인지를 알려 주기 때문에 레이블이 필요 없습니다. 이 밖에도 데이터 전송에 사용하는 버튼은 value 속성이 레이블의 역할을 대신합니다. 이를 정리하면 다음과 같습니다.

• 데이터 전송 및 취소 버튼(input type="submit", input type="reset") : value 속성 대체
• 이미지 버튼(input type="image") : alt 속성 대체
• button 요소(button, input type="button") : 콘텐츠 자체를 요소로 가짐(텍스트 또는 이미지의 alt 속성)
• 숨김 input(input type="hidden")

그러므로 다음과 같이 이미지 버튼에 alt를 적용하거나, 레이블을 제공하는 것은 잘못된 방식입니다.

```
<label for="btnSearch">검색</label> <input type="image" id="btnSearch" alt="검색">
```

예시
```
<input type="image" id="ok" alt="확인" />
<input type="button" name="idCheck" value="아이디 중복 확인" />
<input type="submit" name="cmdPoll" value="설문 완료" />
<button name="btnbuy">상품 구매! BUY!</button>
<button name="btngallery"><img src="btn_gallery.gif" alt="갤러리"></button>
```

Result

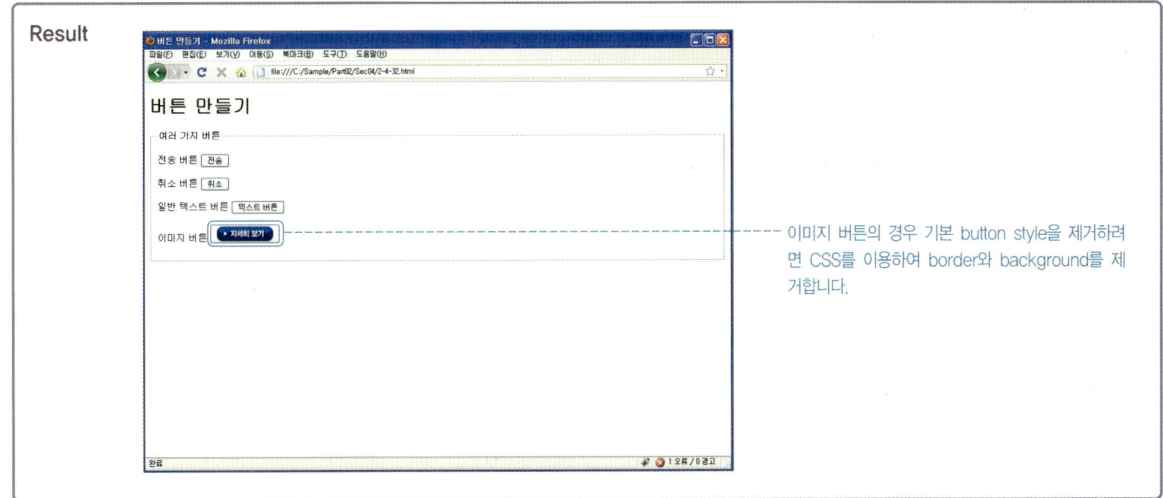

이미지 버튼의 경우 기본 button style을 제거하려면 CSS를 이용하여 border와 background를 제거합니다.

인라인 프레임과 개체 삽입

1. 인라인 프레임(iframe)

인라인 프레임을 이용하여 콘텐츠를 삽입할 경우에는 iframe 요소를 사용합니다. 인라인 프레임은 인터넷 익스플로러의 독자적인 요소였으나 HTML 4.0과 HTML 4.01 이후에 정식으로 지원하고 있습니다. 그러나 인라인 프레임은 XHTML 1.0 Strict와 XHTML 1.1에서는 사용할 수 없으며, Transitional DTD에서만 사용할 수 있습니다. 인라인 프레임을 사용할 경우에는 웹 접근성을 고려하여 iframe 요소에 title 속성을 함께 제공하는 것이 바람직합니다.

title 속성에는 iframe의 콘텐츠가 어떤 내용을 담고 있는지를 설명해야 합니다. 이것은 시각장애인이 화면 낭독기를 이용하여 콘텐츠에 접근할 경우 iframe의 콘텐츠 내용을 파악하는 데 도움을 줍니다. 서버 측의 데이터를 교환할 목적을 가진 빈 iframe이라 하더라도 반드시 title 속성으로 삽입해야 합니다. iframe 요소의 사용 형식은 다음과 같습니다.

형식	〈iframe src="삽입할 문서" id="식별자" name="변수명" frameborder="테두리 표현 여부" width="가로 크기" height="세로 크기" scrolling="스크롤 여부" title="삽입된 콘텐츠의 성격이나 내용을 대체할 수 있는 설명"〉프레임이 지원되지 않는 환경 대체 콘텐츠〈/iframe〉

Source

```
<!DOCTYPE html PUBLIC "-//W3C//DTD XHTML 1.0 Transitional//EN"
"http://www.w3.org/TR/xhtml1/DTD/xhtml1-transitional.dtd">
<html xmlns="http://www.w3.org/1999/xhtml" lang="ko" xml:lang="ko" >
<head>
    <meta http-equiv="content-type" content="text/html; charset=euc-kr" />
    <title>인라인 프레임</title>
</head>
<body>
    <h1>iframe 사용하기</h1>
    <p><iframe src="data/breifing.html" id="breifing" name="breifing" frameborder="1" width="350"
    height="200" scrolling="auto" title="국정 브리핑 속보">프레임이 지원되지 않는 환경입니다.
    <a href="data/breifing.html">국정 브리핑 속보</a> 페이지를 방문하여 주세요.</iframe></p>
</body>
</html>
```

━━━━━━━━━━━━ iframe을 제공할 경우 프레임의 내용을 이해할 수 있도록 적절한 제목(title 속성)을 제공해야만 접근성이 높아집니다.

Result

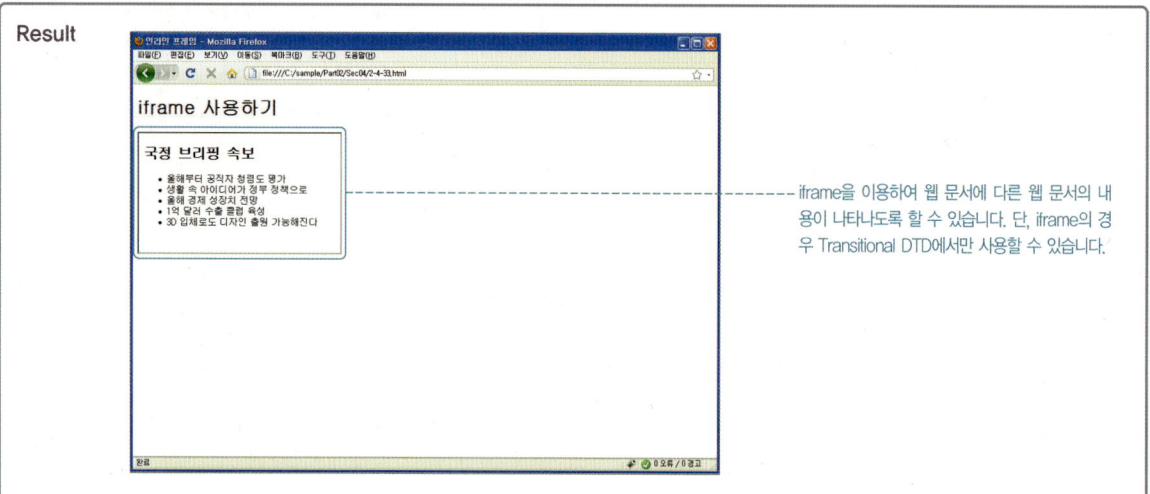

━━━━━ iframe을 이용하여 웹 문서에 다른 웹 문서의 내용이 나타나도록 할 수 있습니다. 단, iframe의 경우 Transitional DTD에서만 사용할 수 있습니다.

Best Case iframe이 지원되지 않는 환경까지 고려하기

프레임이 지원되지 않는 경우에는 iframe 요소의 내용이 그대로 표시될 수 있으므로 iframe이 지원되지 않는 환경까지 고려하여 대체 콘텐츠를 입력해야 합니다. title 속성은 iframe 요소에 담긴 콘텐츠를 잘 나타낼 수 있는 내용으로 지정합니다.

형식

```
<iframe src="ad_banner.html" name="ad" frameborder="0" width="350" height="50" scrolling="no"
 title="배너 광고">
    <p>프레임이 표시되지 않는 분은 <a href=" ad_banner.html">배너 광고 바로가기</a>를 클릭해 주세요.</p>
</iframe>
```

Worst Case iframe에서 잘못된 방법으로 이미지를 불러오는 경우

이미지가 나타나도록 이미지 파일을 src 속성으로 불러오는 것은 잘못된 방법입니다. 새로운 문서를 생성한 후 이미지를 삽입하고 해당 문서를 불러와야 합니다.

형식	〈iframe **src="girl_picture.jpg"** name="girl" frameborder="0" width="400" height="250" scrolling="no" title="소녀시대 이미지"〉〈/iframe〉

개선안	〈iframe **src="girl_picture.html"** name="girl" frameborder="0" width="400" height="250" scrolling="no" title="소녀시대 이미지"〉〈/iframe〉

2. 개체 삽입(object)

object 요소는 이미지를 포함한 플래시 개체나 동영상, 사운드 등의 플러그인 개체를 의미합니다. 이러한 형식의 개체를 웹 문서에 삽입할 때는 object 요소를 사용해야 하지만, 인터넷 익스플로러와 비인터넷 익스플로러 계열의 웹 브라우저가 서로 개체를 참조하는 방식이 다르다는 문제가 있습니다. 왜냐하면 인터넷 익스플로러 계열의 경우 ActiveX 방식으로 플러그인을 참조하지만 비인터넷 익스플로러 계열은 data 속성만으로 연결할 플러그인을 참조하기 때문입니다.

이러한 문제를 해결하는 데는 object 요소의 계층화 기법을 이용할 수 있습니다. object 요소의 사용 형식은 다음과 같습니다.

형식	〈objcet type="개체종류" data="URI" width="가로 크기" height="세로 크기" id="식별자" 〉 　　〈param name="FileName" value="URI" /〉 　　〈param name="AutoStart" value="0 또는 1" /〉 　　〈param name="ShowControls" value="0 또는 1" /〉 　　〈param name="ShowStatusBar" value="0 또는 1" /〉 　　〈param name="EnableTracker" value="0 또는 1" /〉 　　〈param name="ShowTracker" value="0 또는 1" /〉 　　〈param name="ShowAudioControls" value="0 또는 1" /〉 　　〈param name="ShowDisplay" value="0 또는 1" /〉 　　　〈objcet 〉 　　　　〈param /〉 　　　〈/object〉 〈/object〉

```
Source    <!DOCTYPE html PUBLIC "-//W3C//DTD XHTML 1.0 Transitional//EN"
          "http://www.w3.org/TR/xhtml1/DTD/xhtml1-transitional.dtd">
          <html xmlns="http://www.w3.org/1999/xhtml" lang="ko" xml:lang="ko" >
          <head>
                  <meta http-equiv="content-type" content="text/html; charset=euc-kr" />
                  <title>개체 삽입</title>
          </head>
          <body>
              <h1>Object를 이용한 개체 삽입</h1>
              <h2>플래시 개체</h2>
              <div>
                  <object type="application/x-shockwave-flash" data="data/banner.swf" width="306"
                  height="125" id="banner">
                      <param name="movie" value="data/banner.swf" />
                      <param name="allowFullScreen" value="false" />
                      <param name="quality" value="high" />
                      <param name="bgcolor" value="#ffffff" />
                  </object>
              </div>
              <h2>동영상 개체</h2>
              <div class="interview">
                  <object id="player" height="300" width="320" type="application/x-oleobject"
                  classid="clsid:22D6F312-B0F6-11D0-94AB-0080C74C7E95">
                      <param name="movie" value="data/interview.wmv" />
                      <param name="autostart" value="0" />
                      <param name="showcontrols" value="1" />
                      <!--[if !IE]> <-->
                          <object height="300" width="320" data="data/interview.wmv"
                          type="video/x-ms-wmv">
                              <param name="autostart" value="0" />
                              <param name="showcontrols" value="1" />
                              <p>동영상 파일 : <a href="data/interview.wmv">두산베어스 내야수 손시헌 선수
                              인터뷰</a> </p>
                          </object>
                      <!--> <![endif]-->
                  </object>
              </div>
          </body>
          </html>
```

<!--[if !IE]> <--> ~ <!--> <![endif]--> 영역은 조건 주석문 (conditional comments)으로, 인터넷 익스플로러는 바깥쪽에 있는 object 요소를 수행하고, 최신 웹 표준 브라우저는 조건 주석문의 안쪽에 있는 object 요소를 수행하도록 계층적으로 구현합니다.

Result

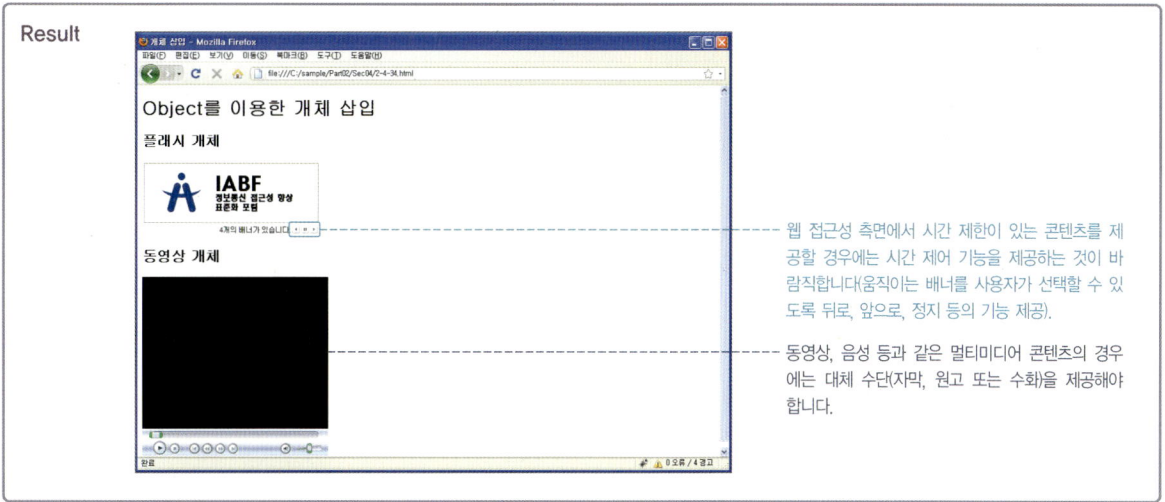

웹 접근성 측면에서 시간 제한이 있는 콘텐츠를 제공할 경우에는 시간 제어 기능을 제공하는 것이 바람직합니다(움직이는 배너를 사용자가 선택할 수 있도록 뒤로, 앞으로, 정지 등의 기능 제공).

동영상, 음성 등과 같은 멀티미디어 콘텐츠의 경우에는 대체 수단(자막, 원고 또는 수화)을 제공해야 합니다.

스타일과 스크립트

1. 내부 스타일 적용(style)

XHTML 요소 중에서 style 요소는 CSS를 XHTML 문서에 적용할 때 사용하고, XHTML 요소 중 대부분은 구조를 정의하는 용도로 사용합니다. HTML 요소에는 웹 브라우저 기본 스타일만 적용되어 있기 때문에 가독성을 높이거나 시각적으로 화려하게 표현하려면 CSS(Cascading Style Sheet)의 도움을 받아야만 합니다. style 요소의 사용 형식은 다음과 같습니다.

형식

```
<style type="text/css">
    CSS 구문
</style>
```

📁 예제 파일 : Sample\Part02\Sec04\2-4-35.html

Source

```
<!DOCTYPE html PUBLIC "-//W3C//DTD XHTML 1.0 Transitional//EN"
"http://www.w3.org/TR/xhtml1/DTD/xhtml1-transitional.dtd">
<html xmlns="http://www.w3.org/1999/xhtml" lang="ko" xml:lang="ko" >
<head>
    <meta http-equiv="content-type" content="text/html; charset=euc-kr" />
    <title>내부 스타일의 적용(internal style sheet)</title>
    <style type="text/css">
        p {
            color : blue ;
            background : silver ;
```

style 요소는 head에만 지정할 수 있습니다.

```
          }
       </style>
   </head>
   <body>
       <h1>내부 스타일 적용하기</h1>
       <p>CSS를 이용하여 단락의 배경 색상과 기본 글자색을 변경합니다.</p>
       <p>내부 스타일을 적용할 때는 style 요소를 사용하고 type 속성값으로 "text/css"값을 지정합니다.</p>
   </body>
</html>
```

Result

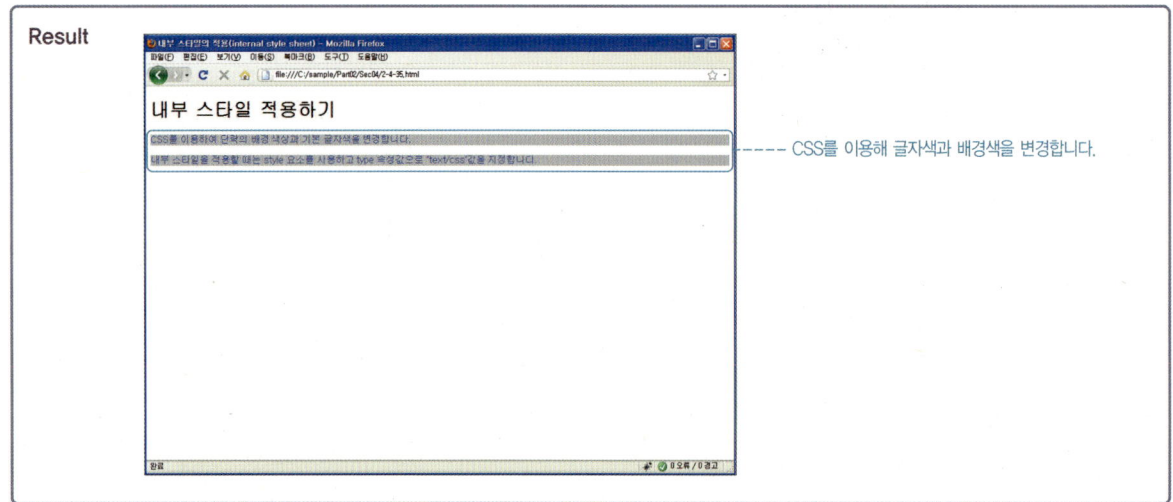

CSS를 이용해 글자색과 배경색을 변경합니다.

2. 스크립트 삽입(script)

웹 문서에 스크립트를 삽입할 때는 script 요소를 사용합니다. script 요소는 head 요소와 body 요소에 여러 번 삽입할 수 있습니다. 스크립트를 삽입할 때는 XHTML에서 script 요소의 내용 모델이 #PCDATA(Parsed CDATA)이기 때문에 "<", ">", "&" 등의 기호를 문자 참조(Character Entity)로 변환해야 합니다. 이러한 문제를 해결하려면 스크립트 코드를 "//<![CDATA["와 "//]]>"로 둘러싸서 #CDATA로 인식시켜야 합니다. 스크립트를 XHTML 문서에 삽입하는 형식은 다음과 같습니다.

형식

스크립트 Code를 XHTML 문서의 내부에 삽입하는 경우
```
<script type="text/javascript">
//<![CDATA[
    스크립트 Code
//]]>
</script>
```

스크립트 Code를 XHTML 문서의 외부에 삽입하는 경우
〈script type="text/javascript" src="삽입할 스크립트 파일"〉
〈/script〉

예제 파일 : Sample\Part02\Sec04\2-4-36.html

Source

```
〈!DOCTYPE html PUBLIC "-//W3C//DTD XHTML 1.0 Transitional//EN"
"http://www.w3.org/TR/xhtml1/DTD/xhtml1-transitional.dtd"〉
〈html xmlns="http://www.w3.org/1999/xhtml" lang="ko" xml:lang="ko" 〉
〈head〉
        〈meta http-equiv="content-type" content="text/html; charset=euc-kr" /〉
        〈title〉스크립트 삽입〈/title〉
〈/head〉
    〈body〉
        〈h1〉스크립트 삽입〈/h1〉
        〈h2〉내부 스크립트〈/h2〉
        〈script type="text/javascript"〉
        //〈![CDATA[
            document.write("〈p〉내부 스크립트가 실행됩니다.〈/p〉");
        //]]〉
        〈/script〉

        〈h2〉외부 스크립트〈/h2〉
        〈script type="text/javascript" src="data/welcome.js"〉〈/script〉
    〈/body〉
〈/html〉
```

XHTML의 경우 내용 모델이 #PCDATA(Parsed CDATA)이기 때문에 내부 스크립트의 문자 참조(character entity - 특수 문자)를 CDATA 영역으로 선언하여 처리해야 합니다.

스크립트의 경우 head 요소와 body 요소 어느 곳에도 삽입할 수 있습니다.

Result

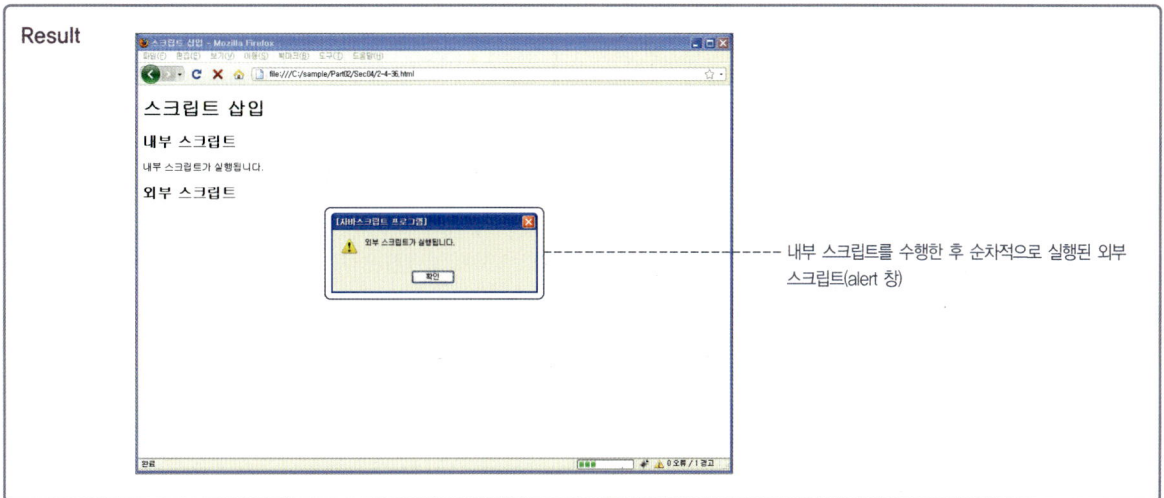

내부 스크립트를 수행한 후 순차적으로 실행된 외부 스크립트(alert 창)

그룹화 요소

1. 블록 그룹화 요소(div)

div(division) 요소는 분할, 나누기의 의미를 가지며, 그룹핑(grouping)의 역할을 수행합니다. 주로 블록 요소를 그룹화하기 위해 사용하며, id와 class 속성으로 해당 그룹의 의미를 부여할 수 있습니다. div 요소는 레이아웃을 구현할 때도 사용할 수 있으며, 논리적인 구조를 고려하여 서로 연관성 있는 콘텐츠를 그룹핑하는 것이 좋습니다.

형식	⟨div⟩ 　　블록 요소(Block Element) ⟨/div⟩

📁 예제 파일 : Sample\Part02\Sec04\2-4-37.html

Source

```
<!DOCTYPE html PUBLIC "-//W3C//DTD XHTML 1.0 Transitional//EN"
"http://www.w3.org/TR/xhtml1/DTD/xhtml1-transitional.dtd">
<html xmlns="http://www.w3.org/1999/xhtml" lang="ko" xml:lang="ko">
<head>
        <meta http-equiv="content-type" content="text/html; charset=euc-kr" />
        <title>블록 요소 그룹화하기</title>
</head>
<body>
```
— id 및 class를 이용한 div 요소의 의미 부여　　　— div 요소를 이용한 그룹핑 및 분할
```
    <div id="coffee">
        <h1>WebCafe - Coffee</h1>
        <div class="origin">
            <h2>Coffee 원두</h2>
            <h3>자메이카 블루마운틴(jamaica blue mountain)</h3>
            <p>자메이카의 블루 산맥에서 재배되는 커피의 명칭이다. 블루 마운틴은 쓴 맛이 덜하고 향이 부드
            러운 커피로 신맛과 단맛이 완벽하게 조화를 이룬 커피로 평가 받는다.</p>
            <h3>케냐 커피(kenya)</h3>
            <p>아프리카 최고의 커피 생산국에서 생산되는 케냐 커피는 와인향 또는 꽃향기가 나는 것으로 유
            명하며, 과일의 상큼한 신맛과 품위 있는 산미, 중후하면서도 상큼한 맛이 매력적인 커피이다.</p>
        </div>

        <div class="blending">
            <h2>Blending Coffee</h2>
            <h3>아메리카노(americano)</h3>
            <p>커피 원액에 물을 희석시킨 커피로 에스프레소의 진하고 쓴맛을 부드럽고 가볍게 만든 음료</p>
            <h3>카페라떼(caffe latte)</h3>
            <p>커피 원액에 우유를 듬뿍 넣은 부드러운 커피</p>
            <h3>카푸치노(cappuccino)</h3>
```

```
                        〈p〉커피 원액에 우유와 우유 거품을 넣은 커피로 라떼보다는 다소 진한 맛, 우유의 거품을 풍부하게
                        느낄 수 있는 커피〈/p〉
                    〈/div〉
                〈/div〉
        〈/body〉
        〈/html〉
```

Result

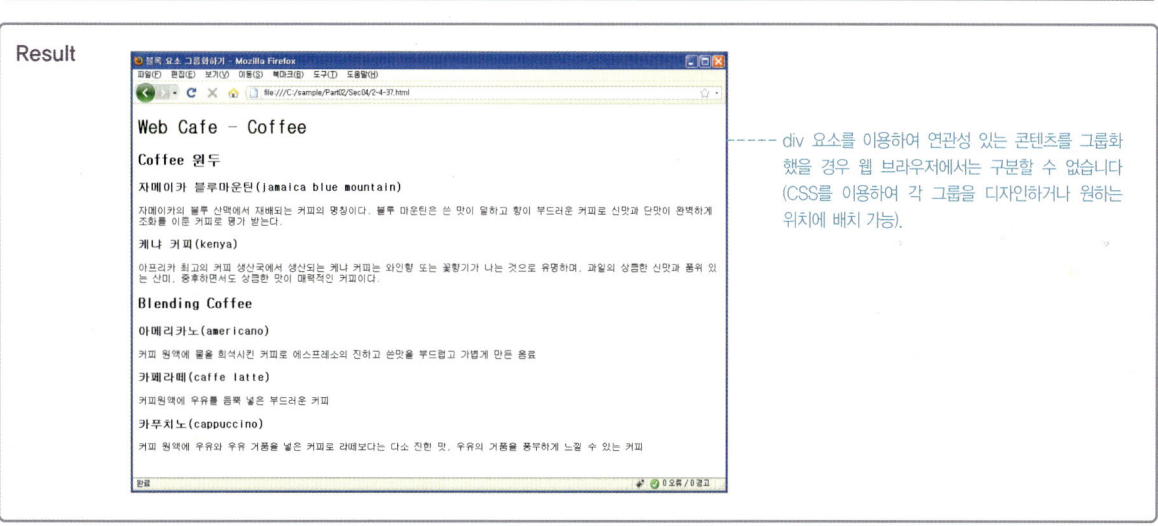

div 요소를 이용하여 연관성 있는 콘텐츠를 그룹화
했을 경우 웹 브라우저에서는 구분할 수 없습니다
(CSS를 이용하여 각 그룹을 디자인하거나 원하는
위치에 배치 가능).

2. 인라인 그룹화 요소(span)

블록 요소를 그룹화하기 위해 주로 div 요소를 사용한다면, 인라인 요소를 그룹화할 때는 span 요소
를 사용합니다. div 요소와 마찬가지로 id와 class 속성을 이용하여 그룹화한 요소에 적절한 네이밍
(naming)을 통해 의미를 부여할 수 있습니다. span 요소는 인라인 요소이므로 p 요소와 ul 요소 같
은 블록 요소를 포함할 수 없습니다.

형식
```
〈span〉
    인라인 요소(Inline Element)
〈/span〉
```

📁 예제 파일 : Sample\Part02\Sec04\2-4-38.html

Source
```
〈!DOCTYPE html PUBLIC "-//W3C//DTD XHTML 1.0 Transitional//EN"
"http://www.w3.org/TR/xhtml1/DTD/xhtml1-transitional.dtd"〉
〈html xmlns="http://www.w3.org/1999/xhtml" lang="ko" xml:lang="ko" 〉
〈head〉
        〈meta http-equiv="content-type" content="text/html; charset=euc-kr" /〉
        〈title〉인라인 요소 그룹화하기〈/title〉
```

```
└→        </head>
          <body>
              <h1>Coffee Drinks</h1>
              <ul>
                  <li>아메리카노(americano)
                  <span class="size">Small</span> ─ ─ ─ ─ ─ ─ ─ ─ ─ ─ ─ span 요소를 이용하여 인라인 텍스트를 그
                  <span class="price">3,000원</span>                     룹화하고 class 속성을 통해 콘텐츠의 의미
                  <span class="size">Regular</span> ─                    를 부여합니다.
                  <span class="price">3,500원</span></li>

                  <li>카페라떼(cafe latte)
                  <span class="size">Small</span> ─
                  <span class="price">3,500원</span>
                  <span class="size">Regular</span> ─
                  <span class="price">4,000원</span></li>

                  <li>카푸치노(Cappuccino)
                  <span class="size">Small</span> ─
                  <span class="price">3,800원</span>
                  <span class="size">Regular</span> ─
                  <span class="price">4,300원</span></li>
              </ul>
          </body>
          </html>
```

Result

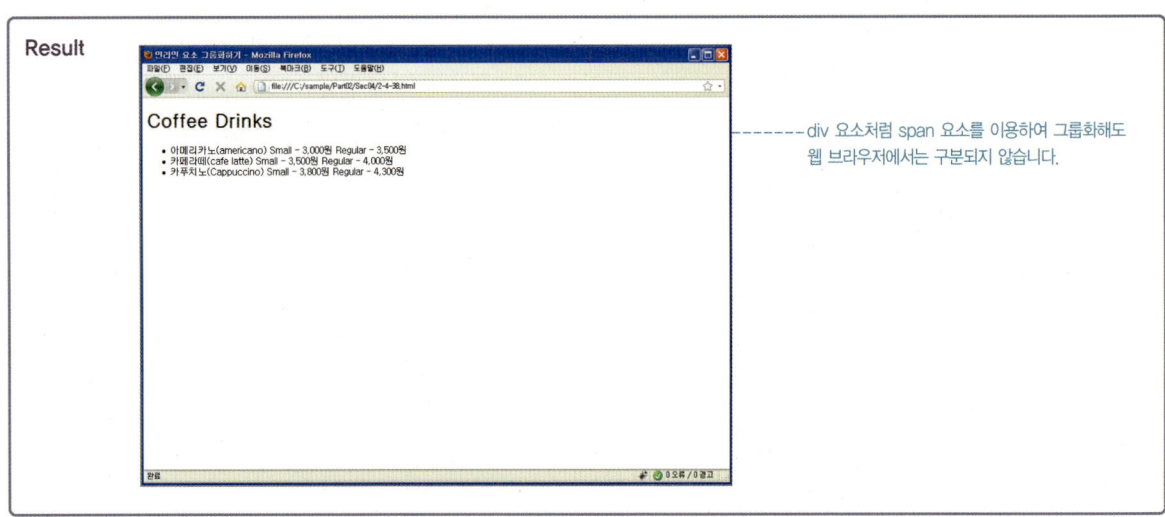

div 요소처럼 span 요소를 이용하여 그룹화해도
웹 브라우저에서는 구분되지 않습니다.

여기서 잠깐

웹 브라우저에서 div로 그룹화한 콘텐츠를 확인하는 방법

div 요소는 그룹화하는 용도로 사용되는데 div 요소 안에 어떤 요소들이 포함되어 있는지, 해당 그룹의 id값이나 class값이 무엇인지는 웹 브라우저에서 확인할 수 없습니다. 이때 파이어폭스의 부가 기능인 Web Developer에서 제공하는 정보 도구의 div 순서 표시 기능을 활용하면 블록의 그룹화 범위와 사용된 id값 및 class값 등을 확인할 수 있습니다

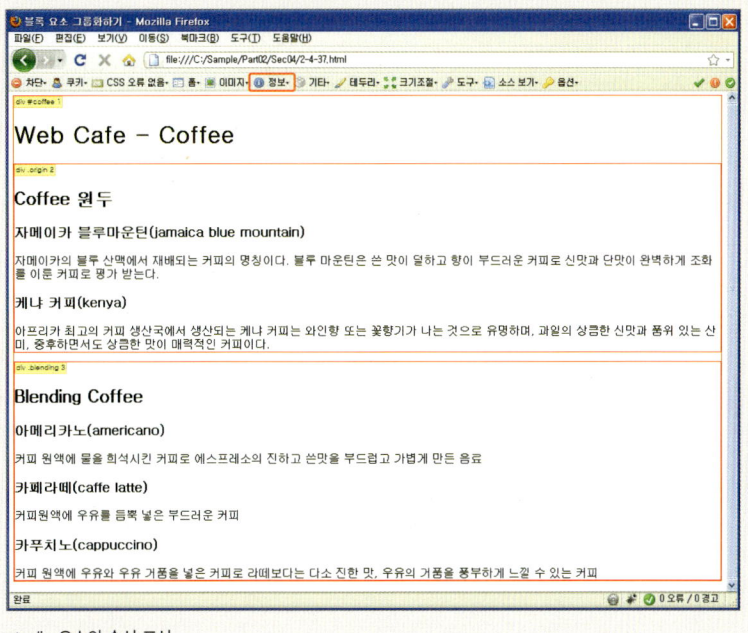

▲ div 요소의 순서 표시

◉ 마치며

견고한 웹을 위한 구조설계(XHTML)에서는 웹에 대한 기본적인 이해를 시작으로 XHTML의 기본 서식 및 DTD 선언의 중요성 및 방법, 그리고 이와 관련된 다양한 요소에 대해 알아보았습니다. 또 웹 접근성과 웹 표준 관점에서 바라본 사례분석을 통해 구조적이면서 의미에 맞는 마크업을 구현하는 방법에 대해서도 알아보았습니다. 하지만 미래표준인 HTML 5에서 지원하지 않을 예정인 frame과 같은 일부 다루지 않은 요소가 남아 있으므로, 이에 대해 좀 더 구체적으로 알고자 한다면 W3 Schools와 같은 Tutorials 등을 통해 더 다양한 요소와 속성에 대해 살펴보기 바랍니다.

마지막으로 당부하고 싶은 말은 웹 문서를 작성할 때 콘텐츠를 어떻게 하면 좀 더 의미있게 마크업할수 있을까에 대한 고민을 지속적으로 해야 한다는 것입니다. 제목 콘텐츠는 제목답게, 단락 콘텐츠는 단락답게 마크업해야만 웹이 좀 더 구조화되고, 견고해지기 때문입니다. 더 이상 XHTML을 어렵게 생각하거나 귀찮게만 여기지 말고 지금부터 하나하나 새롭게 정리하기 바랍니다.

Part03

자유롭고
창의적인
디자인 기법
(CSS)

이 장에서는 웹 표준 방법론 중에서 표현(presentation) 요소를 대체할 수 있는 CSS 기술에 대해 학습할 것입니다. CSS 기술을 이용한 디자인은 테이블 기반의 레이아웃 및 디자인 방식보다 훨씬 더 자유롭고 창의적으로 표현할 수 있다는 장점이 있습니다. 그리고 구조와 표현의 분리라는 관점에서 가장 효율적인 방법이라 할 수 있습니다. 초기에는 구버전의 웹 브라우저가 CSS를 제대로 지원하지 않았기 때문에 사용에 제한이 있었지만, 파이어폭스, 사파리 등과 같은 최신 웹 브라우저에서는 CSS를 제대로 지원하므로 더 이상 CSS의 활용을 주저할 이유가 없습니다. 이제부터 CSS를 이용하여 자유롭고 창의적인 디자인 기법을 익혀 보겠습니다.

01 CSS 디자인

CSS란?

CSS는 'Cascading Style Sheet'의 약자로, 마크업 요소에 스타일을 적용하기 위해 W3C에서 고안한 언어입니다. 웹 표준에 대한 관심이 높아지면서 CSS를 이용한 디자인도 함께 주목받고 있습니다. 왜냐하면 CSS가 기존 디자인 방식의 체질을 개선시킬 수 있기 때문입니다. 특히 CSS는 테이블 방식의 레이아웃 때문에 마크업 코드가 복잡해지는 문제를 해결할 수 있고, 표현과 관련된 요소(font, b, i 요소 등)의 사용을 제한하면서 풍부한 CSS 속성으로 대체할 수 있는 장점이 있습니다. 또 CSS 방식의 디자인은 웹 사이트의 성능 향상에 기여하며 웹 접근성이나 웹 사용성을 높이는 데도 효과적입니다.

간혹 인터넷 익스플로러 6처럼 오래된 웹 브라우저에서 CSS를 제대로 지원하지 않기 때문에 문제가 발생하기도 하지만, 이런 경우는 다양한 CSS 핵(hack)으로 보완할 수 있습니다. 그러나 구식 웹 브라우저를 배려하고자 일부 CSS만 이용하는 것은 집을 지을 수 있는 도끼를 가지고 과일을 깎는 것처럼 어리석은 일입니다.

인터넷 익스플로러의 경우 버전 7부터 부분적으로 웹 표준을 지원하기 시작했고, 버전 8에서는 전면적으로 웹 표준을 지원하고 있습니다. 이 때문에 인터넷 익스플로러는 6, 7, 8 버전이 각각 다르게 렌더링하는 문제가 발생하여 크로스 브라우징이 까다롭게 되었습니다. 그러나 미래를 위한 마이크로소프트사의 선택은 옳았다고 봅니다. 과도기적인 불편함을 넘어서는 순간 CSS의 디자인은 강력한 효과를 발휘하게 되므로 이제 더 이상 CSS를 이용한 디자인을 외면할 수는 없습니다. 또 다양한 웹 브라우저 환경에서 CSS는 더욱 중요해질 수밖에 없으며, CSS를 얼마나 제대로 사용하는가에 따라 웹의 가치도 높아질 수 있습니다. CSS는 현재 CSS Level 1과 CSS Level 2를 지나 CSS Level 2.1이 표준으로 자리 잡고 있으며, 곧 CSS Level 3이 발표될 예정입니다.

Acid Browser Test

Web Standards Project(WaSP) 사이트에서는 사용자가 이용하는 웹 브라우저가 W3C에서 권고하는 웹 표준을 제대로 준수했는지를 체크하는 도구인 Acid Test를 제공하고 있습니다. Acid Test는 CSS 지원 여부를 체크하는 Acid 2와 HTML, XHTML, DOM, CSS2, CSS3, DOM 등 웹 표준 기술 전반에 걸친 성능을 체크하는 Acid 3가 있습니다. 이 Test를 통해 사용자가 이용하는 웹 브라우저에서 웹 표준 지원 여부에 따라 어떤 차이를 보이는지를 확인할 수 있습니다.

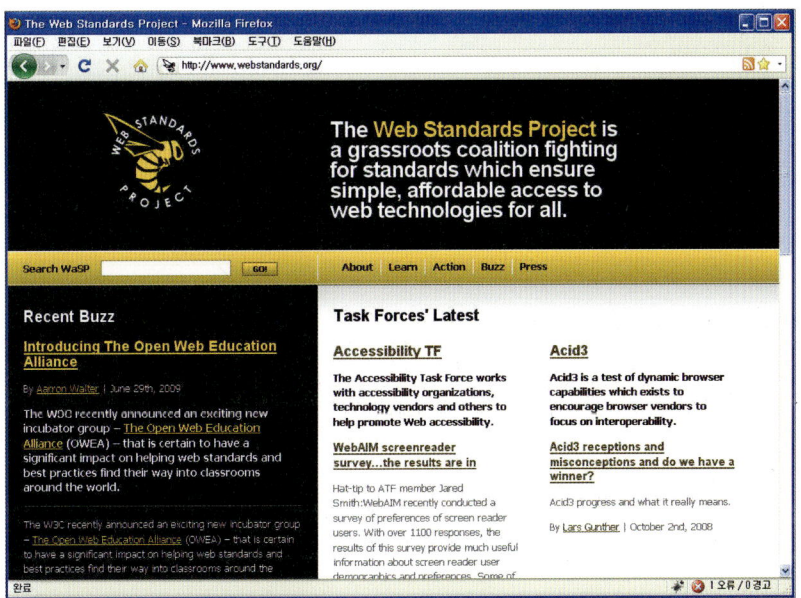

▲ Web Standards Project(WaSP) 웹 사이트

◉ Acid 2 Test

Acid 2 Test를 통해 현재 사용하고 있는 웹 브라우저의 CSS 렌더링 결과를 확인하기 위해서는 http://www.webstandards.org/files/acid2/test.html로 접속한 후 [Take The Acid2 Test]를 클릭합니다. ‘Hello World!’ 라는 텍스트와 스마일 모양의 이모티콘이 깨져서 출력되면 CSS 2.1 사양을 제대로 지원하지 않는 웹 브라우저를 사용하고 있는 것입니다.

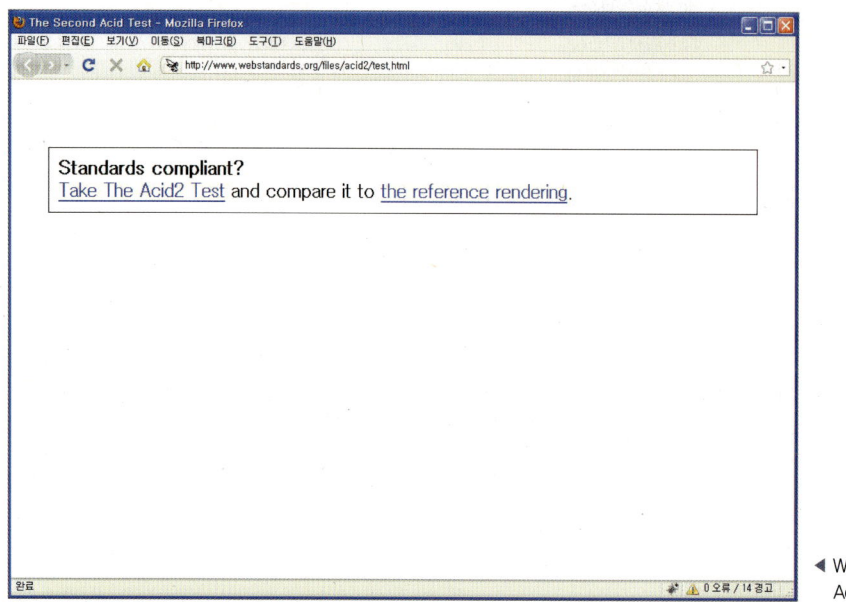

◀ WaSP에서 제공하는
Acid2 Test

다음은 인터넷 익스플로러 버전별 및 최신 웹 브라우저의 Acid 2 Test 렌더링 결과를 비교한 것입니다.

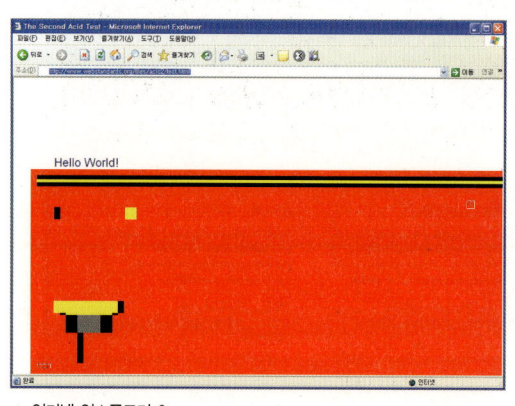

▲ 인터넷 익스플로러 6

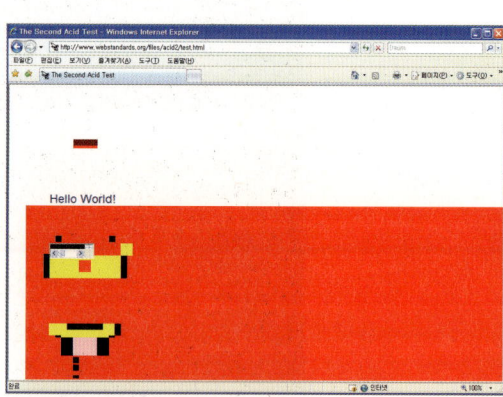

▲ 인터넷 익스플로러 7

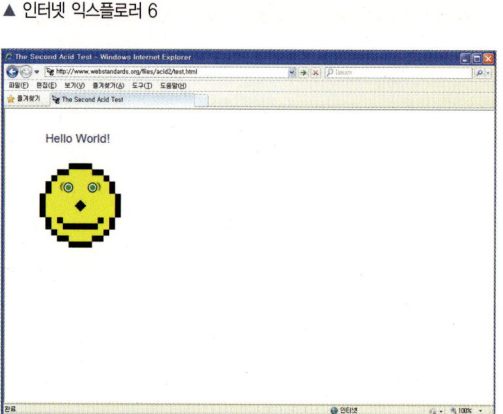

▲ 인터넷 익스플로러 8

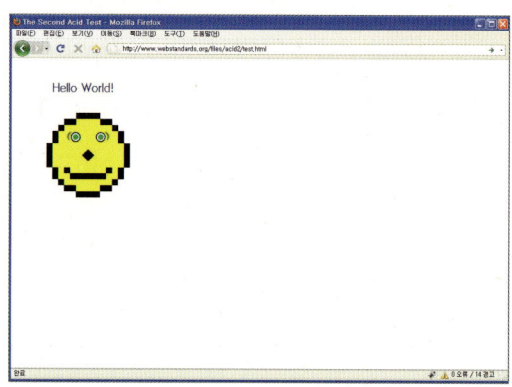

▲ 파이어폭스

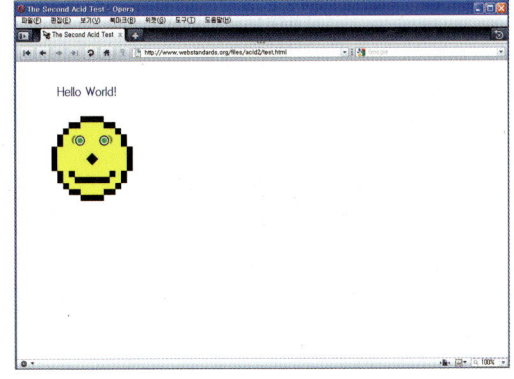

▲ 오페라

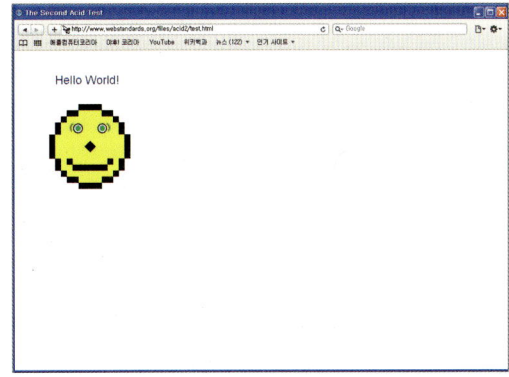

▲ 사파리

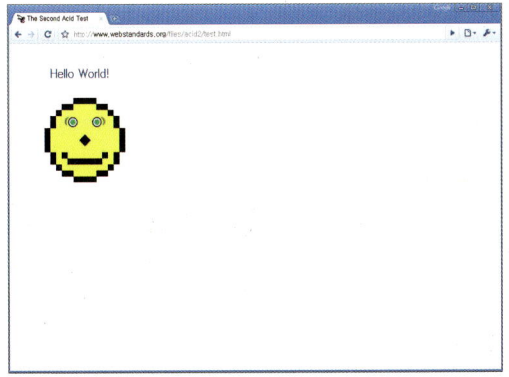

▲ 크롬

Acid2 Test 결과에서 알 수 있듯이 인터넷 익스플로러 6, 7 버전은 웹 표준을 제대로 지원하지 못하기 때문에 CSS를 이용하여 디자인을 할 때 문제가 발생할 수 있습니다. 따라서 크로스 브라우징 환경에서 이러한 문제를 미연에 방지하고 적절하게 대처하기 위해서는 많은 노력이 필요합니다.

◉ Acid 3 Test

Acid 3 Test의 경우 DOM2, ECMAScript, HTML4, XHTML 1.0, CSS2(@font-face), CSS2.1('inline-block', 'pre-wrap', parsing…), CSS3 Color(rgba(), hsla(), …), CSS3 UI('cursor'), SVG(SVG Animation, SVG Fonts, …) 등의 항목을 검사하며 검사 시 사각형 모양의 도형이 점진적으로 렌더링되면서 100점 만점 기준으로 환산된 점수로 웹 브라우저가 어느 정도 웹 표준을 지원하는지를 확인할 수 있습니다.

다음은 인터넷 익스플로러 버전별 및 최신 웹 브라우저의 Acid 3 Test 렌더링 결과를 비교한 것입니다.

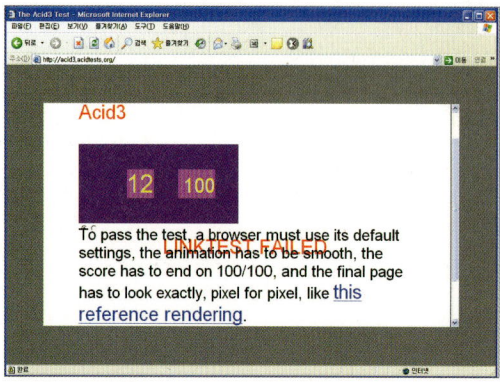

▲ 인터넷 익스플로러 6

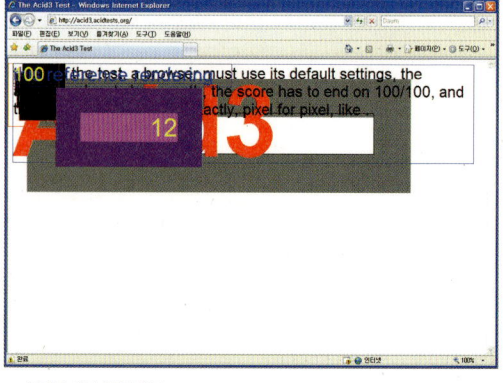

▲ 인터넷 익스플로러 7

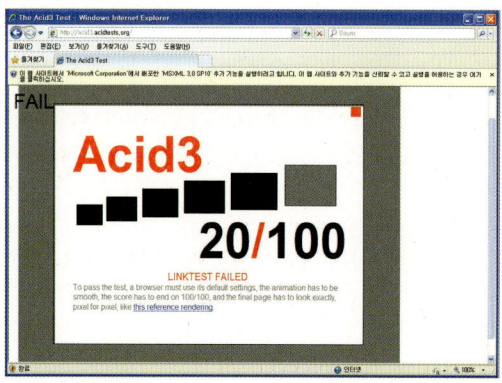

▲ 인터넷 익스플로러 8

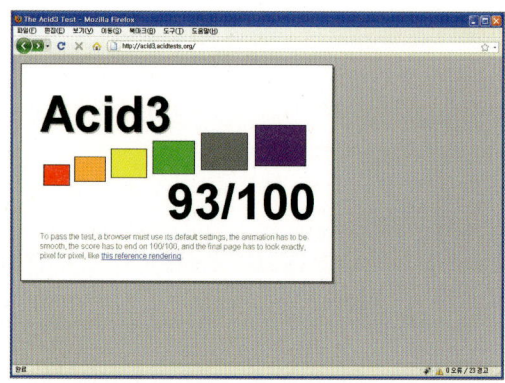

▲ 파이어폭스

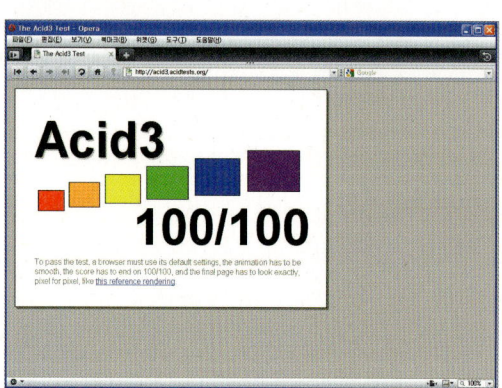

▲ 오페라

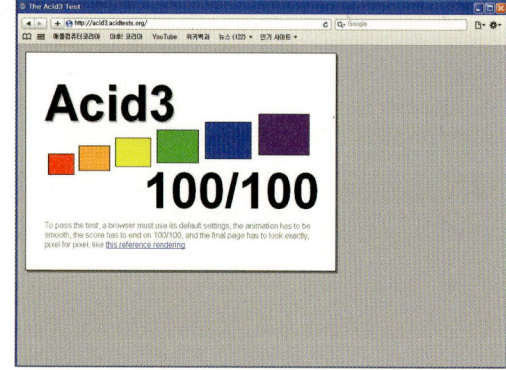

▲ 사파리

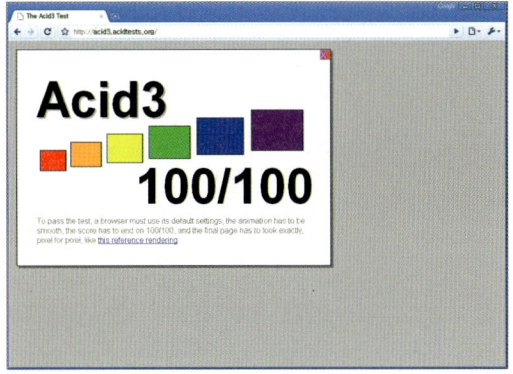
▲ 크롬

Acid 2 Test와 마찬가지로 인터넷 익스플로러 6, 7 버전에서는 레이아웃이 제대로 구현되지 못합니다. 또 인터넷 익스플로러 8은 렌더링을 할 때 화면은 제대로 표현되지만 일부 기능 테스트를 통과하지 못하였고, 다른 최신 웹 브라우저에 비해 현저히 낮은 점수를 받았습니다. 마이크로소프트사가 지속적으로 웹 표준 지원을 위해 노력하고는 있지만 만족할 만한 수준에 도달하기까지에는 시간이 좀 더 필요할 것 같습니다.

여기서 잠깐

Acid 2 Test와 CSS

웹 표준의 목적은 특정 브라우저에 의존하지 않는 것인데, 바로 이것을 가능하게 해 주는 것이 Web Standards Project(WaSP) 사이트에서 제공하는 Acid 2 Test입니다. Acid 2 Test는 CSS 지원 수준을 가늠할 수 있는 하나의 방법이 될 수 있으며, 다음과 같은 11가지 항목들에 대한 렌더링 결과를 보여 줍니다.

• PNG 이미지의 투명 지원 테스트 - 눈 부분의 이미지는 투명 PNG 이미지로 되어 있습니다. 알파 채널로 눈 이미지의 주변이 부드럽게 처리되어 있는데, 인터넷 익스플로러 6의 경우 PNG의 알파 채널을 제대로 지원하지 못하므로 눈 부분의 이미지가 제대로 렌더링되지 않습니다.

• object 요소 - 얼굴의 눈 부분은 object 요소로 첨부되어 있습니다. object 요소의 실행이 실패할 경우 대체 콘텐츠의 표시 여부 테스트도 겸하고 있습니다.

• absolute, relative and fixed position - 페이지 레이아웃에 자주 사용하는 position 요소를 정확하게 지원하는지를 테스트합니다.

• box model - 기존 Acid Test에서 테스트하던 'height', 'width', 'max-width', 'min-width', 'max-height'에 추가로 'min-height'를 테스트합니다. 이 밖에도 CSS 테이블(CSS tables) 속성을 이용하여 기존의 HTML의 table 마크업 없이 table 양식을 사용할 수 있는지를 체크합니다.

• Margins - 요소 주위의 여백을 CSS에서 정의한 알고리즘에 따라 정확하게 계산하는지를 테스트합니다.

• CSS가 만든 콘텐츠(generated content) - 오래된 웹 페이지의 마크업을 수정하지 않고 장식과 주석을 추가할 수 있는지를 테스트합니다(http://www.w3.org/TR/CSS21/generate.html).

• CSS parsing(해석) - 비표준 CSS 속성의 오류 처리에 대해 테스트합니다(웹 표준을 준수하는 웹 브라우저에서 비표준 CSS 명령을 무시하고 있는지의 여부).

• Line heights - CSS의 인라인 요소의 box model 중 일부 속성을 가진 웹 브라우저의 독립적인 속성에 대해 테스트합니다.

• :hover 효과 적용 - 얼굴의 특정 요소에 마우스 오버 시 색상이 바뀌도록 설계했으며, 이 기능이 제대로 동작하는지를 테스트합니다(직접 얼굴의 특정 요소에 마우스를 오버하여 테스트합니다. 만약 사용하는 웹 브라우저가 인터넷 익스플로러 6, 7 버전이면 얼굴 부분이 심하게 깨져서 테스트가 불가능합니다.).

02 CSS 서식

Rule set

CSS 서식은 크게 '선택자'와 '선언부'로 나눌 수 있습니다. 여기서 선택자는 스타일을 적용할 대상을 의미하고, 선언부는 선택자에 적용할 디자인 관련 속성과 값을 의미합니다. 또 각각의 선언은 CSS 속성과 값으로 이루어져 있습니다. 다음은 CSS의 기본 형식입니다.

```
selector {  property : value ;  }
            속성          값            속성       값
     ① p  { ② color : red; ③ background-color : yellow;  }
        선택자       선언                    선언
```

기본 형식에서 ①에 해당하는 부분을 '선택자'라고 부릅니다. 선택자에 대한 속성값은 '{'로 시작해서 '}'로 끝나는 선언부에 지정합니다. 선언문에는 하나 이상의 선언을 지정할 수 있으며, ②와 ③과 같은 선언은 속성과 값으로 구성됩니다. 선언 부분의 속성에 값을 지정할 때는 콜론(:)을 사용해야 하며, 값을 선언한 후에는 세미콜론(;)을 사용하여 선언이 종결되었음을 알려야 합니다. 만약 선언이 하나이거나 마지막 선언인 경우 종결의 의미를 생략할 수 있습니다.

다음은 웹 문서의 특정 요소에 CSS를 이용하여 글자색(color)과 배경색(background-color)의 두 가지 속성을 적용한 예입니다.

Source

```
<!DOCTYPE html PUBLIC "-//W3C//DTD XHTML 1.0 Transitional//EN"
"http://www.w3.org/TR/xhtml1/DTD/xhtml1-transitional.dtd">
<html xmlns="http://www.w3.org/1999/xhtml" lang="ko" xml:lang="ko" >
<head>
    <meta http-equiv="content-type" content="text/html; charset=euc-kr" />
    <title>CSS 기본 규칙</title>
    <style type="text/css">
        /* 선택자 { 속성 : 값 ;}*/
            p { color: red; background-color: yellow; }
    </style>
</head>          선택자   속성 : 값 ;
<body>
    <h1>CSS 선택자</h1>
    <p>CSS의 기본 서식은 선택자와 속성 그리고 값으로 구성되어 있습니다.</p>
</body>
</html>
```

Result

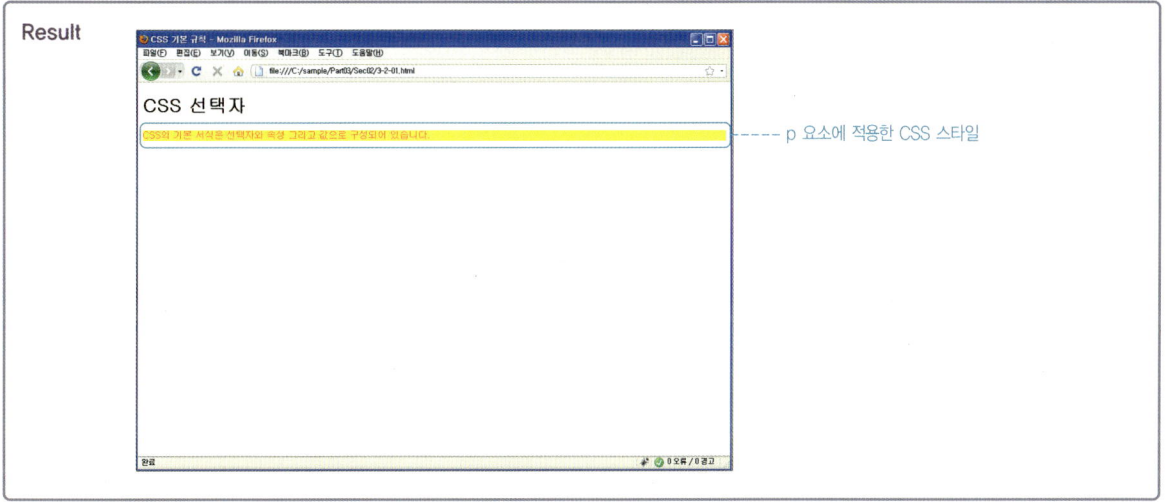

---- p 요소에 적용한 CSS 스타일

 여기서 잠깐

Q CSS 선언이 끝날 때 꼭 세미콜론(;)을 지정해야 하나요?

A 세미콜론(;)은 1개 이상의 속성값을 선언할 때 구분하기 위해 사용합니다. 하나의 속성만 선언하거나 마지막에 사용하는 경우에는 p {color: red}와 p {color: red; border:1px}처럼 생략할 수 있습니다. 그런데 마지막에도 세미콜론을 쓰는 이유는 스타일 속성을 추가 및 수정할 때 실수와 오류를 줄이고, 코드를 정렬할 때 가독성을 높이기 위해서 입니다. 이 부분은 '꼭 써야 한다, 안 써야 한다' 라기보다는 작업할 때 먼저 규칙을 정해 통일성 있게 작성하는 것이 더 중요합니다.

CSS 적용하기

마크업 문서에 스타일시트를 적용하는 방법에 대해 알아보겠습니다. 웹 사이트에 디자인을 적용하다 보면 다양한 스타일 정보가 필요합니다. 이 정보는 웹 페이지 내부에서 표현할 수도 있고, 별개의 스타일시트 파일을 사용하여 표현할 수도 있습니다.

1. External Style Sheet(외부 스타일시트)

CSS 파일을 독립적으로 생성하여 웹 문서에 삽입하는 방법을 'External Style Sheet(외부 스타일시트)' 라고 합니다. 이렇게 외부 문서로 삽입하는 데에는 @import 와 link 요소를 이용하는 두 가지 방법이 있습니다. @import와 link 요소 모두 CSS를 마크업 문서에 적용하는 방법이지만 구버전의 웹 브라우저에서는 @import를 해석하지 못하므로 주의해서 사용해야 합니다. link 요소를 사용하여 CSS를 마크업 문서에 적용하는 방법은 다음과 같습니다.

> 〈link rel="stylesheet" type="text/css" href="연결하려는 CSS 파일" /〉

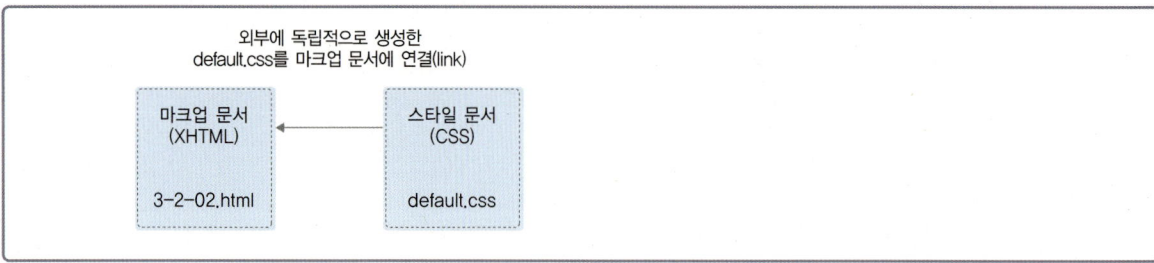

외부에 독립적으로 생성한
default.css를 마크업 문서에 연결(link)

마크업 문서
(XHTML)

3-2-02.html

스타일 문서
(CSS)

default.css

📁 예제 파일 : Sample\Part03\Sec02\3-2-02.html

Source
```
〈!DOCTYPE html PUBLIC "-//W3C//DTD XHTML 1.0 Transitional//EN"
"http://www.w3.org/TR/xhtml1/DTD/xhtml1-transitional.dtd"〉
〈html xmlns="http://www.w3.org/1999/xhtml" lang="ko" xml:lang="ko" 〉
〈head〉
    〈meta http-equiv="content-type" content="text/html; charset=euc-kr" /〉
    〈title〉Linked Style - 외부 스타일시트〈/title〉
    〈link rel="stylesheet" type="text/css" href="style/default.css" /〉-------------- default.css 파일을 XHTML 문
〈/head〉                                                                                서에 적용하기 위해 link 요소를
                                                                                        사용한 예
〈body〉
    〈h1〉External Style Sheet〈/h1〉
    〈h2〉Linked Style〈/h2〉
    〈p〉CSS를 외부 문서로 분리하고 XHTML 문서에 Link 요소를 이용하여 적용하는 방식입니다. CSS를
```

```
        XHTML과 분리하여 적용하는 경우 한 번의 다운로드로 캐시에 저장되기 때문에 로딩 속도가 빨라지는 장점
        이 있습니다.〈/p〉
〈/body〉
〈/html〉
```

Result

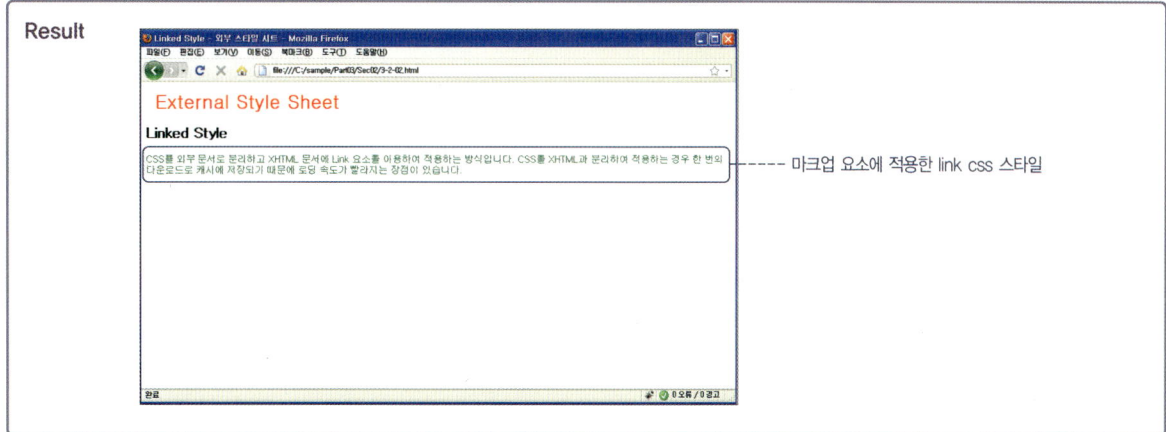

----- 마크업 요소에 적용한 link css 스타일

import 명령을 이용하여 CSS 파일을 마크업 문서에 적용하는 방법에는 두 가지 경우가 있는데 먼저 마크업 문서의 〈style〉 요소 안에 CSS 파일을 import 하는 방법과 다음으로 CSS 파일 안에서 다른 CSS 파일을 import 하는 방법이 있습니다.

@import 명령을 사용하는 방법은 다음과 같습니다.

마크업 문서에서 CSS 파일을 import할 경우
```
〈style type="text/css"〉
    @import url("연결하려는 CSS 파일");
〈/style〉
```

CSS 문서에서 여러 개의 CSS 파일을 import할 경우
```
    @import url("연결하려는 CSS 파일");
```

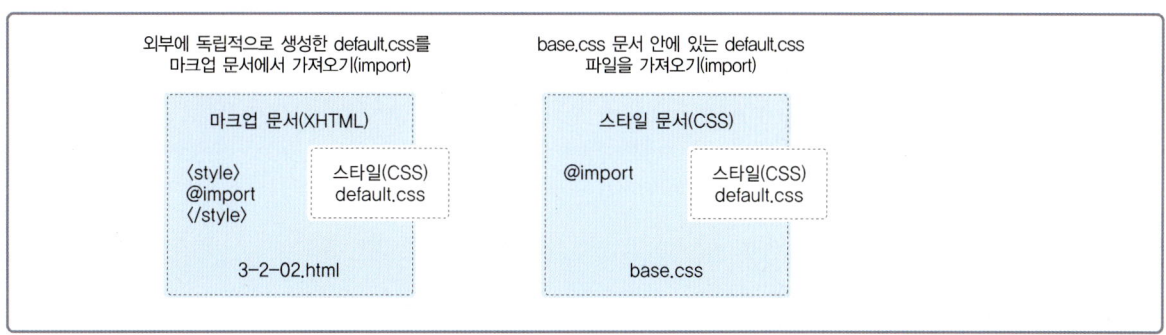

외부에 독립적으로 생성한 default.css를
마크업 문서에서 가져오기(import)

base.css 문서 안에 있는 default.css
파일을 가져오기(import)

마크업 문서(XHTML)
〈style〉 @import 〈/style〉 스타일(CSS) default.css
3-2-02.html

스타일 문서(CSS)
@import 스타일(CSS) default.css
base.css

Source
```
<!DOCTYPE html PUBLIC "-//W3C//DTD XHTML 1.0 Transitional//EN"
"http://www.w3.org/TR/xhtml1/DTD/xhtml1-transitional.dtd">
<html xmlns="http://www.w3.org/1999/xhtml" lang="ko" xml:lang="ko" >
<head>
    <meta http-equiv="content-type" content="text/html; charset=euc-kr" />
    <title>Imported Style - 외부 스타일시트</title>
    <style type="text/css">
    @import url(style/base.css);
    </style>
</head>
<body>
    <h1>External Style Sheet</h1>
    <h2>Import Style</h2>
    <p>Import 방식은 Link 방식과 동일하게 CSS 파일을 외부에 생성하고 XHTML 문서에 연결하는 방식이지만
    구버전의 웹 브라우저에서 스타일 정보를 읽지 못하기 때문에 XHTML 문서에서는 Import 방식을 권장하지 않
    습니다.</p>
</body>
</html>
```
base.css 파일을 XHTML 문서에 적용하기 위해 import 선언을 사용한 예

Result

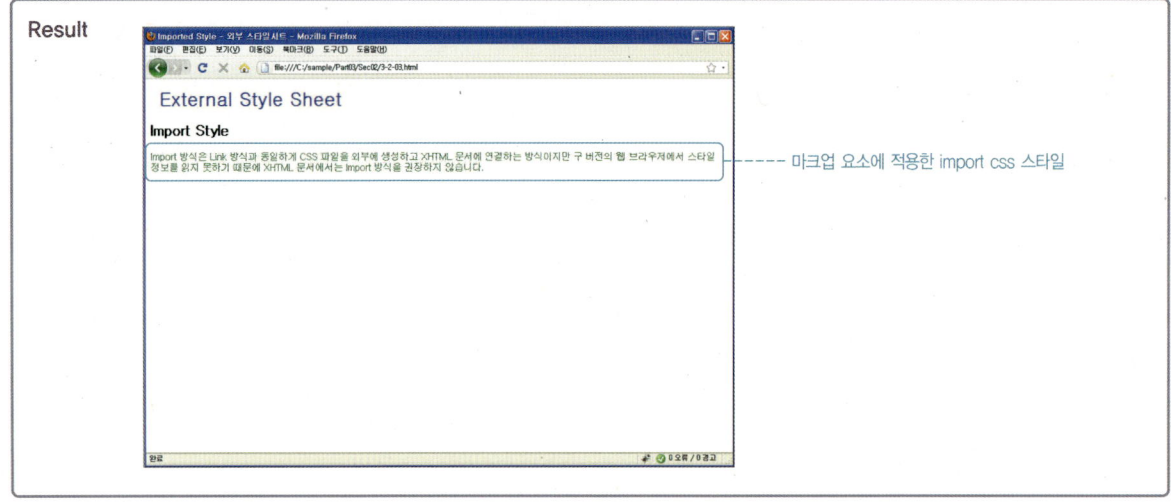

마크업 요소에 적용한 import css 스타일

이렇게 CSS 파일을 외부에서 지정할 경우 CSS 파일이 캐시에 저장되기 때문에 사용자가 웹 사이트에 재방문했을 때 로딩 속도를 빠르게 할 수 있습니다. 그러나 연결 방식에 따라 브라우저가 다운로드 하는 방식에 영향을 주어 속도 문제가 발생할 수 있는 @import 연결 방식 대신, link 요소로 연결하는 방식을 권장합니다.

CSS를 외부에서 분리하여 적용할 경우, 웹 문서의 문자 코드 세트와 같은 문자 코드 세트를 CSS 문서의 첫 줄에 선언해야 합니다. 외부 CSS 파일에서 문자 코드 세트를 선언하는 방법은 다음과 같습니다.

```
@charset "euc-kr";-------------------- CSS 파일의 첫 줄에 선언
body {  margin:0;  padding:0  }
```

2. Internal Style Sheet(내부 스타일시트)

Internal Style Sheet(내부 스타일시트)는 HTML 문서 내의 style 요소에 CSS 코드를 포함하는 형식으로 사용합니다. Internal 방식을 사용하면 웹 페이지를 로드할 때마다 매번 CSS 파일을 다운로드하기 때문에 로딩 속도가 느려집니다. 그러나 특정 웹 문서에만 적용하려는 CSS의 경우 외부 문서로 선언하기보다 Internal 방식으로 내부에 선언하는 것이 효율적일 수 있습니다.

Internal Style Sheet(내부 스타일시트)의 사용 형식은 다음과 같습니다.

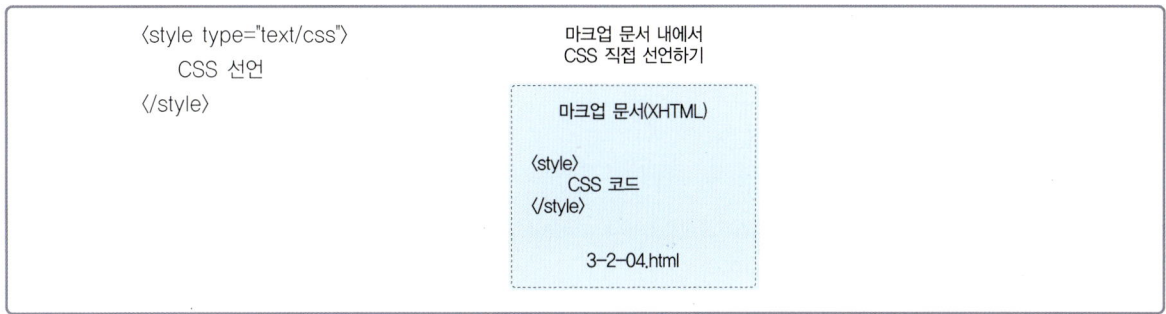

📁 예제 파일 : Sample\Part03\Sec02\3-2-04.html

Source	<!DOCTYPE html PUBLIC "-//W3C//DTD XHTML 1.0 Transitional//EN" "http://www.w3.org/TR/xhtml1/DTD/xhtml1-transitional.dtd"> ↵

여기서 잠깐 **Q** 하나의 CSS 파일에서 여러 개의 CSS 파일을 import할 경우 @charset 선언은 어떻게 지정해야 하나요?

A 하나의 CSS 파일에서 여러 개의 CSS 파일을 import하는 경우에는 가장 먼저 import할 CSS 파일에 @charset을 선언하거나 여러 개를 import할 CSS 파일에 @charset을 선언하면 됩니다. 여러 개의 CSS 파일을 사용해도 @charset 은 한 번만 선언해야 합니다.

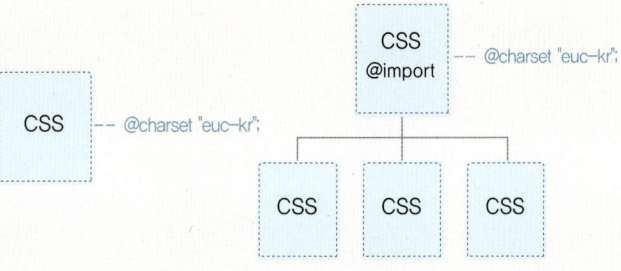

```
〈html xmlns="http://www.w3.org/1999/xhtml" lang="ko" xml:lang="ko" 〉
〈head〉
    〈meta http-equiv="content-type" content="text/html; charset=euc-kr" /〉
    〈title〉Internal Style - 내부 스타일시트〈/title〉
    〈style type="text/css"〉
        h1 { color : red ; }
        h2 { color : blue ; }          ------------style 요소 내부에 선언한 CSS 코드
        p { color : green ; }
    〈/style〉
〈/head〉
〈body〉
    〈h1〉Internal Style Sheet〈/h1〉
    〈h2〉내부 스타일시트〈/h2〉
    〈p〉내부 스타일시트는 XHTML 문서 내에 CSS를 직접 선언하는 방식으로 style 요소를 사용합니다. CSS
    코드는 style 요소 내부에 선언되며 해당 XHTML 문서를 로딩할 때마다 CSS 코드를 다운로드하기 때문에
    로딩 속도가 느려질 수 있습니다. 이러한 내부 스타일 방식은 주로 한 문서에만 스타일을 적용할 때 사용할
    수 있습니다.〈/p〉
〈/body〉
〈/html〉
```

Result

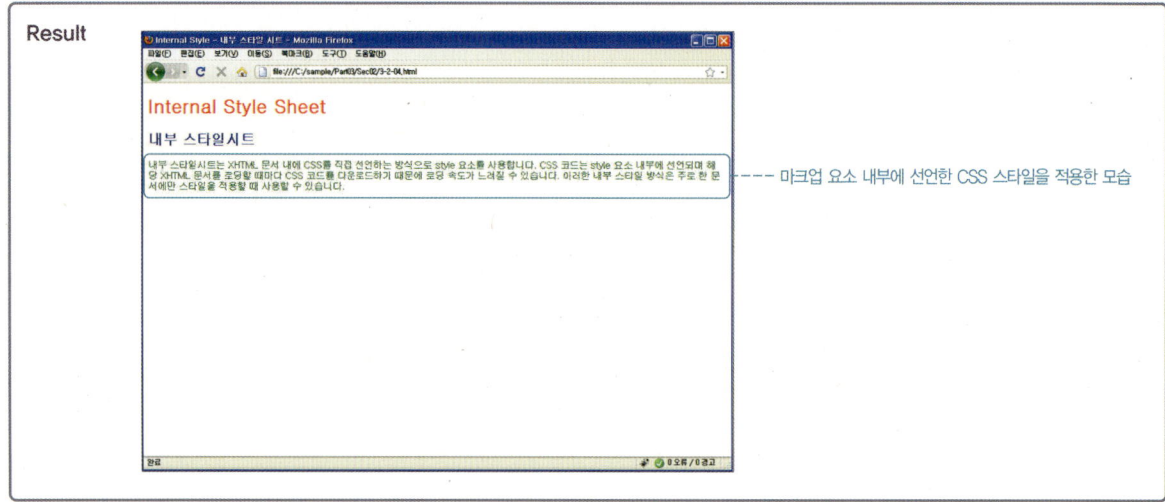

---- 마크업 요소 내부에 선언한 CSS 스타일을 적용한 모습

3. Inline Style Sheet(인라인 스타일시트)

Inline Style Sheet(인라인 스타일시트)는 특정 요소에 직접 style 속성을 이용하여 CSS 스타일을
적용하는 방법으로, 기존 font 요소를 이용하는 것과 크게 차이가 없으므로 권장하지 않습니다.
Inline Style Sheet(인라인 스타일시트)의 사용 형식은 다음과 같습니다.

```
〈h1 style= "CSS 선언" 〉
웹 접근성과 웹 표준
〈/h1〉
```

마크업 요소(element)에
직접 CSS 스타일 적용하기

마크업 문서(XHTML)

〈h1 style="CSS 코드"〉〈/h1〉

3-2-05.html

예제 파일 : Sample\Part03\Sec02\3-2-05.html

Source

```
〈!DOCTYPE html PUBLIC "-//W3C//DTD XHTML 1.0 Transitional//EN"
"http://www.w3.org/TR/xhtml1/DTD/xhtml1-transitional.dtd"〉
〈html xmlns="http://www.w3.org/1999/xhtml" lang="ko" xml:lang="ko" 〉
〈head〉
    〈meta http-equiv="content-type" content="text/html; charset=euc-kr" /〉
    〈title〉Inline Style - 인라인 스타일시트〈/title〉
〈/head〉
〈body〉
    〈h1〉Inline Style Sheet〈/h1〉
    〈h2〉인라인 스타일시트〈/h2〉
    〈p style="color:blue; font-family:'궁서';"〉인라인 스타일시트는 XHTML 문서 내에 있는 특정 요소에 직접
    CSS 스타일을 선언을 하는 방식으로 style 속성을 사용합니다. 그러나 이러한 방식은 마크업 구조와 표현의 분
    리가 제대로 이루어지지 못하는 단점 때문에 권장하지 않습니다.〈/p〉
〈/body〉
〈/html〉
```

Result

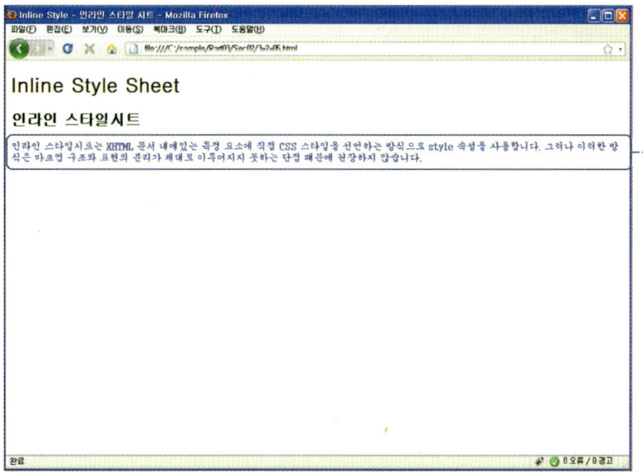

마크업 문서의 특정 요소에 선언한 CSS 스타일을 적용한 모습

03 CSS 선택자

선택자(selector)는 웹 페이지의 제목, 문단, 링크, 목록, 이미지 등의 HTML 요소들을 선택하는 역할을 합니다. 예를 들어 h1 요소는 선택자 h1을 이용하여 선택할 수 있습니다. CSS의 선택자에는 특정 요소를 선택자로 지정할 수 있는 Type(요소) 선택자와 모든 요소를 한 번에 선택할 수 있는 전체 선택자(universal selector), id와 class를 선택자로 지정할 수 있는 id 선택자, class 선택자, 특정 속성명을 선택자로 지정할 수 있는 속성(attribute) 선택자, 그리고 가상 요소와 가상 클래스 등이 있습니다.

type 선택자

XHTML 요소명을 선택자로 사용하는 것을 'type 선택자' 또는 '요소 선택자', '태그 선택자' 라고 합니다. type 선택자의 사용 형식은 다음과 같습니다.

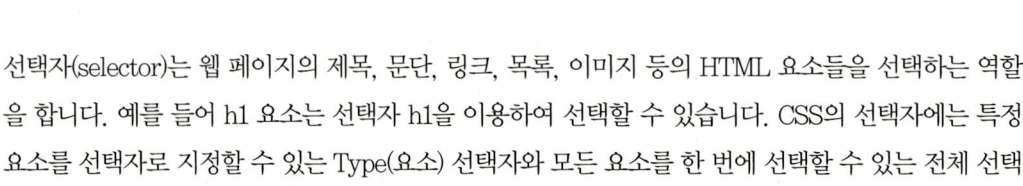

```
요소명 { 속성 : 값 ; }
p { color : orange; }
```

🗁 예제 파일 : Sample\Part03\Sec03\3-3-01.html

Source	``` (!DOCTYPE html PUBLIC "-//W3C//DTD XHTML 1.0 Transitional//EN" "http://www.w3.org/TR/xhtml1/DTD/xhtml1-transitional.dtd") (html xmlns="http://www.w3.org/1999/xhtml" lang="ko" xml:lang="ko") (head) (meta http-equiv="content-type" content="text/html; charset=euc-kr" /) ```

```
        ⌐      〈title〉Type 선택자〈/title〉
               〈style type="text/css"〉
                 h1  {  color  :  red;   }
                 p  {  color  :  blue;   }  -------h1과 p 선택자는 body 안의 h1 요소와 p 요소의 글자 색상에 영향을 줍니다.
               〈/style〉
        〈/head〉
        〈body〉
          〈h1〉Type 선택자〈/h1〉
          〈p〉XHTML의 모든 요소(element)는 선택자로 사용할 수 있습니다.〈/p〉
          〈p〉XHTML의 모든 요소(element)는 선택자로 사용할 수 있습니다.〈/p〉
          〈p〉XHTML의 모든 요소(element)는 선택자로 사용할 수 있습니다.〈/p〉
        〈/body〉
        〈/html〉
```

Result

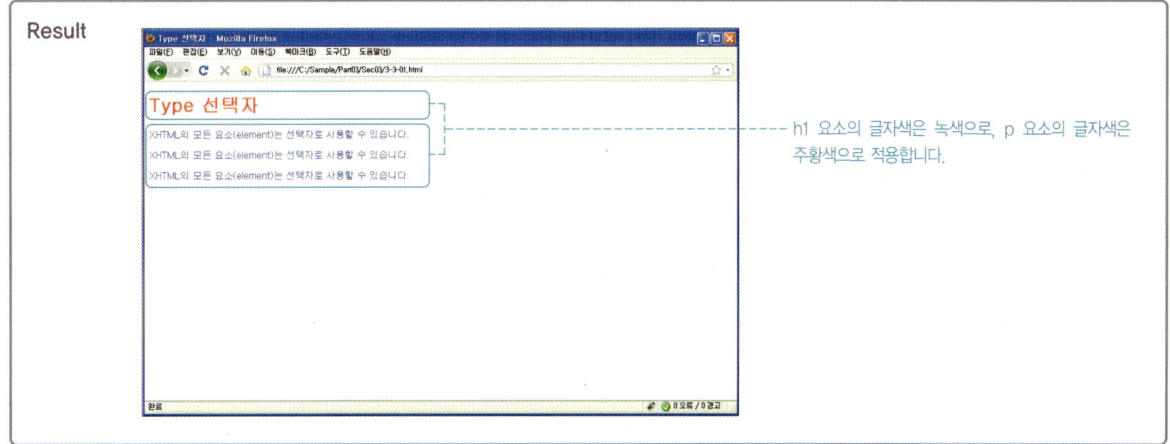

h1 요소의 글자색은 녹색으로, p 요소의 글자색은
주황색으로 적용합니다.

전체 선택자

선택자에 *(아스테리스크) 기호를 사용하면 모든 요소에 스타일을 지정할 수 있는데, 이를 '전체 선
택자' 또는 '유니버설(universal) 선택자' 라고 합니다. 전체 선택자의 사용 형식은 다음과 같습니다.

```
* {  margin  :  0 ;  padding : 0 ;  }
```

📁 예제 파일 : Sample\Part03\Sec03\3-3-02.html

Source   〈!DOCTYPE html PUBLIC "-//W3C//DTD XHTML 1.0 Transitional//EN"
          "http://www.w3.org/TR/xhtml1/DTD/xhtml1-transitional.dtd"〉
          〈html xmlns="http://www.w3.org/1999/xhtml" lang="ko" xml:lang="ko" 〉   ↵

```
        └─→        <head>
                        <meta http-equiv="content-type" content="text/html; charset=euc-kr" />
                        <title>전체 선택자</title>
                        <style type="text/css">

                            * ┌─────────────────────────────────── 문서의 모든 요소에 같은 스타일을 적용합니다.
                                color : blue ;
                                font-size : 24px ;
                                font-family :"돋움", Dotum, sans-serif ;

                            }
                        </style>
                    </head>
                    <body>
                        <h1>전체 선택자</h1>
                        <p>문서의 모든 요소에 스타일을 지정할 때 전체 선택자를 사용하면 유용합니다.</p>
                    </body>
                    </html>
```

Result

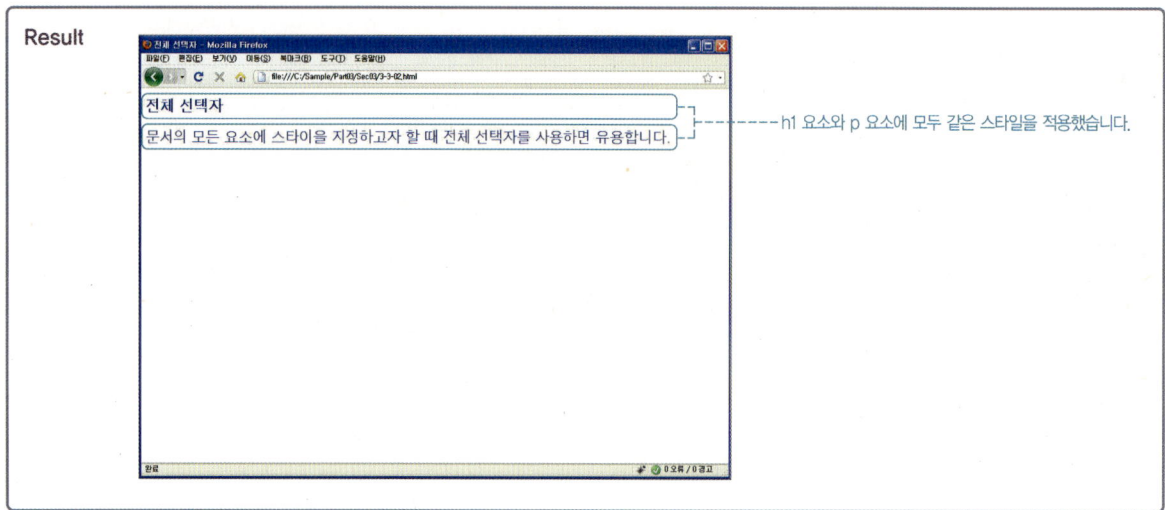

h1 요소와 p 요소에 모두 같은 스타일을 적용했습니다.

class 선택자와 id 선택자

class 선택자와 id 선택자는 XHTML 요소에 class나 id 속성을 부여한 경우 해당 class명이나 id명
으로 접근하여 선택할 때 사용합니다. class명은 여러 번 사용할 수 있기 때문에 여러 가지 요소들을
한꺼번에 선택하여 일관된 스타일을 지정할 때 사용하는 것이 좋습니다. 그리고 특정 id값을 가지고

있는 유일한 요소에 접근하여 스타일을 지정할 때는 id 선택자 형식을 사용할 수 있습니다. class와 id 속성의 경우 모든 요소에서 사용할 수 있는 공용 속성이므로 필요에 따라 스타일을 적용하기 위해 특정 요소에 class나 id를 선언한 후 선택자로 사용할 수 있습니다. 또한 선택자로 사용할 때 class명이나 id명 앞에 요소명을 지정하여 스타일의 적용 범위를 제한하거나 요소명을 생략하여 범용적으로 사용할 수 있습니다. class 선택자와 id 선택자의 사용 형식은 다음과 같습니다.

---

class 선택자
```
.class명 {  속성 : 값 ; }
.note  {  color  :  blue ; }
```

id 선택자
```
#id명 {  속성 : 값 ; }
#gnb  {  list-style-type  :  none ; }
```

📁 예제 파일 : Sample\Part03\Sec03\3-3-03.html

Source
```
<!DOCTYPE html PUBLIC "-//W3C//DTD XHTML 1.0 Transitional//EN"
"http://www.w3.org/TR/xhtml1/DTD/xhtml1-transitional.dtd">
<html xmlns="http://www.w3.org/1999/xhtml" lang="ko" xml:lang="ko" >
<head>
    <meta http-equiv="content-type" content="text/html; charset=euc-kr" />
    <title>class &amp; id 선택자</title>
    <style type="text/css">
        /* class 선택자 [요소명.class명 - 요소명 생략 가능]*/
        p.note { color : blue ; }
        ─────────────────────────────────── 요소명을 생략하고 .note로 선언할 수 있습니다.

        /* id 선택자 [요소명.id명 - 요소명 생략 가능]*/
        ul#gnb { list-style-type : none ; }
    </style>
    ─────────────────────────────────── 요소명을 생략하고 #gnb로 선언할 수 있습니다.
</head>
<body>
    <h1>class 선택자와 id 선택자</h1>
    <h2>class 선택자</h2>
    <p class="note">문서 내에서 여러 번 사용할 수 있는 선택자로 요소명과 클래스명을 구분할 때는 점(.)을 이용
합니다.</p>
    <p>클래스명을 선택자로 사용할 경우 요소명을 생략할 수도 있습니다.</p>
    <hr />
    <h2>id 선택자</h2>
    <p>id 선택자는 문서 내에서 한 번만 사용할 수 있으며, 요소명과 아이디명을 구분할 때는 파운드(#) 기호를 사
용합니다.</p>
    <ul id="gnb">
        <li><a href="#">홈</a></li>
        <li><a href="#">회원가입</a></li>
```

```
        └→            <li><a href="#">사이트맵</a></li>
                      <li><a href="#">ENGLISH</a></li>
              </ul>
         </body>
         </html>
```

Result

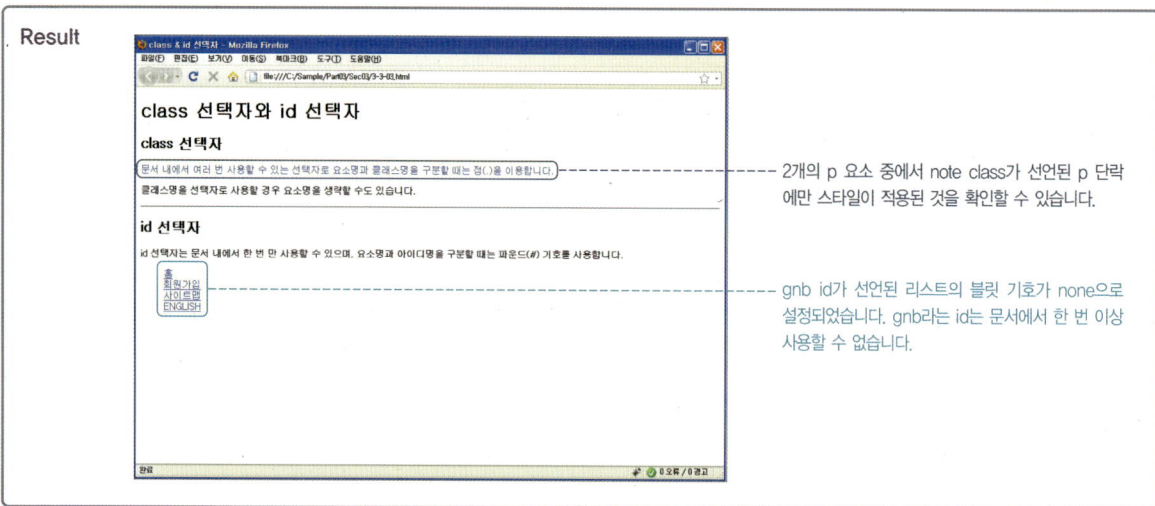

2개의 p 요소 중에서 note class가 선언된 p 단락 에만 스타일이 적용된 것을 확인할 수 있습니다.

gnb id가 선언된 리스트의 블릿 기호가 none으로 설정되었습니다. gnb라는 id는 문서에서 한 번 이상 사용할 수 없습니다.

속성(attribute) 선택자

XHTML 요소가 특정 속성명이나 속성값을 가진 경우 해당 속성명으로 접근하여 스타일을 적용하는 선택자 방식입니다. 하지만 인터넷 익스플로러 6과 같은 구버전의 웹 브라우저에서는 지원하지 않습니다. 속성 선택자의 사용 형식은 다음과 같습니다.

요소명[속성명] : a 요소에 target 속성이 있는 경우
a[target] { background-color:yellow; }

요소명[속성명="값"] : a 요소에 target 속성의 값이 _blank인 경우
a[target="_blank"] { background-color:yellow; }

요소명[속성명~="값"] a 요소의 class 속성의 값이 공백문자로 구분하여 여러 개 있는 경우
a[class~="new"] { background-color:yellow; }

요소명[속성명|="값"] a 요소의 class 속성의 값에 하이픈(-)이 포함된 경우
a[class|="new"] { background-color:yellow; }

└→ 요소명[속성명^="값"] a 요소의 href 속성의 값에 http로 시작하는 경우
a[href^="http"] { background-color:yellow; }

요소명[속성명*="값"] a 요소의 href 속성의 값에 www가 포함된 경우
a[href*="www"] { background-color:yellow; }

예제 파일 : Sample\Part03\Sec03\3-3-04.html

Source

```
<!DOCTYPE html PUBLIC "-//W3C//DTD XHTML 1.0 Transitional//EN"
"http://www.w3.org/TR/xhtml1/DTD/xhtml1-transitional.dtd">
<html xmlns="http://www.w3.org/1999/xhtml" lang="ko" xml:lang="ko" >
    <meta http-equiv="content-type" content="text/html; charset=euc-kr" />
    <title>속성 선택자</title>
    <style type="text/css">
        h2[title] { background-color : #ffccff ; }
```
└--- h2 요소 중에서 title 속성이 있는 요소만 배경색을 분홍색으로 적용합니다.
```
        a {
            color: #699;
            text-decoration: none;
            line-height:1.6;
            border-bottom: 1px dotted #699;
            }
        /* 속성 선택자를 활용하여 외부 링크를 나타내는 아이콘 이미지 표현 */

        a[href^="http://"] {
            padding-right: 23px;
            background: url(images/external.gif) no-repeat right top;
            }
```
└-- a 요소 중에서 href 속성값이 http://로 시작하는 요소만 배경 이미지를 아이콘 형식으로 오른쪽 위에 나타냅니다.
```
    </style>
</head>
<body>
    <h1>CSS 선택자</h1>
    <h2 title="인터넷 익스플로러 6에서 지원되지 않는 선택자">속성 선택자</h2>
    <p>인터넷 익스플로러 6에서는 지원하지 않는 선택자 방식이지만 웹 표준이 지원되는 최신의 웹 브라우저에서
    사용할 수 있는 선택자 방식입니다.</p>
    <h2>속성 선택자의 다양한 활용</h2>
    <ul>
        <li><a href="#test.html">속성 선택자 Test</a></li>
        <li><a href="http://www.webstandards.org/">웹 표준 프로젝트</a></li>
    </ul>
</body>
</html>
```

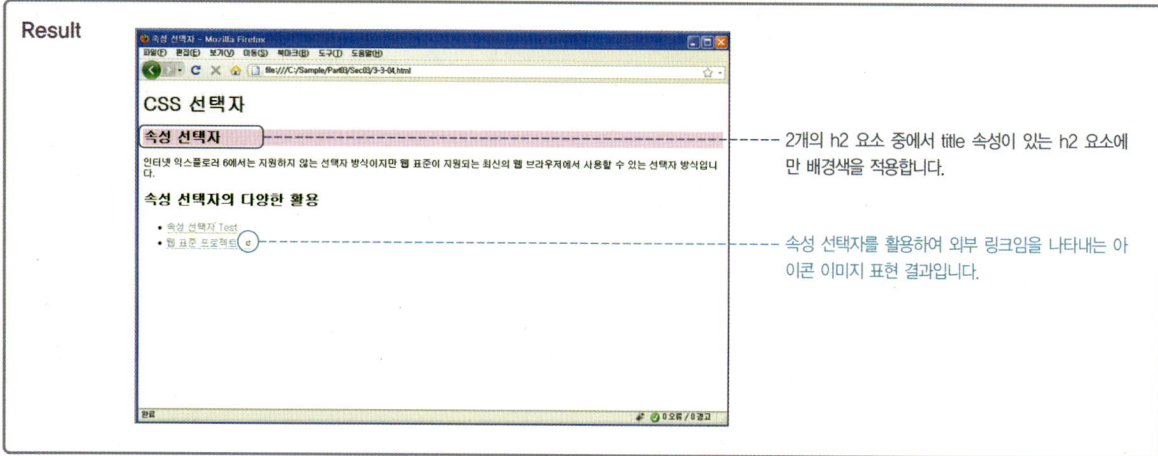

2개의 h2 요소 중에서 title 속성이 있는 h2 요소에만 배경색을 적용합니다.

속성 선택자를 활용하여 외부 링크임을 나타내는 아이콘 이미지 표현 결과입니다.

가상 요소와 가상 클래스

가상 요소 선택자는 실제로 존재하지 않는 요소를 마치 존재하는 것처럼 이용하는 방법입니다. 가상 요소 선택자를 이용하면 콘텐츠 영역의 앞이나 뒤에 가상 콘텐츠를 추가할 수 있으며 :before와 :after 선택자를 사용합니다. 이 때 실제 추가하려는 콘텐츠는 content 속성을 통해 지정할 수 있습니다. 가상 요소 선택자에는 :before와 :after 이외에도 콘텐츠의 첫글자를 선택하기 위한 :first-letter와 콘텐츠 영역의 첫줄을 선택할 수 있는 :first-line 선택자가 있습니다.

가상 클래스 선택자는 스타일을 적용하는 대상을 요소나 속성, 속성값에 따라 구분하는 것이 아니라 '상황'에 따라 구분하는 방법입니다. 가상 클래스에는 a:link, a:visited, a:hover, a:active, a:focus 등이 있으며 이 때 가상 클래스는 선언 순서에 유의해야 합니다. 가상 요소와 가상 클래스의 종류와 사용형식은 다음과 같습니다.

가상 요소

요소명 : 가상 요소명 { 속성 : 값 ; }
p:first-line { color : blue ; }
p:first-letter { color : red ; }
p:before { content : "문단 시작"; }
p:after { content : "문단 종료"; }

가상 클래스

요소명 : 가상 요소명 { 속성 : 값 ; }
p:first-child { color : green ; }
a:link { color : blue ; }
a:visited { color : purple ; }
a:hover { color : orange ; text-decoration: underline; }
a:active { color : red ; text-decoration: underline; }
a:focus { background: #fcf ; }

---

1. first-line, first-letter 가상 요소

first-line 선택자는 요소의 첫 번째 줄에 있는 콘텐츠만 선택하여 스타일을 지정할 때 사용하는 선택자 방식으로, 'first-line 가상 요소 선택자'라고 부릅니다. first-line 가상 요소 선택자를 지정할 경우 고정된 영역이 아니라 웹 브라우저 크기에 따라 유동적으로 스타일이 적용됩니다. first-letter 선택자는 요소의 첫 글자만 선택하여 스타일을 지정할 때 사용하는 선택자 방식으로, 'first-letter 가상 요소 선택자'라고 부릅니다.

📂 예제 파일 : Sample\Part03\Sec03\3-3-05.html

Source
```
<!DOCTYPE html PUBLIC "-//W3C//DTD XHTML 1.0 Transitional//EN"
"http://www.w3.org/TR/xhtml1/DTD/xhtml1-transitional.dtd">
<html xmlns="http://www.w3.org/1999/xhtml" lang="ko" xml:lang="ko" >
    <meta http-equiv="content-type" content="text/html; charset=euc-kr" />
    <title>first-line, first-letter 가상 요소</title>
    <style type="text/css">
        .line p:first-line {                      ← 문단의 첫 줄에 스타일이 적용됩니다.

            color : red ;
            font-weight : bold ;
            }
                                                  ← 문단의 첫 글자에 스타일이 적용됩니다.
        .letter p:first-letter {
            color : blue ;
            font-weight : bold;
            font-size : 3em;
            }
    </style>
</head>
<body>
    <h2>first-line 가상 요소</h2>
    <div class="line">
    <p> 요소의 첫 번째 줄에 있는 콘텐츠만 선택하여 스타일을 지정할 때 사용하는 선택자 방식으로, 'first-line 가
    상 요소 선택자'라고 부릅니다. first-line 가상 요소 선택자를 지정할 경우 고정된 영역이 아닌 웹 브라우저 크
    기에 따라 유동적으로 스타일이 적용됩니다.</p>
    </div>
    <h2>first-letter 가상 요소</h2>
    <div class="letter">
    <p> 요소의 첫 번째 글자만 선택하여 스타일을 지정할 때 사용하는 선택자 방식으로, 'first-letter 가상 요소 선
    택자'라고 부릅니다.</p>
    </div>
</body>
</html>
```

Result

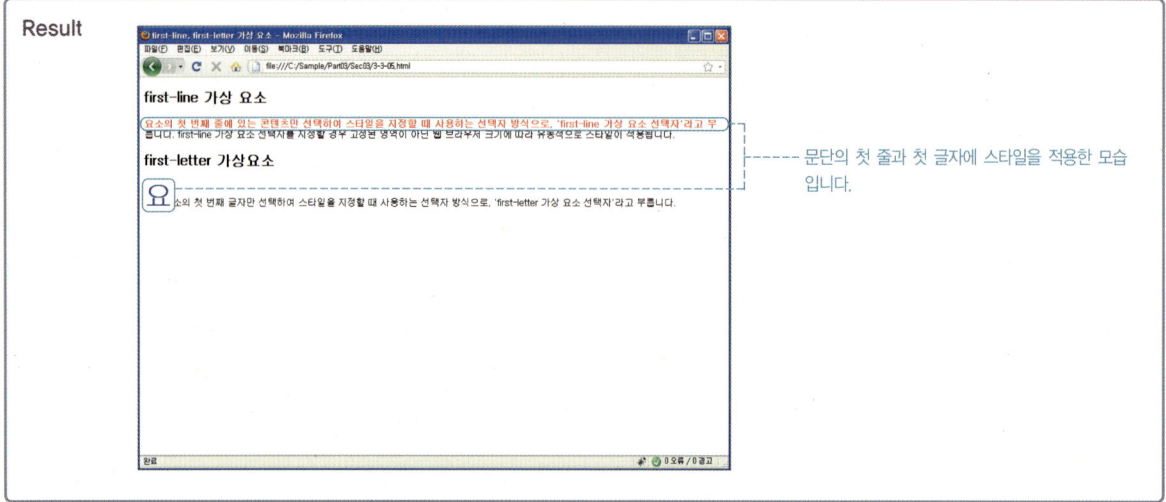

---- 문단의 첫 줄과 첫 글자에 스타일을 적용한 모습입니다.

2. before, after 가상 요소

가상의 콘텐츠를 이전(before)이나 이후(after)에 추가할 수 있는 선택자로, content 속성에 원하는 문자열을 지정할 수 있습니다. before나 after 가상 요소의 경우 인터넷 익스플로러는 8 버전 이상에서만 지원합니다. 가상요소 선택자는 문서의 스타일을 위해 사용하여야 하며 문서에 내용을 추가하는 용도로 사용하지 않도록 주의해야 합니다.

📁 예제 파일 : Sample\Part03\Sec03\3-3-06.html

Source
```
<!DOCTYPE html PUBLIC "-//W3C//DTD XHTML 1.0 Transitional//EN"
"http://www.w3.org/TR/xhtml1/DTD/xhtml1-transitional.dtd">
<html xmlns="http://www.w3.org/1999/xhtml" lang="ko" xml:lang="ko" >
    <meta http-equiv="content-type" content="text/html; charset=euc-kr" />
    <title>before, after 가상 요소</title>
    <style type="text/css">
        p {line-height : 1.6 ;}
        p:before { content : "문단시작 "; color : red ; }
        p:after { content : " 문단종료"; color : blue ;}
    </style>
</head>
<body>
    <h2>before, after 가상 요소</h2>
    <p>가상의 콘텐츠를 이전(before)이나 이후(after)에 추가할 수 있는 선택자로, content 속성에 원하는 문자열을
    지정할 수 있습니다.</p>
</body>
</html>
```

"문단시작"과 "문단종료"는 가상 콘텐츠로 요소 이전이나 이후에 적용할 수 있습니다. 인터넷 익스플로러는 8 버전 이상에서만 지원합니다.

Result

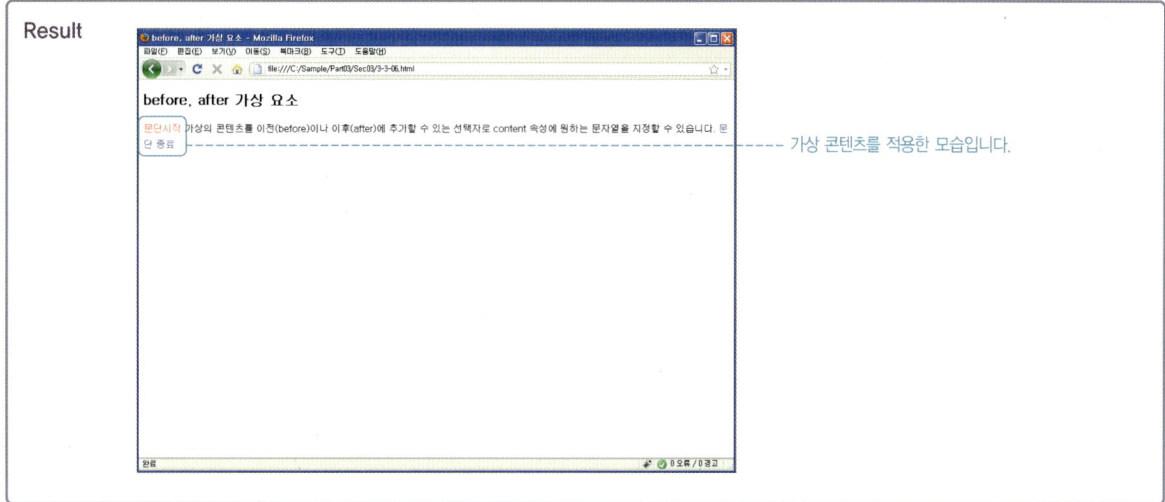

----------- 가상 콘텐츠를 적용한 모습입니다.

3. first-child 가상 클래스

first-child 가상 클래스는 첫 번째 자식 요소에만 스타일을 적용할 수 있는 선택자로, 두 번째 자식 요소부터는 스타일이 적용되지 않습니다.

📁 예제 파일 : Sample\Part03\Sec03\3-3-07.html

Source

```
<!DOCTYPE html PUBLIC "-//W3C//DTD XHTML 1.0 Transitional//EN"
"http://www.w3.org/TR/xhtml1/DTD/xhtml1-transitional.dtd">
<html xmlns="http://www.w3.org/1999/xhtml" lang="ko" xml:lang="ko" >
    <meta http-equiv="content-type" content="text/html; charset=euc-kr" />
    <title>first-child 가상 클래스</title>
    <style type="text/css">
        .child p:first-child {  text-indent:2em; color:red;}
    </style>
</head>
<body>
    <h2>first-child 가상 클래스</h2>
    <div class="child">
        <p>first-child 가상 클래스는 첫 번째 자식 요소에만 스타일을 적용할 수 있는 선택자입니다.</p>
        <p>child 클래스의 두 번째 자식 요소에는 스타일이 적용되지 않습니다.</p>
        <p>child 클래스의 세 번째 자식 요소에는 스타일이 적용되지 않습니다.</p>
    </div>
</body>
</html>
```

---------- child class의 자식 요소 중에서 첫 번째 p 요소에만 문단의 첫 줄에서 두 글자 들여쓰기 및 빨간색 글자색이 적용됩니다.

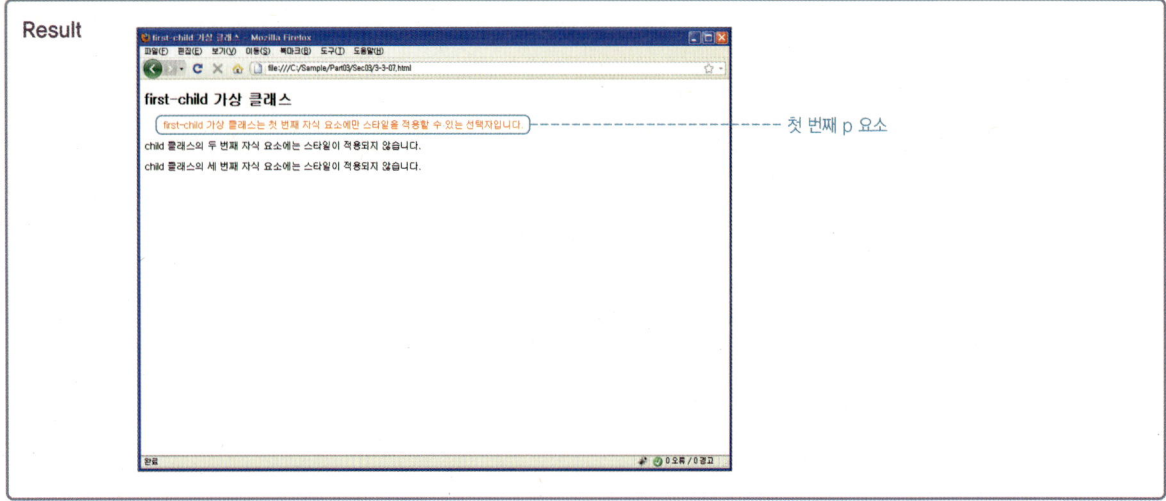

4. 링크 가상 클래스

상황에 따라 링크 스타일을 적용하는 방식으로 방문하지 않은 링크(:link), 방문한 링크(:visited), 마우스를 올려놓았을 경우(:hover), 활성화되었을 경우(:active), 포커스가 생긴 경우(:focus) 등의 상황에 따라 스타일을 적용할 수 있습니다. 이때 가상 클래스는 선언 순서에 주의해야 합니다. 선언 순서는 ❶ :link, ❷ :visited, ❸ :hover, ❹ :active, ❺ :focus순으로 지정합니다. 가상 클래스의 선언 순서를 지켜야 하는 이유는 바로 CSS의 Cascading 규칙 때문인데, Cascading 규칙은 뒤에서 다시 살펴보겠습니다.

예제 파일 : Sample\Part03\Sec03\3-3-08.html

```
Source    <!DOCTYPE html PUBLIC "-//W3C//DTD XHTML 1.0 Transitional//EN"
          "http://www.w3.org/TR/xhtml1/DTD/xhtml1-transitional.dtd">
          <html xmlns="http://www.w3.org/1999/xhtml" lang="ko" xml:lang="ko" >
             <meta http-equiv="content-type" content="text/html; charset=euc-kr" />
             <title>링크 가상 클래스</title>
             <style type="text/css">
                a { text-decoration : none ; }

                a:link { color : blue ; } -------------- 방문하지 않은 링크
                a:visited { color : purple ; }-------------- 방문한 링크
                a:hover{ color : orange ; } -------------- 링크 위에 마우스를 올려놓았을 경우
                a:active{ color : red ; } -------------- 활성화되었을 경우
                a:focus { background-color : #ffc ; }------- 포커스가 생긴 경우
             </style>
          </head>
```

```
└→      <body>
            <h2>링크 가상 클래스</h2>
            <ul id="gnb">
                <li><a href="#">홈</a></li>
                <li><a href="#">회원가입</a></li>
                <li><a href="#">사이트맵</a></li>
                <li><a href="#">ENGLISH</a></li>
            </ul>
        </body>
    </html>
```

Result

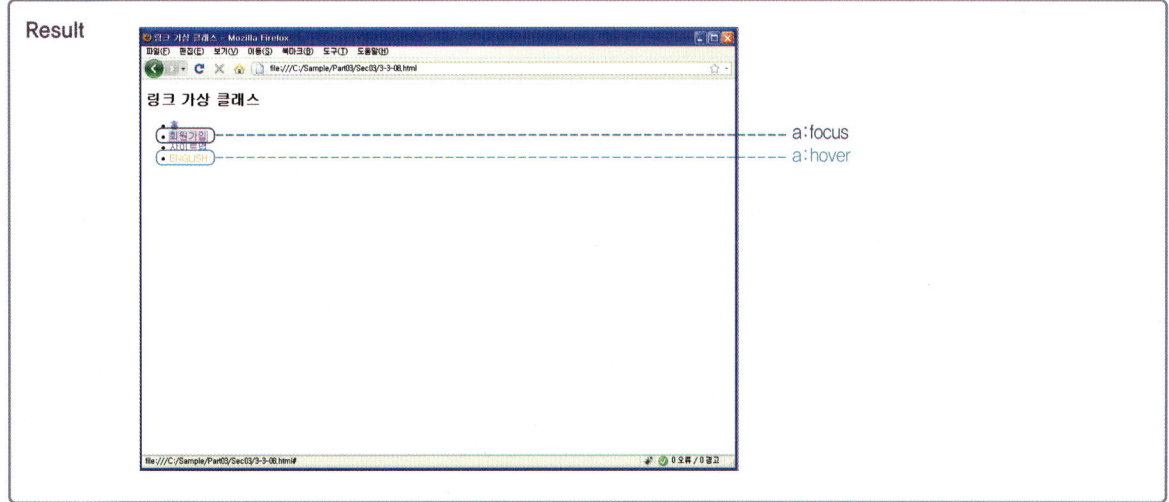

**여기서
잠깐**

Q 링크 가상 클래스 선언 순서를 외우기가 어려운데, 쉬운 방법이 있나요?

A 링크의 상태와 관련된 가상 클래스의 경우 :hover나 :active가 :link와 :visited보다 먼저 선언되어서는 안됩니다. 이러한 순서가 중요한 이유는 CSS의 cascading 규칙 때문인데, 헷갈린다면 'LoVe HAte'를 떠올려 보세요. 가상 클래스의 앞글자가 연상되면서 쉽게 외울 수 있답니다.

:**l**ink

:**v**isited (LoVe)

:**h**over

:**a**ctive (HAte)

▲ 참조 : http://www.mezzoblue.com/css/cribsheet

앞에서 살펴본 type 선택자, 전체 선택자, class 선택자, id 선택자, 속성 선택자, 가상 요소, 가상 클래스 선택자들은 서로 조합해서 사용할 수도 있습니다. 이러한 선택자들은 적용 범위에 따라 하위 선택자(descendant selector), 자식 선택자(child selector), 인접 형제 선택자(adjacent sibling selector) 방식으로 사용할 수 있습니다.

1. 하위 선택자(descendant selector)

상위 요소가 포함하고 있는 모든 하위 요소에 스타일을 지정할 때 하위 선택자를 사용할 수 있고, 하위 선택자 방식으로 조합할 때는 선택자와 선택자를 공백으로 구분하여 선언합니다. 하위 선택자의 사용 형식은 다음과 같습니다.

```
선택자 선택자 {  속성 : 값;  }
    div p  {  color : gray;  }
```

📁 예제 파일 : Sample\Part03\Sec03\3-3-09.html

```
Source    <!DOCTYPE html PUBLIC "-//W3C//DTD XHTML 1.0 Transitional//EN"
          "http://www.w3.org/TR/xhtml1/DTD/xhtml1-transitional.dtd">
          <html xmlns="http://www.w3.org/1999/xhtml" lang="ko" xml:lang="ko" >
              <meta http-equiv="content-type" content="text/html; charset=eun-kr" />
              <title>하위 선택자</title>
              <style type="text/css">
                 div p {
                                                                      선택자와 선택자는 공백으로 구분하여 선언합니다(이때 스타일
                                                                      이 적용되는 대상은 div 요소가 아니라 div 요소에 포함된 p 요
                     color : green ;                                   소에 적용됩니다.).
                     font-family:"궁서",gungseo, serif;
                 }
              </style>
          </head>

          <body>
              <h1>하위 선택자</h1>
              <p>하위 선택자에 대해 알아봅시다.</p>
              <div>
              <p>선택자와 선택자는 서로 조합하여 사용할 수 있습니다. 이 때 하위 선택자 방식을 이용할 경우 특정 선택자
              안에 포함된 하위 요소들을 선택하여 스타일을 지정할 수 있습니다.</p>
              </div>
          </body>
          </html>
```

Result

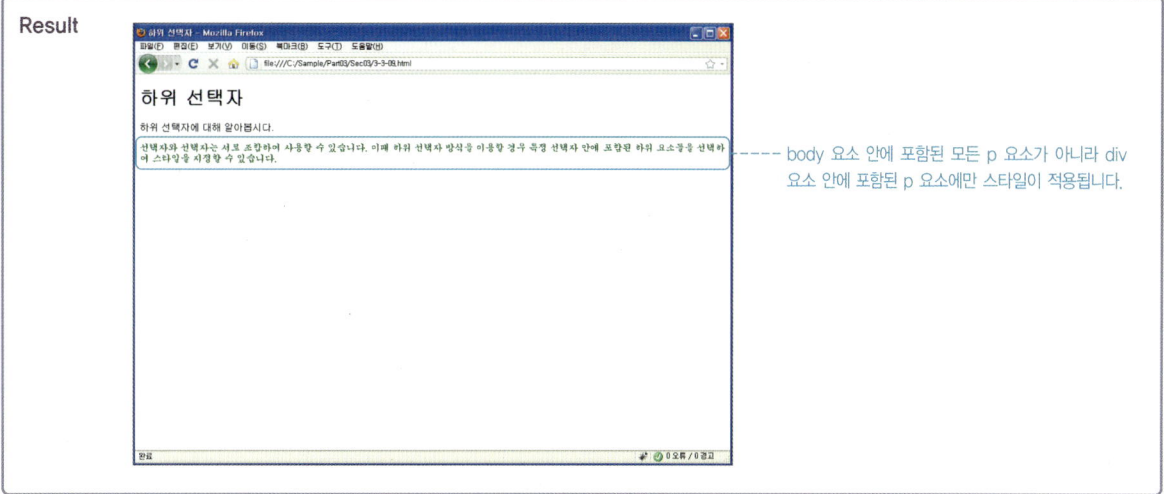

body 요소 안에 포함된 모든 p 요소가 아니라 div
요소 안에 포함된 p 요소에만 스타일이 적용됩니다.

2. 자식 선택자(child selector)

자식 선택자는 부모 요소의 바로 다음에 있는 자식 요소에 스타일을 적용하는 방법으로, 선택자와
선택자를 왼쪽 부등호로 구분하여 선언합니다. 이 방법은 인터넷 익스플로러 6과 같은 구버전의 웹
브라우저에서는 지원하지 않습니다. 다음은 자식 선택자의 사용 형식입니다.

```
선택자 〉 선택자 {  속성 : 값;  }
     div  〉  p  {  color : gray;  }
```

예제 파일 : Sample\Part03\Sec03\3-3-10.html

Source
```
<!DOCTYPE html PUBLIC "-//W3C//DTD XHTML 1.0 Transitional//EN"
"http://www.w3.org/TR/xhtml1/DTD/xhtml1-transitional.dtd">
<html xmlns="http://www.w3.org/1999/xhtml" lang="ko" xml:lang="ko" >
    <meta http-equiv="content-type" content="text/html; charset=euc-kr" />
    <title>자식 선택자</title>
    <style type="text/css">
        div  〉 p {background : yellow ; }
        .parent  〉 p  {---------------------------------
            border : 3px double blue ;
            padding : 10px ;
            font-size : 14px ;
        }
    </style>
</head>
<body>
    <div class="parent">
        <p>자식 선택자는 하위 선택자와 혼동할 우려가 있는 선택자 방식입니다. 하위 선택자에서 특정 선택
        자 내에 포함되어 있는 경우는 모두 적용할 수 있지만, 자식 선택자는 정확히 부모 요소 밑에 포함된
```

자식 선택자 조합 방식은 선택자와 선택자 사이를 왼쪽 부등호로
구분합니다.

```
          자식 요소에 스타일을 적용할 수 있습니다. 그러나 이러한 자식 선택자 방식은 인터넷 익스플로러 6에
          서는 지원하지 않습니다.</p>
     <div class="child">
          <p>이 단락은 parent 클래스를 기준으로 자식 요소가 아닌 손자 요소에  해당하기 때문에 스타일이 적
          용되지 않습니다.</p>
     </div>
   </div>
 </body>
</html>
```

Result

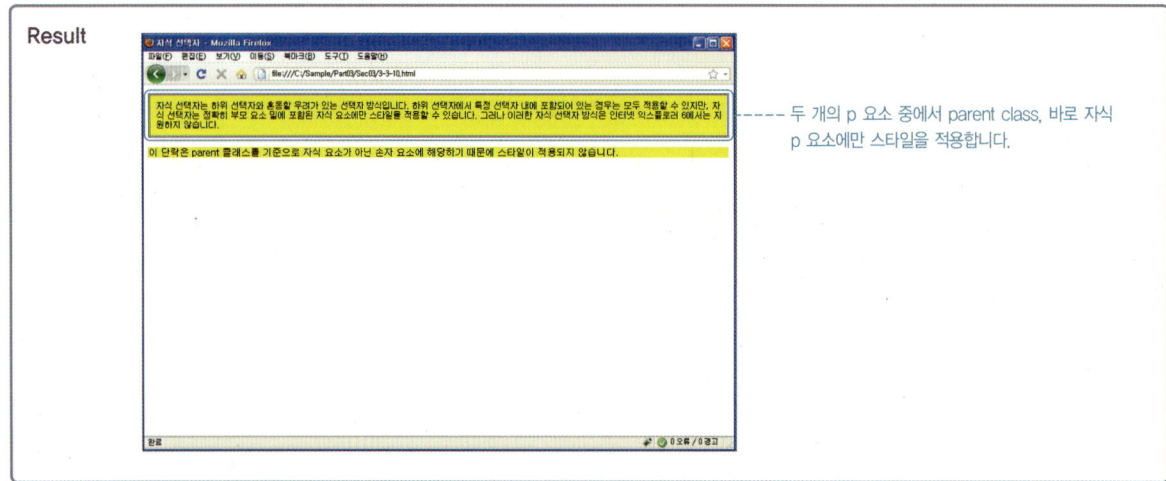

두 개의 p 요소 중에서 parent class, 바로 자식
p 요소에만 스타일을 적용합니다.

3. 인접 형제 선택자(adjacent sibling selector)

인접 형제 선택자는 계층 구조로 접근했을 때 처음 등장하는 요소를 형 요소, 뒤에 등장하는 요소를
동생 요소라고 보고, 형 요소 다음에 오는 동생 요소에 스타일을 적용할 때 사용합니다. 인접 형제
선택자는 선택자와 선택자를 플러스 기호(+)로 구분하며, 인터넷 익스플로러 6과 같은 구버전의 웹
브라우저에서는 지원하지 않습니다. 인접 형제 선택자의 사용 형식은 다음과 같습니다.

```
선택자 + 선택자 {  속성 : 값;  }
    h1  +  h2  {  color : gray;  }
```

🗀 예제 파일 : Sample\Part03\Sec03\3-3-11.html

Source
```
<!DOCTYPE html PUBLIC "-//W3C//DTD XHTML 1.0 Transitional//EN"
"http://www.w3.org/TR/xhtml1/DTD/xhtml1-transitional.dtd">
<html xmlns="http://www.w3.org/1999/xhtml" lang="ko" xml:lang="ko" >
    <meta http-equiv="content-type" content="text/html; charset=euc-kr" />
    <title>인접 형제 선택자</title>
    <style type="text/css">
```

```
          h1 + h2 {  ──────────────────────────────────────────── 인접 형제 선택자는 선택자와 선택자를 플러스 기호
              color : blue ;                                      (+)로 구분합니다.
              font-size : 16px ;
              font-weight : normal ;
              padding  : 10px ;
              background-color : #ffc ;
          }
      </style>
  </head>
  <body>
      <h1>선택자(형 요소)</h1>
      <h2>인접 형제 선택자(동생 요소)</h2>
      <p>인접 형제 선택자는 계층 구조로 접근했을 때 처음 등장하는 요소를 형 요소, 뒤에 등장하는 요소를 동생 요
      소라고 봤을 때 형 요소 다음에 오는 동생 요소에게 스타일을 적용할 때 사용합니다.</p>
      <h2>인접 형제 선택자(동생 요소)</h2>
      <p>같은 동생 요소라 하더라도 인접한 형 요소가 없으므로, 두 번째 등장하는 동생 요소에는 스타일이 적용되지
      않습니다.</p>
  </body>
</html>
```

Result

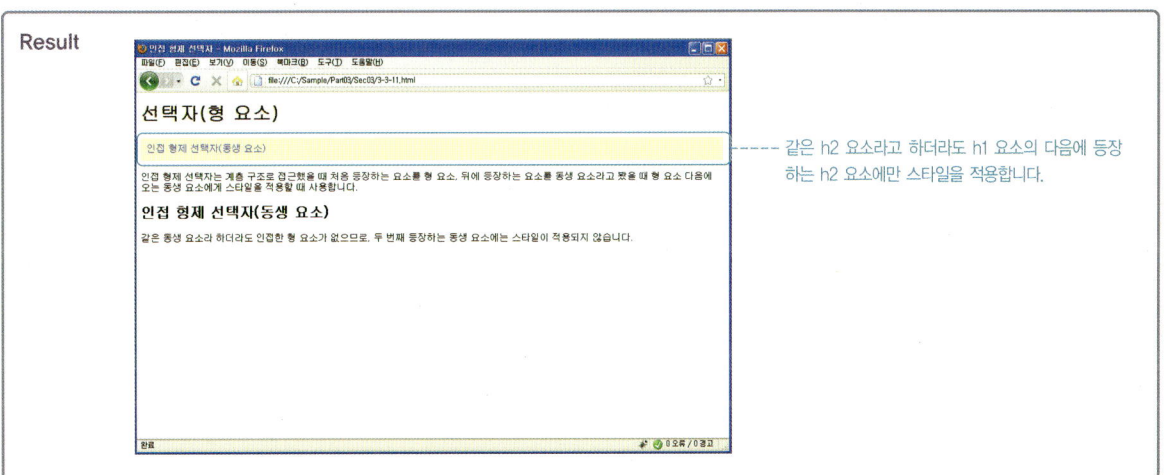

----- 같은 h2 요소라고 하더라도 h1 요소의 다음에 등장
하는 h2 요소에만 스타일을 적용합니다.

선택자 그룹화

다수의 요소에 똑같은 선언을 지정할 경우 각 선택자별로 같은 선언문을 반복해서 작성하는 대신 선
택자를 그룹화하여 표현할 수 있습니다. 선택자를 그룹화할 때는 콤마(,)를 사용합니다. 선택자를 그
룹화하여 선언하는 형식은 다음과 같습니다.

```
선택자, 선택자 { 속성 : 값 ; }
    div 〉 p, #wrap, p.note, blockquote p, h1[title] { color : blue ; }
```

예제 파일 : Sample\Part03\Sec03\3-3-12.html

Source
```
<!DOCTYPE html PUBLIC "-//W3C//DTD XHTML 1.0 Transitional//EN"
"http://www.w3.org/TR/xhtml1/DTD/xhtml1-transitional.dtd">
<html xmlns="http://www.w3.org/1999/xhtml" lang="ko" xml:lang="ko" >
    <meta http-equiv="content-type" content="text/html; charset=eun-kr" />
    <title>선택자의 그룹화</title>
    <style type="text/css">
        h1, .group {
                                                          선택자와 선택자는 콤마(,)로 구분하여 선언

            color : red ;
            font-size : 30px ;
            font-family : "궁서",gungseo, serif ;
        }
    </style>
</head>

<body>
    <h1>선택자의 그룹화</h1>
    <p>선택자의 <span class="group">그룹화</span>에 대해 알아봅시다.</p>
    <p>다수의 요소에 동일한 선언을 지정할 경우 각 선택자별로 동일한 선언문을 반복해서 작성하는 대신 선택자
    를 <span class="group">그룹화</span>하여 표현할 수 있습니다. 선택자를 <span class="group">그룹화
    </span>할 때는 콤마(,)를 사용합니다.</p>
</body>
</html>
```

Result

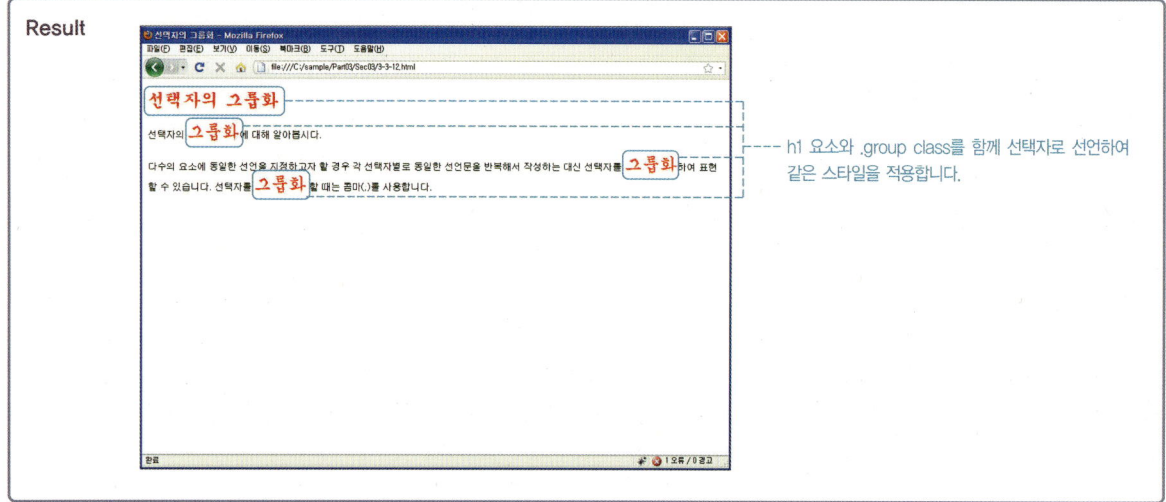

h1 요소와 .group class를 함께 선택자로 선언하여
같은 스타일을 적용합니다.

04 CSS 개념 및 단위

상속(inherit)

상속(inherit)은 상위 요소에 적용한 스타일이 하위 요소까지 이어지는 현상을 의미합니다. 하지만 모든 스타일이 똑같이 상속되는 것이 아니라 일부는 상속의 대상에서 제외됩니다. em 단위의 경우 이러한 상속의 형태를 활용하면 효율적인 설계를 할 수 있습니다. CSS 속성에는 하위 요소로 상속 되는 속성이 있고, 상속되지 않는 속성이 있습니다.

📁 예제 파일 : Sample\Part03\Sec04\3-4-01.html

Source

```
<!DOCTYPE html PUBLIC "-//W3C//DTD XHTML 1.0 Transitional//EN"
"http://www.w3.org/TR/xhtml1/DTD/xhtml1-transitional.dtd">
<html xmlns="http://www.w3.org/1999/xhtml" lang="ko" xml:lang="ko" >
<head>
    <meta http-equiv="content-type" content="text/html; charset=euc-kr" />
    <title>상속(inherit)</title>
    <style type="text/css">
        body { font-size:62.5%; }
        div { font-size:2em; border : 1px solid red ; padding: 1em; }
        p { font-size:1.5em; }
    </style>
</head>
<body>
    <div>
        <p>부모 요소에 적용한 스타일이 자식 요소에 연결되어 적용되는 것을 상속(inherit)이라고 합니다. CSS의
        속성은 기본적으로 하위 요소로 상속되는 속성과 상속되지 않는 속성이 있습니다.</p>
        <p>border, margin, padding, float, position 등의 속성은 하위 요소에 상속되지 않습니다.</p>
    </div>
</body>
```

border 속성의 경우 p 요소에 상속되지 않습니다.

<p>⌐→ 〈p〉em 단위는 부모 크기를 기준으로 상대적으로 변하는 단위를 말하며, 부모 요소에 영향을 받기 때문에 상속 개념이 적용됩니다. 글자 크기를 em 단위로 지정한 경우, 상속으로 인해 예상한 것보다 글자 크기가 작게 나오거나 크게 나올 수 있으므로 주의해야 합니다.〈/p〉
〈/body〉
〈/html〉

위의 예제의 경우 div 요소 하위에 있는 p 요소와 body 요소 하위에 있는 p 요소의 글자 크기가 상속 때문에 다르게 출력되는 것을 알 수 있습니다.

Result

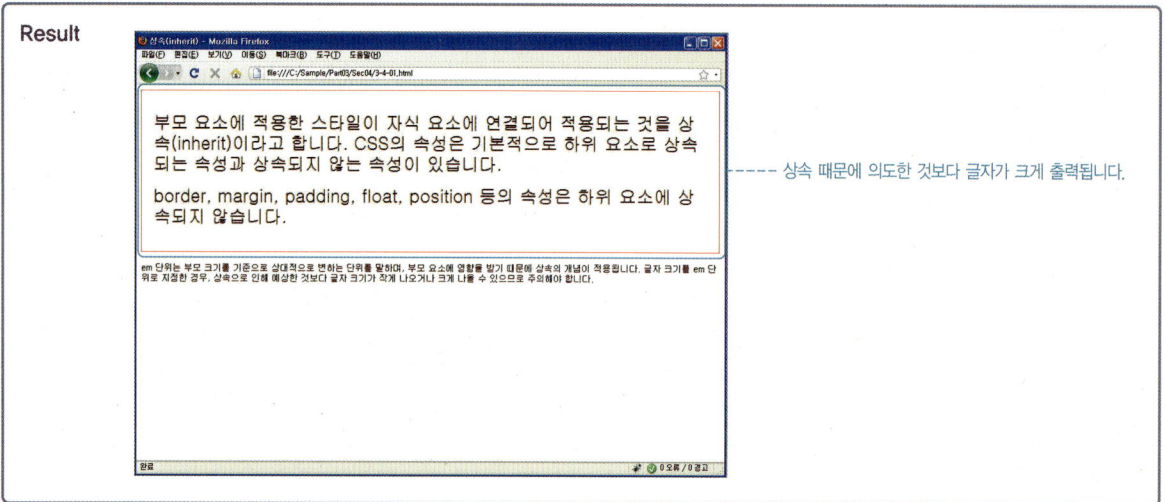

---- 상속 때문에 의도한 것보다 글자가 크게 출력됩니다.

 여기서 잠깐

Q font-size를 지정할 때 px 단위 외에 em이나 % 단위로 지정하는 이유와 장점은 무엇인가요?

A font-size에 %와 em을 사용하여 font-size를 지정하면 상속을 유용하게 활용할 수 있습니다. 또 사용자의 선택에 따라 텍스트 크기를 확대하거나 축소할 수도 있습니다. 이렇게 %나 em 단위를 사용하면 Zoom 브라우징을 지원하지 않는 인터넷 익스플로러 6을 포함한 구버전의 웹 브라우저에서 텍스트 크기를 조절할 수 있습니다.

다음의 예시는 웹 접근성 연구소 웹 사이트가 font size를 %나 em 단위로 제공하는지를 확인하는 방법을 설명하고 있습니다. 웹 접근성 연구소의 텍스트 크기를 조절할 때 인터넷 익스플로러에서 [보기] → [텍스트 크기] → [크게] 메뉴를 선택하면 텍스트가 확대됩니다. 이 기능은 시력이 나쁜 사용자에게 유용합니다. 하지만 웹 접근성 연구소의 예와 같이 텍스트를 확대할 경우 고정된 영역 안에 있는 텍스트가 영역의 밖으로 돌출되어 전체적인 레이아웃이 흐트러져 보일 수 있으므로 제작할 때는 이런 부분들까지 감안하여 작업해야 합니다.

웹 접근성 연구소의 텍스트를 확대한 화면

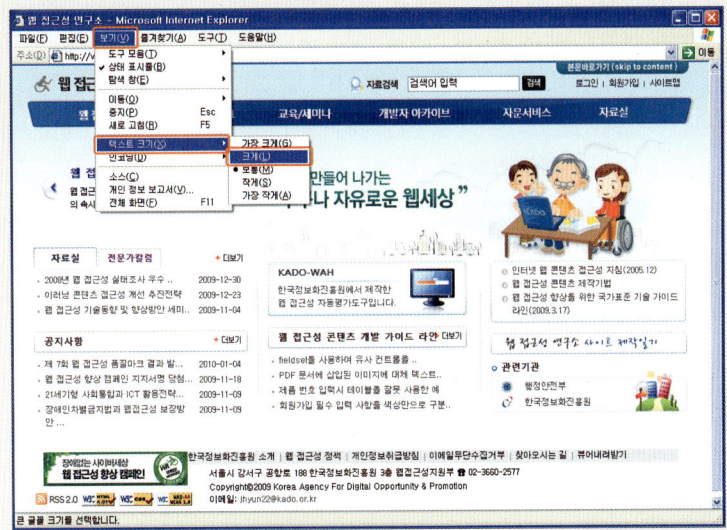

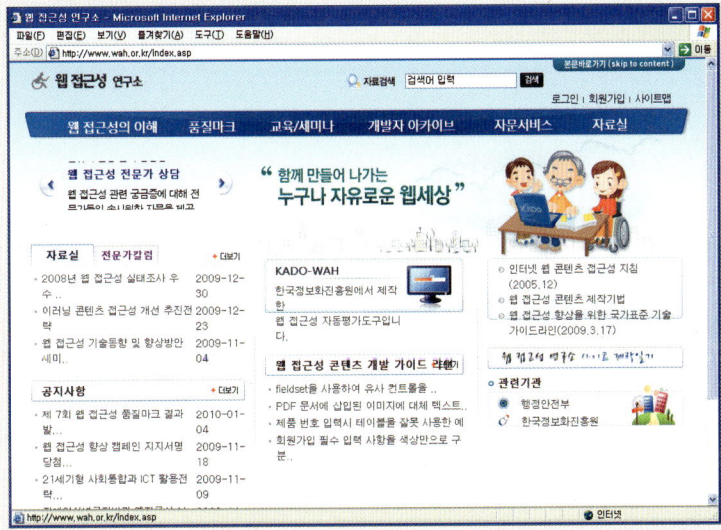

여기서
잠깐

Q Zoom 브라우징이 무엇인가요?

A Zoom 브라우징은 웹 브라우저에서 웹 사이트를 확대 또는 축소할 수 있도록 지원하는 것을 의미합니다. 파이어폭스, 크롬, 사파리, 오페라 등과 같은 최신 웹 브라우저들은 자체적으로 Zoom 브라우징(화면의 확대/축소 기능)을 지원합니다. 그리고 기존 구버전의 웹 브라우저에서는 px 단위로 font-size 및 width, height를 설계한 경우 확대 또는 축소할 수 없었던 문제를 Zoom 브라우징 기능으로 해결할 수 있습니다. 대부분의 최신 웹 브라우저에서는 Zoom 브라우징을 활용하여 확대 또는 축소하는 경우 Ctrl + + (확대), Ctrl + − (축소), Ctrl + 0 (원래 크기)을 사용합니다. 단, 인터넷 익스플로러는 버전 7 이후부터 Zoom 브라우징을 지원합니다.

겹침(cascading)과 개별성(specificity)

CSS(Cascading Style Sheet)는 '단계적으로 적용되는 스타일'을 의미합니다. 여기서 Cascading은 바로 '단계적'이라는 의미로, 하나의 콘텐츠에 여러 가지의 스타일이 중복 적용되어 충돌이 발생했을 때 어떤 스타일을 먼저 적용할 것인지를 의미합니다. 이 경우 가장 마지막에 선언한 스타일을 우선적으로 적용합니다. 따라서 다음의 경우 가장 마지막 스타일인 인라인 스타일이 적용되어 글자 색상이 blue값으로 지정됩니다.

```
<link rel="stylesheet" type="text/css" href="default.css" />

    <style type="text/css">
        @import url(base.css);
        p { color : gray ; }
    </style>

    <p style="color : blue ;">스타일의 우선순위</p>
```

스타일의 적용 방식이 같은 경우, 예를 들어 같은 default.css의 내부에 선언된 선택자들의 우선순위는 선택자의 개별성 규칙에 의해 결정됩니다. 이때 선택자의 개별성은 다음과 같습니다.

선택자	사용 예	개별성
Type 선택자	p	1
Class 선택자	.wrap	10
Id 선택자	#gnb	100
Inline 선택자	style = "color:red;"	1000
가상 요소	:first-child, :before, :after	1
가상 class	:link, :visited, :hover, :focus	10

📁 예제 파일 : Sample\Part03\Sec04\3-4-02.html

```
Source    <!DOCTYPE html PUBLIC "-//W3C//DTD XHTML 1.0 Transitional//EN"
          "http://www.w3.org/TR/xhtml1/DTD/xhtml1-transitional.dtd">
          <html xmlns="http://www.w3.org/1999/xhtml" xml:lang="ko" >
          <head>
              <title>개별성(specificity)</title>
              <meta http-equiv="content-type" content="text/html; charset=euc-kr" />
              <style type="text/css">
              /*개별성 규칙(specificity)*/                                    ↵
```

```
h2          { color : red;  }
.cascade    { color : green;  }
#specifi    { color : blue;  }
```
선택자의 개별성이 h1의 경우 1, .cascade는 10, #specifi는 100
을 갖습니다.

```
        </style>
    </head>

    <body>
        <h2>단계적으로 적용되는 스타일</h2>
        <h2 class="cascade">단계적으로 적용되는 스타일</h2>
        <h2 id="specifi">단계적으로 적용되는 스타일</h2>
    </body>
</html>
```

Result

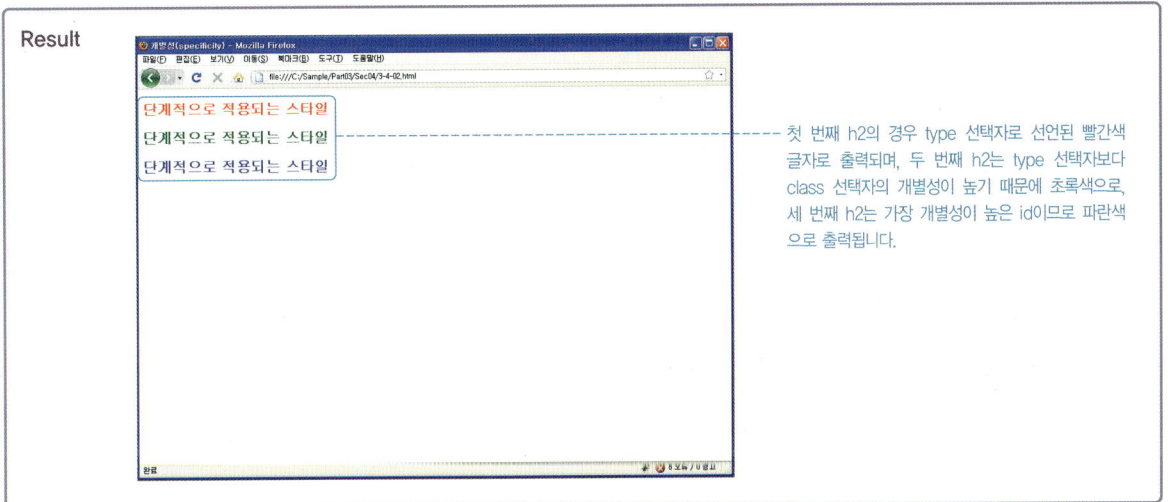

첫 번째 h2의 경우 type 선택자로 선언된 빨간색
글자로 출력되며, 두 번째 h2는 type 선택자보다
class 선택자의 개별성이 높기 때문에 초록색으로,
세 번째 h2는 가장 개별성이 높은 id이므로 파란색
으로 출력됩니다.

주석 및 단위와 색상

1. 주석(comment)

CSS에서 사용하는 주석의 경우 /* 로 시작해서 */ 로 끝나는 영역에 주석(comment)을 삽입할 수
있습니다. 그러나 과도하게 주석을 사용하면 특정 웹 브라우저에서 버그를 유발할 수 있기 때문에
불필요한 주석은 삽입하지 않는 것이 좋습니다. 특히 버전 표시나 최종 갱신일 등의 내용을 알아보
기 쉽게 하기 위해 주석에 특수 문자와 공백을 너무 많이 사용하는 것을 가장 주의해야 합니다.

Source
```
<!DOCTYPE html PUBLIC "-//W3C//DTD XHTML 1.0 Transitional//EN"
"http://www.w3.org/TR/xhtml1/DTD/xhtml1-transitional.dtd">
<html xmlns="http://www.w3.org/1999/xhtml" xml:lang="ko" >
<head>
        <title>CSS 주석(comment)</title>
        <meta http-equiv="content-type" content="text/html; charset=euc-kr" />
        <style type="text/css">

        /* content 영역 시작 */
        #content  { … }
        /* content  영역 끝 */
        </style>
</head>
<body>
    <div id="content">
        <h1>주석이란?</h1>
        <p>프로그램 코드를 설명하기 위한 코멘트 영역으로 웹 브라우저는 이를 화면에 출력하지 않거나 해석하지
        않습니다.</p>
    </div>
</body>
</html>
```

CSS 적용 영역을 구분하기 위해 삽입한 주석

Result

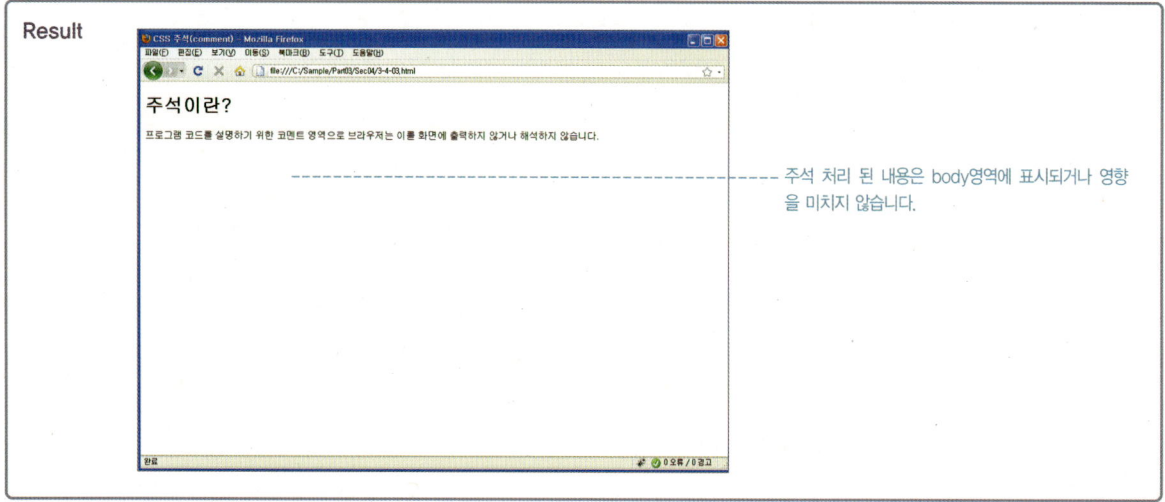

주석 처리 된 내용은 body영역에 표시되거나 영향을 미치지 않습니다.

2. 단위(units)

CSS에서 사용할 수 있는 단위는 크게 '절대 단위'와 '상대 단위'가 있습니다. 절대 단위에는 워드 프로그램에서 사용하는 익숙한 단위인 pt(포인트)와 cm(센티미터), mm(밀리미터), pc(파이카),

in(인치)가 있고, 상대 단위에는 해상도를 기준으로 크기가 결정되는 px(픽셀), 소문자 x의 높이를 기준으로 크기가 결정되는 ex 단위와 font-size값을 기준으로 크기가 정해지는 em, 그리고 %(백분율) 단위가 있습니다.

CSS를 이용하여 레이아웃을 설계하다 보면 값을 지정할 때 상대 단위인 px과 em 사이에서 고민하는 경우가 있습니다. px과 em의 두 가지 단위 모두 상대 단위이지만, px의 경우 해상도에 따라 달라지는 크기이므로 해상도를 변경하지 않으면 고정된 크기로 느낍니다. 그리고 em의 경우 font-size를 기준으로 상대적 크기가 적용되기 때문에 유연하다는 장점은 있지만, 상속에 대해 제대로 고려하지 않으면 결과가 예상한 것과 다를 수 있습니다. 결론적으로 이들 두 가지 단위는 모두 각각의 장단점이 있으므로 한 가지 단위만 고집하기보다는 상황에 맞게 적절하게 사용하는 것이 좋습니다.

절대 단위	상대 단위
pt, cm, mm, pc, in	px, ex, em, %

예제 파일 : Sample\Part03\Sec04\3-4-04.html

Source

```
<!DOCTYPE html PUBLIC "-//W3C//DTD XHTML 1.0 Transitional//EN"
"http://www.w3.org/TR/xhtml1/DTD/xhtml1-transitional.dtd">
<html xmlns="http://www.w3.org/1999/xhtml" xml:lang="ko" >
<head>
    <title>CSS 단위(units)</title>
    <meta http-equiv="content-type" content="text/html; charset=euc-kr" />
    <style type="text/css">
    body { font-size:12px; } ------------------------- body의 기본 글자 크기는 12px로 출력됩니다.

    /* px을 사용한 경우 */
    .px { font-size:14px; } --------------------- .px의 글자 크기는 body 크기와 상관없이 14px로 출력됩니다.

    /* em을 사용한 경우 */
    .em { font-size: 1.5em; } ------------------- .em의 글자 크기는 body의 크기를 기준으로 결정되므로, 12px의 1.5em은
                                                  18px 크기로 출력됩니다.
    </style>
</head>

<body>
    <h1>CSS 단위</h1>
    <p>px과 em의 차이점을 알아봅시다.</p>
    <p class="px">px 단위를 적용한 문단은 body 요소의 기본 크기를 무시하고 직접 지정한 px로 재설정됩니다.</p>
    <p class="em">em 단위를 적용한 문단은 body 요소의 크기를 기준으로 설정됩니다. body의 기본 크기가 12px
일 경우 1.5em이면 18px로 출력됩니다.</p>
</body>
</html>
```

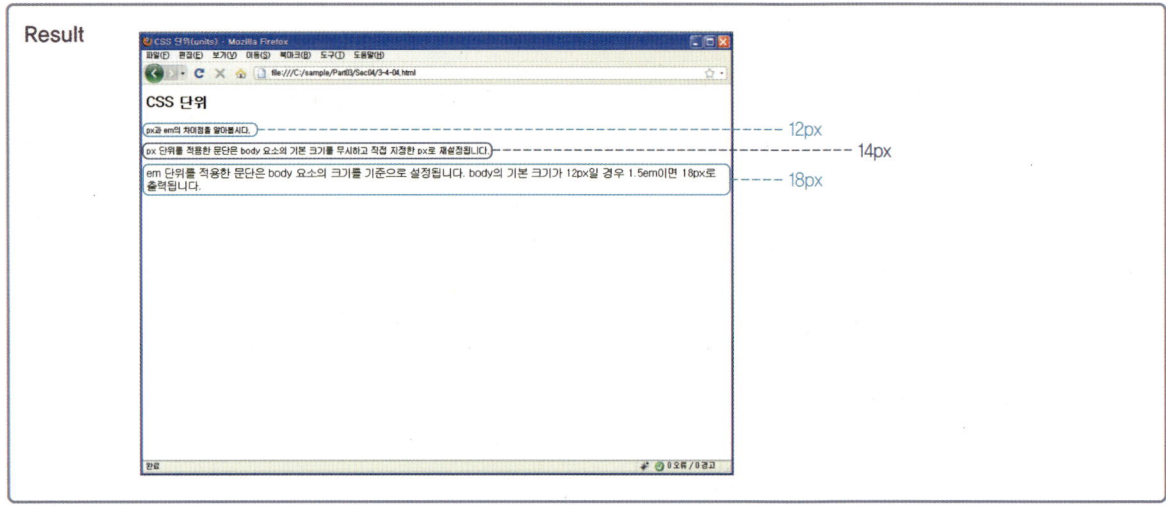

3. 색상(color & background)

디자인을 적용하다 보면 색상에 대해 고민을 하게 됩니다. 기존의 마크업에서 사용하던 색상 적용 방식은 크게 두 가지였습니다. red, blue, green과 같은 색상명, 즉 키워드 방식과 #ff0000, #0000ff, #00ff00 형식의 16진수 코드 방식입니다. CSS도 이들 두 가지 방식을 모두 사용할 수 있으며, 추가적으로 10진수 방식과 백분율 방식까지 사용할 수 있습니다. 특히 CSS에서 키워드 방식으로 색상을 지정할 경우 사용할 수 있는 색상명은 다음과 같이 17가지입니다.

auqa #00FFFF	black #000000	blue #0000FF	fuchsia #FF00FF	gray #808080	purple #800080
lime #00FF00	maroon #800000	navy #000080	olive #808000	green #008000	orange #FF5A00
red #FF0000	silver #C0C0C0	teal #008080	white #FFFFFF	yellow #FFFF00	

예제 파일 : Sample\Part03\Sec04\3-4-05.html

Source
```
<!DOCTYPE html PUBLIC "-//W3C//DTD XHTML 1.0 Transitional//EN"
"http://www.w3.org/TR/xhtml1/DTD/xhtml1-transitional.dtd">
<html xmlns="http://www.w3.org/1999/xhtml" xml:lang="ko" >
<head>
    <title>CSS 에서 사용하는 색상(Color)</title>
    <meta http-equiv="content-type" content="text/html; charset=euc-kr" />
    <style type="text/css">
    .keyword { color:red; }
    .hexa { color:#0000ff; }
    .decimal { color:rgb(255,0,0); }
    .percent { color:rgb(0%,0%,100%); }
```

색상명, 16진수 형식, 10진수 형식, 백분율 형식으로 색상을 지정합니다.

```
   └→          </style>
          </head>
          <body>
              <h1>CSS 색상 적용 방법</h1>
              <p class="keyword">red, blue와 같이 색상명을 사용할 수 있습니다.</p>
              <p class="hexa">#0000ff와 같은 16진수 코드를 이용할 수 있습니다. </p>
              <p class="decimal">rgb(255,0,0) 형식의 10진수 방식도 사용할 수 있습니다.</p>
              <p class="percent">rgb(0%,0%,100%) 형식의 백분율도 사용할 수 있습니다.</p>
          </body>
          </html>
```

Result

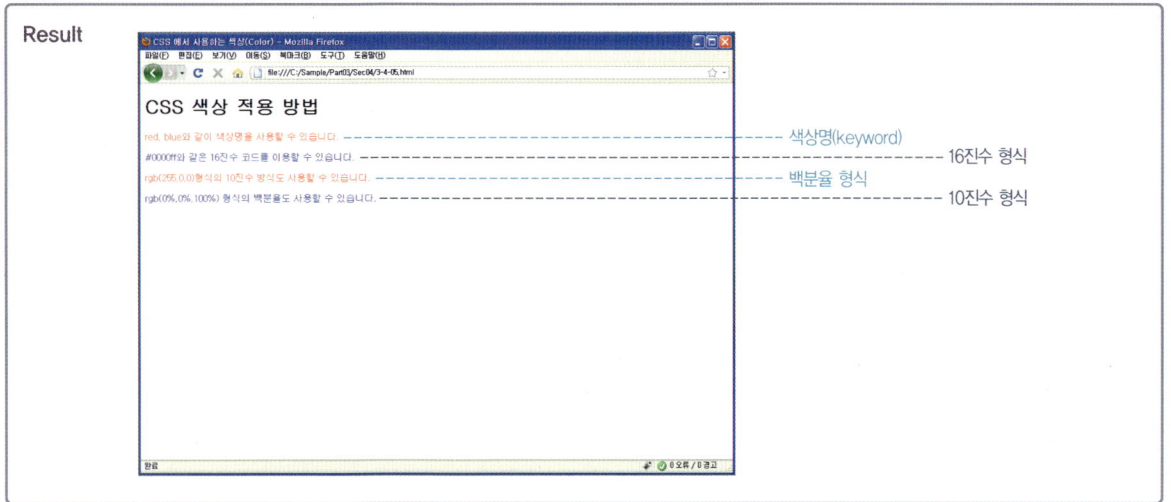

Q 웹 페이지의 CSS 소스를 살펴보니 16진수 색상값이 #f30 형식의 세 자리로 선언되어 있는데, 여섯 자리로 선언한 경우와 세 자리로 선언한 경우는 어떤 차이점이 있나요?

A 색상값을 세 자리로 선언하는 경우는 16진수 표기법의 단축 방식을 의미합니다. 16진수 표기법은 빨간색, 녹색, 파란색의 상대적 양을 나타내며, 실제로 3개의 16진수로 이루어져 있습니다. 두 자리 숫자가 각각 동일한 경우 16진수를 세 자리로 줄여 사용할 수 있습니다. 예를 들어 fuchsia의 16진수 코드값인 #ff00ff는 #f0f로 표기할 수 있습니다.

05 CSS 속성(property)

박스 모델(Box Model)

박스 모델은 CSS의 중요한 개념으로 블록 박스와 인라인 박스가 화면에 표시되는 영역과 다른 박스와의 배치 등에 대한 내용을 담고 있습니다. 특히 화면에 표시되는 박스의 크기를 결정할 때 width, height, border, margin, padding 등의 속성을 사용할 수 있는데, 박스의 크기는 다음의 계산식을 통해 결정됩니다.

> 실제 화면에 차지하는 가로 영역 크기 = width + margin + border + padding
> 실제 화면에 차지하는 세로 영역 크기 = height + margin + border + padding

박스 모델에 영향을 주는 width, height, border, margin, padding 속성은 다음과 같이 정리할 수 있습니다.

- width : 콘텐츠의 가로 크기
- height : 콘텐츠의 세로 크기
- border : 콘텐츠 테두리
- margin : 콘텐츠 바깥쪽 여백(border 기준)
- padding : 콘텐츠 안쪽 여백(border 기준)

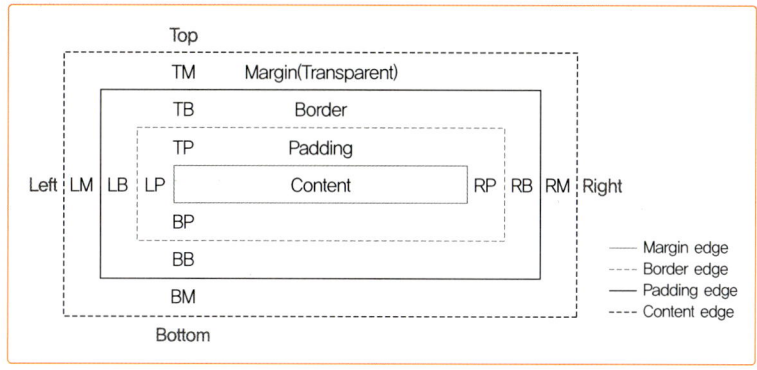

◉ 표준 모드와 호환 모드에서의 박스 모델

XHTML 문서가 웹 브라우저에서 표준 모드로 렌더링될 경우와 호환 모드(Quirks Mode)로 렌더링될 경우 CSS의 박스 모델을 다르게 적용할 수 있습니다. 특히 인터넷 익스플로러의 경우 호환 모드에서는 padding 속성에 지정된 값을 width에 포함시켜 계산하기 때문에 의도한 것보다 박스가 작게 출력될 수 있습니다.

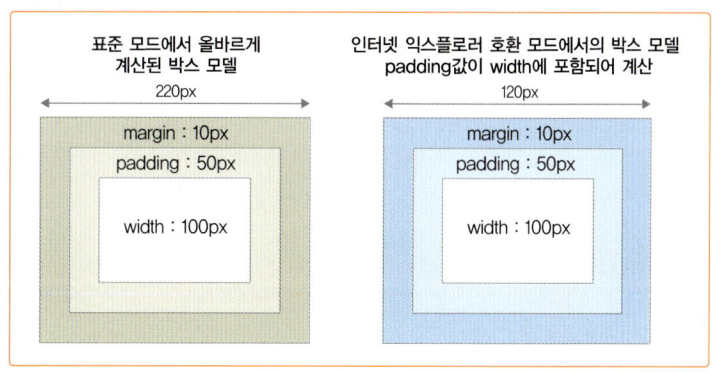

📂 예제 파일 : Sample\Part03\Sec05\3-5-01.html

Source

```
<!DOCTYPE html PUBLIC "-//W3C//DTD XHTML 1.0 Transitional//EN"
"http://www.w3.org/TR/xhtml1/DTD/xhtml1-transitional.dtd">
<html xmlns="http://www.w3.org/1999/xhtml" xml:lang="ko" >
<head>
    <meta http-equiv="content-type" content="text/html; charset=euc-kr" />
    <title>표준 모드에서의 박스 모델</title>
    <style type="text/css">
        div {
            width:100px;
            height:100px;
            padding:50px;
        }
```

올바른 DTD 선언을 하여 마크 업 문서로 웹 브라우저에서 표준 모드로 렌더링합니다.

```
                    div.box1 {
                        background-color:#ffc;
                        position:absolute;
                        top:100px;
                        left:100px;
                    }
                    div.box2 {
                        background-color:#fcf;
                        position:absolute;
                        top:100px;
                        left:300px;
                    }
                </style>
            </head>
            <body>
                <div class="box1"> Box1 </div>
                <div class="box2"> Box2 </div>
            </body>
        </html>
```

Result

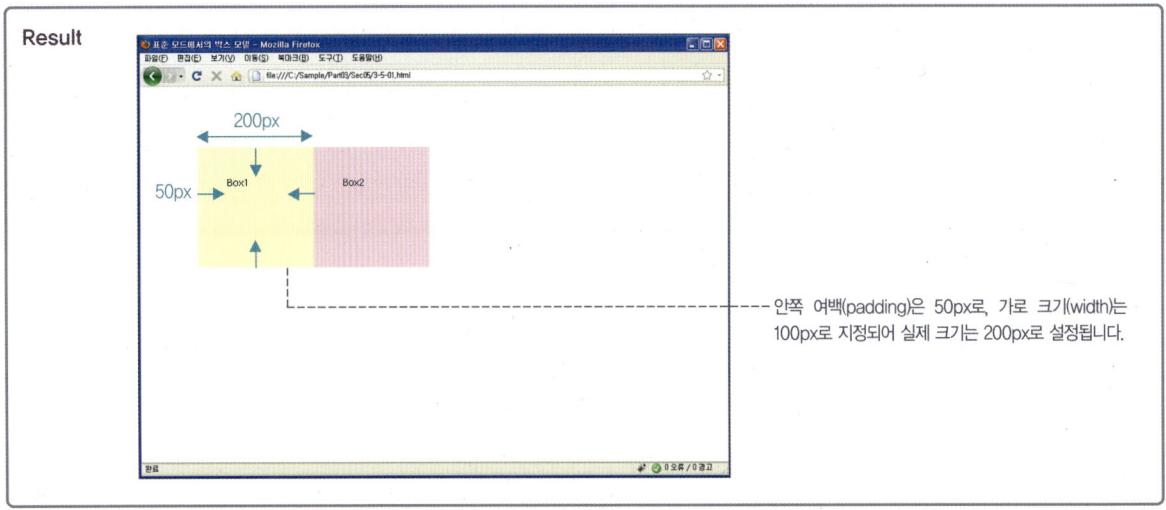

안쪽 여백(padding)은 50px로, 가로 크기(width)는
100px로 지정되어 실제 크기는 200px로 설정됩니다.

📁 예제 파일 : Sample\Part03\Sec05\3-5-02.html

Source

```
<html xmlns="http://www.w3.org/1999/xhtml" xml:lang="ko" >
<head>
    <title>호환 모드에서의 박스 모델</title>
    <meta http-equiv="content-type" content="text/html; charset=euc-kr" />
    <style type="text/css">
        div {
```

문서 첫 번째 줄에 DTD를 올바
르게 선언하지 않았기 때문에 인
터넷 익스플로러 6 이하 버전의
웹 브라우저에서 호환 모드로 렌
더링합니다.

```
            width:100px;
            height:100px;
            padding:50px;
        }
        div.box1 {
            background-color:#ffc;
            position:absolute;
            top:100px;
            left:100px;
        }
        div.box2 {
            background-color:#fcf;
            position:absolute;
            top:100px;
            left:300px;
        }
    </style>
</head>
<body>
    <div class="box1"> Box1  </div>
    <div class="box2"> Box2  </div>
</body>
</html>
```

Result

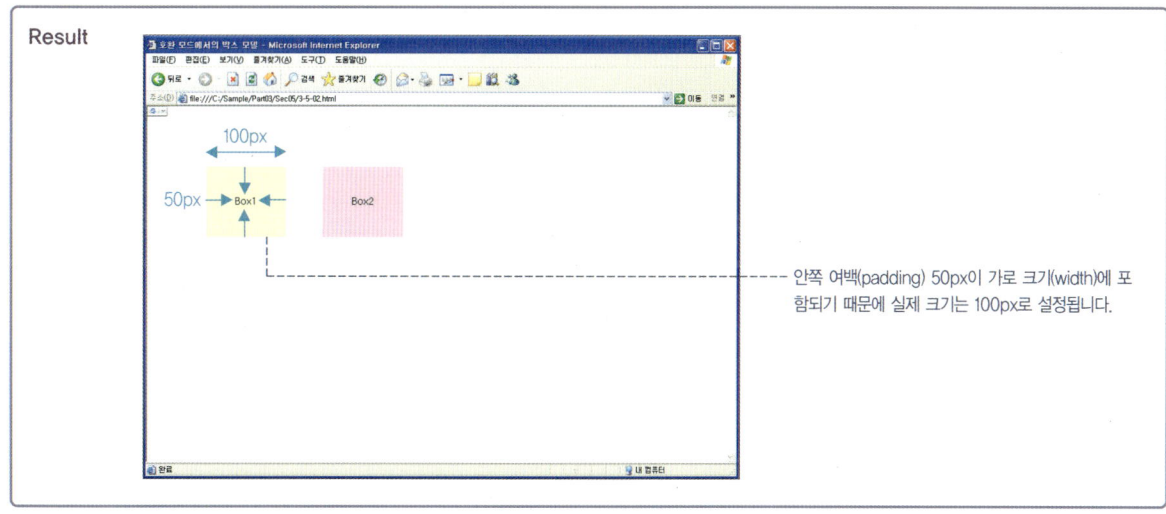

안쪽 여백(padding) 50px이 가로 크기(width)에 포
함되기 때문에 실제 크기는 100px로 설정됩니다.

위와 같이 DTD의 선언 여부에 따라 박스 모델의 해석이 달라지기 때문에 웹 사이트를 제작할 때는
DTD를 일관성 있게 사용해야 합니다. 또 박스 모델과 관련된 속성을 적용하는 방법과 적용 범위에
대해서도 정확하게 아는 것이 중요합니다.

1. 박스 너비(width)와 높이(height)

width와 height 속성은 박스의 크기를 지정하는 속성입니다. width 속성은 박스의 가로 크기를, height 속성은 박스의 세로 크기를 의미하며, 블록 요소나 블록 요소의 성격을 가지는 요소에 지정할 수 있습니다. 블록 요소의 성격을 가진다는 것은 블록 요소는 아니지만 플로트가 되었거나 포지션 속성값이 absolute인 경우, 요소가 display 속성값으로 block나 inline-block을 가지는 경우를 의미합니다. width와 height의 사용 형식은 다음과 같습니다.

```
width : 길이 | 퍼센트 | auto | inherit
height : 길이 | 퍼센트 | auto | inherit
```

📁 예제 파일 : Sample\Part03\Sec05\3-5-03.html

```
Source    <!DOCTYPE html PUBLIC "-//W3C//DTD XHTML 1.0 Transitional//EN"
          "http://www.w3.org/TR/xhtml1/DTD/xhtml1-transitional.dtd">
          <html xmlns="http://www.w3.org/1999/xhtml" xml:lang="ko" >
          <head>
              <title>width 속성과 height 속성</title>
              <meta http-equiv="content-type" content="text/html; charset=euc-kr" />
              <style type="text/css">
                  p { background:yellow; }
                  .box1 { width:500px; }
                  .box2 { height:50px; }                  ---------------- 박스의 width 또는 height만 지정할 경우 지정하지
                  .box3 { width:300px; height:100px; }                       않은 width나 height는 auto로 설정됩니다.
              </style>
          </head>
          <body>
              <p class="box1">박스의 가로 크기를 500px로 지정한 경우</p>
              <p class="box2">박스의 세로 크기를 50px로 지정한 경우</p>
              <p class="box3">박스의 가로 크기를 300px로, 세로 크기를 100px로 지정한 경우</p>
          </body>
          </html>
```

Result

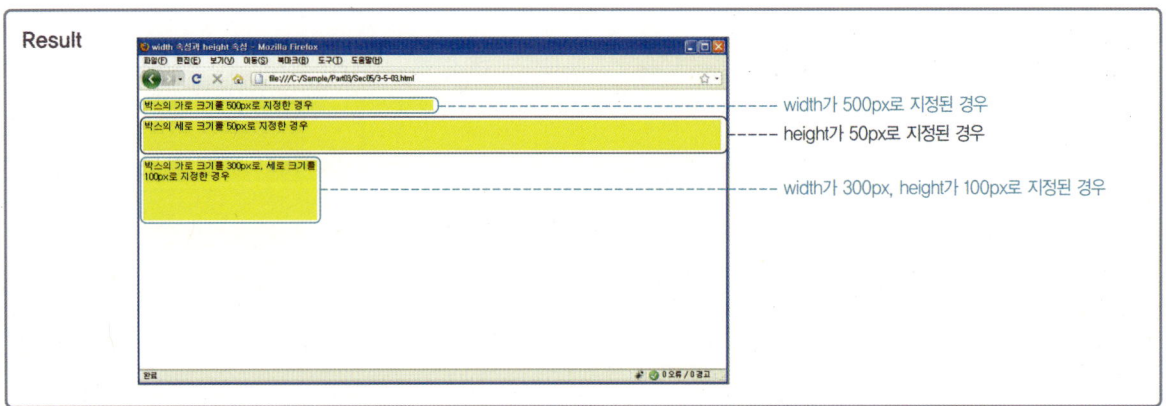

width가 500px로 지정된 경우

height가 50px로 지정된 경우

width가 300px, height가 100px로 지정된 경우

2. 테두리(border)

콘텐츠에 테두리를 지정할 때는 border와 관련된 속성을 사용할 수 있습니다. 이때 border 속성에는 선 모양(border-style), 선 굵기(border-width), 선 색상(border-color) 등이 있고, 박스의 위쪽 (border-top), 오른쪽(border-right), 아래쪽(border-bottom), 왼쪽(border-left)을 서로 다르게 지정할 수도 있습니다. border-style의 경우 가질 수 있는 속성값으로는 다음의 10가지가 있습니다.

none	hidden	dotted	dashed	solid
double	groove	ridge	inset	outset

border 속성의 사용 형식은 다음과 같습니다.

```
border : 선 굵기 선 모양 선 색상
(border-top, border-right, border-bottom, border-left)
border-style : 선 모양(10가지)
(border-top-style, border-right-style, border-bottom-style, border-left-style)
border-width : 선 굵기(길이)
(border-top-width, border-right-width, border-bottom-width, border-left-width)
border-color : 선 색상
(border-top-color, border-right-color, border-bottom-color, border-left-color)
```

📂 예제 파일 : Sample\Part03\Sec05\3-5-04.html

Source
```
<!DOCTYPE html PUBLIC "-//W3C//DTD XHTML 1.0 Transitional//EN"
"http://www.w3.org/TR/xhtml1/DTD/xhtml1-transitional.dtd">
<html xmlns="http://www.w3.org/1999/xhtml" xml:lang="ko" >
<head>
    <title>border 속성을 이용한 테두리 지정</title>
    <meta http-equiv="content-type" content="text/html; charset=euc-kr" />
    <style type="text/css">
        p { border-width:3px; border-color:blue; }

        .box1 { border-style:none; }
        .box2 { border-style:hidden; }
        .box3 { border-style:dotted; }
        .box4 { border-style:dashed; }
        .box5 { border-style:solid; }
        .box6 { border-style:double; }
        .box7 { border-style:groove; }
        .box8 { border-style:ridge; }
        .box9 { border-style:inset; }
        .box10 { border-style:outset; }
```

선 굵기는 3px, 선 색상은 파란색을 기본으로 설정

다양한 선 모양 지정

```
        〈/style〉
   〈/head〉
   〈body〉
        〈p class="box1"〉박스의 테두리가 none으로 지정된 경우〈/p〉
        〈p class="box2"〉박스의 테두리가 hidden으로 지정된 경우〈/p〉
        〈p class="box3"〉박스의 테두리가 dotted로 지정된 경우〈/p〉
        〈p class="box4"〉박스의 테두리가 dashed로 지정된 경우〈/p〉
        〈p class="box5"〉박스의 테두리가 solid로 지정된 경우〈/p〉
        〈p class="box6"〉박스의 테두리가 double로 지정된 경우〈/p〉
        〈p class="box7"〉박스의 테두리가 groove로 지정된 경우〈/p〉
        〈p class="box8"〉박스의 테두리가 ridge로 지정된 경우〈/p〉
        〈p class="box9"〉박스의 테두리가 inset으로 지정된 경우〈/p〉
        〈p class="box10"〉박스의 테두리가 outset으로 지정된 경우〈/p〉
   〈/body〉
   〈/html〉
```

Result

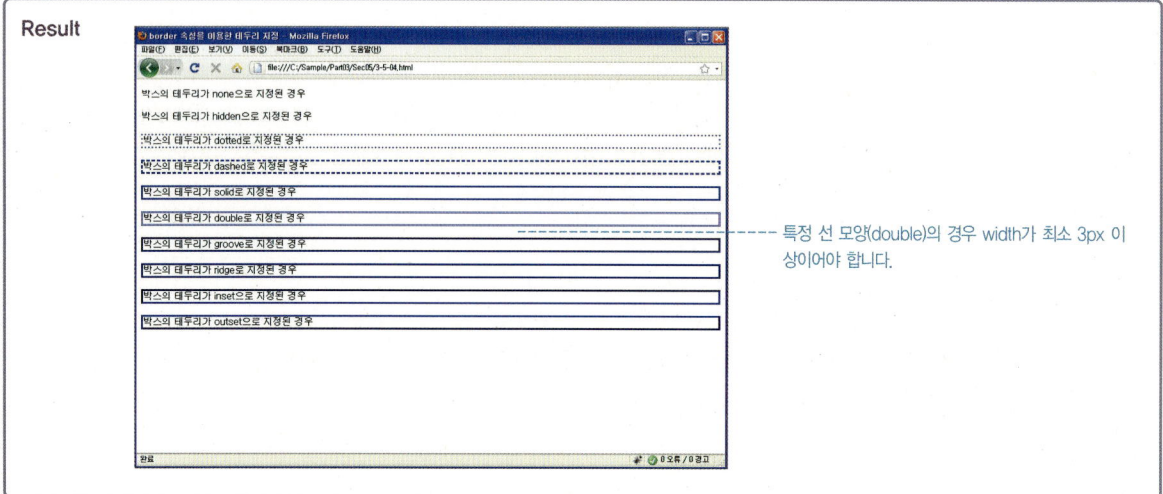

특정 선 모양(double)의 경우 width가 최소 3px 이상이어야 합니다.

 여기서 잠깐

웹 브라우저별 border-style 렌더링의 차이

크로스 브라우징에서는 다양한 웹 브라우저에서의 border-style 렌더링 차이를 고려해야 합니다. 인터넷 익스플로러 6~8 버전과 파이어폭스, 오페라, 사파리, 크롬 등의 웹 브라우저에서 조금씩 해석이 다르기 때문입니다. 다음의 결과는 인터넷 익스플로러 6과 파이어폭스 3.5에서 border-width는 1px;, border-color:red blue;로, border-style은 각각 dashed, dotted, double, groove, inset, outset, ridge, solid로 적용한 화면입니다.

인터넷 익스플로러 6

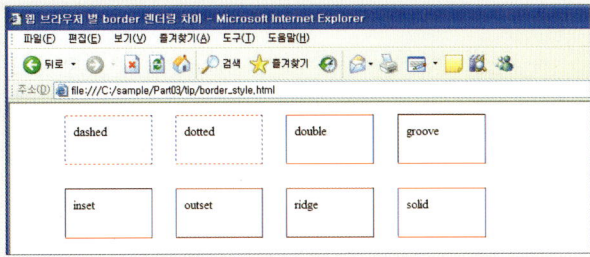

파이어폭스 3.5

두 가지 웹 브라우저에서 border-style의 해석에 따라 렌더링이 조금씩 다른 것을 알 수 있습니다. 특히 dotted의 경우 인터넷 익스플로러 6에서는 width가 1px일 때 dashed와 결과가 같습니다. 다음으로 border가 서로 만나는 지점에서 가장 먼저 처리하는 방식의 차이가 있습니다. 파이어폭스는 border가 서로 만나는 지점을 중간색으로 처리하지만, 인터넷 익스플로러 6은 위쪽, 아래쪽 〉 오른쪽, 왼쪽, 즉 border의 우선순위로 적용합니다. 다음은 border-width를 10px로 지정한 경우 인터넷 익스플로러 6과 파이어폭스 3.5의 렌더링 차이를 나타낸 것입니다.

인터넷 익스플로러 6

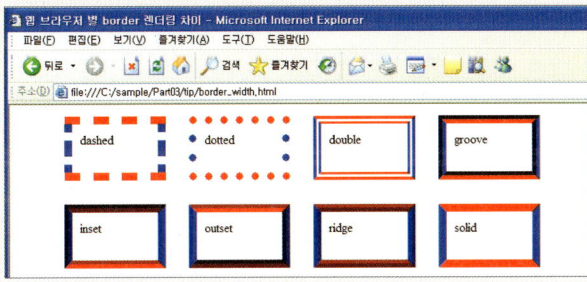

파이어폭스 3.5

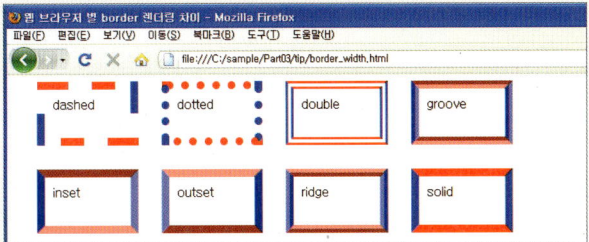

3. 마진(margin)

블록 요소와 블록 요소 사이를 구분하는 빈 공간을 '마진'이라고 합니다. 마진은 border를 기준으로 바깥쪽 여백을 의미하며, 투명하게 채워진 것이 특징입니다. 또 세로 방향으로 마진이 만났을 경우 겹치는 현상이 나타나는데, 이것을 '마진 겹침 현상(margin collapsing)' 이라고 합니다. 마진은 박스의 위쪽(margin-top), 오른쪽(margin-right), 아래쪽(margin-bottom), 왼쪽(margin-left)을 서로 다르게 지정할 수 있습니다. 그리고 margin 속성에는 값을 하나 또는 그 이상 지정할 수 있고, 여러 개의 값을 지정할 경우에는 공백으로 구분합니다. margin 속성의 사용 형식은 다음과 같습니다.

---

margin : 길이 | 퍼센트 | auto | inherit
(margin-top, margin-right, margin-bottom, margin-left)
margin : 50px - 값을 한 번만 지정할 경우 네 곳에 같은 값 적용
margin : 50px 100px - 값을 두 번 지정할 경우 위쪽, 아래쪽, 왼쪽, 오른쪽순으로 적용
margin : 50px 70px 100px - 값을 세 번만 지정할 경우 위쪽, 왼쪽, 오른쪽, 아래쪽순으로 적용
margin : 50px 70px 100px 120px - 값을 네 번 지정할 경우 위쪽, 오른쪽, 아래쪽, 왼쪽순으로 적용

◉ 마진 겹침 현상(margin collapsing)

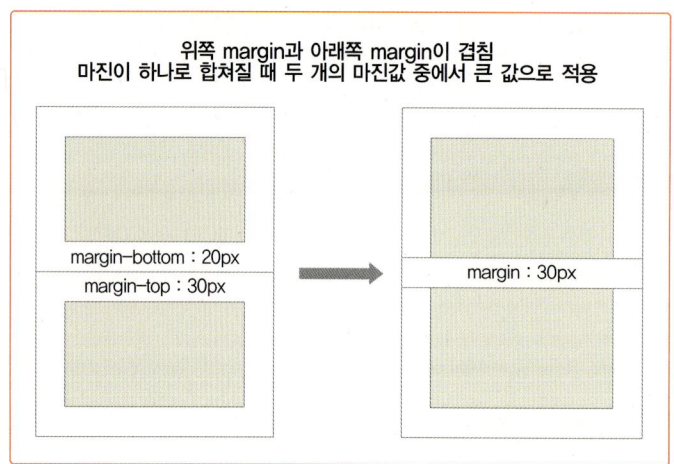

예제 파일 : Sample\Part03\Sec05\3-5-05.html

Source
```
<!DOCTYPE html PUBLIC "-//W3C//DTD XHTML 1.0 Transitional//EN"
"http://www.w3.org/TR/xhtml1/DTD/xhtml1-transitional.dtd">
<html xmlns="http://www.w3.org/1999/xhtml" xml:lang="ko" >
<head>
    <title>margin 속성을 이용한 여백 지정</title>
    <meta http-equiv="content-type" content="text/html; charset=euc-kr" />
```

```
            〈style type="text/css"〉
                p { border:1px solid red; background:yellow; }--------------------테두리 및 배경 색상을 기본으
                .box1 { margin:20px; }                                               로 설정
                .box2 { margin:20px 50px; }-----------------------------------박스의 방향에 따라 다른 값을
                .box3 { margin:20px 50px 30px;}                                  갖도록 여러 개의 값 지정
                .box4 { margin:20px 30px 50px 70px; }
            〈/style〉
    〈/head〉
    〈body〉
        〈p class="box1"〉박스의 상, 하, 좌, 우에 20픽셀의 여백이 지정된 경우〈/p〉
        〈p class="box2"〉박스의 상하에는 20픽셀의 여백이, 좌우에는 50픽셀의 여백이 지정된 경우〈/p〉
        〈p class="box3"〉박스의 상단에는 20픽셀, 좌, 우에는 50픽셀, 하단에는 30픽셀의 여백이 지정된 경우〈/p〉
        〈p class="box4"〉박스의 상단에는 20픽셀, 우측에는 30픽셀, 하단에는 50픽셀, 좌측에는 70픽셀의 여백이 지
            정된 경우〈/p〉
    〈/body〉
    〈/html〉
```

Result

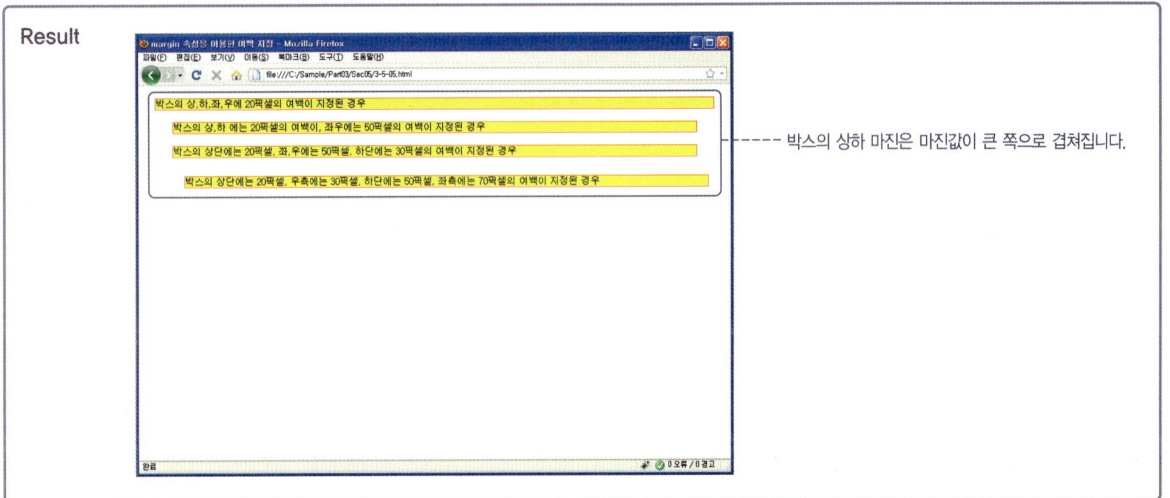

박스의 상하 마진은 마진값이 큰 쪽으로 겹쳐집니다.

4. 패딩(padding)

margin이 border를 기준으로 바깥쪽 영역의 여백을 의미한다면, padding은 border를 기준으로
안쪽 영역의 여백을 의미합니다. 패딩 속성은 마진과 달리 서로 겹치지 않고 적용됩니다. 마진과 같
이 패딩은 박스의 위쪽(padding-top), 오른쪽(padding-right), 아래쪽(padding-bottom), 왼쪽
(padding-left)을 다르게 지정할 수 있습니다. padding 속성에도 값을 하나 또는 그 이상 지정할 수
있으며, 여러 개의 값을 지정할 경우에는 공백으로 구분합니다. padding 속성의 사용 형식은 다음
과 같습니다.

padding : 길이 | 퍼센트 | auto | inherit

(padding-top, padding-right, padding-bottom, padding-left)

padding : 50px – 값을 한 번만 지정할 경우 네 곳에 같은 값 적용

padding : 50px 100px – 값을 두 번 지정할 경우 위쪽, 아래쪽, 왼쪽, 오른쪽순으로 적용

padding : 50px 70px 100px – 값을 세 번 만 지정할 경우 위쪽, 왼쪽, 오른쪽, 아래쪽순으로 적용

padding : 50px 70px 100px 120px – 값을 네 번 지정할 경우 위쪽, 오른쪽, 아래쪽, 왼쪽순으로 적용

예제 파일 : Sample\Part03\Sec05\3-5-06.html

Source

```
<!DOCTYPE html PUBLIC "-//W3C//DTD XHTML 1.0 Transitional//EN"
"http://www.w3.org/TR/xhtml1/DTD/xhtml1-transitional.dtd">
<html xmlns="http://www.w3.org/1999/xhtml" xml:lang="ko" >
<head>
    <title>padding 속성을 이용한 여백 지정</title>
    <meta http-equiv="content-type" content="text/html; charset=euc-kr" />
    <style type="text/css">
        p { border:1px solid red; background:yellow; }              ─── 테두리 및 배경 색상은 기본으
        .box1 { padding:20px; }                                            로 설정
        .box2 { padding:20px 50px; }
        .box3 { padding:20px 50px 30px;}                           ─── 박스의 방향에 따라 다른 값을
        .box4 { padding:20px 30px 50px 70px; }                          갖도록 여러 개의 값 지정
    </style>
</head>
<body>
    <p class="box1">박스의 상, 하, 좌, 우에 20픽셀의 안쪽 여백이 지정된 경우</p>
    <p class="box2">박스의 상하에는 20픽셀의 안쪽 여백이, 좌우에는 50픽셀의 안쪽 여백이 지정된 경우</p>
    <p class="box3">박스의 상단에는 20픽셀, 좌우에는 50픽셀, 하단에는 30픽셀의 안쪽 여백이 지정된 경우</p>
    <p class="box4">박스의 상단에는 20픽셀, 우측에는 30픽셀, 하단에는 50픽셀, 좌측에는 70픽셀의 안쪽 여백
    이 지정된 경우</p>
</body>
</html>
```

Result

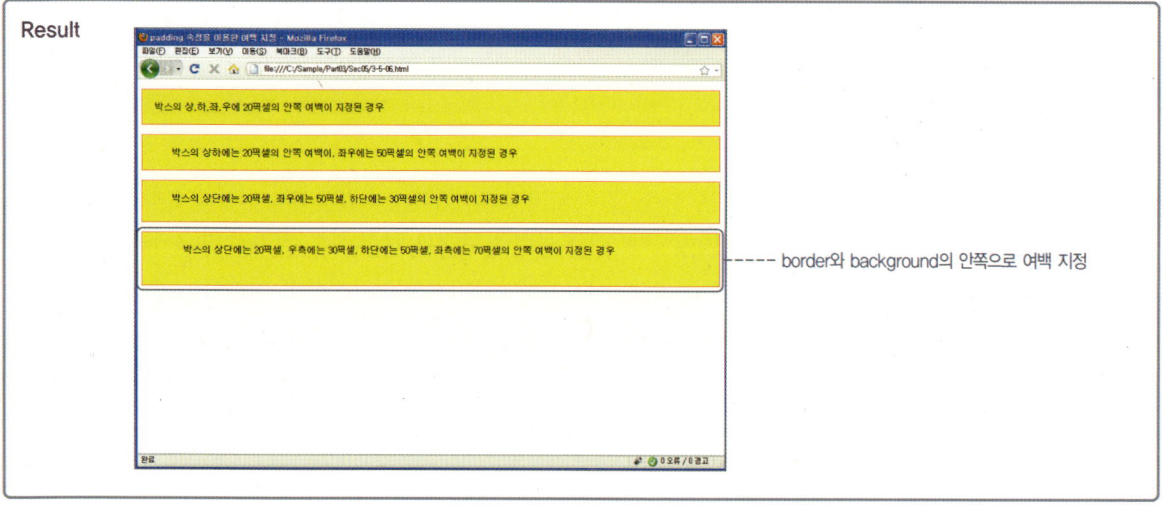

---- border와 background의 안쪽으로 여백 지정

플로트(float)

1. float

플로트는 박스의 위치를 부모 요소의 안에서 왼쪽 또는 오른쪽으로 이동시키는 기능입니다. 플로트가 지정된 박스는 문서의 일반적인 흐름에 영향을 받지 않으면서 이동된 위치에 떠 있습니다. 이때 플로트된 박스의 주변에 있던 박스는 위치가 변경되어 플로트된 요소와 나란히 배치됩니다. 일반적인 흐름에 따라 배치된 박스 위에 플로트된 박스가 겹쳐지는 것입니다. 그러나 일반적인 흐름에 따라 배치된 박스 안의 인라인 텍스트와 플로트된 박스는 겹치지 못하기 때문에 인라인 텍스트는 플로트된 박스의 주위를 흐르면서 배치됩니다. float 속성의 사용 형식은 다음과 같습니다.

```
float  : left | right | none | inherit
```

예제 파일 : Sample\Part03\Sec05\3-5-07.html

Source

```
<!DOCTYPE html PUBLIC "-//W3C//DTD XHTML 1.0 Transitional//EN"
"http://www.w3.org/TR/xhtml1/DTD/xhtml1-transitional.dtd">
<html xmlns="http://www.w3.org/1999/xhtml" xml:lang="ko" >
<head>
    <title>float를 이용한 콘텐츠 배치</title>
    <meta http-equiv="content-type" content="text/html; charset=euc-kr" />
    <style type="text/css">
        p { border:1px solid red; background:yellow; }
        img { border:1px solid blue; padding:10px; }
        .imgBox img { float:left; }  ------------------------------- img 요소를 left 방향으로 플로
                                                                     트를 지정한 경우
    </style>
</head>
<body>
    <p class="imgBox">이미지를 왼쪽으로 플로트시키면 부모 요소인 P 요소는 텍스트만을 자식 요소로 가지게 됩
    니다.<img src="images/float.jpg" width="150" height="150" alt="floating Text" /></p>
    <p class="textBox">플로트를 이용하면 콘텐츠를 이동시키는 것이 가능합니다. 또 플로트는 일반적인 블록 박스
    의 흐름을 벗어나 배치되기 때문에 다른 블록 박스의 배치에 영향을 주게 됩니다. 플로트 속성에 지정할 수 있는
    값은 left, right, none 등이 있으며, 특정 요소가 플로트되면 일반적인 흐름을 따라 배치된 박스 위에 겹쳐서 배
    치됩니다. 그러나 플로트된 요소와 일반적인 흐름을 따라 배치된 박스의 인라인 텍스트는 겹치지 않고 주변에
    배치됩니다.</p>
</body>
</html>
```

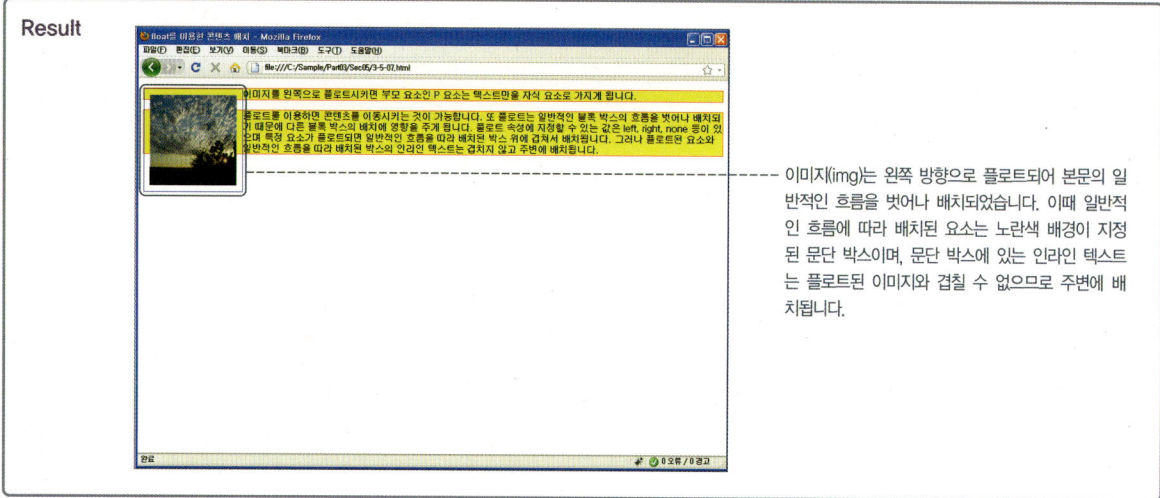

이미지(img)는 왼쪽 방향으로 플로트되어 본문의 일반적인 흐름을 벗어나 배치되었습니다. 이때 일반적인 흐름에 따라 배치된 요소는 노란색 배경이 지정된 문단 박스이며, 문단 박스에 있는 인라인 텍스트는 플로트된 이미지와 겹칠 수 없으므로 주변에 배치됩니다.

2. clear

플로트된 요소 때문에 플로트의 다음에 오는 문단 요소의 위치가 변경된 경우 플로트를 해제하면 이 문제를 해결할 수 있습니다. 플로트의 다음에 오는 문단에는 clear 속성을 지정할 수 있는데, 이때 clear 속성은 블록 요소나 블록 요소를 대체할 수 있는 속성을 지정한 경우에만 사용할 수 있습니다. clear 속성이 가질 수 있는 값은 left, right, both 등이 있는데, 특히 both값을 지정할 경우에는 플로트된 방향과 상관 없이 플로트를 해제할 수 있습니다. 플로트를 해제하기 위한 clear 속성의 사용 형식은 다음과 같습니다.

```
clear  : left | right | both | none | inherit
```

예제 파일 : Sample\Part03\Sec05\3-5-08.html

Source

```
<!DOCTYPE html PUBLIC "-//W3C//DTD XHTML 1.0 Transitional//EN"
"http://www.w3.org/TR/xhtml1/DTD/xhtml1-transitional.dtd">
<html xmlns="http://www.w3.org/1999/xhtml" xml:lang="ko" >
<head>
    <title>clear를 이용한 float 해제</title>
    <meta http-equiv="content-type" content="text/html; charset=euc-kr" />
    <style type="text/css">
        p { border:1px solid red; background:yellow; }
        img { border:1px solid blue; padding:10px; }
        .imgBox img { float:left; }

        .textBox { clear:both; }
    </style>
</head>
```

플로트의 다음에 오는 문단에 clear 속성을 이용하여 플로트된 요소와 겹치지 않도록 지정합니다.

```
〈body〉
    〈p class="imgBox"〉이미지를 왼쪽으로 플로트시키면 부모 요소인 P 요소는 텍스트만을 자식 요소로 가지게 됩
    니다.〈img src="images/float.jpg" width="150" height="150" alt="floating Text" /〉〈/p〉
    〈p class="textBox"〉플로트를 이용하면 콘텐츠를 이동시키는 것이 가능합니다. 또 플로트는 일반적인 블록 박스
    의 흐름을 벗어나 배치되기 때문에 다른 블록 박스의 배치에 영향을 주게 됩니다. 플로트 속성에 지정할 수 있는
    값은 left, right, none 등이 있으며 특정 요소가 플로트되면 일반적인 흐름을 따라 배치된 박스 위에 겹쳐서 배
    치됩니다. 그러나 플로트된 요소와 일반적인 흐름을 따라 배치된 박스의 인라인 텍스트는 겹치지 않고 주변에
    배치됩니다.〈/p〉
〈/body〉
〈/html〉
```

Result

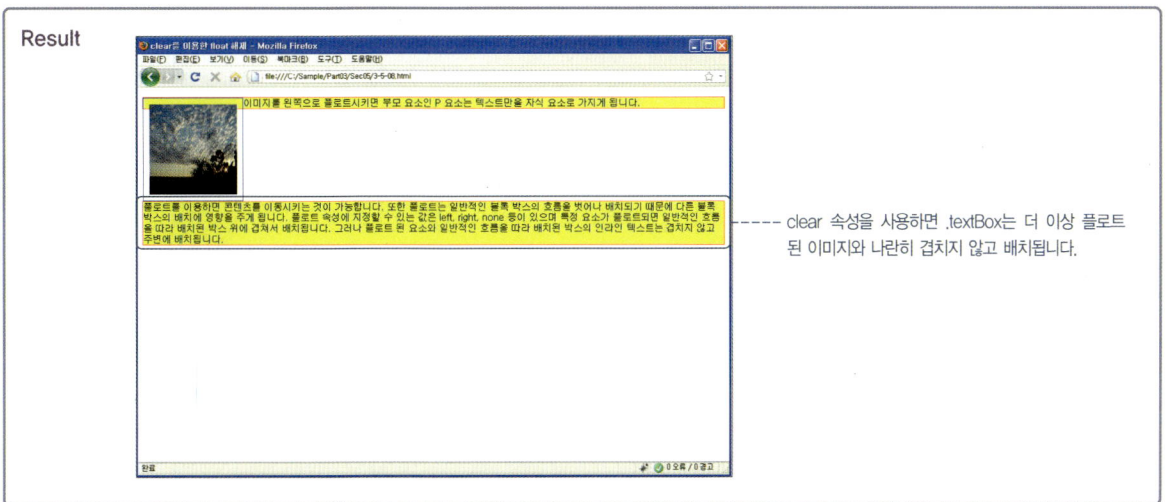

- - - - - clear 속성을 사용하면 .textBox는 더 이상 플로트
된 이미지와 나란히 겹치지 않고 배치됩니다.

포지션(position)

포지션은 박스에 대한 배치를 변경할 때 사용하는 속성으로, 포지션을 지정하지 않으면 기본으로 static값을 갖습니다. 이때 relative나 absolte, fixed값을 지정하면 박스의 위치를 자유롭게 배치할 수 있습니다. relative는 자기 자신의 위치를 기준으로 상대적으로 움직이고, absolute는 자신이 포함된 컨테이닝 블록을 기준으로 배치됩니다. 또 fixed값은 스크린을 기준으로 박스를 배치할 때 사용하는 방법입니다. position 속성을 사용할 때 offset 속성(top, bottom, left, right)을 함께 사용하여 박스의 위치를 지정할 수 있는데, offset 속성을 사용할 수 있는 position값은 relative, absolute, fixed의 세 가지 경우입니다. position 속성 및 offset의 사용 형식은 다음과 같습니다.

```
position : static | relative | absolute | fixed | inherit ;
top      : 길이 | 퍼센트 | auto | inherit
right    : 길이 | 퍼센트 | auto | inherit
bottom   : 길이 | 퍼센트 | auto | inherit
left     : 길이 | 퍼센트 | auto | inherit
```

1. relative position

relative 방식은 '상대 배치 방식'이라고 부르며, 요소가 본래 있었던 자신의 위치를 기준으로 지정한 오프셋 속성의 값만큼 떨어져서 배치되는 방식입니다. 이 방식은 다른 요소들의 배치 위치에 영향을 주지 않으면서 이동하여 배치됩니다.

📁 예제 파일 : Sample\Part03\Sec05\3-5-09.html

Source

```
<!DOCTYPE html PUBLIC "-//W3C//DTD XHTML 1.0 Transitional//EN"
"http://www.w3.org/TR/xhtml1/DTD/xhtml1-transitional.dtd">
<html xmlns="http://www.w3.org/1999/xhtml" xml:lang="ko" >
<head>
    <title>relative position을 이용한 박스의 배치</title>
    <meta http-equiv="content-type" content="text/html; charset=euc-kr" />
    <style type="text/css">
        h1 { background:silver; color:white; }
        p { background:yellow; padding:10px; }
        .rela {
            position:relative;
            top:200px;            ------------------------ 본래 요소를 기준으로 top에서 200px만큼 left에서
            left:100px;                                    100px만큼 이동하여 배치됩니다.
            width:300px;
            height:100px;
            background:aqua;
        }
    </style>
</head>
<body>
    <h1>Relative Position</h1>
    <p class="rela">박스의 위치를 지정할 때 사용할 수 있는 오프셋 속성으로는 top, right, bottom, left 등이 있
    으며 박스의 본래 위치를 기준으로 배치됩니다.</p>
    <p>상대 위치(relative position) 지정 방식으로 박스가 배치될 경우 다른 블록 요소의 배치에 영향을 주지 않
    고 배치됩니다.</p>
</body>
</html>
```

Result

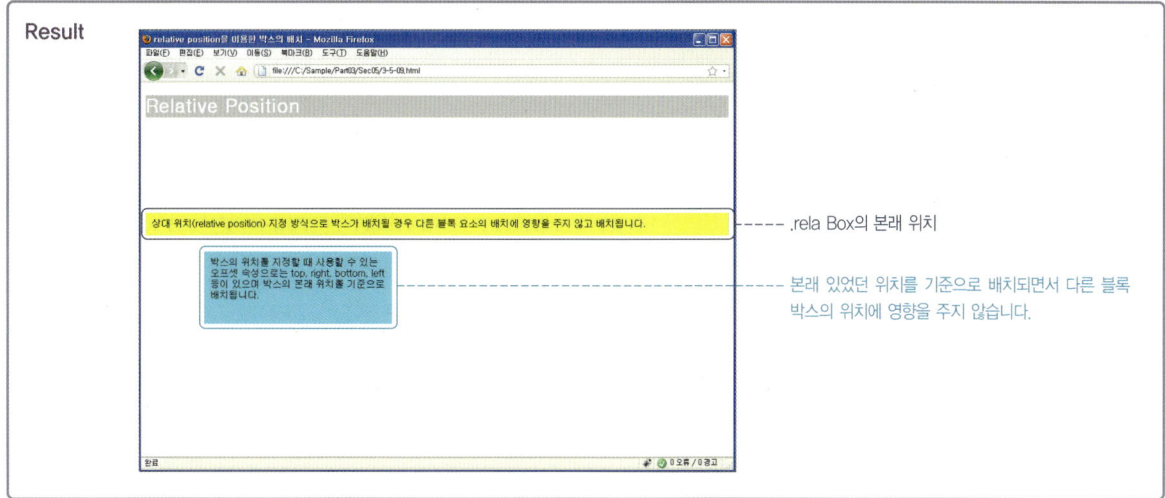

----- .rela Box의 본래 위치

----- 본래 있었던 위치를 기준으로 배치되면서 다른 블록
박스의 위치에 영향을 주지 않습니다.

2. absolute position

absolute 방식은 '절대 배치 방식'이라고 부르며, 요소가 포함된 컨테이닝 블록을 기준으로 지정한 오프셋 속성의 값만큼 떨어져서 배치되는 방식을 말합니다. 또 문서의 일반적인 흐름을 따라 배치되지 않기 때문에 본문에 있는 다른 요소들의 배치 위치에 영향을 줍니다. 흔히 absolute 방식의 배치는 본문 요소 위에 떠 있는 형태로 나타나기 때문에 '레이어(layer)'라고 부르며, 본문 요소와 겹칠 수 있습니다. 특히 absolute의 컨테이닝 블록은 상위 요소가 모두 static이면 body를 기준으로 배치됩니다. 그리고 상위 요소 중 가장 가까운 부모 요소가 position:static이 아니면 해당 요소가 컨테이닝 블록이 됩니다.

⊙ body 요소를 기준으로 배치되는 경우

absolute로 지정한 요소의 상위 요소가 position : static(기본값)이거나 body일 때는 absolute로, 지정한 요소의 오프셋은 body 요소를 기준으로 배치됩니다.

📁 예제 파일 : Sample\Part03\Sec05\3-5-10.html

Source

```
<!DOCTYPE html PUBLIC "-//W3C//DTD XHTML 1.0 Transitional//EN"
"http://www.w3.org/TR/xhtml1/DTD/xhtml1-transitional.dtd">
<html xmlns="http://www.w3.org/1999/xhtml" xml:lang="ko" >
<head>
    <title>absolute position을 이용한 박스의 배치</title>
    <meta http-equiv="content-type" content="text/html; charset=euc-kr" />
    <style type="text/css">
        h1 { background:silver; color:white; }
        p { background:yellow; padding:10px; }
```

```
                .abs {
                    position:absolute;
                    top:100px;                  ---------------------  body 요소를 기준으로 top에서 100px만큼, left에서
                    left:400px;                                        400px만큼 이동하여 배치됩니다.
                    width:300px;
                    height:100px;
                    background:aqua;
                }
            </style>
        </head>
        <body>
            <h1>Absolute Position</h1>
            <p class="abs">박스의 위치를 지정할 때 사용할 수 있는 오프셋 속성으로는 top, right, bottom, left 등이 있
            으며 자신이 포함된 컨테이닝 박스의 위치를 기준으로 배치됩니다.</p>
            <p>절대 위치(absolute position) 지정 방식으로 박스가 배치될 경우, 문서의 일반적인 흐름을 벗어나 배치되
            므로 다른 블록 요소의 배치에 영향을 주고 본문 요소와 겹칠 수도 있습니다.</p>
        </body>
    </html>
```

Result

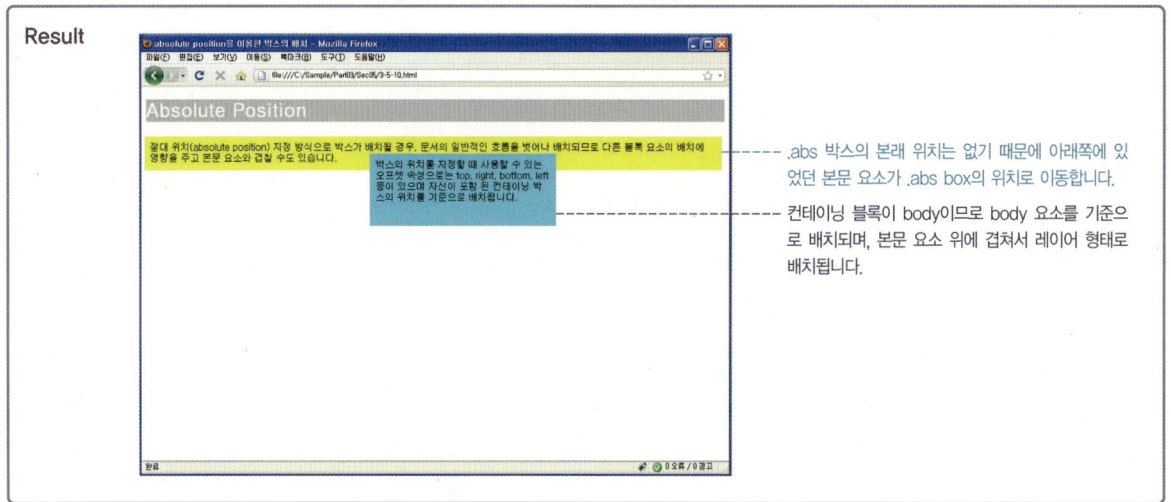

.abs 박스의 본래 위치는 없기 때문에 아래쪽에 있
었던 본문 요소가 .abs box의 위치로 이동합니다.

컨테이닝 블록이 body이므로 body 요소를 기준으
로 배치되며, 본문 요소 위에 겹쳐서 레이어 형태로
배치됩니다.

◉ 상위 요소를 기준으로 배치되는 경우

absolute 지정된 요소의 상위 요소가 position:static이 아니면 absolute로 지정된 요소는 자신의
상위요소를 기준으로 배치됩니다.

Source

```
<!DOCTYPE html PUBLIC "-//W3C//DTD XHTML 1.0 Transitional//EN"
"http://www.w3.org/TR/xhtml1/DTD/xhtml1-transitional.dtd">
<html xmlns="http://www.w3.org/1999/xhtml" xml:lang="ko" >
<head>
    <title>absolute position의 컨테이닝 박스</title>
    <meta http-equiv="content-type" content="text/html; charset=euc-kr" />
    <style type="text/css">
        h1 { background:silver; color:white; }
        p { background:yellow; padding:10px; }
        div {
            position:relative;
            background:orange;          ----------------------- .abs 박스의 컨테이닝 블록으로 지정한 요소
            height:200px;
        }
        .abs {
            position:absolute;
            bottom:0;                   ----------------------- position : relative로 지정한 div 박스를 기준으로 해
            right:0;                                            당 박스의 오른쪽 아래에 배치됩니다.
            width:300px;
            height:100px;
            margin:0;
            background:aqua;
        }
    </style>
</head>
<body>
    <h1>Absolute Position - 컨테이너</h1>
    <div>
        <p>absolute position 박스의 기준이 되는 컨테이닝 블록</p>
        <p class="abs">박스의 위치를 지정할 때 사용할 수 있는 오프셋 속성으로는 top, right, bottom, left 등이
        있으며 자신이 포함된 컨테이닝 박스의 위치를 기준으로 배치됩니다.</p>
    </div>
    <p>div 요소를 .abs 박스의 컨테이닝 블록으로 지정하고 크기를 .abs 박스 레이어보다 크게 설정했기 때문에
    .abs 박스의 위치는 자신의 컨테이닝 블록인 div 요소를 기준으로 오른쪽 하단에 배치됩니다.</p>
</body>
</html>
```

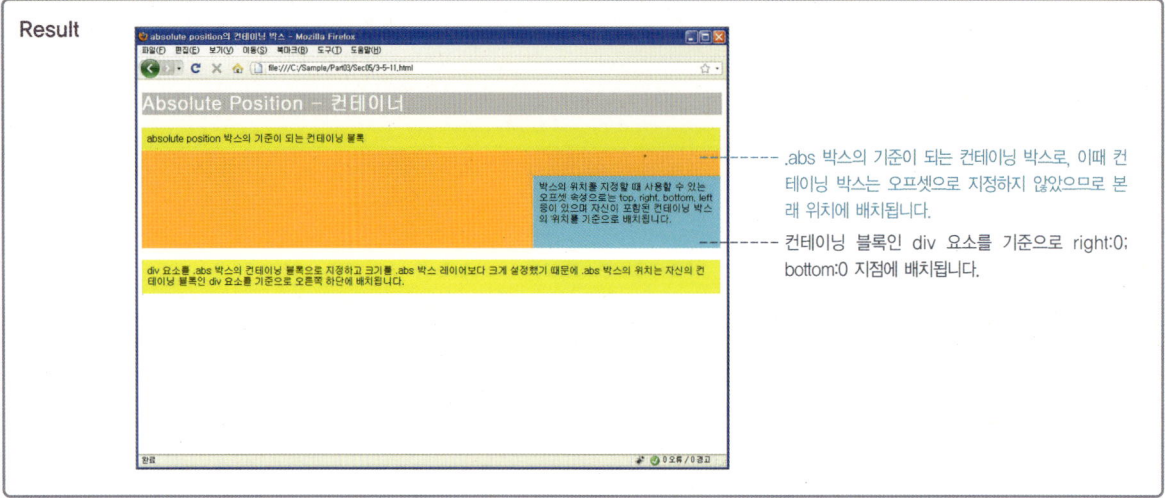

.abs 박스의 기준이 되는 컨테이닝 박스로, 이때 컨테이닝 박스는 오프셋으로 지정하지 않았으므로 본래 위치에 배치됩니다.

컨테이닝 블록인 div 요소를 기준으로 right:0; bottom:0 지점에 배치됩니다.

3. fixed position

fixed로 지정한 요소의 배치는 absolute로 지정한 요소의 배치와 유사합니다. 단 absolute 요소의 경우 컨테이닝 박스를 기준으로 배치되지만, fixed로 지정한 요소는 스크린을 기준으로 배치된다는 점이 다릅니다. 스크린을 기준으로 배치할 경우 본문 요소가 스크린을 넘쳐서 스크롤바가 나타나더라도 fixed로 지정한 요소는 항상 같은 위치에 배치됩니다. 이 방식은 최신 웹 브라우저에서 대부분 지원하지만, 인터넷 익스플로러 6 이하 버전에서는 제대로 동작하지 않습니다. 인터넷 익스플로러 6에서 이 문제를 해결하려면 자바스크립트의 도움을 받아야만 합니다. 오프셋을 지정하는 방법은 다른 요소와 동일하며 top, right, bottom, left 기준에 모두 사용할 수 있습니다.

예제 파일 : Sample\Part03\Sec05\3-5-12.html

Source

```
<!DOCTYPE html PUBLIC "-//W3C//DTD XHTML 1.0 Transitional//EN"
"http://www.w3.org/TR/xhtml1/DTD/xhtml1-transitional.dtd">
<html xmlns="http://www.w3.org/1999/xhtml" xml:lang="ko" >
<head>
    <title>fixed position을 이용한 박스의 배치</title>
    <meta http-equiv="content-type" content="text/html; charset=euc-kr" />
    <style type="text/css">
        h1 { background:silver; color:white; }
        p { background:yellow; padding:10px; }
        .fix {
            position:fixed;
            bottom:0;
            right:0;
            width:200px;
            height:100px;
```

스크린을 기준으로 오른쪽 아래에 배치됩니다.

```
                    margin:0;
                    background:aqua;
            }
        〈/style〉
〈/head〉
〈body〉
    〈h1〉Fixed Position〈/h1〉
    〈p class="fix"〉fixed position 박스의 배치 기준은 스크린입니다.〈/p〉
    〈p〉박스의 위치를 지정할 때 사용할 수 있는 오프셋 속성으로는 top, right, bottom, left 등이 있으며 스크롤바
    가 나타나더라도 항상 같은 위치에 배치됩니다.〈/p〉
    〈p〉인터넷 익스플로러 6과 같은 구버전의 웹 브라우저에서는 제대로 동작하지 않습니다.〈/p〉
〈/body〉
〈/html〉
```

Result

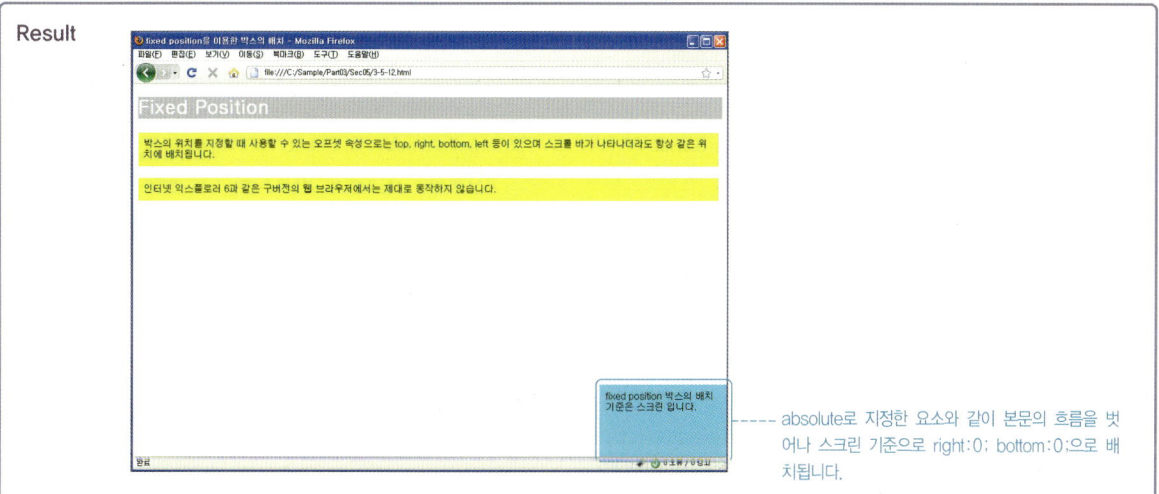

absolute로 지정한 요소와 같이 본문의 흐름을 벗
어나 스크린 기준으로 right:0; bottom:0;으로 배
치됩니다.

타이포그래피

1. font-family

웹 문서의 글꼴을 지정할 때는 font-family 속성을 이용합니다. font-family 속성은 글꼴을 지정
할 때 하나 이상의 글꼴을 선언할 수 있으며, 글꼴은 콤마(,)로 구별합니다. 이때 지정 순서로 글꼴의
우선순위가 결정되는데, 우선순위를 지정하는 이유는 사용자의 컴퓨터 시스템에 선언한 글꼴이 없
을 경우에 대비해야 하기 때문입니다.

이렇게 콤마(,)로 구분하여 여러 개로 지정하는 글꼴을 '글꼴 패밀리' 라고 부르며, 글꼴 패밀리를 지정한 후 마지막에는 대표 패밀리(generic family)를 명시해야 합니다. 대표 패밀리란 serif, sans-serif, cursive, fantasy, monospace의 다섯 가지 시스템 폰트를 의미하며, 대표 패밀리명은 키워드이기 때문에 인용 부호로 묶지 않는 것이 원칙입니다. 또 대표 패밀리를 선언하면 글꼴 패밀리명으로 지정한 글꼴을 사용할 수 없을 때 사용자 시스템 환경에서 적절한 글꼴을 선택할 수 있도록 하므로 웹 접근성을 고려할 때 바람직한 방식입니다. font-family 속성의 사용 형식은 다음과 같습니다.

---

font-family : 글꼴 패밀리명 , 대표 패밀리명 ;

font-family : "돋움", Dotum, "굴림", Gulim, sans-serif ;

글꼴 패밀리	대표 패밀리
'돋움' 이 첫 번째 우선순위 글꼴로, 한 글 글꼴을 인식하지 못하는 경우를 대비하여 Dotum을 다음에 선언합니다.	'돋움' 이나 '굴림' 글꼴이 없을 경우를 대비하여 가장 비슷한 시스템 폰트인 serif, sans-serif, cursive, fantasy, monospace 중에서 선택하여 선언합니다.

예제 파일 : Sample\Part03\Sec05\3-5-13.html

Source

```
<!DOCTYPE html PUBLIC "-//W3C//DTD XHTML 1.0 Transitional//EN"
"http://www.w3.org/TR/xhtml1/DTD/xhtml1-transitional.dtd">
<html xmlns="http://www.w3.org/1999/xhtml" xml:lang="ko" >
<head>
    <title>font-family 속성을 이용한 글꼴 지정</title>
    <meta http-equiv="content-type" content="text/html; charset=euc-kr" />
    <style type="text/css">
        body { font-family : "맑은고딕", "Malgun Gothic", sans-serif; } ---------- 기본 글꼴을 '맑은고딕' 으로 선언
        h1 { background : silver; color : white; }
        .family {
            font-family: "휴먼명조","Human Myeongjo", serif; -------------------- family class를 선언한 P 단락의
            background : aqua;                                                     글꼴을 '휴먼명조' 로 지정
        }
    </style>
</head>
<body>
    <h1>글꼴 지정하기</h1>
```

 여기서 잠깐

Q font-family 속성에 폰트명을 선언할 때 따옴표로 감싸는 경우가 있는데, 어떤 경우에 따옴표를 사용하나요?

A font-family에 지정하는 폰트명은 폰트명 사이에 공백이 있거나 한글 폰트명일 경우에는 따옴표로 묶고, 이 밖의 폰트명은 따옴표 없이 지정합니다. 폰트명에 따옴표를 사용하는 예로는 "돋움", "굴림", "Malgun Gothic", "Times New Roman" 등을 들 수 있습니다.

〈p class="family"〉CSS에서 글꼴을 지정할 때는 font-family 속성에 원하는 글꼴명을 지정할 수 있습니다. 이때 글꼴명은 복수로 지정할 수 있는데 콤마로 구분하며 지정 순서가 우선순위가 됩니다.〈/p〉

〈p〉글꼴을 복수로 지정해서 사용자의 시스템에 해당 글꼴이 없을 경우를 대비할 수 있지만 이 또한 없을 경우를 위해 마지막에 시스템 폰트군인 대표 패밀리를 지정할 수 있는데 'serif', 'sans-serif', 'cursive', 'fantasy', 'monospace' 중 하나를 지정하면 됩니다.〈/p〉

〈/body〉

〈/html〉

Result

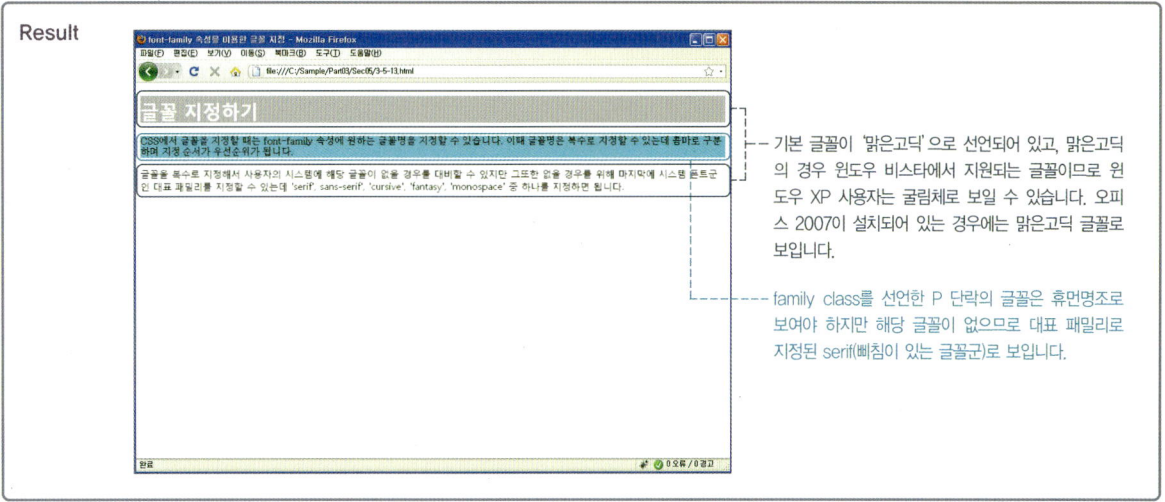

기본 글꼴이 '맑은고딕'으로 선언되어 있고, 맑은고딕의 경우 윈도우 비스타에서 지원되는 글꼴이므로 윈도우 XP 사용자는 굴림체로 보일 수 있습니다. 오피스 2007이 설치되어 있는 경우에는 맑은고딕 글꼴로 보입니다.

family class를 선언한 P 단락의 글꼴은 휴먼명조로 보여야 하지만 해당 글꼴이 없으므로 대표 패밀리로 지정된 serif(삐침이 있는 글꼴군)로 보입니다.

2. font-size

웹 문서의 글자 크기를 지정할 때는 font-size 속성을 이용할 수 있습니다. font-size 속성에 원하는 글꼴 크기를 지정할 때는 키워드를 사용하거나 직접 글꼴 크기를 지정할 수 있습니다. font-size는 '절대 크기'와 '상대 크기'로 나눌 수 있는데, 절대 단위에 사용되는 키워드는 xx-small, x-small, small, medium, large, x-large, xx-large, smaller, larger 등으로, pt, pc, cm, mm 등의 단위를 사용할 수 있습니다. 또 상대 단위에는 px, em, ex, 퍼센트 형식 등이 있고, 상대 단위인 px, em과 함께 백분율(%) 형식을 주로 사용합니다. font-size 속성의 사용 형식은 다음과 같습니다.

```
font-size : 키워드 | 길이 | 퍼센트 | inherit
font-size : small ;
font-size : 12px ;
font-size : 1.5em ;
font-size : 150% ;
```

Source
```
<!DOCTYPE html PUBLIC "-//W3C//DTD XHTML 1.0 Transitional//EN"
"http://www.w3.org/TR/xhtml1/DTD/xhtml1-transitional.dtd">
<html xmlns="http://www.w3.org/1999/xhtml" xml:lang="ko" >
<head>
    <title>font-size 속성을 이용한 글꼴 크기 지정</title>
    <meta http-equiv="content-type" content="text/html; charset=euc-kr" />
    <style type="text/css">
        body {font-size:12px;}------------------------------- 기본 글꼴 크기를 12px로 지정합니다.
        h1 { background:silver; color:white; }
        .size {
            background:yellow;
            font-size:1.5em; ----------------------- 1.5em은 부모 요소인 body 크기를 상속받아 결정되
        }                                          기 때문에 18px 크기로 보입니다.
    </style>
</head>
<body>
    <h1>글꼴 크기 지정하기</h1>
    <p>CSS에서 글꼴의 크기를 지정할 때는 font-size 속성에 원하는 글꼴 크기를 지정할 수 있으며, 사용할 수
    있는 단위로는 절대 단위와 상대 단위가 있습니다. 절대 단위에는 pt, pc, cm, mm 등이 있으며, 상대 단위에
    는 px, em, ex 등이 있습니다.</p>
    <p>글꼴의 기본값을 지정하고자 할 때는 body 요소에 선언하여 다른 요소가 body의 크기를 상속받도록 할 수
    있습니다. 만약 따로 기본값을 지정하지 않았다면 글꼴의 기본 크기는 16px이 됩니다.</p>
    <p class="size">em 단위의 경우 상대 크기를 의미하며 현재 부모 요소인 body의 크기가 12px로 선언되어
    있으므로 해당 단락은 12px*1.5로 계산되어 18px의 크기로 출력됩니다.</p>
</body>
</html>
```

Result

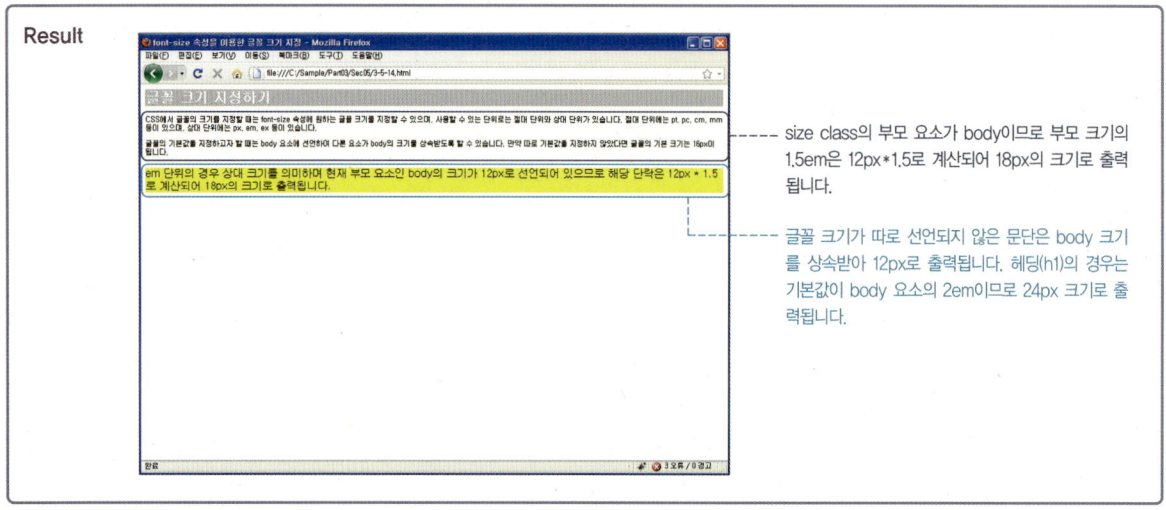

---- size class의 부모 요소가 body이므로 부모 크기의
1.5em은 12px*1.5로 계산되어 18px의 크기로 출력
됩니다.

---- 글꼴 크기가 따로 선언되지 않은 문단은 body 크기
를 상속받아 12px로 출력됩니다. 헤딩(h1)의 경우는
기본값이 body 요소의 2em이므로 24px 크기로 출
력됩니다.

3. line-height

문단의 행간을 지정할 경우에는 line-height 속성을 사용합니다. 이때 line-height는 font-size로 지정된 글자 크기를 포함하여 글자의 위쪽과 아래쪽 여백까지의 크기를 의미합니다. 또 line-height 값을 font-size보다 작게 지정할 경우에는 글자가 겹칠 수 있으므로 font-size보다 크게 지정해 주는 것이 좋습니다.

line-height에 값을 지정할 때 사용할 수 있는 단위는 px, em, 실수 형식이 있으며 1.4, 1.6과 같이 실수로 행간의 크기를 지정하면 자식 요소의 글자 크기가 부모 요소와 다를 경우 값이 상속되기 때문에 글자 크기에 비례하여 줄간격을 유지할 수 있습니다.

글자의 위쪽과 아래쪽 여백은 '반행간(half-leading)'이라고 부르며, line-height에서 font-size를 뺀 나머지 값을 절반으로 나누면 각각 반행간의 크기가 됩니다. 그러므로 font-size의 크기보다 line-height의 크기가 작을 경우 행끼리 겹칠 수 있습니다. font-size의 크기가 12px이고, line-height의 크기가 18px인 경우 반행간의 크기는 3px이 되므로, 글자의 위쪽과 아래쪽에 3px만큼의 여백이 생깁니다. 다음은 line-height와 font-size의 관계를 나타낸 것입니다.

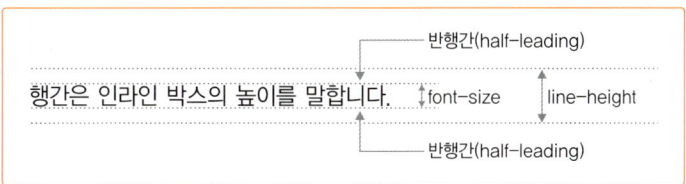

line-height 속성의 사용 형식은 다음과 같습니다.

```
line-height : normal | 실수 | 길이 | 퍼센트 | inherit ;
line-height : normal ;
line-height : 1.6 ;
line-height : 1.5em ;
line-height : 200% ;
```

line-height는 font-size와 달리 선언값으로 단위 없이 실수를 사용할 수 있습니다. 실수 외의 값을 사용할 때는 하위 요소의 글자 크기가 상위 요소의 글자 크기와 달라도 같은 line-height값을 상속받습니다. 하지만 실수로 선언할 경우에는 예외로 지정한 실수의 값으로 상속되기 때문에 하위 요소는 자신의 글꼴 크기에 대응하는 행간을 갖습니다.

Source

```
<!DOCTYPE html PUBLIC "-//W3C//DTD XHTML 1.0 Transitional//EN"
"http://www.w3.org/TR/xhtml1/DTD/xhtml1-transitional.dtd">
<html xmlns="http://www.w3.org/1999/xhtml" xml:lang="ko" >
<head>
    <title>line-height 속성을 이용한 행간 지정</title>
    <meta http-equiv="content-type" content="text/html; charset=euc-kr" />
    <style type="text/css">
        body {font-size:12px;}
        h1 { background:silver; color:white; }
        div { line-height:1.6; }------------------------------ 행간은 12px×1.6의 크기로 지정
        .line {
            background:yellow;
            font-size:16px;------------------------------ line class의 글자 크기가 부모 요소인 div와 다르게
        }                                                설정합니다(div 크기는 12px).
    </style>
</head>
<body>
    <h1>행간 지정하기</h1>
    <div>
        <p>문단의 행간을 지정할 경우 line-height 속성을 사용합니다. 이때 line-height값을 font-size보다 작게
        지정하면 글자가 겹칠 수 있으므로 font-size보다 크게 지정해 주는 것이 좋습니다.</p>
        <p class="line">line-height에 값을 입력할 때는 실수로 입력하는 것이 바람직합니다. 1.4, 1.6과 같이 실수로
        행간의 크기를 지정하면 자식 요소의 글자 크기가 부모 요소와 다를 경우 지정값이 상속되기 때문입니다.</p>
    </div>
</body>
</html>
```

Result

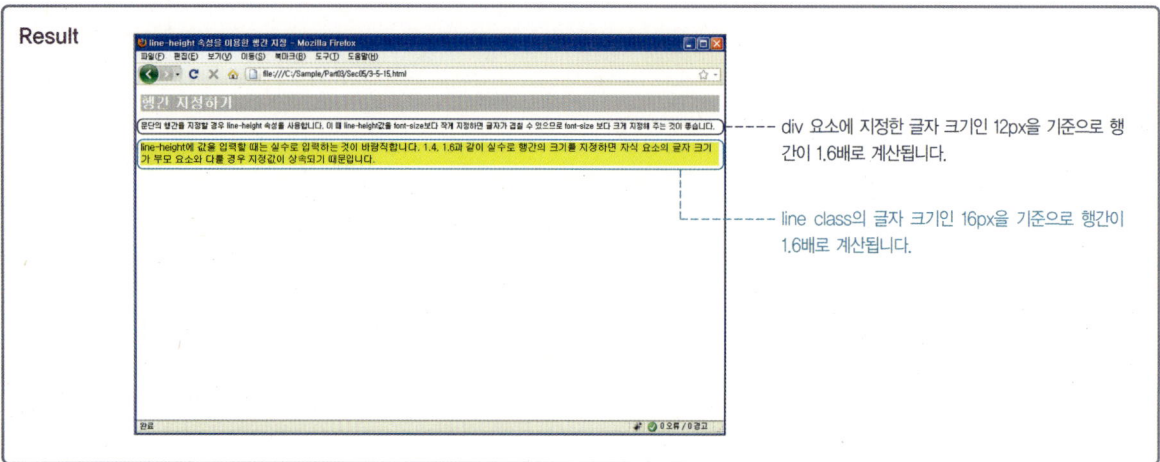

div 요소에 지정한 글자 크기인 12px을 기준으로 행간이 1.6배로 계산됩니다.

line class의 글자 크기인 16px을 기준으로 행간이 1.6배로 계산됩니다.

4. font-weight

글꼴을 굵게 장식할 때는 font-weight 속성을 사용합니다. font-weight 속성은 normal, bold, bolder, lighter 등의 키워드와 100~900까지 9단계의 값을 가질 수 있습니다. font-weight 속성의 사용 형식은 다음과 같습니다.

```
font-weight  : 키워드 | 100 ~ 900 | inherit
font-weight : normal ;
font-weight : bold ;
font-weight : 400 ;
font-weight : 700 ;
```

예제 파일 : Sample\Part03\Sec05\3-5-16.html

Source
```
<!DOCTYPE html PUBLIC "-//W3C//DTD XHTML 1.0 Transitional//EN"
"http://www.w3.org/TR/xhtml1/DTD/xhtml1-transitional.dtd">
<html xmlns="http://www.w3.org/1999/xhtml" xml:lang="ko" >
<head>
    <title>font-weight 속성을 이용한 글꼴 굵기 지정</title>
    <meta http-equiv="content-type" content="text/html; charset=euc-kr" />
    <style type="text/css">
        h1 { font-weight:normal ; }------------------------- 굵게 장식한 h1 요소 안의 글자는 보통 굵기로 출력
                                                              됩니다.
        .weight {
            font-weight:700;            ----------------- weight class의 굵기는 다른 문단의 굵기보다 진하
            background:aqua;                               게 나타나고, 기본값은 400입니다.
        }
    </style>
</head>
<body>
    <h1>글꼴 굵기 지정하기</h1>
    <p>글꼴을 굵게 장식하려고 하는 경우나 굵게 장식된 글꼴을 보통 굵기로 지정할 경우 font-weight 속성을 사
    용합니다.</p>
    <p class="weight">font-weight : normal ;은 font-weight : 400;과 동일하게 렌더링되며 font-weight :
    bold ;의 경우는 font-weight : 700 ;과 같은 굵기입니다.</p>
</body>
</html>
```

Result

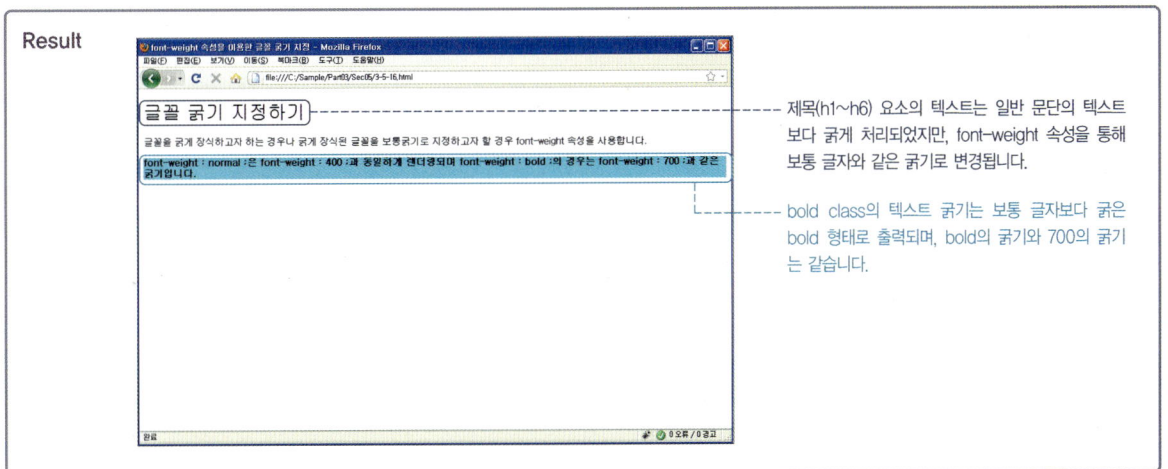

제목(h1~h6) 요소의 텍스트는 일반 문단의 텍스트보다 굵게 처리되었지만, font-weight 속성을 통해 보통 글자와 같은 굵기로 변경됩니다.

bold class의 텍스트 굵기는 보통 글자보다 굵은 bold 형태로 출력되며, bold의 굵기와 700의 굵기는 같습니다.

5. font-style

글꼴의 스타일을 지정할 때는 font-style 속성을 사용합니다. font-style 속성은 normal, italic, ablique 중에서 하나의 값을 가질 수 있는데, font-style 속성의 사용 형식은 다음과 같습니다.

```
font-style : normal | italic | ablique
```

📁 예제 파일 : Sample\Part03\Sec05\3-5-17.html

Source

```
<!DOCTYPE html PUBLIC "-//W3C//DTD XHTML 1.0 Transitional//EN"
"http://www.w3.org/TR/xhtml1/DTD/xhtml1-transitional.dtd">
<html xmlns="http://www.w3.org/1999/xhtml" xml:lang="ko" >
<head>
    <title>font-style 속성을 이용한 스타일 지정</title>
    <meta http-equiv="content-type" content="text/html; charset=euc-kr" />
    <style type="text/css">
        h1 { background:silver; }

        .style {
            font-style:italic;
            background:yellow;                              style class 요소는 기울임꼴 스타일로 출력됩니다.
        }
        address {
            font-style:normal;
            background:aqua;
        }
    </style>
</head>
<body>
    <h1>글꼴 스타일 지정하기</h1>
    <p>몇몇 요소를 제외한 대부분의 요소는 기본적으로 글꼴 스타일을 normal값으로 가지고 있습니다.</p>
    <p class="style">문단의 글꼴 스타일을 기울임꼴로 지정하려고 하는 경우 font-style 속성에 italic 또는
    oblique값을 지정하면 됩니다.</p>
    <address>address 요소의 텍스트는 italic 스타일을 기본적으로 가지고 있으나 font-style 속성을 이용하여 기
    울임꼴을 normal 스타일로 변경할 수 있습니다.</address>
</body>
</html>
```

Result

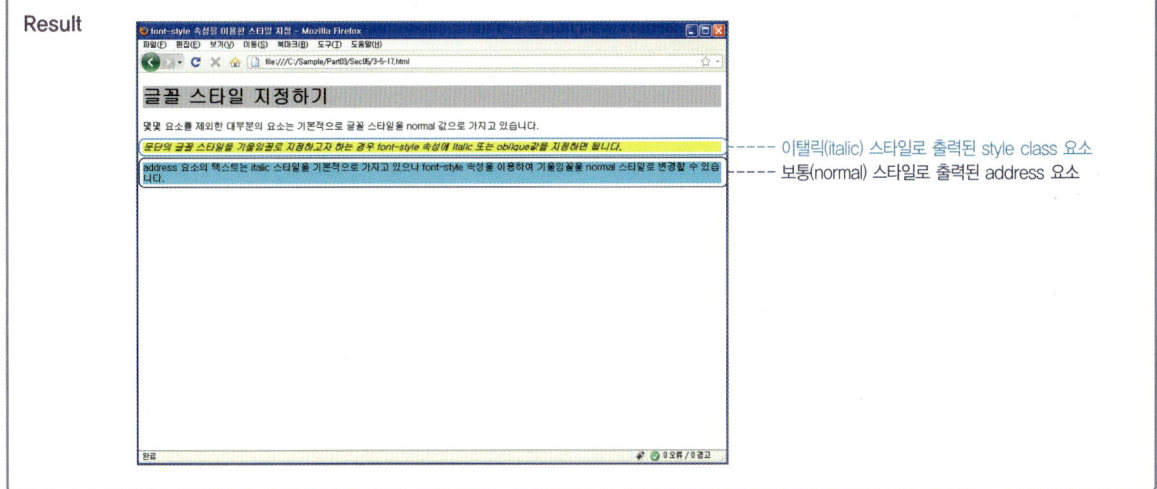

이탤릭(italic) 스타일로 출력된 style class 요소

보통(normal) 스타일로 출력된 address 요소

6. font-variant

영문 글꼴의 소문자를 대문자로 변경할 때는 font-variant 속성을 사용할 수 있습니다. font-variant 속성은 normal이나 small-caps 중에서 하나의 값을 적용할 수 있는데, small-caps를 적용할 때 소문자를 대문자로 변형하지만, 크기는 대문자 크기와 다르게 '크기가 작은 대문자'로 출력됩니다. font-variant 속성의 사용 형식은 다음과 같습니다.

font-variant : normal | small-caps

예제 파일 : Sample\Part03\Sec05\3-5-18.html

Source

```
<!DOCTYPE html PUBLIC "-//W3C//DTD XHTML 1.0 Transitional//EN"
"http://www.w3.org/TR/xhtml1/DTD/xhtml1-transitional.dtd">
<html xmlns="http://www.w3.org/1999/xhtml" xml:lang="ko" >
<head>
    <title>font-variant 속성을 이용한 크기가 작은 대문자 표현</title>
    <meta http-equiv="content-type" content="text/html; charset=euc-kr" />
    <style type="text/css">
        h1 { background:silver; }
        .variant {
            font-variant:small-caps;
            background:yellow;
        }
    </style>
</head>
<body>
    <h1>크기가 작은 대문자</h1>
    <p>The power of the Web is in its universality, Access by everyone regardless of disability is an
    essential aspect.</p>
```

variant class를 적용한 단락은 크기가 작은 대문자로 출력됩니다.

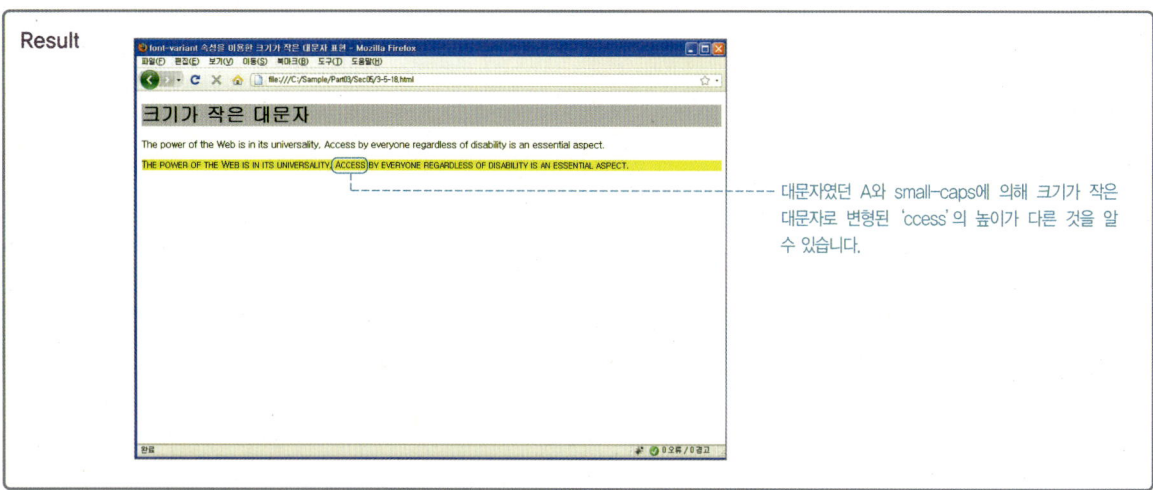

```
        <p class="variant">The power of the Web is in its universality. Access by everyone regardless of
        disability is an essential aspect.</p>
    </body>
</html>
```

Result

크기가 작은 대문자

The power of the Web is in its universality. Access by everyone regardless of disability is an essential aspect.

THE POWER OF THE WEB IS IN ITS UNIVERSALITY. ACCESS BY EVERYONE REGARDLESS OF DISABILITY IS AN ESSENTIAL ASPECT.

대문자였던 A와 small-caps에 의해 크기가 작은
대문자로 변형된 'ccess'의 높이가 다른 것을 알
수 있습니다.

7. font

지금까지 살펴본 font와 관련된 여섯 가지 속성인 font-family, font-size, line-height, font-weight, font-style, font-variant는 font 속성을 이용하여 단축 표현을 할 수 있습니다. 속성을 하나하나 명시하지 않고 font 속성에 각각의 값만 나열해서 선언할 수 있기 때문에 좀 더 편리합니다. 단, font 속성을 이용하여 단축 표현을 할 때는 선언 순서를 지켜야 합니다. 이때 font-size와 font-family는 반드시 선언해야 하는 필수 속성이며, 각 속성마다 선언 순서가 정해져 있다는 것을 명심해야 합니다. font 속성을 이용한 단축 표현의 규칙은 다음과 같습니다.

font : [font-weight | font-style | font-variant] | [font-size] | [/line-height] | [font-family]

📁 예제 파일 : Sample\Part03\Sec05\3-5-19.html

Source

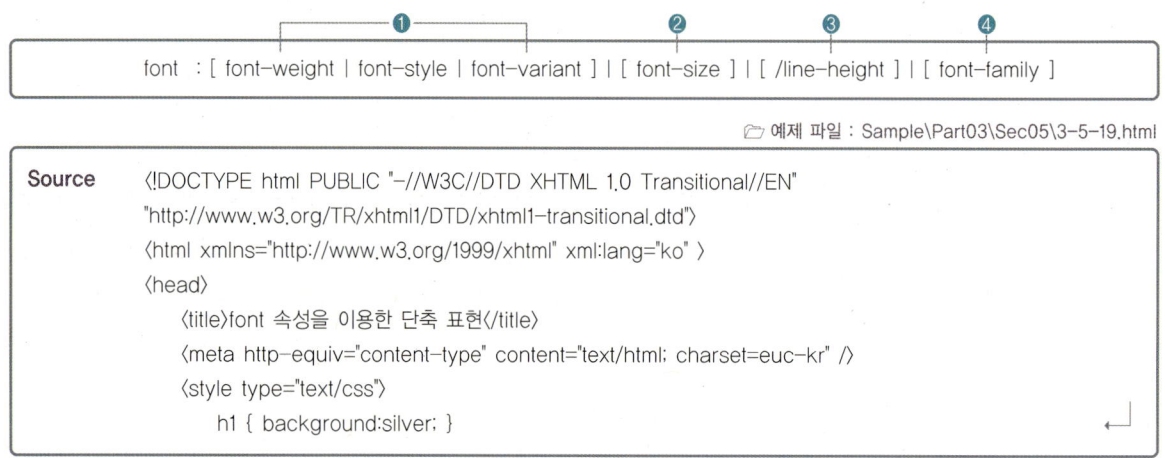

```
<!DOCTYPE html PUBLIC "-//W3C//DTD XHTML 1.0 Transitional//EN"
"http://www.w3.org/TR/xhtml1/DTD/xhtml1-transitional.dtd">
<html xmlns="http://www.w3.org/1999/xhtml" xml:lang="ko" >
<head>
    <title>font 속성을 이용한 단축 표현</title>
    <meta http-equiv="content-type" content="text/html; charset=euc-kr" />
    <style type="text/css">
        h1 { background:silver; }
```

```
        .font {
            font:bold normal small-caps 18px /1.6 "돋움",Dotum, sans-serif; ----- font class를 적용한 단락은 굵
            background:aqua;                                                      게, 영문은 크기가 작은 대문자
        </style>                                                                  로, 글자 크기는 18px, 행간은
    </head>                                                                       1.6 글꼴은 돋움으로 출력합니다.
    <body>
        <h1>font를 이용한 단축 표현</h1>
        <p>font 속성을 이용하면 font-family, font-size, line-height, font-weight, font-style, font-variant 속성을
        한 번에 선언할 수 있습니다. 단축 표기가 가능한 속성에는 margin, padding, border 등이 있습니다.</p>
        <p class="font">font를 이용한 단축 표현 시 주의해야 할 점은 선언 순서를 지켜야 한다는 것입니다. 선언의 1
        순위는 font-weight, font-style, font-variant 속성이며, 2순위는 font-size, 3순위는 line-height 속성입니다.
        이때 line-height는 폰트 관련 속성이 아닌 텍스트 관련 속성이지만, font 속성으로 한 번에 선언할 수 있습니
        다. 이때 line-height 앞에 슬래시(/)를 붙여 주어야 합니다. 마지막으로 선언해야 할 속성은 font-family 속성으
        로 font-size와 함께 반드시 지정해야 하는 필수 속성입니다.</p>
    </body>
</html>
```

Result

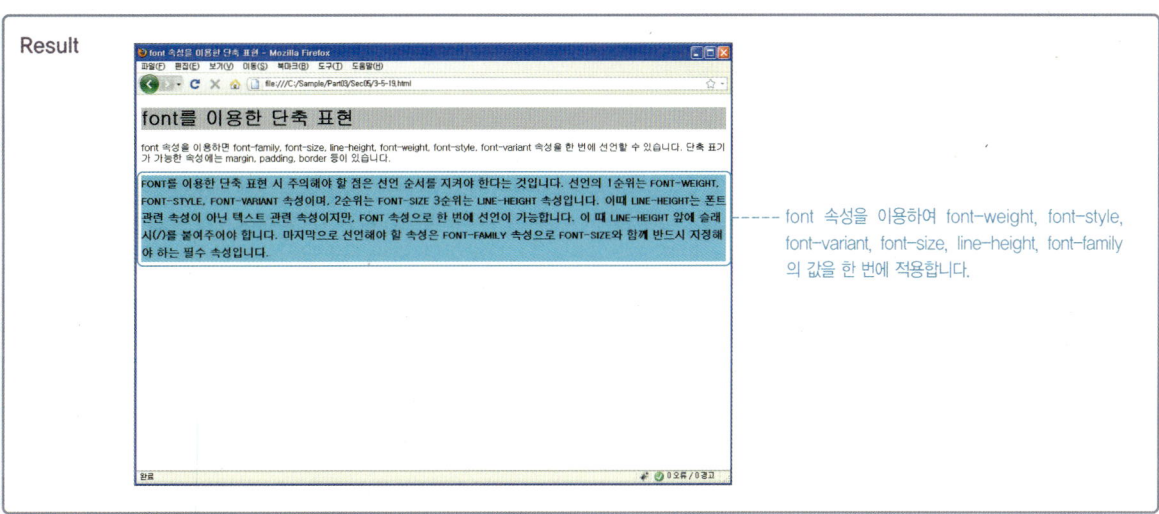

----- font 속성을 이용하여 font-weight, font-style, font-variant, font-size, line-height, font-family 의 값을 한 번에 적용합니다.

8. text-indent

문서를 작성할 때 사용하는 텍스트 관련 서식 중에서 단락 첫 번째 줄 들여쓰기 기능과 같은 것으로, text-indent 속성을 이용하면 단락 첫 번째 줄 들여쓰기 효과를 적용할 수 있습니다. 또 text-indent 속성에 음수값을 지정하여 첫 번째 줄 내어쓰기 효과도 적용할 수 있습니다. text-indent 속성의 사용 형식은 다음과 같습니다.

text-indent : 길이 | 퍼센트 | inherit

Source

```
<!DOCTYPE html PUBLIC "-//W3C//DTD XHTML 1.0 Transitional//EN"
"http://www.w3.org/TR/xhtml1/DTD/xhtml1-transitional.dtd">
<html xmlns="http://www.w3.org/1999/xhtml" xml:lang="ko" >
<head>
    <title>text-indent 속성을 이용한 텍스트 서식</title>
    <meta http-equiv="content-type" content="text/html; charset=euc-kr" />
    <style type="text/css">
        h1 { background:silver; }
        .indentIn {
            text-indent:50px;         ----------------- indentIn class를 적용한 단락은 50px만큼 단락의
            background:yellow;                            첫 번째 줄 들여쓰기가 적용됩니다.
            }
        .indentOut {
            text-indent:-50px;        ----------------- indentOut class를 적용한 단락은 50px만큼 단락의
            padding-left:50px;                           첫 번째 줄 내어쓰기가 적용됩니다(같은 크기의 왼쪽
            background:aqua;                             패딩을 지정해야 합니다.).
            }
    </style>
</head>
<body>
    <h1>텍스트 서식 지정하기</h1>
    <p>문서를 작성할 때 사용하는 텍스트 관련 서식 중 첫 줄 들여쓰기 기능을 의미하는 것은 text-indent 속성입
니다. text-indent 속성에 원하는 값을 지정하면 단락의 첫 줄이 해당 크기만큼 들여쓰기됩니다.</p>
    <p class="indentIn"> text-indent 값에 음수값을 지정하면 첫 줄 내어쓰기 효과를 적용할 수 있는데, 이 경우
에는 내어쓰기하려고 하는 크기만큼 text-indent 속성에 값을 지정하고 동일한 수치의 패딩을 왼쪽에 선언하면
됩니다.</p>
    <p class="indentOut">text-indent에 사용할 수 있는 값은 px, em 등과 같은 길이 단위와 %(퍼센트)가 있습니
다. 주의해야 할 점은 text-indent 속성은 블록 요소에만 적용할 수 있다는 것입니다.</p>
</body>
</html>
```

Result

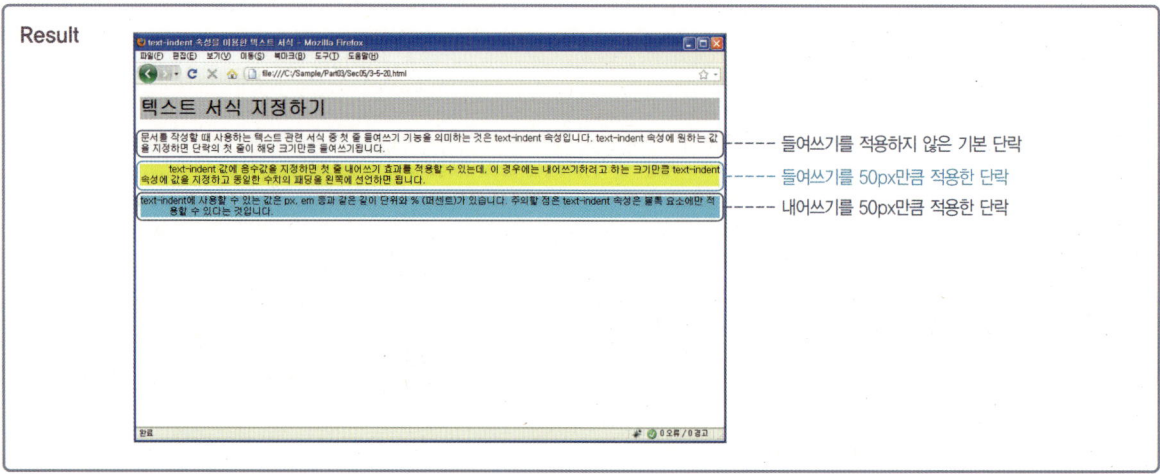

——— 들여쓰기를 적용하지 않은 기본 단락

——— 들여쓰기를 50px만큼 적용한 단락

——— 내어쓰기를 50px만큼 적용한 단락

9. text-align

단락의 텍스트를 가로 기준으로 정렬할 때는 text-align 속성을 사용합니다. text-align 속성은 left, center, right, justify 등의 값을 사용할 수 있습니다. 이 중에서 left, center, right 정렬은 일반 문서 작성기에서 사용하는 단락 정렬 기능과 똑같이 동작하지만 justify의 경우는 조금 다릅니다. 일반적으로 justify는 양쪽 정렬을 의미하지만, 양쪽 정렬이 웹 브라우저에 따라 다르게 동작할 수 있다는 점에 유의해야 합니다. 웹 브라우저는 양쪽 정렬의 경우 letter-spacing을 조절하기도 하고, word-spacing을 조절하기도 하며, 별도의 여백을 추가하는 방식을 사용하기도 하기 때문입니다. text-align 속성의 사용 형식은 다음과 같습니다.

```
text-align  : left | center | right | justify | inherit
```

예제 파일 : Sample\Part03\Sec05\3-5-21.html

Source

```
<!DOCTYPE html PUBLIC "-//W3C//DTD XHTML 1.0 Transitional//EN"
"http://www.w3.org/TR/xhtml1/DTD/xhtml1-transitional.dtd">
<html xmlns="http://www.w3.org/1999/xhtml" xml:lang="ko" >
<head>
    <title>text-align 속성을 이용한 문단의 가로 정렬</title>
    <meta http-equiv="content-type" content="text/html; charset=euc-kr" />
    <style type="text/css">
        h1 { background:silver; }
        .left {
            text-align:left;                           ------- left class를 적용한 단락은 왼쪽 정렬
            background:yellow;
            }
        .center {
            text-align:center;                         ------- center class를 적용한 단락은 가운데 정렬
            background:aqua;
            }
        .right {
            text-align:right;                          ------- right class를 적용한 단락은 오른쪽 정렬
            background:yellow;
            }
        .justify {
            text-align:justify;                        ------- justify class를 적용한 단락은 양쪽 정렬
            background:aqua;
            }
    </style>
</head>
<body>
    <h1>문단 가로 정렬하기</h1>
```

〈p class="left"〉단락 내의 텍스트를 왼쪽 정렬할 경우 text-align:left;를 선언하며, left 정렬의 경우 단락의 왼쪽라인은 일치하지만 오른쪽 라인은 들쑥날쑥 보여질 수 있습니다. 정렬값을 선언하지 않았을 경우 단락의 기본 정렬은 left값을 가지게 됩니다. 그러나 일부 요소의 경우, 예를 들어 th 요소의 경우 기본 정렬이 left가 아닌 center인 경우도 있습니다.〈/p〉

〈p class="center"〉단락 내의 텍스트를 가운데 정렬할 경우 text-align:center;를 선언하면 됩니다. 간혹 예전에 사용하던 center 요소와 동일하게 생각하는 경우가 있는데 center의 경우 텍스트가 아닌 테이블 전체를 가운데로 배치할 수 있지만 text-align:center;는 요소 안의 텍스트만 가운데로 배치합니다.〈/p〉

〈p class="right"〉단락 내의 텍스트를 오른쪽 정렬할 경우 text-align:right;를 선언하면 됩니다. 오른쪽 정렬은 왼쪽 정렬의 반대 개념으로 오른쪽 라인은 일치하지만 왼쪽 라인은 들쑥날쑥 보여질 수 있습니다.〈/p〉

〈p class="justify"〉일반적으로 justify는 양쪽 정렬을 의미하지만 양쪽 정렬이 웹 브라우저에 따라 다르게 동작할 수 있다는 점에 유의해서 사용해야 합니다. 웹 브라우저들은 양쪽 정렬의 경우 letter-spacing을 조절하기도 하고 word-spacing을 조절하기도 하며 때로는 별도의 여백을 추가하는 방식을 사용하기 때문입니다. 〈/p〉
〈/body〉
〈/html〉

Result

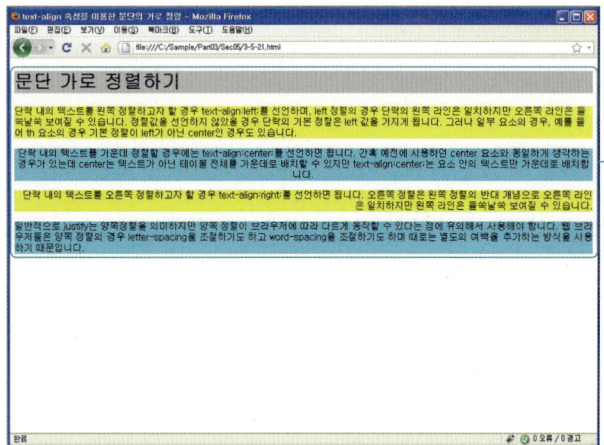

각각 왼쪽 정렬, 가운데 정렬, 오른쪽 정렬, 양쪽 정렬을 적용한 경우

10. vertical-align

HTML에서 〈sup〉나 〈sub〉, X^2이나 H_2O과 같이 윗첨자와 아랫첨자를 적용하거나 테이블에서 셀의 텍스트 수직 위치를 정렬할 때는 vertical-align 속성을 사용할 수 있습니다. vertical-align 속성은 인라인 요소와 이미지 요소, input 요소 등에 적용할 수 있습니다. 블록 요소의 경우에는 사용할 수 없지만 테이블 관련 요소인 th 요소나 td 요소에는 사용할 수 있습니다.

vertical-align : baseline | sub | super | top | text-top | middle | bottom | text-bottom
길이 | 퍼센트 | inherit

예제 파일 : Sample\Part03\Sec05\3-5-22.html

Source

```
<!DOCTYPE html PUBLIC "-//W3C//DTD XHTML 1.0 Transitional//EN"
"http://www.w3.org/TR/xhtml1/DTD/xhtml1-transitional.dtd">
<html xmlns="http://www.w3.org/1999/xhtml" xml:lang="ko" >
<head>
    <title>vertical-align 속성을 이용한 수직 위치 정렬</title>
    <meta http-equiv="content-type" content="text/html; charset=euc-kr" />
    <style type="text/css">
        h1 { background:silver; }
        .super {
            vertical-align:super;
            font-size:0.7em;
            background:yellow;
            }
        .sub {
            vertical-align:sub;
            font-size:0.7em;
            background:aqua;
            }
        .top    {  vertical-align:top;  }
        .middle  {  vertical-align:middle;  }
        .bottom  {  vertical-align:bottom;  }
    </style>
</head>
<body>
    <h1>인라인 요소의 수직 위치 지정</h1>
    <p>X<span class="super">2</span>와 같이 윗첨자가 적용된 모습</p>
    <p>H<span class="sub">2</span>O와 같이 아랫첨자가 적용된 모습</p>
    <p><img class="top" src="images/verticalAlign01.jpg" width="90" height="70" alt="영국 리즈캐슬의 잔디
    정원" />이미지 요소에 vertical-align:top이 적용된 모습</p>
    <p><img class="middle" src="images/verticalAlign02.jpg" width="90" height="70" alt="영국 리즈캐슬의 호
    수와 나무" />이미지 요소에 vertical-align:middle이 적용된 모습</p>
    <p><img class="bottom" src="images/verticalAlign03.jpg" width="90" height="70" alt="영국 리즈캐슬의 호
    수 풍경" />이미지 요소에 vertical-align:bottom이 적용된 모습</p>
</body>
</html>
```

super class와 sub class를 적용한 인라인 요소의 경우, 위치만 위쪽이나 아래쪽으로 배치되기 때문에 첨자 효과를 지정할 경우에는 글자 크기를 함께 조절해야 합니다.

이미지 요소에 각각 top, middle, bottom을 적용합니다.

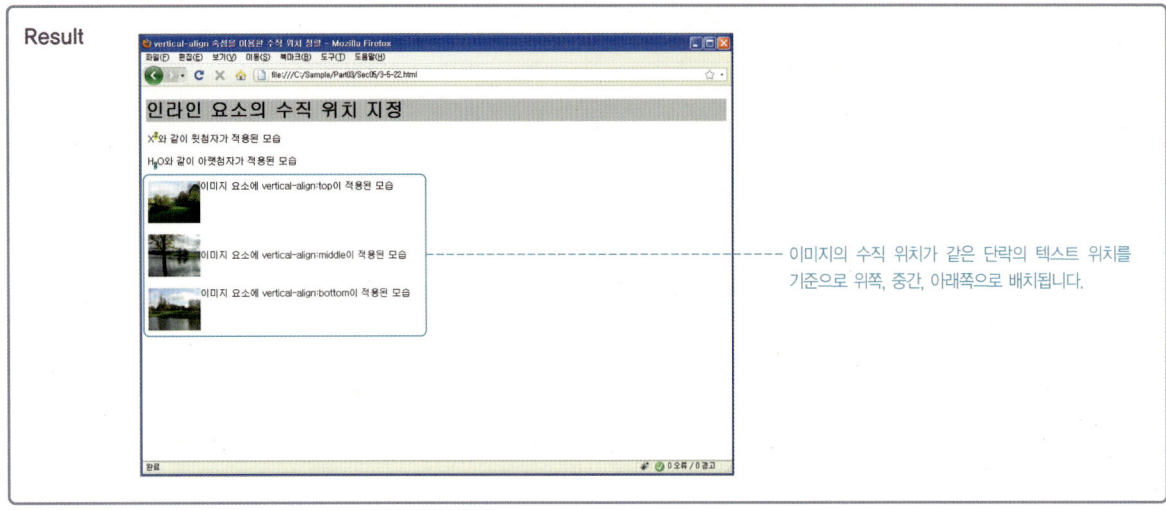

이미지의 수직 위치가 같은 단락의 텍스트 위치를 기준으로 위쪽, 중간, 아래쪽으로 배치됩니다.

테이블의 셀(th 요소나 td 요소)에 vertical-align을 적용할 경우 baseline, top, middle, bottom값만 인정됩니다. 그리고 블록 요소 안의 콘텐츠 정렬에는 영향을 미치지 않습니다.

11. text-decoration

텍스트에 밑줄을 긋거나 취소선 등의 효과를 적용할 때는 text-decoration 속성을 사용할 수 있습니다. 이 중에서 blink는 텍스트를 깜박거리게 하는 기능이지만, 대다수의 웹 브라우저는 이 기능을 지원하지 않습니다. 현재는 파이어폭스에서 blink 효과를 확인할 수 있습니다. text-decoration 속성의 사용 형식은 다음과 같습니다.

text-decoration : none | underline | overline | line-through | blink | inherit

📂 예제 파일 : Sample\Part03\Sec05\3-5-23.html

Source
```
<!DOCTYPE html PUBLIC "-//W3C//DTD XHTML 1.0 Transitional//EN"
"http://www.w3.org/TR/xhtml1/DTD/xhtml1-transitional.dtd">
<html xmlns="http://www.w3.org/1999/xhtml" xml:lang="ko" >
<head>
    <title>text-decoration 속성으로 텍스트 꾸미기</title>
    <meta http-equiv="content-type" content="text/html; charset=euc-kr" />
    <style type="text/css">
        h1 { background:silver;}
        .none    { text-decoration:none; }
        .over    { text-decoration:overline; }
        .through { text-decoration:line-through; }
        .under   { text-decoration:underline; }
        .blink   { text-decoration:blink; }
```

각 class마다 꾸미기 없음, 윗선, 취소선, 밑줄, 깜박이기 등을 적용합니다.

```
            〈/style〉
    〈/head〉
    〈body〉
        〈h1〉텍스트 꾸미기〈/h1〉
        〈p class="none"〉text-decoration : none ;이 적용된 경우〈/p〉
        〈p class="over"〉text-decoration : overline ;이 적용된 경우〈/p〉
        〈p class="through"〉text-decoration : line-through ;이 적용된 경우〈/p〉
        〈p class="under"〉text-decoration : underline ;이 적용된 경우〈/p〉
        〈p class="blink"〉text-decoration : blink ;이 적용된 경우〈/p〉
    〈/body〉
〈/html〉
```

Result

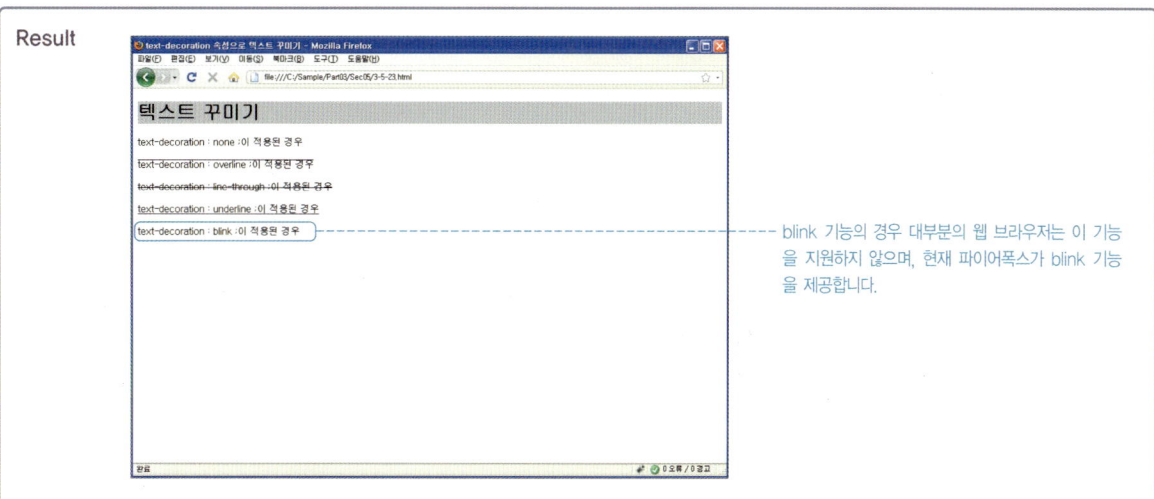

blink 기능의 경우 대부분의 웹 브라우저는 이 기능을 지원하지 않으며, 현재 파이어폭스가 blink 기능을 제공합니다.

12. text-transform

영문 대소문자를 변경할 때는 text-transform 속성을 사용합니다. 기본값은 none으로, text-transform 속성을 이용하면 대문자는 소문자로, 소문자는 대문자로, 또는 단어의 첫 글자를 대문자로 변환할 수 있습니다. text-transform 속성의 사용 형식은 다음과 같습니다.

text-transform : none | uppercase | lowercase | capitalize | inherit

📂 예제 파일 : Sample\Part03\Sec05\3-5-24.html

Source
```
〈!DOCTYPE html PUBLIC "-//W3C//DTD XHTML 1.0 Transitional//EN"
"http://www.w3.org/TR/xhtml1/DTD/xhtml1-transitional.dtd"〉
〈html xmlns="http://www.w3.org/1999/xhtml" xml:lang="ko" 〉
〈head〉
    〈title〉text-transform 속성으로 대소문자 변환〈/title〉
    〈meta http-equiv="content-type" content="text/html; charset=euc-kr" /〉
```

```
└→        〈style type="text/css"〉
              h1 { background:silver;}
              .none    { text-transform: none; }
              .upper   { text-transform: uppercase; }          ------------- 각 class마다 변화 없음, 대문자로, 소문자로, 단어
              .lower   { text-transform: lowercase; }                         첫 글자 대문자로 등이 적용됩니다.
              .capital { text-transform: capitalize; }
          〈/style〉
      〈/head〉
      〈body〉
          〈h1〉영문 대소문자의 변환〈/h1〉
          〈p class="none"〉text-transform : none ;이 적용된 경우 영문 대소문자는 입력한 대로 출력됩니다.〈/p〉
          〈p class="upper"〉text-transform  : uppercase ;이 적용된 경우 영문 소문자는 대문자로 변환하여 출력됩니
          다.〈/p〉
          〈p class="lower"〉TEXT-TRANSFORM  : LOWERCASE ;이 적용된 경우 영문 대문자는 소문자로 변환하여
          출력됩니다.〈/p〉
          〈p class="capital"〉text-transform  : capitalize ;이 적용된 경우 단어 첫 글자는 대문자로 변환하여 출력됩니
          다.〈/p〉
      〈/body〉
      〈/html〉
```

Result

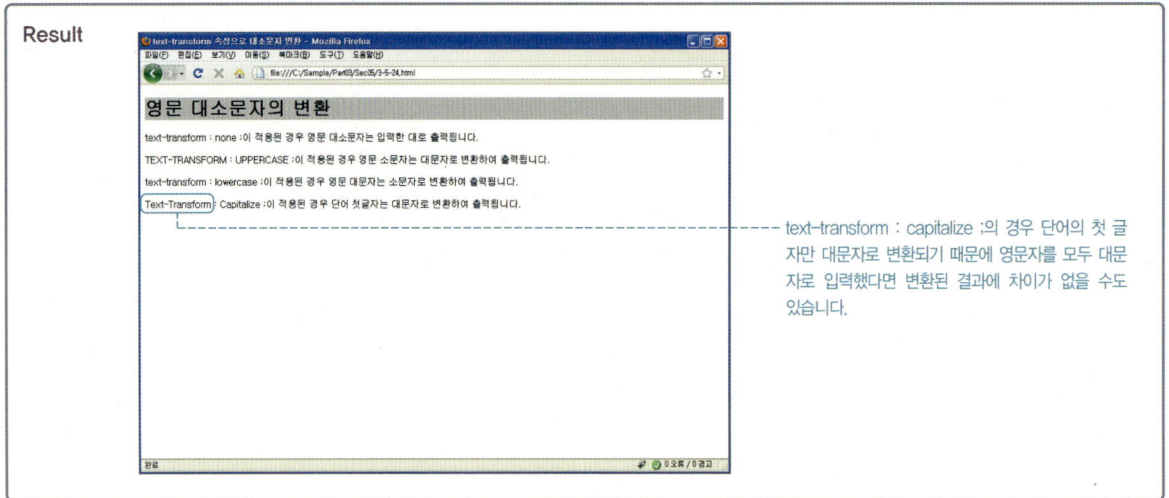

text-transform : capitalize ;의 경우 단어의 첫 글
자만 대문자로 변환되기 때문에 영문자를 모두 대문
자로 입력했다면 변환된 결과에 차이가 없을 수도
있습니다.

13. letter-spacing

문자 간격을 조절할 때는 letter-spacing 속성을 사용합니다. letter-spacing 속성에는 음수를 사
용할 수 있고, 음수로 지정했을 경우에는 글자가 겹쳐서 출력될 수 있습니다. letter-spacing 속성
의 사용 형식은 다음과 같습니다.

<table>
<tr><td></td><td>letter-spacing : 길이 | normal | inherit</td></tr>
</table>

☐ 예제 파일 : Sample\Part03\Sec05\3-5-25.html

Source

```
<!DOCTYPE html PUBLIC "-//W3C//DTD XHTML 1.0 Transitional//EN"
"http://www.w3.org/TR/xhtml1/DTD/xhtml1-transitional.dtd">
<html xmlns="http://www.w3.org/1999/xhtml" xml:lang="ko" >
<head>
    <title>letter-spacing 속성으로 문자 간격 조절하기</title>
    <meta http-equiv="content-type" content="text/html; charset=euc-kr" />
    <style type="text/css">
        h1 { background:silver;}
        .spacing { letter-spacing:1em; }-----------spacing class를 적용한 문단은 문자 간격이 한 글자 너비만큼 띄워집니다.
        .spacing2 { letter-spacing:-3px; }--------spacing2 class를 적용한 문단은 문자 간격이 3px만큼 좁혀져서 표시됩니다.
    </style>
</head>
<body>
    <h1>문자 간격 조절하기</h1>
    <p>문자 간격을 조절할 때는 letter-spacing 속성을 사용합니다.</p>
    <p class="spacing">letter-spacing 속성에는 양수를 사용할 수 있고 양수로 지정했을 경우에는 글자 지정한
    크기 만큼 넓게 출력됩니다.</p>
    <p class="spacing2">letter-spacing 속성에는 음수를 사용할 수 있고 음수로 지정했을 경우에는 글자가 겹쳐
    서 출력될 수 있습니다.</p>
</body>
</html>
```

Result

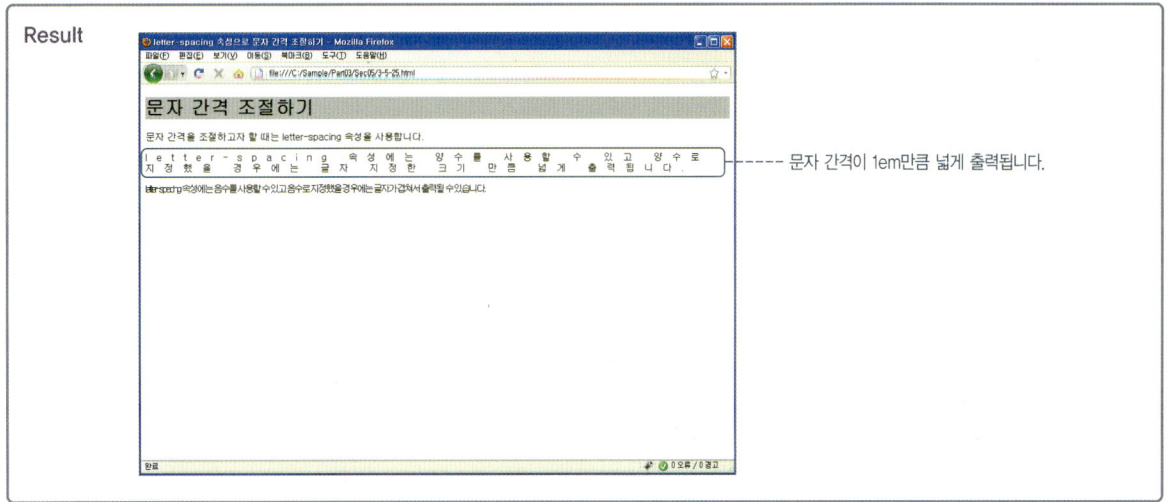

---- 문자 간격이 1em만큼 넓게 출력됩니다.

letter-spacing은 주로 px, em 단위를 많이 사용하고, %로 지정하는 경우 웹 브라우저에서 제대로
인식하지 못하기도 합니다. 따라서 포토샵의 자간 조정 기능처럼 미세한 조정은 어렵습니다.

14. white-space

white-space 속성은 공백 문자를 처리하는 방식을 결정하는 속성입니다. 보통 '웹 표준 만세!' 처럼 한 칸 이상의 공백을 입력한 문장은 웹 브라우저에서 '웹 표준 만세!' 로 한 칸의 공백으로 표현됩니다. 만약 마크업 작업을 할 때 하나 이상의 연속적인 공백을 입력한 형태 그대로 출력하려면 white-space : pre ; 형식으로 선언하면 됩니다. 또 자동 줄바꿈을 허용하지 않을 경우 white-space : nowrap ; 형식으로 선언하면 한 줄에 출력할 수도 있습니다. pre-wrap, pre-line 요소는 대부분의 웹 브라우저에서 인식하지 않습니다. white-space 속성의 사용 형식은 다음과 같습니다.

```
white-space  : normal | nowrap | pre | pre-wrap | pre-line | inherit
```

예제 파일 : Sample\Part03\Sec05\3-5-26.html

Source
```
<!DOCTYPE html PUBLIC "-//W3C//DTD XHTML 1.0 Transitional//EN"
"http://www.w3.org/TR/xhtml1/DTD/xhtml1-transitional.dtd">
<html xmlns="http://www.w3.org/1999/xhtml" xml:lang="ko" >
<head>
    <title>white-space 속성으로 공백 문자 처리</title>
    <meta http-equiv="content-type" content="text/html; charset=euc-kr" />
    <style type="text/css">
        h1 { background:silver;}
        .normal { white-space:normal; }
        .nowrap {
        white-space:nowrap;
        background:yellow;                    ──────────── nowrap class를 적용한 문단은 줄바꿈되지 않고 한
        }                                                   줄로 출력됩니다.
        .pre {
        white-space:pre;
        background:aqua;                      ──────────── pre class를 적용한 문단은 줄바꿈되지 않고 한 줄로
        }                                                   출력됩니다.
    </style>
</head>
<body>
    <h1>공백 문자의 처리</h1>
    <p class="normal">공백 문자의 처리를 위해
    white-space 속성을 사용할 수 있습니다.</p>
    <p class="nowrap">자동 줄바꿈을 허용하지 않을 경우 white-space : nowrap ; 형식으로 선언하면 한 줄에
    출력할 수 있습니다. 만일 웹 브라우저 크기를 넘어갈 만큼의 너비라면 스크롤바가 나타납니다.</p>
    <p class="pre">하나 이상의 연속적인 공백이 있을 때
    입력한                형태 대로 출력하려고 한다면
    white-space : pre ; 형식으로 선언하면 됩니다. </p>
</body>
</html>
```

Result

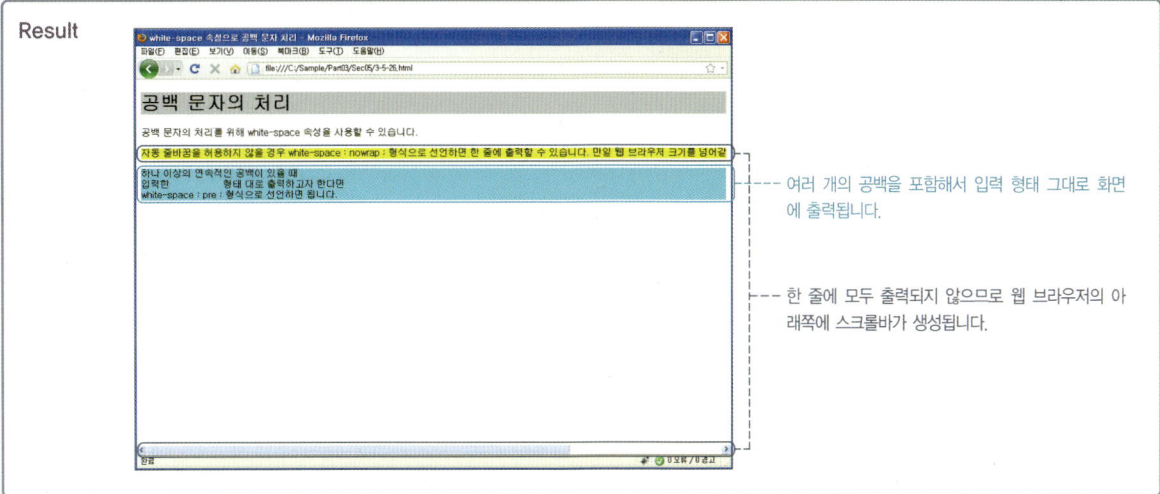

공백 문자의 처리

공백 문자의 처리를 위해 white-space 속성을 사용할 수 있습니다.

자동 줄바꿈을 허용하지 않을 경우 white-space : nowrap : 형식으로 선언하면 한 줄에 출력할 수 있습니다. 만일 웹 브라우저 크기를 넘어감

하나 이상의 연속적인 공백이 있을 때
입력한   형태 대로 출력하고자 한다면
white-space : pre : 형식으로 선언하면 됩니다.

- - - - 여러 개의 공백을 포함해서 입력 형태 그대로 화면
에 출력됩니다.

- - - - 한 줄에 모두 출력되지 않으므로 웹 브라우저의 아
래쪽에 스크롤바가 생성됩니다.

색상과 배경

1. color

요소의 텍스트 색상을 설정할 때는 color 속성을 사용합니다. 이때 color 속성에는 17가지의 키워드와 RGB 색상값을 사용할 수 있습니다. RGB 16진수 형식으로 색상을 지정할 경우에는 #rrggbb 형식으로 지정할 수 있으며, #ff6633과 같이 해당 색상이 반복될 경우에는 #f63 형식으로 단축해서 표기할 수 있습니다. color 속성의 사용 형식은 다음과 같습니다.

> color : 색상명 | RGB 16진수 | RGB 10진수 | RGB 백분율 | inherit

📁 예제 파일 : Sample\Part03\Sec05\3-5-27.html

Source

```
<!DOCTYPE html PUBLIC "-//W3C//DTD XHTML 1.0 Transitional//EN"
"http://www.w3.org/TR/xhtml1/DTD/xhtml1-transitional.dtd">
<html xmlns="http://www.w3.org/1999/xhtml" xml:lang="ko" >
<head>
    <title>color 속성으로 문자색 지정하기</title>
    <meta http-equiv="content-type" content="text/html; charset=euc-kr" />
    <style type="text/css">
        h1 { background:silver;}
        .keyword   { color:purple; }
        .hexa      { color:#ff0000; }
        .decimal   { color:rgb(0,255,0); background:yellow;}
        .percent   { color:rgb(0%,0%,100%);}
```

- - - - - - - - - - - - - - - 다양한 방법으로 문자색 지정

```
        ⟨/style⟩
    ⟨/head⟩
    ⟨body⟩
        ⟨h1⟩문자색의 지정⟨/h1⟩
        ⟨p class="keyword"⟩문자색으로 black, white, red, green, blue 등의 17가지 색상명을 지정할 수 있습니
        다.⟨/p⟩
        ⟨p class="hexa"⟩문자색을 지정할 때 가장 많이 쓰이는 방법은 16진수 방식으로, #RRGGBB 형식으로 지정합
        니다.⟨/p⟩
        ⟨p class="decimal"⟩문자색은 키워드와 16진수 이외에 10진수 방식을 사용할 수도 있는데, 10진수로 표현할 경
        우에는 0부터 255 사이의 숫자를 사용합니다.⟨/p⟩
        ⟨p class="percent"⟩문자색에 백분율 방식도 사용할 수 있습니다. 이는 Red, Green, Blue 색상을 백분율로 혼
        합하여 색상을 표현하는 방식입니다.⟨/p⟩
    ⟨/body⟩
⟨/html⟩
```

Result

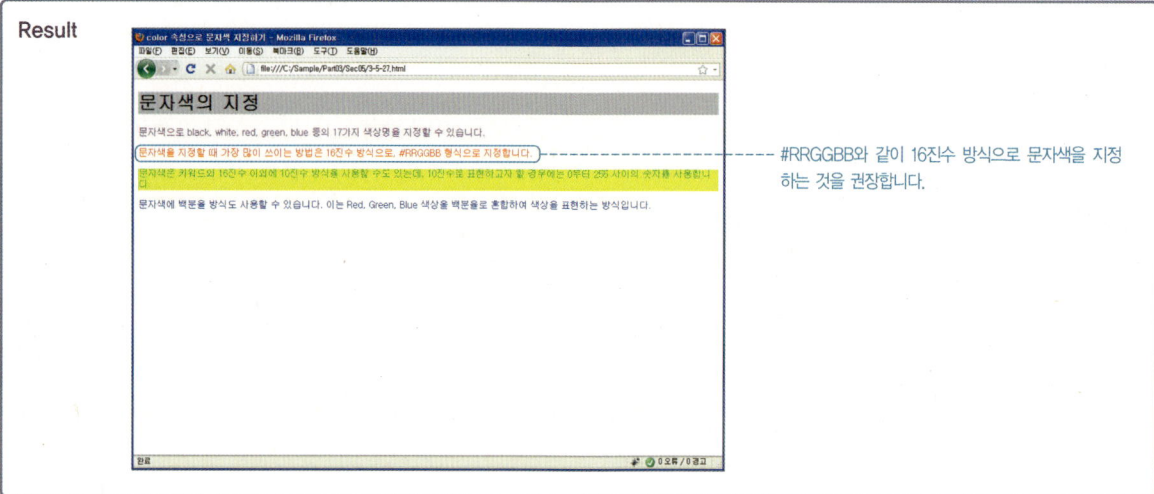

#RRGGBB와 같이 16진수 방식으로 문자색을 지정
하는 것을 권장합니다.

2. background-color

요소의 배경색을 설정할 때는 background-color 속성을 사용합니다. 문자색을 지정할 때 사용하
는 color 속성 및 사용 가능한 값의 종류와 선언 방법은 같습니다. background-color 속성의 사용
형식은 다음과 같습니다.

background-color : 색상명 | RGB 16진수 | RGB 10진수 | RGB 백분율 | inherit

예제 파일 : Sample\Part03\Sec05\3-5-28.html

Source	`<!DOCTYPE html PUBLIC "-//W3C//DTD XHTML 1.0 Transitional//EN"`

```
<!DOCTYPE html PUBLIC "-//W3C//DTD XHTML 1.0 Transitional//EN"
"http://www.w3.org/TR/xhtml1/DTD/xhtml1-transitional.dtd">
<html xmlns="http://www.w3.org/1999/xhtml" xml:lang="ko" >
<head>
    <title>background-color 속성으로 배경색 지정하기</title>
    <meta http-equiv="content-type" content="text/html; charset=euc-kr" />
    <style type="text/css">
        h1 { background-color:silver;}
        .backColor{
            background-color:#fcf;
            padding:2em;
        }
    </style>
</head>
<body>
    <h1>배경색의 지정</h1>
    <p class="backColor">요소의 배경색을 지정할 때는 background-color 속성을 사용할 수 있습니다. 이때 요
    소에 padding 속성을 지정하면 배경 색상 안쪽으로 여백이 생성되는 것을 확인할 수 있습니다.</p>
</body>
</html>
```

--------------------- backColor class 내부에 배경 색상이 지정되며, 배경색의 안쪽으로 2em만큼의 여백이 생깁니다.

색에만 의존하지 않는 웹 문서 만들기

여기서 잠깐

간혹 회원가입이나 글쓰기 페이지에서 '붉은색으로 표시된 부분은 필수 입력 사항입니다.' 과 같이 색상만으로 정보를 구분하는 경우가 있습니다. 이 경우 색각장애가 있는 사용자는 붉은색을 구별하지 못해서 정보가 제대로 전달되지 않을 수 있습니다. KWCAG 1.0에는 '색상과 무관한 인식 : 콘텐츠가 제공하는 모든 정보는 색상을 배제해도 인지할 수 있도록 구성해야 한다.' 라는 내용이 담겨 있는데, 링크의 기본 스타일이 밑줄로 표시되는 것은 이 내용과 관련되어 있습니다.

색각장애는 제1색상 장애(적), 제2색상 장애(녹), 제3색상 장애(청)와 후천적 요인의 백내장 등의 유형이 있습니다. 그리고 2007년 3월말 보건복지부 기준으로 우리나라에는 약 201만 명의 웹 접근성이 필요한 인구가 있으며, 이 중 장애 유형별 색각장애는 150만 명 정도입니다.

색상 대비 및 색각장애 유형별로 보여지는 방법에 대해 테스트할 수 있는 툴을 몇 가지 소개하겠습니다. 다음 웹 사이트에서 제공하는 Fujitsu ColorSeletor를 이용하면 텍스트의 전경색과 배경색에 대한 각 색각이상자의 텍스트 인식률을 확인할 수 있습니다.
다운로드 : http://www.fujitsu.com/global/accessibility/assistance/cs

Fujitu ColorDoctor를 이용하면 콘텐츠 디자인이 흑백이나 각 색각이상자가 보는 시각으로 테스트할 수 있습니다.
다운로드 : http://www.fujitsu.com/global/accessibility/assistance/cd

파이어폭스의 부가 기능 중 하나인 Juicy Studio Accessibility Toolbar를 설치하면 텍스트 색상과 배경색을 비교한 후 명암, 밝기, 색상 차이를 분석하여 색 대비 차를 보여 주고, 기준을 통과하는지를 안내합니다.
다운로드 : https://addons.mozilla.org/ko/firefox/addon/9108

Result

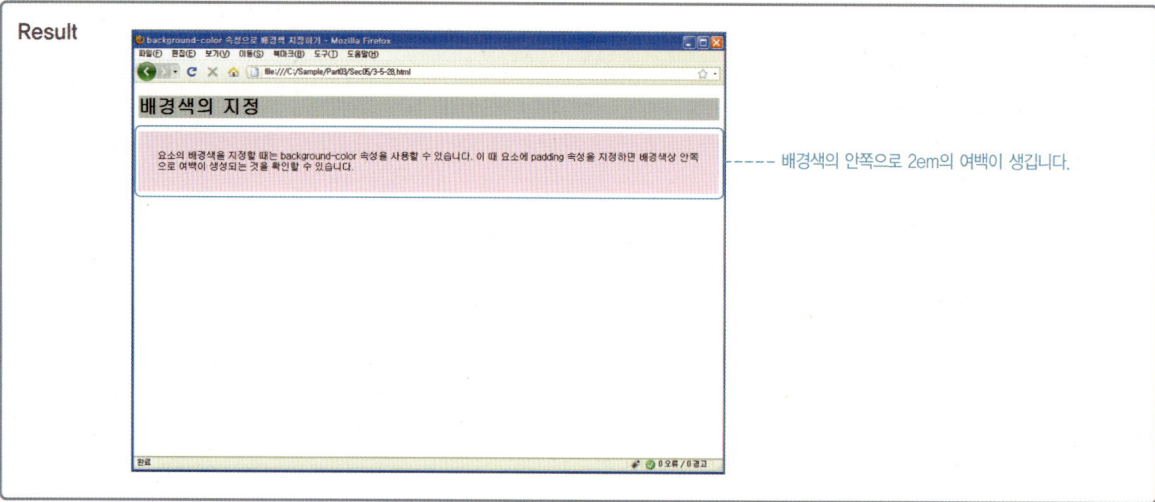

───── 배경색의 안쪽으로 2em의 여백이 생깁니다.

3. background-image

요소의 배경 이미지를 설정할 때는 background-image 속성을 사용합니다. background-image 속성의 사용 형식은 다음과 같습니다.

---

background-image : none | uri() | inherit

📁 예제 파일 : Sample\Part03\Sec05\3-5-29.html

Source

```
<!DOCTYPE html PUBLIC "-//W3C//DTD XHTML 1.0 Transitional//EN"
"http://www.w3.org/TR/xhtml1/DTD/xhtml1-transitional.dtd">
<html xmlns="http://www.w3.org/1999/xhtml" xml:lang="ko" >
<head>
    <title>background-image 속성으로 배경 이미지 지정하기</title>
    <meta http-equiv="content-type" content="text/html; charset=euc-kr" />
    <style type="text/css">
        h1 { background-color:silver;}
        .backImg {
            background-color:yellow;
            background-image:url(images/backgroundImage.gif);          ─────── backImg class의 내부에 배경
            border:solid 1px black;                                            이미지를 반복해서 출력합니다.
            padding:1em;
        }
    </style>
</head>
<body>
```

```
<h1>배경 이미지의 지정</h1>
<p class="backImg">요소의 배경 이미지를 지정할 때는 background-image 속성을 사용합니다. 이때 요소에
지정한 배경 이미지는 기본적으로 반복해서 요소 전체에 출력됩니다. 만약 배경 이미지와 함께 배경색을 지정하
는 background-color 속성이 선언되어 있어도 반복 출력된 배경 이미지에 가려져 배경 색상이 보이지 않습니
다.</p>
</body>
</html>
```

Result

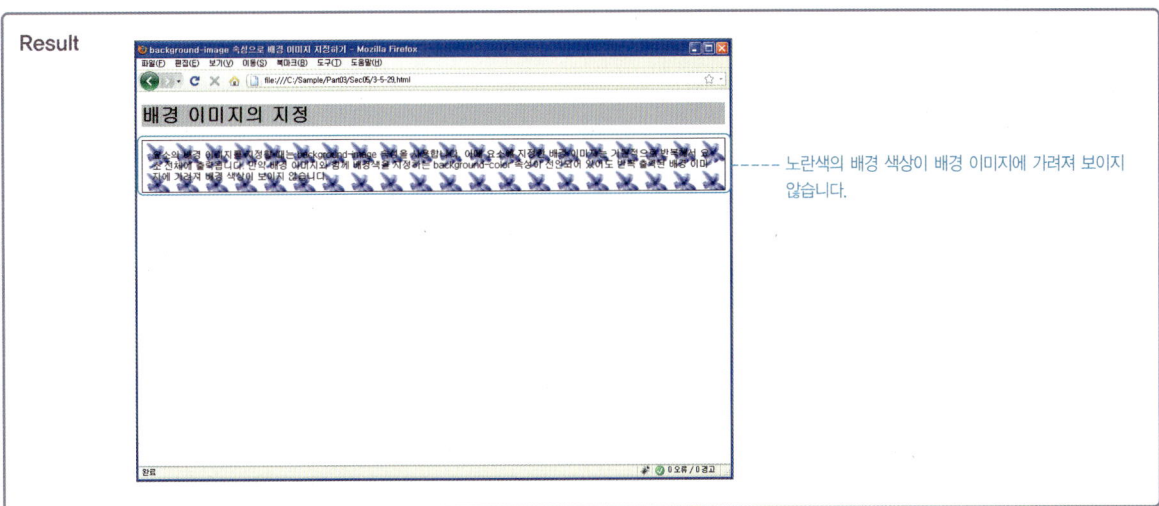

----- 노란색의 배경 색상이 배경 이미지에 가려져 보이지
않습니다.

4. background-repeat

요소에 지정한 배경 이미지의 반복 여부를 변경할 때는 background-repeat 속성을 사용합니다.
background-repeat 속성의 기본값이 repeat이기 때문에 배경 이미지는 항상 반복해서 출력됩니
다. 만약 반복하지 않거나 X축 또는 Y축으로만 반복하도록 하려면 background-repeat 속성을 사
용해서 조정할 수 있습니다. background-repeat 속성의 사용 형식은 다음과 같습니다.

```
background-repeat : repeat | repeat-x | repeat-y | no-repeat | inherit
```

🗁 예제 파일 : Sample\Part03\Sec05\3-5-30.html

Source

```
<!DOCTYPE html PUBLIC "-//W3C//DTD XHTML 1.0 Transitional//EN"
"http://www.w3.org/TR/xhtml1/DTD/xhtml1-transitional.dtd">
<html xmlns="http://www.w3.org/1999/xhtml" xml:lang="ko" >
<head>
    <title>background-repeat 속성으로 배경 이미지 반복 여부 변경하기</title>
    <meta http-equiv="content-type" content="text/html; charset=euc-kr" />
    <style type="text/css">
        h1 { background-color:silver;}
```

```
            ↳           p {
                            background-color:yellow;
                            background-image:url(images/backgroundImage.gif);
                            border:solid 1px black;
                            padding:1em;
                            width:300px;
                            height:70px;
                        }
                        .repeat    {  background-repeat : repeat ;  }
                        .repeatX   {  background-repeat : repeat-x ;  }  ┈┈┈┈┈ 각 class별로 반복, X축만 반복, Y축만 반복, 반복하
                        .repeatY   {  background-repeat : repeat-y ;  }           지 않음 형태로 출력합니다.
                        .noRepeat {  background-repeat : no-repeat ;  }
                </style>
        </head>
        <body>
            <h1>배경 이미지의 반복 여부 변경</h1>
            <p class="repeat">요소의 배경 이미지를 반복하여 출력할 때는 background-repeat 속성에 repeat값을 지
            정하면 됩니다.</p>
            <p class="repeatX">요소의 배경 이미지를 X축으로만 반복하여 출력할 때는 background-repeat 속성에
            repeat-x값을 지정하면 됩니다.</p>
            <p class="repeatY">요소의 배경 이미지를 Y축으로만 반복하여 출력할 때는 background-repeat 속성에
            repeat값을 지정하면 됩니다.</p>
            <p class="noRepeat">요소의 배경 이미지를 반복하여 출력하지 않고자 할 때는 background-repeat 속성에
            no-repeat값을 지정하면 됩니다.</p>
        </body>
        </html>
```

Result

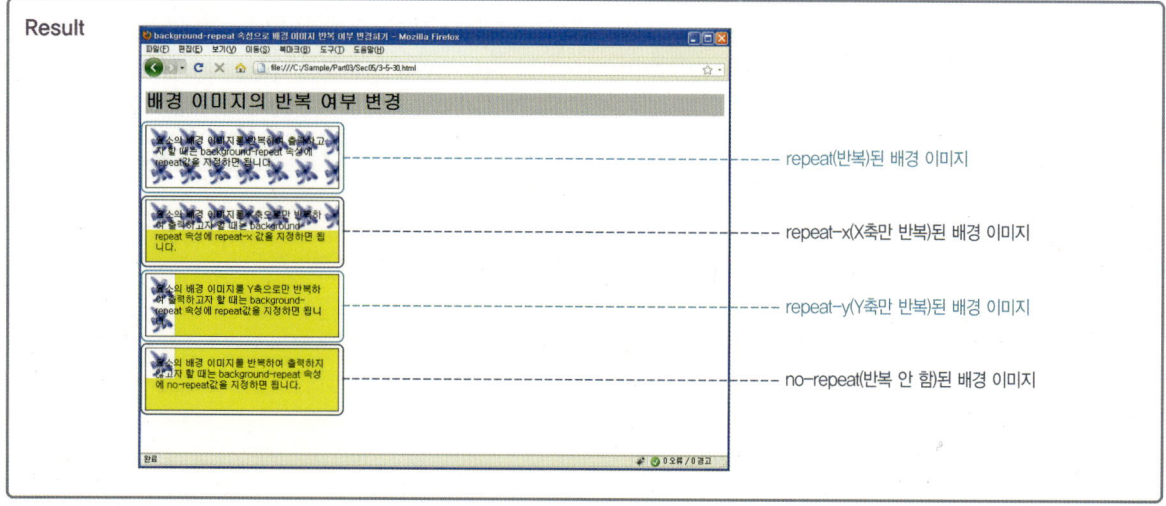

──── repeat(반복)된 배경 이미지

──── repeat-x(X축만 반복)된 배경 이미지

──── repeat-y(Y축만 반복)된 배경 이미지

──── no-repeat(반복 안 함)된 배경 이미지

5. background-position

요소에 지정한 배경 이미지의 위치를 변경할 때는 background-position 속성을 사용합니다. background-position 속성에는 left, top, right, bottom 등의 키워드와 길이, 퍼센트 등을 이용하여 지정할 수 있습니다. background-position 속성의 사용 형식은 다음과 같습니다.

---

background-position : left | right | center | top | bottom | 길이 | 퍼센트 | inherit

---

📂 예제 파일 : Sample\Part03\Sec05\3-5-31.html

Source	
| | ```
<!DOCTYPE html PUBLIC "-//W3C//DTD XHTML 1.0 Transitional//EN"
"http://www.w3.org/TR/xhtml1/DTD/xhtml1-transitional.dtd">
<html xmlns="http://www.w3.org/1999/xhtml" xml:lang="ko" >
<head>
    <title>background-position 속성으로 배경 이미지 위치 변경하기</title>
    <meta http-equiv="content-type" content="text/html; charset=euc-kr" />
    <style type="text/css">
        h1 { background-color:silver;}
        p {
            background-color:yellow;
            background-image:url(images/backgroundImage.gif);
            background-repeat:no-repeat;
            border:solid 1px black;
            padding:10px;
            width:500px;
            height:100px;
        }
        .keyword    { background-position : right bottom ; }
        .length     { background-position : 100px 50px ; }

    </style>
</head>
<body>
    <h1>배경 이미지의 위치 변경</h1>
    <p class="keyword"> 요소의 배경 이미지의 위치를 지정하는 경우에는 키워드를 이용하여 background-
    position에 위치를 지정할 수 있습니다. 이때 가로 위치는 right, 세로 위치는 bottom의 값을 공백으로 구분하
    여 지정하면 박스 오른쪽 하단에 배경 이미지가 위치하게 됩니다.</p>
    <p class="length">배경 이미지의 위치는 키워드 방식이 아닌 길이 단위로도 지정할 수 있습니다. 이때 가로
    위치와 세로 위치를 공백으로 구분하여 선언하면 해당 배경 이미지는 그 길이만큼의 X좌표와 Y좌표가 만나는
    지점부터 위치하게 됩니다.</p>
</body>
</html>
``` |

각 class에 키워드와 길이를 이용하여 배경 이미지의 위치를 적용한 경우
```

Result

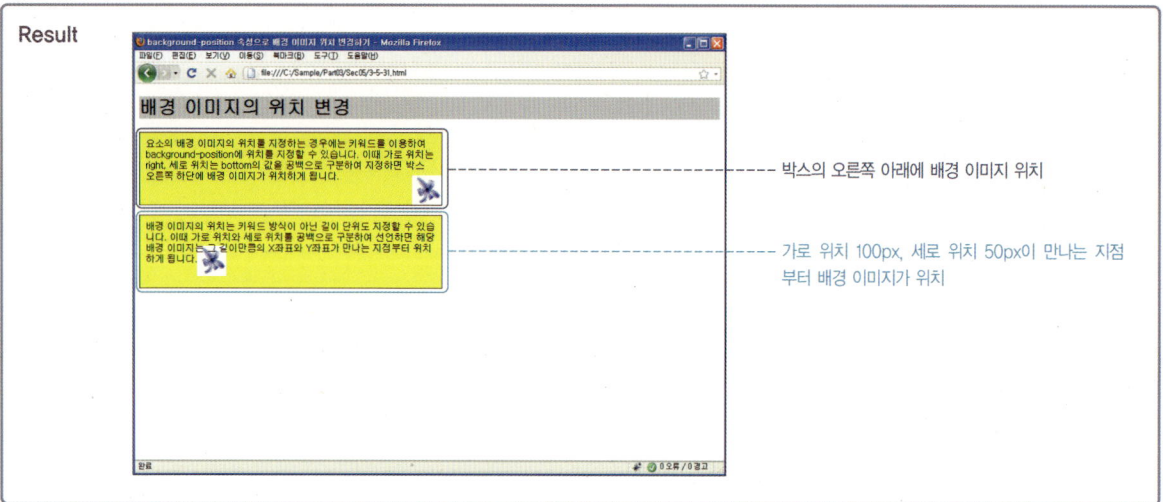

배경 이미지의 위치 변경

요소의 배경 이미지의 위치를 지정하는 경우에는 키워드를 이용하여 background-position에 위치를 지정할 수 있습니다. 이때 가로 위치는 right, 세로 위치는 bottom의 값을 공백으로 구분하여 지정하면 박스 오른쪽 하단에 배경 이미지가 위치하게 합니다.

배경 이미지의 위치는 키워드 방식이 아닌 길이 단위로 지정할 수 있습니다. 이때 가로 위치와 세로 위치를 공백으로 구분하여 선언하면 해당 배경 이미지는 그 길이만큼의 X좌표와 Y좌표가 만나는 지점부터 위치하게 됩니다.

——— 박스의 오른쪽 아래에 배경 이미지 위치

——— 가로 위치 100px, 세로 위치 50px이 만나는 지점부터 배경 이미지가 위치

6. background-attachment

요소에 지정된 배경 이미지를 항상 같은 위치에 고정시킬 때는 background-attachment 속성을 사용합니다. background-attachment 속성에는 scroll과 fixed를 사용할 수 있고, 기본값은 scroll입니다. scroll값을 사용하는 경우 콘텐츠가 스크롤되면 배경도 따라서 스크롤되므로 배경을 고정하려면 fixed값을 선언해야 합니다. background-attachment 속성의 사용 형식은 다음과 같습니다.

background-attachment : scroll | fixed | inherit

📁 예제 파일 : Sample\Part03\Sec05\3-5-32.html

Source
```
<!DOCTYPE html PUBLIC "-//W3C//DTD XHTML 1.0 Transitional//EN"
"http://www.w3.org/TR/xhtml1/DTD/xhtml1-transitional.dtd">
<html xmlns="http://www.w3.org/1999/xhtml" xml:lang="ko" >
<head>
    <title>background-attachment 속성으로 배경 이미지 고정하기</title>
    <meta http-equiv="content-type" content="text/html; charset=euc-kr" />
    <style type="text/css">
        h1 { background-color:silver;}
        body{
            background-image:url(images/backgroundAtt.jpg);
            background-repeat:no-repeat;
            background-position:900px 100px;
            background-attachment:fixed;  --------------------- body의 콘텐츠가 화면을 넘쳐 스크롤이 될 때 배경 이
        }                                                        미지는 background-position의 위치에 고정시킵니다.
        p {
            border:solid 1px black;
```

```
        padding:10px;
        width:500px;
        height:100px;
    }
    </style>
</head>
<body>
    <h1>배경 이미지 고정하기</h1>
    <p>요소에 지정된 배경 이미지를 항상 같은 위치에 고정시킬 때는 background-attachment 속성을 사용합니
    다. background-attachment 속성에는 scroll과 fixed를 사용할 수 있고, 기본값은 scroll입니다. scroll값을
    사용하는 경우 콘텐츠가 스크롤되면 배경도 따라서 스크롤되므로 배경을 고정하려면 fixed값을 선언해야 합니
    다.</p>
</body>
</html>
```

Result

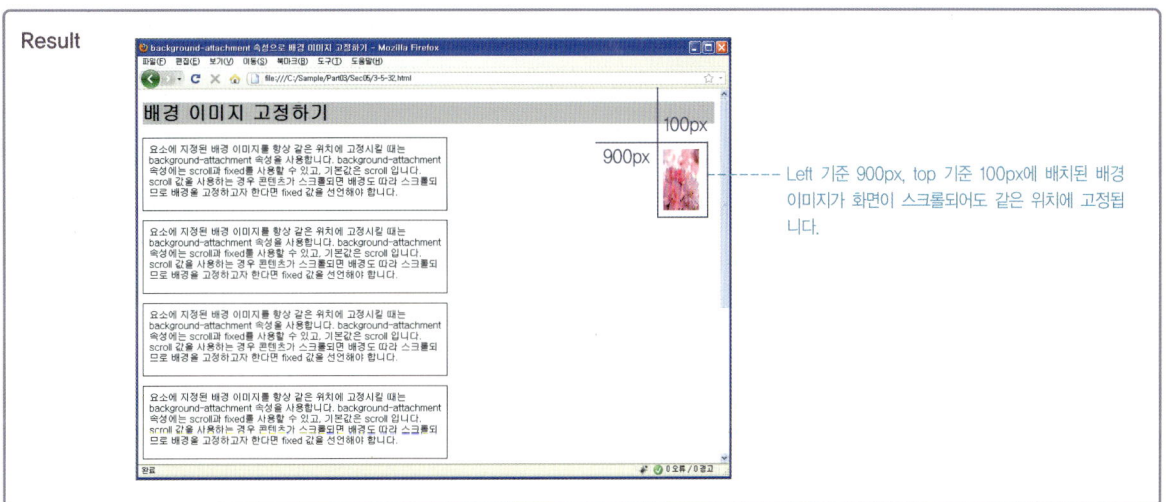

Left 기준 900px, top 기준 100px에 배치된 배경 이미지가 화면이 스크롤되어도 같은 위치에 고정됩니다.

7. background

font 속성과 같이 background 속성을 사용하면 background와 관련된 다섯 가지 속성을 단축해서 한 번에 선언할 수 있습니다. background 속성을 사용할 때는 각 배경과 관련된 속성값을 한 번씩 만 순서에 관계없이 선언하면 됩니다. background-position 속성의 위치값을 선언할 경우에는 값을 두 번 선언해야 하는데, 이때에는 가로 방향의 값을 먼저 선언하고, 뒤에 세로 방향의 값을 선언 해야 합니다. background 속성의 사용 형식은 다음과 같습니다.

background : background-color | background-image | background-repeat | background-position | background-attachment | inherit

```
Source    <!DOCTYPE html PUBLIC "-//W3C//DTD XHTML 1.0 Transitional//EN"
          "http://www.w3.org/TR/xhtml1/DTD/xhtml1-transitional.dtd">
          <html xmlns="http://www.w3.org/1999/xhtml" xml:lang="ko" >
          <head>
              <title> background 속성을 이용한 단축 코드 작성 </title>
              <meta http-equiv="content-type" content="text/html; charset=euc-kr" />
              <style type="text/css">
                  h1 { background-color:silver;}
                  .background {
                  border:solid 1px black;
                  padding:50px;
                  width:500px;
                  height:100px;
                  background:yellow url(images/background.jpg) no-repeat right bottom scroll;
                  }
              </style>
          </head>
          <body>
              <h1>background 속성을 이용한 단축 코드</h1>
              <p class="background">font 속성과 같이 background 속성을 이용하면 background와 관련된 5가지 속성
              을 단축해서 한 번에 선언할 수 있습니다. background 속성을 사용할 때는 각 배경 관련 속성들의 값을 한 번
              씩만 순서에 관계없이 선언하면 됩니다. background-position 속성의 위치값을 선언할 경우 값을 두 번 선언
              하면 되는데 이때 가로 방향의 값을 먼저 선언하고, 뒤에 세로 방향의 값을 선언하면 됩니다.</p>
          </body>
          </html>
```

└── 배경과 관련된 속성값은 공백으로 구
    분하여 선언하며, 선언 순서는 관계없
    습니다. 여기서는 배경색, 배경 이미지,
    반복 여부, 배경 이미지 위치, 고정 여
    부 속성순으로 선언했습니다.

 여기서 잠깐

Q div 요소에 2개 이상의 배경 이미지를 적용할 수 있나요?

A 배경 이미지는 하나의 요소에 1개만 적용할 수 있습니다. 대신 CSS 3에서는 다중 배경 이미지(multi background image) 속성을 지원합니다.

 여기서 잠깐

Q 배경 이미지의 위치를 지정하기 위해 background-positon에 키워드와 길이를 함께 사용해도 되나요?

A 100% 5px과 같이 퍼센테이지와 길이를 조합하여 사용해도 되지만 키워드와 길이를 사용하면 안됩니다. CSS 2.1에 서는 이러한 제한이 없어졌지만, 일부 웹 브라우저에서는 제대로 인식하지 못하는 현상이 발생합니다.

Result

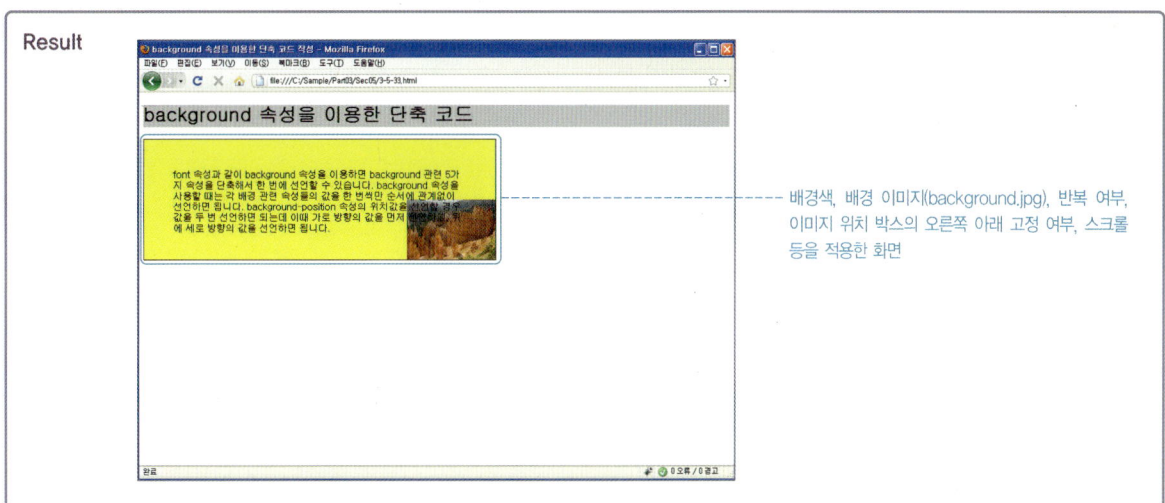

배경색, 배경 이미지(background.jpg), 반복 여부, 이미지 위치 박스의 오른쪽 아래 고정 여부, 스크롤 등을 적용한 화면

목록

1. list-style-type

목록을 생성할 때 기본적으로 제공되는 마커를 변경하려면 list-style-type 속성을 사용해야 합니다. list-style-type 속성은 CSS 2에서 많은 수의 키워드가 추가되었다가 현재 CSS 2.1에서는 몇몇 값들이 제외되었습니다. list-style-type 속성의 사용 형식은 다음과 같습니다.

```
list-style-type : none | disc | circle | square | decimal | decimal-leading-zero |
            upper-alpha | lower-alpha | upper-roman | lower-roman | upper-latin |
            lower-latin | lower-greek | armenian | georgian | inherit
```

키워드	의 미	키워드	의 미
none	목록 마커를 사용하지 않음	lower-alpha, lower-latin	a, b, c 형식의 알파벳 소문자
disc	검은색 원 모양의 마커	upper-roman	I, II, III 형식의 로마자 대문자
circle	내부가 비어 있는 원 모양의 마커	lower-roman	i, ii, iii 형식의 로마자 소문자
square	검은색 사각형 모양의 마커	lower-greek	소문자의 그리스 숫자 형식
decimal	1, 2, 3 형식의 아라비아 숫자	armenian	고대 아르메니안 숫자 형식
decimal-leading-zero	01, 02, 03 형식의 아라비아 숫자	georgian	고대 조지안 양식의 숫자 형식
upper-alpha, upper-latin	A, B, C 형식의 알파벳 대문자		

Source

```
<!DOCTYPE html PUBLIC "-//W3C//DTD XHTML 1.0 Transitional//EN"
"http://www.w3.org/TR/xhtml1/DTD/xhtml1-transitional.dtd">
<html xmlns="http://www.w3.org/1999/xhtml" xml:lang="ko" >
<head>
    <title>list-style-type 속성을 이용한 목록 마커 변경</title>
    <meta http-equiv="content-type" content="text/html; charset=euc-kr" />
    <style type="text/css">
        h1 { background-color:silver;}
        .none { list-style-type : none ; }
        .disc { list-style-type : disc ; }
        .circle { list-style-type : circle ; }
        .square { list-style-type : square ; }
        .upperA { list-style-type : upper-alpha ; }
        .lowerA { list-style-type : lower-alpha ; }
        .upperR { list-style-type : upper-roman ; }
        .lowerR { list-style-type : lower-roman ; }
    </style>
</head>
<body>
    <h1>목록 마커 변경하기</h1>
    <ul>
        <li class="none">로그인</li>
        <li class="disc">회원가입</li>
        <li class="circle">마이페이지</li>
        <li class="square">회사소개</li>
        <li class="upperA">사이트맵</li>
        <li class="lowerA">ENGLISH</li>
        <li class="upperR">CHINESE</li>
        <li class="lowerR">JAPANESE</li>
    </ul>
</body>
</html>
```

-----------list-style-type 속성을 이용하여 목록에서 제공되는 기본 마커를 변경합니다.

Result

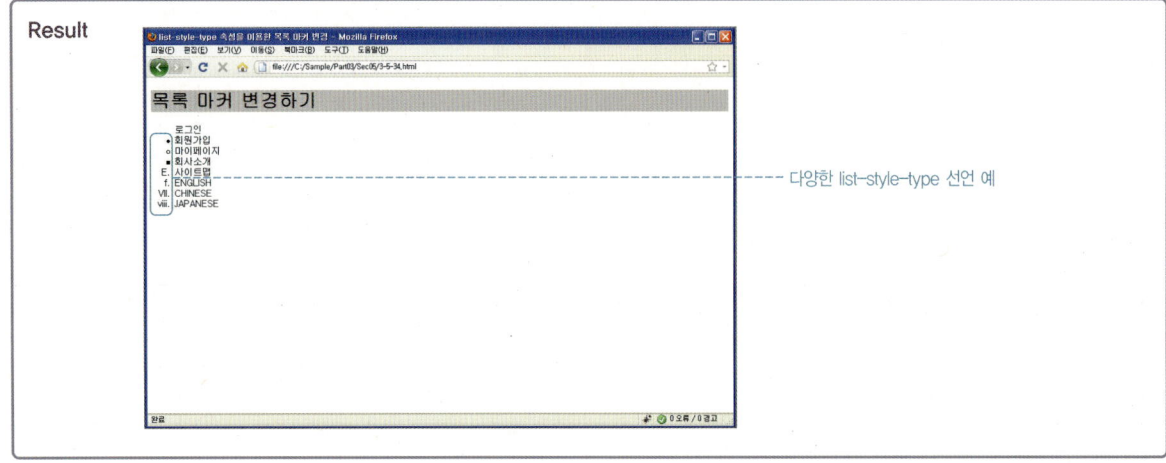

----- 다양한 list-style-type 선언 예

2. list-style-position

list-style-position 속성을 이용하면 목록의 각 항목(list item)에 있는 목록 마커를 목록 안쪽에 나타낼 것인지, 바깥쪽에 나타낼 것인지를 결정할 수 있습니다. list-style-position 속성의 기본값은 outside이며, 사용 형식은 다음과 같습니다.

list-style-position : inside| outside | inherit

📂 예제 파일 : Sample\Part03\Sec05\3-5-35.html

Source

```
<!DOCTYPE html PUBLIC "-//W3C//DTD XHTML 1.0 Transitional//EN"
"http://www.w3.org/TR/xhtml1/DTD/xhtml1-transitional.dtd">
<html xmlns="http://www.w3.org/1999/xhtml" xml:lang="ko" >
<head>
    <title>list-style-position 속성을 이용한 목록 마커 위치 변경</title>
    <meta http-equiv="content-type" content="text/html; charset=euc-kr" />
    <style type="text/css">
        h1 { background-color:silver;}
        .in {list-style-position:inside; }  ------------------------- list-style-position 속성의 기
        .out {list-style-position:outside; }                          본값은 outside입니다.
    </style>
</head>
<body>
    <h1>목록 마커 위치 변경하기</h1>
    <ul class="in">
        <li class="none">로그인</li>
        <li class="disc">회원가입</li>
        <li class="circle">마이페이지</li>
        <li class="square">회사소개</li>
        <li class="upperA">사이트맵</li>
    </ul>
    <ul class="out">
        <li class="lowerA">ENGLISH</li>
        <li class="upperR">CHINESE</li>
        <li class="lowerR">JAPANESE</li>
    </ul>
</body>
</html>
```

Result

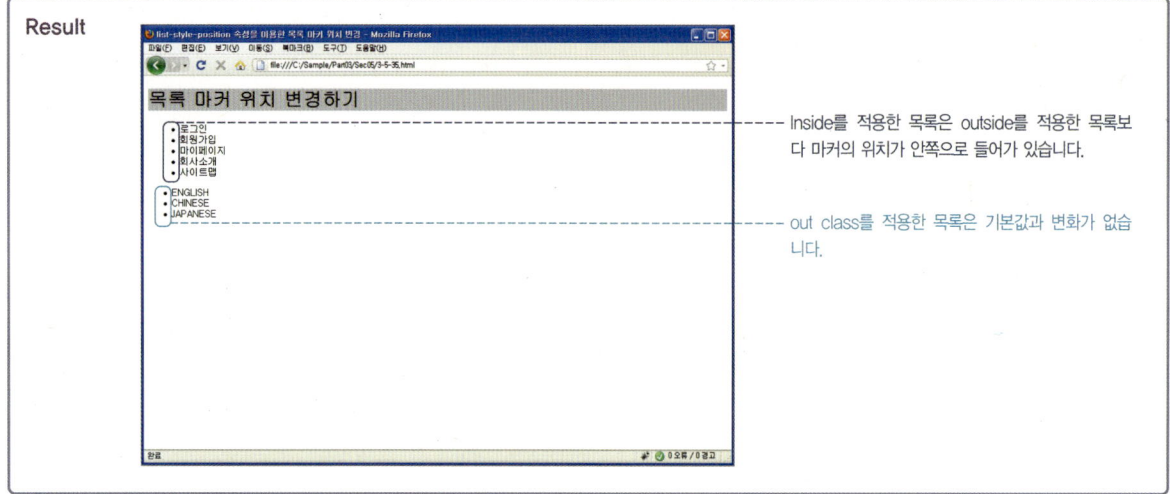

목록 마커 위치 변경하기

---- Inside를 적용한 목록은 outside를 적용한 목록보
     다 마커의 위치가 안쪽으로 들어가 있습니다.

---- out class를 적용한 목록은 기본값과 변화가 없습
     니다.

3. list-style-image

목록 마커 대신 이미지를 사용할 때는 list-style-image 속성을 사용할 수 있습니다. 그러나 목록
마커로 사용한 이미지의 위치가 웹 브라우저에 따라 다르기 때문에 크로스 브라우징 환경에서 디자
인할 때 일부 제약이 따를 수 있습니다. list-style-image 속성의 사용 형식은 다음과 같습니다.

list-style-image : url() | none | inherit

예제 파일 : Sample\Part03\Sec05\3-5-36.html

Source

```
<!DOCTYPE html PUBLIC "-//W3C//DTD XHTML 1.0 Transitional//EN"
"http://www.w3.org/TR/xhtml1/DTD/xhtml1-transitional.dtd">
<html xmlns="http://www.w3.org/1999/xhtml" xml:lang="ko" >
<head>
    <title>list-style-image 속성을 이용한 이미지 목록 마커 만들기</title>
    <meta http-equiv="content-type" content="text/html; charset=euc-kr" />
    <style type="text/css">
        h1 { background-color:silver;}
        .marker {list-style-image:url(images/marker.gif); }----------- 목록의 기본 마커 대신 marker.gif 이미지로 대체
    </style>
</head>
<body>
    <h1>이미지를 활용한 목록 마커</h1>
    <ul class="marker">
        <li>로그인</li>
        <li>회원가입</li>
        <li>마이페이지</li>
        <li>회사소개</li>
```

```
└─>              〈li〉사이트맵〈/li〉
                 〈li〉ENGLISH〈/li〉
                 〈li〉CHINESE〈/li〉
                 〈li〉JAPANESE〈/li〉
           〈/ul〉
      〈/body〉
      〈/html〉
```

Result

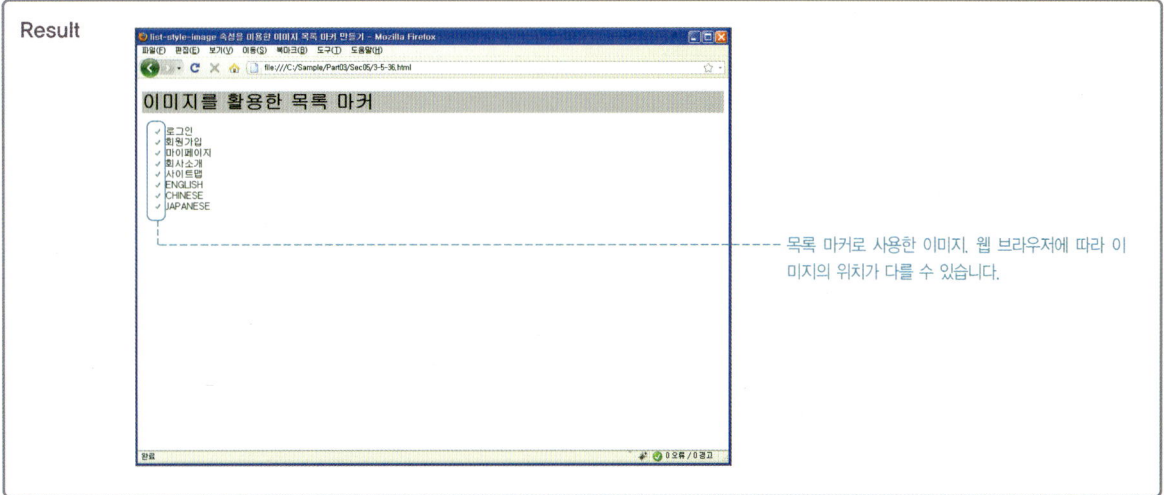

목록 마커로 사용한 이미지. 웹 브라우저에 따라 이
미지의 위치가 다를 수 있습니다.

기타 속성

1. border-collapse

테이블의 border를 표시하는 방법을 결정할 때는 border-collapse 속성을 사용할 수 있습니다.
border의 표시 방법에는 separate와 collapse값이 있는데, separate의 경우 border의 분리 방식을
의미하고, 인접해 있는 각 셀마다 각각 border를 갖도록 합니다. collapse는 병합 방식을 의미하고,
인접한 각 셀들은 하나의 border를 합쳐서 표시합니다. border-collapse 속성의 사용 형식은 다음
과 같습니다.

border-collapse : separate | collapse | inherit

```
Source    <!DOCTYPE html PUBLIC "-//W3C//DTD XHTML 1.0 Transitional//EN"
          "http://www.w3.org/TR/xhtml1/DTD/xhtml1-transitional.dtd">
          <html xmlns="http://www.w3.org/1999/xhtml" xml:lang="ko" >
          <head>
              <title>border-collapse 속성을 이용한 border 설정하기</title>
              <meta http-equiv="content-type" content="text/html; charset=euc-kr" />
              <style type="text/css">
                  h2 { background-color:silver;}
                  table, th, td {  border:1px solid blue; }
                  .separate { border-collapse:separate; }
                  .collapse { border-collapse:collapse; }
              </style>
          </head>
          <body>
              <h2>border 분리 모델의 적용</h2>
              <table class="separate">
                  <tr>
                      <th>교재명</th>
                      <th>가격</th>
                  </tr>
                  <tr>
                      <td>시맨틱 마크업</td>
                      <td>28,000원</td>
                  </tr>
                  <tr>
                      <td>웹 표준의 모든 것</td>
                      <td>35,000원</td>
                  </tr>
                  <tr>
                      <td>CSS 파헤치기</td>
                      <td>30,000원</td>
                  </tr>
                  <tr>
                      <td>DOM 그리고 스크립트</td>
                      <td>33,000원</td>
                  </tr>
              </table>

              <h2>border 병합 모델의 적용</h2>
              <table class="collapse">
                  <tr>
                      <th>교재명</th>
                      <th>가격</th>
```

separate class는 테이블의 border선이 각 셀마다 적용되고, collapse class는 인접한 셀끼리 하나의 border선으로 처리합니다.

```
└→            </tr>
              <tr>
                <td>시맨틱 마크업</td>
                <td>28,000원</td>
              </tr>
              <tr>
                <td>웹 표준의 모든 것</td>
                <td>35,000원</td>
              </tr>
              <tr>
                <td>CSS 파헤치기</td>
                <td>30,000원</td>
              </tr>
              <tr>
                <td>DOM 그리고 스크립트</td>
                <td>33,000원</td>
              </tr>
            </table>
          </body>
        </html>
```

Result

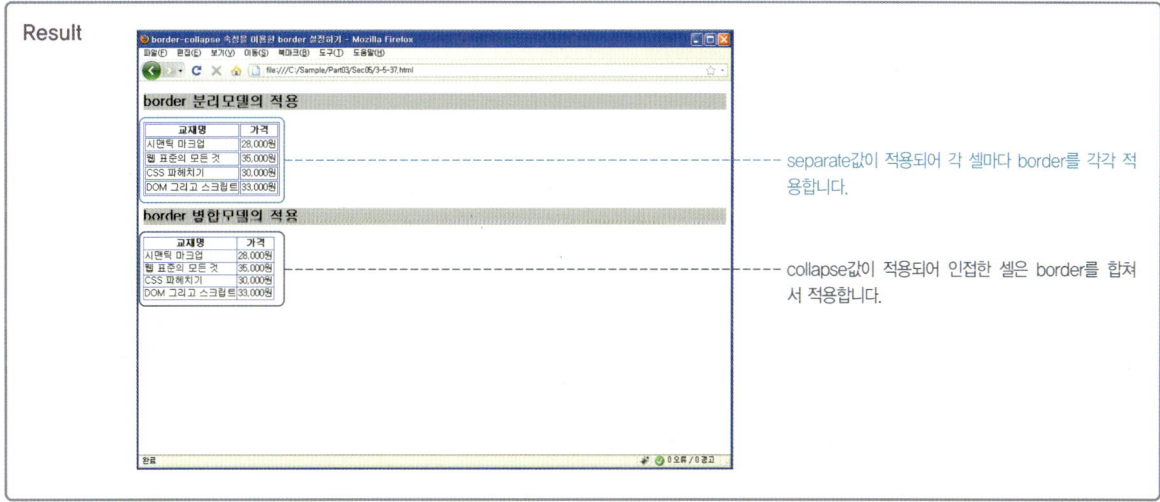

separate값이 적용되어 각 셀마다 border를 각각 적용합니다.

collapse값이 적용되어 인접한 셀은 border를 합쳐서 적용합니다.

2. overflow

overflow는 콘텐츠가 블록 박스의 크기를 넘어가는 경우에 사용하는 속성입니다. overflow 속성은 visible, hidden, scroll, auto 등의 네 가지 방식이 있고, 기본값은 visible입니다. overflow 속성의 사용 형식은 다음과 같습니다.

> overflow visible | hidden | scroll | auto | inherit

📁 예제 파일 : Sample\Part03\Sec05\3-5-38.html

Source

```
<!DOCTYPE html PUBLIC "-//W3C//DTD XHTML 1.0 Transitional//EN"
"http://www.w3.org/TR/xhtml1/DTD/xhtml1-transitional.dtd">
<html xmlns="http://www.w3.org/1999/xhtml" xml:lang="ko" >
<head>
    <title>overflow 속성을 이용한 시각 효과</title>
    <meta http-equiv="content-type" content="text/html; charset=euc-kr" />
    <style type="text/css">
        h2 { background-color:silver;}
        p{
            border:1px solid black;
            padding:5px;                                         ──── 문단 박스의 기본 크기 지정
            width:150px;
            height:70px;
        }
        .hidden { overflow:hidden; }
        .scroll { overflow:scroll; }
        .auto { overflow:auto; }
        .visible { overflow:visible; }
    </style>
</head>
<body>
    <h1>overflow 속성의 적용 결과</h1>
    <p class="hidden">콘텐츠의 내용이 박스의 크기를 넘어가는 경우 박스의 크기만큼만 보이고 나머지 콘텐츠는
    보이지 않도록 숨길 수 있는데, 이때에는 overflow:hidden;이라고 선언하면 됩니다.</p>
    <p class="scroll">박스의 크기가 콘텐츠의 내용과 상관없이 박스에 스크롤바를 생성할 때는 overflow:scroll;을
    선언하면 됩니다. 이때 만약 박스의 크기가 콘텐츠보다 클 경우 스크롤바는 비활성화되어 나타납니다.</p>
    <p class="auto">콘텐츠의 내용이 박스의 크기보다 많아서 박스에 자동으로 스크롤바가 생성되는 경우에는
    overflow:auto;를 선언할 수 있습니다.</p>
    <p class="visible">콘텐츠의 내용이 박스의 크기를 넘어가는 경우 박스의 크기를 무시하고 콘텐츠의 내용이 모
    두 보이도록 할 때는 overflow:visible;을 선언할 수 있습니다. overflow:visible;의 경우 블록 요소의 기본값이
    기도 합니다.</p>
</body>
</html>
```

Result

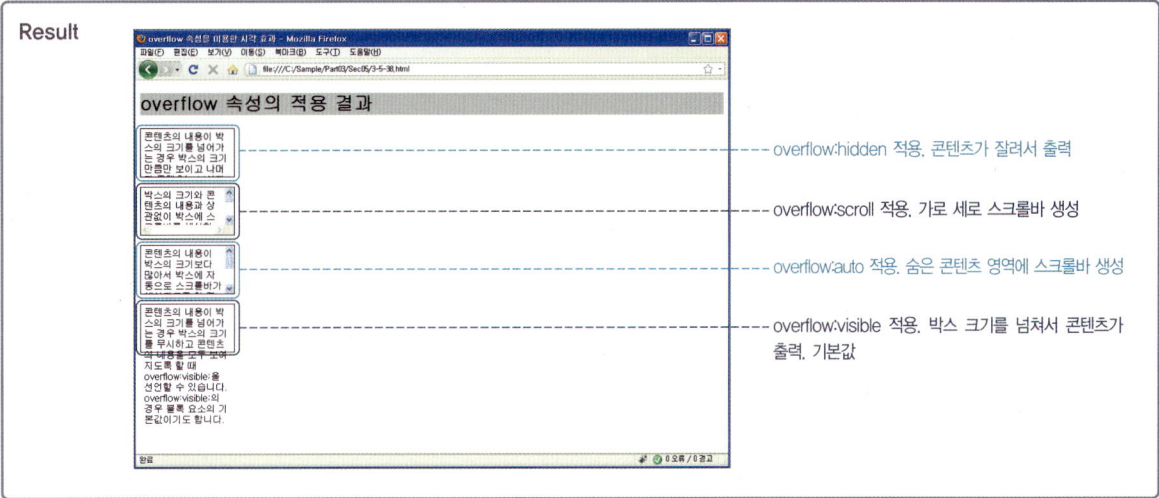

overflow:hidden 적용. 콘텐츠가 잘려서 출력

overflow:scroll 적용. 가로 세로 스크롤바 생성

overflow:auto 적용. 숨은 콘텐츠 영역에 스크롤바 생성

overflow:visible 적용. 박스 크기를 넘쳐서 콘텐츠가 출력. 기본값

3. display

요소가 가지고 있는 박스의 성격(블록 요소 또는 인라인 요소)을 변경할 때는 display 속성을 사용할 수 있습니다. display 속성을 사용하면 블록 요소를 인라인 요소화하거나 인라인 요소를 블록 요소화할 수 있으며, 화면에서 해당 요소 박스를 감출 수도 있습니다. 특히 박스를 감출 때는 display : none ;이라고 선언하는데, display : none ;의 경우 모든 장치에서 접근하지 못하기 때문에 웹 브라우저 화면에 시각적으로 보이지 않습니다. display 속성의 사용 형식은 다음과 같습니다.

```
display  : none | block | inline | inline-block | inherit
```

예제 파일 : Sample\Part03\Sec05\3-5-30.html

Source
```
<!DOCTYPE html PUBLIC "-//W3C//DTD XHTML 1.0 Transitional//EN"
"http://www.w3.org/TR/xhtml1/DTD/xhtml1-transitional.dtd">
<html xmlns="http://www.w3.org/1999/xhtml" xml:lang="ko" >
<head>
    <title>display 속성을 이용한 박스의 표시</title>
    <meta http-equiv="content-type" content="text/html; charset=euc-kr" />
    <style type="text/css">
        h1 { background-color:silver;}
        .none { display:none; } ----------------------------------------- 화면에 출력하지 않음
        .inline{
            background:#fcf;
            margin:20px 0;
        }
        .inline span {
            background:yellow;
            padding:10px;
```

```
            display:block;  ------------------------------------------------ span 요소를 block 요소로 지정
        }
        .block {
            padding:0;
            margin:0;
        }
        .block li {
            background:aqua;
            list-style-type:none;
            margin:0 20px 0 0;
            padding:10px;
            display:inline;  ----------------------------------------- li 요소를 inline 요소로 지정
        }
    </style>
</head>
<body>
    <h1>display 속성을 이용한 박스의 표시</h1>
    <p class="none"><img src="images/display.jpg" width="200" height="150" alt="display 속성을 이용하여
    이미지가 화면에 보이지 않도록 설정" /></p>
    <p class="inline">P 요소는 블록 요소이지만 <span>display</span> 속성에 <span>inline</span>을 지정하면
    인라인 요소로 표시됩니다.</p>
    <ul class="block">
        <li>로그인</li>
        <li>회원가입</li>
        <li>마이페이지</li>
        <li>사이트맵</li>
    </ul>
</body>
</html>
```

 **여기서
잠깐**

Q 스크린 리더를 위해 display:none의 사용을 제한하는 이유는 무엇인가요?

A 국산 스크린 리더인 센스리더인 경우 사용자의 선택에 따라 display:none을 사용한 콘텐츠를 읽거나 무시합니다. 예를 들어 시각장애인을 위해 '콘텐츠 바로가기' 링크를 문서의 위쪽에 제공할 때 웹 사이트에서는 CSS를 이용하여 숨긴 후 제공합니다. 이 경우 시각장애인을 위해 제공하고 있는 콘텐츠를 이용할 수 없어서는 안되겠죠.

외국에서 많이 사용하는 스크린 리더 중 하나인 JAWS의 경우 display:none과 visibility: hidden;을 적용한 콘텐츠에 접근하지 못할 수도 있습니다. 따라서 이 두 가지 방식보다 text-indent:-999% 등 음수값을 지정해서 화면에서 안 보이는 영역으로 밀어보내기도 합니다.

display:none은 무조건 쓰면 안되는 것이 아니라 사용자의 행동에 의해 콘텐츠가 변경되거나, 숨겨서 제공해야 하는 콘텐츠가 필요한 곳에 적절하게 사용해야 합니다. 로그인 전이나 후에 마크업한 화면에 있는 상황 등과 같이 로그인 전에 보이지 않아야 하는 로그인 후 영역에 display:none을 사용하면 시각적으로도 보이지 않고, 스크린 리더에서도 읽히지 않게 할 수 있으므로 사용자 측면에서도 좋습니다.

Result

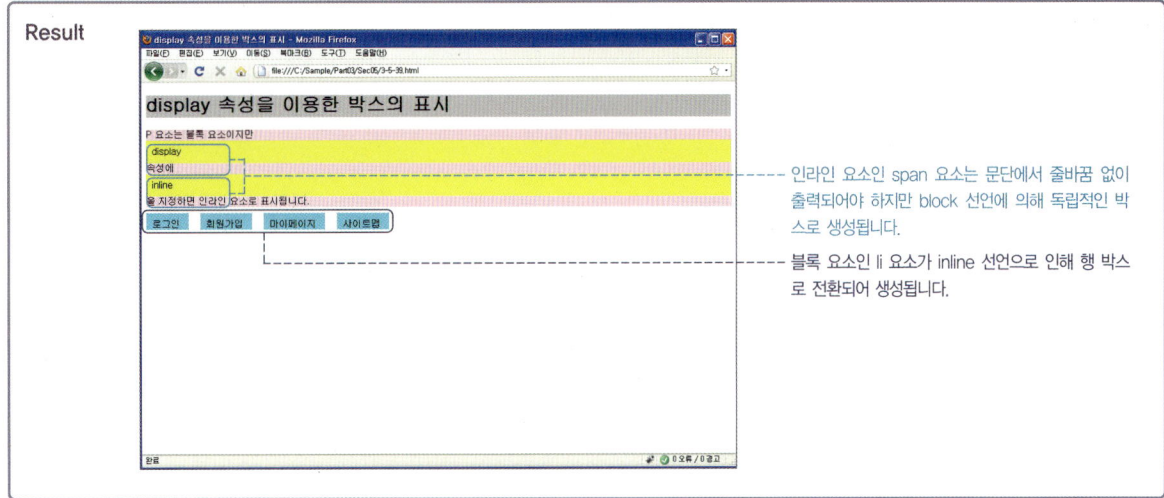

인라인 요소인 span 요소는 문단에서 줄바꿈 없이 출력되어야 하지만 block 선언에 의해 독립적인 박스로 생성됩니다.

블록 요소인 li 요소가 inline 선언으로 인해 행 박스로 전환되어 생성됩니다.

4. visibility

요소 박스를 표시하거나 감출 때 visibility 속성을 사용할 수 있는데, display 속성과 비슷해 보일 수 있습니다. 하지만 display : none;이 요소 박스가 아예 없는 것처럼 선언하는 것이라면 visibility : hidden; 형식으로 박스를 감출 경우 박스가 생성되어 있고 유효하지만, 화면에서만 보이지 않도록 투명하게 한다는 것이 다릅니다. 그러므로 display : none;으로 지정한 박스와 다르게 화면에 감춰진 박스의 영역이 확보됩니다. visibility 속성의 사용 형식은 다음과 같습니다.

```
visibility  : visible | hidden | inherit
```

예제 파일 : Sample\Part03\Sec05\3-5-40.html

Source
```
<!DOCTYPE html PUBLIC "-//W3C//DTD XHTML 1.0 Transitional//EN"
"http://www.w3.org/TR/xhtml1/DTD/xhtml1-transitional.dtd">
<html xmlns="http://www.w3.org/1999/xhtml" xml:lang="ko" >
<head>
    <title>visibility 속성을 이용한 박스의 표시</title>
    <meta http-equiv="content-type" content="text/html; charset=euc-kr" />
    <style type="text/css">
        h1 { background-color:silver;}
        p {
            background:yellow;
            border:1px solid black;
            padding:10px;
        }
        .hidden { visibility:hidden;}
    </style>
```

박스는 유효하지만 화면에는 보이지 않도록 설정합니다.

```
        〈/head〉
        〈body〉
            〈h1〉visibility 속성을 이용한 박스의 표시〈/h1〉
            〈p〉 요소 박스를 보이게 하거나 감추고자 할 때 visibility 속성을 사용할 수 있습니다.〈/p〉
            〈p class="hidden"〉display : none;으로 지정한 박스와 다르게 화면에 감춰진 박스의 영역이 확보됩니다.〈/p〉
            〈p〉언뜻 보면 display 속성과 비슷하게 보일 수도 있지만 display : none;이 요소 박스가 아예 없는 것처럼 선
                언하는 것이라면 visibility : hidden; 형식으로 박스를 감출 때는 박스는 유효하나 화면상에서만 보이지 않도록
                투명하게 한다는 것에 차이가 있습니다. 〈/p〉
        〈/body〉
        〈/html〉
```

Result

---- 박스는 감추어져 있고 박스의 영역이 확보되었습니다.

5. z-index

요소 박스가 겹쳐지는 순서를 지정할 때는 z-index 속성을 사용합니다. z-index 속성은 position
속성값이 static 외의 경우인 absolute나 relative, fixed로 선언된 경우에 지정할 수 있습니다. 임
의로 순서를 지정하지 않을 경우 박스의 생성 순서에 따라 정수로 number가 할당됩니다. 요소의
z-index값은 본문 요소(body)가 0을 가지며, 본문 요소의 밑으로 박스를 배치할 경우에는 z-index
에 음수를 지정해야 합니다. 그리고 z-index의 경우 큰 숫자가 가장 위쪽에 겹쳐집니다. z-index
속성의 사용 형식은 다음과 같습니다.

z-index : auto | 정수(1, 2, 3 …)

Source

```
<!DOCTYPE html PUBLIC "-//W3C//DTD XHTML 1.0 Transitional//EN"
"http://www.w3.org/TR/xhtml1/DTD/xhtml1-transitional.dtd">
<html xmlns="http://www.w3.org/1999/xhtml" xml:lang="ko" >
<head>
    <title>z-index 속성을 이용한 박스의 겹치는 순서</title>
    <meta http-equiv="content-type" content="text/html; charset=euc-kr" />
    <style type="text/css">
        h1 { background-color:silver;}
        p {
            border:1px solid black;
            padding:10px;
            width:80px;
            height:80px;
            position:absolute;
        }
        .box1 {
            background:yellow;
            top:100px;
            left:100px;
            z-index:3;
        }
        .box2 {
            background:orange;
            top:120px;
            left:120px;
            z-index:2;
        }
        .box3 {
            background:teal;
            top:140px;
            left:140px;
            z-index:1;
        }
    </style>
</head>
<body>
    <h1>박스의 겹치는 순서 지정하기</h1>
    <p class="box1">박스 1</p>
    <p class="box2">박스 2</p>
    <p class="box3">박스 3</p>
</body>
</html>
```

박스의 z-index 순서를 1, 2, 3에서 3, 2, 1로 변경합니다.

Result

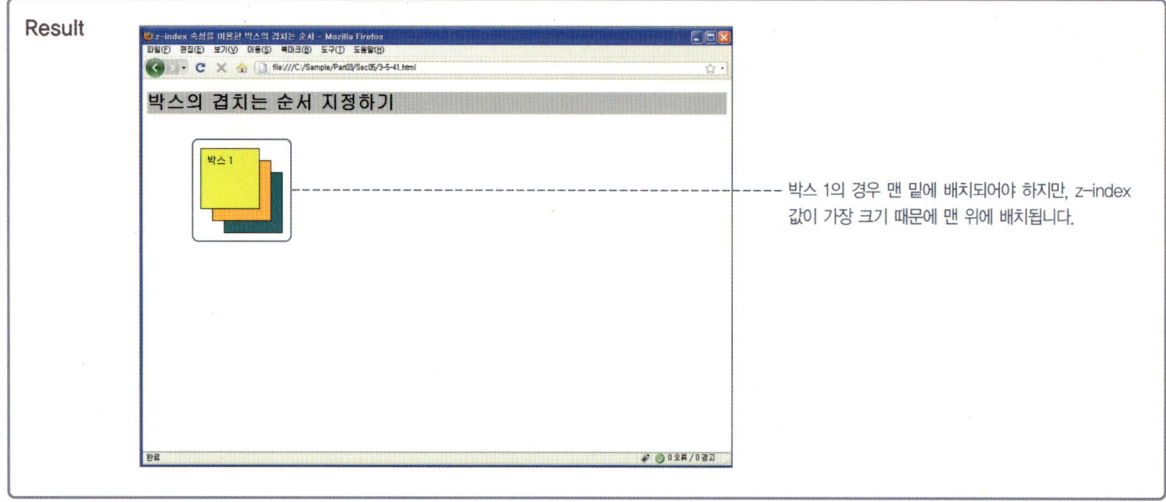

박스 1의 경우 맨 밑에 배치되어야 하지만, z-index 값이 가장 크기 때문에 맨 위에 배치됩니다.

6. CSS hack

우리가 사용하는 웹 브라우저들은 생각보다 완벽하지 않습니다. 웹 표준을 제대로 지원한다고는 하지만 생각지 못한 버그들로 인해 CSS가 동일하게 적용되지 못하는 현상이 일어나고 있습니다. 이러한 문제를 바로잡기 위한 트릭이나 꼼수를 핵(hack) 또는 필터(filter)라고 부릅니다.

어쩔 수 없는 필요악처럼 현재까지는 핵이나 필터를 이용하여 크로스 브라우징 문제를 해결할 수 밖에 없지만 다가올 미래에는 이러한 핵이나 필터 없이도 다양한 웹 브라우저에서 문제없이 렌더링 되기를 기대해 봅니다.

다음은 자주 사용되는 핵(hack)이나 필터(filter) 입니다.

⊙ * HTML 필터(* html filter)

선택자 앞에 * html을 붙이면, 윈도우용 인터넷 익스플로러 4~6, 맥용 인터넷 익스플로러 4~5 등에는 스타일이 적용되고, 그 밖의 웹 브라우저에서는 적용되지 않도록 하는 방법입니다. 이러한 필터를 사용하면 CSS의 유효성 검사를 통과할 수 없습니다.

```
*html p { color:red; }
```

⊙ 언더스코어 핵(underscore hack)

속성명 앞에 언더스코어(_)를 붙이면 인터넷 익스플로러 4~6에만 스타일이 적용됩니다. 이 방법은 주로 인터넷 익스플로러 6에만 속성을 적용하고 나머지 웹 브라우저에서는 적용되지 않도록 할 때 사용합니다. 이 방식을 사용하는 경우 CSS 유효성 검사를 통과할 수 없습니다.

```
p { _color:red; }
```

⊙ 해시 핵(hash hack)

속성명 앞에 샵(#)을 붙이면, 인터넷 익스플로러 4~7에만 스타일이 적용됩니다. 이 방법은 주로 인터넷 익스플로러 7 이하 버전에만 속성을 적용하고 나머지 웹 브라우저에서는 적용되지 않도록 할 때 사용합니다. 이 방식 역시 언더스코어 핵처럼 CSS 유효성 검사를 통과할 수 없습니다.

```
p { #color:red; }
```

⊙ 조건 주석문(Conditional Comment)

조건 주석문이란 인터넷 익스프로러에만 사용할 수 있는 핵으로, 기존의 주석문을 다르게 해석하도록 확장한 비표준 방식입니다. 이 방식은 if 함수처럼 조건을 주어 해당 조건에 만족하는 경우에만 수행하고, 그렇지 않은 경우에는 주석으로 인식되도록 하는 방법입니다. 인터넷 익스플로러 5 버전부터 지원되기 시작했으며, 윈도우용 모든 버전에 적용할 수 있습니다. 조건 주석문은 인터넷 익스플로러를 제외한 나머지 웹 브라우저에서는 주석문으로 인식되기 때문에 CSS 유효성 검사를 통과할 수 있습니다.

```
<!--[if IE 6]>
<link rel="stylesheet" type="text/css" href="css/ie6.css">
<![endif]-->

<!--[if IE 7]>
<link rel="stylesheet" type="text/css" href="css/ie7.css">
<![endif]-->
```

⊙ 마치며

창의적인 디자인 기법인 CSS는 기존의 테이블을 활용한 레이아웃이 가지고 있던 한계점을 극복하고 구조와 표현을 분리하여 효율적인 웹 사이트를 구현할 수 있도록 해주는 언어입니다. Part 03에서는 CSS 개념 및 서식과 관련된 다양한 속성들에 대해 살펴보았습니다. 실무를 위해 꼭 필요한 속성 위주로 학습을 하다 보니 CSS와 관련된 속성들을 모두 다루지는 못했지만 CSS의 매력과 파워를 경험하기에는 충분했다고 생각합니다. Part 03을 통해 CSS 속성과 좀 더 친숙해졌다면 XHTML 요소와 마찬가지로 W3 Schools에서 제공하는 CSS 관련 References를 통해 더욱 다양한 속성들을 접해 보기 바랍니다.

Part 04
실전 예제

이번 장에서는 웹 표준을 준수하는 웹 사이트를 제작하기 위해 디자인 시안의 분석에서부터 (X)HTML 마크업, CSS를 활용한 디자인에 이르기까지 웹 사이트 제작에 필요한 전반적인 기술을 학습할 것입니다. 웹 사이트를 제작하는 데는 다양한 방법이 있을 수 있고, 또 각 방법마다 장점이 있습니다. 하지만 웹 접근성을 향상시키는 가장 적합한 방법은 웹 표준을 준수하여 제작하는 것입니다. 이번 장에서는 앞 장에서 배운 (X)HTML과 CSS를 기반으로 웹 접근성이 높은 웹 사이트를 구현해 보겠습니다.

01 제작하기 전에 알아야 할 것들

이번 장에서는 웹 사이트 제작 시 어디서부터 시작하고, 또 어떤 부분들을 고려해야 하는지에 대해서 살펴보겠습니다. 특히 다양한 환경의 이해를 통해 웹 접근성의 중요성을 되새겨보고 실제 프로젝트의 제작 단계와 실전 예제 제작을 위한 제작 가이드 등을 함께 학습해 보겠습니다.

다양한 환경의 이해

XHTML를 이해하거나 CSS를 활용하는 방법에 대해 아는 것도 중요하지만 가장 먼저 많은 웹 사이트들이 어떤 경로를 통해 사용자들과 만나게 되고, 웹 문서의 정보가 전달이 되는지를 아는 것이 중요합니다. 환경에 대한 이해 없이 누군가 강제로 "이것은 지켜야 해!"라고 한다면 규칙을 지켜야 한다는 생각보다는 "그걸 왜 지켜야 하는데?"라는 생각이 먼저 들게 될 것입니다. 웹 표준을 왜 지켜야 하는지, 그리고 웹 접근성이 왜 필요한지를 이해하려면 사용자와 환경의 다양성에 대한 인식이 필요합니다.

평소 친구들의 블로그를 방문하거나 원하는 정보를 찾기 위해 인터넷에 접속하는 방법에 대해 한번 생각해 볼까요? 인터넷에 접속하기 위해서는 제일 먼저 컴퓨터의 전원을 켜야 합니다. 마이크로소프트사의 윈도우 운영체제가 실행되면 인터넷 익스플로러 아이콘을 더블클릭하여 웹 브라우저를 실행합니다. 그런 다음, 방문하고자 하는 웹 사이트에 접속을 합니다. 다른 페이지로 이동하려면 링크된 부분을 마우스로 클릭합니다. 게시판에 글을 작성하거나 로그인을 하기 위해서는 키보드로 아이디와 패스워드를 입력합니다. 하지만 모든 사람들이 이와 똑같은 방법으로 웹 사이트에 접근을 할까요?

최근 아이폰(iPhone), 아이팟(iPod)으로 유명한 애플사의 Mac 컴퓨터를 사용하는 사람들은 일반인들에게 친숙한 윈도우 운영체제가 아닌 Mac 운영체제를 사용합니다. Mac 운영체제의 기본 웹 브라우저는 사파리이며, 인터넷 익스플로러가 아닌 다른 종류의 웹 브라우저를 사용합니다(참고로 Mac용 인터넷 익스플로러는 5 버전을 마지막으로 2005년 12월 31일에 지원이 중단되었습니다.).

이처럼 사용자와 컴퓨터 시스템 사이의 원활한 의사소통을 도와주는 운영체제에는 마이크로소프트사의 윈도우 2000, XP, Vista, 7 등과 애플사의 Mac(맥), 그리고 Linux(리눅스), Unix(유닉스) 등이 있습니다. Part 01에서 소개한 바와 같이 인터넷에 접속할 수 있는 웹 브라우저는 인터넷 익스플로러, 파이어폭스, 사파리, 오페라, 구글 크롬, 그리고 텍스트 전용 웹 브라우저인 링스(Lynx) 등이 있습니다.

시각장애인들은 여러 가지 정보를 음성으로 변환하여 전달해 주는 스크린 리더나 정보를 점자로 바꾸어 주는 브레일(Braille) 등을 사용합니다. 키보드나 마우스를 사용할 수 없는, 즉 신체 활동이 어려운 사람들은 입 또는 턱, 볼 등을 이용해서 커서를 이동하거나 호흡을 통해 클릭할 수 있는 특수 마우스(예 조우스)를 사용합니다.

▲ 브레일(Braille)이 설치된 노트북

장애인의 인터넷 사이트 이용 방법을 이해하는 데 도움이 되는 웹 사이트

웹 접근성에 대해 이야기할 때 시각장애인을 예로 많이 드는 것은 그들이 정보에의 접근이 가장 어려운 계층이기 때문입니다. 웹 접근성 연구소에서는 시각장애인의 컴퓨터 활용 동영상과 대본을 함께 제공하고 있습니다. 이 동영상에는 스크린 리더를 통해 웹 사이트를 이동하는 방법과 콘텐츠에 접근하는 방법 등이 담겨 있으므로 시각장애인들이 정보에 접근하는 방법을 이해하는 데 많은 도움을 받을 수 있습니다.
- 시각장애인의 컴퓨터 활용 동영상(전맹) : http://www.wah.or.kr/Accessibility/blind1.asp
- 시각장애인의 컴퓨터 활용 동영상(저시력인) : http://www.wah.or.kr/Accessibility/blind2.asp

시각장애인의 웹 정보 접근성에 대해 좀 더 자세한 정보를 얻고 싶다면 한국시각장애인복지관 백남중 팀장의 개인 블로그를 방문하기 바랍니다. 이 블로그에서는 센스리더, 점자, 웹 접근성 등에 대한 다양한 이야기를 만날 수 있습니다.
- 백남중 블로그 : http://njpaiks.egloos.com

또 이 동영상에는 다양한 정보통신 보조 기기들에 대한 설명도 담겨 있으며, 위에서 예로 든 조우스의 생김새도 살펴볼 수 있습니다.
- 주요 정보통신 보조 기기 : http://www.wah.or.kr/Accessibility/support.asp
- 정보통신 보조 기기 웹 사이트 : http://www.at4u.or.kr

다음은 모니터에 대해 알아보겠습니다. 모니터에는 현재 생산이 중단된 CRT 모니터, 그리고 LCD 모니터가 있습니다. 모니터는 다양한 크기와 화면 비율을 가지며, 지원하는 해상도 또한 800×600, 1024×768, 1280×800, 1280×1024, 1600×1200 등과 같이 다양합니다. 이 밖에도 모니터가 아닌 모바일(mobile) 기기(예 스마트 폰 등)로 인터넷에 접속하는 경우, 우리가 만든 웹 사이트는 좀더 제한된 환경을 통해 사람들에게 보여질 것입니다.

과거 웹 사이트에서는 "이 웹 사이트는 인터넷 익스플로러 6, 해상도 1024×768에 최적화되어 있습니다" 라는 문구를 볼 수 있었습니다. 지금도 어떤 웹 사이트는 인터넷 익스플로러가 아닌 다른 웹 브라우저로 접속할 때 "해당 브라우저를 지원하지 않습니다. 인터넷 익스플로러 7로 접속해 주세요."라는 안내 화면이 나오면서 접속이 안되는 경우도 있습니다. 우리가 만든 웹 사이트가 많은 콘텐츠를 보유하고 있고, 디자인 또한 멋지다고 하더라도 이처럼 접근에 제한이 있다면 고객들에게 외면을 당하게 될 것입니다.

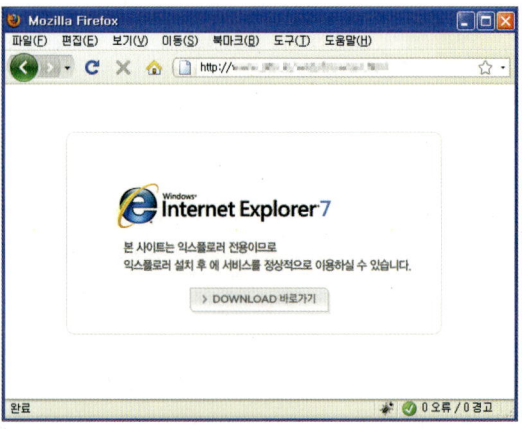

▲ 인터넷 익스플로러 전용 웹 사이트 안내 화면

최근에는 스마트폰, 넷북 등과 같이 인터넷에 접근하는 기기들이 다양해지고 있습니다. 따라서 웹 사이트를 제작할 때에는 콘텐츠에 걸맞는 마크업은 물론 콘텐츠에 대한 접근성도 반드시 고려해야만 합니다. 즉, 인터넷의 장애로 해당 웹 사이트에서 이미지를 불러오지 못해 접근이 불가능한 경우 이미지를 대신하여 제공할 수 있는 대체 텍스트도 함께 고려해야 하며, 볼륨을 높일 수 없는 상황이나 스피커가 없는 상태에서 동영상을 감상해야만 하는 경우 등도 고려해야 합니다.

웹에 접근하는 다양한 환경에 대한 이해가 바탕이 되어야만 웹 접근성과 시맨틱 마크업에 대한 개념을 이해할 수 있으며, 아울러 실제로 작업을 할 때에도 도움을 받을 수 있습니다.

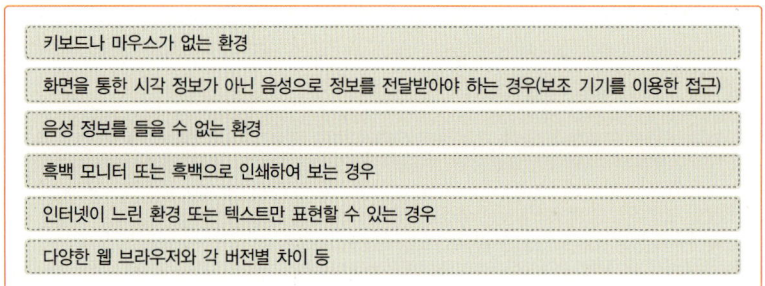

프로젝트 제작 단계

웹 사이트 제작 프로세스는 고객의 의뢰, 기획, 제작, 검수, 완료순으로 진행됩니다. 고객의 의뢰를 받으면 고객의 Needs(요구, 기대 사항)를 정확히 파악하고 웹 사이트를 제작하기 위해 필요한 콘텐츠를 수집하는 기획 단계를 거칩니다. 이렇게 수집된 콘텐츠를 바탕으로 콘텐츠를 구조화하고 디자인을 적용한 후, 사용자가 웹 사이트를 이용할 때 필요한 기능 등을 구현하면 웹 사이트의 제작 단계가 거의 마무리됩니다. 기능을 구현한 후에는 기획 의도와 다르게 제작된 부분이 없는지를 살펴보고, 버그 등을 수정합니다. 하나의 웹 사이트는 이러한 과정을 거치고 난 후에야 비로소 오픈을 하게 되는 것입니다.

고객 의뢰	기획	제작	검수	완료
웹 표준과 웹 접근성 소개 웹 사이트를 만들어 주세요.	WebCafe 사이트를 만들기로 결정. 웹 사이트에 들어갈 콘텐츠 수집 및 콘텐츠 정의, 화면 구성, 컨셉 논의	WebCafe 사이트 구축 단계 디자인 : 시안 및 콘텐츠 레이아웃 구성 코딩 : 콘텐츠를 구조화하고 의미 있는 마크업 개발 : 로그인, 게시판 등의 프로그램 및 어플리케이션 작업	버그, 링크, 콘텐츠 등 전반적인 검토 및 수정	WebCafe 사이트 오픈

▲ WebCafe 사이트 제작 단계

여러 제작 과정 중에서 기획 및 디자인이 끝난 후 마크업과 디자인을 적용하는 단계를 실습해 보겠습니다. 이 중에서도 특히 마크업은 디자인 시안을 눈에 보이는 그대로 옮기기만 하는 것이 아니라 디자인 시안에 있는 콘텐츠들을 의미 있게 구조화하는 중요한 작업임을 잊어서는 안됩니다.

과거 테이블(table)을 이용한 레이아웃 방식은 디자인 시안과 1px의 오차도 발생하지 않고 동일하게 보이도록 하기 위해 많이 사용되었지만 이 방식은 제목이나 목록 등과 같은 콘텐츠들을 그저 테이블 내의 내용 셀로만 마크업함으로써 콘텐츠를 의미 있게 구조화하지 못하는 단점을 지니고 있었습니다. 또 콘텐츠나 디자인 등이 변경되는 경우 유연하지 못한 문서 구조로 인해 수정 작업이 복잡해지는 문제점을 안고 있었으며, 이러한 문제를 바로잡기 위해 많은 시간이 소요되기도 했습니다.

이렇게 낭비되는 시간들은 개발은 물론 유지 보수를 할 때에도 많은 문제를 발생시키기 때문에 웹 표준을 준수하여 웹 사이트를 제작하는 것이 좋습니다.

이번 장에서는 기획 단계를 거쳐 디자인 시안이 확정된 이후부터 마크업과 디자인을 적용하는 방법에 대해 학습해 보겠습니다. 디자인 시안이 확정된 이후에는 일반적으로 다음과 같은 단계를 거쳐 제작됩니다.

❶ 디자인 시안

❷ 레이아웃 및 콘텐츠 분석

디자인 시안을 기준으로 레이아웃을 나누고 콘텐츠를 그룹화하면서 제목, 순서 없는 목록, 순서 있는 목록, 입력 폼 등의 콘텐츠 성격을 분석하고 의미를 부여합니다.

❸ 이미지 준비

디자인 시안을 보면서 마크업 시 사용될 이미지 콘텐츠를 준비합니다. 이때 이미지는 배경용 이미지와 콘텐츠 이미지로 나누어 준비하는 것이 좋습니다.

❹ 마크업 – (X)HTML

XHTML을 이용하여 콘텐츠를 구조화하고 의미에 맞도록 마크업합니다.

❺ 스타일 적용 – CSS

디자인 시안을 바탕으로 CSS를 활용하여 디자인을 적용합니다.

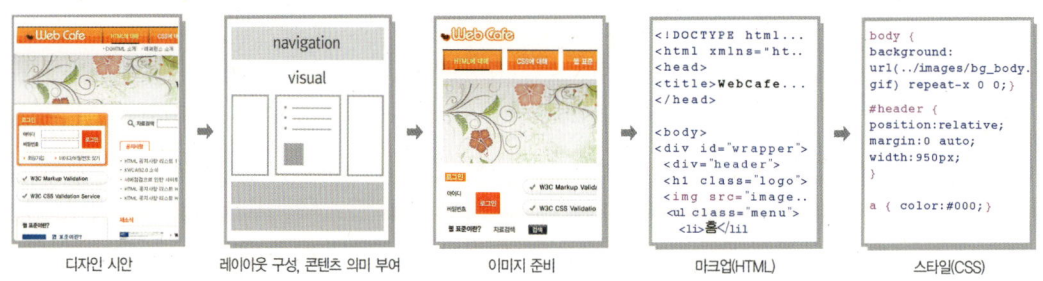

| 디자인 시안 | 레이아웃 구성, 콘텐츠 의미 부여 | 이미지 준비 | 마크업(HTML) | 스타일(CSS) |

▲ WebCafe 웹 페이지 제작 단계

여기서 잠깐

Q 디자인 시안이 나와야만 마크업을 할 수 있나요?

A 기획자, 디자이너, 코더, 프로그래머가 공동 작업을 하는 경우에는 기획을 거쳐 디자인 시안이 나온 후 마크업을 진행하고, 이 마크업 문서를 바탕으로 프로그래머가 작업을 하는 것이 일반적입니다. 한정된 프로젝트 일정 속에서 디자인 컨펌(확정)이 오래 걸리거나 개발할 인력이 부족한 경우, 프로그래머는 작업 기간에 쫓기게 됩니다.

기획과 디자인 단계 사이에서 웹 사이트의 큰 구조와 삽입되어야 하는 콘텐츠가 정해져 있다면 최종 디자인 시안이 나오지 않았더라도 레이아웃을 미리 잡아 두고 필요한 콘텐츠에 따라 마크업을 작성할 수 있습니다. 작성한 마크업 구조에 디자인이 나오면 CSS를 사용하여 적용하고 배치한 후, HTML 문서의 수정을 최소화한 상태에서 진행하기도 합니다. 초기 콘텐츠 기획이 중요한 이유는 바로 이 때문입니다.

저작도구

웹 사이트를 제작하는 데는 (X)HTML이나 CSS 등의 소스를 제작하기 위한 에디터와 이미지 관련 저작 툴, 크로스 브라우징을 위한 웹 브라우저, 유효성 검증 및 웹 접근성 검수를 위한 유틸리티 등이 필요합니다. 이 책에서 소개하고 있는 환경은 극히 일부분이며 작업의 성격에 따라 자신에게 맞는 저작 툴을 선택하여 사용하는 것이 좋습니다.

⊙ EditPlus(http://www.editplus.com/kr/index.html)

텍스트 기반 에디터의 선두 주자인 에디트플러스(EditPlus)는 메모장을 대신할 뿐만 아니라 웹 문서나 프로그램 개발을 쉽게 할 수 있도록 도와주는 많은 기능들을 지원합니다. HTML, CSS, PHP, ASP, Perl, C/C++, 자바, 자바스크립트, VB 스크립트 파일에서의 구문 강조 기능, HTML 문서를 바로 렌더링할 수 있는 내장 브라우저, FTP 기능 등이 그것입니다. 이 밖에 HTML 도구 모음, 사용자 도구, 줄 번호, 눈금자, URL 강조, 자동 완성, 클립 텍스트, 칸 단위 선택, 강력한 찾기와 바꾸기, 다중 실행 취소 및 재실행, 사용자 정의 단축키 등과 같은 다양한 기능들을 쉽고 편리하게 사용할 수 있습니다.

⊙ UltraEdit(http://www.ultraedit.com)

울트라에디트(UltraEdit)는 간단한 텍스트 문서는 물론 복잡한 프로그래밍 문서까지 편집할 수 있는 텍스트 기반의 에디터입니다. 울트라에디트는 txt, doc, bat, ini, c, cpp, h, hpp, html, java, php, js css 등과 같은 다양한 형식의 문서를 편집할 수 있으며, HEX 편집기 기능도 제공합니다. 또 다양한 매크로 지원 및 파일 저장 및 로드 기능과 함께 컬럼/블록 편집 기능, 프로젝트/워크스페이스 기능, 유니코드 지원, 탭 방식의 여러 문서 작업 가능, 창 수직·수평 분할 기능, 파일 비교 기능, FTP Client 기능, 책갈피 기능 등을 제공합니다.

⊙ DreamWeaver(http://www.adobe.com/kr/products/dreamweaver)

드림위버(DreamWeaver)는 위지윅(WYSIWYG : What You See Is What You Get) 기반의 편집기로 HTML이나 CSS의 문법을 잘 모르는 사람들이 워드 프로그램처럼 쉽게 웹 문서를 작성할 수 있도록 도와주며, 웹 브라우저 간 호환성 검사와 마크업 및 CSS 유효성 검사를 지원합니다. 드림위버는 Mac과 Windows 운영 체제 모두를 지원하며, 최근에 나온 버전들은 CSS, 자바스크립트, 다양한 서브사이드 스크립팅, 그리고 ASP.NET, 콜드퓨전, 자바 서버 페이지, PHP 등의 프로그래밍 언어 및 프레임워크와 같은 웹 기술에 대한 지원을 포함하고 있습니다.

⊙ PhotoShop(http://www.adobe.com/kr/products/photoshop)

포토샵(PhotoShop)이란, 그래픽 전문 회사인 어도비사의 이미지 제작, 편집 프로그램으로써 현재 전 세계에 걸쳐 가장 많이 사용되고 있는 이미지 편집 툴입니다. 포토샵은 이미지의 다양한 편집과 수정을 할 수 있는 프로그램으로 색상 보정, 오래된 사진 복원, 이미지 합성, 문자 디자인, 인쇄물 디자인, 웹 디자인 등 여러 가지 작업을 할 수 있습니다. 포토샵의 특징으로는 다양한 이미지 포맷 지원, 강력한 고품질의 이미지 결과물 산출, 직관적인 인터페이스로 사용자의 편리성 추구, 다양한 편집 도구 제공, 다양하고 독특한 필터의 제공으로 이미지 효과의 극대화, 웹 문서용 이미지의 최적화, 지속적인 프로그램의 업그레이드, 폭넓은 기술적 정보 취득의 용이성 등을 들 수 있습니다.

제작 가이드

프로젝트를 진행하다 보면 다수의 웹 문서가 생성되며, CSS 파일과 디자인에 사용할 이미지 등이 필요합니다. 작은 규모의 웹 사이트라면 큰 문제가 없겠지만 수십, 수백, 수천 개의 요소들이 사용되는 경우에는 문제가 다릅니다. 이러한 상황에 대비하여 종류와 성격에 따라 폴더를 구분하면 작업 속도가 향상될 뿐만 아니라 관리도 쉬울 것입니다.

웹 사이트가 개인용이라면 파일명은 11333.html, 이미지는 mihee_12_1.gif와 같이 지정할 수 있지만 여러 사람이 공동 작업을 하거나 작업이 완료된 후에 다른 사람의 손을 거쳐 수정이 진행되는 경우, 이러한 파일명은 이미지를 직접 보거나 마크업 문서를 일일이 열어 확인하지 않으면 어떤 내용의 파일인지, 어디에 사용하는지를 전혀 알 수 없을 것입니다. 더욱이 HTML 문서, CSS 문서, 이미지 등이 서로 다른 폴더에 섞여 있다면 경로가 제각각이 되어 작업이 힘들어질 수 있습니다.

HTML, CSS에 class와 id를 지정할 경우도 이와 마찬가지입니다. #redBox와 같이 시각 정보에만 의존하는 이름은 디자인 수정으로 인해 속성에 지정된 색상값이 파란색으로 바뀌어도 여전히 #redBox라는 이름을 가지고 있기 때문에 의미와 맞지 않게 되며, paddig-bottom:5px이라는 스타일에 .pb5라는 class명을 부여하여 필요할 때마다 여러 곳에 사용하는 경우, 그리고 간격값이 1px 또는 다르게 바뀔 경우 이 class명은 의미가 없어지게 됩니다. 또 .pb5를 padding-bottom:5px 설정이 필요한 곳에 많이 사용했는데, 특정한 한두 곳에서 크기가 변경될 경우 새로운 class를 만들어 덮어 쓰거나 기존에 적용된 .pb5를 마크업상에서도 변경하는 과정을 거쳐야 하며, CSS도 추가되어 작업이 번거롭게 됩니다 .pb5가 여러 문서에서 걸쳐 100번 정도 사용되었다고 가정했을 때 이를 수정해야 한다면 실제로 엄두가 나지 않을 것입니다.

웹 사이트를 만들기 전에 폴더명, 파일명, 이미지 슬라이스(Slice) 규칙 등을 미리 정해 놓으면, 작업 도중 파일명을 정하기 위해 고민하는 시간을 줄일 수 있고, 수정 및 유지 보수 작업에도 도움이 될 것입니다.

1. 제작 가이드(Web Standardization Guide)

자! 이제부터 본격적으로 웹 사이트 제작에 들어가 보겠습니다. 우리가 만들어 볼 웹 사이트는 WebCafe라는 이름을 가지고 있으며, 웹 사이트의 목적은 웹 표준과 웹 접근성에 관한 정보를 전달하는 데에 있습니다. 제작을 하기 위해 앞에서 살펴보았던 준비 사항에 따라 제일 먼저 제작 가이드(WSG)를 만들어 보겠습니다. WebCafe는 메인 페이지 1개와 콘텐츠 페이지 4개로 구성되어 있으며, 메인을 제외한 4개의 콘텐츠 페이지는 다른 카테고리에 속해 있습니다.

▲ 메인 페이지

- 서브 : '(X)HTML 소개' 콘텐츠(카테고리 : HTML에 대해)
- 서브 : 이미지 자료 목록(카테고리 : 자료실)
- 서브 : 회원가입 폼(카테고리 : 회원 관련)
- 서브 : '묻고 답하기' 게시판 목록(카테고리 : 묻고 답하기)

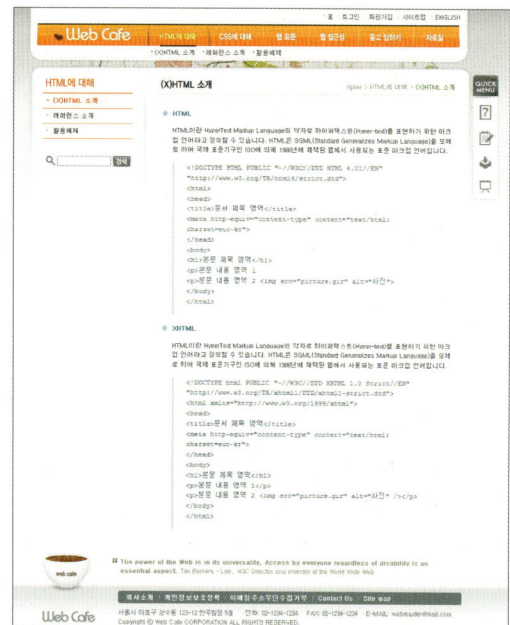

▲ 일반 콘텐츠

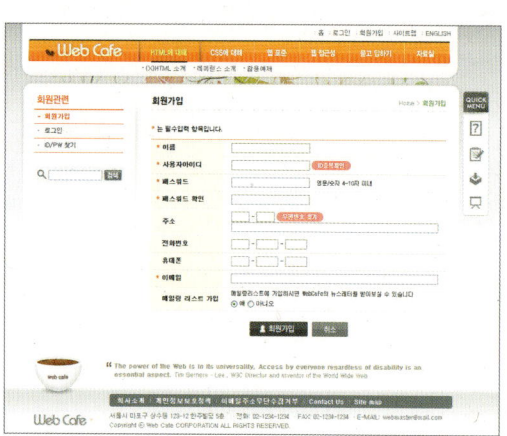

▲ 이미지 갤러리

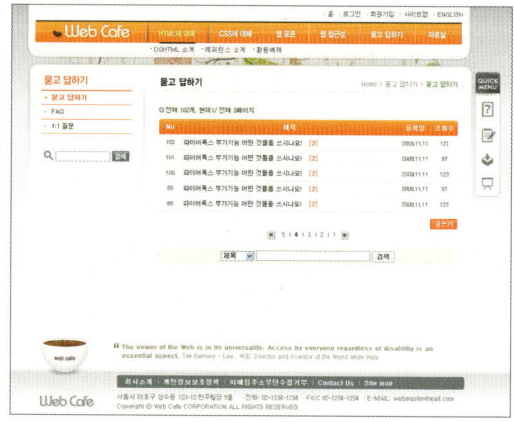

▲ 회원가입

▲ 묻고 답하기

'WebCafe' 메인 페이지와 4개의 콘텐츠 페이지를 함께 작업하기 위해서는 각 페이지에 공통적으로 적용할 수 있는 HTML 문서의 파일명 규칙(예 board_list.html)과 제목 이미지, 버튼 이미지 등의 파일명(예 h2_notice.gif, btn_write.gif), CSS 파일의 구조와 파일명(예 reset.css, layout.css), HTML로 마크업한 요소에 부여할 id와 class명에 대한 규칙이 필요합니다.

먼저 이 페이지들을 담을 폴더 구조부터 정해 보겠습니다.

⊙ 폴더 구조

HTML 파일, 디자인 표현에 사용할 배경 또는 콘텐츠 이미지들(jpg, gif, png 등), 디자인을 담당하는 CSS는 외부 문서, 메인과 서브 페이지에서 항상 공통으로 쓰이는 요소들은 따로 폴더를 만들어 관리합니다.

또 하나의 폴더 안에 많은 파일들이 있으면 일일이 관리하기 어려우므로, 하위 폴더를 두어 관리하는 구조로 정리합니다.

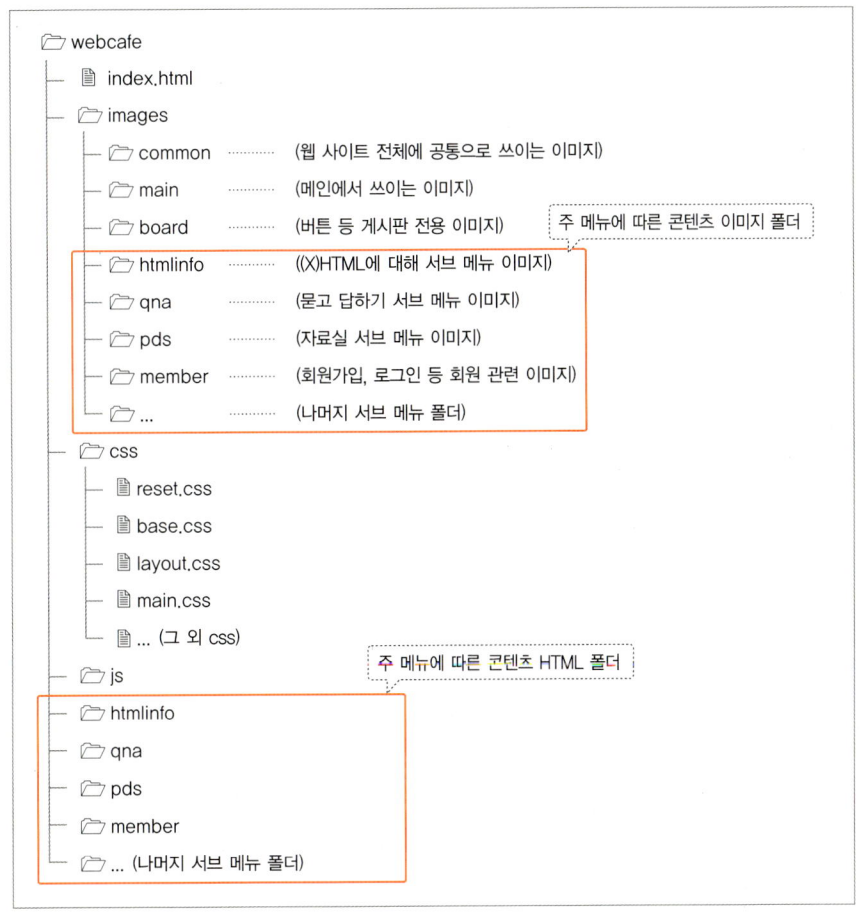

폴더 구조는 프로젝트 성격에 따라 다르게 나타날 수 있습니다. 또 내부 가이드가 있는 경우에는 가이드에 맞추어 작업하기도 합니다.

⊙ 웹 문서(HTML) 파일명 규칙

메인 페이지는 index.html로 지정합니다. 각 서브 메뉴의 웹 문서들은 서브 메뉴별 폴더에 위치하게 됩니다. 파일명은 콘텐츠 페이지의 의미를 담아 지정합니다.

웹 문서 페이지의 파일명을 a01.html, b03.html과 같이 주 메뉴 구조나 순서에 의존하여 지정하면 메뉴 순서가 바뀌거나 추가되는 경우 페이지를 찾을 때 알아보기 어렵게 됩니다.

웹 표준에 대한 내용을 담고 있을 경우에는 standards.html로 지정하고, 게시판의 경우에는 목록, 글쓰기, 상세 내용 읽기 등과 같이 기능을 나타내는 구조(콘텐츠성격_콘텐츠기능.html)로 파일명을 지정하면 파일명만으로도 알아보기 쉽고, 파일 관리에도 도움이 됩니다. 예를 들면 묻고 답하기의 목록 페이지는 qna_list.html, 글쓰기 페이지는 qna_write.html, 보기 페이지는 qna_view.html 등으로 지정할 수 있습니다.

WebCafe 사이트에 사용할 총 5개의 웹 문서의 파일명을 다음과 같이 지정해 보겠습니다.

- 메인 : index.html
- HTML에 대해 : introduce.html
- 묻고 답하기 : qna.html
- 이미지 갤러리 : gallery.html
- 회원가입 : join.html

⊙ 이미지 파일명 규칙

페이지 내에 제목 요소나 의미를 가지고 있는 이미지 콘텐츠의 파일명은 요소명_의미.jpg(h3_notice.gif) 형태를 사용하고, 아이콘 이미지들은 여러 개의 아이콘을 하나의 파일로 생성하여 아이콘 모음이라는 의미의 이름인 icon_bullet.gif – (icon_콘텐츠성격.gif) 형식으로 사용합니다.

이러한 방식이 반드시 정답은 아니지만 많은 이미지들을 관리할 때 의미 없는 a01.gif, a02.gif 와 같은 이미지 파일명에 비해 관리나 유지 보수 측면에서 바람직합니다.

다음은 WebCafe 사이트에서 사용하는 이미지 파일명 규칙을 정리한 것입니다. 이러한 규칙에는 정답이 있는 것이 아니기 때문에 이미지의 성향에 따라 기준을 만들어 작업하도록 합니다.

분 류	형 태	의 미
제목	h_* h1_* ~ h6_*	제목 요소
문장	p_*	본문 요소(p)
내비게이션	gnb_* lnb_*	메뉴 관련 요소
버튼	btn_list_* btn_search btn_submit	버튼 관련 요소
불릿	bullet _*	불릿 이미지 요소
아이콘	ico_*	아이콘 이미지 요소
선	line_*	선 관련 요소
배경	bg_body bg_header_* bg_footer_*	배경 관련 요소

여기서 잠깐

유용한 WSG 사이트

NHN – NULI
(http://html.nhncorp.com/)

Daum – Darum
(http://ui.daum.net/)

이미지를 웹상에서 사용하기 위해서는 디자인 시안에서 필요한 부분만 선택하여 사용합니다. 이미지를 슬라이스할 경우에는 텍스트나 디자인된 영역 외에 불필요한 여백이 생기지 않도록 주의하고, 여백이 필요한 부분은 CSS의 마진(margin)이나 패딩(padding) 등을 이용합니다.

❶ 이미지 파일명은 '용도+콘텐츠' 형태로 의미를 알기 쉽도록 지정합니다.
❷ 이미지는 가급적 여백 없이 슬라이스하고 여백이나 링크 범위에 대한 공간은 CSS로 조정합니다.
❸ PNG 이미지의 투명도는 인터넷 익스플로러 5, 6에서 회색으로 표현되므로 유의하여 사용합니다.

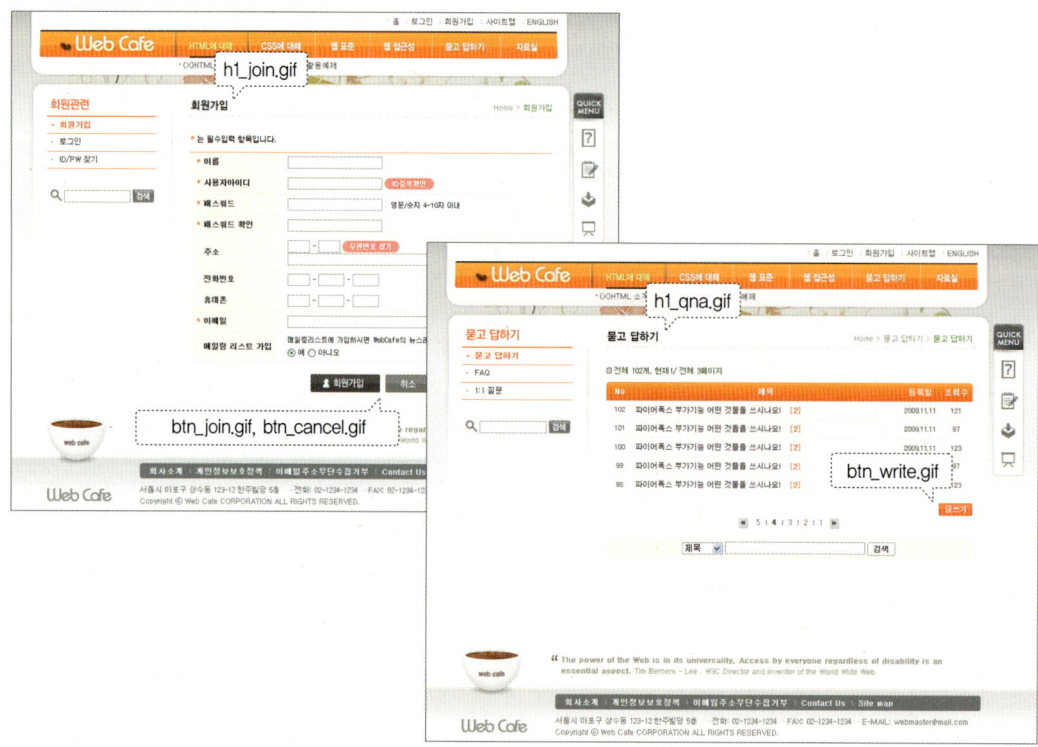

여기서 잠깐

인터넷 익스플로러 6에서의 PNG 형식 지원에 따른 문제

웹 사이트에서 많이 사용하는 투명 PNG 형식의 이미지의 경우 웹 표준을 지원하는 최신의 웹 브라우저에서는 대부분 큰 문제 없이 렌더링되지만, 인터넷 익스플로러 6에서는 투명한 부분이 아래 그림과 같이 회색의 불투명한 영역으로 렌더링되는 문제가 있습니다.

두 가지 이미지 중 왼쪽은 웹 표준 계열의 웹 브라우저에서 PNG 형식이 제대로 렌더링된 모습이고, 오른쪽은 인터넷 익스플로러 6에서 제대로 렌더링되지 못한 모습입니다.

⊙ CSS 파일 구조 및 id와 class명 규칙

이번에는 WebCafe 사이트에 사용되는 CSS에 대해 정리해 보겠습니다. 하나의 CSS 안에 모든 스타일 정보를 넣는 것이 아니라 용도에 따라 파일을 분리하여 관리하는 방식으로 진행합니다. 웹 사이트의 규모가 커지면 하나의 CSS안에 들어가는 용량도 커져 로딩 속도에 영향을 미치기 때문에 사전에 이를 예방하고, 한 페이지에 불필요한 다른 스타일까지 모두 불러오는 것을 방지하기 위한 목적도 있습니다.

CSS는 용도에 따라 아래와 같이 분리하고 파일명을 지정합니다. 각 CSS의 상세한 역할은 다음 장에서 배우게 됩니다.

- reset.css : HTML의 기본 속성값을 초기화해 주는 역할. 모든 페이지에 적용
- base.css : 웹 사이트 전체에 적용되는 기본 설정값. 기본 글꼴, 배경, 제목 요소 등 스타일 가이드에 맞추어 만들어서 웹 사이트 콘텐츠에 통일성 부여
- layout.css : 웹 사이트 레이아웃용
- main.css : 메인 전용 CSS
- board.css : 게시판 전용 CSS로 게시판 스킨과 비슷한 역할을 함.
- htmlinfo.css, qna.css 등 : 각 서브 카테고리에 사용되는 콘텐츠 디자인용

id와 class를 어떤 경우에 사용하는지에 대해서는 아래의 기준으로 나누어 볼 수 있습니다.

- 한 페이지에서 고유한 성격을 가지는 콘텐츠 또는 문서 내 링크, 자바스크립트 등 적용이 필요한 콘텐츠에 id를 부여하여 활용할 수 있게 합니다. 한 페이지에 한 번만 사용될 수 있으므로 중복 사용되지 않도록 유의합니다.
- 한 페이지에서 여러 번 사용되거나 또는 여러 페이지에 사용되는 경우에는 class로 지정합니다.

id와 class명은 CSS를 작성하는 간단한 규칙을 정한 후 의미 있는 네이밍을 사용해야 합니다. 특히, 개발할 때 오류가 나지 않도록 네이밍의 작성 규칙을 준수해야 합니다.

- #bottom-list 또는 .header-menu와 같이 '- (하이픈)'은 가능하면 사용하지 않는 것이 좋습니다. 속성값에 사용되므로 '-' 대신 '_(언더 바)'를 사용합니다.
- 특수 문자를 사용하면 안됩니다. '문자', '숫자', '_(언더 바)'만 사용합니다.
- .02box, .11menu_bg와 같이 숫자로 시작하지 않습니다.
- 대소 문자를 구분하므로 HTML 문서와 CSS상에서 동일하게 맞추어 줍니다.
- 시각적 디자인 효과에 의존하여 작성하지 않도록 합니다. 예를 들어 .pb10, mtop20, .redText 등과 같은 경우는 시각적 속성들이 변경될 수 있으므로, 콘텐츠의 의미에 맞추어 네이밍하는 것이 바람직합니다.

- 2개 이상의 단어를 조합하는 경우 '_(언더바)'로 구분하거나 뒤에 오는 단어의 첫 글자를 대문자로 표기하여 나타냅니다. 이번 실습 예제에서는 대문자로 구분하는 카멜 케이스(Camel Case) 방식으로 진행합니다.
- 여러 개의 속성이 적용되는 경우 레이아웃과 관련된 것부터 작성하고, 다음은 디자인, 텍스트순으로 기술하여 유지 보수 시 편리하고 알아보기 쉽도록 합니다.

2. 콘텐츠 그룹화

메인과 콘텐츠 페이지의 시안을 바탕으로 영역을 나누어 보고, 성격이 비슷하거나 연관성이 있는 콘텐츠끼리 그룹화하는 단계입니다. 콘텐츠를 그룹화하는 데에는 XHTML 요소 중에서 div(division) 요소를 사용합니다. div 요소는 XHTML의 블록 요소(block element)를 그룹화하기 위한 요소로 이러한 그룹화 과정을 통해 많은 페이지에 반복적으로 재사용할 수 있는 템플릿을 구현할 수 있습니다. 특히 서브 페이지의 경우 헤더 영역과 푸터 영역의 구조가 대부분 동일하기 때문에 템플릿을 기반으로 작업을 하면 효율성을 높일 수 있습니다.

구성 그룹 중 헤더 영역(header)과 하단의 슬로건(slogan) 영역, 푸터 영역(footer)은 메인과 서브에서 동일하게 사용할 수 있는 구조로 되어 있으며, 크게 다른 점은 서브 페이지들에서 오른쪽에 고정된 퀵 메뉴가 나타나는 것과 콘텐츠 영역(contents)이 사이드 영역과 서브 콘텐츠 영역으로 분리되어 있다는 것입니다.
공통으로 사용되는 부분은 이미지도 같은 것을 사용하게 되므로 이미지 슬라이스 작업을 할 때 미리 파악해 두는 것이 좋습니다.

▲ div로 분할 또는 그룹화한 메인 디자인 시안

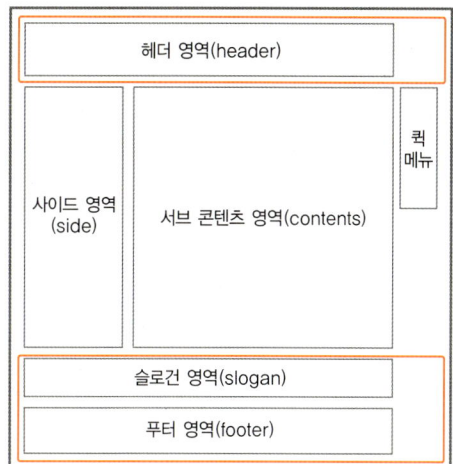

▲ div로 분할 또는 그룹화한 서브 디자인 시안

3. 콘텐츠의 논리적인 구성

콘텐츠의 논리적인 순서를 정하는 것은 디자인상 눈에 보이는 배치를 따라가는 것이 아니라 전체 문서 내의 콘텐츠에 접근하는 순서를 의미합니다. 논리적인 순서 또한 정답이 있는 것은 아니지만 콘텐츠의 접근 순서상 로그인할 때의 아이디와 비밀번호 입력 박스가 로그인 버튼보다 먼저 나와야 논리적인 순서가 흐트러지지 않는다는 관점에서 출발하면 될 것 같습니다. 테이블 방식의 레이아웃으로 콘텐츠를 배치하는 경우에는 대부분 눈에 보이는 순서대로 콘텐츠를 구성하기 때문에 로그인 입력 박스에 사용하는 콘텐츠의 경우 아이디 입력 박스, 로그인 버튼 다음으로 비밀번호 입력란이 마크업되는 논리적이지 못한 구성 형식을 띄게 되는 것입니다.

여기서 잠깐

고정형으로 마크업할 경우 해상도와 웹 브라우저의 스크롤에 대한 이야기

해상도가 1024x768px일 경우, 웹 브라우저 틀의 너비값도 포함되므로, 가로 스크롤이 생기지 않게 하려면 최대 970px 이하로 설정하는 것이 좋습니다.

여기서 잠깐

공용 스타일시트 정리에 대해

WebCafe 사이트의 공용 스타일시트는 base.css로 정하였지만 common.css 등은 알아보기 쉽도록 이름을 정합니다. 공용 영역별로 적용되는 스타일이 많은 경우에는 header.css, footer.css 등으로 나누어 사용하기도 합니다.

아래의 메인 페이지 시안은 이러한 논리적인 구성을 고려하여 콘텐츠를 순서대로 배치했을 때 전체적인 흐름을 흐트러뜨리지 않을 수 있도록 선언 순서를 구성해 본 것입니다.

▲ 메인 페이지의 논리적인 구성 순서

웹 사이트를 대표하는 로고를 시작으로 논리적인 구성 순서를 정해 보면 다음과 같습니다.

❶ WebCafe 로고
❷ 보조 메뉴(Local Navigation Bar)
❸ 주 메뉴(Global Navigation Bar)
❹ 메인 비주얼
❺ 로그인
❻ 배너
❼ 웹 표준이란?
❽ 자료검색
❾ 공지사항/자료실

❿ 새소식
⓫ 신규 이벤트
⓬ 관련 사이트
⓭ 인기 사이트
⓮ 슬로건
⓯ 푸터 WebCafe 로고
⓰ 웹 사이트 이용안내 메뉴
⓱ 웹 사이트 정보

메인 페이지의 논리적인 구성 순서를 정했으므로 이번에는 서브 페이지를 살펴보겠습니다.

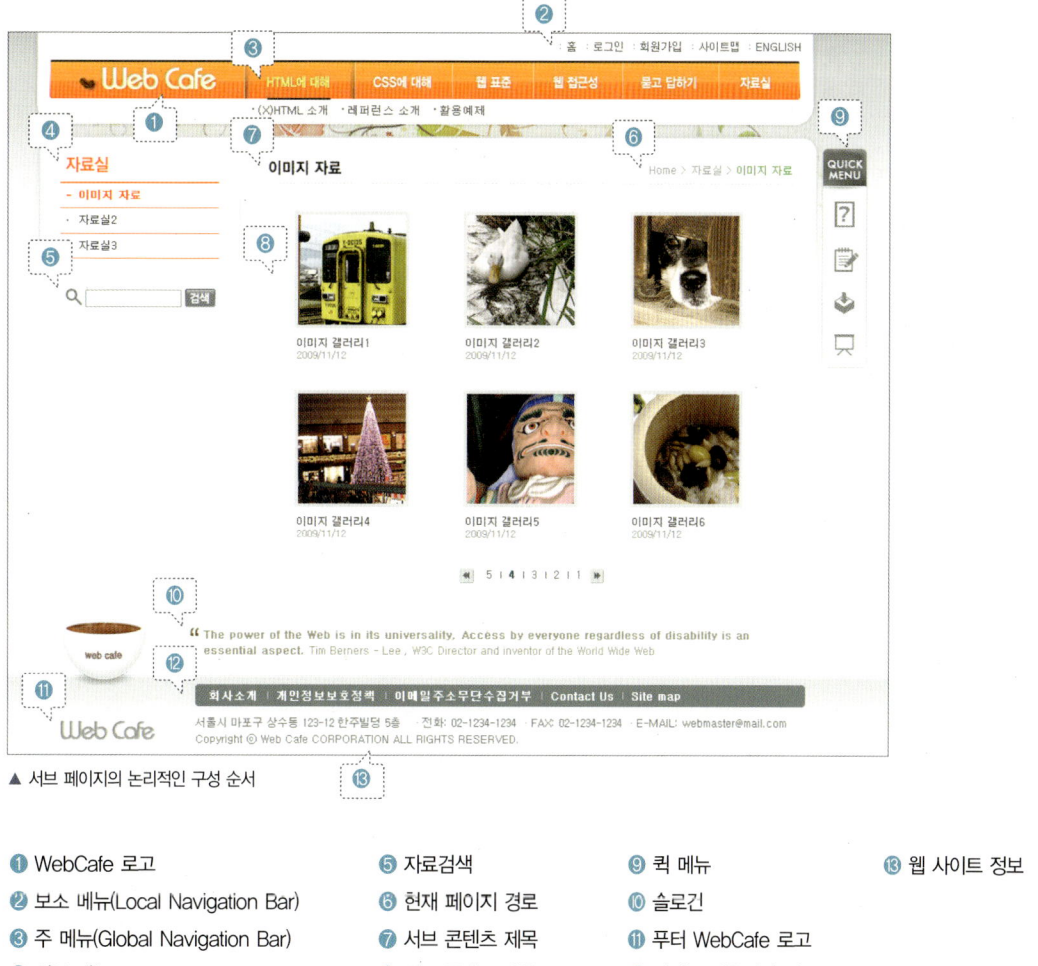

▲ 서브 페이지의 논리적인 구성 순서

❶ WebCafe 로고
❷ 보소 메뉴(Local Navigation Bar)
❸ 주 메뉴(Global Navigation Bar)
❹ 서브 메뉴

❺ 자료검색
❻ 현재 페이지 경로
❼ 서브 콘텐츠 제목
❽ 서브 콘텐츠 내용

❾ 퀵 메뉴
❿ 슬로건
⓫ 푸터 WebCafe 로고
⓬ 사이트 이용안내 메뉴

⓭ 웹 사이트 정보

4. 제목 레벨 정하기

간혹 웹 사이트를 제작하는 사람들이 간과하는 문제 중 한 가지는 웹 문서를 문서로써 접근하지 않는다는 것입니다. 당연히 문서라면 콘텐츠만 제공되는 것이 아니라 콘텐츠의 성격을 표현할 수 있는 제목이 필요합니다.

커피에 관한 다양한 정보를 담고 있는 문서를 작성한다고 가정해 봅시다. 무작정 커피에 관한 정보만을 나열하지는 않겠지요? 가장 먼저 커피에 관한 정보를 어떻게 작성할 것인지에 대한 방향을 결정하고 목차를 선정합니다. 이러한 목차에는 대제목, 중제목, 소제목 등의 레벨이 다른 정보들이 있을 것입니다. 예를 들면 커피(Coffee)라는 대제목, 커피의 역사, 원두 정보, 커피의 종류 등의 중제목, 그리고 커피의 종류라는 중제목 밑에 아메리카노, 카페라떼, 카푸치노라는 소제목을 말합니다. 이때 주의해야 할 점은 제목 레벨을 건너뛰거나 생략해서는 안된다는 것입니다. 즉, 커피의 종류라는 중제목을 생략하고 바로 소제목인 1.3.1을 사용해서는 안됩니다.

```
1. 커피 ──────────────→ 대제목
  1.1 커피의 역사 ─────────→ 중제목
  1.2 원두 정보 ──────────→ 중제목
  1.3 커피의 종류 ────────→ 중제목
    1.3.1 아메리카노 ──────→ 소제목
    1.3.2 카페라떼 ───────→ 소제목
    1.3.3 카푸치노 ───────→ 소제목
```

이렇게 제목 및 제목의 레벨이 결정되면 해당 제목에 부합하는 상세 정보를 작성합니다. 문서 작업이 일반적으로 이렇게 진행된다면 웹 문서도 크게 다르지 않습니다. 즉, 콘텐츠를 아무 설명 없이 제공하는 것이 아니라 적절한 제목과 또 구조화된 제목 계층을 설계하여 작성하는 것입니다. 특히 웹 문서는 디자인 시안에 이러한 제목이 생략되어 있을 수 있기 때문에 콘텐츠의 성격과 의미를 제작자가 정확히 파악한 상태에서 작성해야 합니다.

이번에는 우리가 제작하려는 WebCafe 사이트에는 어떤 요소를 제목으로 지정하여야 하는지에 대해 살펴보고 디자인 시안에서 생략된 제목이 있는지를 확인해 보겠습니다. 다음은 WebCafe 사이트의 메인 페이지의 제목 요소를 나타낸 화면입니다.

▲ 메인 페이지 제목 구조(풍선 도움말 : 제목 콘텐츠, 배경색이 있는 풍선 도움말 : 숨김 제목)

메인 페이지 제목 구조 그림을 살펴보면 노란색으로 표시된 h2 요소가 있습니다. '어? 아무것도 없는 공간에 왜 h2가 들어가 있지?'라는 생각이 들 것입니다. 그림에 노란색으로 표시된 h2 요소는 디자인상 생략되어 있는 제목을 의미합니다. 이러한 제목은 디자인을 감안하지 않더라도 콘텐츠의 의미를 알 수 있게 도와주는 역할을 합니다. 이 부분에 대해서는 뒤에 이어지는 세부 마크업에서 자세히 살펴보겠습니다.

메인 페이지의 숨김 제목을 포함하여 제목의 계층 구조를 구성해 보면 다음과 같습니다.

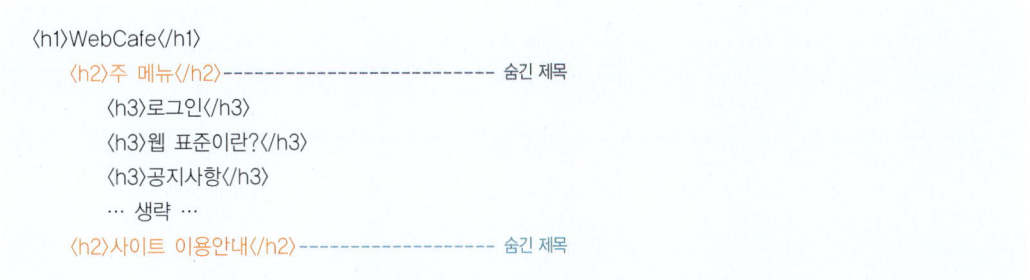

메인 페이지의 제목 구조에 이어 서브 페이지의 제목 구조에 대해 살펴보겠습니다.

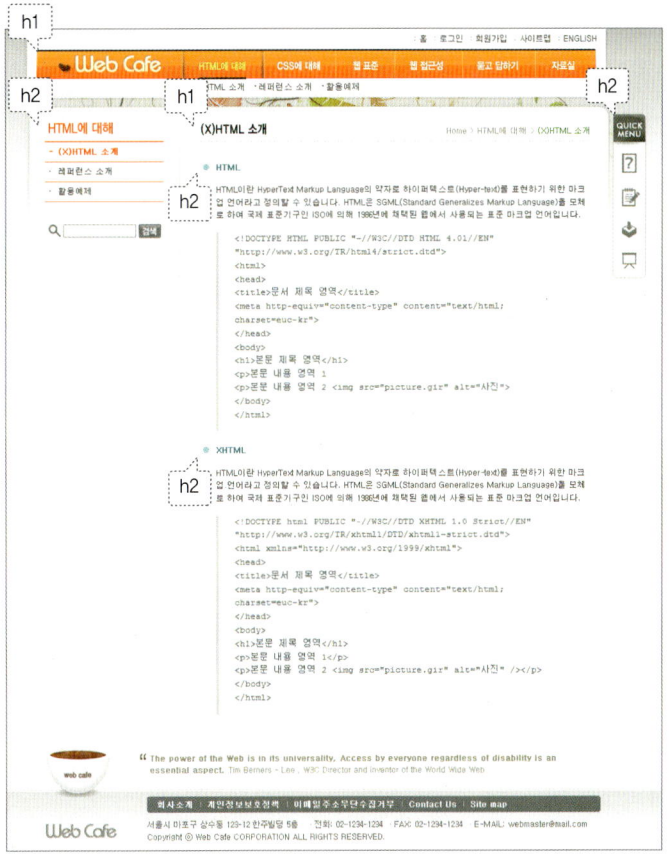

▲ 서브 페이지 제목 구조

서브 페이지 제목의 계층 구조를 구성해 보면 다음과 같습니다.

```
<h1>WebCafe</h1>
    <h2>HTML에 대해</h2>
<h1>(X)HTML 소개</h1>
    <h2>HTML</h2>
    <h2>XHTML</h2>
    <h2>퀵 메뉴</h2>
```

제목의 구조를 살펴보면 h1 요소를 두 가지 경우에 사용한 것을 볼 수 있습니다. 처음에 사용한 h1 요소는 웹 사이트 전체를 대표하는 대제목의 의미로 로고에 사용하였으며, 두 번째 사용한 h1 요소는 해당 웹 페이지의 콘텐츠를 대표하는 대제목으로 사용하였습니다.

그러나 이러한 제목의 사용에도 정해진 정답은 없습니다. 따라서 콘텐츠의 해석에 따라 콘텐츠가 중심이 되는 서브 페이지에서는 로고를 제목 관련 요소가 아닌 본문 요소의 의미를 가지는 p 요소로 사용할 수도 있습니다.

5. 이미지 콘텐츠

디자인 시안을 바탕으로 웹 문서를 제작할 때에는 이미지로 사용할 콘텐츠와 일반 텍스트로 사용할 콘텐츠를 구분하는 것이 좋습니다. 이 중에서 이미지 콘텐츠는 사용 목적에 따라 인라인 이미지와 배경 이미지로 구분됩니다.

메인 페이지 시안에서 인라인 이미지와 배경 이미지 및 텍스트로 사용할 콘텐츠를 사용 목적에 따라 구분해 보겠습니다.

Q 어떤 콘텐츠를 h1으로 정하나요?

A 웹 사이트의 성격이나 메인, 서브 페이지에 따라 h1으로 설정하는 콘텐츠가 달라지기도 합니다. 웹 사이트에서 h1으로 구현하는 것은 주로 로고와 해당 페이지 콘텐츠 제목의 두 가지가 있습니다.

메인 페이지나 브랜드가 마케팅적으로 중요한 가치를 지니고 있는 경우에는 로고만 h1으로 설정하기도 하며(예 네이버의 경우 로고에 h1 한 번 적용), 서브 페이지의 경우에는 담고 있는 콘텐츠가 중요하므로 해당 페이지의 콘텐츠 제목을 h1으로 설정하고, 로고에는 제목 정보를 부여하지 않을 수도 있습니다. 예를 들어 앞서 소개한 W3C의 서브 페이지에는 로고와 서브 페이지 타이틀 2개의 콘텐츠에 h1 요소를 적용하였습니다.

◉ 인라인 이미지

인라인 이미지로 사용할 콘텐츠는 될 수 있으면 여백이 포함되지 않도록 슬라이스 하는 것이 바람직합니다. 이미지의 여백 및 더보기 이미지와 같이 작은 이미지의 경우 클릭하기 쉽게 링크 영역을 넓히는 작업은 CSS를 사용합니다. 그리고 "더보기" 콘텐츠는 공지사항, 자료실, 새소식, 인기 사이트에 동일한 디자인이 사용되고 있으므로 1개의 이미지를 슬라이스하여 재사용합니다.

▲ 인라인 이미지로 사용할 콘텐츠

여기서 잠깐

링크로 연결되는 콘텐츠에는 가상 링크라도 작성해 주세요.

주 메뉴 이미지나 게시판 미리보기 목록 등의 콘텐츠는 다른 페이지로 이동하여 원하는 정보를 볼 수 있도록 연결된 링크값을 가지고 있습니다. 그러나 마크업할 때 이러한 링크값이 정해지지 않았다면 미리 링크가 연결되는 부분을 체크하면서 임시로 〈a href="#"〉콘텐츠〈/a〉와 같이 작성해야 합니다. 이와 같이 임시로 href 속성에 "#" 값을 할당하는 것을 가상 링크라고 합니다. 가상 링크는 의미 없는 링크이며, 클릭하였을 때 페이지 상단으로 넘어가면서 현재 위치의 포커스값을 잃을 수 있는 문제가 있으므로, 최종 완성된 페이지에는 남아 있지 않도록 주의해야 합니다.

⊙ 배경 이미지

배경 이미지로 사용할 콘텐츠는 인라인 이미지를 배제한 상태에서 구분할 수 있도록 하기 위해 PSD(시안 파일) 파일에서 콘텐츠 요소들은 보이지 않도록 설정한 후 작업하는 것이 좋습니다.

▲ 배경 이미지 요소만 보이도록 설정한 디자인 시안

위에 선택된 이미지들은 게시판의 리스트나 콘텐츠의 배경 디자인, 그림자 효과 등 CSS에서 콘텐츠의 장식을 위해 배경으로 처리되는 이미지들입니다. 하나의 요소에 1개의 배경 이미지만 적용할 수 있으므로 배경 이미지 설정 시 고민이 필요한 부분입니다.

전체 배경인 회색 그라데이션, 하단 부분의 회색 배경, 꽃무늬 배경 이미지, 각 영역의 라운드 배경 이미지, 리스트 형식 콘텐츠의 불릿 이미지, 썸네일 이미지의 그림자 효과 등 의미 있는 콘텐츠가 아닌 디자인적 장식 요소들을 배경 이미지로 분리해 보았습니다.

배경 이미지는 텍스트를 확대하여 텍스트가 들어 있는 영역이 늘어나는 경우 콘텐츠의 유동성을 생각하여 실제 디자인된 이미지보다 크게 제작하거나 반복 사용을 위해 하나의 이미지에 여러 개의 디자인 요소들을 넣을 수도 있습니다.

배경 이미지를 활용하는 방법 등에 대해서는 CSS를 작성하면서 자세히 알아보겠습니다.

◉ 텍스트 콘텐츠

▲ 텍스트로 마크업할 콘텐츠

텍스트는 용량도 작고, 웹상에서 활용도가 높습니다. 굳이 이미지로 처리하지 않아도 되는 콘텐츠들은 텍스트로 작업하고, 색상이나 크기 등은 CSS를 사용하여 디자인을 적용합니다. 주로 프로그램과 연동되어 바뀔 수 있는 부분들은 텍스트로 작성합니다.

Screen Reader Emulator – Fangs

스크린 리더 대신 사용해 볼만한 도구로는 Firefox Add-ons 프로그램인 Fangs가 있습니다. Fangs는 스크린 리더가 화면을 읽어 주는 순서를 알려 주는 에뮬레이터로, 국내에서 사용되는 센스리더와 비교해 보았을 때 음성 출력 내용이 다르기는 하지만 스크린 리더의 동작 방식을 이해하는 데에는 도움이 될 수 있을 것입니다.

6. 의미에 맞는 마크업

이번에는 마크업을 하기 위해 각 콘텐츠에 적용할 의미 있는 요소들을 파악해 보겠습니다. 각 콘텐츠별로 성격이나 의미에 가장 적합한 요소는 Part 02에서 학습했던 XHTML 요소를 상기하면서 진행하도록 합니다.

▲ 메인 페이지의 각 콘텐츠에 적용할 요소

각 콘텐츠에 요소들이 어떤 의미로 사용되었는지 또 어떤 XHTML 요소를 사용하면 좋은지 보이나요?

❶ WebCafe 로고 → 페이지 제목(최상위 정보) 〈h1〉

❷ 보조 메뉴(Local Navigation Bar) → 순서 없는 목록 〈ul〉과 목록들 〈li〉

❸ 주 메뉴(Global Navigation Bar) → 순서 없는 목록 〈ul〉과 목록들 〈li〉

❹ 메인 비주얼 → 일반 콘텐츠 〈p〉

❺ 로그인 → 입력 폼 〈form〉, 로그인 제목 〈h3〉, 아이디와 비밀번호 〈label〉과 〈input〉

❻ 배너 → 순서 없는 목록 〈ul〉

❼ 웹 표준이란? → 웹 표준에 대한 제목 〈h3〉과 설명이 있는 정의형 목록 〈dl〉

❽ 자료검색 → 검색 폼 〈form〉

❾ 공지사항/자료실 → 공지사항 제목 〈h3〉과 순서 없는 목록 〈ul〉

❿ 새소식 → 새소식 제목 〈h3〉, 새소식 게시물 제목 〈h4〉와 본문 단락 〈p〉

⑪ 신규 이벤트 → 제목 〈h3〉, 이벤트 내용 〈p〉

⑫ 관련 사이트 → 제목 〈h3〉, 〈select〉를 이용한 링크

⑬ 인기 사이트 → 순위 정보를 가진 순서 있는 목록 〈ol〉과 목록들 〈li〉

⑭ 슬로건 → 팀 버너스 리경의 웹의 정의 인용구 〈q〉

⑮ 푸터 WebCafe 로고 → 하단에 사이트 정보를 나타내 주는 로고 〈p〉

⑯ 웹 사이트 이용 관련 메뉴 → 순서 없는 목록 〈ul〉과 목록들 〈li〉

⑰ 웹 사이트 정보 → 웹 사이트 담당자 및 연락처, 카피라이트 정보 〈address〉

지정한 요소들이 정답은 아니지만 전체적인 콘텐츠의 성격으로 보았을 때 제한된 XHTML 요소 중에서 가장 유사한 의미를 가지는 요소를 사용한 것입니다. 그러나 마크업 개발자들의 시각에 따라 이러한 해석은 조금씩 달라질 수 있습니다.

이번에는 서브 페이지를 살펴보겠습니다.

서브 페이지 시안과 메인 페이지 시안을 비교해 보았더니 헤더 영역에 포함된 ❶~❸ 콘텐츠와 푸터 영역에 포함된 ❿~⓭ 콘텐츠가 동일합니다. 나머지 ❹~❾ 콘텐츠에 가장 적합한 요소(element)를 살펴보면 다음과 같습니다.

▲ 서브 페이지의 각 콘텐츠에 적용할 요소

❹ 서브 메뉴 → 순서 없는 목록 〈ul〉

❺ 자료검색 → 검색 폼 〈form〉

❻ 현재 페이지 경로 → 〈p〉와 링크 〈a〉

❼ 서브 콘텐츠 제목 → 제목 〈h2〉

❽ 서브 콘텐츠 본문 → 콘텐츠 특성에 따라 맞추어 마크업

❾ 퀵 메뉴 → 제목 〈h2〉과 순서 없는 목록 〈ul〉

메인 페이지와 대부분 같은 요소를 가지고 있으며 현재 위치를 표현하는 로케이션 영역과 서브 콘텐츠 제목의 순서는 문서 내 링크를 활용할 때 정보를 겹치지 않게 제공하기 위해 순서를 바꾸어 보았습니다. 퀵 메뉴는 콘텐츠를 다 본 뒤에 이동할 수 있는 기능으로 제공하기 위해 슬로건 및 푸터 영역 정보들보다 먼저 나오도록 설정해 줍니다.

지금까지 메인 페이지와 서브 페이지에 들어가는 콘텐츠들을 파악하고 디자인과 내용을 분리하는 것에 대해 알아보았습니다. 이제 마크업이라는 큰 그림이 그려지나요? 다음 장에서는 각 콘텐츠별로 상세하게 직접 제작해 보겠습니다.

웹 접근성을 위한 Skip Navigation

시각장애인은 콘텐츠를 시각적으로 구분할 수 없기 때문에 본문 콘텐츠와 같이 주요 내용이 있는 곳으로 이동하기 위해서는 반복적으로 제공되는 주 메뉴와 같은 링크를 모두 거쳐야 하는 불편함을 안고 있습니다. 이러한 문제를 개선하고 웹 접근성을 용이하게 하기 위해 국내 웹 접근성 지침에는 모든 웹 문서에 Skip Navigation을 제공할 것을 권고하고 있습니다. 만약 웹 문서 제작 단계 이전에 이러한 Skip Navigation을 고려하지 못했다면, 제작이 완료된 후에라도 모든 웹 문서 최상단(body 요소)에 Skip Navigation을 삽입하여 웹 접근성을 향상시키는 노력이 필요합니다.

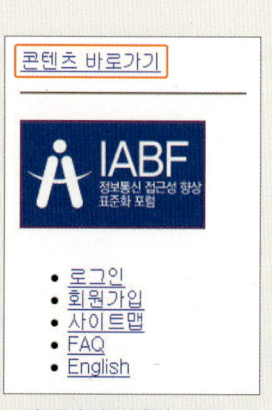

▲ 정보통신 접근성 향상 표준화 포럼
에서 제공하는 Skip Navigation

02 메인 및 템플릿 마크업

그럼 이제부터 앞서 준비한 내용들을 바탕으로 메인 페이지와 서브 템플릿 페이지의 마크업을 시작해 보겠습니다. 마크업은 작업하는 사람에 따라, 그리고 내부 규칙, 콘텐츠 의미의 해석에 따라 차이가 있을 수 있고, 레이아웃 형태나 CSS를 사용하고 정리하는 방법에 따라서도 차이가 있을 수 있습니다. 하지만 콘텐츠의 의미를 정확하게 파악하고, 의미에 맞는 마크업 요소들을 적용하면서 통일된 규칙을 통해 마크업할 수 있도록 노력해야 합니다.

이번 장에서는 다음 내용을 중심으로 학습하겠습니다.

- 디자인 시안을 보고 레이아웃을 나누어 본다.
- 메인 페이지의 레이아웃 및 콘텐츠를 마크업한다.
- 서브 페이지에서 사용될 템플릿 페이지를 마크업한다.
- Part 02에서 배운 XHTML을 바탕으로 콘텐츠의 의미를 파악하여 바르게 적용한다.
- W3C에서 제공하는 Markup Validation Service를 이용하여 문법적으로 적합한지 체크한다.
  영문 : http://validator.w3.org/check
  국문 : http://validator.kldp.org

처음부터 너무 어렵게 생각하지 말고 천천히 따라해 보면서 직접 개인 블로그 디자인이나 콘텐츠 페이지들을 마크업해 보고 테스트해 보세요. 작업 중에는 최적화를 위해 코드들을 계속 다듬는 것이 좋습니다.

레이아웃 설계

각 콘텐츠들을 포함하여 웹 문서의 레이아웃을 나누어 보겠습니다. 메인 페이지의 각 영역은 div 요소를 이용하여 그룹화합니다. div 요소는 유사한 성격을 지닌 콘텐츠를 그룹화하거나 디자인을 적용하기 위한 스타일용 컨테이너로 구분하여 사용합니다.

각각의 용도에 맞게 그룹화한 콘텐츠들은 그룹별로 id 또는 class를 이용하여 의미를 부여합니다. id를 지정할 때는 문서 내에서 사용되는 링크는 물론 개발할 때에 활용되는 부분까지 고려하는 것이 좋습니다.

⊙ WebCafe 메인 페이지의 레이아웃

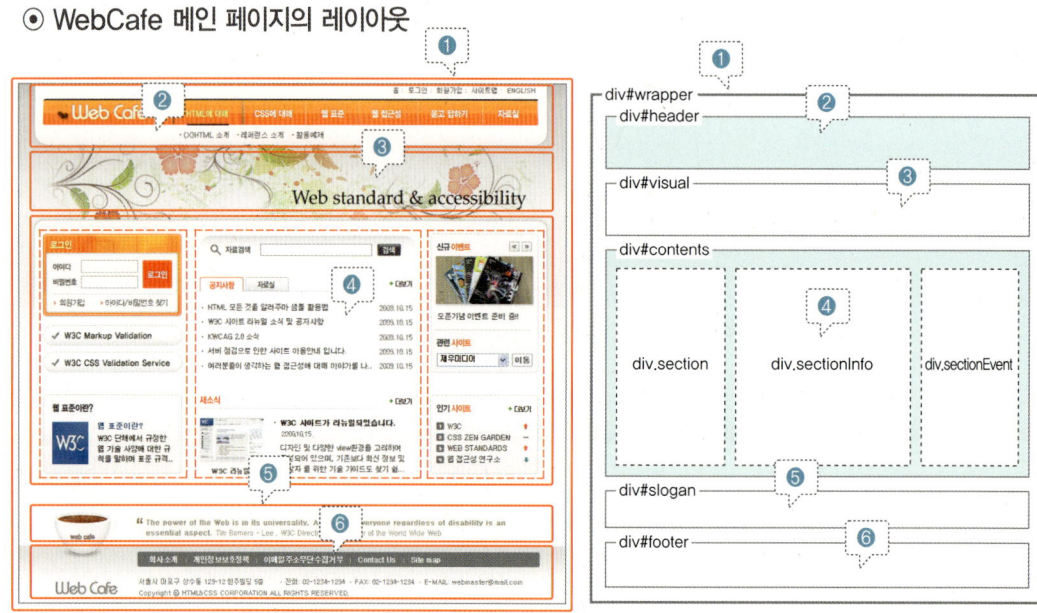

메인 페이지의 레이아웃은 다음과 같은 영역으로 구성되어 있습니다.

❶ #wrapper : 콘텐츠의 가로 폭 및 화면에서 가운데 정렬을 설정할 수 있도록 전체를 감싸 주는 영역

❷ #header : 상단 고정 메뉴와 주 메뉴(Global Navigation Bar)를 가지는 영역

❸ #visual : 메인 이미지를 담는 영역

❹ #contents : 본문 콘텐츠를 포함하는 영역. 콘텐츠는 3단 구성으로 이루어져 있으며, 구조의 표현을 위해 .section, .sectionInfo, .sectionEvent 영역으로 나누어 구성

❺ #slogan : 웹 사이트의 전체 슬로건을 나타내 주는 인용 문구와 하단 디자인 표현 영역

❻ #footer : 웹 사이트 이용안내 메뉴와 정보 제공자 콘텐츠를 포함하는 하단 영역

각 영역별로 구조가 보이나요? 정리된 내용을 바탕으로 작성한 마크업은 다음과 같습니다.

📁 예제 파일 : Sample\Part04\Sec02\layout_main.html

Source

```
<!DOCTYPE html PUBLIC "-//W3C//DTD XHTML 1.0 Transitional//EN"        --------- DOCTYPE 선언으로 문서 시작.
"http://www.w3.org/TR/xhtml1/DTD/xhtml1-transitional.dtd">                        네임 스페이스 지정
<html xmlns="http://www.w3.org/1999/xhtml">
<head>
<meta http-equiv="Content-Type" content="text/html; charset=utf-8" /> --------- 마임 타입과 문자 코드 세트 지정
<title>메인 레이아웃</title>
</head>
<body>
❶ <div id="wrapper"> -------------------------------------------------- 웹 사이트의 전체 정렬과 배경
❷     <div id="header">헤더 영역</div>                                               이미지 등 표현을 위한 div
❸     <div id="visual">비주얼 영역</div>
❹     <div id="contents">
          <div class="section">
              콘텐츠 1단
          </div>
          <div class="sectionInfo">                              ------------------ 콘텐츠 영역 : 3단 구조로 분할
              콘텐츠 2단                                                              되는 div 그룹 포함
          </div>
          <div class="sectionEvent">
              콘텐츠 3단
          </div>
      </div>
❺     <div id="slogan">슬로건 영역</div>
❻     <div id="footer">푸터 영역</div>
  </div>
</body>
</html>
```

id명은 네이밍에 주의가 필요합니다.

id는 마크업상에서 CSS를 적용하기 위한 용도 외에 문서 내에 링크를 하거나 지정해 준 콘텐츠에 기능을 입힐 때 사용하기도 합니다. 따라서 프로그램 작업을 할 때 겹칠 수도 있으므로, 사전에 네이밍 규칙을 정해 개발팀에서 사용하는 이름과 겹치지 않도록 주의해야 합니다.

Result

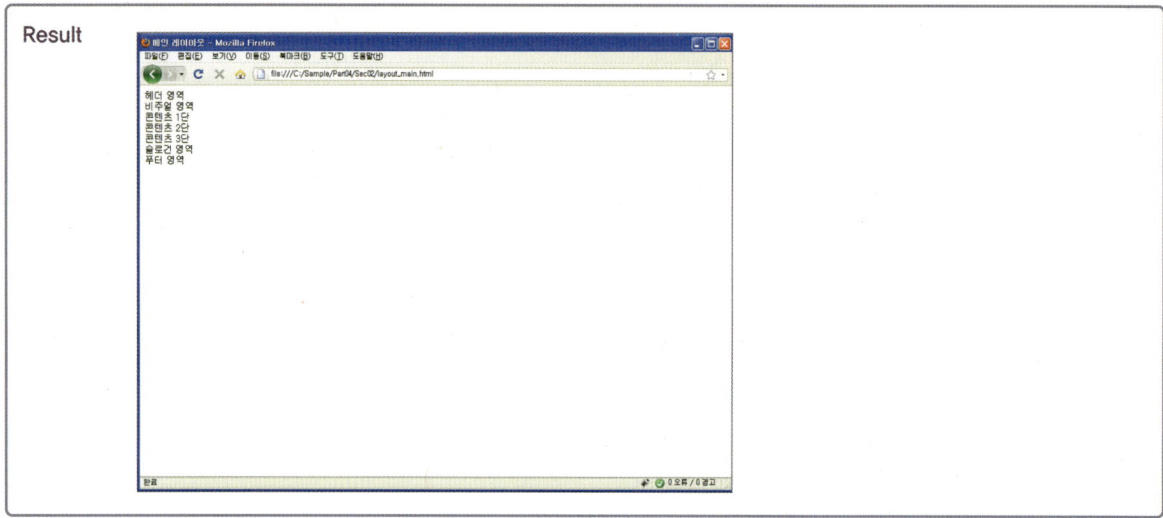

이번에는 서브 페이지의 레이아웃 구조를 살펴보겠습니다.

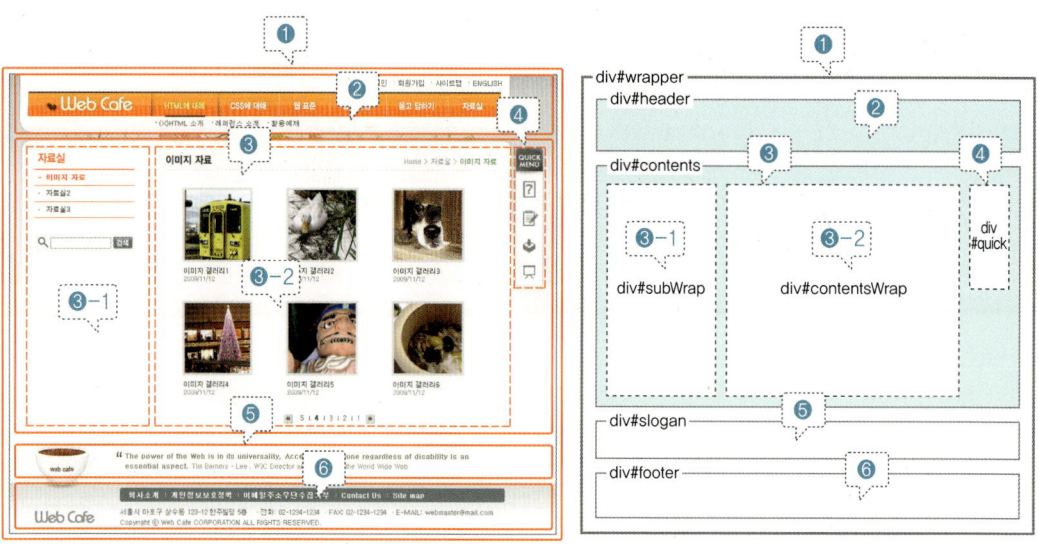

❶ #wrapper : 서브 콘텐츠의 가로 크기 및 화면에서 가운데 정렬할 수 있도록 전체를 감싸 주는 영역

❷ #header : 상단 보조 메뉴와 주 메뉴(Global Navigation Bar)를 가지는 영역

❸ #contents : 서브 콘텐츠를 포함하는 영역

❸-1 #subWrap : 서브 메뉴와 검색 영역

❸-2 #contentsWrap : 서브 콘텐츠 본문 영역

❹ #quick : 주요 콘텐츠 바로가기 메뉴 영역

❺ #slogan : 웹 사이트의 전체 슬로건을 나타내 주는 인용 문구와 하단 디자인 표현 영역

❻ #footer : 웹 사이트 이용안내 메뉴와 정보 제공자 콘텐츠를 포함하는 하단 영역

메인 페이지 레이아웃과 다른 부분은 비주얼 영역이 없어지고 오른쪽에 퀵 메뉴가 생성된 부분이며, ❶, ❷, ❺, ❻은 메인 페이지와 동일하며, ❸도 동일하지만 내부 구성에서 차이가 있습니다. 메인 페이지 및 서브 페이지 디자인과 콘텐츠가 동일한 부분은 같은 id 또는 class명을 유지하여 CSS를 동일하게 적용할 수 있도록 합니다.

정리된 내용을 바탕으로 작성한 마크업은 다음과 같습니다.

📁 예제 파일 : Sample\Part04\Sec02\layout_sub.html

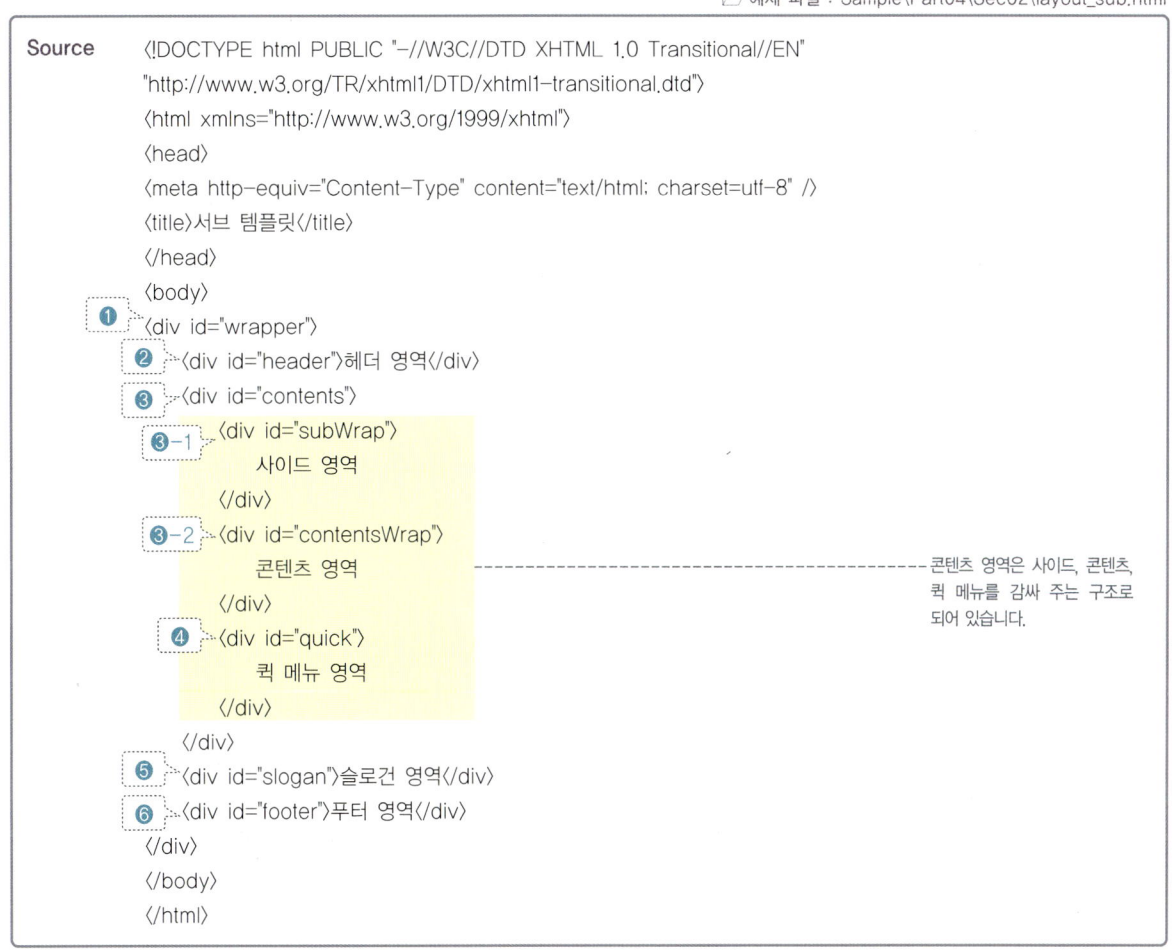

```
Source    <!DOCTYPE html PUBLIC "-//W3C//DTD XHTML 1.0 Transitional//EN"
          "http://www.w3.org/TR/xhtml1/DTD/xhtml1-transitional.dtd">
          <html xmlns="http://www.w3.org/1999/xhtml">
          <head>
          <meta http-equiv="Content-Type" content="text/html; charset=utf-8" />
          <title>서브 템플릿</title>
          </head>
          <body>
❶        <div id="wrapper">
  ❷        <div id="header">헤더 영역</div>
  ❸        <div id="contents">
    ❸-1       <div id="subWrap">
                  사이드 영역
              </div>
    ❸-2       <div id="contentsWrap">
                  콘텐츠 영역
              </div>
      ❹       <div id="quick">
                  퀵 메뉴 영역
              </div>
            </div>
  ❺        <div id="slogan">슬로건 영역</div>
  ❻        <div id="footer">푸터 영역</div>
          </div>
          </body>
          </html>
```

콘텐츠 영역은 사이드, 콘텐츠, 퀵 메뉴를 감싸 주는 구조로 되어 있습니다.

메인 콘텐츠 마크업

메인 페이지의 레이아웃 구성을 살펴보았으므로, 이제 각 영역에 넣을 콘텐츠들을 마크업해 보겠습니다.

마크업할 때 중요한 것 중의 하나는 콘텐츠의 의미를 파악하는 것입니다. 디자인된 콘텐츠 요소들이 하나하나 어떤 역할을 하며, 어떤 정보를 전달하는지를 살펴본 다음, 콘텐츠가 나열되었을 때 순차적 정보의 흐름이 논리적으로 구성되도록 우선순위를 정하고, 제목에는 hn 요소, 목록 링크에는 ul 요소 등 의미에 맞는 요소를 생각하면서 마크업해야 합니다. 눈에 보이는 디자인에 맞추어 마크업하게 되면 실제 콘텐츠가 가지고 있는 의미와 맞지 않을 수도 있습니다.

마크업할 때 사용하는 이미지들은 앞 장에서 정한 규칙대로 슬라이스한 후 images 폴더 안에 역할에 따라 먼저 배치해 보겠습니다. main, sub의 모든 페이지에서 공통으로 사용되는 이미지들은 common 폴더에, 메인 페이지에서만 사용되는 이미지들은 main 폴더에, 기타 이미지들은 상황에 맞는 폴더에 배치합니다.

그럼 이제부터 앞에서 나눈 레이아웃 영역별로 콘텐츠를 마크업해 보겠습니다.

▲ 메인 페이지의 영역별 콘텐츠 마크업 순서

1. 헤더 영역

첫 시작은 헤더 영역으로, 보조 고정 메뉴와 로고, 주 메뉴 영역으로 구성된 콘텐츠입니다. 여기서 주 메뉴는 GNB(Global navigation Bar)라 부르기도 합니다.

헤더 영역은 웹 사이트의 이름을 나타내는 로고, 홈, 로그인, 회원가입 등의 보조 메뉴, 주 메뉴순으로 마크업합니다.

▲ 헤더 영역 콘텐츠 순서

❶ 로고
❷ 홈, 로그인, 회원가입 등의 보조 메뉴
❸ 주 메뉴와 하위 메뉴

콘텐츠 구성과 중요도를 살펴본 다음, 어떤 요소로 마크업할 것인지를 정하여 콘텐츠에 의미를 부여합니다. 로고는 웹 사이트를 대표하는 역할을 하므로 제목 h1 요소로 지정하고, 메뉴 링크 콘텐츠들의 모음인 상단 보조 메뉴와 주 메뉴는 모두 순서 없는 목록인 ul로 지정합니다. ul 요소가 메뉴 마크업용으로 지정되어 있는 것은 아니지만 콘텐츠 링크 하나하나를 리스트 요소로 생각하고 관련 링크들을 하나로 묶어 줄 수 있기 때문에 가장 적절한 요소라고 할 수 있습니다.

▲ 헤더 영역 마크업

지정한 각 요소의 특성에 맞추어 구분될 수 있는 id 또는 class값을 추가합니다. 헤더 영역에 3개의 ul 요소들은 각각 다른 디자인을 적용할 수 있도록 id 또는 class를 지정합니다. 주 메뉴의 경우에는 메인 메뉴의 하위 메뉴를 제어하기 위한 동작을 추가하고자 할 때 class값보다는 id값을 사용하는 것이 좋습니다. 이 내용들을 구조로 표현하면 다음과 같습니다.

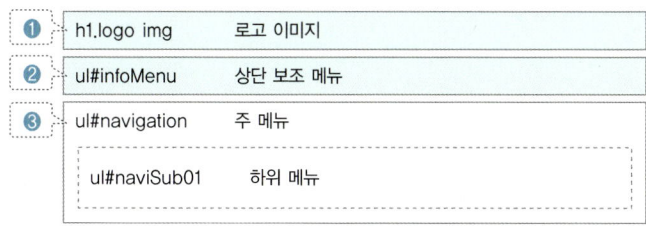

▲ 헤더 영역의 구조

디자인 순서로 볼 때 상단 보조 메뉴가 먼저 나오지만 디자인 순서가 아니라 콘텐츠의 순차적 구성을 생각하면서 진행해야 합니다. 디자인상 보이는 위치는 CSS를 이용하여 원하는 위치에 배치할 수 있으므로 중요한 사이트 정보인 로고를 페이지의 처음에 나오도록 작성합니다. 이때 모든 이미지에는 반드시 alt 속성을 이용하여 대체 텍스트를 넣어 주어야 합니다. 로고의 경우에는 항상 메인 페이지로 돌아올 수 있도록 링크를 지정하는 것이 좋습니다. 상단 보조 메뉴를 ul 요소로 콘텐츠 순서에 맞추어 마크업합니다. 이 메뉴는 일반 텍스트로 충분히 구현할 수 있으므로 이미지를 사용하지 않도록 하겠습니다. 그리고 각각의 메뉴 항목에도 링크를 지정합니다.

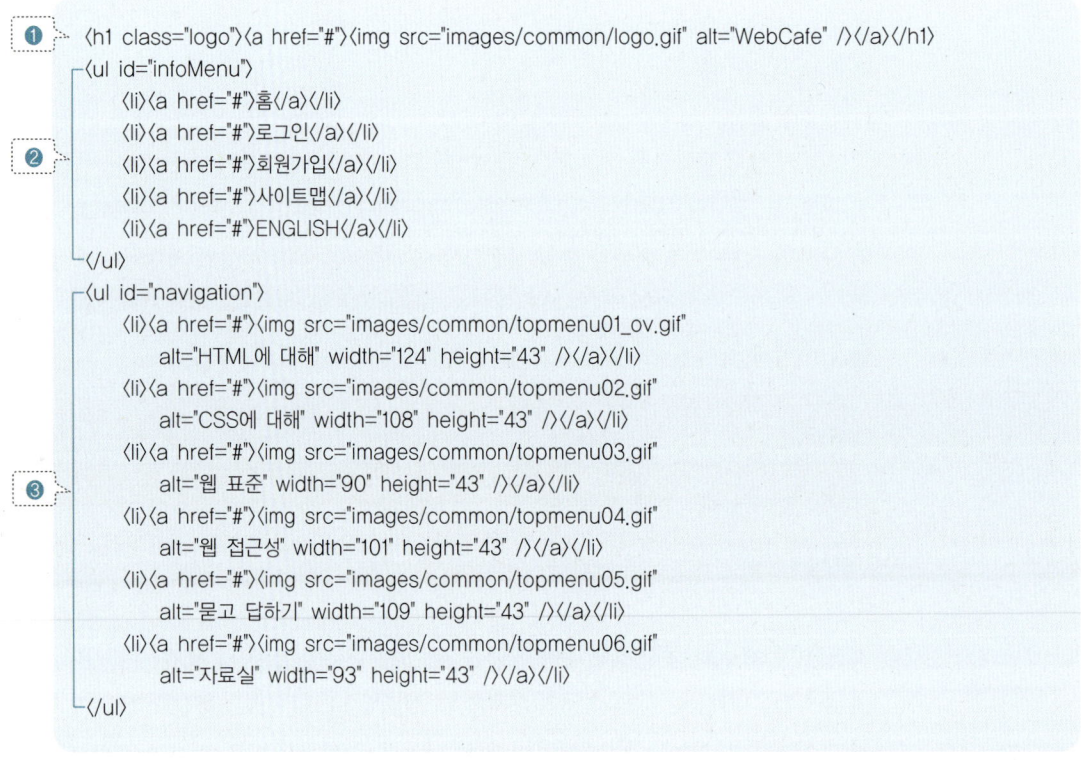

```
① <h1 class="logo"><a href="#"><img src="images/common/logo.gif" alt="WebCafe" /></a></h1>
   <ul id="infoMenu">
       <li><a href="#">홈</a></li>
②      <li><a href="#">로그인</a></li>
       <li><a href="#">회원가입</a></li>
       <li><a href="#">사이트맵</a></li>
       <li><a href="#">ENGLISH</a></li>
   </ul>
   <ul id="navigation">
       <li><a href="#"><img src="images/common/topmenu01_ov.gif"
           alt="HTML에 대해" width="124" height="43" /></a></li>
       <li><a href="#"><img src="images/common/topmenu02.gif"
           alt="CSS에 대해" width="108" height="43" /></a></li>
③      <li><a href="#"><img src="images/common/topmenu03.gif"
           alt="웹 표준" width="90" height="43" /></a></li>
       <li><a href="#"><img src="images/common/topmenu04.gif"
           alt="웹 접근성" width="101" height="43" /></a></li>
       <li><a href="#"><img src="images/common/topmenu05.gif"
           alt="묻고 답하기" width="109" height="43" /></a></li>
       <li><a href="#"><img src="images/common/topmenu06.gif"
           alt="자료실" width="93" height="43" /></a></li>
   </ul>
```

각 주 메뉴에 속해 있는 하위 메뉴들은 중첩된 목록 구조를 사용하여 서로 연관 관계를 가지도록 작성합니다.

여기서 잠깐

이미지의 대체 텍스트를 작성할 때 유의 사항

이미지 대체 텍스트인 alt 속성을 지정할 경우에는 첫 시작에 빈 여백이 생기지 않도록 유의하여 작성합니다. 속성값을 여백으로 시작하면 보조 기기 등에서 alt값을 인식하지 못하는 경우가 생길 수 있기 때문입니다.

```
<img src="tree.jpg" alt=" 나무" />    (×)
<img src="tree.jpg" alt="나무" />    (○)
```

```
<ul id="navigation">
    <li><a href="#"><img src="images/common/topmenu01_ov.gif"
        alt="HTML에 대해" width="124" height="43" /></a>
        <ul id="naviSub01">
            <li><a href="#">(X)HTML 소개</a></li>
            <li><a href="#">레퍼런스 소개</a></li>
            <li><a href="#">활용예제</a></li>
        </ul>
    </li>
    <li><a href="#"><img src="images/common/topmenu02.gif"
        alt="CSS에 대해" width="108" height="43" /></a></li>
    <li><a href="#"><img src="images/common/topmenu03.gif"
        alt="웹 표준" width="90" height="43" /></a></li>
    <li><a href="#"><img src="images/common/topmenu04.gif"
        alt="웹 접근성" width="101" height="43" /></a></li>
    <li><a href="#"><img src="images/common/topmenu05.gif"
        alt="묻고 답하기" width="109" height="43" /></a></li>
    <li><a href="#"><img src="images/common/topmenu06.gif"
        alt="자료실" width="93" height="43" /></a></li>
</ul>
```

상단 보조 메뉴의 경우, 홈, 로그인, 회원가입 등과 같은 이름만으로도 어떤 역할을 하는지 알 수 있지만 디자인 없이 나타나는 CSS란, CSS 소개, 레퍼런스 등의 메뉴 콘텐츠만을 보면 정확하게 어떤 억할을 하는시 쉽게 알 수 없습나다. 이 목록 링크들이 어떤 억할을 하는지를 알 수 있도록 세목을 부여하겠습니다. 콘텐츠에 의미를 부여하기 위해 제공하는 제목들은 완료된 화면에서 보이지 않도록 CSS를 이용하여 숨길 수 있습니다.

#header	
h1.logo img	로고 이미지
ul#infoMenu	상단 보조 메뉴
h2	주 메뉴(제목)
ul#navigation	주 메뉴
ul#naviSub01	하위 메뉴

▲ 재정리한 헤더 영역의 구조

목록이 중첩되어 사용되거나 잘못된 문법을 사용하지 않도록 주의합니다.

예제 1

```
⟨ul⟩
    ⟨li⟩목록 1⟨/li⟩
        ⟨ul⟩
            ⟨li⟩목록 1-1⟨/li⟩
            ⟨li⟩목록 1-2⟨/li⟩
        ⟨/ul⟩
    ⟨li⟩목록 2⟨/li⟩
    ⟨li⟩목록 3⟨/li⟩
⟨/ul⟩
```
———————————— 잘못된 위치에 삽입

목록 요소에 다른 요소를 넣어 아래와 같이 작성하는 경우도 있습니다.

예제 2

```
⟨ul⟩
    ⟨h3⟩목록 중간 제목⟨/h3⟩
    ⟨p⟩목록 설명⟨/p⟩
    ⟨li⟩목록 1⟨/li⟩
    ⟨li⟩목록 2⟨/li⟩
    ⟨li⟩목록 3⟨/li⟩
⟨/ul⟩
```
———————————— ul 요소 안에서 사용될 수 없는
요소가 잘못 삽입되었습니다.

잘못된 중첩 리스트와 마찬가지로 ul 요소와 li 요소 사이는 유효한 영역이 아니므로 li 요소 안에 위치할 수 있도록 수정합니다. 구성된 콘텐츠가 목록의 항목으로써 표현되는 것이 맞는지, 맞지 않는지 생각해 보아야 합니다.

예제 1 수정

```
⟨ul⟩
    ⟨li⟩목록 1
        ⟨ul⟩
            ⟨li⟩목록 1-1⟨/li⟩
            ⟨li⟩목록 1-2⟨/li⟩
        ⟨/ul⟩
    ⟨/li⟩
    ⟨li⟩목록 2⟨/li⟩
    ⟨li⟩목록 3⟨/li⟩
⟨/ul⟩
```
———————————— 바른 중첩 구조로 수정

예제 2 수정

```
⟨h3⟩목록 중간 제목⟨/h3⟩
⟨p⟩목록 설명⟨/p⟩
⟨ul⟩
    ⟨li⟩⟨p⟩목록 1⟨/p⟩⟨/li⟩
    ⟨li⟩목록 2⟨/li⟩
    ⟨li⟩목록 3⟨/li⟩
⟨/ul⟩
```
———————————— 본래 역할에 맞추어 바른 위치
로 이동

```
〈h2〉주 메뉴〈/h2〉
〈ul id="navigation"〉
    〈li〉〈a href="#"〉〈img src="images/common/topmenu01_ov.gif"
        alt="HTML에 대해" width="124" height="43" /〉〈/a〉
        〈ul id="naviSub01"〉
            〈li〉〈a href="#"〉(X)HTML 소개〈/a〉〈/li〉
            … 생략 …
```

완성된 헤더 영역 콘텐츠들을 div 요소로 그룹화하여 마크업을 정리하고 웹 브라우저로 확인해 보 겠습니다.

📁 예제 파일 : Sample\Part04\Sec02\4-2-01-header.html

Source
```
〈div id="header"〉
    〈h1 class="logo"〉〈a href="#"〉〈img src="images/commom/logo.gif" alt="webCafe" /〉〈/a〉〈/h1〉
    〈ul id="infoMenu"〉
        〈li〉〈a href="#"〉홈〈/a〉〈/li〉
        〈li〉〈a href="#"〉로그인〈/a〉〈/li〉
        〈li〉〈a href="#"〉회원가입〈/a〉〈/li〉
        〈li〉〈a href="#"〉사이트맵〈/a〉〈/li〉
        〈li〉〈a href="#"〉ENGLISH〈/a〉〈/li〉
    〈/ul〉
    〈h2〉주 메뉴〈/h2〉
    〈ul id="navigation"〉
        〈li〉〈a href="#"〉〈img src="images/common/topmenu01_ov.gif"
            alt="HTML에 대해" width="124" height="43" /〉〈/a〉
            〈ul id="naviSub01"〉
                〈li〉〈a href="#"〉(X)HTML 소개〈/a〉〈/li〉
                〈li〉〈a href="#"〉레퍼런스 소개〈/a〉〈/li〉
                〈li〉〈a href="#"〉활용예제〈/a〉〈/li〉
            〈/ul〉
        〈/li〉
        〈li〉〈a href="#"〉〈img src="images/common/topmenu02.gif"
            alt="CSS에 대해" width="108" height="43" /〉〈/a〉〈/li〉
        〈li〉〈a href="#"〉〈img src="images/common/topmenu03.gif"
            alt="웹 표준" width="90" height="43" /〉〈/a〉〈/li〉
        〈li〉〈a href="#"〉〈img src="images/common/topmenu04.gif"
            alt="웹 접근성" width="101" height="43" /〉〈/a〉〈/li〉
        〈li〉〈a href="#"〉〈img src="images/common/topmenu05.gif"
            alt="묻고 답하기" width="109" height="43" /〉〈/a〉〈/li〉
        〈li〉〈a href="#"〉〈img src="images/common/topmenu06.gif"
            alt="자료실" width="93" height="43" /〉〈/a〉〈/li〉
    〈/ul〉
〈/div〉
```

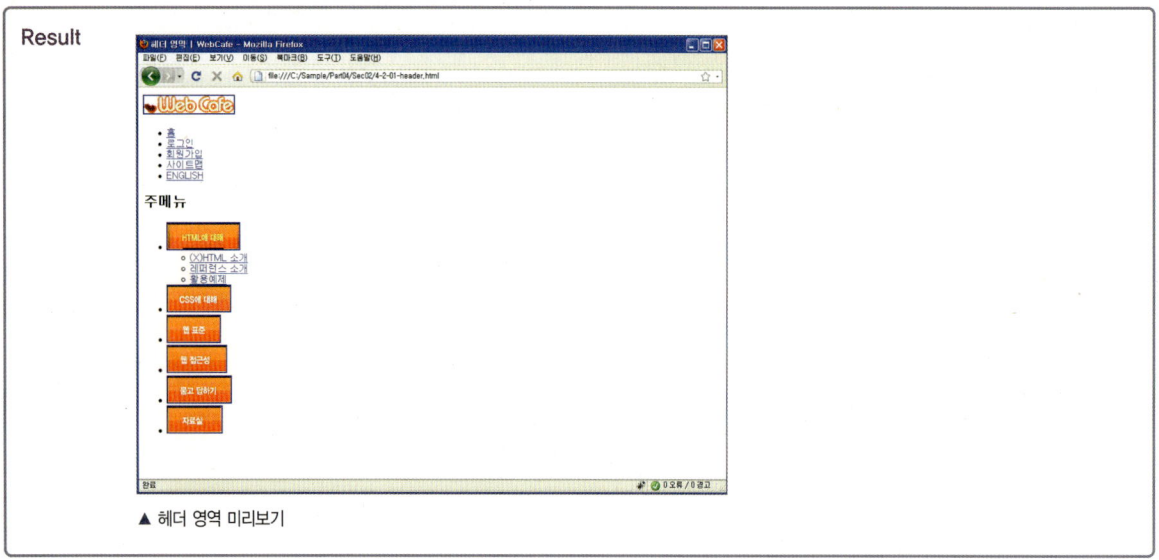
▲ 헤더 영역 미리보기

2. 비주얼 영역

비주얼(Visual) 영역은 이미지나 문장을 사용하여 웹 사이트의 분위기를 표현하거나 다른 중요한 알림 사항이 들어가는 영역입니다. 꽃잎 무늬의 디자인 패턴은 메인, 서브에서 모두 사용되는 배경 디자인 요소를 활용할 예정이므로 메인 이미지에서는 제외시켜야 합니다. 현재 디자인에서 메인 이미지인 'Web standard & accessibility'는 배경 패턴 이미지가 잘 보이도록 투명한 배경을 가진 GIF 이미지로 제작합니다.

▲ 비주얼 영역 콘텐츠 순서

비주얼 이미지 영역의 구성은 이미지 하나로 구성됩니다.

▲ 비주얼 영역 마크업

직접 디자인하지 않은 경우, 애매한 부분은 웹 디자이너와 상의를 하는 것이 좋습니다.
마크업할 때 문제가 있는 부분이나 다르게 해석할 수 있는 것들이 있다면 웹 디자이너와 미리 상의를 하여 사전에 의도를 파악한 후에 작업을 진행하면 추후 마크업의 구조 변경에서 나타날 수 있는 오류를 줄일 수 있습니다.

div 요소는 블록 요소를 그룹화하기 위해 사용하는 요소이므로, 비주얼 영역에 img 요소만 단독으로 삽입하는 경우 의미상 적절하지 못할 수도 있습니다. 특히 'Web standard & accessibility'라는 문장은 장식의 의미만을 담고 있는 이미지라기보다는 전달하려는 정보를 포함하고 있는 콘텐츠이기 때문에 본문 블록을 의미하는 단락 요소인 p 요소를 사용하는 것이 바람직합니다.

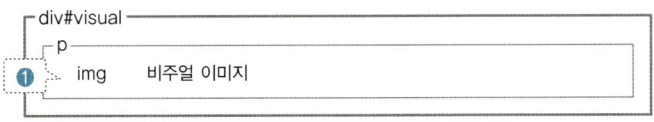

▲ 비주얼 영역의 구조

추후 웹 사이트를 운영하면서 'Web standard & accessibility' 문구를 변경하거나 다른 디자인 요소를 추가하여 웹 사이트의 분위기를 바꾸고 싶은 경우 지정된 width="824" height="104" 이미지 영역에 맞춰 작업합니다.

📂 예제 파일 : Sample\Part04\Sec02\4-2-01-visual.html

Source	
| | ```
<div id="visual">
    <p><img src="images/main/main_visual.gif" width="824" height="104"
        alt="Web standard &amp; accessibility" /></p>
</div>
``` |

Result

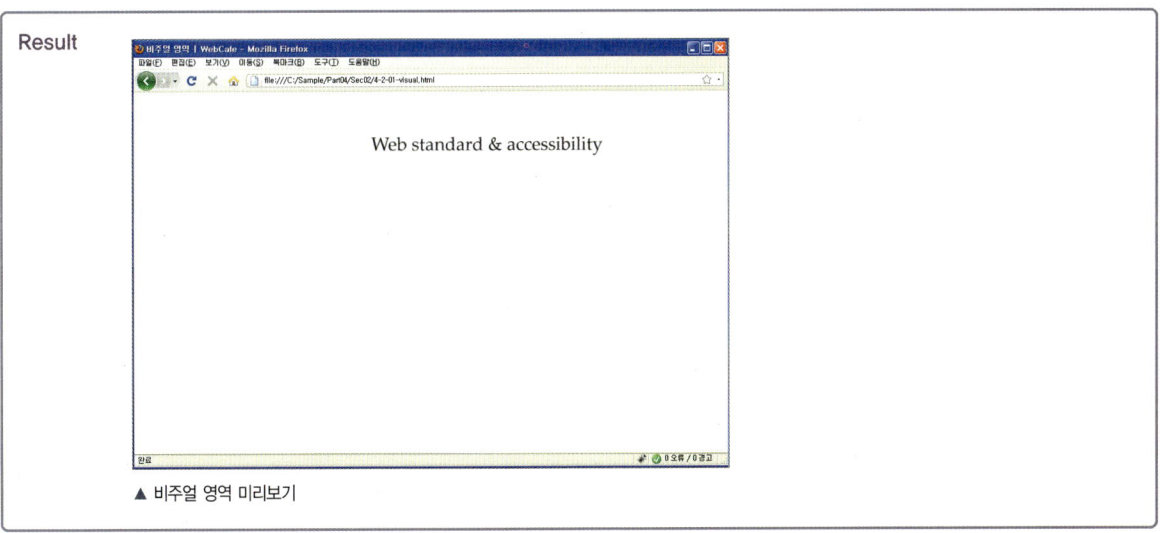

▲ 비주얼 영역 미리보기

여기서 잠깐

&은 문자 참조로 변환하여 작성해 주세요.

이미지의 대체 텍스트에서 한 가지 주의해야 할 사항은 문구 중 "&"은 문자 참조인 "&"으로 변환하여 작성해야 한다는 것입니다. XHTML에서 "〈", "〉", "&", " " "과 같은 기호들을 사용하면 XHTML 특유의 기호들로 인식하므로, 입력한 그대로 표현하기 위해서는 문자 참조 형식으로 변경하여 입력해야 합니다.
```

3. 로그인 영역

로그인(login) 영역은 사용자가 정보를 입력하는 온라인 서식 구조로 이루어져 있으며, 제목 역할을 하는 '로그인'과 아이디 입력 폼, 비밀번호 입력 폼, 로그인 버튼으로 구성되는 '폼 영역', 그리고 회원가입을 하지 않았거나 로그인 정보를 분실한 사람들을 위한 '아이디/비밀번호 찾기' 링크로 구성되어 있습니다.

처음 접하는 form 요소는 어렵게 느껴질 수 있습니다. 만약 폼 요소를 모르는 상태에서 디자인만 보고 마크업할 때, 로그인, 비밀번호 등을 입력하는 사각형 박스를 이미지로 만들어 적용하거나 회색 테두리의 박스를 입력 폼 요소가 아닌 div 요소로 마크업하는 일이 생길지도 모릅니다. 입력 폼 요소들은 텍스트 상자, 레이블, 버튼 등 역할에 맞는 요소로 마크업할 때 유의하여 작성해야 합니다.

▲ 로그인 영역 콘텐츠 순서

❶ 로그인
❷ 아이디 레이블과 입력 폼
❸ 비밀번호 레이블과 입력 폼
❹ 로그인 버튼
❺ 회원가입, 아이디/비밀번호 찾기 링크

❷ 아이디와 ❸ 비밀번호 텍스트 이미지는 img 요소로 끝나지 않고 옆에 있는 입력 폼이 어떤 정보와 관련되어 있는지를 알려 주는 역할을 할 수 있도록 label 요소를 이용합니다. ❹ 로그인 버튼은 입력받은 아이디와 비밀번호값을 전송하는 역할을 하므로, img 요소가 아닌 input 요소로 마크업합니다.

❷, ❸의 각 요소는 label 요소와 input 요소를 연결해 주고 화면상의 위치 제어를 위해 p 요소를 사용하여 마크업하였습니다. 이렇게 하면 CSS가 적용되지 않는 환경에서도 각 정보가 줄바꿈되어 보이므로 정렬 효과도 동시에 얻을 수 있습니다. 이 부분은 미리보기 화면에서 함께 살펴보겠습니다.
❺의 회원가입과 아이디/비밀번호 찾기는 해당 페이지로 넘어갈 수 있는 역할을 하는 링크로 연결하고 div 요소를 사용하여 그룹화합니다.

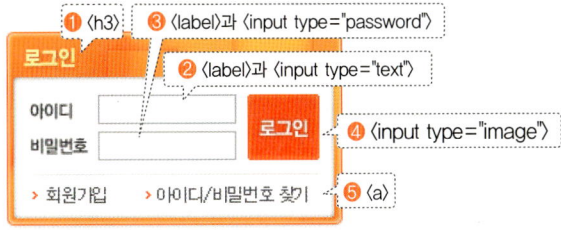

- ① ⟨h3⟩
- ③ ⟨label⟩과 ⟨input type="password"⟩
- ② ⟨label⟩과 ⟨input type="text"⟩
- ④ ⟨input type="image"⟩
- ⑤ ⟨a⟩

▲ 로그인 영역 마크업

②, ③, ④ 콘텐츠는 모두 '로그인 정보 입력'에 필요한 입력 폼들로써 fieldset 요소를 사용하여 하나로 그룹화합니다. 그리고 ⑤ 회원가입, 아이디/비밀번호 찾기 콘텐츠들은 텍스트 링크로 작성하고 div 요소를 사용하여 그룹화합니다.

이렇게 그룹핑이 끝난 후에는 콘텐츠의 내용에 따라 적절한 id와 class값을 부여합니다.

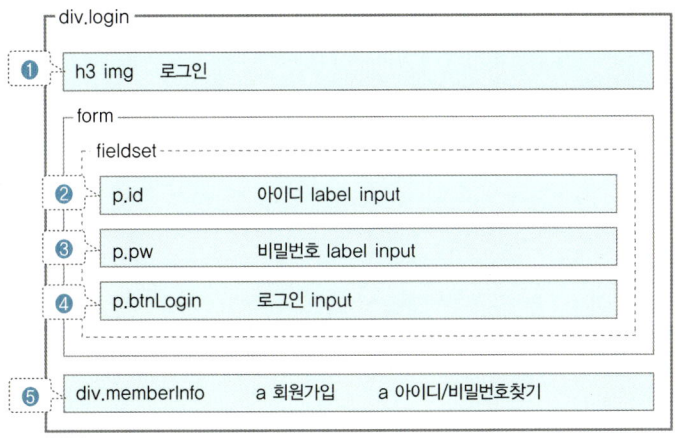

▲ 로그인 영역의 구조

마크업할 때 주의해야 할 점은 label 요소와 input 요소가 서로 연관된 콘텐츠인 것을 나타내기 위해 input 요소에 id값을 지정하고 label 요소에서 for 속성값을 id값과 동일하게 할당하게 되는데, 이때 input 요소 하나에 label 요소 한 개만 사용해야 합니다.

Q p 요소는 문단을 나타내는 요소인데 ②, ③, ④처럼 그룹화하기 위해 사용할 수도 있나요?

A 아이디, 비밀번호 입력 폼을 하나의 단락 정보로 보고 문단 레이아웃을 위해 p 요소로 그룹화했지만 입력 폼에서 이 요소들을 사용하는 것에 대해서는 논란의 여지가 있습니다. 이 부분은 ⑤와 같이 p 요소 대신 div 요소를 사용하여 요소들을 그룹화하여 사용할 수도 있습니다.

form 요소의 action 속성값은 프로그램 작업 시 필요한 값을 입력할 수 있도록 빈 값으로 작성하겠습니다.

🗁 예제 파일 : Sample\Part04\Sec02\4-2-01-login.html

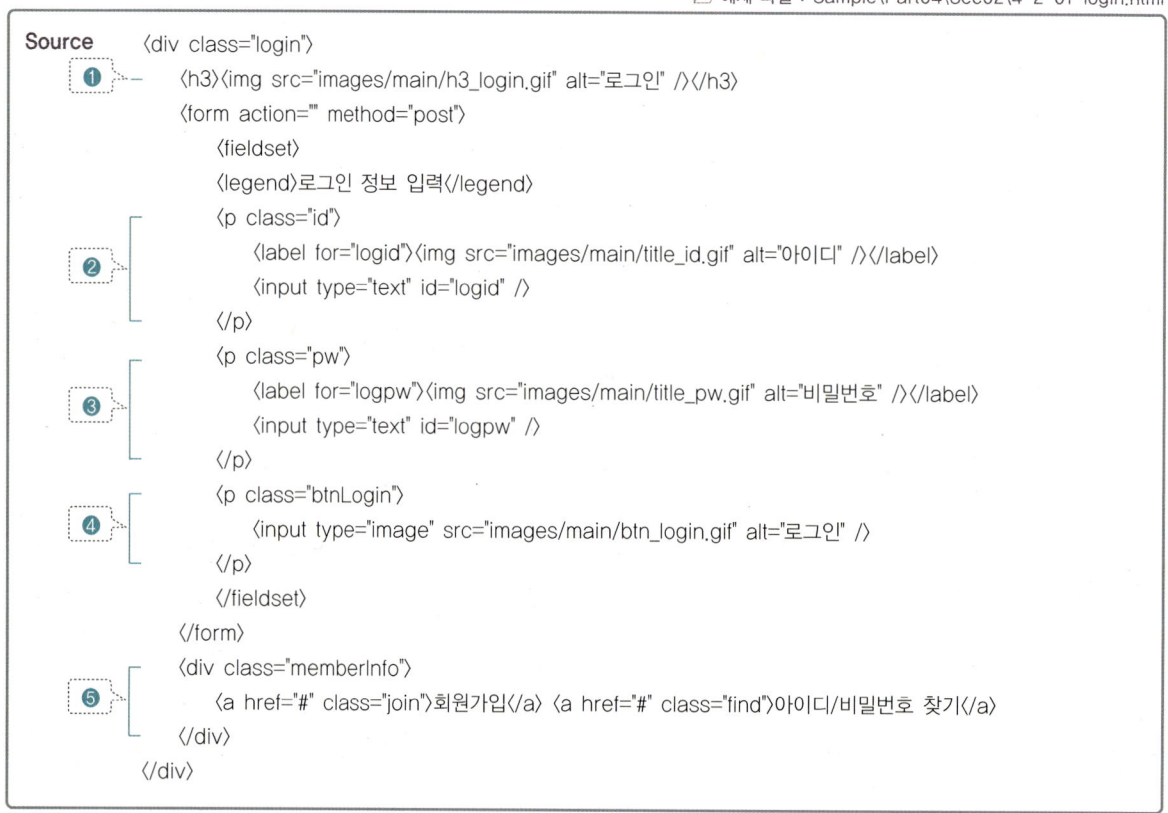

```
Source    <div class="login">
   ❶       <h3><img src="images/main/h3_login.gif" alt="로그인" /></h3>
           <form action="" method="post">
               <fieldset>
               <legend>로그인 정보 입력</legend>
               <p class="id">
   ❷               <label for="logid"><img src="images/main/title_id.gif" alt="아이디" /></label>
                   <input type="text" id="logid" />
               </p>
               <p class="pw">
   ❸               <label for="logpw"><img src="images/main/title_pw.gif" alt="비밀번호" /></label>
                   <input type="text" id="logpw" />
               </p>
               <p class="btnLogin">
   ❹               <input type="image" src="images/main/btn_login.gif" alt="로그인" />
               </p>
               </fieldset>
           </form>
           <div class="memberInfo">
   ❺           <a href="#" class="join">회원가입</a> <a href="#" class="find">아이디/비밀번호 찾기</a>
           </div>
       </div>
```

Result

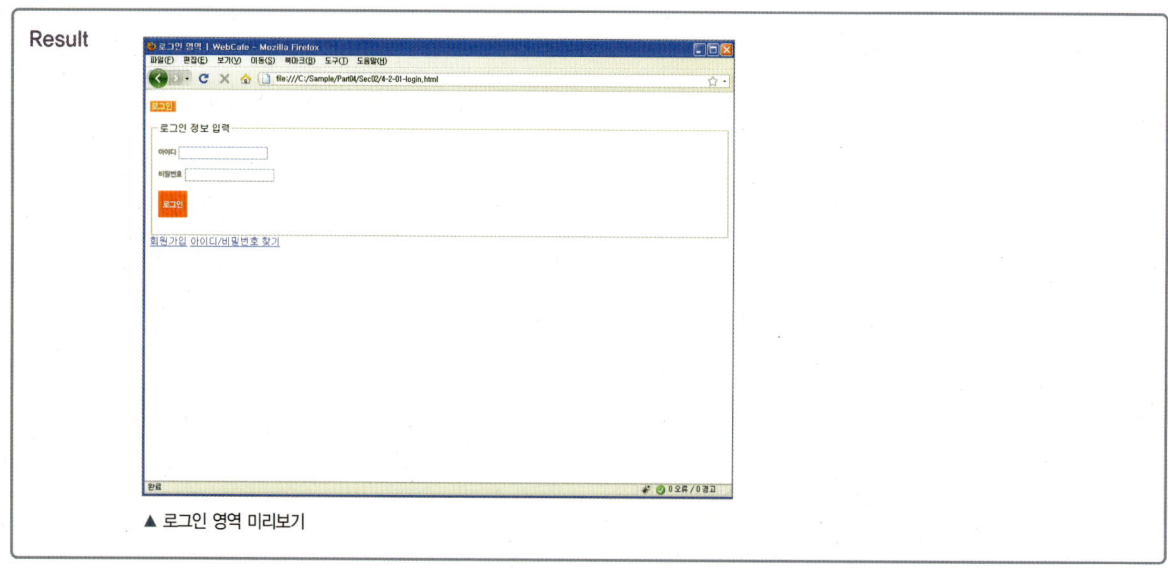

▲ 로그인 영역 미리보기

링크와 링크 사이는 띄어쓰기를 해 주는 것이 좋습니다.

특히 위의 '회원가입, 아이디/비밀번호 찾기'와 같이 텍스트로 된 링크의 경우, CSS 없이 HTML로 된 화면을 보게 될 경우 하나의 링크처럼 보이게 됩니다.

예 회원가입id/비밀번호 찾기

이러한 문제를 예방하기 위해 가급적 링크와 링크 사이는 띄어쓰기를 하여 구분하는 것이 바람직합니다.

예 회원가입 id/비밀번호 찾기

회원가입, 아이디/비밀번호 찾기를 ul 요소로 마크업하지 않은 이유

종종 2개 이상의 콘텐츠일 경우 목록 요소인 ul 요소를 사용하여 마크업을 작성합니다. '회원가입, 아이디/비밀번호 찾기'도 2개의 리스트를 가지는 순서 없는 목록인 ul 요소로 마크업할 수 있지만 목록의 리스트보다 '링크 정보의 나열'이라는 뜻으로 굳이 ul 요소를 사용하지 않고 작성하였습니다.

비슷한 예로 게시판에 '목록, 수정, 글쓰기' 버튼이 있는 경우 각 버튼들은 '해당 기능이 있는 페이지로 이동'하는 역할을 하는데, ul 요소로 마크업하면 HTML, CSS 코드가 모두 늘어나면서 목록 요소로 사용되어 의미에 맞지 않게 됩니다. 이밖에 스크린 리더로 접근하게 되면 ul 요소를 해석하여 목록 안내 정보를 추가로 제공하기 때문에, 이런 경우 ul 요소로 마크업하지 않으면 불필요한 음성 정보를 줄일 수도 있습니다.

ul 요소에 대한 다른 이야기를 해 본다면, 웹 표준 마크업이 부각되고 table 요소를 사용하면 안된다는 생각에 table 요소 대신 ul 요소를 대체하여 사용하는 사례가 많습니다. 전체 레이아웃을 ul 요소와 li 요소로 구성하거나 위 로그인 영역의 경우에도 제목부터 입력 폼 하나하나를 li 요소로 표현하여 ul 요소의 원래 의미가 아닌 구조(레이아웃)를 잡는 데에 잘못 사용하기도 합니다.

로그인 영역에서 나타난 잘못된 ul 요소의 사용 예

```
<ul>
    <li><img src="images/main/h3_login.gif" alt="로그인" /></li>
    <li><input type="text" id="logid" /></li>
    <li><img src="images/main/title_pw.gif" alt="비밀번호" /></li>
    <li><input type="text" id="logpw" /></li>
    <li><input type="image" src="images/main/btn_login.gif" alt="로그인" /></li>
    <li><a href="#" class="join">회원가입</a></li>
    <li><a href="#" class="find">아이디/비밀번호 찾기</a></li>
</ul>
```

4. 배너 영역

로그인 다음 콘텐츠인 유효성 검사 배너들입니다.

❶ 배너 링크 1(Markup)
❷ 배너 링크 2(CSS)

▲ 배너 영역 콘텐츠 순서

배너 항목들은 순서 없는 목록으로 접근하고 각각의 항목들은 li 요소를 사용하겠습니다.

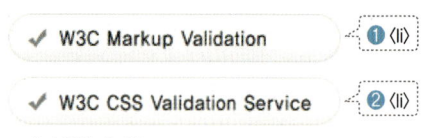

▲ 배너 영역 마크업

이번 배너도 제목 없이 디자인된 콘텐츠입니다. 디자인만으로도 충분히 배너라는 것을 알 수 있지만 앞의 내용과 같이 콘텐츠를 구조화하여 보았을 때 좀 더 쉽게 파악할 수 있도록 하기 위한 제목이 필요합니다. 추가할 제목과 배너 목록을 div 요소를 사용하여 그룹화하겠습니다.

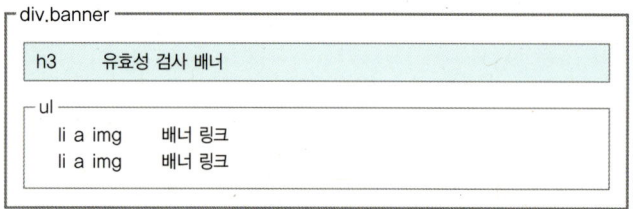

▲ 배너 영역의 구조

📁 예제 파일 : Sample\Part04\Sec02\4-2-01-banner.html

Source

```
<div class="banner">
    <h3>유효성 검사 배너</h3>
    <ul>
❶   <li><a href="http://validator.w3.org/"><img src="images/main/btn_html.gif"
          alt="W3C Markup Validation" /></a></li>
❷   <li><a href="http://jigsaw.w3.org/css-validator/"><img src="images/main/btn_css.gif"
          alt="W3C CSS Validation Service" /></a></li>
    </ul>
</div>
```

링크 시 title 속성 활용하기

각각의 배너는 WebCafe 서브 페이지가 아닌 다른 웹 사이트로 이동되는 링크로, 사용자가 링크를 클릭하기 전에 현재 웹 사이트가 아닌 다른 웹 사이트로 이동한다는 사실을 안내해 주는 것이 좋습니다. 링크를 지정할 때 사용하는 a 요소에 title 속성을 추가하면 링크의 방향을 알려 줄 뿐만 아니라 웹 접근성 또한 높일 수 있습니다.

```
<div class="banner">
    <h3>유효성 검사 배너</h3>
    <ul>
        <li><a href="http://validator.w3.org/" title="마크업 유효성 사이트로 이동">
            <img src="images/main/btn_html.gif" alt="W3C Markup Validation" /></a></li>
        <li><a href="http://jigsaw.w3.org/css-validator/" title="CSS 유효성 사이트로 이동">
            <img src="images/main/btn_css.gif" alt="W3C CSS Validation Service" /></a></li>
    </ul>
</div>
```

Result

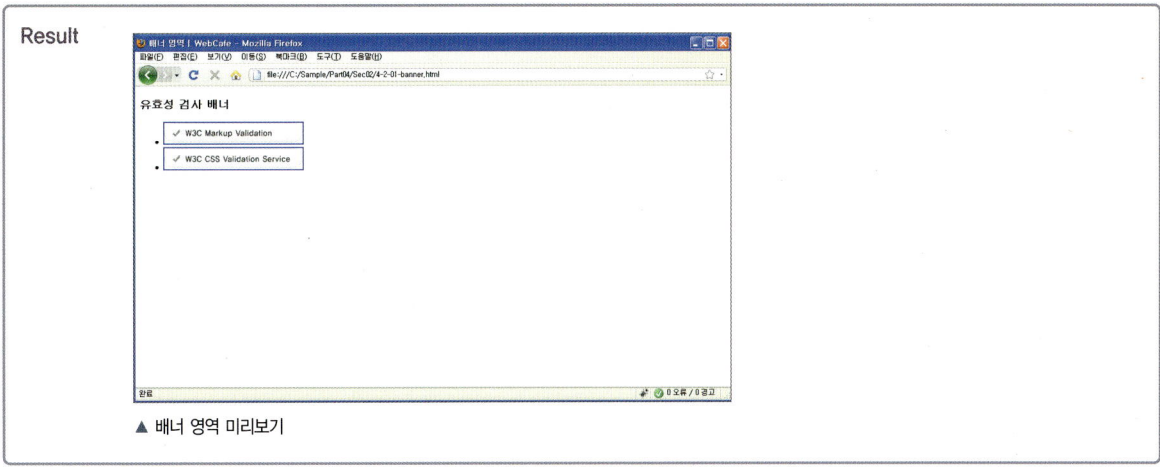

▲ 배너 영역 미리보기

5. 용어 설명 영역

'웹 표준이란?' 콘텐츠는 목록형 요소인 dl 요소를 사용하여 마크업하기 적당한 구조로 보입니다. '웹 표준이란?' 용어와 함께 이 용어가 무엇인지를 설명하고 있는 일종의 주종관계를 가지고 있기 때문입니다.

❷, ❸, ❹는 dl 요소로 구성되는 콘텐츠들입니다. ❷, ❹에는 상세 설명으로 연결될 수 있도록 링크를 지정합니다.

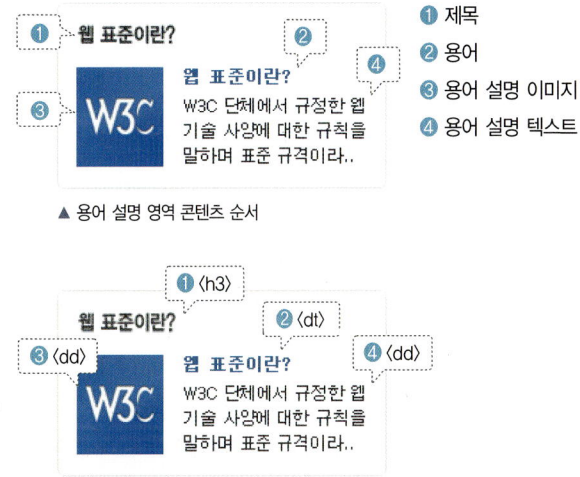

❶ 제목
❷ 용어
❸ 용어 설명 이미지
❹ 용어 설명 텍스트

▲ 용어 설명 영역 콘텐츠 순서

▲ 용어 설명 영역 마크업

또 CSS를 이용하여 디자인을 적용할 수 있도록 다음과 같은 class명도 할당하겠습니다.

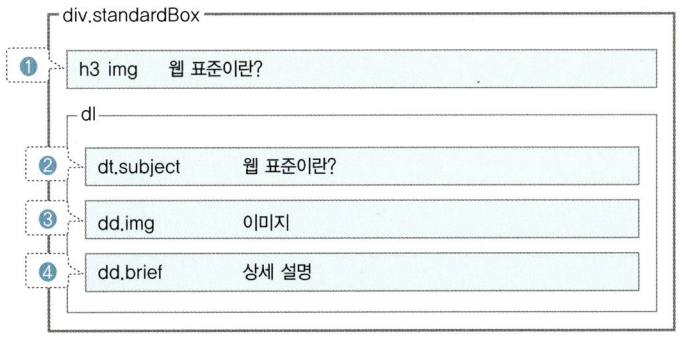

▲ 용어 설명 영역의 구조

예제 파일 : Sample\Part04\Sec02\4-2-01-define.html

Source

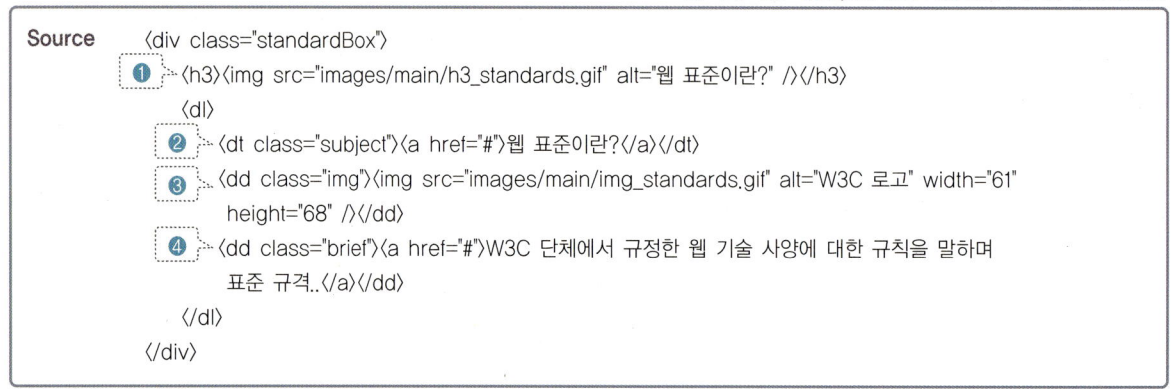

```
<div class="standardBox">
❶   <h3><img src="images/main/h3_standards.gif" alt="웹 표준이란?" /></h3>
    <dl>
❷       <dt class="subject"><a href="#">웹 표준이란?</a></dt>
❸       <dd class="img"><img src="images/main/img_standards.gif" alt="W3C 로고" width="61"
            height="68" /></dd>
❹       <dd class="brief"><a href="#">W3C 단체에서 규정한 웹 기술 사양에 대한 규칙을 말하며
            표준 규격..</a></dd>
    </dl>
</div>
```

Result

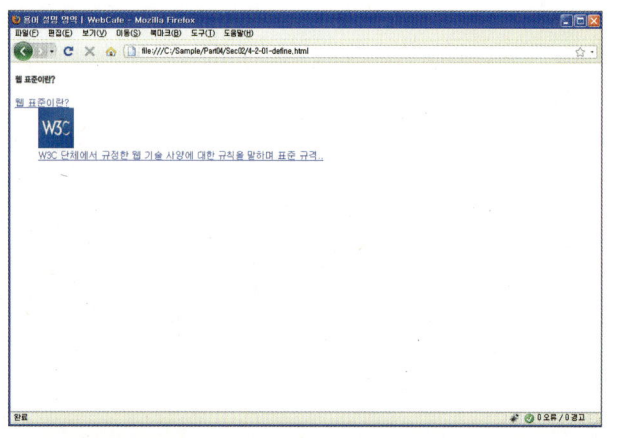

▲ 용어 설명 영역 미리보기

 Q 하나의 dt 요소에 여러 개의 dd 요소가 연결될 수 있나요?

A 정의되는 용어의 성격에 따라 dt 요소와 dd 요소는 1:1의 구조가 될 수도 1:여러 개의 구조가 될 수 있습니다. 앞서 함께한 예제도 "웹 표준이란?" 용어의 관련 이미지와 해당 설명 2개의 dd 요소를 가지고 있습니다.

정의형 목록 dl 요소는 앞에서 배운 내용과 같이 '용어'와 '설명'으로 이것은 어떤 날짜에 해당되는 이슈 목록, 국어사전과 같이 단어와 단어 정의 링크와 설명, 인터뷰인 경우 말하는 사람과 말한 내용을 담을 수 있는 등 다양한 곳에 사용될 수 있습니다. 그 중 국어사전을 예로 들면 이런 경우 '눈'이라는 단어는 '하늘에서 떨어지는 얼음 결정체', '물체를 볼 수 있는 감각 기관', '새로 막 돋아나는 잎눈, 꽃눈 등 싹의 뜻'과 같은 여러 가지 의미를 가집니다. 이것을 dl 요소로 구성하면 '눈'은 dt 요소가 되며, 각 의미들은 dl 요소로 마크업할 수 있습니다.

```
<dl>
    <dt>눈</dt>
    <dd>하늘에서 떨어지는 얼음 결정체</dd>
    <dd>물체를 볼 수 있는 감각 기관</dd>
    <dd>새로 막 돋아나는 잎눈, 꽃눈 등 싹의 뜻 </dd>
</dl>
```

6. 자료검색 영역

자료검색 영역은 웹 사이트 내에서 검색을 위해 사용자가 검색어를 입력할 수 있는 폼 요소로 구성된 콘텐츠입니다.

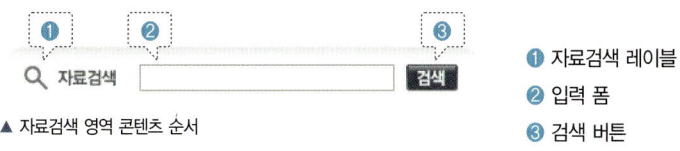

▲ 자료검색 영역 콘텐츠 순서

❶ 자료검색 레이블
❷ 입력 폼
❸ 검색 버튼

자료검색 레이블 앞의 돋보기 이미지는 배경 이미지로 작성할 예정이며, 앞서 진행한 로그인 영역과 마찬가지로 전체 콘텐츠를 나타낼 수 있는 제목 요소를 추가하고, form 요소와 fieldset 요소로 그룹화한 후, input 요소의 type 속성을 image로 지정하여 디자인된 이미지 버튼이 나타나도록 마크업합니다.

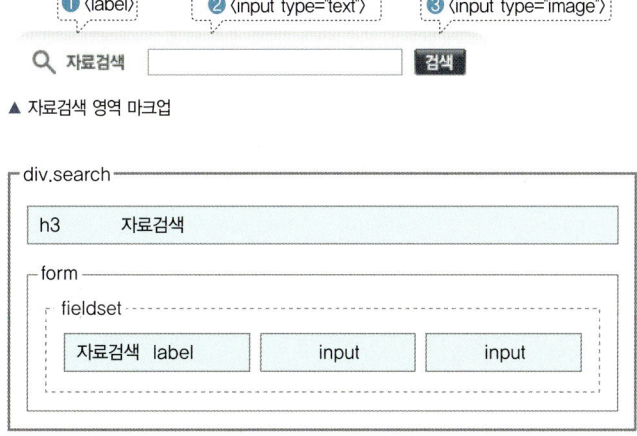

▲ 자료검색 영역 마크업

▲ 자료검색 영역 구조

예제 파일 : Sample\Part04\Sec02\4-2-01-search.html

```
Source    <div class="search">
              <h3>자료검색</h3>
              <form action="">
                  <fieldset>
                  <legend>검색어 입력 폼</legend>
                      <label for="search"><img src="images/common/title_search.gif" alt="자료검색" /></label>
                      <input type="text" id="search" size="20" />
                      <input type="image" class="btnSearch" src="images/common/btn_search.gif" alt="검색" />
                  </fieldset>
              </form>
          </div>
```

Result

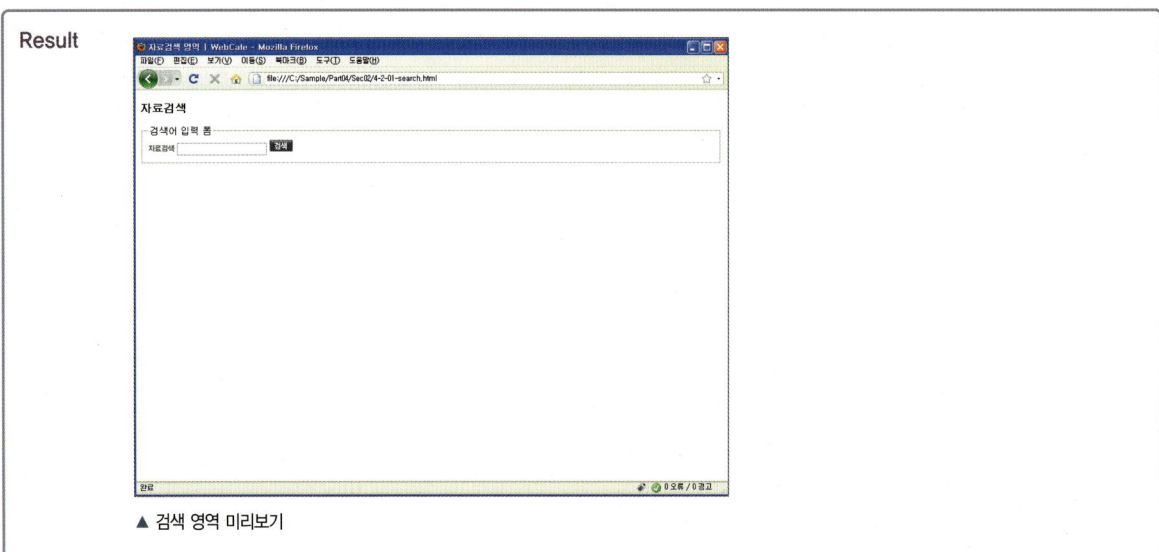

▲ 검색 영역 미리보기

자료검색 폼의 콘텐츠 해석을 다르게 하여 마크업해 보기

콘텐츠는 먼저 지정한 것과 같이 h3 요소, fieldset 요소, input 요소를 사용하여 마크업하되, 조금 변경하여 진행해 보겠습니다. 위의 경우 h3 요소의 '자료검색'과 label 요소의 '자료검색'이 반복되므로 이 문제를 개선하고, 검색 버튼은 input 요소와 같은 역할을 하는 button 요소를 사용하여 수정하겠습니다.

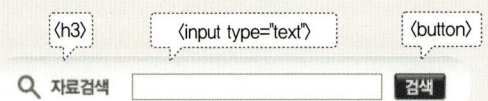

이전과 달라진 점은 반복되는 정보를 개선하기 위해 label 요소로 제공되던 자료검색을 삭제하였다는 것입니다. 삭제된 label 요소의 역할은 input 요소의 title 속성으로 대체하였습니다.

```
<div>
<h3><img src="images/common/title_search.gif" alt="자료검색" /></h3>
<form action="" method="post">
    <fieldset>
        <legend>검색어 입력 폼</legend>
        <input type="text" id="search" size="20" title="검색어 입력" />
        <button><img src="images/common/btn_search.gif" alt="검색" /></button>
    </fieldset>
</form>
</div>
```

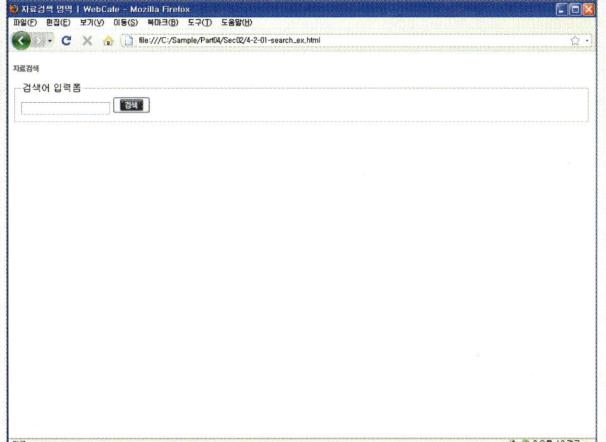

전체 의미는 이전에 마크업한 것과 동일하며 웹 접근성도 고려한 방식입니다. 하지만 검색 폼을 눈에 보이는 디자인 형태로만 마크업한 다면 아래와 같이 잘못된 결과가 나올 수도 있습니다.

▲ 다르게 마크업한 자료검색

자료검색 마크업 테스트   📂 예제 파일 : Sample\Part04\Sec02\4-2-01-search_ex.html

```
<div class="search">
    <fieldset>
        <legend>검색어 입력 폼</legend>
        <ul>
            <li><img src="images/common/title_search.gif" alt="자료검색" /></li>
            <li><input type="text" id="search" size="20" /></li>
            <li><button><img src="images/common/btn_search.gif" alt="검색" /></button></li>
        </ul>
    </fieldset>
</div>
```

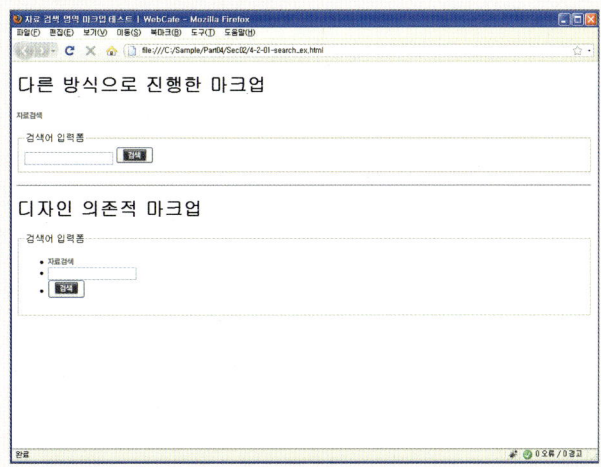

단순히 마크업을 위해 목록이 아닌 콘텐츠를 ul 요소로 사용한 것은 잘못된 방식이며, 콘텐츠의 제목이 누락되고 자료검색 이미지와 입력 폼과의 관계도 설명되어 있지 않기 때문에 웹 접근성도 떨어집니다.

디자인의 해석이나 내부 가이드에 따라서 같은 디자인, 같은 내용이라도 최종 결과물은 다를 수 있지만 콘텐츠의 구조나 의미를 해치지 않도록 유의해야 합니다.

7. 공지사항 및 자료실 영역

메인에서 자주 보는 콘텐츠 형식 중 하나로, 좁은 공간을 활용하여 많은 내용을 보여 줄 때 사용하는 탭 형식의 콘텐츠입니다. 공지사항과 자료실 게시판의 최신 목록을 보여 주는 콘텐츠로 구성되어 있습니다.

▲ 공지사항 목록이 선택되었을 때   ▲ 자료실 목록이 선택되었을 때

실제로는 한 영역에 공지사항 목록과 자료실 목록이 들어 있으므로, 마크업도 각각 2개의 목록으로 작성합니다.

❶ 제목(선택 – 공지사항)
❷ 게시물 제목과 게시물 등록 날짜
❸ 더보기
❹ 제목(선택 안됨 – 자료실)

▲ 공지사항 및 자료실 콘텐츠 순서

❸ 더보기 링크는 디자인과 다르게 목록 다음 순서로 마크업합니다. 디자인상 '공지사항' 옆에 위치하는 콘텐츠이지만 '더보기'를 클릭하는 경우에 대해 생각해 보면 실마리를 찾을 수 있습니다. 어떤 콘텐츠가 있을 경우 먼저 나와 있는 내용을 살펴본 후, 찾는 내용이 없을 때 다른 콘텐츠를 더 찾아보게 됩니다. 그리고 마우스만으로 링크를 클릭하는 경우에 콘텐츠의 순서와 상관없이 원하는 곳으로 이동할 수 있지만 키보드 또는 스크린 리더를 사용하여 순차적으로 콘텐츠에 접근하는 경우를 고려하면 콘텐츠 순서는 '공지사항 제목 → 더보기 → 게시물 목록'이 아닌 '공지사항 제목 → 게시물 목록 → 더보기' 순이 되어야만 원하는 게시물이 없는 경우 다시 되돌아가서 더보기 링크에 접근하지 않도록 할 수 있습니다.

❷는 li 요소로 제목은 해당 상세 글로 넘어가는 링크와 게시물 날짜의 2가지 요소로 구성되어 있습니다. 날짜에는 제목과 다른 폰트 색상과 위치 정렬을 위해 span 요소로 그룹핑합니다.

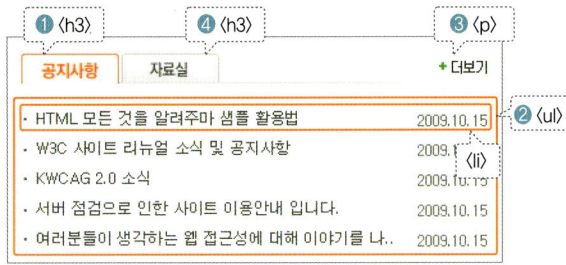

▲ 공지사항 및 자료실 마크업

❶ 공지사항, ❹ 자료실 제목은 콘텐츠의 헤딩과 탭 메뉴의 역할을 동시에 수행합니다. 따라서 공지사항 목록과 자료실 목록은 더보기와 함께 각각의 목록을 그룹화하는 div 요소로 구성합니다.

▲ 공지사항 및 자료실 구조

정리된 구조를 바탕으로 작성한 마크업은 다음과 같습니다.

📁 예제 파일 : Sample\Part04\Sec02\4-2-01-notice.html

Source

```
<div id="boardBox">
❶    <h3 class="tab01"><a href="#noticeList"><img src="images/main/tab_notice_ov.gif" alt="공지사항" /></a></h3>
     <div id="noticeList">
         <ul>
             <li><a href="#">HTML 모든 것을 알려주마 샘플 활용법</a> <span class="date">2009.10.15</span></li>
             <li><a href="#">W3C 사이트 리뉴얼 소식 및 공지사항</a> <span class="date">2009.10.15</span></li>
             <li><a href="#">KWCAF 2.0 소식</a> <span class="date">2009.10.15</span></li>
❷            <li><a href="#">서버 점검으로 인한 사이트 이용안내 입니다.</a>
                 <span class="date">2009.10.15</span></li>
             <li><a href="#">여러분이 생각하는 웹 접근성에 대해 이야기를 나..</a>
                 <span class="date">2009.10.15</span></li>
         </ul>
❸        <p class="more"><a href="#"><img src="images/main/icon_more.gif" alt="더보기" /></a></p>
     </div>
❹    <h3 class="tab02"><a href="#pdsList"><img src="images/main/tab_pds.gif" alt="자료실" /></a></h3>
     <div id="pdsList">
         <ul>
             <li><a href="#">디자인 사이트 링크 모음</a> <span class="date">2009.10.15</span></li>
             <li><a href="#">웹 접근성 관련 자료 링크</a> <span class="date">2009.10.15</span></li>
             <li><a href="#">예제 샘플 응용해 보기</a> <span class="date">2009.10.15</span></li>
             <li><a href="#">웹 접근성 향상을 위한 국가표준 기술 가이드 라인</a>
                 <span class="date">2009.10.15</span></li>
             <li><a href="#">로얄티 프리 이미지 자료</a> <span class="date">2009.10.15</span></li>
         </ul>
         <p class="more"><a href="#"><img src="images/main/icon_more.gif" alt="더보기" /></a></p>
     </div>
</div>
```

Result

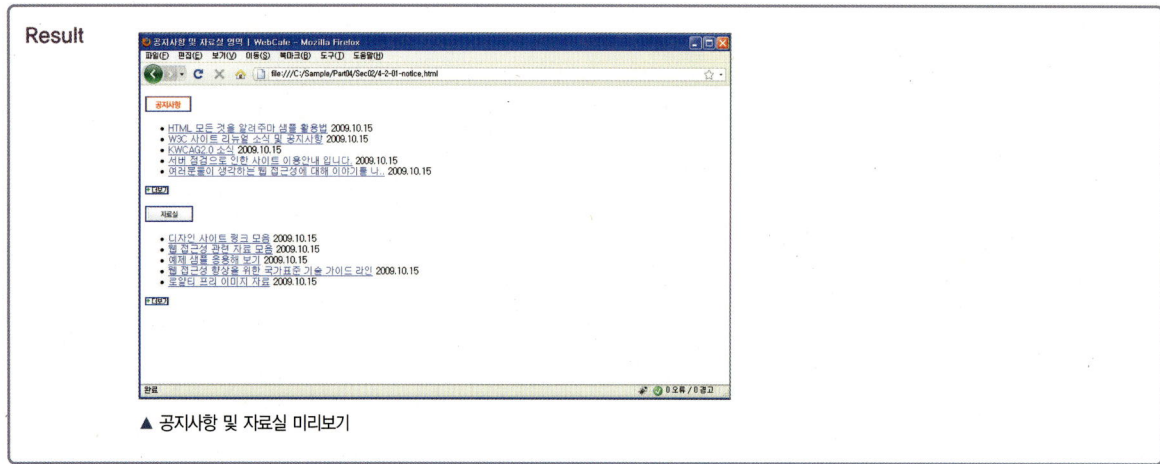

▲ 공지사항 및 자료실 미리보기

현재는 공지사항, 자료실 목록이 보이지만 뒷 장에서는 CSS를 적용하여 자료실 영역이 보이지 않도록 하겠습니다.

8. 새소식 영역

새소식 영역의 콘텐츠는 썸네일(thumbnail)이라 부르는 대표 이미지와 게시물 제목, 본문의 일부분을 가져오는 콘텐츠로 구성되어 있습니다. 또 썸네일 이미지를 설명하는 간단한 텍스트까지 좁은 공간에 많은 요소들로 구성되어 있습니다.

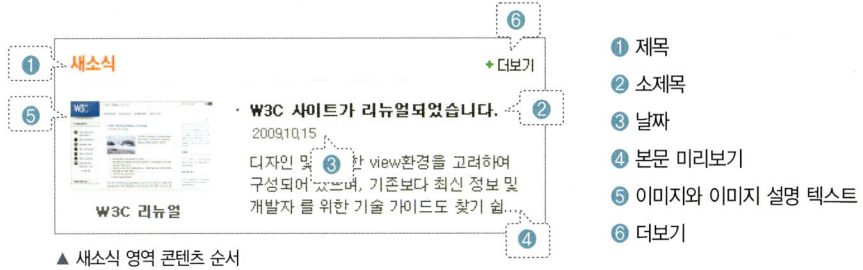

▲ 새소식 영역 콘텐츠 순서

콘텐츠 구조는 ②, ③, ④ 오른쪽 텍스트형 콘텐츠들과 ⑤ 왼쪽 이미지 콘텐츠 영역으로 나눌 수 있습니다. 이 구조는 스타일 컨테이너(container)의 의미로 div 요소를 사용하여 그룹화한 후에 CSS를 사용하여 배치할 예정입니다.

② 요소는 새소식 게시물 중 최근 소식의 제목으로써 h3 하위인 h4 요소가 되며 ③, ④는 텍스트 정보로써 p 요소로 마크입합니다. ⑥ 더보기는 잎의 공지사항과 같이 마지막에 배치하여 콘텐츠의 논리적 순서를 맞춥니다.

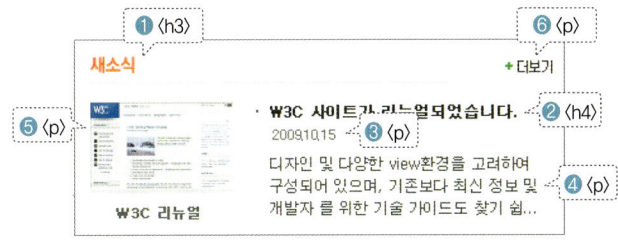

▲ 새소식 영역 콘텐츠 마크업

⑤는 이미지와 이미지 설명 텍스트의 두 가지로 구성되어 있습니다. 전체는 하나의 p 요소로 마크업하고 디자인과 배치를 위해 이미지와 텍스트에 각각 span 요소를 사용하겠습니다. p 요소는 블록 요소로 이 안에 p 요소 또는 div 요소와 같은 블록 요소를 포함할 수 없습니다.

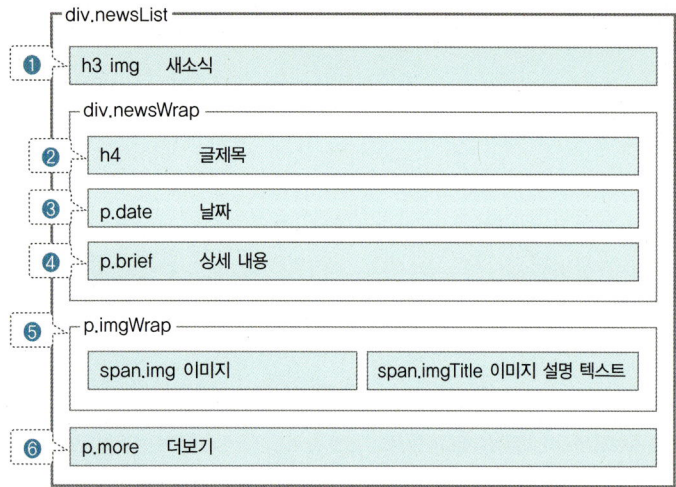

▲ 새소식 영역 구조

 썸네일 이미지의 경우 이미지 고정값이 필요합니다.

이미지를 메인용 썸네일로 따로 만들지 않고 다른 곳에 있는 원본 파일을 불러오는 경우와 관련하여 유의해야 할 사항이 있습니다. 디자인된 미리보기 이미지의 크기를 정하지 않으면 의도한 것과 다르게 실제 이미지 크기를 화면에 그대로 보여주게 됨으로써 디자인보다 크게 보이거나 작게 보여 레이아웃이 흐트러질 수 있으므로 가급적 width, height 속성값을 지정해야 합니다. 간혹 CSS를 이용하여 이미지 크기를 제어하기도 하는데, CSS가 적용되지 않는 환경 또는 외부 문서로 지정되어 CSS 파일의 로드가 늦어지거나 실패할 경우에 문제가 발생할 수 있습니다.

그림과 같이 썸네일 이미지보다 큰 이미지가 로딩될 경우에는 기존 콘텐츠를 가리거나 전체 레이아웃이 흐트러질 수 있으므로 주의해야 합니다.

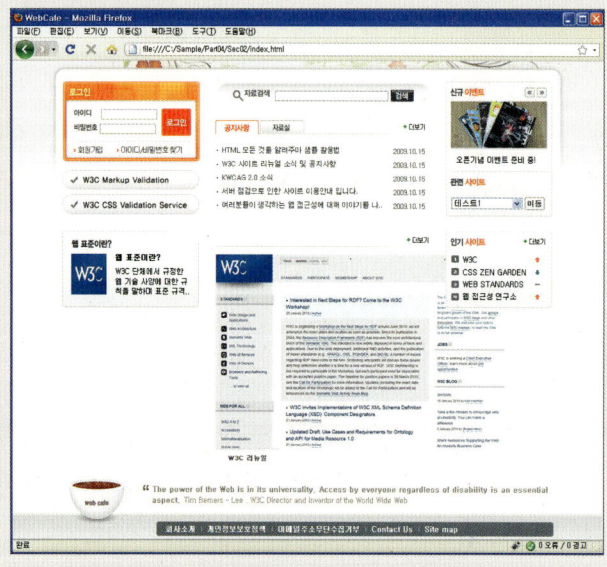

▲ 새소식 썸네일 이미지 크기가 지정되지 않아 큰 이미지가 적용된 예

최종 정리된 새소식 영역의 마크업은 다음과 같습니다.

📁 예제 파일 : Sample\Part04\Sec02\4-2-01-news.html

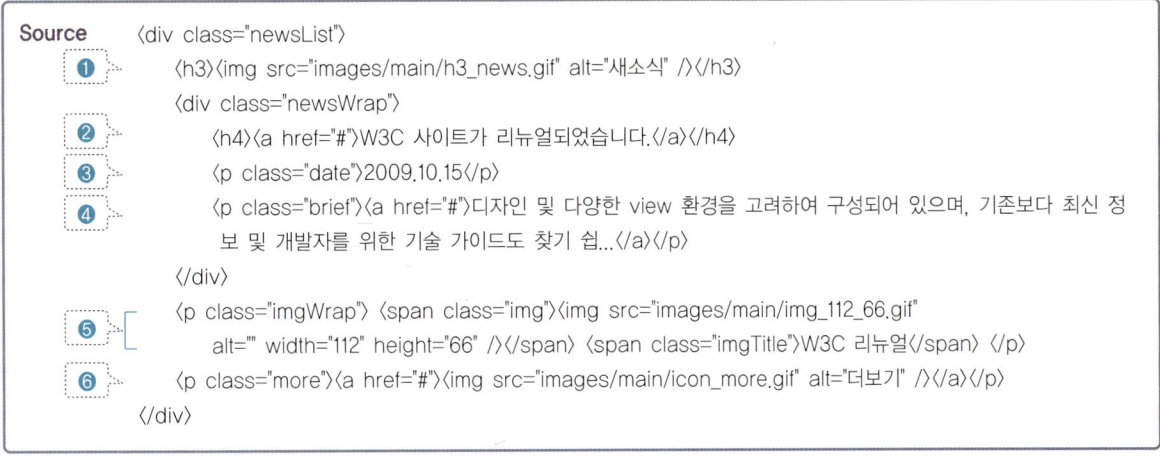

Source

```
<div class="newsList">
    ❶    <h3><img src="images/main/h3_news.gif" alt="새소식" /></h3>
         <div class="newsWrap">
    ❷        <h4><a href="#">W3C 사이트가 리뉴얼되었습니다.</a></h4>
    ❸        <p class="date">2009.10.15</p>
    ❹        <p class="brief"><a href="#">디자인 및 다양한 view 환경을 고려하여 구성되어 있으며, 기존보다 최신 정
              보 및 개발자를 위한 기술 가이드도 찾기 쉽...</a></p>
         </div>
    ❺    <p class="imgWrap"> <span class="img"><img src="images/main/img_112_66.gif"
              alt="" width="112" height="66" /></span> <span class="imgTitle">W3C 리뉴얼</span> </p>
    ❻    <p class="more"><a href="#"><img src="images/main/icon_more.gif" alt="더보기" /></a></p>
</div>
```

Result

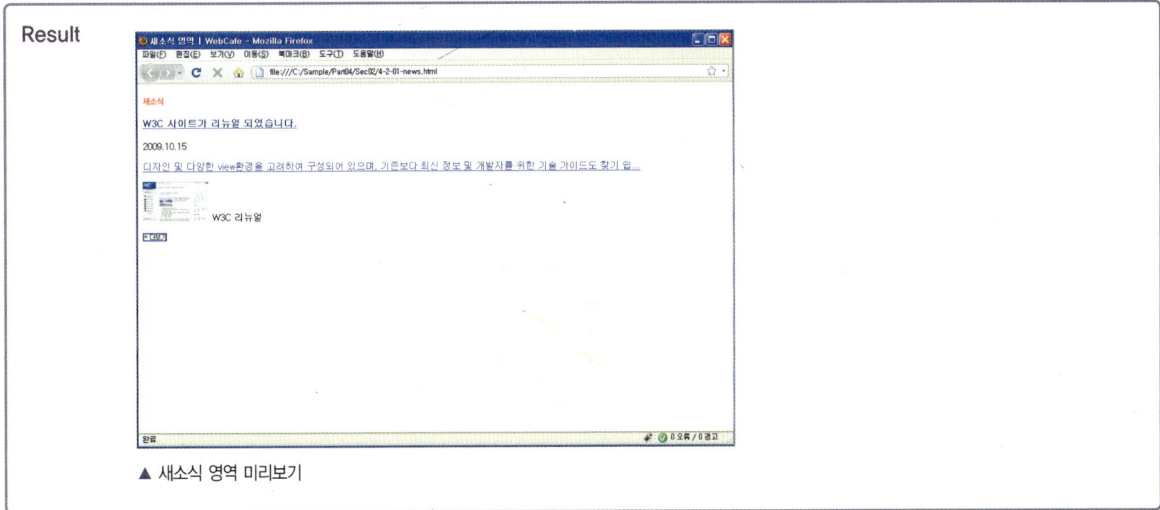

▲ 새소식 영역 미리보기

9. 신규 이벤트 영역

신규 이벤트 영역은 이벤트 소식을 이미지와 요약 텍스트로 구분하고 '이전/다음' 이동 버튼을 제공
하여 다음 이벤트를 볼 수 있도록 구성된 콘텐츠입니다.

❶ 제목
❷ 이벤트 관련 이미지
❸ 이벤트 정보
❹ 이동 버튼

▲ 신규 이벤트 영역 콘텐츠 순서

❶, ❷, ❸ 콘텐츠는 차례로 진행하고 ❹ '이전/다음' 이동 버튼은 '더보기' 버튼과 같이 콘텐츠를 모두 본 후에 다음 이벤트 내용을 볼 것인지, 아닌지를 선택할 수 있는 흐름으로 콘텐츠를 구성합니다.

❷, ❸은 2개의 요소로 되어 있지만 하나의 이벤트를 이미지와 텍스트로 제공하는 것이므로, div 요소를 사용하여 그룹화하고 각각 이미지와 제목은 em 요소를 사용하여 이벤트 제목 텍스트를 강조하겠습니다. ❹ '이전/다음' 이동 버튼은 각각 링크 요소로 마크업하고, 2개의 링크 이미지는 div 요소를 사용하여 그룹화한 뒤 콘텐츠들이 바뀌어 보이는 기능을 적용할 수 있도록 id를 사용하여 이름을 부여합니다.

▲ 신규 이벤트 영역 마크업

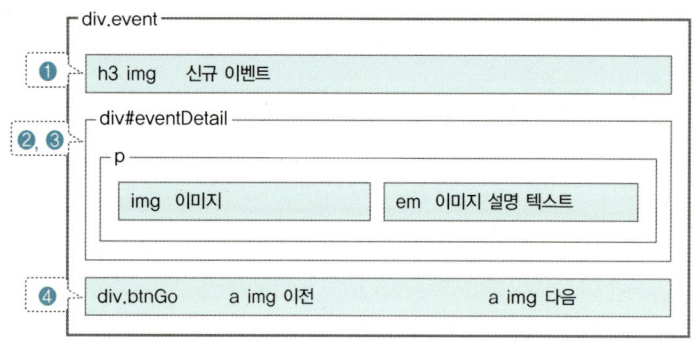

▲ 신규 이벤트 영역 구조

📂 예제 파일 : Sample\Part04\Sec02\4-2-01-event.html

```
Source    <div class="event">
  ❶       <h3><img src="images/main/h3_event.gif" alt="신규 이벤트" /></h3>
          <div id="eventDetail">
              <p><a href="#" class="thumbnail">
 ❷, ❸          <img src="images/main/img_163_77.gif" alt="이벤트상품 안내:월간지" width="163" height="77" />
                <em class="brief">오픈기념 이벤트 준비 중!</em></a></p>
          </div>
          <div class="btnGo"><a href="#"><img src="images/main/btn_event_prev.gif" alt="이전" /></a>
  ❹          <a href="#"><img src="images/main/btn_event_next.gif" alt="다음" /></a>
          </div>
          </div>
```

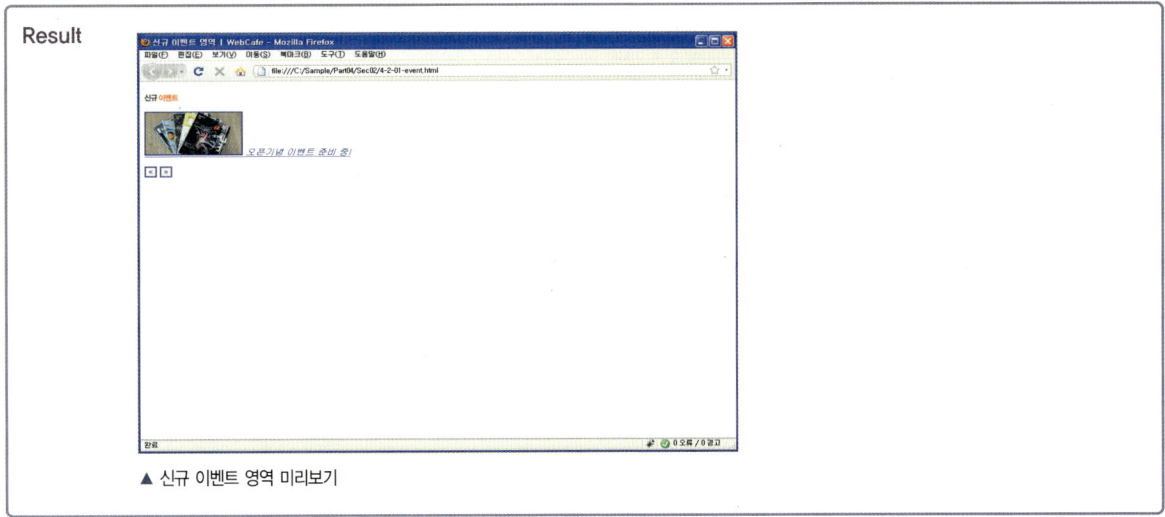

Result

▲ 신규 이벤트 영역 미리보기

10. 관련 사이트 영역

관련 사이트 영역의 목록과 링크 콘텐츠는 셀렉트(select) 박스를 이용하여 다음과 같이 구현합니다.

❶ 제목
❷ 셀렉트 박스
❸ 이동 버튼

▲ 관련 사이트 영역 콘텐츠 순서

❷, ❸ 셀렉트 박스와 이동 버튼만으로는 실제 링크가 동작하도록 할 수 없기 때문에 자바스크립트를 추가로 작성해야 합니다. 이때 콘텐츠의 전체적인 그룹핑은 form 요소와 fieldset 요소를 사용합니다.

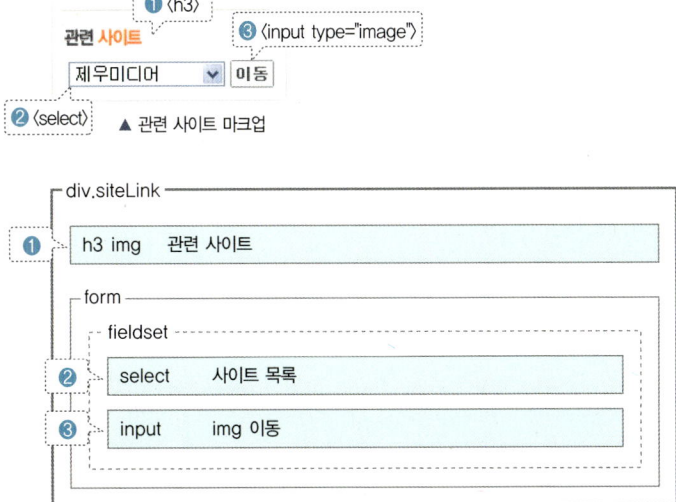

▲ 관련 사이트 구조

설계한 구조에 따라 작성한 마크업은 다음과 같습니다.

📁 예제 파일 : Sample\Part04\Sec02\4-2-01-link.html

```
Source      <div class="siteLink">
   ①          <h3><img src="images/main/h3_relation.gif" alt="관련 사이트" /></h3>
              <form name="" action="" method="post">
                  <fieldset>
                  <legend>관련 사이트 링크</legend>
                  <select name="siteLink" title="사이트 선택">
   ②              <option value='http://www.jeumedia.com'>제우미디어</option>
                      <option value='http://www.w3.org'>W3C</option>
                      <option value='http://www.csszengarden.com'>CSS ZEN GARDEN</option>
                      <option value='http://www.webstandards.org'>WEB STANDARDS</option>
                      <option value='http://www.wah.or.kr'>웹 접근성 연구소</option>
   ③              </select>
                  <input type="image" class="goBtn" src="images/main/btn_go.gif" alt="이동" />
                  </fieldset>
              </form>
          </div>
```

여기서 잠깐

웹 사이트 링크 콘텐츠 구현과 셀렉트 박스

웹 서핑을 하다 보면 Family Site 또는 관련 웹 사이트 모음이라는 이름으로 셀렉트 박스에 서로 관련된 여러 링크 사이트 목록을 입력하고 자바스크립트를 이용하여 링크한 콘텐츠를 볼 수 있습니다. 또 셀렉트 박스의 디자인을 웹 브라우저에서 지원하는 기본 모양이 아닌 스타일로 바꾸기 위한 다양한 방법들이 시도되기도 합니다. 하지만 웹 브라우저 중 폼 요소의 디자인 변경을 지원하지 않는 것이 많으며, 일반적으로 폼 요소의 디자인을 변경하지 않는 것이 좋습니다. 그리고 셀렉트 박스를 사용한 링크의 경우 자바스크립트가 지원되지 않는 환경에서는 링크가 불가능한 상태가 되어, 셀렉트 박스의 본래 쓰임새와 달라지게 됩니다.

링크 목록을 셀렉트 박스로 구현하는 것이 좋은 방법인가 대해 고민을 하기 시작하면서 '사이트 링크 모음'의 콘텐츠 접근 방법으로 디자인은 셀렉트 박스처럼 하고, 마크업은 ul 요소를 사용하여 작업하는 사례들도 생기고 있습니다. 링크와 목록으로 마크업하고 보이는 상태만 자바스크립트를 이용한다면 자바스크립트나 CSS가 지원되지 않는 환경에서도 콘텐츠에 쉽게 접근할 수 있는 이점이 있습니다.

사례 (마산시청 홈페이지 http://www.masan.go.kr/main)

셀렉트 박스와 비슷한 디자인으로 되어 있는 '산하기관'을 클릭하면 관련 기관 목록이 펼쳐집니다. 산하기관 목록은 ul 요소로 마크업 되어 있습니다.

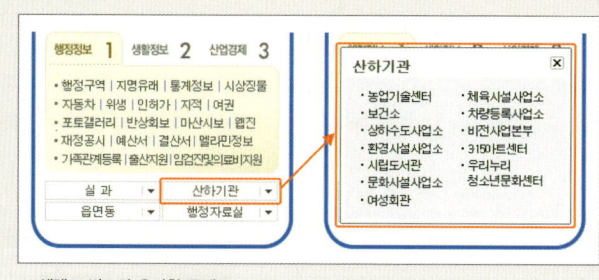

▲ 셀렉트 박스와 유사한 콘텐츠

Result

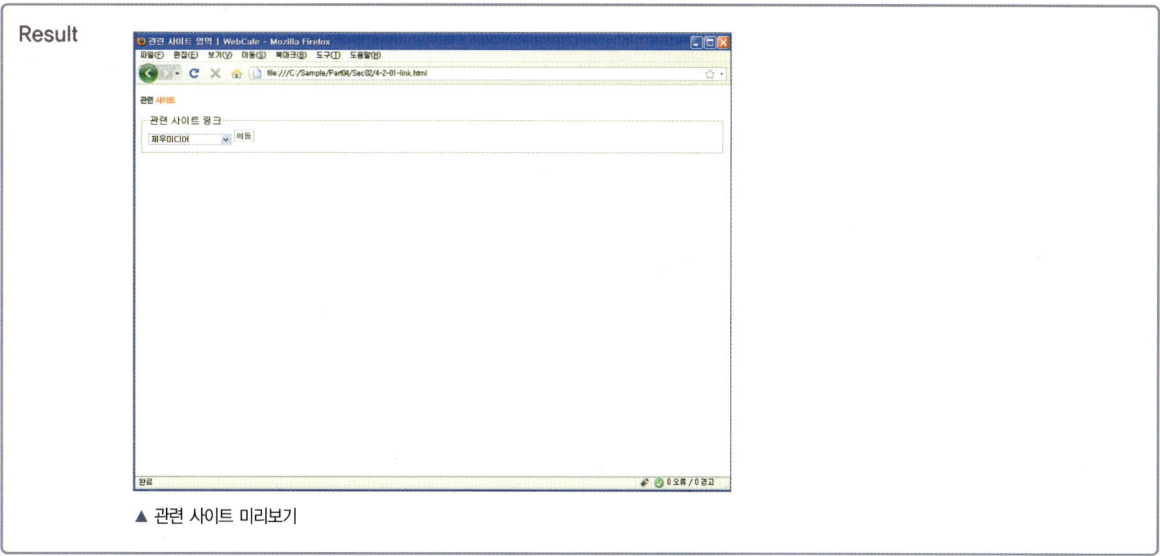

▲ 관련 사이트 미리보기

11. 인기 사이트 영역

인기 사이트 영역은 웹 표준 및 웹 접근성과 관련된 인기 사이트 순위를 보여 주는 콘텐츠입니다. 1위부터 4위에 해당하는 웹 사이트의 목록을 보여 주며 '순위'의 정보를 가집니다.

❶ 제목 – 인기 사이트
❷ 목록 – 사이트 명과 순위 변동 사항
❸ 버튼 – 더보기

▲ 인기 사이트 콘텐츠 순서

❷ 콘텐츠는 순위 정보, 웹 사이트명, 순위 변동 상황(이미지 콘텐츠)으로 구성되어 있습니다. 위치 제어를 위해 순위 변동 상황 이미지는 span 요소를 사용하고, 순위 정보는 순서 있는 목록인 ol 요소를 사용하여 마크업합니다.

▲ 인기 사이트 마크업

마크업 구조를 정하기 전에 ❷ 항목을 보면서 순위를 나타내는 숫자 이미지를 어떻게 구현할 것인지에 대해 생각해 보겠습니다. 먼저 이미지를 사용해서 마크업해 보고, 이것이 어떻게 표시되는지를 확인해 보겠습니다.

📁 예제 파일 : Sample\Part04\Sec02\4-2-01-favorite_test.html

```
<ol class="ranking">
    <li><img src="images/main/icon_1.gif" alt="1" /> W3C
        <span class="order"><img src="images/main/icon_up.gif" alt="상승" /></span></li>
    <li><img src="images/main/icon_2.gif" alt="2" /> CSS ZEN GARDEN
        <span class="order"><img src="images/main/icon_down.gif" alt="하락" /></span></li>
    <li><img src="images/main/icon_3.gif" alt="3" /> WEB STANDARDS
        <span class="order"><img src="images/main/icon_stop.gif" alt="변동없음" /></span></li>
    <li><img src="images/main/icon_4.gif" alt="4" /> 웹 접근성 연구소
        <span class="order"><img src="images/main/icon_up.gif" alt="상승" /></span></li>
</ol>
```

Result

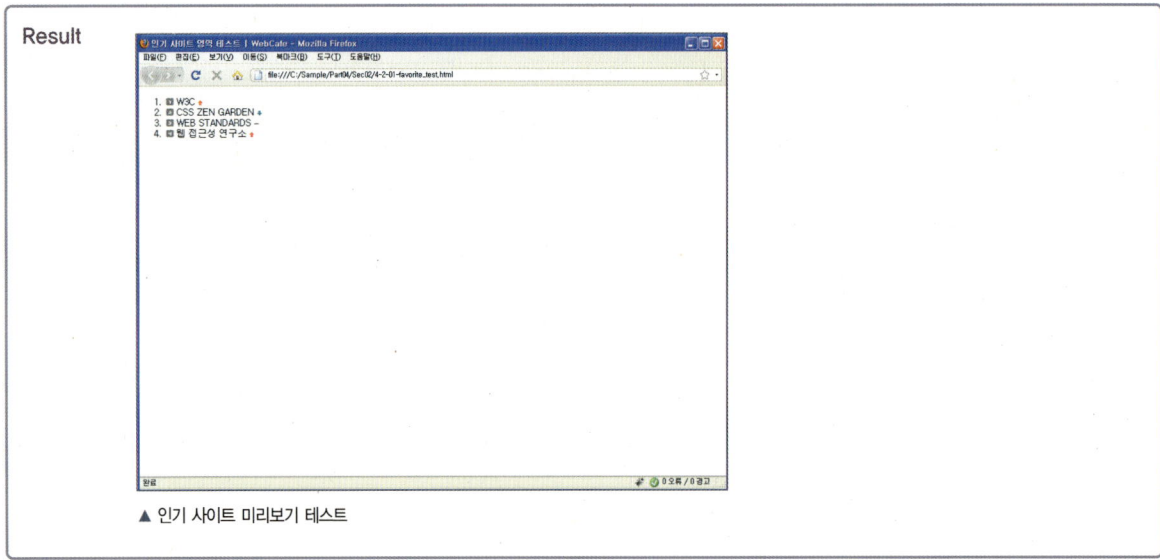

▲ 인기 사이트 미리보기 테스트

결과를 확인하면 ol 요소의 기본 속성대로 목록에 숫자가 나타납니다. 결국 숫자 이미지와 중복된 정보를 제공하는 것처럼 되어 버렸습니다. 숫자 이미지를 없애 디자인을 만족시킬 수 있는 쉬운 방법이 있습니다. 짐작하는 바와 같이 CSS를 사용하면 목록의 디자인을 변경할 수 있으므로 인기 사이트 순위 정보에서는 〈img src="images/main/icon_1.gif" alt="1" /〉와 같은 이미지를 삽입하지 않은 상태에서 진행하겠습니다.

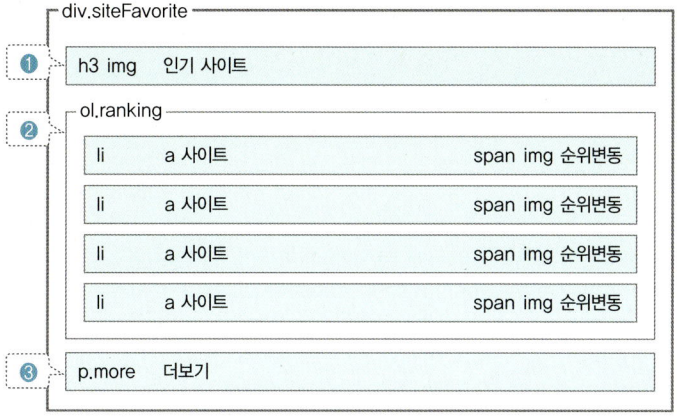

▲ 인기 사이트 구조

☞ 예제 파일 : Sample\Part04\Sec02\4-2-01-favorite.html

Source

① 〈div class="siteFavorite"〉
　　〈h3〉〈img src="images/main/h3_favorite.gif" alt="인기 사이트" /〉〈/h3〉
　　〈ol class="ranking"〉
② 　　　〈li class="no1"〉W3C〈span class="order"〉〈img src="images/main/icon_up.gif"
　　　　　　alt="상승" /〉〈/span〉〈/li〉
　　　　〈li class="no2"〉CSS ZEN GARDEN〈span class="order"〉〈img src="images/main/icon_down.gif"
　　　　　　alt="하락" /〉〈/span〉〈/li〉
　　　　〈li class="no3"〉WEB STANDARDS〈span class="order"〉〈img src="images/main/icon_stop.gif"
　　　　　　alt="변동없음" /〉〈/span〉〈/li〉
　　　　〈li class="no4"〉웹 접근성 연구소〈span class="order"〉〈img src="images/main/icon_up.gif"
　　　　　　alt="상승" /〉〈/span〉〈/li〉
　　〈/ol〉
③ 　〈p class="more"〉〈a href="#"〉〈img src="images/main/icon_more.gif" alt="더보기" /〉〈/a〉〈/p〉
〈/div〉

Result

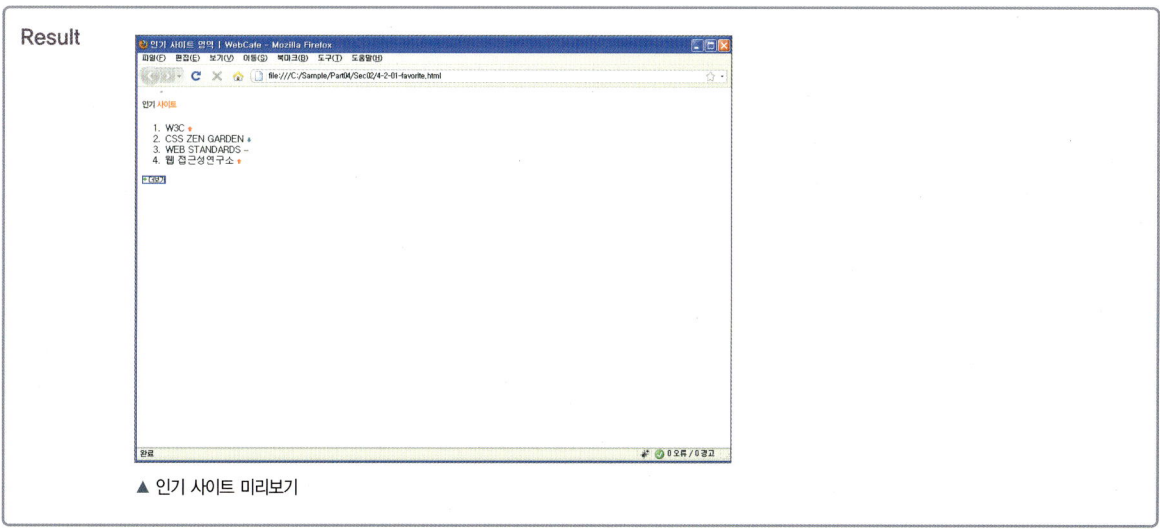

▲ 인기 사이트 미리보기

12. 슬로건 영역

슬로건 영역에는 웹 사이트 하단에 WebCafe의 분위기를 살릴 수 있는 커피잔 이미지와 웹의 창시자인 팀 버너스 리경의 인용문을 배치하였습니다. 이 인용문은 W3C WAI(http://www.w3.org/WAI) 사이트에서도 볼 수 있습니다.

하단의 슬로건 영역은 커피잔 이미지, 팀 버너스 리경의 인용구, 인용구 출처순으로 마크업합니다.

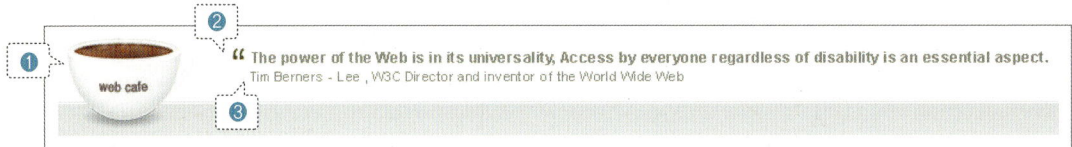

▲ 슬로건 영역 콘텐츠 순서

❶ 이미지
❷ 팀 버너스 리경 인용문
❸ 인용구 출처

❷ 인용문의 경우 blockquote 또는 q 요소를 사용할 수 있습니다. 이 웹 사이트에서는 ❸ 인용구 출처와 자연스럽게 연결되도록 인라인 인용구인 q 요소를 사용하겠습니다.

▲ 슬로건 영역 마크업

❷, ❸ 콘텐츠는 div 요소를 그룹화하여 정렬할 때 사용할 수 있도록 하고, 헤더 영역에서 주 메뉴의 제목을 정해 준 것과 같이 h2 요소를 추가하여 슬로건 영역을 알려 주는 제목으로 마크업합니다.

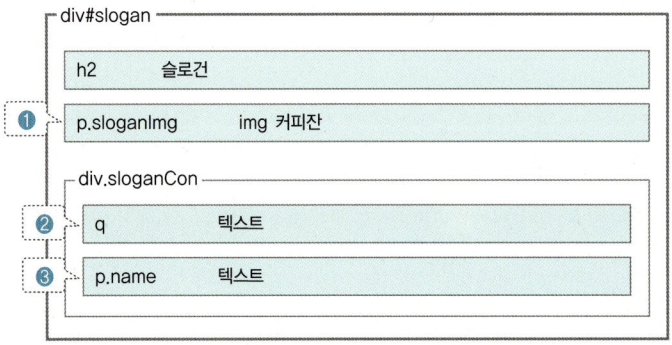

▲ 슬로건 영역 구조

예제 파일 : Sample\Part04\Sec02\4-2-01-slogan.html

Source

```
<div id="slogan">
    <h2>슬로건</h2>
```

```
    <p class="sloganImg"><img src="images/common/icon_coffee.png" alt="커피잔" /></p>
    <div class="sloganCon">
```

```
        <q cite="http://www.w3.org/WAI/">The power of the Web is in its universality, Access by
         everyone regardless of disability is an essential aspect.</q>
```
③
```
        <p class="name">Tim Berners - Lee , W3C Director and inventor of the World Wide Web</p>
    </div>
</div>
```

Result

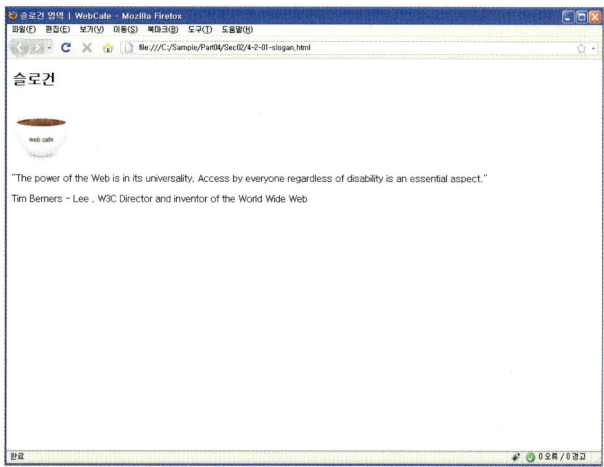

▲ 슬로건 영역 미리보기

웹 브라우저 별 q 요소의 렌더링 차이

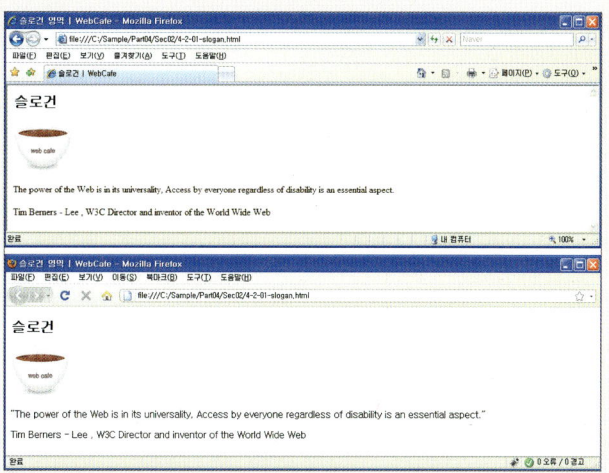

파이어폭스 3.5와 일부 웹 브라우저에서는 q 요소의 시작과 마지막에 자동으로 인용 부호가 표시됩니다. 하지만 인터넷 익스플로러는 q 요소의 인용 부호를 표시하지 않습니다. q 요소의 속성을 그대로 사용하거나 CSS상에서 디자인을 적용하는 경우에는 이를 참고하여 작업해야 합니다.

◀ 인터넷 익스플로러 7에서 본 슬로건과 파이어폭스 3.5에서 본 슬로건의 인용 부호 차이

13. 푸터 영역

푸터 영역은 문서 하단에 위치한 웹 사이트 이용안내 메뉴와 연락처, 저작권 정보 콘텐츠입니다. 어떤 콘텐츠들로 구성되어 있는지를 살펴보고 마크업 순서를 정해 보겠습니다.

▲ 푸터 영역 콘텐츠 순서

❶ 하단 로고
❷ 웹 사이트 이용안내 메뉴
❸ 웹 사이트 연락처 및 저작권 정보

❶ 로고는 독립된 요소로 p 요소를 사용하고, ❷ 웹 사이트 이용안내 메뉴는 순서 없는 목록인 ul 요소를, ❸ 사이트 연락처 및 저작권 정보는 address 요소를 사용하겠습니다.

▲ 푸터 영역 마크업

추가로 ❷ 메뉴 목록은 어떤 콘텐츠인지 알 수 있도록 제목 요소를 작성합니다. 푸터 영역은 가로로 반복되어 이어지는 배경 이미지를 가지고 있기 때문에 이를 표현할 수 있는 div 요소가 필요합니다. 구성을 정리하면 전체 푸터 영역 콘텐츠를 감싸 주는 div 요소, 다시 푸터 영역 내에서 가운데 정렬을 도와주는 div 요소로 구성됩니다.

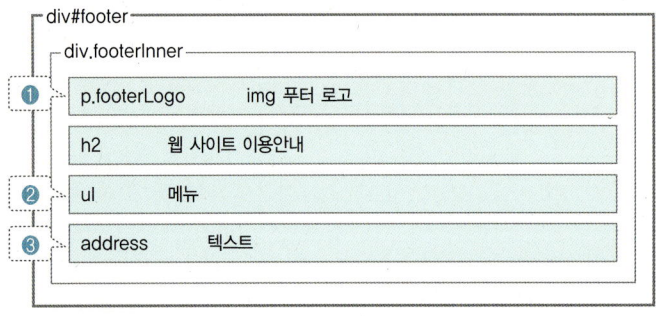

▲ 푸터 영역 구조

address 요소 안에서 br 요소를 사용하여 연락처와 카피라이트 정보를 구분하고, 디자인상에서 주소, 전화번호, FAX, E-mail 정보 사이의 간격을 조정하기 위해 span 요소를 사용하여 메인 콘텐츠 마크업을 마무리해 보겠습니다.

예제 파일 : Sample\Part04\Sec02\4-2-01-footer.html

Source

❶
```
<div id="footer">
    <div class="footerInner">
        <p class="footerLogo"><img src="images/common/logo_copyright.gif" alt="WebCafe" /></p>
        <h2>사이트 이용안내</h2>
```
❷
```
        <ul class="guideMenu">
            <li><a href="#">회사소개</a></li>
            <li><a href="#">개인정보보호정책</a></li>
            <li><a href="#">이메일주소무단수집거부</a></li>
            <li><a href="#">Contact Us</a></li>
            <li><a href="#">Site map</a></li>
        </ul>
```
❸
```
        <address>
            <span class="addr">서울시 마포구 상수동 123-12 한주빌딩 5층</span>
            <span class="tel">· 전화 : 02-1234-1234</span><span class="fax"> · FAX : 02-1234-1234</span>
            <span class="email"> · E-MAIL : webmaster@mail.com</span><br />
            <span class="copyright">Copyright ⓒ WebCafe CORPORATION ALL RIGHTSRESERVED.</span>
        </address>
    </div>
</div>
```

Result

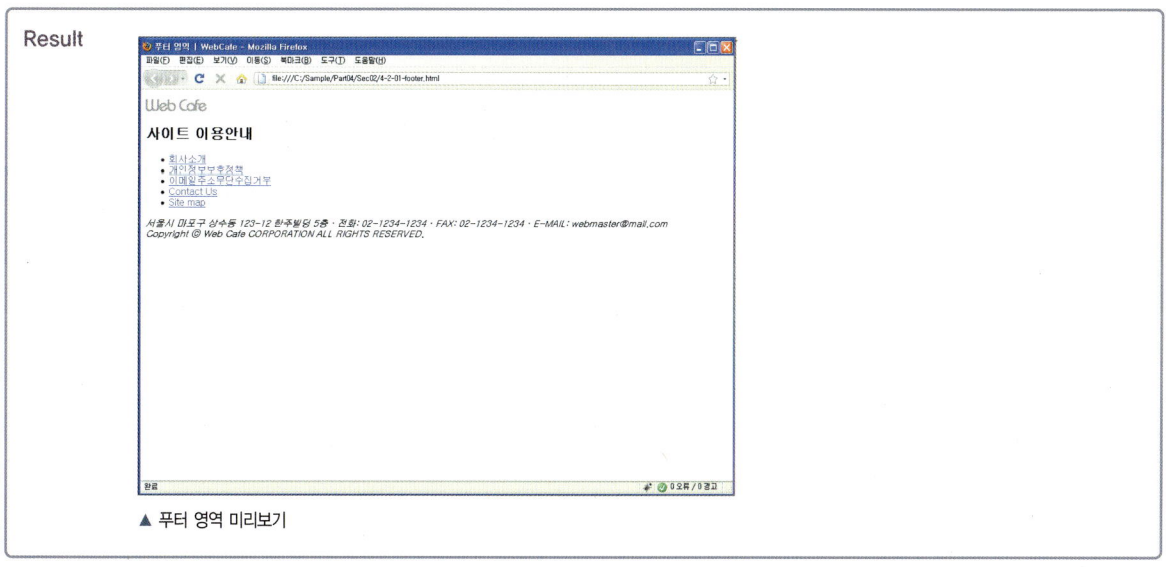

▲ 푸터 영역 미리보기

14. 메인 마크업 완성

앞장에서 정리한 메인 페이지 레이아웃과 각 영역별 마크업 결과물을 취합하여 문서를 완성해 보겠습니다. 마크업을 정리하면서 헤더 영역, 콘텐츠 영역, 슬로건 영역, 푸터 영역을 구분하기 위해 hr 요소를 영역 사이에 추가합니다. 다음은 메인 페이지 마크업의 내용을 정리한 것입니다.

Source

```
<!DOCTYPE html PUBLIC "-//W3C//DTD XHTML 1.0 Transitional//EN"
"http://www.w3.org/TR/xhtml1/DTD/xhtml1-transitional.dtd">
<html xmlns="http://www.w3.org/1999/xhtml">
<head>
    <meta http-equiv="Content-Type" content="text/html; charset=utf-8" />
    <title>WebCafe</title>
</head>
<body>
<div id="wrapper">
    <!-- 헤더 영역 -->
    <div id="header">
        <h1 class="logo"><a href="#"><img src="images/commom/logo.gif" alt="webCafe" /></a></h1>
        <ul id="infoMenu">
            <li><a href="#">홈</a></li>
            <li><a href="#">로그인</a></li>
            <li><a href="#">회원가입</a></li>
            <li><a href="#">사이트맵</a></li>
            <li><a href="#">ENGLISH</a></li>
        </ul>
        <h2>주 메뉴</h2>
        <ul id="navigation">
            <li><a href="#"><img src="images/common/topmenu01_ov.gif" alt="HTML에 대해"
                width="124" height="43" /></a>
                <ul id="naviSub01">
                    <li><a href="#">(X)HTML 소개</a></li>
                    <li><a href="#">레퍼런스 소개</a></li>
                    <li><a href="#">활용예제</a></li>
                </ul>
            </li>
            <li><a href="#"><img src="images/common/topmenu02.gif" alt="CSS에 대해"
                width="108" height="43" /></a></li>
            <li><a href="#"><img src="images/common/topmenu03.gif" alt="웹 표준" width="90"
                height="43" /></a></li>
            <li><a href="#"><img src="images/common/topmenu04.gif" alt="웹 접근성" width="101"
                height="43" /></a></li>
            <li><a href="#"><img src="images/common/topmenu05.gif" alt="묻고 답하기" width="109"
                height="43" /></a></li>
            <li><a href="#"><img src="images/common/topmenu06.gif" alt="자료실" width="93"
                height="43" /></a></li>
        </ul>
    </div>
    <!-- 비주얼 영역 -->
```

❶

```
     ┌→    <div id="visual">
     │          <p><img src="images/main/main_visual.gif" width="824" height="104"
 ❷ ┤               alt="Web standard &amp; accessibility" /></p>
     └    </div>
          <hr />
          <!-- 메인 콘텐츠 영역 시작 -->
          <div id="contents">
              <div class="section">
                  <!-- 로그인 영역 -->
              ┌   <div class="login">
 ❸ ┤               <h3><img src="images/main/h3_login.gif" alt="로그인" /></h3>
     │              <form action="" method="post">
     │                  <fieldset>
     │                      <legend>로그인</legend>
     │                      <p class="id">
     │                          <label for="logid"><img src="images/main/title_id.gif" alt="아이디" /></label>
     │                          <input type="text" id="logid" />
     │                      </p>
     │                      <p class="pw">
     │                          <label for="logpw"><img src="images/main/title_pw.gif" alt="비밀번호" /></label>
     │                          <input type="text" id="logpw" />
     │                      </p>
     │                      <p class="btnLogin">
     │                          <input type="image" src="images/main/btn_login.gif" alt="로그인" />
     │                      </p>
     │                  </fieldset>
     │              </form>
     │              <div class="memberInfo"><a href="#" class="join">회원가입</a>
     │                  <a href="#" class="find">아이디/비밀번호 찾기</a></div>
     └          </div>
                  <!-- 배너 영역 -->
              ┌   <div class="banner">
 ❹ ┤               <h3>유효성 검사 배너</h3>
     │              <ul>
     │                  <li><a href="http://validator.w3.org/">
     │                      <img src="images/main/btn_html.gif" alt="W3C Markup Validation" /></a></li>
     │                  <li><a href="http://jigsaw.w3.org/css-validator/">
     │                      <img src="images/main/btn_css.gif" alt="W3C CSS Validation Service" /></a></li>
     │              </ul>
     └          </div>
                  <!-- 용어 설명 영역 -->
              ┌   <div class="standardBox">
 ❺ ┤               <h3><img src="images/main/h3_standards.gif" alt="웹 표준이란?" /></h3>
```

```
                    〈dl〉
                        〈dt class="subject"〉〈a href="#"〉웹 표준이란?〈/a〉〈/dt〉
                        〈dd class="img"〉〈img src="images/main/img_standards.gif" alt="W3C 로고"
                            width="61" height="68" /〉〈/dd〉
                        〈dd class="brief"〉〈a href="#"〉W3C 단체에서 규정한 웹 기술 사양에 대한 규칙을
                            말하며 표준 규격..〈/a〉〈/dd〉
                    〈/dl〉
                〈/div〉
            〈/div〉
            〈div class="sectionInfo"〉
                〈!-- 자료검색 영역 --〉
                〈div class="search"〉
                    〈h3〉자료검색〈/h3〉
                        〈form action="" method="post"〉
                            〈fieldset〉
                            〈legend〉검색어 입력 폼〈/legend〉
                            〈p〉
                                〈label for="search"〉〈img src="images/common/title_search.gif" alt="자료검색" /〉〈/label〉
                                〈input type="text" id="search" size="20" /〉
                                〈input type="image" class="btnSearch" src="images/common/btn_search.gif" alt="검색" /〉
                            〈/p〉
                            〈/fieldset〉
                        〈/form〉
                〈/div〉
                〈!-- 공지사항 및 자료실 영역 --〉
                〈div id="boardBox"〉
                    〈h3 class="tab01"〉〈a href="#noticeList"〉
                        〈img src="images/main/tab_notice_ov.gif" alt="공지사항" /〉〈/a〉〈/h3〉
                    〈div id="noticeList"〉
                    〈ul〉
                        〈li〉〈a href="#"〉HTML 모든 것을 알려주마 샘플 활용법〈/a〉
                            〈span class="date"〉2009.10.15〈/span〉〈/li〉
                        〈li〉〈a href="#"〉W3C 사이트 리뉴얼 소식 및 공지사항〈/a〉
                            〈span class="date"〉2009.10.15〈/span〉〈/li〉
                        〈li〉〈a href="#"〉KWCAF 2.0 소식〈/a〉 〈span class="date"〉2009.10.15〈/span〉〈/li〉
                        〈li〉〈a href="#"〉서버 점검으로 인한 사이트 이용안내 입니다.〈/a〉
                            〈span class="date"〉2009.10.15〈/span〉〈/li〉
                        〈li〉〈a href="#"〉여러분이 생각하는 웹 접근성에 대해 이야기를 나..〈/a〉
                            〈span class="date"〉2009.10.15〈/span〉〈/li〉
                    〈/ul〉
                        〈p class="more"〉〈a href="#"〉〈img src="images/main/icon_more.gif" alt="더보기" /〉〈/a〉〈/p〉
                    〈/div〉
                    〈h3 class="tab02"〉〈a href="#pdsList"〉〈img src="images/main/tab_pds.gif" alt="자료실" /〉〈/a〉〈/h3〉
                    〈div id="pdsList"〉
```

```html
        <ul>
            <li><a href="#">디자인 사이트 링크 모음</a> <span class="date">2009.10.15</span></li>
            <li><a href="#">웹 접근성 관련 자료 링크</a> <span class="date">2009.10.15</span></li>
            <li><a href="#">예제 샘플 응용해 보기</a> <span class="date">2009.10.15</span></li>
            <li><a href="#">웹 접근성 향상을 위한 국가표준 기술 가이드 라인</a>
                <span class="date">2009.10.15</span></li>
            <li><a href="#">로얄티 프리 이미지 자료</a> <span class="date">2009.10.15</span></li>
        </ul>
        <p class="more"><a href="#"><img src="images/main/icon_more.gif" alt="더보기" /></a></p>
    </div>
</div>
<!-- 새소식 영역 -->
<div class="newsList">
    <h3><img src="images/main/h3_news.gif" alt="새소식" /></h3>
    <div class="newsWrap">
        <h4><a href="#">W3C 사이트가 리뉴얼되었습니다.</a></h4>
        <p class="date">2009.10.15</p>
        <p class="brief"><a href="#">디자인 및 다양한 view 환경을 고려하여 구성되어 있으며,
            기존보다 최신 정보 및 개발자를 위한 기술 가이드도 찾기 쉽...</a></p>
    </div>
    <p class="imgWrap"> <span class="img"><img src="images/main/img_112_66.gif"
        alt="" width="112" height="66" /></span> <span class="imgTitle">W3C 리뉴얼</span> </p>
    <p class="more"><a href="#"><img src="images/main/icon_more.gif" alt="더보기" /></a></p>
</div>
</div>
<div class="sectionEvent">
<!-- 신규 이벤트 영역 -->
<div class="event">
    <h3><img src="images/main/h3_event.gif" alt="신규 이벤트" /></h3>
    <div id="eventDetail">
        <p><a href="#" class="thumbnail"><img src="images/main/img_163_77.gif"
            alt="이벤트상품 안내 : 월간지" width="163" height="77" />
            <em class="brief">오픈기념 이벤트 준비 중!</em></a></p>
    </div>
    <div class="btnGo"><a href="#"><img src="images/main/btn_event_prev.gif" alt="이전" /></a>
        <a href="#"><img src="images/main/btn_event_next.gif" alt="다음" /></a></div>
</div>
<!-- 관련 사이트 영역 -->
<div class="siteLink">
    <h3><img src="images/main/h3_relation.gif" alt="관련 사이트" /></h3>
    <form name="" action="" method="post">
        <fieldset>
            <legend>관련 사이트 링크</legend>
            <select name="siteLink" title="사이트 선택">
```

```
                        <option value='http://www.jeumedia.com'>제우미디어</option>
                        <option value='http://www.w3.org'>W3C</option>
                        <option value='http://www.csszengarden.com'>CSS ZEN GARDEN</option>
                        <option value='http://www.webstandards.org'>WEB STANDARDS</option>
                        <option value='http://www.wah.or.kr'>웹 접근성 연구소</option>
                    </select>
                    <input type="image" class="goBtn" src="images/main/btn_go.gif" alt="이동" />
                </fieldset>
            </form>
        </div>
        <!-- 인기 사이트 영역 -->
        <div class="siteFavorite">
            <h3><img src="images/main/h3_favorite.gif" alt="인기 사이트" /></h3>
            <ol class="ranking">
                <li class="no1"><a href="#">W3C</a> <span class="order">
                    <img src="images/main/icon_up.gif" alt="상승" /></span></li>
                <li class="no2"><a href="#">CSS ZEN GARDEN</a>
                    <span class="order"><img src="images/main/icon_down.gif" alt="하락" /></span></li>
                <li class="no3"><a href="#">WEB STANDARDS</a>
                    <span class="order"><img src="images/main/icon_stop.gif" alt="변동없음" /></span></li>
                <li class="no4"><a href="#">웹 접근성연구소</a>
                    <span class="order"><img src="images/main/icon_up.gif" alt="상승" /></span></li>
            </ol>
            <p class="more"><a href="#"><img src="images/main/icon_more.gif" alt="더보기" /></a></p>
        </div>
    </div>
</div>
<hr />
<!-- 메인 콘텐츠 영역 종료 -->
<!-- 슬로건 영역 -->
<div id="slogan">
    <h2>슬로건</h2>
    <p class="sloganImg"><img src="images/common/icon_coffee.png" alt="커피잔" /></p>
    <div class="sloganCon"> <q cite="http://www.w3.org/WAI/">The power of the Web is in its
    universality, Access by everyone regardless of disability is an essential aspect.</q>
        <p class="name">Tim Berners - Lee , W3C Director and inventor of the World Wide Web</p>
    </div>
</div>
<hr />
<!-- 푸터 영역 -->
<div id="footer">
    <div class="footerInner">
        <p class="footerLogo"><img src="images/common/logo_copyright.gif" alt="WebCafe" /></p>
        <h2>웹 사이트 이용안내</h2>
```

```
                    <ul class="guideMenu">
                        <li class="first-item"><a href="#">회사소개</a></li>
                        <li><a href="#">개인정보보호정책</a></li>
                        <li><a href="#">이메일주소무단수집거부</a></li>
                        <li><a href="#">Contact Us</a></li>
                        <li><a href="#">Site map</a></li>
                    </ul>
                    <address>
                        <span class="addr">서울시 마포구 상수동 123-12 한주빌딩 5층</span>
                        <span class="tel">· 전화 : 02-1234-1234</span>
                        <span class="fax">· FAX : 02-1234-1234</span>
                        <span class="email">· E-MAIL : webmaster@mail.com</span><br />
                        <span class="copyright">Copyright © WebCafe CORPORATION ALL RIGHTS
                        RESERVED.</span>
                    </address>
                </div>
            </div>
        </div>
    </body>
</html>
```

서브 템플릿 마크업

이번에는 서브 템플릿 페이지 마크업을 작성해 보겠습니다. 메인 페이지와 중복되는 상단 헤더 영역과 하단의 슬로건 영역, 푸터 영역을 제외하고 기존 div#contents 영역에 들어가는 사이드 영역, 서브 콘텐츠 본문 영역, 퀵 메뉴의 영역이 서브 템플릿 페이지에 포함되는 콘텐츠입니다. 이러한 템플릿 페이지는 반복적으로 4개의 서브 페이지를 제작할 때 재사용할 수 있기 때문에 작업 효율성을 높일 수 있다는 장점이 있습니다.

▲ 서브 콘텐츠 흐름

1. 사이드 영역

사이드 영역에는 서브 템플릿 페이지의 서브 메뉴와 검색 폼 관련 콘텐츠가 들어갑니다.

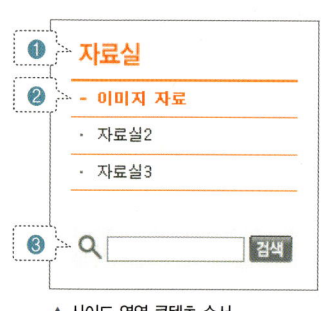

▲ 사이드 영역 콘텐츠 순서

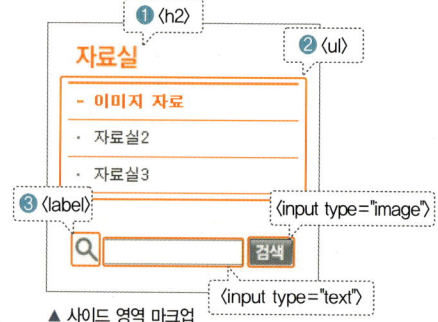

▲ 사이드 영역 마크업

❶ 제목(선택된 메뉴 디렉터리 정보)
❷ 서브 메뉴
❸ 검색 폼

❶ 자료실은 ❷ 목록의 제목과 같습니다. ❶은 h2 요소로 마크업하고 ❸ 검색 폼은 메인 페이지와 동일한 구조로 진행합니다. 한 가지 차이점은 메인 페이지에서는 자료검색이라는 텍스트 이미지가 레이블 역할을 했다면 이번에는 돋보기 이미지를 레이블 콘텐츠로 사용하고, 대체 텍스트를 '자료검색'으로 부여하여 입력 폼과 연결해 준다는 것입니다.

❶, ❷는 메뉴 관련 정보이므로 div 요소로 그룹화하고, ❸도 div 요소로 그룹화하여 같은 성격의 콘텐츠끼리 구분합니다.

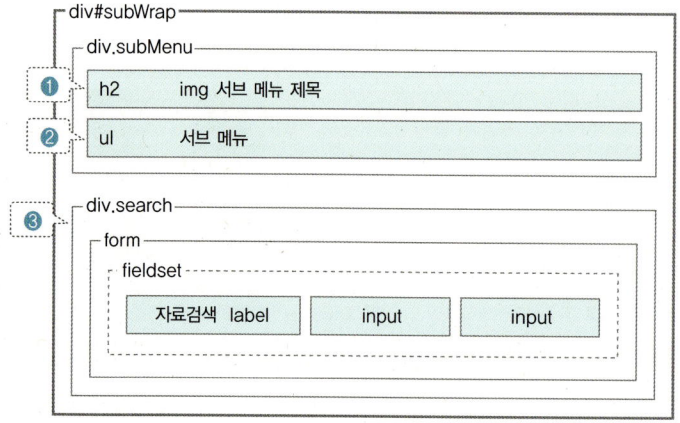

▲ 사이드와 검색 영역 구조

Source

```
<div id="subWrap">
    <div class="subMenu">
❶      <h2><img src="images/pds/h2_pds.gif" alt="자료실" /></h2>
        <ul>
            <li><a href="#">이미지 자료</a></li>
❷          <li><a href="#">자료실2</a></li>
            <li><a href="#">자료실3</a></li>
        </ul>
    </div>
    <div class="search">
        <form action="" method="post">
            <fieldset>
            <legend>검색어 입력 폼</legend>
❸              <label for="search"><img src="images/common/icon_searcgh.gif" alt="자료검색" /></label>
                <input type="text" id="search" size="14" />
                <input type="image" class="btnSearch" src="images/common/btn_search.gif" alt="검색" />
            </fieldset>
        </form>
    </div>
</div>
```

Result

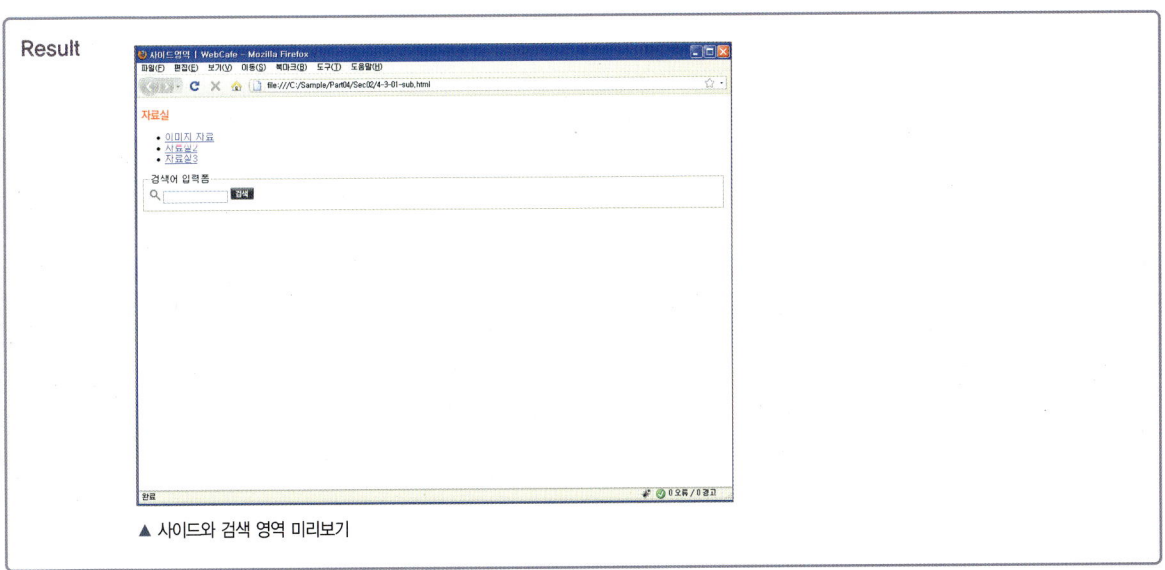

▲ 사이드와 검색 영역 미리보기

2. 콘텐츠 영역

콘텐츠 영역은 서브 페이지의 콘텐츠를 포함하는 영역으로 해당 콘텐츠의 제목과 위치 정보, 각 서브 콘텐츠 영역으로 구성됩니다. 마크업은 ❷ 콘텐츠 제목이 먼저 나오기 전에 ❶ 현재 페이지 경로를 알 수 있도록 Location 정보를 먼저 마크업하고, 그 다음은 제목 정보, 마지막으로는 해당 서브 페이지의 가변적인 콘텐츠 본문이 나오도록 작성하겠습니다.

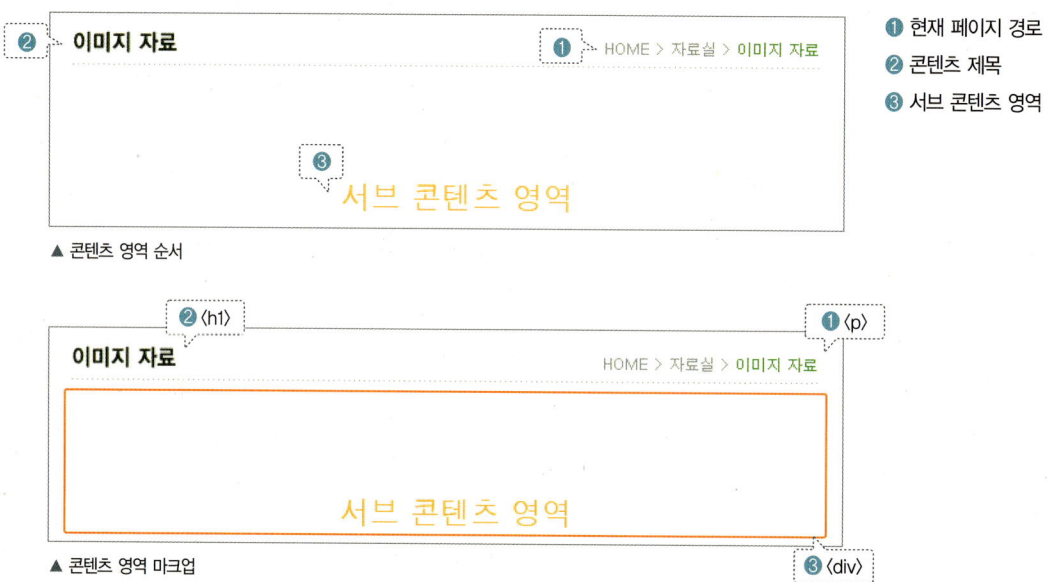

▲ 콘텐츠 영역 순서

▲ 콘텐츠 영역 마크업

❶ 현재 페이지 경로 중에서 'HOME'이나 '자료실'에 비해 '이미지 자료'는 현재 페이지의 위치를 나타내는 중요한 정보이므로, 해당 텍스트에 strong 요소로 강조의 의미를 부여합니다. 이렇게 다른 콘텐츠와 달리 독립적인 요소를 사용하면 해당 콘텐츠의 의미를 좀 더 분명하게 부각시킬 수 있으며 해당 요소에만 다른 형태의 디자인을 적용하고자 하는 경우에 선택자로도 사용할 수 있기 때문에 편리합니다. ❷는 현재 페이지에서 다루는 콘텐츠를 대표하는 제목으로 h1으로 지정합니다. ❸ 영역은 서브 콘텐츠를 포함할 수 있도록 div 요소를 이용하여 그룹화하고, id값을 부여합니다.

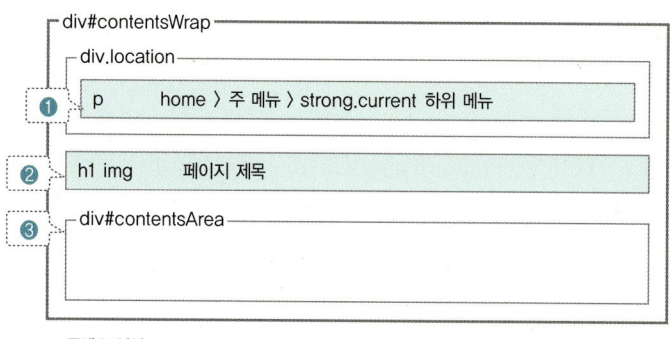

▲ 콘텐츠 영역 구조

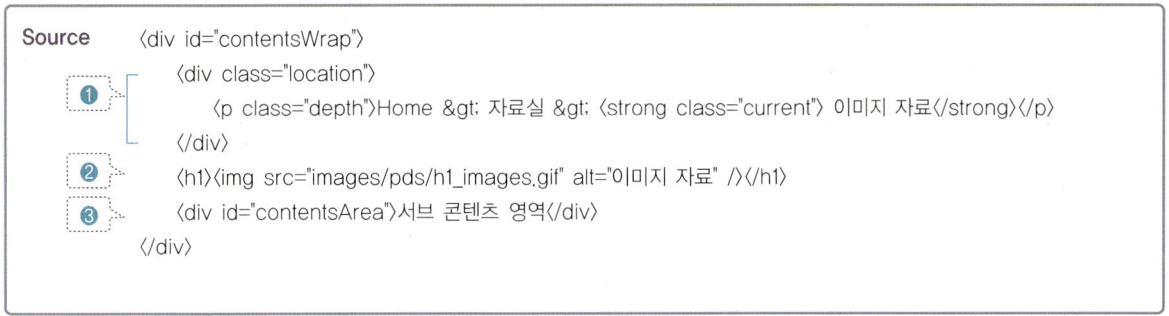

Source

```
⟨div id="contentsWrap"⟩
❶    ⟨div class="location"⟩
         ⟨p class="depth"⟩Home &gt; 자료실 &gt; ⟨strong class="current"⟩ 이미지 자료⟨/strong⟩⟨/p⟩
     ⟨/div⟩
❷    ⟨h1⟩⟨img src="images/pds/h1_images.gif" alt="이미지 자료" /⟩⟨/h1⟩
❸    ⟨div id="contentsArea"⟩서브 콘텐츠 영역⟨/div⟩
⟨/div⟩
```

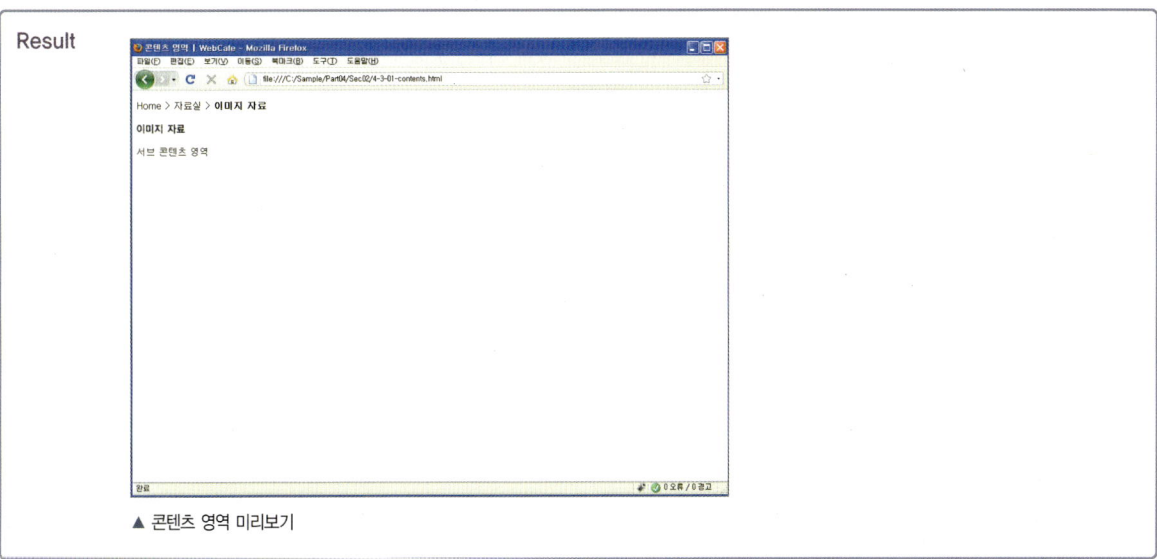

Result

▲ 콘텐츠 영역 미리보기

3. 퀵 메뉴 영역

퀵 메뉴(quick menu)는 메인 페이지에서 제공하지 않는 빠른 메뉴 형태의 콘텐츠입니다. 퀵 메뉴 영역은 퀵 메뉴 제목과 콘텐츠 링크 목록으로 간단하게 구성되어 있습니다.

❶ 제목

❷ 링크 목록

▲ 퀵 메뉴 영역 콘텐츠 순서

퀵 메뉴의 링크 목록은 순서 없는 목록인 ul 요소로 작성하겠습니다.

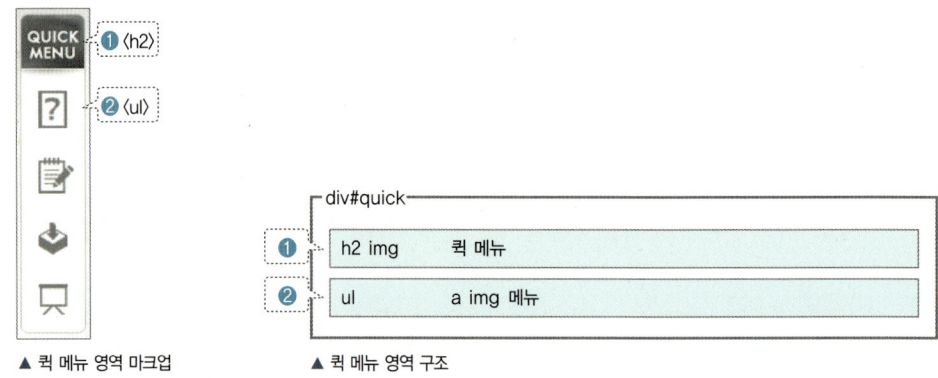

▲ 퀵 메뉴 영역 마크업   ▲ 퀵 메뉴 영역 구조

📁 예제 파일 : Sample\Part04\Sec02\4-3-01-quick.html

Source

```
<div id="quick">
    <h2><img src="images/common/title_quick.gif" alt="퀵 메뉴" /></h2>
    <ul>
        <li><a href="#"><img src="images/common/quick01.gif" alt="HTML에 대해" /></a></li>
        <li><a href="#"><img src="images/common/quick02.gif" alt="게시판" /></a></li>
        <li><a href="#"><img src="images/common/quick03.gif" alt="자료 다운로드" /></a></li>
        <li><a href="#"><img src="images/common/quick04.gif" alt="강좌" /></a></li>
    </ul>
</div>
```

Result

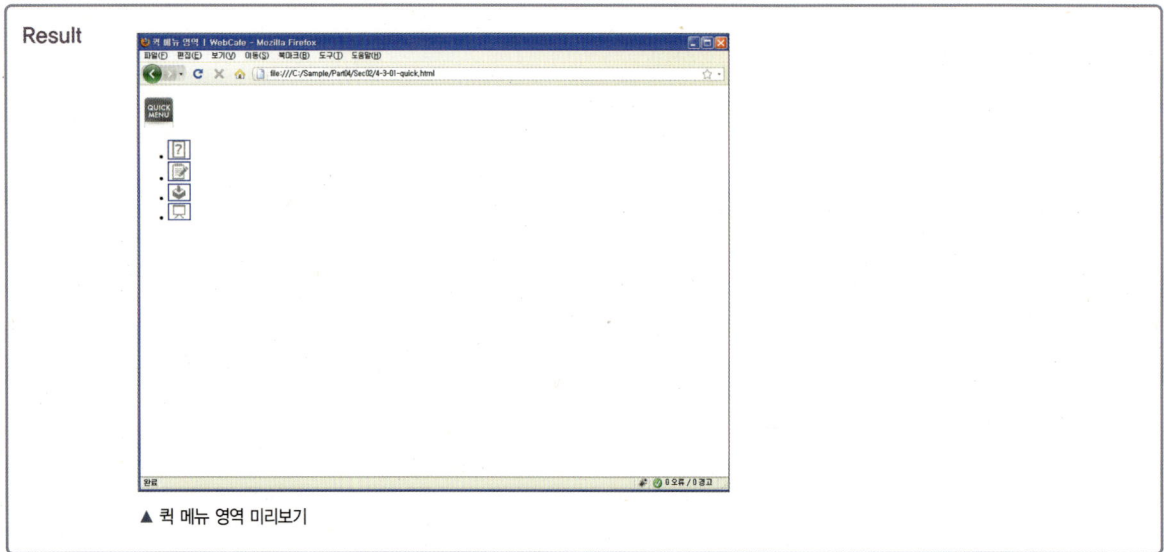

▲ 퀵 메뉴 영역 미리보기

4. 서브 템플릿 완성

지금까지 작성한 영역별 마크업 결과물을 취합하여 하나의 템플릿 문서로 완성해 보겠습니다. 다음은 서브 페이지 템플릿 문서의 마크업입니다.

예제 파일 : Sample\Part04\Sec02\sub_html.html

```
Source
<!DOCTYPE html PUBLIC "-//W3C//DTD XHTML 1.0 Transitional//EN"
"http://www.w3.org/TR/xhtml1/DTD/xhtml1-transitional.dtd">
<html xmlns="http://www.w3.org/1999/xhtml">
<head>
<meta http-equiv="Content-Type" content="text/html; charset=utf-8" />
<title>서브 템플릿</title>
</head>
<body>
<div id="wrapper">
    <div id="header"> … 헤더 동일 … </div>
    <hr/>
<div id="contents">
        <div id="subWrap">
        <!-- 사이드 영역 -->
        <div class="subMenu">
            <h2><img src="images/pds/h2_pds.gif" alt="자료실" /></h2>
            <ul>
            <li><a href="#">이미지 자료</a></li>
            <li><a href="#">자료실2</a></li>
            <li><a href="#">자료실3</a></li>
            </ul>
        </div>
        <!-- 서브 검색 영역 -->
        <div class="search">
            <form action="" method="post">
            <fieldset>
            <legend>검색어 입력 폼</legend>
            <label for="search"><img src="images/common/icon_searcgh.gif" alt="자료검색" /></label>
            <input type="text" id="search" size="14" />
            <input type="image" class="btnSearch" src="images/common/btn_search.gif" alt="검색" />
            </fieldset>
            </form>
        </div>
    </div>
```

```html
<!-- 서브 콘텐츠 본문 영역 -->
<div id="contentsWrap">
  <div class="location">
    <p class="depth">Home &gt; 자료실 &gt; <strong class="current"> 이미지 자료</strong></p>
  </div>
  <h1><img src="images/pds/h1_images.gif" alt="이미지 자료" /></h1>
  <div id="contentsArea">
    서브 콘텐츠 영역
  </div>
</div>
<hr />
<!-- 퀵 메뉴 영역 -->
<div id="quick">
  <h2><img src="images/common/title_quick.gif" alt="퀵 메뉴" /></h2>
  <ul>
    <li><a href="#"><img src="images/common/quick01.gif" alt="HTML에 대해" /></a></li>
    <li><a href="#"><img src="images/common/quick02.gif" alt="게시판" /></a></li>
    <li><a href="#"><img src="images/common/quick03.gif" alt="자료 다운로드" /></a></li>
    <li><a href="#"><img src="images/common/quick04.gif" alt="강좌" /></a></li>
  </ul>
</div>
<hr />
<div id="slogan">… 슬로건 동일 …</div>
<hr />
<div id="footer">… 푸터 동일 …</div>
</div>
</body>
</html>
```

HTML 유효성 검사

메인 페이지와 서브 템플릿 페이지의 마크업을 완료했다면 마지막으로 올바른 문법을 사용하여 마크업되었는지 W3C에서 제공하는 HTML 유효성 검사를 통해 확인해 보겠습니다.

W3C에서 제공하는 HTML 유효성 검사는 아래의 절차를 따라 진행하면 됩니다.

01 먼저 http://validator.w3.org로 접속합니다.

02 W3C에서 제공하는 HTML 유효성 검사는 URI 방식, 파일 업로드 방식, 직접 입력 방식의 세 가지 형태가 제공됩니다.

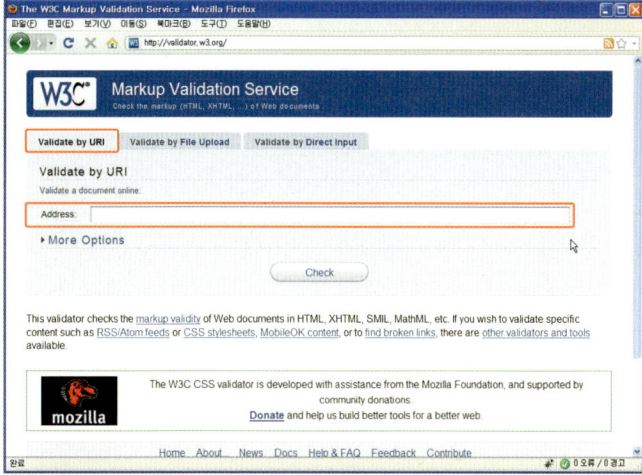

URI 방식 ▶

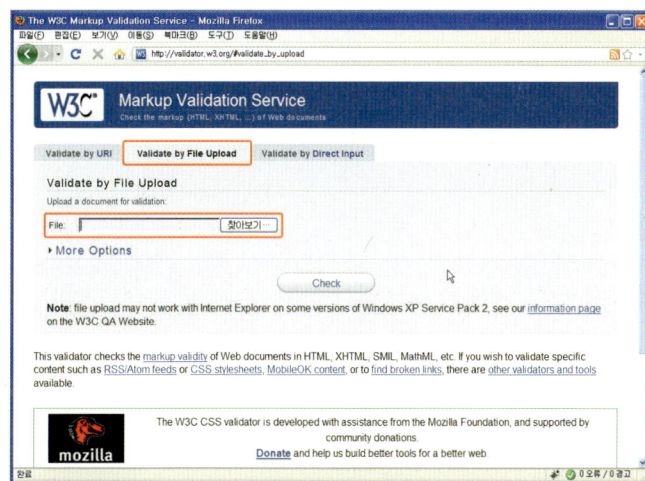

파일 업로드 방식 ▶

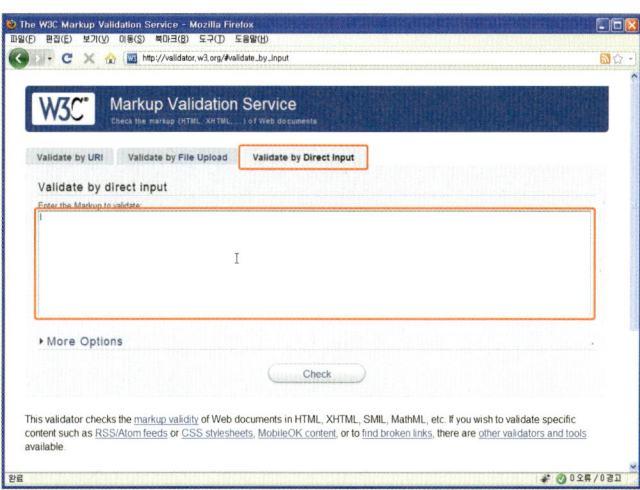

직접 입력 방식 ▶

03 위 세 가지 방법 중에서 두 번째 파일 업로드 방식을 이용하여 index.html 문서의 유효성 검사를 진행하겠습니다.

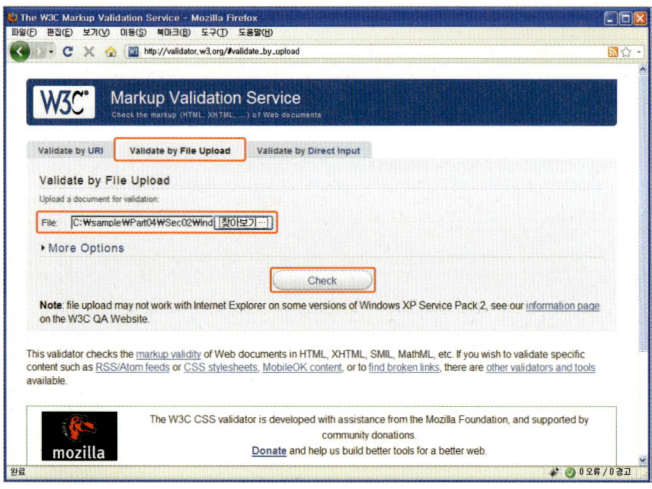

04 유효성 검사 결과 에러가 발생한 것을 알 수 있습니다.

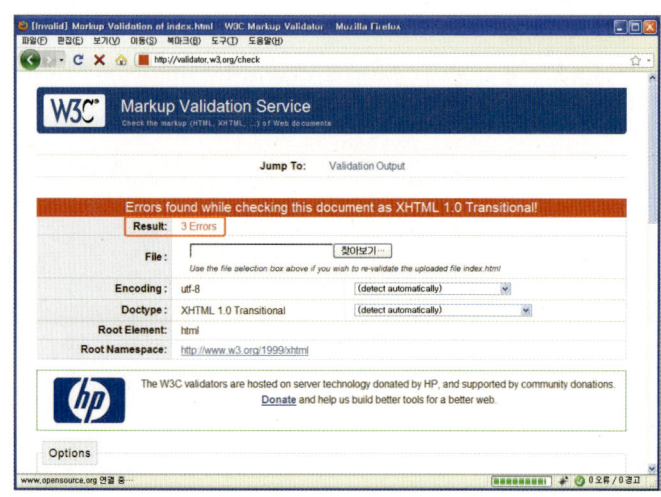

05 에러가 발생한 위치와 에러 이유가 나타납니다. 에러가 발생한 이유는 index.html 문서 내 139줄에 있는 form 요소에 name, action, method 속성만 선언되어 있고, 값이 할당되어 있지 않기 때문입니다.

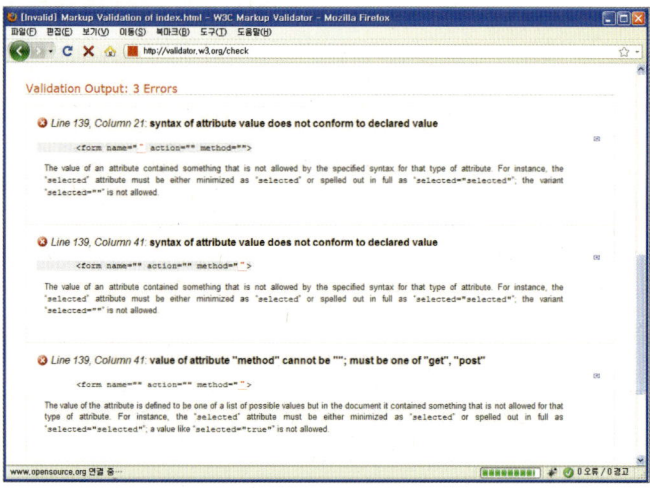

06 에러를 수정한 후 다시 검사를 하면 오류가 없다는 결과가 나타납니다.

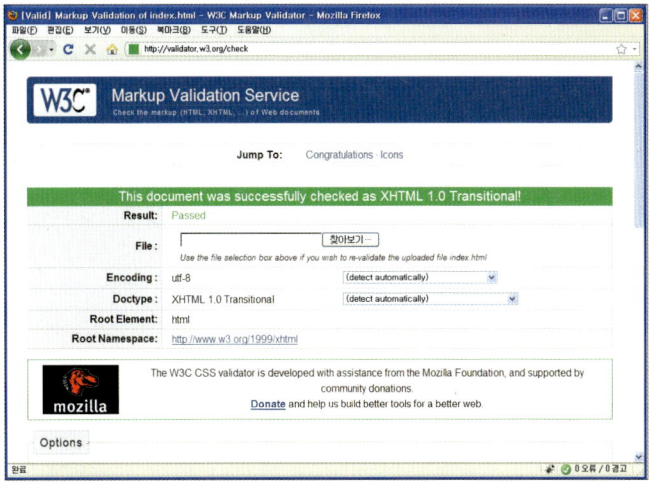

W3C 통합 검사기 Unicorn

CSS, HTML, XHTML, mobile, RSS피드, Atom피드 등 통합 검사서비스를 제공하고 있습니다. 사용방법은 기존 유효성 검사와 같습니다.

새로 발표된 W3C 통합 검사기 Unicorn ▶

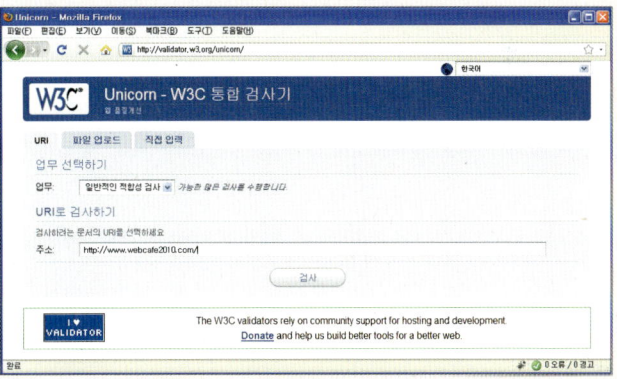

HTML 유효성 검사 통과 후 인증배너 달기

W3C에서 제공하는 HTML Validator로 마크업 문서의 문법적 유효성 검사를 통과하면 축하한다는 인사와 함께 하단에 인증배너가 제공됩니다. 인증배너는 법적 효력을 가지고 있지는 않지만 웹 사이트의 홍보 수단이나 웹 표준을 준수했다는 마크 정도로 생각하시면 됩니다. 유효성 검사 후 웹 문서에 인증배너를 달고자 한다면 인증배너와 함께 제공되는 마크업 코드를 웹 문서에 삽입한 후, CSS를 이용하여 위치와 크기 등을 조절하면 됩니다. 그러나 인증배너를 다는 것이 중요한 것이 아니라 보이지 않는 부분에서 얼마나 웹 접근성을 향상시키려는 노력을 기울였는지 한 번 더 고민하는 것이 필요합니다.

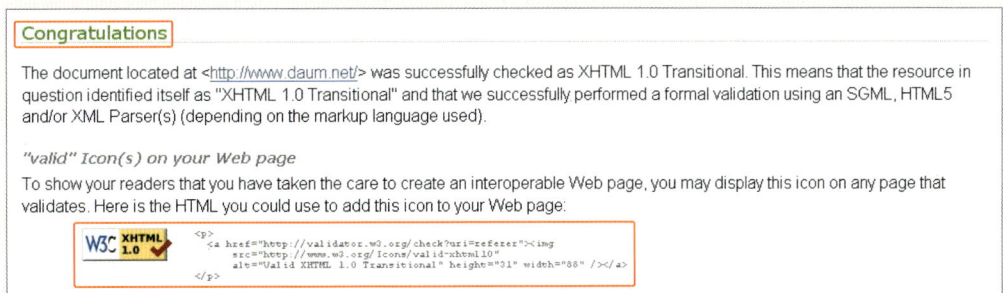

▲ 유효성 검사를 통과한 후 제공되는 인증배너

SECTION

03 메인 및 서브 템플릿 디자인

지금부터 앞에서 작성한 마크업 문서에 유연하고 멋진 디자인을 적용하는 방법에 대해 알아보겠습니다.

이번 장에서는 다음 내용을 중심으로 학습하겠습니다.

- 디자인 시안을 바탕으로 CSS 레이아웃을 구성한다.
- Part 03에서 배운 CSS의 속성을 이용하여 스타일을 적용한다.
- W3C에서 제공하는 CSS Validation Service를 이용하여 문법적으로 적합한지 검사한다.
  (CSS : http://jigsaw.w3.org/css-validator)
- 다양한 최신 웹 브라우저에서 일관성 있는 렌더링 결과가 보여지도록 노력한다.

스타일시트의 계획 및 구성

CSS를 이용하여 디자인을 적용하기 전에 먼저 어떤 규칙을 기준으로 스타일시트를 작성할 것인지와 어떤 스타일시트를 생성할 것인지에 대해 살펴보겠습니다.

WebCafe 사이트에서 사용할 스타일시트의 종류와 역할에 대해 정리한 내용은 다음과 같습니다.

❶ 초기화 스타일시트(reset.css) : HTML 요소의 기본 스타일을 초기화시킵니다.

❷ 레이아웃 스타일시트(layout.css) : 모든 페이지에 공통으로 적용되는 레이아웃 스타일입니다.

❸ 기본 스타일시트(base.css) : 글자색, 배경 이미지, 링크 속성, 제목 아이콘, 테이블 등 웹 사이트의 기본 디자인 스타일 역할을 하는 CSS입니다. 공통으로 반복되는 콘텐츠들을 관리합니다.

❹ import용 스타일시트(import.css) : 마크업 문서에 적용할 여러 개의 CSS 파일을 하나의 CSS 파일 내에서 연결하여 관리하기 위한 CSS 파일입니다.

❺ 특정 웹 브라우저를 위한 스타일시트(ie6.css, ie7.css) : 인터넷 익스플로러 6, 7 등에서 발생하는 문제를 해결하기 위해 사용하는 CSS 파일입니다.

❻ 일반 콘텐츠용 스타일시트

• 게시판 관련 스타일시트(board.css) : 이미지 갤러리와 같이 게시판 형태로 반복 재사용되는 콘텐츠에 적용할 CSS 파일입니다.

• 메뉴별 스타일시트(디렉터리명.css) : 특정 메뉴의 콘텐츠들에 사용되는 CSS 파일입니다. 페이지별로 콘텐츠 디자인이 다른 경우에 사용합니다.

• 메인 전용 스타일시트(main.css) : 메인 페이지 콘텐츠 전용 CSS 파일입니다.

스타일 초기화

웹 브라우저들은 다양한 HTML 요소를 해석할 때 웹 브라우저 스타일을 적용하여 렌더링합니다. 이때 h1 요소는 크고 굵은 스타일, a 요소는 파란색 글자, address 요소는 기울임꼴, ul 요소와 ol 요소는 불릿 기호 또는 번호가 추가된 스타일로 렌더링합니다. 그러나 모든 웹 브라우저 스타일이 동일하지는 않습니다. 예를 들어 파이어폭스를 비롯한 최신 웹 브라우저의 경우에는 ul 요소에 나타나는 불릿 기호를 margin 영역에 표현하지만 인터넷 익스플로러 6이나 7 버전의 경우에는 padding 영역에 표현합니다. 또 각 요소들 간의 margin이나 padding 등의 여백 크기에도 차이가 있을 수 있습니다.

CSS를 이용하여 스타일을 재정의할 때에는 이러한 차이점으로 인하여 어려움을 겪을 수 있습니다. 따라서 제작자가 CSS를 재정의하고자 할 때에는 기본 스타일이 가지고 있는 차이점을 일관성 있게 교정하는 작업이 필요합니다. 이러한 작업을 Reset CSS라고 합니다. 그러나 Reset CSS에 모든 정답이 있는 것은 아닙니다. 제작자에 따라 각 요소를 어떤 값으로 초기화시킬 것인지가 다를 수 있기 때문입니다. 그렇다면 WebCafe 사이트에서 사용할 Reset CSS에는 어떤 것들이 있는지 살펴보겠습니다.

Source

```css
@charset "utf-8";
/* 요소(element) 여백 초기화  */
html, body,
div, span,
dl, dt, dd, ul, ol, li,
h1, h2, h3, h4, h5, h6,
blockquote, p, address, pre, cite,
form, fieldset, input, textarea, select,
table, th, td {
    margin:0;
    padding:0;
    }

/* 제목 요소 */
h1, h2, h3, h4, h5, h6 {
    font-size:100%;
    font-weight:normal;
    }

/* 테두리 없애기 */
fieldset, img, abbr, acronym { border:0 none; }

/* 목록 */
ol, ul  { list-style:none; }

/* 테이블 - 마크업에 'cellspacing="0"' 지정 함께 필요 */
table {
    border-collapse: separate;
    border-spacing:0;
    border:0 none;
    }
caption, th, td {
    text-align:left;
    font-weight: normal;
}

/* 텍스트 관련 요소 초기화 */
address, caption, strong, em, cite {
    font-weight:normal;
    font-style:normal;
    }
ins { text-decoration:none; }
del { text-decoration:line-through; }
```

```
        /* 인용문 */
        blockquote:before, blockquote:after, q:before, q:after { content:""; }
        blockquote,q { quotes:"" ""; }

        /* 수평선 */
        hr { display:none; }
```

다음은 앞에서 작성한 index.html 문서에 Reset CSS를 적용하기 전과 후의 모습입니다.

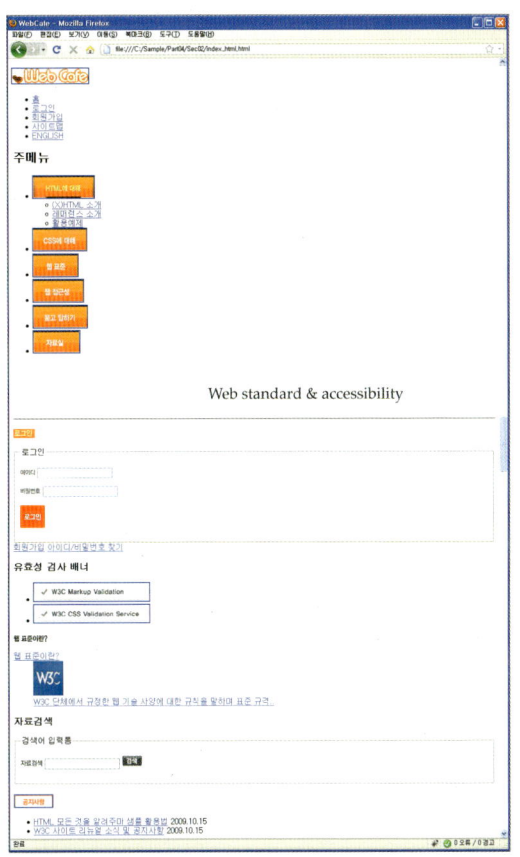

▲ Reset CSS 적용 전

▲ Reset CSS 적용 후

Reset CSS가 적용되기 전과 후를 비교해 보면, 목록 요소의 불릿 기호 및 여백 등이 사라지고, 제목
요소로 지정한 텍스트의 크기 및 굵기, 그리고 링크가 적용된 텍스트 스타일이 동일하게 렌더링된
것을 알 수 있습니다.

에릭 마이어의 Reset CSS

다음은 CSS의 아버지라 불리는 에릭 마이어의 블로그에 소개된 Reset CSS입니다. 이곳에 소개된 자료를 바탕으로 WebCafe 사이트에 맞게 필요한 내용을 추가하여 수정하였습니다. Reset CSS의 원문을 살펴보겠습니다.

```css
/* v1.0 | 20080212 */

html, body, div, span, applet, object, iframe,
h1, h2, h3, h4, h5, h6, p, blockquote, pre,
a, abbr, acronym, address, big, cite, code,
del, dfn, em, font, img, ins, kbd, q, s, samp,
small, strike, strong, sub, sup, tt, var,
b, u, i, center,
dl, dt, dd, ol, ul, li,
fieldset, form, label, legend,
table, caption, tbody, tfoot, thead, tr, th, td {
    margin: 0;
    padding: 0;
    border: 0;
    outline: 0;
    font-size: 100%;
    vertical-align: baseline;
    background: transparent;
}
body {
    line-height: 1;
}
ol, ul {
    list-style: none;
}
blockquote, q {
    quotes: none;
}
blockquote:before, blockquote:after,
q:before, q:after {
    content: ' ';
    content: none;
}

/* remember to define focus styles! */
:focus {
    outline: 0;
}
```

────── 모든 HTML 요소의 여백, 공백, 테두리, 포커스, 수직 정렬, 배경색을 초기화시킵니다. WebCafe 사이트에 사용할 때 실제로 사용하는 요소들의 값만 초기화하는 것으로 응용합니다.

────── line-height:1인 경우 일부 웹 브라우저에서 텍스트의 상단이 잘려 보이는 문제가 발생하기도 합니다.

────── 주석으로 알려 주고 있지만, 이 속성을 사용하게 되면 링크가 있는 텍스트나 이미지에 접근할 때 보이는 점선 테두리가 보이지 않게 되어 어떤 콘텐츠에 있는지를 알 수 없기 때문에 접근성이 떨어집니다.

```
└┐

/* remember to highlight inserts somehow! */
ins {
    text-decoration: none;
}
del {
    text-decoration: line-through;
}
/* tables still need 'cellspacing="0"' in the markup */
table {
    border-collapse: collapse;              ----- border-collapese:collapse는 〈table border="1"〉인
    border-spacing: 0;                             경우 CSS로 border값을 제어하면 파이어폭스에서 검
}                                                  은 세로선이 없어지지 않는 버그가 발생하기도 합니다.
```

Yahoo에서 운영하는 Developer Network에서는 Reset CSS에 관한 이야기와 예제 샘플을 제공하고 있습니다. 또 반대로 Reset CSS의 단점을 이야기하고 있는 블로그도 있으므로 다음에 소개하는 웹 사이트를 방문하여 장단점을 비교해 보기 바랍니다.

참고 사이트

에릭 마이어 blog : http://meyerweb.com/eric/tools/css/reset
Yahoo! Developer Network : http://developer.yahoo.com/yui/3/cssreset
Why "Reset" style Sheets Are Bad : http://meiert.com/en/blog/20080419/reset-style-sheets-are-bad

여기서 잠깐

전체 선택자(*)를 이용한 스타일 초기화

전체 선택자를 사용하면 간단하게 웹 브라우저 스타일을 초기화할 수 있습니다.

* { margin:0; padding:0; }

하지만 전체 선택자를 사용하여 초기화하는 경우에는 적용이 불필요한 HTML 요소에도 스타일이 적용되기 때문에 렌더링 속도가 느려지는 단점이 있습니다.

전체 선택자와 각 요소별 선택자의 렌더링 속도 테스트 웹 사이트

http://stevesouders.com/efws/css-selectors/universal.php

메인 페이지와 서브 템플릿 페이지의 Layout CSS를 작성하기 전에 메인 페이지 디자인 시안을 기준으로 레이아웃 및 배치에 필요한 각 콘텐츠 영역의 크기와 여백을 확인해 보겠습니다.

▲ 메인 콘텐츠 영역의 크기와 여백(흰색 풍선 도움말 : 영역 크기 / 노란색 풍선 도움말 : 여백 크기)

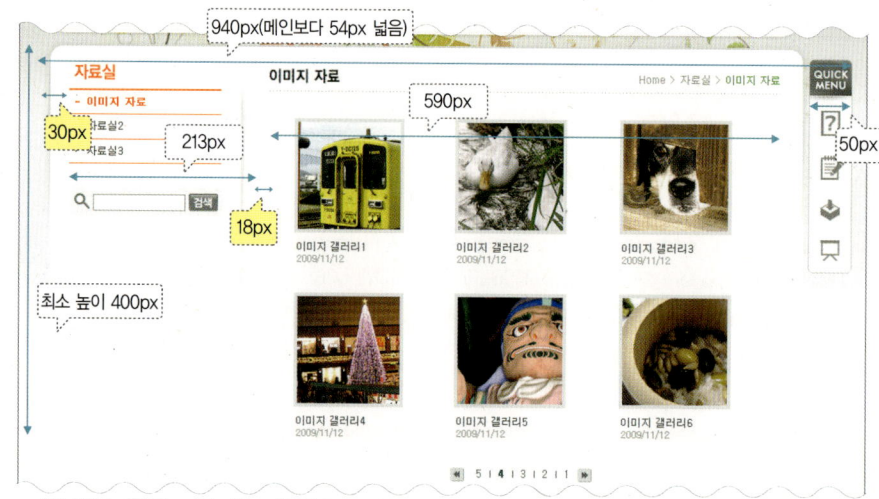

▲ 서브 콘텐츠 영역의 크기와 여백 크기(흰색 풍선 도움말 : 영역 크기 / 노란색 풍선 도움말 : 여백 크기)

디자인 시안을 바탕으로 메인 페이지와 서브 페이지의 크기를 확인했다면 지금부터는 서브 템플릿 레이아웃을 완성해 보겠습니다.

Section 02에서 만들었던 layout_sub.html 문서에 배경 이미지 및 레이아웃 구조를 설정하여 서브 템플릿 레이아웃 문서를 완성해 보겠습니다.

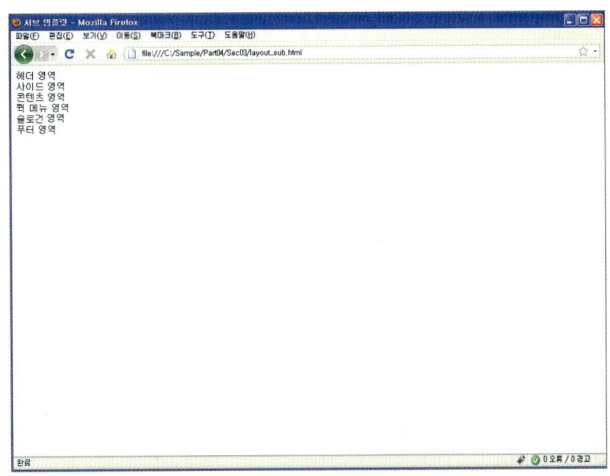

▲ 서브 레이아웃 미리보기

배경 이미지와 링크의 기본 스타일

준비된 예제 파일(layout_sub.html)에 미리 작성한 reset.css, base.css를 연결합니다. 그리고 서브 템플릿 레이아웃 실습을 위해 layout_basic.css 파일을 임시로 생성하여 사용하겠습니다.

HTML 문서의 head 요소에 아래와 같이 작성하여 CSS 파일을 연결합니다.

🗁 예제 파일 : Sample\Part04\Sec03\layout_sub.html

Source	
	⟨link rel="stylesheet" type="text/css" href="css/reset.css" /⟩
	⟨link rel="stylesheet" type="text/css" href="css/base.css" /⟩
	⟨link rel="stylesheet" type="text/css" href="css/layout_basic.css" /⟩

참고로 layout_basic.css는 예제를 위해 임시로 생성한 파일이며, 기본 레이아웃 스타일 지정이 끝나면 layout.css로 파일명을 변경하여 사용합니다.

layout_sub.html 문서에 CSS 파일을 연결한 후에는 base.css 파일에 body 요소를 선택자로 지정하고 배경 이미지 및 기본 스타일을 선언합니다. 이때 font-size는 저시력자가 웹 브라우저에서 제공하는 텍스트 확대 기능을 사용할 수 있도록 상대 단위를 사용해야 합니다.

📁 예제 파일 : Sample\Part04\Sec03\css\base.css

```
Source    body {
              color:#000;
              font-size:75%;
              line-height:1.2;
              font-family:"돋움", Dotum, "굴림", Gulim, Verdana, AppleGothic, sans-serif;
              background: url(../images/common/bg_body.gif) repeat-x 0 0;
              }
```

layout_sub.html 문서에 배경 이미지와 기본 스타일이 적용된 화면입니다.

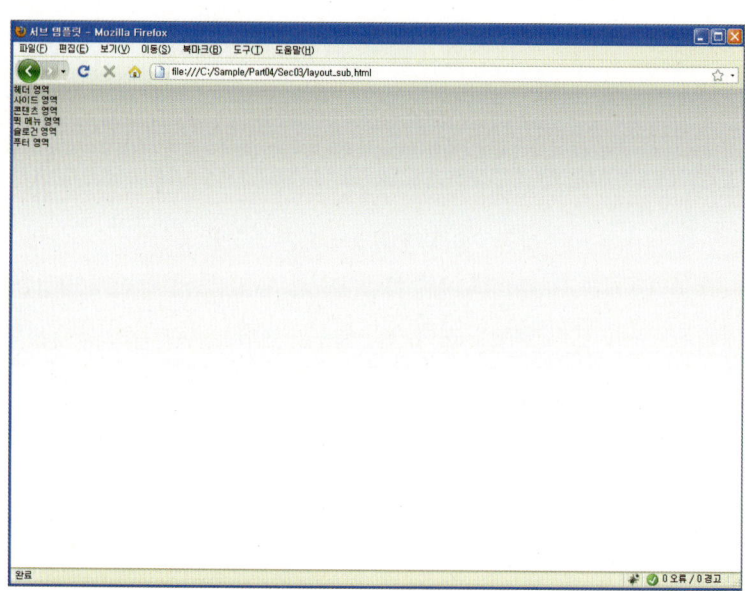

▲ 전체 배경에 반복하여 사용할 이미지   ▲ layout_sub.html 배경 그라데이션 이미지의 적용

여기서 잠깐

em 단위 폰트 크기 계산을 도와주는 웹 사이트

• px 단위를 em 단위로 변환 : http://pxtoem.com
• em 단위 계산기 : http://riddle.pl/emcalc

다음으로 layout_basic.css 파일에 #wrapper 영역의 배경 이미지를 적용합니다. 배경 이미지는 꽃 무늬 패턴을 사용하고, 위치는 상단에 고정합니다. 또 가운데 정렬을 하여 배경 이미지가 상단 메뉴 영역에 한 번만 보이도록 합니다. 이때 배경 이미지의 크기는 상단 메뉴 영역의 크기를 고려하여 슬라이스합니다. 이 밖에도 배경 그라데이션이 어긋나 보이지 않도록 주의합니다.

▲ #wrapper 영역에 상단 고정, 가운데 정렬로 사용할 배경 이미지

폰트 크기 설정 방법에 대해

상대 단위로 %와 em을 사용하여 폰트를 조정하는 경우, em은 크기가 일정하지 않으므로 사용하는 데 어려움이 있습니다. 처음부터 em으로 적용한 경우나 폰트 크기만 확대한 경우에는 확대 비율이 예상과 달리 크게 적용되므로, 처음에는 %로 지정한 후 나머지 폰트 크기 수정에 em 단위를 사용합니다.

WebCafe 사이트의 제작에는 75%를 기본으로 하여 작업하였습니다. 자주 사용하는 폰트 크기를 정리해 보겠습니다.

75%로 설정한 경우 em 단위 계산 예

font-size : 0.92em → 11px
font-size : 1em → 12px
font-size : 1.2em → 14px
font-size : 1.5em → 18px
font-size : 2em → 24px

이 밖에 권장하는 방법 중의 하나는 62.5%를 기본값으로 설정한 후, 나머지 폰트 크기를 맞추는 것입니다. 이렇게 설정하면 픽셀(px) 단위를 사용하여 조정하는 방법과 비슷하게 작성할 수 있습니다.
관련 링크 : 리치 루터(Richard Rutter)의 블로그(http://www.clagnut.com/blog/348)

62.5%로 설정한 경우 em 단위 계산 예

font-size : 1em → 10px
font-size : 1.2em → 12px

예제 파일 : Sample\Part04\Sec03\css\layout_basic.css

```
Source    #wrapper {
              background:url(../images/common/wrap_bg.jpg) no-repeat top center;
          }
```

a 링크 요소는 :link, :visited, :hover, :active, 그리고 :focus와 관련된 상태를 지정할 수 있습니다. a 요소의 기본 :link 스타일은 파란색 밑줄이 있는 형태로, 이 부분은 웹 사이트 디자인에 맞추어 재정의합니다.

예제 파일 : Sample\Part04\Sec03\css\base.css

```
Source    a:link {
              color:#4f4f4f;
              text-decoration:none;
              }
          a:visited {
              color:#8a2e91;
              text-decoration:none;
              }
          a:hover {
              color:#f00;
              text-decoration:underline;
              }
          a:focus {
              color:#f00;
              text-decoration:underline;
              }
          a:active {
              color:#f00;
              text-decoration:none;
              }
```

⊙ 레이아웃 배치에 관련된 스타일

우리가 함께 만들고 있는 WebCafe 사이트는 가로 너비가 고정된 고정형 레이아웃이며, 전체 콘텐츠는 가운데 정렬로 디자인되어 있습니다.

요소 식별을 위한 Tip
CSS를 이용하여 디자인을 적용할 때 각 영역을 잘 식별하기 위해 또는 오류를 잡기 위해 border 속성 또는 outline 속성을 이용하면 콘텐츠의 경계선을 눈으로 확인할 수 있기 때문에 작업에 도움이 됩니다. 이 밖에 각 요소마다 서로 다른 배경 색상을 지정하는 방법도 있습니다.

디자인에 맞추어 서브 템플릿을 구성하는 div 요소에 기본 크기와 위치를 지정해 보겠습니다.

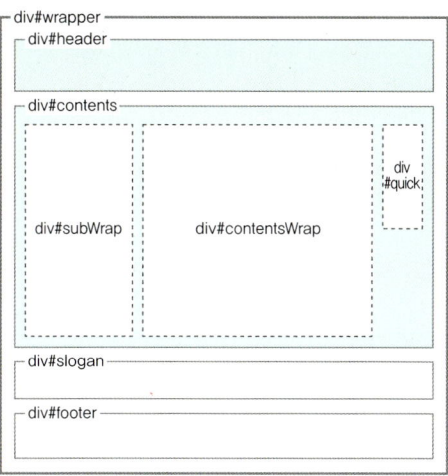

▲ div 구조와 각 영역의 디자인 확인

레이아웃 배치에 관한 스타일을 작성하기 전에 해당 스타일이 제대로 적용되었는지를 식별하기 위해 div {border:1px dashed #f00;} 코드를 base.css에 추가하겠습니다. 이 코드는 레이아웃 스타일 작업이 끝났을 때 삭제하면 됩니다.

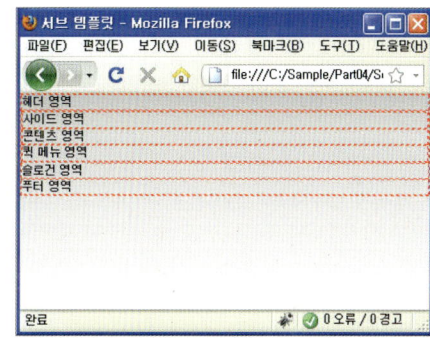

▲ border 속성을 적용한 예

⊙ 헤더 영역의 레이아웃 스타일

주 메뉴와 로고를 담고 있는 헤더 영역의 바탕은 흰색이며, 하단은 둥근 모서리와 그림자를 표현한 배경 이미지로 디자인하였습니다. 헤더 영역에 사용한 배경 이미지는 그림자 효과를 포함한 투명 PNG 형식의 이미지로 만들었습니다.

▲ 헤더 영역 배경으로 사용할 PNG 이미지

배경 이미지의 크기와 콘텐츠 영역의 크기에 맞게 코드를 작성하고, auto 마진을 이용해 가운데 정렬이 되도록 코드를 작성합니다. 앞서 마크업에 부여한 id값을 이용하여 각 영역에 맞는 디자인을 적용할 수 있습니다.

📂 예제 파일 : Sample\Part04\Sec03\css\layout_basic.css

```
Source    #header {
              margin:0 auto;------------------------------------------------- 좌우 마진값을 자동 계산하여 가운데
              width:886px;                                                    정렬되도록 도와줍니다.
              height:105px;
              background:url(../images/common/bg_menubox.png) no-repeat 0 0;
          }
```

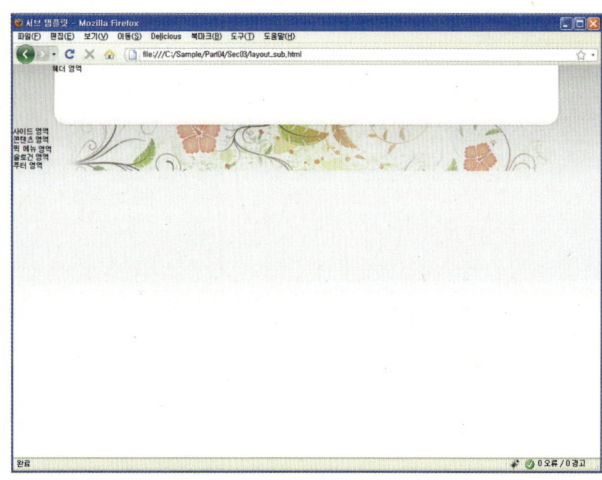

▲ 헤더 영역 레이아웃 스타일

⊙ 콘텐츠 영역의 레이아웃 스타일

콘텐츠 영역은 헤더 영역과 마주보는 모양으로, 배경 이미지는 상단의 양쪽 끝이 둥근 모서리 형태를 띄는 이미지로 구현되어 있으며, 중간까지만 좌우 라인에 그림자 효과가 들어가 있습니다. 이 부분은 헤더 영역의 배경 이미지와 마찬가지로 그림자 효과를 살리기 위해 PNG 포맷으로 이미지를 제작하고 서브 페이지 콘텐츠 영역의 너비는 퀵 메뉴까지 포함한 너비값을 가지도록 합니다. 또 배경 이미지의 그라데이션 부분을 살리기 위해 이미지의 세로 크기를 참고하여 최소 높이값을 설정합니다.

예제 파일 : Sample\Part04\Sec03\css\layout_basic.css

Source

```
#contents {
    width:940px;
    margin:0 auto;
    min-height:400px;                                    최소 높이 설정
    padding-top:30px;                                    배경 이미지 상단과 콘텐츠 사이의 여백
    background:url(../images/common/contents_box.png) no-repeat 0 0;
}
```

⊙ 슬로건과 푸터 영역 레이아웃 스타일

슬로건 영역은 가로 크기를 지정하고 auto 마진을 활용하여 가운데 정렬합니다. 그리고 푸터 영역은 body에 적용한 배경 이미지와 같이 가로 전체에 반복되도록 지정합니다.

예제 파일 : Sample\Part04\Sec03\css\layout_basic.css

Source

```
#slogan {
    width:886px;
    margin:20px auto 0;                                  콘텐츠와 슬로건 영역 사이의 여백 20px
}                                                        적용 (상 : 20px, 좌우 : auto, 하 : 0)
#footer {
    height:75px;
    margin-bottom:15px;
    background:url(../images/common/footerbg.gif) repeat-x 0 0;
}
```

헤더 영역, 콘텐츠 영역, 슬로건과 푸터 영역에 지정한 레이아웃 스타일을 서브 템플릿 문서에 적용한 결과는 다음과 같습니다.

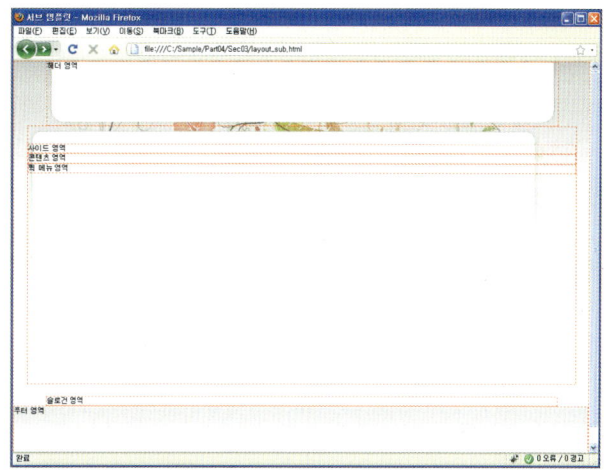

▲ layout_sub.html 중간 확인

웹 브라우저에서 해당 스타일을 적용한 결과를 확인하면 그림에서 보는 바와 같이 각 영역들은 가운데 정렬되어 있지만 영역들이 어긋나 보입니다. 그 이유는 헤더 영역과 콘텐츠 영역, 슬로건 영역의 너비값이 서로 다르기 때문입니다. 콘텐츠 영역은 퀵 메뉴를 포함해야 하기 때문에 다른 영역보다 가로 영역이 54px 넓습니다. 이 문제는 #header와 #slogan의 너비값을 #contents의 너비 속성값 940px과 동일하게 맞춰 주는 것으로 해결할 수 있습니다. 각 영역의 너비값이 같으면 양쪽 옆으로 자동 계산되는 마진도 같아지기 때문입니다.

◉ 서브 콘텐츠 영역의 3단 레이아웃 스타일

서브 페이지 마크업 순서는 ① 사이드 영역, ② 서브 콘텐츠 영역, ③ 퀵 메뉴 순서이므로, 사이드 영역과 서브 콘텐츠 영역은 왼쪽으로 플로트시키고, 퀵 메뉴는 오른쪽으로 플로트시키면 3단 레이아웃 구조를 가진 디자인이 완성됩니다.

▲ 서브 템플릿 콘텐츠 영역의 float 배치

해당 요소들의 마크업이 사이드 영역, 서브 콘텐츠 영역, 퀵 메뉴 순서로 사이드와 서브 콘텐츠는 왼쪽으로 정렬되도록 float:left로, 퀵 메뉴는 오른쪽으로 정렬되도록 float:right로 선언하면 3단 형식의 레이아웃을 구현할 수 있습니다.

다음으로 너비와 여백을 확인합니다. 사이드 영역은 서브 메뉴의 디자인 영역과 서브 콘텐츠 영역을 구분하기 위한 그림자 디자인 영역까지 포함하여 213px의 너비로 설정하며, 사이드 영역 왼쪽에 30px의 여백을, 오른쪽에 18px의 여백을 설정합니다. 사이드 영역의 그림자 디자인은 배경 이미지로 적용하며 배경 이미지의 길이를 참고하여 최소 높이 값을 지정합니다. 그렇지 않으면 배경 이미지보다 사이드 영역의 콘텐츠가 길지 않을 경우 잘려 보일 수 있기 때문입니다.

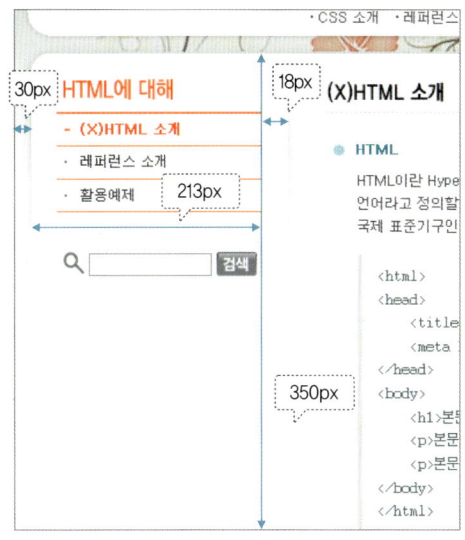

▲ 서브 콘텐츠 영역의 크기와 여백 크기 확인

📁 예제 파일 : Sample\Part04\Sec03\css\layout_basic.css

Source

❶
```
#subWrap {
    float:left;
    width:213px;
    height:350px;
    margin-left:30px;
    margin-right:18px;
    background:url(../images/common/subwrap_bg.gif) no-repeat top right;
}
```

❷
```
#contentsWrap {
    float:left;
    width:590px;
}
```

❸
```
#quick {
    float:right;
    width:50px;
}
```

콘텐츠 영역(#contents)의 크기는 좌우로 padding 속성 없이 실제 콘텐츠 영역 만큼 지정하여 추후 콘텐츠 작업이나 디자인 수정 시 콘텐츠 영역의 너비나 여백을 쉽게 조정할 수 있도록 합니다.

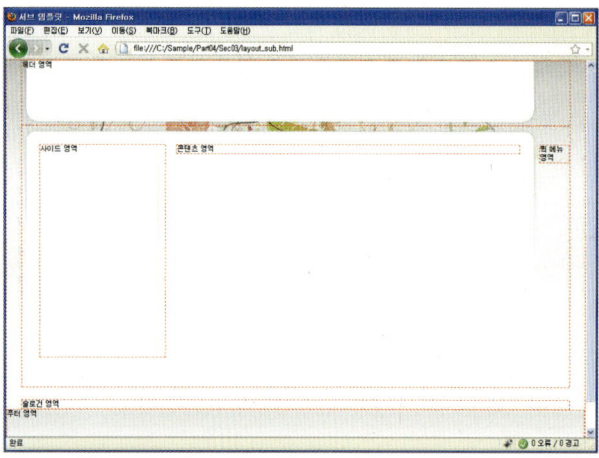

▲ 3단 레이아웃 적용

서브 템플릿 레이아웃을 마무리하기 위해 크로스 브라우징 테스트를 해 보겠습니다. 크로스 브라우
징 테스트는 특정 웹 브라우저뿐만 아니라 다양한 웹 브라우저 환경에서 진행하는 것이 바람직하지
만 여기에서는 웹 표준 지원이 미흡한 인터넷 익스플로러 6에서만 확인해 보겠습니다.

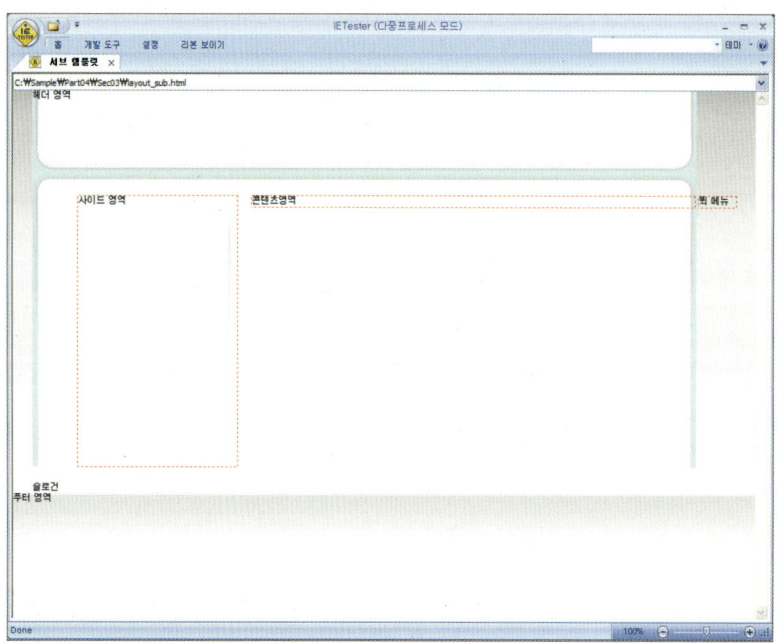

▲ IE Tester를 사용한 인터넷 익스플로러 6 화면 미리보기

IE Tester를 통해 보여지는 사이드 영역의 왼쪽 여백이 지정한 것보다 넓어져 콘텐츠 영역까지 오른
쪽으로 밀려 보입니다. 이러한 현상은 인터넷 익스플로러 6에서 플로트된 콘텐츠에 지정한 마진값
이 두 배로 적용되는 '더블 마진 버그(Double-margin Bug)'라는 현상 때문입니다.

#subWrap에 적용한 CSS 코드를 살펴보면 float:left;와 같은 방향으로 margin-left:30px;의 여백값이 부여되어 있는데 인터넷 익스플로러 6에서는 플로트 방향과 마진 방향이 같을 경우 margin 값을 2배인 60px로 렌더링합니다. 이는 인터넷 익스플로러 6의 버그로 플로트를 사용할 때 자주 경험하는 문제로 플로트의 방향과 마진 방향을 다르게 적용하거나 간단하게 #subWrap에 "display:inline"를 추가하는 방법을 통해 해결할 수 있습니다. 이 경우 적용된 display:inline은 인터넷 익스플로러 6의 버그를 해결하기·위한 트릭으로 현재 대부분의 웹 브라우저에서는 이로 인한 문제가 발생하지 않지만 정상적인 선언이 아니므로 향후 문제가 발생할 수도 있습니다. 그렇기 때문에 특정 웹 브라우저를 위한 트릭은 최대한 적게 사용하려는 노력이 필요합니다.

또 인터넷 익스플로러 6에서 배경으로 사용한 PNG 이미지의 투명한 부분이 제대로 나타나지 않는 부분이 있는데, 이 부분은 마지막 단계에서 정리하겠습니다.

예제 파일 : Sample\Part04\Sec03\css\layout_basic.css

Source	
| | ```
#subWrap {
    float:left;
    display:inline; ----------------------------------------인터넷 익스플로러 6의 더블 마진
    width:213px;                                            버그를 해결하기 위해 추가
    height:350px;
    margin-left:30px;
    margin-right:18px;
    background:url(../images/common/subwrap_bg.gif) no-repeat top right;
}
``` |

다음 단계를 위하여 임시로 생성한 layout_basic.css 파일은 복사하여 layout.css로 지정해 놓도록 합니다.

해상도와 레이아웃의 종류

웹 서핑을 하다 보면 '정보통신 접근성 향상 표준화 포럼(http://www.iabf.or.kr)' 처럼 항상 왼쪽에 고정 배치되어 있는 레이아웃도 있고, '네이버(http://naver.com)' 처럼 웹 브라우저의 크기와 상관없이 항상 가운데에 배치되어 있는 레이아웃도 있습니다. 또 'W3C(http://www.w3.org)' 처럼 웹 브라우저의 크기에 따라 콘텐츠 영역이 유동적으로 바뀌는 레이아웃도 있습니다.

특정 웹 사이트의 이러한 레이아웃 특성에 대해 궁금하게 생각했던 적이 있었나요? 콘텐츠 영역이 웹 브라우저 크기에 따라 늘어나기도 하고, 전체 레이아웃이 가운데 또는 왼쪽으로 배치되는 이유는 무엇일까요?

웹 사이트에 방문하는 사람들이 사용하는 모니터의 크기와 해상도는 매우 다양하며, 접근 방법 또한 일정하지 않습니다. 따라서 여러 사용자들에게 웹 사이트의 디자인과 콘텐츠를 잘 전달하기 위해서는 웹 사이트의 정렬 및 레이아웃 구조를 웹 사이트의 특성에 맞게 지정해야 합니다.
```

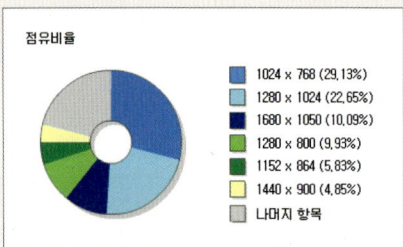

2009. 11. 28.~2009. 12. 26. 해상도 사용자 통계

점유비율

- 1024 x 768 (29.13%)
- 1280 x 1024 (22.65%)
- 1680 x 1050 (10.09%)
- 1280 x 800 (9.93%)
- 1152 x 864 (5.83%)
- 1440 x 900 (4.85%)
- 나머지 항목

▲ 출처 : http://trend.logger.co.kr/trendForward.tsp

레이아웃의 종류와 특성에 대해 알아보겠습니다.

고정형 레이아웃(fixed)

고정형 레이아웃은 디자인 시안에 맞추어 너비를 지정하면 어떠한 해상도에서도 항상 동일한 크기를 유지할 수 있기 때문에 마크업할 때 많이 선호하는 방식입니다. 이 방식은 콘텐츠 사이의 여백을 짜임새 있게 구성할 수 있으며, 웹 브라우저의 크기를 강제로 줄여도 레이아웃 구조는 변하지 않는다는 특성이 있습니다. 고정형 레이아웃은 가장 많이 사용하는 해상도를 기준으로 작성하는 것이 좋으며, 1024×768 해상도의 경우 가로 스크롤이 생기지 않도록 너비를 960px 이하로 지정하는 것이 좋습니다.

▲ 네이버(http://www.naver.com)

유동형 레이아웃(liquid)

유동형 레이아웃은 웹 사이트의 레이아웃이 사용자의 웹 브라우저 너비에 맞추어 유동적으로 조절되는 방식입니다. 이 방식은 다양한 기기에 화면 크기를 적용할 수 있으며, 웹 사이트에 방문한 사용자가 웹 브라우저의 너비를 줄이거나 넓혔을 때 그에 따라 웹 사이트의 너비도 같이 변하므로 여백 없이 웹 사이트의 콘텐츠 영역을 지정할 수 있다는 특징이 있습니다. 그러나 와이드형 모니터의 경우 가로가 너무 넓어져 오히려 콘텐츠를 보기에 부담스럽다는 점과 웹 브라우저의 크기 변화에 따른 변수를 고려하여 디자인을 해야 하기 때문에 마크업을 하거나 스타일을 적용할 때 추가 작업이 필요하다는 단점이 있습니다.

오픈마루 회사소개 페이지의 해상도별 레이아웃 비교

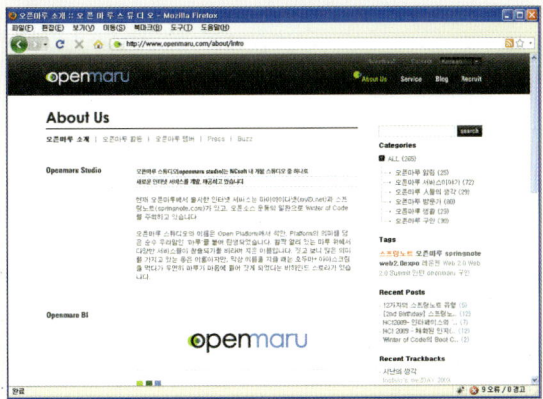

▲ 해상도가 1024×768인 경우

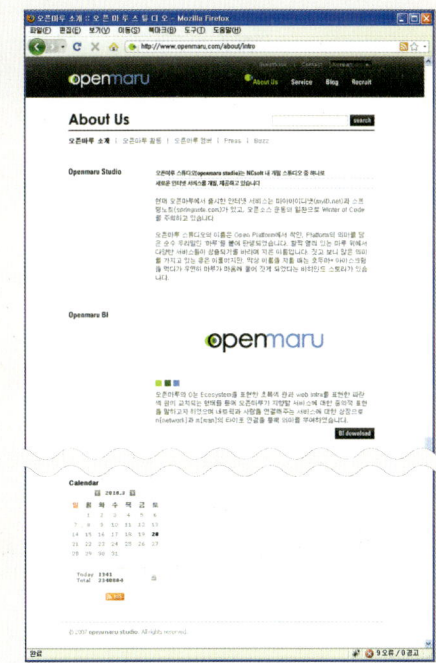

▲ 해상도가 800×600인 경우

탄력 레이아웃

웹 사이트의 가로 너비가 웹 브라우저에 따라 자유롭게 변하는 레이아웃입니다. 이 레이아웃의 경우 em(상대 단위)값을 활용하여 페이지의 너비를 정합니다.

웹 브라우저 크기에 따른 W3C 사이트의 레이아웃 비교

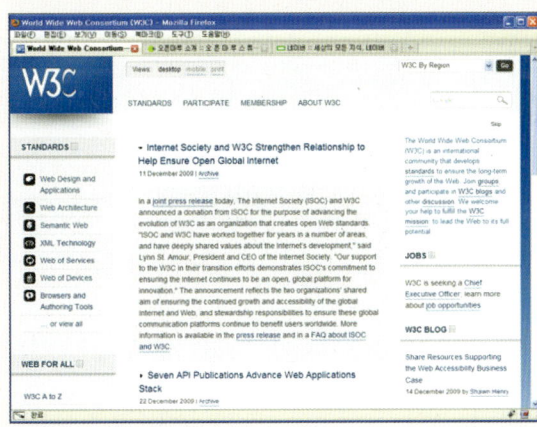

▲ 해상도가 1024×768인 경우

▲ 해상도가 800×600인 경우

공용 스타일

이제 메인 페이지와 서브 페이지에서 공통으로 사용되는 콘텐츠에 디자인을 적용해 보겠습니다. 공통 콘텐츠에 적용하기 위한 스타일은 base.css에 작성합니다. 이때 사용할 마크업 문서는 Section 02에서 작성한 sub_html.html입니다.

1. 헤더 영역

상단에 위치한 헤더 영역은 2개의 순서 없는 목록과 h1 요소를 가진 마크업 구조입니다. 마크업 순서는 원래 ❶ 로고, ❷ 보조 메뉴, ❸ 주 메뉴순이지만 디자인 시안에서의 콘텐츠의 흐름을 상단에서 하단, 왼쪽에서 오른쪽으로 적용하여 ❶ 보조 메뉴, ❷ 로고, ❸ 주 메뉴순으로 작업하겠습니다.

▲ 헤더 영역 디자인

ul 요소로 마크업한 목록 형태의 보조 메뉴는 블록 요소이기 때문에 목록 항목이 세로로 배치되어 있습니다. 이렇게 세로로 배치된 목록 항목을 가로로 배치해 보겠습니다.

📂 예제 파일 : Sample\Part04\Sec03\sub_html.html

```
Source    <ul id="infoMenu">
             <li><a href="#">홈</a></li>
             <li><a href="#">로그인</a></li>
             … 생략 …
          </ul>
```

목록 항목을 가로로 보이도록 하는 방법에는 크게 display 속성을 사용하여 블록 요소를 인라인 요소로 변환시키는 방법과 플로트 속성을 사용하는 방법이 있습니다.

▲ 웹 브라우저 스타일이 적용된 보조 메뉴

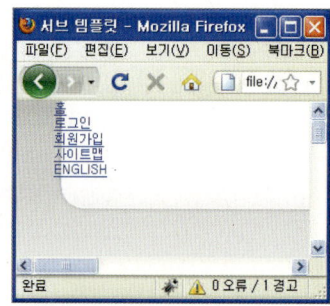

▲ import.css가 적용된 보조 메뉴

⊙ 보조 메뉴 디자인하기

보조 메뉴는 헤더 영역 내에서 가로 정렬을 하기 위해 display 속성에 inline값을 사용하겠습니다. display 속성에 inline값을 사용하는 경우, 해당 요소는 인라인 요소의 특징을 가지게 되므로 width 속성이나 height 속성으로 크기를 지정할 수 없다는 것을 기억하기 바랍니다. 여기서는 목록 항목 사이에 좌우로 padding 속성을 이용하여 목록 항목 간 여백을 생성하고 여백 사이에 배경 이미지를 이용하여 수직 구분선 형태가 나타나도록 하겠습니다.

📁 예제 파일 : Sample\Part04\Sec03\css\base.css

Source	
`#infoMenu li {`	
`    display:inline;`	─────────── 블록 요소인 li를 인라인 요소로 변환
`    padding:0 3px 0 8px;`	
`    background: url(../images/common/topnavi_bar.gif) no-repeat 0 3px;`	─── 배경 이미지는 반복되지 않고 왼쪽 0px, 위쪽에서 3px 지점에 위치
`}`	

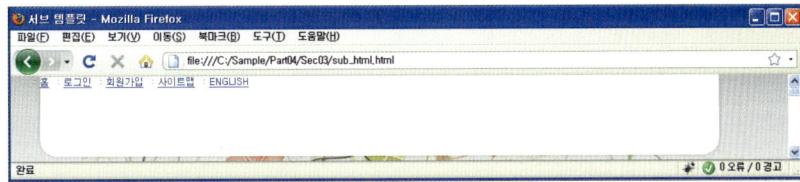

▲ 보조 메뉴 중간 확인

 여기서 잠깐

배경 이미지를 이용한 수직선 표현

메뉴 목록을 구분하기 위해 기존에는 마크업 문서에 장식용 이미지를 과도하게 사용하는 경우가 많았습니다. 이렇게 장식용 이미지를 사용하면 이미지를 수정했을 때 마크업 문서를 함께 수정해야 하는 불편함이 있으므로 bckground 속성과 padding 속성을 활용하여 좀 더 효율적으로 디자인할 수 있는 방법을 살펴보겠습니다.

위의 예제를 보면 목록 사이는 구분선을 포함하여 8px 간격으로 디자인되어 있습니다. padding-right : 8px로 각 여백 사이를 표현할 수 있지만 padding : 0 4px로 설정해도 목록 텍스트 좌우로 4px의 여백이 더해져 8px의 동일한 간격이 생깁니다. padding 속성은 콘텐츠에 여백을 지정할 때 사용하며 margin 속성과 달리 콘텐츠 배경 안쪽으로 여백이 지정되기 때문에 background 속성과 함께 사용하면 콘텐츠와 배경 이미지 사이의 여백처럼 보이도록 할 수 있습니다. 이 부분을 이용하여 콘텐츠 왼쪽 시작점에 배경 이미지를 배치하고 오른쪽에 4px의 여백을 주면, 다음 목록의 콘텐츠에 배경 이미지가 보이고 다시 4px의 간격이 적용되어 목록 사이에 세로 구분선이 삽입된 것처럼 표현할 수 있습니다.

위의 예제에서 사용한 padding:0 3px 0 8px; 선언을 보면 오른쪽과 왼쪽의 padding값은 다르지만 실제 화면에서는 같은 여백으로 보입니다. 그 이유는 한 줄로 보여지면서 목록과 목록 사이에 공백을 감안하여 한 쪽의 여백값을 조절했기 때문입니다.

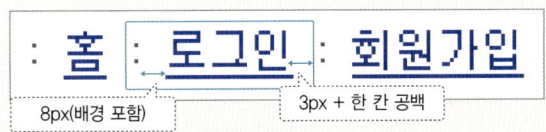

▲ padding : 0 3px 0 8px ; 여백 적용값

다음으로 헤더 영역 안에서 보조 메뉴가 오른쪽에 배치되도록 하기 위해 text-align 속성에 right값을 지정하고, 보조 메뉴가 퀵 메뉴와 겹치는 문제를 해결하기 위해 보조 메뉴 오른쪽에 margin 속성을 이용하여 여백을 설정하겠습니다. 또 텍스트 링크에 상황에 따라 다른 스타일이 적용되도록 하겠습니다.

예제 파일 : Sample\Part04\Sec03\css\base.css

```
Source    #infoMenu {
              margin-right:77px;
              padding:8px 0 7px 0;
              text-align:right;
              font-size: 0.9em;
          }
          #infoMenu li a {
              color:#676767;
          }
          #infoMenu li a:hover, #infoMenu li a:focus {
              color:#000;
          }
```

보조 메뉴 항목에 배경으로 지정한 세로 구분선의 경우 :first-child 가상 클래스를 사용하면 마크업에 스타일을 위한 코드를 따로 추가할 필요 없이 현재 목록의 첫 번째 li 요소인 '홈' 콘텐츠에만 배경 이미지가 적용되지 않도록 할 수 있습니다.

예제 파일 : Sample\Part04\Sec03\css\base.css

```
Source    #infoMenu li:first-child {
              background: none;
          }
```

하지만 모든 웹 브라우저에서 :first-child를 지원하지 않으므로, 여러 종류의 웹 브라우저에서 동일한 결과를 얻기 위해서는 현재 목록의 첫 번째 li 요소인 '홈' 콘텐츠에 class를 할당하여 배경 이미지가 적용되지 않도록 해야 합니다.

예제 파일 : Sample\Part04\Sec03\sub_html.html

```
Source    ❶
          <ul id="infoMenu">
              <li class="first-item"><a href="#">홈</a></li>
              <li><a href="#">로그인</a></li>
              … 생략 …
```

예제 파일 : Sample\Part04\Sec03\css\base.css

Source	#infoMenu .first-item {
	　　background: none;
	}

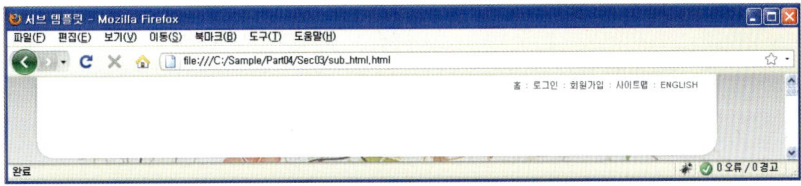

▲ 보조 메뉴 완성

◉ 로고 디자인하기

주 메뉴 영역 왼쪽에 위치한 ❷ 로고는 시안에는 보조 메뉴 아래쪽에 있는 것으로 보이지만 실제로
마크업 순서는 가장 위에 있습니다.

예제 파일 : Sample\Part04\Sec03\sub_html.html

Source	❷ `<h1 class="logo"><a href="#"><img src="images/common/logo.gif" alt="WebCafe" /></a></h1>`

로고를 마크업 순서와 상관없이 배치하기 위해 position 속성에 absolute값을 이용하겠습니다.
absolute값의 경우 본문의 흐름을 벗어나 레이어 형태로 배치되기 때문에 배치 위치를 자유롭게 지
정할 수 있다는 장점이 있습니다.

여기서 잠깐

가로형 목록의 콘텐츠 정렬 방식 비교

display 방식(display:inline)

• float 방식에 비해 손쉽게 사용할 수 있다.
• 부모 요소의 위치에 따라 배치 위치가 결정되기 때문에 위치 변경이 자유롭다.
　(부모 요소에 text-align 속성을 이용하면 왼쪽, 가운데, 오른쪽 등의 위치로 손쉽게 이동한다.)
• 인라인 요소의 성격을 가지므로 콘텐츠의 너비나 높이를 제어할 수 없다.

float 방식

• 플로트를 이용한 배치 시 플로트 방향과 같은 방향으로 마진을 지정할 때 인터넷 익스플로러 6에서 더블 마진 버그 현
　상이 발생하므로 주의가 필요하다.
• 플로트가 적용된 요소는 주변 요소의 배치에 영향을 미치기 때문에 clear 속성이나 다른 방식을 이용하여 float 속성값
　을 해제할 필요가 있다.
• 콘텐츠의 너비나 높이를 원하는 대로 설정할 수 있다.

▲ GIF 형식의 로고 이미지 (155px×29px)

absolute 방식을 이용하여 콘텐츠의 위치를 배치하고자 하는 경우, absolute값이 지정된 요소는 static 이외의 position값을 가지는 가장 가까운 조상 요소를 기준으로 위치가 결정된다는 점을 기억해야 합니다. absolute 위치는 자신의 조상 요소들의 position 속성값이 static이면 문서의 최상위 요소인 html(일부 브라우저는 body) 요소를 기준으로 위치가 결정되고, static이 아니면 가장 가까운 조상 요소를 기준으로 위치가 결정됩니다.

이러한 특성을 이해하고 디자인 시안처럼 로고의 위치를 배치하고자 할 경우는 로고이미지가 포함된 h1 요소가 최상위 요소인 body 요소 기준이 아닌 #header 영역을 기준으로 설정되도록 합니다. 이를 위해서 #header 영역의 position에 relative를 부여한 후, #header 영역 안에서 로고 이미지의 위치를 지정합니다.

🗁 예제 파일 : Sample\Part04\Sec03\css\layout.css

```
Source    #header {
              position:relative; ----------------------------------- 로고의 절대 위치를 지정하기 쉽도록 하기 위해 위치
          }                                                         기준점을 #header 영역 안으로 변경해 줍니다.
```

🗁 예제 파일 : Sample\Part04\Sec03\css\base.css

```
Source    .logo {
              position:absolute;
              top:35px;
              left:45px;
          }
```

◉ 주 메뉴 디자인하기

웹 사이트의 중요한 콘텐츠인 ❸ 주 메뉴 영역의 배경 크기는 로고와 가로로 배치될 주 메뉴의 크기를 고려하여 지정하고, 하단에 있는 라운드 형태의 이미지가 배경이 되도록 작업합니다.

주 메뉴는 가로 형태로 디자인할 때 보조 메뉴와 달리 하위 메뉴가 존재하는 구조이므로, display 속성이 아닌 float 속성을 활용하겠습니다. 또 보조 메뉴의 경우처럼 첫 번째 메뉴 항목에 class를 부여하여 첫 번째 메뉴 항목 앞에 로고가 배치될 공간을 확보할 수 있는 여백도 지정하겠습니다.

```
Source    <h2>주 메뉴</h2>
          <ul id="navigation">
              <li class="first"><a href="#"><img src="images/common/topmenu01_ov.gif"   ———— 로고가 삽입될 공간 확보를 위한
                  alt="HTML에 대해" width="124" height="43" /></a>                            class
                  <ul id="naviSub01">
                      … 생략 …
                  </ul>
              </li>
              <li><a href="#"><img src="images/common/topmenu02.gif" alt="CSS에 대해"
                  width="108" height="43" /></a></li>
                      … 생략 …
          </ul>
```

주 메뉴 디자인을 할 때 가장 먼저 해야 할 일은 h2 요소로 마크업한 '주 메뉴'라는 제목이 디자인상 웹 브라우저에 나타나지 않도록 지정하는 것입니다. 콘텐츠를 화면에서 숨기려면 크기와 관련된 속성과 absolute값을 이용해야 합니다.

```
Source    #header h2 {
              position:absolute;
              overflow:hidden;
              width:1px;
              height:1px;
              font-size:0;
              line-height:0;
          }
          #navigation {
              width:842px;     ———————————————————————— 주 메뉴 영역 배경 이미지의 크기와 동일하게 설정
              height:43px;
              margin-left:22px; ———————————————————————— 헤더 영역과 주 메뉴 사이의 간격
              background:url(../images/common/sitemenu_bg.gif) no-repeat 0 0;
          }
          #navigation li {
              float:left;
          }
          #navigation li.first {
              margin-left:217px; ——————————————————————— 로고 위치 확보
          }
```

base.css에 추가한 스타일이 제대로 반영되었는지를 웹 브라우저에서 확인해 보겠습니다.

▲ 주 메뉴 중간 확인

파이어폭스에서 문제 없이 렌더링되었다면 이번에는 크로스 브라우징 환경에서 점검해 보겠습니다. 점검할 웹 브라우저는 인터넷 익스플로러 6입니다.

▲ 인터넷 익스플로러 6에서 보이는 주 메뉴 모습

IE Tester 결과, 인터넷 익스플로러 6에서 로고 영역의 크기가 커짐으로써 주 메뉴가 두 줄로 보이는 현상이 나타났습니다. 이는 앞에서 살펴본 더블 마진 버그 때문에 발생한 현상입니다. display:inline을 추가로 지정하여 인터넷 익스플로러에서 나타나는 버그를 해결해 보겠습니다.

📁 예제 파일 : Sample\Part04\Sec03\css\base.css

| Source | ```
#navigation li {
    float:left;
    display:inline;-------------------------------------------- 인터넷 익스플로러 6의 더블 마진
                                                                버그를 해결하기 위해 추가
}
``` |
| --- | --- |

마지막으로 주 메뉴의 하위 메뉴에 디자인을 적용하겠습니다. 하위 메뉴는 추후에 처음에는 보이지 않도록 설정하고, 주 메뉴 이미지에 접근하면 하위 메뉴가 나타나도록 제어할 예정이므로, 미리 제어를 위한 id값을 부여했습니다. 하위 메뉴는 주 메뉴와 같이 플로트를 사용하여 가로로 배치하고 주 메뉴에 따라 하위 메뉴의 위치가 변경되지 않도록 absolute를 사용하여 배치합니다. 또 메뉴 항목 앞에 불릿 기호는 background 속성과 padding 속성을 사용하여 디자인 시안처럼 보이도록 하겠습니다.

📁 예제 파일 : Sample\Part04\Sec03\sub_html.html

| Source ❸ | ```
<ul id="navigation">
    <li class="first"><a href="#"><img src="images/common/topmenu01_ov.gif"
        alt="HTML에 대해" width="124" height="43" /></a>
        <ul id="naviSub01">
            <li><a href="#">(X)HTML 소개</a></li>
``` |
| --- | --- |

서브 메뉴 1

```
                        <li><a href="#">레퍼런스 소개</a></li>
                        <li><a href="#">활용예제</a></li>
                    </ul>
                </li>
                <li><a href="#"><img src="images/common/topmenu02.gif"
                    alt="CSS에 대해" width="108" height="43" /></a>
                    <ul id="naviSub02">
                        <li><a href="#">CSS 소개</a></li>
                        <li><a href="#">레퍼런스 소개</a></li>
                        <li><a href="#">활용예제</a></li>
                    </ul>
                </li>
                … 생략 …
            </ul>
```

서브 메뉴 2

하위 메뉴는 각 주 메뉴 목록에 중첩되어 있으며, 각각 다른 id값을 가집니다. 첫 번째 하위 메뉴에 스타일을 지정하고 나면 나머지 하위 메뉴도 같은 형식으로 디자인할 수 있습니다. 기본적인 속성과 배경 이미지, 간격 등은 각 하위 메뉴들이 동일하므로, 하위 선택자(descendant selector)를 이용하여 공통 부분의 디자인을 작성합니다. 각 하위 메뉴들의 디자인은 li 요소가 아닌 a 요소에 적용하고 :hover와 같은 가상 클래스 선택자(pseudo class)를 활용하여 마우스 오버 시 다른 스타일이 적용되도록 준비합니다. 서브 메뉴들의 위치는 id값을 이용하여 배치하겠습니다.

▲ 서브 메뉴 링크의 선택 시 디자인

디자인 시안과 같이 하위 메뉴에 마우스 오버 시 체크 모양의 작은 불릿 이미지로 변경하고 글자색도 검은색으로 진하게 보이도록 작성합니다.

📁 예제 파일 : Sample\Part04\Sec03\css\base.css

Source
```
#navigation li ul {
    position:absolute;
    top:77px;
}
#navigation li ul a {
    padding:7px 10px;
    color:#626262;
    background:url(../images/common/bullet_list.gif) no-repeat 4px 11px;
}
```

하위 메뉴 목록은 절대 위치값을 가지며, 헤더 영역 안에서 상단 77px 지점에 위치

a 요소의 간격과 디자인 적용. padding값은 링크 영역을 확대시켜 주는 역할도 겸합니다.

```
#navigation li ul a:hover, #navigation li ul a:focus {
    color:#000;
    text-decoration:none;
    background:url(../images/common/bullet_list_ov.gif) no-repeat 1px 10px; ----- 체크 모양의 불릿 이미지 적용
}
#navigation #naviSub01 {
    left:240px;
}
```

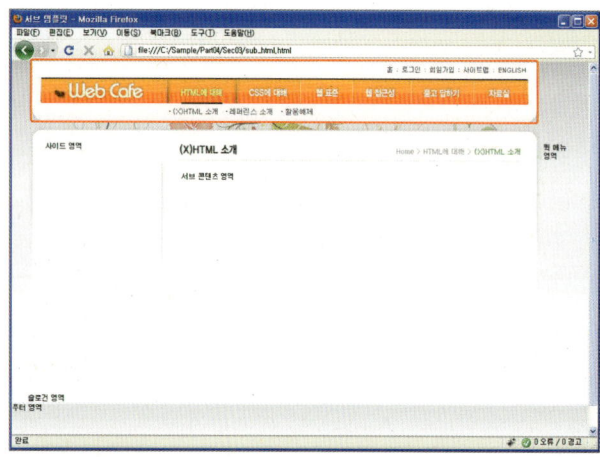

▲ 헤더 영역 완성

2. 사이드 영역

사이드 영역은 4개의 서브 페이지에 동일하게 사용될 영역으로, 크게 서브 메뉴와 검색 영역으로 구성되어 있습니다. 먼저 사이드 영역에 있는 서브 메뉴를 디자인하는 방법부터 살펴보겠습니다.

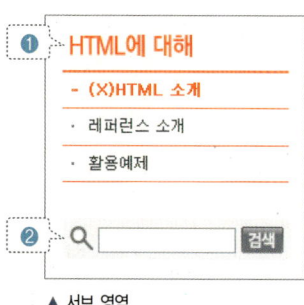

▲ 서브 영역

예제 파일 : Sample\Part04\Sec03\sub_html.html

Source
```
<div class="subMenu">
    <h2><img src="images/html/h2_html.gif" alt="HTML에 대해" /></h2>
    <ul>
        <li><a href="#">(X)HTML 소개</a></li>
            … 생략 …
    </ul>
</div>
```

서브 메뉴에는 h2 요소를 이용한 메뉴 제목 부분이 존재하는데, 이 제목 영역의 하단에 보이는 주황색 라인 디자인과 서브 메뉴의 목록 항목 사이에 보이는 주황색 라인 디자인의 경우 border 속성을 이용하여 처리하겠습니다. 또 서브 메뉴의 링크 상태에 따른 디자인 변화를 표현할 수 있도록 li 요소 안에 포함된 a 요소에도 스타일을 적용해 보겠습니다. 특히 링크 영역을 li 요소 영역과 동일하게 인식시키기 위해 a 요소에 display:block 속성값을 지정하여 블록화하는 것이 중요합니다.

▲ 서브 메뉴 링크 상태별 디자인

예제 파일 : Sample\Part04\Sec03\css\base.css

Source
```
.subMenu {
    width:177px;                                              제목과 목록 요소에 width값을
}                                                             상속시켜 줍니다.
.subMenu h2 {
    padding-bottom:10px;
    border-bottom:2px solid #ff6738;
}
.subMenu h2 img {
    padding:1px 0 0 6px;                                      제목 이미지의 여백 조정
}
.subMenu ul li a {
    display:block;                                            a 요소 블록 요소로 변경
    padding:6px 0 6px 20px;                                   height로 강제로 높이를 지정하
    color:#4c4c4c;                                            지 않고 여백으로 맞춰 줍니다.
    border-bottom:1px solid #ff6738;
    background:url(../images/common/icon_submenu.gif) no-repeat 7px 12px;
}
```

```
.subMenu ul li a:hover, .subMenu ul li a:focus {
    color:#ff3c00;
    text-decoration:none;
    background:url(../images/common/icon_submenu_ov.gif) no-repeat 7px 12px;
}
```

블록 요소로 변경한 a 요소의 간격에 height 속성을 사용하여 고정 높이를 지정하지 않고 padding 을 사용하는 이유는 서브 메뉴명이 길어지거나 확대했을 경우 서로 겹치거나, 텍스트 일부분만 나오 는 것을 방지하기 위해서입니다.

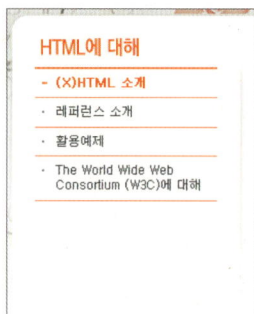

▲ 2줄 이상인 서브 메뉴명 사용 시   ▲ 텍스트만 확대한 경우

이번에는 선택된 메뉴와 선택되지 않은 메뉴를 구분해 보겠습니다. 선택된 메뉴에 font-weight 속 성을 사용하여 bold값을 지정하겠습니다. bold값을 적용할 요소는 class="select"가 선언된 li 요소 입니다.

📁 예제 파일 : Sample\Part04\Sec03\css\base.css

Source
```
.subMenu ul li a:hover, .subMenu ul li a:focus, .subMenu ul li.select a {
    color:#ff3c00;
    text-decoration:none;
    background:url(../images/common/icon_submenu_ov.gif) no-repeat 7px 12px;
}
.subMenu ul li.select a {
    font-weight:bold;
}
```

다음은 검색 영역입니다. 검색 영역에는 라운드 형식의 회색 배경 이미지를 적용하고 legend 요소로 지정된 폼 영역의 제목은 앞에서 살펴본 숨김 기법을 사용하여 웹 브라우저 화면에 보이지 않도록 합니다. 간혹 숨김 콘텐츠를 표현하기 위해 display:none을 사용하기도 하지만 이 경우 스크린 리더 등의 보조 기기에서 콘텐츠로 접근할 수 없기 때문에 권장하지 않습니다.

예제 파일 : Sample\Part04\Sec03\sub_html.html

Source

```
<div class="search">
    <form action="" method="post">
        <fieldset>
            <legend>검색어 입력 폼</legend>
                <label for="search"><img src="images/common/icon_searcgh.gif" alt="자료검색" /></label>
                <input type="text" id="search" size="14" title="검색어 입력" />
                <input type="image" class="btnSearch" src="images/common/btn_search.gif" alt="검색" />
        </fieldset>
    </form>
</div>
```

디자인 시안을 바탕으로 입력 폼의 가로, 세로 크기 및 여백과 배경 이미지를 지정합니다.

예제 파일 : Sample\Part04\Sec03\css\base.css

Source

```
legend {
    position:absolute;
    overflow:hidden;
    width:1px;
    height:1px;
    font-size:0;
    line-height:0;
}
.search {
    margin-top:27px; ─────────────────────────────── 서브 메뉴 영역과의 간격
    padding:6px 6px 5px 6px; ──────────────────────── 배경 이미지와 콘텐츠 사이의 여백
    background:url(../images/common/bg_search.gif) no-repeat 0 0;
}
.search #search {
    width:105px;
    height:17px;
    border:1px solid #a1a1a1;
}
```

작성한 코드를 적용한 후 웹 브라우저를 통해 확인합니다.

▲ 검색 영역 정렬 전과 후

위의 그림을 보면 돋보기 이미지와 검색어 입력상자, 검색 버튼 등의 input 요소들이 세로 방향으로 정렬되지 않았기 때문에 높낮이가 달라 보입니다. 이 경우 요소들 간의 수직 위치 정렬은 vertical-align 속성을 사용합니다. vertical-align 속성은 블록 요소 내에서 인라인 요소들의 수직 위치를 지정할 때에 사용합니다. 앞으로 추가될 label 및 input 요소, img 요소의 수직 위치가 일치하도록 하기 위해 vertical-align 속성을 base.css에 추가하겠습니다.

예제 파일 : Sample\Part04\Sec03\css\base.css

```
Source    img {
              vertical-align:top;
          }
          label, select, input, textarea {
              vertical-align:middle;
          }
```

서브 템플릿의 사이드 영역이 다음과 같이 모두 완성되었습니다.

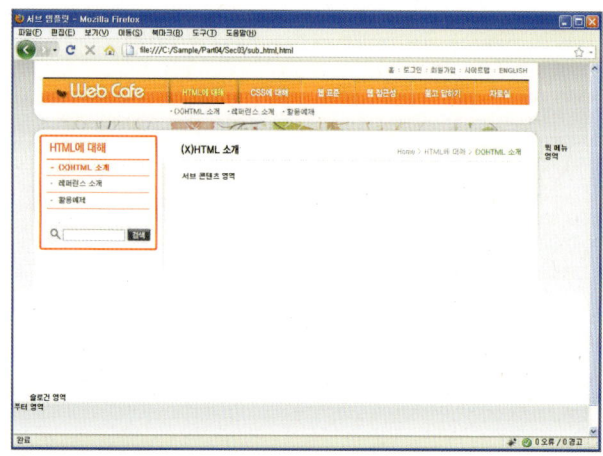

▲ 사이드 영역 완성

3. 콘텐츠 영역

콘텐츠 영역(#contentsWrap)은 제목 영역과 현재 페이지의 경로 및 서브 페이지의 실제 콘텐츠 영역으로 구분되어 있습니다.

▲ 콘텐츠 영역

콘텐츠 영역의 부모 요소인 #contentsWrap의 position 속성값을 relative로 설정하여 콘텐츠 영역 안에 있는 요소들을 absolute로 배치할 때 기준이 #contentsWrap이 되도록 설정합니다.

📂 예제 파일 : Sample\Part04\Sec03\css\layout.css

```
Source    #contentsWrap {
              float:left;
              position:relative;
              width:590px
          }
```

① 현재 페이지의 경로를 의미하는 location 영역은 absolute값과 함께 right 속성을 사용하여 오른쪽으로 정렬하고, 디자인 시안과 동일한 텍스트 스타일을 적용합니다. 그런 다음, ② 제목 영역과 ① location 영역이 같은 행에 위치할 수 있도록 absolute 방식을 이용하여 배치합니다. 또 ② 제목 요소에는 점선 라인의 배경 이미지를 사용하여 마치 ① location 영역과 제목이 같은 행에 있는 것처럼 시각적인 효과를 적용합니다. 마지막으로 하단 콘텐츠 영역과의 간격도 적절하게 지정합니다.

📂 예제 파일 : Sample\Part04\Sec03\sub_html.html

```
Source    ①⟨div class="location"⟩
              ⟨p class="depth"⟩Home &gt; HTML에 대해 &gt; ⟨span class="current"⟩(X)HTML 소개⟨/span⟩⟨/p⟩
          ⟨/div⟩
          ②⟨h1⟩⟨img src="images/html/h1_html.gif" alt="(X)HTML 소개" /⟩⟨/h1⟩
          ③⟨div id="contentsArea"⟩서브 콘텐츠 영역⟨/div⟩
```

📂 예제 파일 : Sample\Part04\Sec03\css\base.css

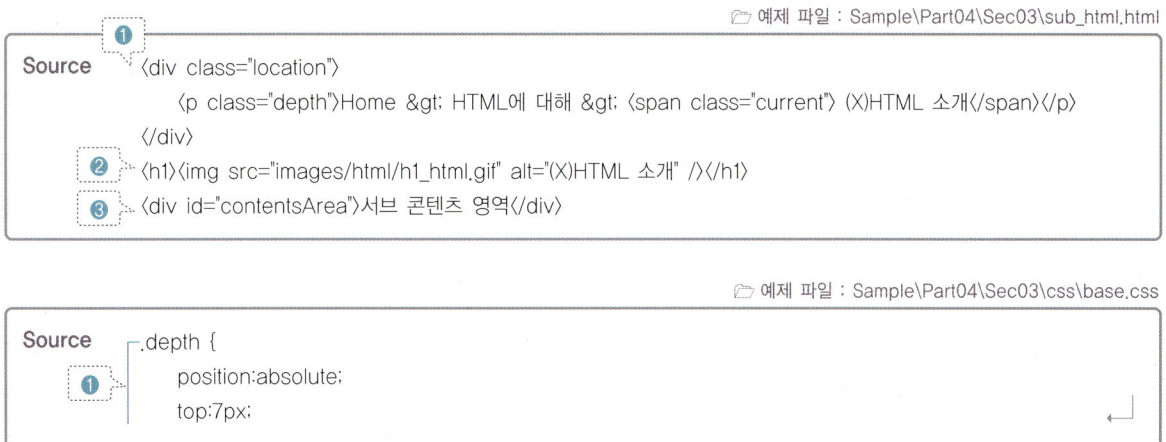

```
        right:0;
        color:#9c9b9b;
    }
    .depth .current {
        color:#51a41e;
    }
    #contentsWrap h1 {
        background:url(../images/common/bg_line_dot.gif) repeat-x bottom;
        margin-bottom:30px;
❷    }
    #contentsWrap h1 img {
        padding:3px 0 9px 1px;
    }
```

서브 페이지의 콘텐츠를 넣을 수 있는 콘텐츠 영역 템플릿이 완성되었습니다.

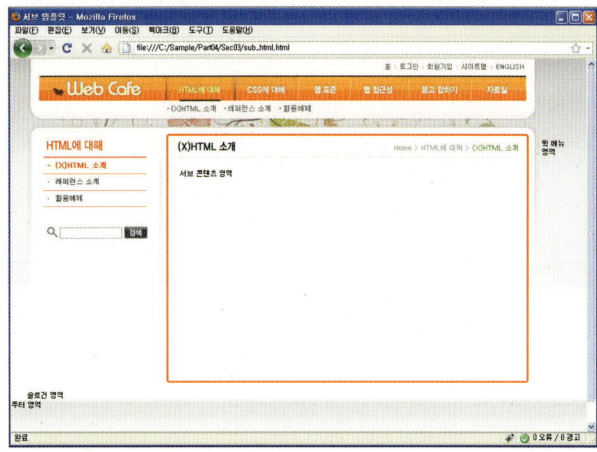

▲ 콘텐츠 영역 완성

4. 퀵 메뉴 영역

퀵 메뉴 영역은 퀵 메뉴의 제목 영역과 링크 목록으로 구성되어 있습니다.

퀵 메뉴 영역의 배경 이미지는 ul 요소에 적용하고 li 요소들 간의 간격을 조정하여 마무리합니다.

▲ 퀵 메뉴 영역

Source

```
<div id="quick">
❶   <h2><img src="images/common/title_quick.gif" alt="퀵 메뉴" /></h2>
    <ul>
❷       <li><a href="#"><img src="images/common/quick01.gif" alt="HTML에 대해" /></a></li>
        … 생략 …
    </ul>
</div>
```

Source ❷

```
#quick ul{
    padding-left:8px;
    background:url(../images/common/quick_bg.gif) no-repeat left bottom;
}
#quick ul li{
    padding:7px 0 13px 0;
}
```

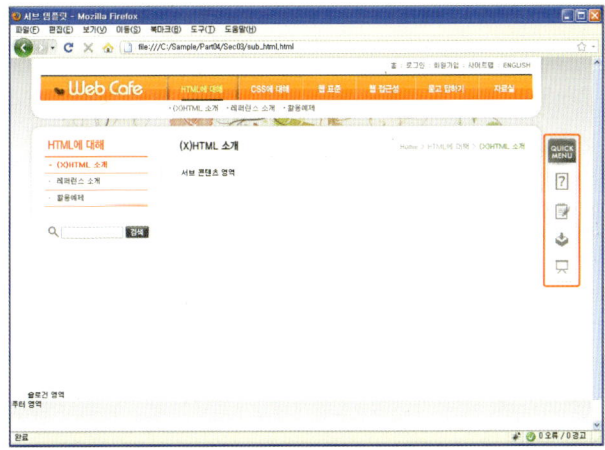

▲ 퀵 메뉴 완성

5. 슬로건 영역

슬로건 영역은 커피잔 이미지와 인용구 및 출처로 구성되어 있습니다.

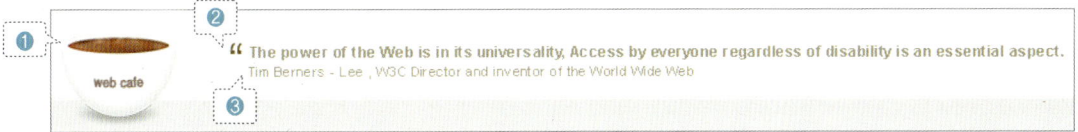

예제 파일 : Sample\Part04\Sec03\sub_html.html

Source

```
<div id="slogan">
    <h2>슬로건</h2>
①   <p class="sloganImg"><img src="images/common/icon_coffee.png" alt="커피잔" /></p>
②   <div class="sloganCon"> <q cite="http://www.w3.org/WAI/">The power of the Web is in its
        universality, Access by everyone regardless of disability is an essential aspect.</q>
③       <p class="name">Tim Berners – Lee , W3C Director and inventor of the World Wide Web</p>
    </div>
</div>
```

먼저 커피잔 이미지 및 인용구 등의 콘텐츠를 absolute 방식으로 배치하기 위해 해당 요소의 부모 요소인 #slogan의 position 속성값을 relative로 지정합니다. 또 '슬로건'이라는 제목 요소는 디자인상 보이지 않도록 숨기겠습니다.

예제 파일 : Sample\Part04\Sec03\css\layout.css

Source

```
#slogan {
    clear:both;
    position: relative; -------------------------------- 기존 #slogan 속성에 추가
    width:940px;
    margin:20px auto 0;
}
#slogan h2 {
    position:absolute;
    overflow:hidden;
    width:1px;
    height:1px;
    font-size:0;
    line-height:0;
}
```

커피잔 이미지는 푸터 영역을 기준으로 bottom:0에 위치시킨 후, 음수 마진을 사용하여 푸터 영역의 배경선과 겹치도록 배치합니다. 이렇게 하면 인용구의 텍스트 크기가 커지거나 길어져 슬로건 영역의 높이값이 변경되는 것과 상관 없이 하단에 커피잔 이미지가 고정되어 보입니다.

margin-bottom: -24px

▲ 커피 이미지 음수 마진 적용 전과 후

예제 파일 : Sample\Part04\Sec03\css\base.css

Source	
| | ```
.sloganImg {
    position:absolute;
    bottom:0;
    margin-bottom:-24px;
    left:38px;
}
``` |

❷ 인용구 영역은 margin 속성을 이용하여 헤더 영역의 로고 위치를 배치한 것과 같이 왼쪽에 빈 공간을 지정하고 배경으로 인용구 앞의 인용부호(") 이미지를 적용합니다.

예제 파일 : Sample\Part04\Sec03\css\base.css

```
.sloganCon {
    margin-left:180px; ----------------------------------- 상단 로고의 왼쪽 여백과 동일한 값을 가지도록 지정
    padding:38px 0 9px 15px;
    line-height: 1.4;
    color:#a09784; --------------------------------------- 인용구 텍스트 디자인
    font-weight:bold;
    background:url(../images/main/icon_quotation.gif) no-repeat 0 38px;
}
```

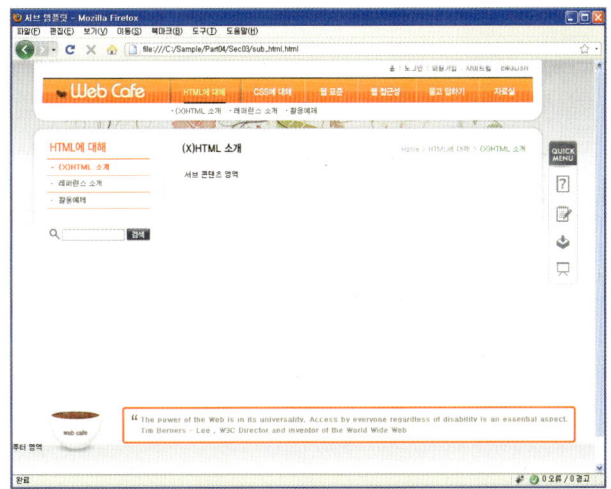

▲ 슬로건 영역 중간 확인

커피잔 이미지와 텍스트는 의도한 대로 배치되었지만, 인용구 텍스트가 퀵 메뉴 영역까지 늘어나 있습니다. 이는 슬로건 영역의 크기가 퀵 메뉴를 포함하고 있는 콘텐츠 영역의 크기와 동일하기 때문에 발생한 문제로 인용구 오른쪽에 margin을 추가하여 해결하겠습니다.
```

예제 파일 : Sample\Part04\Sec03\css\base.css

```
Source    .sloganCon {
              margin-left:180px;
              margin-right:70px;---------------------------------------------------------- 오른쪽 여백 속성 추가
              padding:38px 0 9px 15px;
              line-height: 1.4;
              color:#a09784; ----------------------------------------------------- 인용구 텍스트 디자인
              font-weight:bold;
              background:url(../images/main/icon_quotation.gif) no-repeat 0 38px;
          }
```

❸ 인용구 출처 텍스트에는 font-weight:bold값을 적용하고, 인용구의 내용이 길어지거나 짧아지는 경우에 대비하여 인라인 요소로 변경합니다.

예제 파일 : Sample\Part04\Sec03\css\base.css

```
Source    .sloganCon .name {
              display:inline;
              font-weight: normal;
          }
```

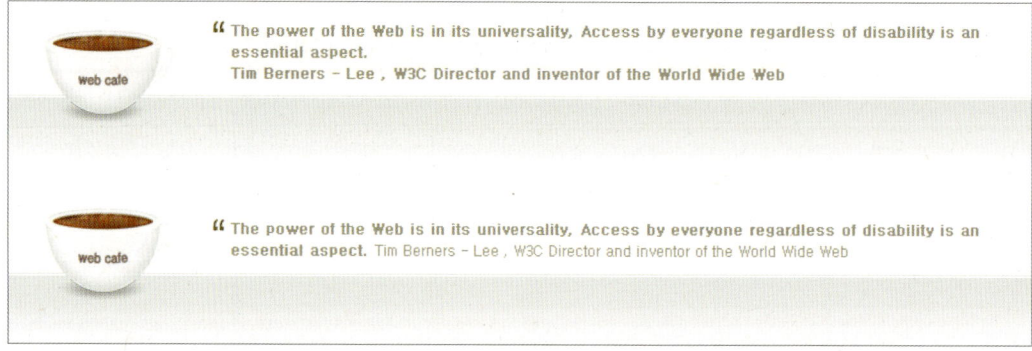

▲ ❸ 인용구 출처 display:inline 적용 전과 후 비교

슬로건 영역에 대한 설정을 끝낸 후 웹 브라우저에서 확인해 봅니다.

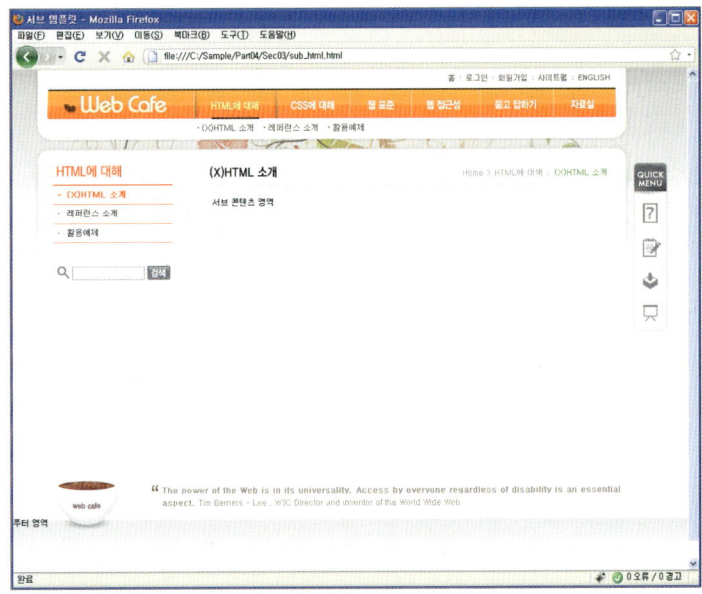

▲ 슬로건 완성

6. 푸터 영역

푸터 영역은 푸터 로고, 제목 요소, 웹 사이트 이용안내 목록, 주소 및 카피라이트 콘텐츠로 구성되어 있고, 100%의 가로 너비가 적용되어 있습니다. 푸터 영역의 콘텐츠들이 전체 레이아웃 영역을 기준으로 가운데 징렬되도록 하기 위해 #footer 안에 콘텐츠를 포함하고 있는 .footerInner에 940px의 가로 크기를 지정하고, auto 마진을 적용합니다. 그리고 푸터 영역의 콘텐츠들을 absolute값을 사용하여 배치하기 위해 컨테이닝 블록이 .footerInner가 되도록 position:relative;를 추가합니다.

예제 파일 : Sample\Part04\Sec03\sub_html.html

Source	

	`<div id="footer">`
	　`<div class="footerInner">푸터 콘텐츠</div>`
	`</div>`

예제 파일 : Sample\Part04\Sec03\css\base.css

Source	

	`.footerInner {`
	　`position:relative;` ----------------------------------- 푸터 요소의 기준점
	　`width:940px;`
	　`margin:0 auto;` ------------------------------- 가운데 정렬
	　`padding-top:13px;`
	`}`

❶ 로고는 absolute값을 사용하고, ❷ 웹 사이트 이용안내 목록과 ❸ 주소 및 카피라이트 정보는 왼쪽에 margin을 추가하여 배치하겠습니다. 그리고 ❷ 웹 사이트 이용안내 목록의 제목인 h2 요소는 화면상에서 보이지 않도록 하겠습니다.

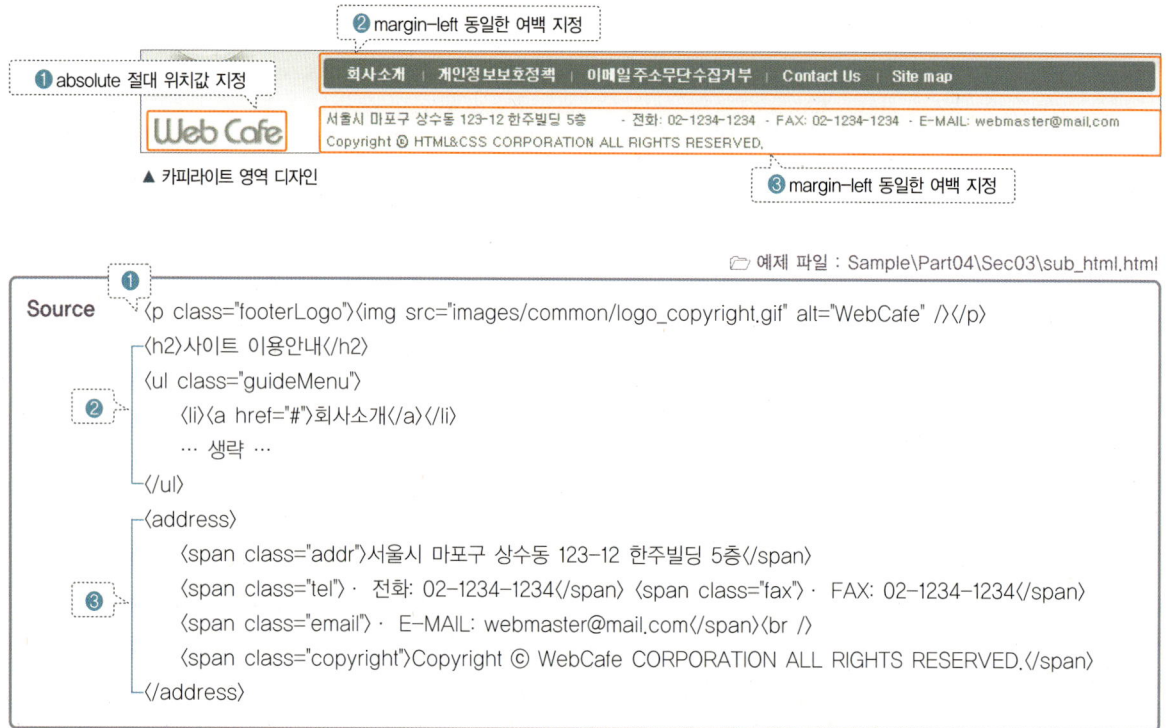

❷ margin-left 동일한 여백 지정

❶ absolute 절대 위치값 지정

서울시 마포구 상수동 123-12 한주빌딩 5층 · 전화: 02-1234-1234 · FAX: 02-1234-1234 · E-MAIL: webmaster@mail.com
Copyright ⓒ HTML&CSS CORPORATION ALL RIGHTS RESERVED.

▲ 카피라이트 영역 디자인

❸ margin-left 동일한 여백 지정

예제 파일 : Sample\Part04\Sec03\sub_html.html

Source

❶
```
<p class="footerLogo"><img src="images/common/logo_copyright.gif" alt="WebCafe" /></p>
<h2>사이트 이용안내</h2>
<ul class="guideMenu">
    <li><a href="#">회사소개</a></li>
    … 생략 …
</ul>
<address>
    <span class="addr">서울시 마포구 상수동 123-12 한주빌딩 5층</span>
    <span class="tel">· 전화: 02-1234-1234</span> <span class="fax">· FAX: 02-1234-1234</span>
    <span class="email">· E-MAIL: webmaster@mail.com</span><br />
    <span class="copyright">Copyright ⓒ WebCafe CORPORATION ALL RIGHTS RESERVED.</span>
</address>
```
❷
❸

❶ 푸터 로고는 상단의 커피잔 이미지와 상관없이 .footerInner 영역의 상단, 좌측의 위치를 계산하여 지정합니다.

div .footerInner 영역 기준

60px

43px

▲ ❶ 푸터 로고의 위치값

```
Source     .footerLogo {
               position:absolute;
               top:60px;
               left:43px;
           }
           #footer h2 {
               position:absolute;
               overflow:hidden;
               width:1px;
               height:1px;
               font-size:0;
               line-height:0;
           }
           .guideMenu, address {
               margin-left:180px;
           }
```

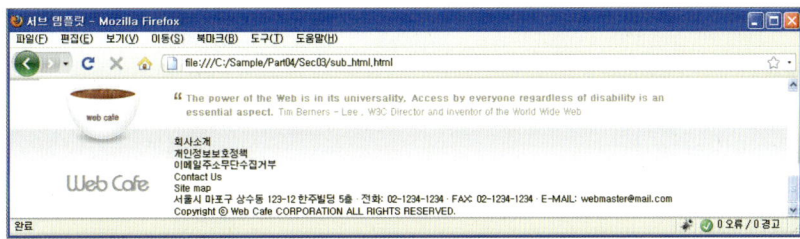

▲ 푸터 영역 중간 확인

❷ 웹 사이트 이용안내 목록의 배경은 모서리가 둥글게 되어 있는 이미지로 디자인되어 있으며, 목록 항목은 가로로 정렬되어 있습니다. 이때 둥근 모서리 배경은 .guideMenu에 지정하고 .guideMenu에 포함된 li 요소는 각각 왼쪽으로 플로트시켜 가로로 배치합니다. 또 목록 항목 사이의 수직 구분선을 표현하기 위해 .guideMenu에 포함된 li 요소에 footer_bar.gif 이미지를 배경으로 지정하고, padding값을 이용하여 적절한 간격을 유지하도록 합니다.

웹 사이트 이용안내 목록의 배경으로 사용할 'bg_guide_menu.gif' 이미지는 투명 영역을 가지는 GIF 형식의 이미지로 제작했기 때문에 목록에 배경색을 지정하면 투명한 배경 이미지 영역에 목록의 배경색이 보이게 됩니다. 또 background-position 속성을 사용하여 배경 이미지의 위치를 자유롭게 조절할 수도 있습니다.

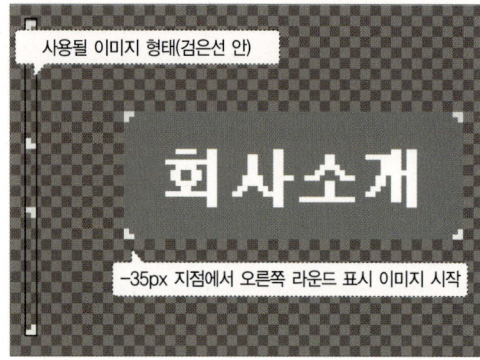

사용될 이미지 형태(검은선 안)

회사소개

-35px 지점에서 오른쪽 라운드 표시 이미지 시작

▲ 생성된 이미지와 적용 예

📁 예제 파일 : Sample\Part04\Sec03\css\base.css

Source

```css
.guideMenu {
    width:686px;
    margin-bottom:17px;
    background: #7b8385 url(../images/common/bg_guide_menu.gif) no-repeat 100% -35px;
}
.guideMenu li {
    float:left;
    padding:6px 10px 4px 10px;
    background:url(../images/common/footer_bar.gif) no-repeat 0 50%;
    color:#fff;
    font-weight:bold;
}
#footer .guideMenu li a {
    color: #fff;
}
```

┄┄ ul 너비, 배경색, 투명 모서리 이
미지 오른쪽 끝에 적용. -35px
을 설정하여 35px 지점부터 이
미지가 보이도록 작성

지금까지 작성한 CSS를 적용한 후 웹 브라우저에서 중간 확인한 결과입니다.

▲ 중간 확인

확인해 보면 ❷ 목록에 지정한 배경색과 이미지가 적용되지 않고 ❸ 연락처와 카피라이트 정보가 들어 있는 address 요소가 float의 영향을 받아 목록 끝에 붙어 있는 것을 알 수 있습니다. address에 적용된 float를 clear 속성을 이용하여 해지합니다.

🗀 예제 파일 : Sample\Part04\Sec03\css\base.css

| Source | ```
address {
    clear:both;
}
``` |
| --- | --- |

❷ 웹 사이트 이용안내 목록인 ul 요소에 지정한 배경색과 배경 이미지가 제대로 보이지 않는 이유는 포함하고 있는 목록 항목인 li 요소에 float 속성이 적용되면서 li 요소들이 부유 요소, 즉 공중에 뜬 것과 같이 되었기 때문입니다. 이렇게 float 속성의 영향으로 li 요소가 공중에 뜨면서 li 요소의 부모인 ul 요소가 콘텐츠들의 범위를 제대로 인식하지 못하게 되면 ul 요소의 높이가 없는 것과 같은 상태로 표현됩니다.

이러한 현상을 확인하기 위해 ul 요소에 border 속성을 적용해 보겠습니다.

▲ 사이트 이용안내 영역의 목록 영역 확인

width값만 인식되고, height값은 없는 상태로 나타납니다. 이 문제를 해결하기 위해 높이가 고정되어 있는 콘텐츠의 경우 height 속성값을 지정하거나 padding 속성을 사용할 수 있지만 콘텐츠가 가변적일 경우에는 사용할 수 없기 때문에 완전한 해결책은 될 수 없습니다.

또 다른 해결 방법으로는 플로트된 li 요소의 부모인 ul 요소에 overflow 속성을 사용하여 플로트된 목록들의 범위를 인식시키는 것입니다. 하지만 인터넷 익스플로러 6에서는 overflow 속성을 이용한 방법이 적용되지 않으므로, height:1% 또는 비표준 속성인 zoom:1; 속성을 추가하여 해결해야 합니다.

❷ 웹 사이트 이용안내 목록에 overflow:auto의 값을 적용하여 배경 이미지와 색상이 표시되도록 수정한 후에 확인해 보겠습니다.
```

▲ 사이트 이용안내 영역의 목록 영역 확인

목록 항목 사이에 보이는 경계선 배경 이미지가 첫 번째 목록인 '회사소개'에는 적용되지 않도록 하기 위해 해당 li 요소에 class명을 추가로 할당한 후, 배경 이미지 적용을 해제합니다. 그런 다음, 목록 영역의 라운드 이미지를 표현하기 위해 배경 이미지를 재적용하여 마무리합니다.

📂 예제 파일 : Sample\Part04\Sec03\sub_html.html

Source
```
<ul class="guideMenu">
    <li class="first-item"><a href="#">회사소개</a></li>
```

📂 예제 파일 : Sample\Part04\Sec03\css\base.css

Source
```
.guideMenu li.first-item {
    background:none; ---------------------------------------  footer_bar.gif 배경 이미지 적용
}                                                             해제
.guideMenu li.first-item {
    background:url(../images/common/bg_guide_menu.gif) no-repeat 0 0;   .guideMenu에 적용한 배경 이
    padding-left:15px;                                                   미지 위치를 오른쪽 상단에 정렬
}                                                                        하여 재사용
```

마지막으로 ❸ 주소와 카피라이트 영역의 텍스트 스타일 및 여백을 지정합니다.

📂 예제 파일 : Sample\Part04\Sec03\css\base.css

Source
```
address {
    clear:both;
    padding:0 0 15px 3px;
    font-size:0.92em;
    line-height:1.5;
    color:#787878;
}
address .addr {
    padding-right:10px;
}
address .tel, address .fax, address .email {
    padding: 0px 3px;
}
```

완성된 푸터 영역을 웹 브라우저에서 확인합니다.

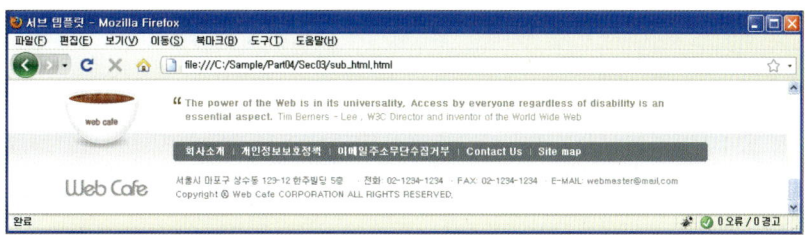

▲ 사이트 이용안내 영역의 목록 영역 확인

반복적으로 사용하는 CSS 속성들의 재사용

반복적으로 사용하는 CSS 코드를 정리하면 CSS 문서의 용량을 줄일 수 있고, 유지 보수 및 관리 시에 한 번의 수정으로 스타일 재적용할 수 있다는 장점이 있습니다. 지금까지는 legend 요소의 텍스트 또는 일부 제목 요소들을 디자인상 화면에서 숨길 때 각각 스타일을 지정했지만 숨김 스타일을 적용하고자 하는 콘텐츠를 한 번에 그룹화하여 지정하면 불필요한 코드의 중복을 피할 수 있습니다.

```css
legend {
    position:absolute;
    overflow:hidden;
    width:1px;
    height:1px;
    font-size:0;
    line-height:0;
}
#header h2 {
    position:absolute;
    overflow:hidden;
    width:1px;
    height:1px;
    top:auto;
    left:-10000px;
}
… 생략 …
```

다음은 공통으로 사용되는 선택자들을 그룹화하여 재작성한 것입니다.

```css
legend, #header h2, #slogan h2, #footer h2 {
    position:absolute;
    overflow:hidden;
    width:1px;
    height:1px;
    font-size:0;
    line-height:0;
}
```

이렇게 수정하면 코드 21줄을 줄일 수 있으며, legend 및 h2 요소들을 시각적으로 보이게 하고 싶은 경우 일일이 속성을 찾지 않아도 되기 때문에 편리합니다.

7. CSS 유효성 검사

지금까지 작성한 CSS 코드를 문법적으로 바르게 사용하였는지 W3C에서 제공하는 CSS 유효성 검사를 통해 확인해 보겠습니다. 이 확인 작업은 다소 귀찮을 수 있지만 마크업이나 CSS 코드 작업 후에는 항상 유효성 검사를 하는 것이 웹 표준을 올바르게 익히고, 습관화하는 최선의 방법입니다.

01 먼저 http://jigsaw.w3.org/css-validator로 접속합니다.

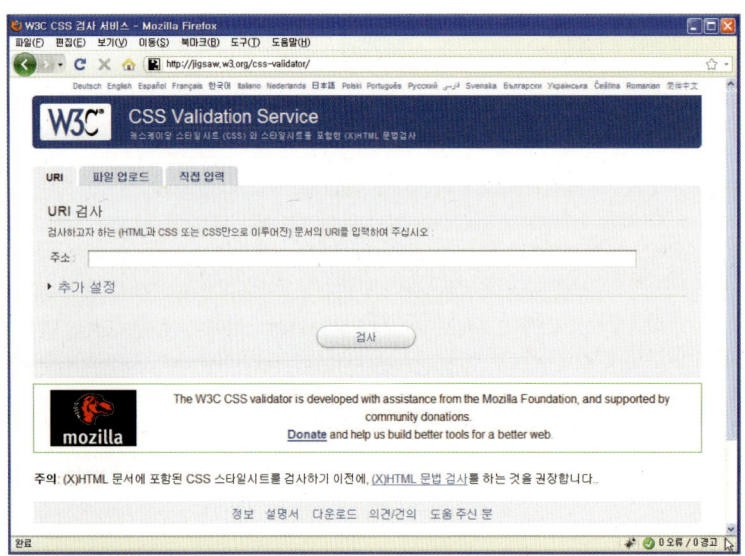

▲ CSS Validation Service 사이트

 여기서 잠깐

float 속성으로 인해 발생하는 문제를 해결하기 위한 다양한 방법

1. height 또는 padding을 사용하여 콘텐츠의 높이값을 지정한다.
2. 플로트된 요소 다음에 오는 블록 요소에 clear 속성을 지정한다.
3. :after 가상 요소를 사용하여 플로트된 요소의 부모 요소에 가상 콘텐츠를 추가한다.

    예 - div:after {content:" "; display:block; clear:both;}

    (가상 요소 방식은 인터넷 익스플로러 7 버전 이하에 적용되지 않으므로, 크로스 브라우징을 위해서는 추가적인 코드가 필요함.)
4. 플로트된 요소의 부모 요소에 overflow:auto; 또는 overflow:hidden;을 지정한다.
5. 플로트된 요소의 부모 요소에 display:inline-block;을 지정한다.

    (display:inline-block;의 경우 인터넷 익스플로러 7 버전 이하에만 적용됨.)

02 CSS 유효성 검사는 URI
방식, 파일 업로드 방식, 직접 입
력 방식의 세 가지 형태로 체크해
볼 수 있습니다. 이 가운데 파일
업로드 방식을 선택하여 검사하
고자 하는 CSS 파일을 확인해 보
겠습니다.

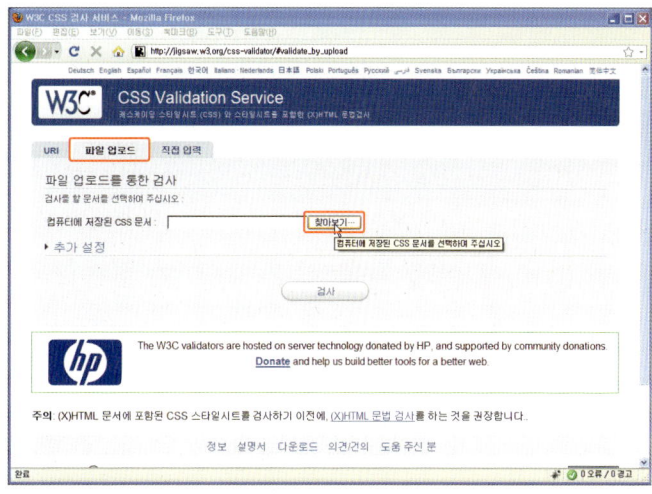

03 찾아보기 버튼을 클릭하여
CSS 유효성을 검사할 스타일 문
서인 C:\Sample\Part04\Sec03\
css\base.css을 선택하고 검사 버
튼을 클릭합니다.

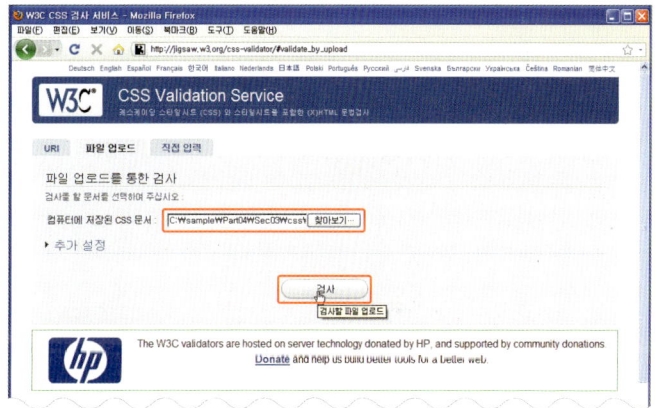

04 base.css에 오류가 없을 경
우 초록색의 축하 메시지와 CSS
배너 이미지를 제공하는 화면이
나타납니다. 만약 오류가 있어서
붉은색 경고 메시지가 나타났다
면 오류가 난 선언 부분을 찾아
수정해야만 CSS 유효성 검사를
통과할 수 있습니다.

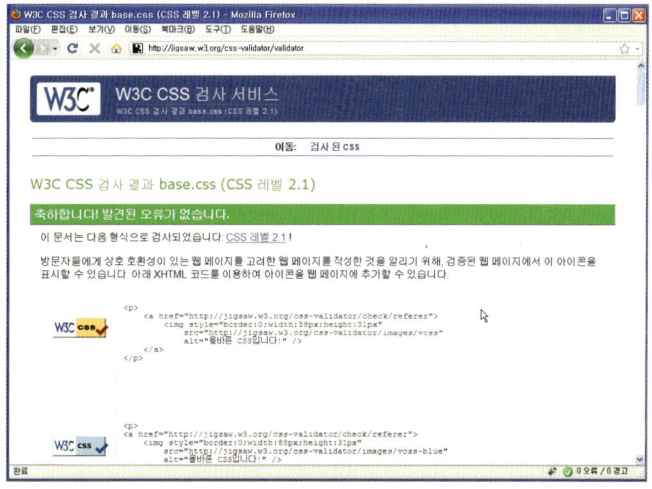

8. 크로스 브라우징 점검

서브 템플릿 레이아웃도 완성하였고, CSS 유효성 검사도 통과했으므로 이번에는 다른 종류의 웹 브라우저에서도 제대로 렌더링되는지 확인해 보겠습니다. 간혹 크로스 브라우징을 모든 웹 브라우저에서 100% 똑같이 보이도록 하는 것이라고 생각하는 사람들도 있지만, Part 01에서 언급한 바와 같이 웹 브라우저마다 HTML과 CSS를 렌더링하는 엔진이 다르고, 기본 글꼴 및 여백 등의 크기에 차이가 있을 수 있으므로, 1px도 어긋나지 않고 100% 똑같이 보이도록 하는 일은 쉽지 않습니다. 따라서 크로스 브라우징 점검 부분에서는 1px의 오차도 발생하지 않도록 하는 것에 초점을 맞추는 것이 아니라 다양한 종류의 웹 브라우저에서 전체적인 디자인 흐름 및 레이아웃에 문제가 없는지를 살펴보고, 이를 바로잡는 데에 초점을 맞추도록 하겠습니다.

지금까지 파이어폭스 3.5를 기준으로 확인한 Section 03의 서브 템플릿 페이지(layout_sub.html)를 인터넷 익스플로러 6, 7, 8 버전과 사파리, 오페라, 크롬에서 각각 어떻게 보이는지 확인해 보고, 문제점을 해결하기 위한 코드를 추가해 보겠습니다. 이때 특정 웹 브라우저에서만 발생한 문제를 해결하기 위해 CSS 필터나 CSS 핵을 사용할 수도 있지만, 가능하면 이러한 트릭의 힘을 빌리지 않고 해결하는 것이 바람직합니다.

특히 인터넷 익스플로러의 특정 버전에서 발생한 버그는 조건 주석문(Conditional Comments)을 사용하여 해결하겠습니다.

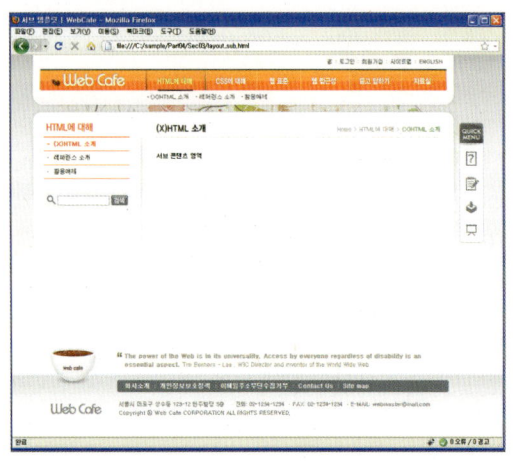
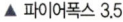

▲ 파이어폭스 3.5

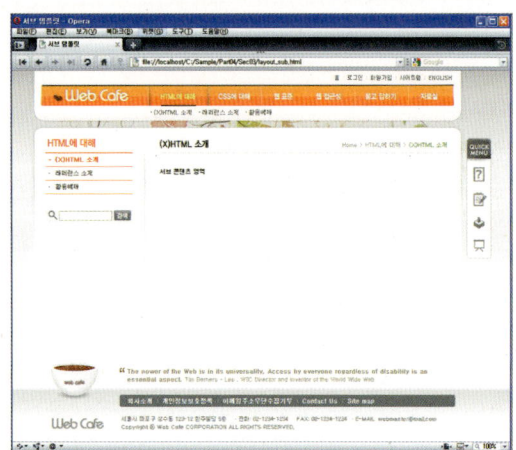

▲ 오페라 10

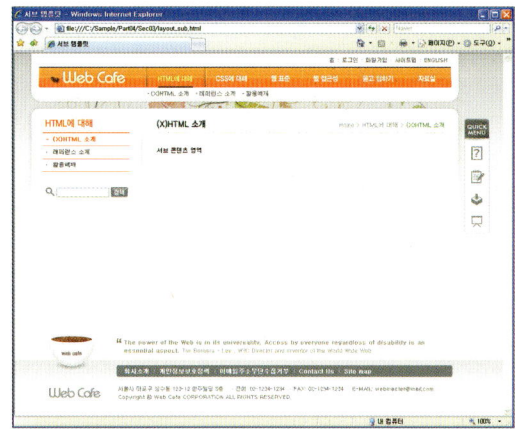

▲ 인터넷 익스플로러 7

▲ 인터넷 익스플로러 8

▲ 크롬 4.x

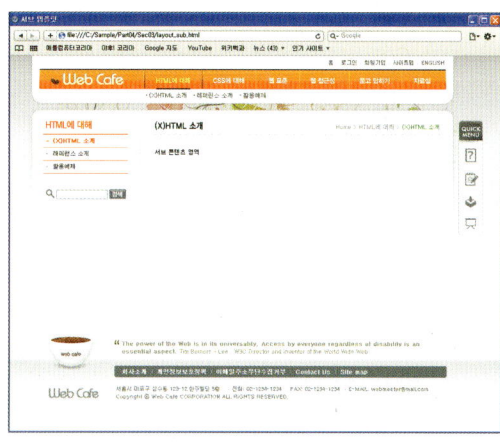

▲ 사파리 4

layout_sub.html 문서를 각 웹 브라우저를 통해 확인해 본 결과, 인터넷 익스플로러 6을 제외하면 텍스트 줄 간격 등과 같은 세밀한 부분 외에는 큰 차이가 없었습니다. 앞서 언급한 바와 같이 100% 동일하게 맞추기 힘든 부분도 있으므로, 전체적인 디자인 흐름과 레이아웃에서 발생하는 문제를 중심으로 해결해 보겠습니다.

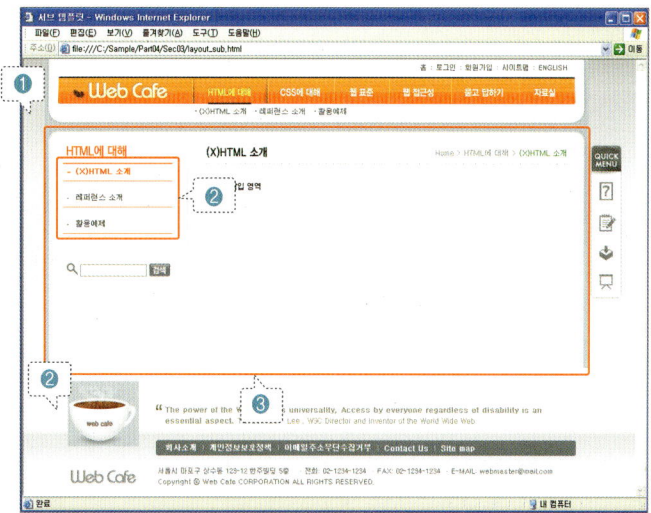

▲ 인터넷 익스플로러 6

인터넷 익스플로러 6에서 발생한 문제를 확인하거나 수정하는 작업은 IE Tester를 통해서 진행하겠지만 가급적 최종 수정 내용 확인은 IE Tester가 아닌 인터넷 익스플로러 6 정식 버전을 사용하는 것이 좋습니다. IE Tester의 경우 일부 렌더링 결과에 오차가 발생할 수 있기 때문입니다.

이번에는 인터넷 익스플로러 6에서 발생하는 세 가지 문제점을 짚어 보고, 함께 해결해 보겠습니다.

⊙ PNG 형식의 배경 이미지와 슬로건의 커피잔 이미지의 투명 배경

인터넷 익스플로러 6은 PNG 이미지의 투명도를 지원하지 않기 때문에 다른 방법을 사용하여 이미지가 제대로 보이도록 해야 합니다. PNG 형식을 배경으로 사용하는지, 만약 배경으로 사용하고 있다면 배경 이미지가 반복되는지, 인라인 이미지로 사용되는지 등의 경우에 따라 해결 방법이 조금씩 다릅니다. 먼저 배경으로만 사용하는 경우는 CSS 핵을 이용하여 간단하게 적용할 수 있습니다. 이 방법을 헤더 영역과 콘텐츠 영역의 배경 이미지에 적용시켜 보겠습니다.

예제 파일 : Sample\Part04\Sec03\css\layout.css

```
Source   #header {
             ··· 생략 ···
             background : url(../images/common/bg_menubox.png) no-repeat 0 0 ;
             _background : none;
             _filter :progid:DXImageTransform.Microsoft.AlphaImageLoader(src='images/common/bg_menubox.png',
             sizingMethod='crop') ;
         }
         #contents {
             ··· 생략 ···
             background :url(../images/common/contents_box.png) no-repeat 0 0 ;
             _background :none ;
             _filter :progid:DXImageTransform.Microsoft.AlphaImageLoader(src='images/common/contents_box.png',
             sizingMethod='crop') ;
         }
```

background와 같이 앞에 적용한 '(언더바 핵)'은 인터넷 익스플로러 전용 핵으로, 정상적으로 PNG 이미지를 보여 주는 곳에서는 기존의 background 요소가 적용되고, PNG 이미지를 제대로 표현하지 못하는 인터넷 익스플로러 5.5~6은 _background와 _filter가 적용됩니다.

한 가지 주의해야 할 점은 CSS의 배경 이미지 파일의 경로는 CSS가 위치한 폴더를 기준으로 정하지만 filter에 적용되는 이미지 파일의 경로는 HTML 문서 기준으로 지정해야 한다는 것입니다. 하지만 이 방법은 background-repet 속성이나 background-position 속성들을 이용하여 배경 이미지의 반복 여부나 위치를 변경할 수 없다는 단점이 있습니다.

▲ 배경 이미지에 CSS 핵을 적용하여 PNG 문제를 해결한 모습

다음으로 푸터 영역과 겹쳐 있는 커피잔 이미지는 GIF 형식의 이미지 포맷으로 변경하여 적용하겠습니다. 커피잔 하단의 그라데이션 배경에 주의하여 GIF 이미지를 생성하면 PNG와 거의 비슷한 효과를 얻을 수 있습니다. 하지만 배경색이 바뀌거나 위치가 조정되면 약간 어색할 수도 있습니다.

▲ 커피잔 이미지 PNG-24(좌) / GIF(우) 포맷 비교

진한색 바탕에서 두 이미지를 비교해 보면 커피잔의 흰색 김 효과가 GIF에서는 표현되지 못했으며, 외곽선이 거칠게 표현된 것을 볼 수 있습니다. 하지만 밝은 색 배경인 웹 사이트에 직접 적용하면 두 이미지 포맷의 차이가 쉽게 느껴지지 않습니다.

만약 커피잔 이미지를 GIF 형식으로 변환하지 않고 PNG-24 형식이 정상적으로 렌더링되도록 하려면 자바스크립트를 사용해야 합니다. 이 경우에는 간단한 자바스크립트 코드를 커피잔 이미지가 있는 웹 문서에 삽입하고 .png24 스타일을 추가하면 됩니다.

⊙ javascript Code

```
<script type="text/javascript">
    function setPng24(obj){
    obj.width = obj.height = 1;
    obj.className = obj.className.replace(/\bpng24\b/i,'');
    obj.style.filter = "progid:DXImageTransform.Microsoft.AlphaImageLoader(src='"+ obj.src +"',sizingMethod='image');"
    obj.src = '';
    return '';
}
</script>
```

⊙ CSS Code

```
.png24 { tmp:expression(setPng24(this)); }
```

배경 이미지와 인라인 이미지 모두에 PNG-24 형식을 사용할 수 있는 방법

배경 이미지와 인라인 이미지에 따로 적용하는 방법 외에 두 가지 경우를 모두 적용할 수 있는 방법도 있습니다. 이 방법은 인터넷 익스플로러 5.5~6 버전이 모두 지원되며, 이 경우에는 인터넷 익스플로러 전용 자바스크립트인 'iepngfix.htc' 파일과 1×1 크기의 투명한 'blank.gif'만 필요합니다.
다음에서 소개하는 웹 사이트에 PNG-24 형식을 사용하기 위한 자세한 설명과 예제가 있으므로, 관심 있는 분들은 참고하기 바랍니다.

TwinHelix - IE PNG Fix 2.0 Alpha 4
http://www.twinhelix.com/css/iepngfix

NARADESIGN Blog - IE 6에서 PNG-24의 '투명/반투명' 색을 바르게 표현하기
http://naradesign.net/wp/2006/12/15/100

DillerDesign - IE 6 PNG 필터와 자바스크립트 사이의 문제 해결 방법 소개
http://www.dillerdesign.com/experiment/DD_belatedPNG

⊙ 이미지 요소에 png24 class 부여

```
<p class="sloganImg"><img src="images/common/icon_coffee.png" alt="커피잔" class="png24" /></p>
```

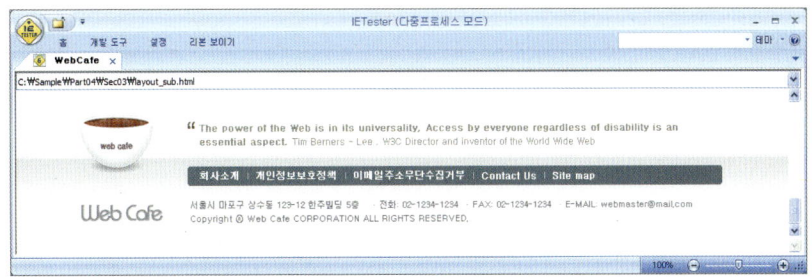

▲ 스크립트를 적용한 PNG-24 형식의 이미지

⊙ 서브 메뉴 목록 항목의 간격이 넓게 나타나는 현상

인터넷 익스플로러 6에서 서브 메뉴 목록 항목 상단에 알 수 없는 여백이 생겨 메뉴가 벌어져 보입니다. 이러한 현상이 나타나는 이유와 범위를 확인하기 위해 마우스로 해당 메뉴 목록을 드래그해 보면 텍스트 외에 빈 여백이 하나씩 추가되어 있는 것을 확인할 수 있습니다.

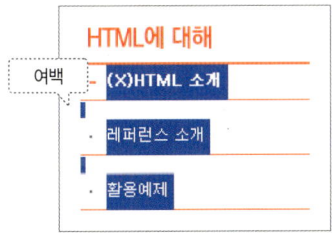

▲ 서브 메뉴 목록을 선택하여 확인

이 여백들은 inline 요소인 a 요소에 display:block을 적용하여 블록 요소로 지정할 경우에 발생하는 인터넷 익스플로러 5~7의 haslayout의 버그입니다. 이 경우에는 각 li 요소에 height : 1% 또는 zoom :1을 적용하여 해결할 수 있습니다. 여기에서는 height : 1%을 사용하여 인터넷 익스플로러 5~7에서 발생한 haslayout 문제를 해결해 보겠습니다.

🗀 예제 파일 : Sample\Part04\Sec03\css\base.css

Source
```
.subMenu ul li {
    … 생략 …
    height:1%
}
```

▲ height:1%; 적용 확인

⊙ **콘텐츠 영역에 적용한 min-height가 바르게 적용되지 않는 현상**

콘텐츠 영역에는 인터넷 익스플로러 6에서 지원하지 않는 속성 중 하나인 min-height를 사용하여 최소 높이값을 설정하였습니다. 인터넷 익스플로러 6은 다른 웹 브라우저와 달리 height로 지정한 값을 최소 높이값으로 인식하기 때문에 이러한 특성을 !important 명령과 함께 지정하면 문제를 해결할 수 있습니다. 이때 주의해야 할 점은 두 번 중복해서 선언한 height 속성 중에 웹 표준 기반의 웹 브라우저에서는 마지막에 선언된 height값을 인식하도록 하고, 인터넷 익스플로러 6에서는 먼저 선언한 height값이 적용되도록 하기 위해 선언 순서를 지켜야 한다는 것입니다.

참고 블로그 : http://www.dustindiaz.com/min-height-fast-hack.

예제 파일 : Sample\Part04\Sec03\css\layout.css

Source	#contents {
	　　… 생략 …
	　　min-height:400px;
	추가 ⌐ 　height:auto !important;
	　　└ height:400px;
	}

▲ important 선언을 사용하여 인터넷 익스플로러 6의 min-height 문제를 해결한 결과

지금까지 크로스 브라우징 이슈를 해결하기 위해 추가한 CSS 코드에는 문법적으로 유효하지 않은 속성들이 포함되어 있기 때문에 CSS 유효성 검사를 통과할 수 없다는 문제가 있습니다. 또 추가한 CSS 코드는 인터넷 익스플로러 6을 제외한 다른 웹 브라우저에는 적용할 필요가 없기 때문에 조건 주석문(Conditional Comment)을 사용하여 인터넷 익스플로러 6에만 적용되도록 별도의 CSS 파일로 분리하여 수정하겠습니다.

인터넷 익스플로러 6에만 적용하기 위한 CSS 파일은 ie6.css로 생성하고 HTML 문서에 다음과 같은 조건 주석문을 추가합니다. 조건 주석문은 인터넷 익스플로러에서만 인식되는 코드로, 인터넷 익스플로러의 특정 버전을 구분하여 적용할 수 있습니다.

🗀 예제 파일 : Sample\Part04\Sec03\css\ie6.css

Source	
| | ```
<!--[if IE 6]>
<link rel="stylesheet" type="text/css" href="css/ie6.css">
<![endif]-->
``` |
```

다음은 인터넷 익스플로러에서 발생한 문제를 해결하기 위해 추가했던 코드를 ie6.css로 분리한 모습입니다. 앞으로 인터넷 익스플로러 6에만 적용하기 위한 코드는 ie6.css에 추가하겠습니다.

🗁 예제 파일 : Sample\Part04\Sec03\ie6.css

Source

```css
❶ #header {
        background:none;
        filter:progid:DXImageTransform.Microsoft.AlphaImageLoader(src='images/common/bg_menubox.png',
        sizingMethod='crop');
    }
    #contents {
        background:none;
        filter:progid:DXImageTransform.Microsoft.AlphaImageLoader(src='images/common/contents_box.png',
        sizingMethod='crop');
    }
    .png24 {
        tmp:expression(setPng24(this));
    }

❷ .subMenu ul li {
        height: 1%
    }

❸ #contents {
        height:auto !important;
        height:400px;
    }
```

조건 주석문은 장점도 있지만, 웹 사이트 유지 보수나 수정 시 웹 표준 기반의 웹 브라우저에 적용할 CSS 파일과 인터넷 익스플로러에만 적용하기 위한 CSS 파일 모두를 수정해야 하는 번거로움이 발생할 수 있습니다.

여기서 잠깐 인터넷 익스플로러 6에서 다양한 CSS 선택자와 속성을 활용할 수 있도록 구글에서 제공하는 자바스크립트를 사용하려면 웹 문서 head 요소 내에 아래와 같이 조건 주석문을 삽입합니다.

```html
<!--[if lt IE 7]>
<script src="http://ie7-js.googlecode.com/svn/version/2.1(beta3)/IE7.js"></script>
<![endif]-->
```

메인 레이아웃 디자인

이번에는 서브 템플릿 레이아웃을 바탕으로 메인 페이지인 index.html를 완성해 보겠습니다.

작업에 앞서 메인 페이지인 index.html의 레이아웃 구조를 다시 한 번 살펴보겠습니다.

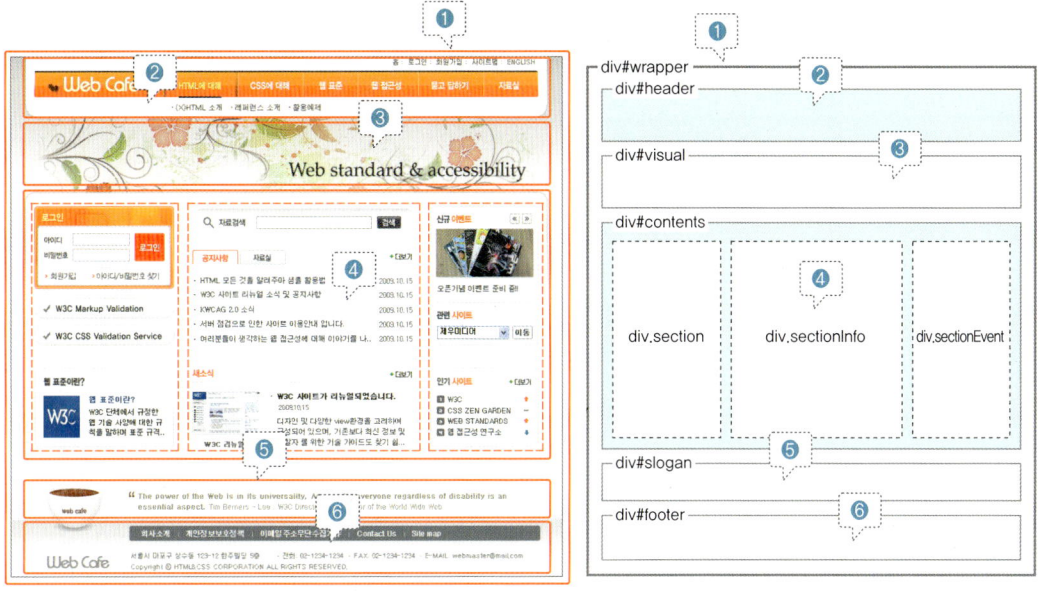

▲ 메인 div 구조와 각 영역의 디자인 확인

❶, ❷, ❺, ❻은 서브 템플릿 레이아웃과 동일하고, ❸은 서브 템플릿 레이아웃에는 없었던 영역입니다. 그리고 ❹ 콘텐츠 영역은 배경 이미지는 동일하지만 콘텐츠가 삽입될 레이아웃 구조와 콘텐츠의 내용이 다릅니다.

이 밖에 메인 레이아웃과 서브 레이아웃의 차이는 퀵 메뉴의 유무에 있습니다. 퀵 메뉴가 없다는 이유로 달라지게 되는 레이아웃의 배치와 퀵 메뉴가 서브 레이아웃에 미쳤던 영향들을 이번 장에서 재정리해 보겠습니다.

index.html 문서의 head 요소에 앞 장에서 작성한 import.css를 연결하여 Reset CSS 및 공통으로 사용되는 CSS 파일을 적용합니다. 그런 다음, 추가로 메인 페이지에서만 사용할 main.css을 생성하고 연결합니다. 또 메인 페이지에서 사용할 이미지들은 images/main 폴더를 통해 사용합니다.

Source	〈link rel="stylesheet" type="text/css" href="css/import.css" /〉
	〈link rel="stylesheet" type="text/css" href="css/main.css" /〉

index.html 문서에 import.css와 main.css를 적용한 결과는 다음과 같습니다.

공통 구조를 가지는 부분들은 서브 템플릿과 동일하게 CSS가 적용되고, 서브 페이지에는 없던 콘텐츠 영역들은 HTML 요소가 초기화된 상태로 보입니다. 또 오른쪽에 위치하고 있던 퀵 메뉴가 없어졌기 때문에 웹 사이트가 가운데보다는 왼쪽으로 치우친 느낌이 듭니다.

서브 템플릿 문서에 적용했던 CSS 코드는 동일하게 적용하되 서브 템플릿 영역과는 다른 스타일을 지정할 수 있도록 하기 위해 body 요소에 다음과 같이 id값을 할당합니다.

📁 예제 파일 : Sample\Part04\Sec03\index.html

Source	`<body id="main">`

먼저 콘텐츠 영역에 3단 형식으로 작성한 div 요소들을 재배치하겠습니다. 배치는 float 속성을 사용하여 왼쪽으로 정렬하고, margin 속성을 사용하여 각 영역 사이의 간격을 지정합니다. 자료실 목록은 공지사항과 겹쳐 보이므로, 작업의 편의를 위해 display:none을 사용하여 임시로 숨겨 놓겠습니다.

▲ 메인 콘텐츠 영역의 사이즈와 여백(흰색 풍선 도움말 : 영역 사이즈/노란색 풍선 도움말 : 여백 사이즈)

📁 예제 파일 : Sample\Part04\Sec03\index.html

Source	`<div id="contents">`
	　　`<div class="section">콘텐츠 1단</div>`
	　　`<div class="sectionInfo">콘텐츠 2단</div>`
	　　`<div class="sectionEvent">콘텐츠 3단</div>`
	`</div>`

Source

```
#pdsList {
    display:none;
}
/* ──────── 메인 콘텐츠 레이아웃 ──────── */
.section {
    float:left;
    display:inline;──────────────────────────────── margin-left:20px의 더블 마진 버그를 해
    width:239px;                                      결하기 위해 사용
    margin:0 25px 0 20px;
}
.sectionInfo {
    float:left;
    width:375px;
    margin-right:24px;──────────────────────────── float된 방향과 반대인 오른쪽에 마진값을
}                                                    부여하여 더블 마진 버그가 발생하지 않도
.sectionEvent {                                      록 합니다.
    float:left;
    width:185px;
}
/* ─────────────────────────── */
```

제대로 적용되었는지 웹 브라
우저에서 확인해 보겠습니다.

▲ 메인 콘텐츠 3단 레이아웃 수정

화면 오른쪽에 보이는 공간 때문에 전체적으로 약간 왼쪽으로 치우쳐 보입니다. 이렇게 보이는 이유는 서브 템플릿과 달리 메인 페이지에는 퀵 메뉴 영역이 포함되지 않기 때문입니다. 이런 문제를 해결하기 위해 메인 페이지의 #header, #contents, #slogan, #footerInner 영역의 가로 너비를 940px에서 886px로 수정하고, 서브 템플릿 레이아웃에서 푸터 영역의 웹 사이트 이용안내 목록이 퀵 메뉴 영역까지 넓어졌던 문제를 해결하기 위해 지정했던 margin값도 퀵 메뉴의 크기를 뺀 값으로 재정의합니다. 그리고 서브 템플릿에 없었던 비주얼 영역에 대한 스타일도 추가로 지정합니다.

📂 예제 파일 : Sample\Part04\Sec03\css\main.css

```
Source    /* ———— 메인 레이아웃 재정의 ———— */
          #header, #contents, #slogan, .footerInner {
              width:886px; ————————————————————————————— 기존 width : 940px을 886px로 재정의
          }
          #infoMenu {
              margin-right:25px; ——————————————————————— 기존 속성값 74px을 재정의
          }
          #visual {
              margin:0 auto;
              width:824px;
              height:107px;
          }
```

▲ 메인 layout 수정 후

index.html 문서의 레이아웃이 가운데 정렬로 수정된 것을 확인할 수 있습니다. 이렇게 스타일이 재적용된 이유는 index.html에 연결한 여러 개의 CSS 파일 중에서 main.css가 가장 마지막에 선언되어 기존 layout.css와 base.css보다 우선순위가 높아졌기 때문입니다.

이 방법 외에도 layout.css 파일에 메인 페이지 body 요소에 할당한 id값을 선택자로 활용하여 #main #header { width:886px; }와 같이 선언하면 메인 페이지는 선택자의 우선순위 규칙에 따라 #header에 지정한 너비값이 아닌 #main #header에 지정한 너비값인 886px이 적용됩니다.

메인 콘텐츠 디자인

1. 로그인 영역

메인 콘텐츠에서 첫 번째로 디자인할 요소는 작업이 약간 복잡한 제목 요소와 로그인 관련 폼, 링크 요소들로 구성된 로그인 영역입니다.

▲ 로그인 영역 디자인

먼저 주황색 둥근 모서리와 흰색 배경을 가진 이미지를 로그인 영역 전체에 배경 이미지로 지정합니다. 그리고 ❶ 제목 이미지의 위치를 padding 속성을 이용하여 조정합니다.

▲ 로그인 영역 배경과 로그인 제목에 사용된 이미지

로그인 관련 콘텐츠 전체를 감싸고 있는 .login에는 position: relative값을 지정하여 로그인 관련 콘텐츠를 absolute 방식으로 배치할 때 .login이 컨테이닝 블록이 되도록 합니다.

여기서 잠깐

폼 요소의 디자인은 가급적 변경하지 않는 것이 좋습니다.

폼 요소들의 스타일은 웹 브라우저별로 고유의 인터페이스 디자인으로 보여 주며, 개발자 또는 사용자가 이 디자인 양식을 변경하는 것에 대해 제한을 두기도 합니다. 디자인을 할 때는 이 부분을 반드시 고려해야 합니다. 마크업할 때 모든 웹 브라우저와 1px의 차이도 없이 동일하게 맞추는 것은 쉽지 않습니다.

Source
```
<div class="login">
    <h3><img src="images/main/h3_login.gif" alt="로그인" /></h3>
    … 생략 …
</div>
```

❶

Source
```
/* ─────── 로그인 콘텐츠 ─────── */
.login {
    position:relative;
    width:239px;
    margin-bottom:10px;
    background:url(../images/main/login_box.gif) no-repeat;
}
.login h3 {
    padding: 10px 0 16px 12px;
}
```

그리고 아이디와 비밀번호는 label 요소를 이용하여 2개의 텍스트 입력 폼 요소의 시작 위치를 맞추고 크기를 지정합니다. 디자인과 동일하게 맞추기 위해서는 각 영역의 크기를 미리 확인한 후에 작업하는 것이 좋습니다.

❷

Source
```
<div class="login">
… 생략 …
    <p class="id">
        <label for="logid"><img src="images/main/title_id.gif" alt="아이디" /></label>
        <input type="text" id="logid" />
    </p>
    <p class="pw">
        <label for="logpw"><img src="images/main/title_pw.gif" alt="비밀번호" /></label>
        <input type="text" id="logpw" />
    </p>
… 생략 …
```

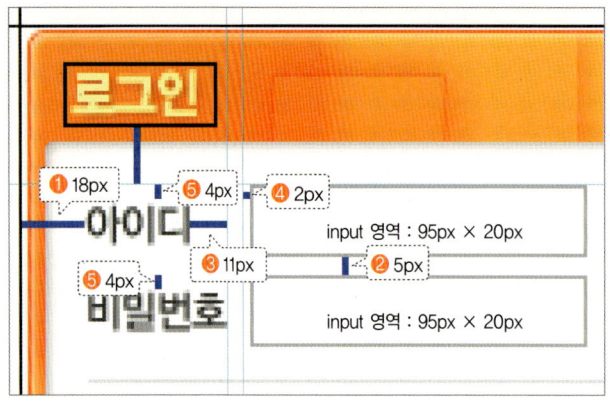

▲ 로그인 디자인 간격 확인

📂 예제 파일 : Sample\Part04\Sec03\css\main.css

```
Source    .login .id, .login .pw {
     ❶   - margin-left: 18px;----------------------------------------id, 비밀번호 이미지와 왼쪽 간격
          }
          .login .id {
     ❷   - padding-bottom: 5px;----------------------------------id와 비밀번호 영역 사이의 여백
          }
          .login .id label {
     ❸   - padding-right:11px;------------------------------------id와 비밀번호 이미지 가로 크기의 차이
          }
          .login #logid, .login #logpw {
              width:95px;
              height:18px;------------------------------------------전체는 20px이나 상, 하 border 2px값을 제하고 적용
              border: 1px solid #b4b4b4;
     ❹   - margin-left:2px;--------------------------------------label과 input 사이 간격. 빈 칸이 있으므로 그 영역
          }                                                      만큼 제외한 2px만큼 여백 설정. 2px을 적용
          .login label img {
     ❺   - margin-top:4px;--------------------------------------label의 이미지 상단에 여백을 두어 input과 정렬되
          }                                                      어 보이도록 합니다.
```

lable 요소는 인라인 요소로 width 속성이 적용되지 않으므로, 이 문제를 쉽게 해결하기 위해 아이디와 비밀번호의 이미지 크기를 동일하게 슬라이스하여 사용할 수도 있습니다.

오른쪽에 위치하고 있는 ❸ 로그인 버튼은 position:absolute를 사용하여 .login을 기준으로 배치합니다.

Source

③
```
<div class="login">
    … 생략 …
    <p class="btnLogin">
        <input type="image" src="images/main/btn_login.gif" alt="로그인" />
    </p>
    … 생략 …
```

Source
```
.login .btnLogin {
    position: absolute;
    height:45px;
    width:50px;
    top: 44px;
    right:19px;
}
```

마지막 ④ 링크와 로그인 폼 사이의 회색 라인은 border 속성으로 표현하고 불릿 디자인과의 간격은 padding 속성을 사용하여 지정합니다.

Source

④
```
<div class="login">
    … 생략 …
    <div class="memberInfo"><a href="#" class="join">회원가입</a>
    <a href="#" class="find">아이디/비밀번호 찾기</a></div>
</div>
```

Source
```
.memberInfo {
    margin:9px 19px 0 19px;                        ----------- margin과 padding 영역 사이에
    padding-top:8px;                                           border 위치
    padding-bottom:17px;
    border-top:1px solid #dedede;
}
.memberInfo a {
    padding-left:11px;
    color:#686868;
    letter-spacing:-0.1em;
    background:url(../images/main/icon_login.gif) no-repeat 1px 3px;
}
```

```
    }
.memberInfo a:hover, .memberInfo a:focus {
    text-decoration:underline;
}
.memberInfo a.join {
    padding-right:23px;---------------------------------------- 회원가입과 아이디/비밀번호
                                                          찾기 링크 사이 간격
    }
```

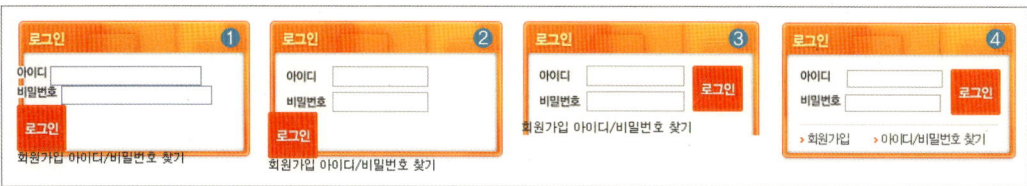

▲ 단계별 CSS 적용 모습

로그인 폼의 legend 요소는 base.css에서 숨김으로 제공하도록 설정되어 있으므로, 별다른 추가 작업을 하지 않아도 됩니다.

2. 배너 영역

다음은 제목 요소와 두 개의 이미지로 구성된 배너 목록입니다. 목록 항목은 디자인 시안처럼 간격을 조정하고 배너의 제목 요소는 기존 base.css에서 작성한 코드를 이용하여 화면에 보이지 않도록 숨깁니다.

 여기서 잠깐

콘텐츠의 높이값은 가급적 지정하지 않는 것이 좋습니다.

상황에 따라 다르지만 텍스트의 변화나 콘텐츠의 양에 따라 영역이 변할 수 있는 경우 고정 높이값을 지정하면 주변 다른 영역과 콘텐츠가 겹치거나 가려져서 안 보일 수 있습니다. 로그인 영역도 전체 고정 높이값 대신 각 콘텐츠들의 높이 여백 값 등으로 전체 높이가 지정되도록 설정하였습니다.

▲ height:138px 적용   ▲ height 미적용

✓ W3C Markup Validation

✓ W3C CSS Validation Service

▲ 배너 영역

📁 예제 파일 : Sample\Part04\Sec03\index.html

```
Source    <div class="banner">
              <h3>유효성 체크 배너</h3>
              <ul>
                  <li><a href="http://validator.w3.org/" title="마크업 유효성 사이트로 이동">
                      <img src="images/main/btn_html.gif" alt="W3C Markup Validation" /></a></li>
                  … 생략 …
              </ul>
          </div>
```

📁 예제 파일 : Sample\Part04\Sec03\css\main.css

```
Source    /* ——————— 배너 ——————— */
          .banner {
              margin:0 2px 26px;————————————————— bottom 26px은 아래 '웹 표준이란?' 콘텐츠와의 실제
          }                                        간격에서 li 요소의 padding값 6px을 제한 나머지 간격
          .banner h3 {
              position:absolute;
              overflow:hidden;
              width:1px;
              height:1px;
              font-size:0;
              line-height:0;
          }
          .banner li {
              padding-bottom:8px;
          }
```

로그인 영역의 주황색 박스는 양쪽 옆의 그림자 표현으로 인해 실제 영역보다 크기 때문에 로그인 박스 라인과 맞추기 위해 오른쪽, 왼쪽에 margin:2px을 적용하였습니다.

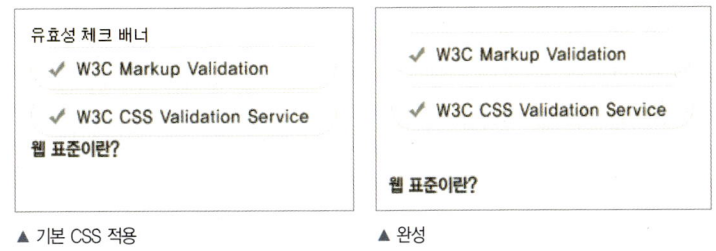

▲ 기본 CSS 적용　　　　　▲ 완성

3. 용어 설명 영역

메인 페이지에 웹 표준이라는 용어를 설명하는 영역이 있습니다. 용어 설명 영역 안에 있는 콘텐츠는 정의형 목록(dl)을 사용하여 마크업하였으며, 이 영역에 적용할 디자인은 모서리가 둥근 연한 회색 그라데이션 박스입니다. 로그인 영역과 마찬가지로 배경 이미지로 표현하고, 제목 요소의 위치를 조정한 후에 이미지에 표시된 순서대로 각 콘텐츠를 배치합니다.

먼저 배경 이미지와 ❶ 제목 요소의 위치를 지정합니다.

예제 파일 : Sample\Part04\Sec03\index.html

```
Source
❶
<div class="standardBox">
    <h3><img src="images/main/h3_standards.gif" alt="웹 표준이란?" /></h3>
    … 생략 …
</div>
```

예제 파일 : Sample\Part04\Sec03\css\main.css

```
Source
/* ————— 웹 표준이란? ————— */
.standardBox {
    margin:2px 0 2px 2px;
    width:236px;
    background:url(../images/main/bg_standardbox.gif) no-repeat 0 0;
}
.standardBox h3 {
    padding: 15px 0 15px 15px;
}
```

dl 요소에 할당된 class값을 이용하여 W3C 로고 이미지가 들어 있는 ❸은 float:left로 ❷, ❹ 텍스트 제목과 본문은 float:right로 배치합니다.

예제 파일 : Sample\Part04\Sec03\index.html

```
Source
<div class="standardBox">
    … 생략 …
```

```
          <dl>
  ②          <dt class="subject"><a href="#">웹 표준이란?</a></dt>
  ③          <dd class="img"><img src="images/main/img_standards.gif" alt="W3C 로고"
               width="61" height="68" /></dd>
  ④          <dd class="brief"><a href="#">W3C 단체에서 규정한 웹 기술 사양에 대한 규칙을
               말하며 표준 규격…</a></dd>
          </dl>
      </div>
```

📁 예제 파일 : Sample\Part04\Sec03\css\main.css

```
Source      .standardBox dl {
                margin:0 15px;
            }
  ③  ⌐.standardBox .img {
                float:left;
                padding-bottom:18px;
            }
  ②,④⌐.standardBox .subject, .standardBox .brief {
                float:right;
                width:130px;
            }
```

여기까지 작성한 코드를 보면 height값 대신 padding-bottom:18px을 적용하여 ③ 이미지 밑으로
18px만큼 영역을 늘려 배경 이미지가 표현될 수 있도록 하였지만 이미지가 float되어 있기 때문에
이미지의 부모 요소인 dl 요소는 float된 이미지의 높이를 인식하지 못하여 배경 이미지가 온전히 표
현되지 않았습니다.

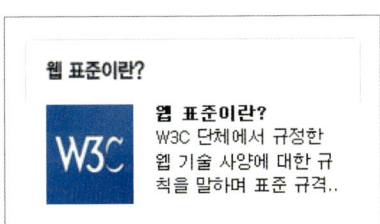

▲ 웹 표준 중간 확인

이 문제를 해결하기 위해 앞장에서 배운 overflow 속성을 적용하여 이미지의 높이를 부모 요소인 dl
요소가 인식하도록 하고, 나머지 텍스트 스타일을 적용합니다.

```
Source     .standardBox dl {
               overflow:auto; --------------------------------------------- float된 콘텐츠의 영역을 인식하기 위해 추가
               margin:0 15px;
           }
    ❷     .standardBox .subject {
               padding-bottom:4px;
           }
    ❸     .standardBox .subject a {
               color:#296897;
               font-weight:bold;
           }
    ❹     .standardBox .brief a {
               line-height:1.4;
               color:#303030;
           }
```

▲ 웹 표준이란? 콘텐츠 CSS 적용 단계 및 완료 모습

4. 자료검색 영역

자료검색 폼을 보면 서브 템플릿의 사이드 영역의 자료검색과 같은 class명을 가지고 있기 때문에 base 스타일이 그대로 적용된 것을 알 수 있습니다.

메인 페이지의 자료검색 영역은 서브 페이지의 검색 영역보다 너비가 넓고 타원형 그라데이션 배경 이미지로 처리되어 있으며, 자료검색이라는 레이블 앞에 돋보기 형태의 아이콘 이미지로 디자인되어 있습니다.

이런 차이를 가진 메인 페이지의 검색 영역의 제목 요소는 먼저 화면에 보이지 않도록 기존 방식을 활용하여 숨깁니다. 이때 메인 페이지에서 사용되는 숨김 콘텐츠들은 main.css 상단에 두어 관리 편의성을 높일 수 있도록 작업합니다.

📁 예제 파일 : Sample\Part04\Sec03\css\main.css

```
Source    /* ——————— 숨김 콘텐츠 ——————— */
          .banner h3, .search h3 {                        ————————— 자료검색 제목 추가
              position:absolute;
              overflow:hidden;
              width:1px;
              height:1px;
              font-size:0;
              line-height:0;
          }
          /* ——————————————————————— */
```

메인 디자인 시안에 맞추어 ❶ 자료검색 영역의 배경 이미지와 상단 margin값부터 재정의합니다.

📁 예제 파일 : Sample\Part04\Sec03\index.html

```
Source    <div class="search">
              … 생략 …
          </div>
```

📁 예제 파일 : Sample\Part04\Sec03\css\main.css

```
Source    /* ——————— 자료검색 ——————— */
     ❶    .search {
              height: 50px;
              margin-top:0                               ———————— 서브에 사용된 .search{margin-top:27px;} 해제
              margin-bottom:10px;
              background: url(../images/main/bg_search.gif) no-repeat 0 0;
          }
```

자료검색 영역은 콘텐츠의 구성상 height값이 고정되더라도 큰 영향을 받지 않기 때문에 아랫부분에 위치한 공지사항 목록과의 간격 조정을 위해 고정값을 사용하였습니다. 또 자료검색 레이블에 돋보기 아이콘을 배경 이미지로 적용하기 위해 아이콘 이미지 크기에 맞추어 왼쪽에 23px, 아래쪽에 6px의 padding값을 적용하고 자료검색 레이블과 입력 폼 사이의 여백을 위해 오른쪽에 4px의 padding값을 적용합니다. 마지막으로 input 요소의 크기와 버튼을 디자인과 동일하게 지정합니다.

Source

```
<div class="search">
    … 생략 …
                <label for="search"><img src="images/common/title_search.gif" alt="자료검색" /></label>
                <input type="text" id="search" size="14" />
                <input type="image" class="btnSearch" src="images/common/btn_search.gif" alt="검색" />
    … 생략 …
```

Source

```
/* ———————— 자료검색 ———————— */
.search fieldset {
    margin:0 0 0 17px;
    padding-top:10px;
}
.search label {
    padding:0 4px 6px 23px;
    background:url(../images/common/icon_searcgh.gif) no-repeat 0 0;
}
.search label img {
    padding-top: 4px;----------------------------------------- input과 자료검색 이미지가 가운데 정렬되어 보이도록
}                                                               하기 위해 레이블 상단에 여백 설정
.search #search {
    width:195px;
    hegith:18px;
    border:1px solid #a1a1a1;
}
.search .btnSearch {
    margin-left:5px;
}
```

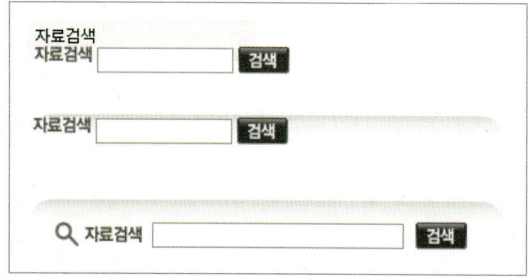

▲ 자료검색 영역 진행 단계

5. 공지사항 및 자료실 영역

공지사항과 자료실은 같은 디자인으로 되어 있으며, 공지사항을 기준으로 목록 불릿 등 자료실 목록에도 공통으로 사용할 수 있도록 작성해 보겠습니다.

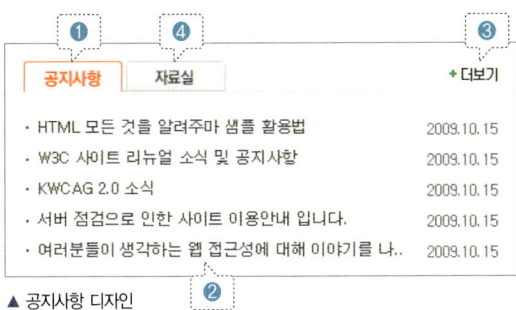

▲ 공지사항 디자인

제일 먼저 ❶ 공지사항 제목 아래에 표현된 경계선 디자인을 적용합니다. 공지사항, 자료실 이미지 아래에 그림자가 자연스럽게 나타나도록 하기 위해 공지사항 및 자료실 전체 영역을 감싸는 div 요소에 배경 이미지를 적용하고, 배경 이미지의 위치를 조정합니다.

📂 예제 파일 : Sample\Part04\Sec03\index.html

```
Source    <div id="boardBox">
              <h3 class="tab01"><a href="#noticeList">
                  <img src="images/main/tab_notice_ov.gif" alt="공지사항" /></a></h3>
   ❶         <div id="noticeList">
                  … 생략 …
              </div>
              <h3 class="tab02"><a href="#pdsList">
                  <img src="images/main/tab_pds.gif" alt="자료실" /></a></h3>
   ❹         <div id="pdsList">
                  … 생략 …
              </div>
          </div>
```

📂 예제 파일 : Sample\Part04\Sec03\css\main.css

```
Source    /* ———— 공지사항/자료실 ———— */
          #boardBox {
              position:relative;
              margin:0 8px 35px 3px;
              height: 155px; -------------------------------------------
              background: url(../images/main/bbs_h3_bg.gif) no-repeat 0 22px;
          }
```

높이를 지정하지 않으면 새소식 영역이 위로 올라오기 때문에 absolute되는 하위 요소를 포함하여 높이를 고정시켜야 합니다.

```
        #boardBox h3 {
            position:absolute;
            top:0;
            margin-bottom:-28px;
        }
```

공지사항과 자료실 제목은 사용자의 선택에 따라 공지사항 목록과 자료실 목록 콘텐츠를 제어하는 탭 메뉴의 역할을 합니다. 따라서 공지사항과 자료실 제목은 서로 겹치지 않는 고유한 영역으로 지정해야 합니다.

❷는 게시물 제목 링크와 날짜로 구성된 목록입니다. 각 제목 링크 앞에 있는 불릿은 li 요소에 배경 이미지로 지정하고 날짜는 absolute 방식을 사용하여 배치한 후, right 속성의 좌표값에 0을 부여하여 오른쪽 정렬되도록 합니다.

📁 예제 파일 : Sample\Part04\Sec03\index.html

Source ❷
```
<ul>
    <li><a href="#">HTML 공지사항 리스트 1</a> <span class="date">2009.10.15</span></li>
    … 생략 …
```

📁 예제 파일 : Sample\Part04\Sec03\css\main.css

Source
```
#boardBox h3.tab01 {
    left:0;
}
#boardBox h3.tab02 {
    left:76px;
}
#boardBox ul {
    position: absolute;
    width:100%;
    top:21px;
    padding-top: 14px;
}
#boardBox ul li {
    padding:5px 0 4px 12px;
    background: url(../images/common/bullet_list.gif) no-repeat 2px 10px;
}
#boardBox ul li .date {
    position:absolute;
```

```
        right:0;
        padding-top:1px;
        color:#6f6f6f;
    }
```

완성된 결과를 보면 디자인상으로는 크게 문제가 없지만, 텍스트가 확대될 경우 공지사항 목록과 목록 안에서 절대 위치를 가지고 있는 날짜 정보와 제목 텍스트가 겹쳐 보이게 됩니다. 또 만약 제목이 길어져 2줄이 되면 날짜 영역이 제목 아래로 밀려 보이는 문제가 발생할 수 있습니다.

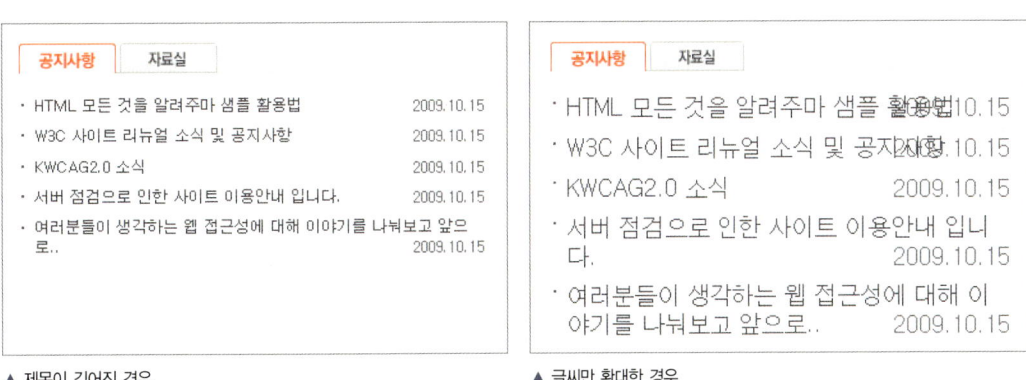

▲ 제목이 길어진 경우   ▲ 글씨만 확대한 경우

이런 경우를 예방하기 위해 제목과 날짜가 각각 독립적인 영역을 가지면서 겹치지 않도록 수정해 보겠습니다.

먼저 ❷는 a 요소, ❸은 span 요소를 블록 요소로 변경하여 독립적으로 영역을 가질 수 있도록 하고, ❶ li 요소에 position:relative 속성값을 지정하여 ❸ 날짜 span 요소의 기준이 되도록 합니다.

absolute값을 이용하여 절대 배치 방식으로 위치를 지정한 경우, 본문에 영역을 차지하지 않으므로 ❷, ❸의 두 영역이 서로 겹치지 않도록 ❷ 요소에 margin-right 속성을 부여하여 날짜의 글자 너비 정도의 여백을 지정합니다. 여기서는 텍스트를 확대하면 날짜도 같이 확대되어야 하므로 font-size 속성값에 상대 단위인 em을 사용하겠습니다.

예제 파일 : Sample\Part04\Sec03\css\main.css

```
Source    #boardBox ul li {
              position: relative; ----------------------------------------- 추가
              padding:5px 0 4px 12px;
              background: url(../images/common/bullet_list.gif) no-repeat 2px 10px;
          }
          #boardBox ul li a {
              margin-right:5.1em;
          }
          #boardBox ul li .date {
              position:absolute;
              right:0;
              top:5px; ------------------------------------ padding-top으로 맞춘 방식 수정. li의 padding-top
              color:#6f6f6f;                                적용값 5px에서 맞추어 정렬해 줍니다.
          }
          #boardBox ul li a, #boardBox ul li .date {
              display:block;
          }
```

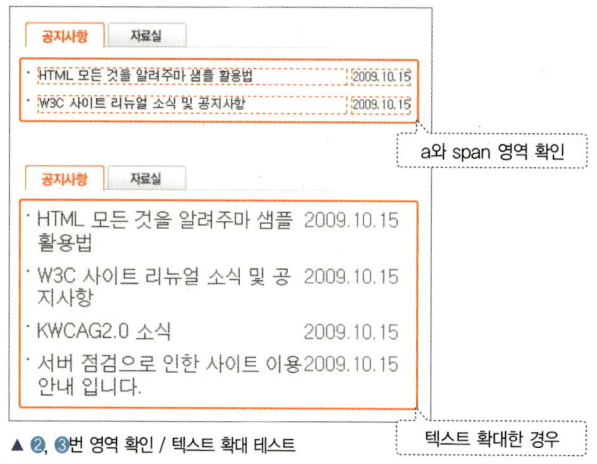

▲ ❷, ❸번 영역 확인 / 텍스트 확대 테스트

마지막으로 게시물 목록의 끝에 위치하지만 디자인상에서는 제목 오른쪽에 위치한 ❸ 더보기 링크를 배치해 보겠습니다. 더보기 링크는 absolute값을 사용하여 배치합니다.

추가로 더보기 링크의 경우 디자인 영역만큼 자르면 10px×37px의 크기로 링크를 할 때 클릭 영역이 좁아 보입니다. .more a에 display:block을 적용하여 블록 요소로 변경한 후 padding값을 부여하여 클릭 영역을 늘려 주는 방법을 추천합니다.

▲ 더보기 링크의 이미지 크기와 확장된 링크 영역

예제 파일 : Sample\Part04\Sec03\index.html

Source
```
<div id="boardBox">
    <div id="noticeList">
        … 생략 …
        <p class="more"><a href="#"><img src="images/main/icon_more.gif" alt="더보기" /></a></p>
        … 생략 …
    <div id="pdsList">
        … 생략 …
        <p class="more"><a href="#"><img src="images/main/icon_more.gif" alt="더보기" /></a></p>
```

예제 파일 : Sample\Part04\Sec03\css\main.css

Source
```
#boardBox .more a {
    position:absolute;
    display:block;
    padding:5px 2px 4px 5px;
    top:1px;
    right:0;
}
```

지금까지 진행한 단계별 화면을 살펴보면 다음과 같습니다.

▲ 공지사항 적용 단계

자료실 목록에 지정한 display:none을 해지한 후에 웹 브라우저로 확인해 보면, div 요소는 background의 기본값인 transparent의 영향을 받아 콘텐츠가 겹쳐 보이는 것을 알 수 있습니다.

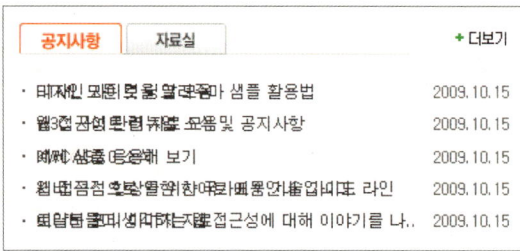

▲ 동일한 위치에 배치된 공지사항과 자료실 게시물 목록

추후 공지사항 및 자료실 영역에 자바스크립트를 사용하여 탭을 클릭하면 on/off로 되면서 해당 게시물 목록만 보이는 기능을 구현하고, 자료실 영역은 다시 display:none을 사용하여 임시로 숨겨 놓겠습니다.

6. 새소식 영역

새소식 영역의 디자인을 보면 이전 공지사항과 같은 부분들이 있습니다. ❻ 더보기 링크와 ❷ 제목 앞의 불릿이 공지사항 목록과 같은 디자인으로 되어 있으므로 기존에 만든 스타일을 재활용해서 작업해 보겠습니다.

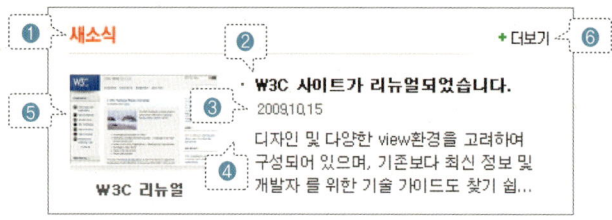

▲ 새소식 콘텐츠의 마크업 순서

먼저 ❶ 새소식 제목부터 작업합니다. 제목과 이미지의 간격을 맞추고 배경 이미지를 적용합니다. ❻ 더보기 링크는 기존 CSS 코드에 선택자를 추가하여 적용합니다.

🗀 예제 파일 : Sample\Part04\Sec03\index.html

```
Source    <div class="newsList">
              <h3><img src="images/main/h3_news.gif" alt="새소식" /></h3>
              … 생략 …
          </div>
```

예제 파일 : Sample\Part04\Sec03\css\main.css

Source	

```
#boardBox .more a, .newsList .more a {
```
─────────── 공지사항 더보기 스타일에 새소식 선택자 추가
```

    position:absolute;
    display:block;
    padding:5px 2px 4px 5px;
    top:1px;
    right:0;
}
/* ─────────── 새소식 ─────────── */
.newsList {
    position:relative;
```
─────────── 더보기 링크의 위치를 지정하기 위해 추가
```
    margin-left:2px;
```
─────────── 디자인 정렬을 위해 좌/우 여백 추가
```
    margin-right:9px;
}
.newsList h3 {
padding-bottom:16px;
margin-bottom:7px;
background: url(../images/main/bbs_h3_bg.gif) no-repeat bottom left;
}
```

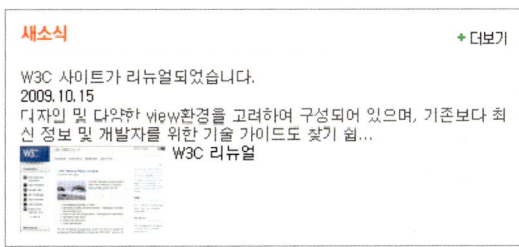

▲ 적용 모습

❺ 이미지 콘텐츠와 ❷, ❸, ❹ 텍스트 콘텐츠를 그룹화한 스타일 컨테이너에 float 속성을 지정하여 ❺는 왼쪽으로 ❷, ❸, ❹는 오른쪽으로 나란히 배치합니다. 그런 다음에 float된 요소의 너비를 지정합니다.

```
Source    <div class="newsList">
              <div class="newsWrap">
                  <h4><a href="#">W3C 사이트가 리뉴얼 되었습니다.</a></h4>
                      <p class="date">2009.10.15</p>
                      <p class="brief"><a href="#">디자인 및 다양한 view 환경을 고려하여 구성되어 있으며,
                      기존보다 최신 정보 및 개발자를 위한 기술 가이드도 찾기 쉽...</a></p>
              </div>
              <p class="imgWrap"> <span class="img"><img src="images/main/img_112_66.gif"
              alt="" width="112" height="66" /></span> <span class="imgTitle">W3C 리뉴얼</span></p>
              … 생략 …
```

```
Source    .newsList .newsWrap {
              float:right;
              width:234px;
          }
          .newsList .imgWrap {
              float:left;
              width:112px;
              margin-left:1px;
          }
```

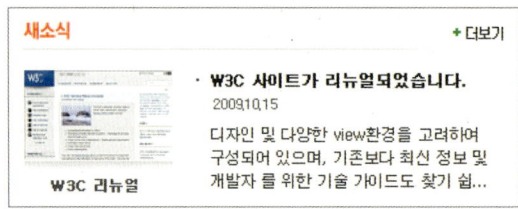

▲ 적용 모습

오른쪽으로 배치된 ❷, ❸, ❹ 각 콘텐츠에 텍스트 스타일을 지정합니다. ❷ 제목 요소는 공지사항 목록과 같은 불릿 이미지를 사용하고, 날짜 영역의 글자 크기는 한 단계 작게 지정합니다.

```
Source    .newsList h4 {
              padding: 1px 0 4px 11px;
              font-weight:bold;
              background: url(../images/common/bullet_list.gif) no-repeat 1px 7px;
          }
```

```
.newsList h4 a {
    color:#3b3939;
}
.newsList .newsWrap p {------------------------------------------------- ❸, ❹ 앞 여백 설정으로 텍스트 앞줄 정렬
    margin-left:11px;
}
.newsList .newsWrap .date {
    padding:0 0 7px 1px;
    color:#6f6f6f;
    font-size:0.92em;
}
.newsList .newsWrap .brief {
    line-height:1.42;
}
```

❺ 썸네일 이미지는 이미지 하단의 그림자 효과를 위해 padding-bottom 속성에 배경 이미지를 사용하여 표현하고, 텍스트를 가운데 정렬하기 위해 text-align 속성을 사용합니다. 이미지와 텍스트는 span 요소, 즉 인라인 요소이기 때문에 padding-bottom 속성 및 text-align 속성을 사용하여 가운데 정렬할 수 없으므로 text-align 속성을 지정하기 위해 display:block을 추가하여 블록 요소로 변경하겠습니다.

🗁 예제 파일 : Sample\Part04\Sec03\index.html

Source
```
<div class="newsList">
… 생략 …
<p class="imgWrap"> <span class="img"><img src="images/main/img_112_66.gif"
alt="" width="112" height="66" /></span> <span class="imgTitle">W3C 리뉴얼</span></p>
```

🗁 예제 파일 : Sample\Part04\Sec03\css\main.css

Source
```
.imgWrap .img {
    display:block;
    padding-bottom:13px;
    background:url(../images/main/news_imgbg.gif) no-repeat 0 bottom;
}
.imgWrap .imgTitle {
    display:block;
    text-align:center;
    font-size:0.92em;
    color:#676565;
    font-weight:bold;
}
```

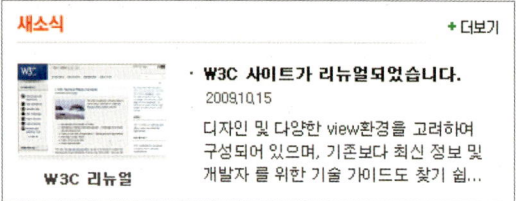

▲ 완성 모습

7. 신규 이벤트 영역

3번째 단의 디자인을 살펴보면 신규 이벤트와 관련 사이트 영역의 회색 라운드 박스 디자인과 인기 사이트의 하단 라운드 박스 디자인은 높이만 다를 뿐 같은 너비값을 가진 동일한 디자인이 적용되어 있습니다. 지금까지는 고정된 하나의 통이미지를 배경 전체로 사용하여 작업을 진행하였지만 이번에는 1개의 이미지로 여러 개의 영역에 배경 이미지를 지정해 보겠습니다. 앞에서 푸터 영역을 작업할 때 1개의 이미지로 각 모서리에 둥근 효과를 지정했던 방법과 동일합니다.

배경 이미지는 신규 이벤트와 관련 사이트 영역의 디자인을 합친 것보다 조금 여유 있게 만듭니다.

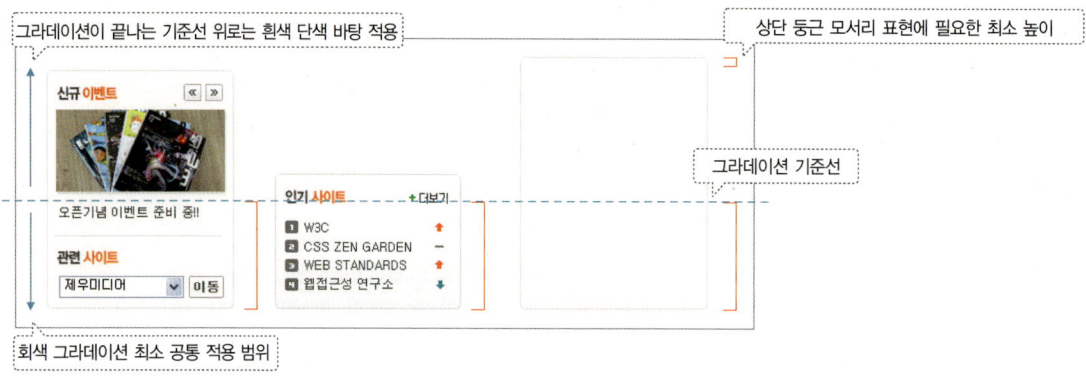

▲ 배경으로 사용될 eventbox_bg.gif 이미지 제작 기준

배경 이미지는 회색 그라데이션이 끝나는 부분까지 콘텐츠 영역에 적용될 수 있도록 그라데이션이 중간이 끊겨 보이지 않도록 배치에 주의해야 합니다. 그라데이션이 끝나는 윗부분은 흰색 단색이 적용되어 어느 지점에 적용되어도 상관없도록 이미지를 만들어 놓습니다.

사용될 이미지를 모두 제작한 후 신규 이벤트와 관련 사이트 콘텐츠에 스타일을 하나씩 적용해 보겠습니다.

먼저 신규 이벤트 영역입니다. 신규 이벤트 영역은 .event 영역에 그라데이션 배경 이미지를 적용하고 position:relative값을 지정하여 신규 이벤트 내의 콘텐츠가 기준이 되도록 합니다. 그리고 ❶ 제목 이미지의 위치를 margin과 padding 속성을 사용하여 지정합니다.

▲ 신규 이벤트 콘텐츠

예제 파일 : Sample\Part04\Sec03\index.html

Source

```
<div class="event">
    <h3><img src="images/main/h3_event.gif" alt="신규 이벤트" /></h3>
    … 생략 …
```

예제 파일 : Sample\Part04\Sec03\css\main.css

Source

```
.event {
    position:relative;
    background:url(../images/main/eventbox_bg.gif) no-repeat 0 0;
}
.event h3 {
    padding-top:15px;
    margin: 0 0 8px 10px;
}
```
만든 배경 이미지를 상단에 정렬하여 둥근 모서리를 표현해 줍니다.

▲ 중간 확인

다음으로 ❷ 썸네일 이미지와 ❸ 텍스트 콘텐츠에 적당한 여백을 지정하여 배치하고 텍스트 콘텐츠 하단에 회색의 border 속성값을 주어 관련 웹 사이트와 텍스트 콘텐츠 경계선을 표현합니다. 이때 새소식 영역에서 작업한 것과 동일한 방식으로 a 요소와 em 요소를 display:block값을 사용하여 블록 요소로 전환하는 작업이 추가로 필요합니다.

📁 예제 파일 : Sample\Part04\Sec03\index.html

Source

```
❷❸
<div class="event">
    … 생략 …
    <div id="eventDetail">
        <p><a href="#" class="thumbnail"><img src="images/main/img_163_77.gif" alt="이벤트상품 안내: 월간지"
            width="163" height="77" /><em class="brief">오픈기념 이벤트 준비 중!</em></a></p>
    </div>
    … 생략 …
```

📁 예제 파일 : Sample\Part04\Sec03\css\main.css

Source

```
.event p {
    margin-left:9px;
}
.event .thumbnail, .event .brief {
    display:block;
}
.event .thumbnail {
    background:url(../images/main/img_event_bg.gif) no-repeat 0 0;
}
.event .brief {
    margin:13px 12px 0 0;
    padding-bottom:14px;
    border-bottom: 1px solid #dbdbdb;
}
.event a:hover, a:focus {
    color:#333333;
}
```

▲ 중간 확인

제목과 이미지 및 텍스트 콘텐츠의 배치가 모두 끝나면, 마지막으로 이전/다음 이동 버튼을 absolute 방식을 이용하여 .event 영역 내에서 오른쪽 상단에 배치시킵니다.

📁 예제 파일 : Sample\Part04\Sec03\index.html

Source	
| | ```html
<div class="event">
… 생략 …
<div class="btnGo"><a href="#2"><img src="images/main/btn_event_prev.gif" alt="이전" /></a> <a href="#2"><img src="images/main/btn_event_next.gif" alt="다음" /></a></div>
</div>
``` |

📁 예제 파일 : Sample\Part04\Sec03\css\main.css

Source	
| | ```css
.event .btnGo {
    position:absolute;
    top:13px;
    right:14px;
}
``` |

▲ 신규 이벤트 완성

CSS 스프라이트 기법(CSS Sprites)

이미지를 조각 내어 많이 사용하는 대신 1개의 이미지에 여러 개의 이미지를 담아 배경 이미지로 활용하면서 필요에 따라 일부분을 보여 주는 것을 CSS Sprites(CSS 스프라이트) 기법이라고 합니다. 이렇게 하면 서버에서 이미지를 호출하는 횟수를 줄이고 한 번만 다운로드하여 재사용할 수 있기 때문에 이미지 로딩 속도가 빨라진다는 장점이 있습니다. 대표적으로 야후 사이트에서 이 기법을 사용하고 있습니다.

▲ 야후! 코리아 웹 사이트(http://kr.yahoo.com)

▲ 2배로 확대한 아이콘 이미지
(배경 회색 패턴은 투명도 확인을 위한 것임.)

야후 코리아 사이트 왼쪽 영역에 아이콘과 텍스트로 된 목록이 보입니다. 이 목록에 사용한 아이콘 이미지들은 개별적으로 삽입된 인라인 이미지가 아닌 1개의 이미지를 배경 이미지로 설정한 것입니다. 여기에 사용한 배경 이미지는 20px×1450px 크기로 13.3KB 용량의 투명한 배경을 갖는 GIF 형식으로 제작되었습니다.

적용 구조를 간단하게 축소하여 살펴보겠습니다.

HTML
```
<div id="tgh" class="md">
    <dl>
        <dd class="game"><a href="…">텍스트</a></dd>
        <dd class="gugi"><a href="…">텍스트</a></dd>
        <dd class="fina"><a href="…">텍스트</a></dd>
        … 생략 …
```

CSS
```
#tgh .game a {
    background-position:8px -44px;----------------------- 개별 class명으로 이미지의 위치 지정
}
                                        ┌---------- 각 dd에 사용될 공통 아이콘 이미지와 기본 속성 지정
#tgh dd a {
    background:url("http://l.yimg.com/ne/home/v3/trough_v6.gif") no-repeat scroll 0 0 transparent;
    cursor:pointer;
    display:block;
    font-weight:bold;
    padding:3px 0 0 32px;
}
```

이 밖에도 야후 메인 페이지에는 이 기법이 많은 부분에 사용되었습니다. 어느 영역에 이 기법이 사용되었는지 야후 코리아 사이트를 직접 방문하여 찾아보세요.

8. 관련 사이트 영역

관련 사이트는 신규 이벤트 영역과 이어져 있고, 회색 그라데이션 라운드 박스가 적용되어 하나로 보이도록 만들어 줍니다.

관련 사이트 콘텐츠 디자인은 신규 이벤트 영역과 동일한 방법으로 콘테이너 영역인 .siteLink에 배경 이미지를 적용하고, ❶ 제목 콘텐츠의 위치를 지정합니다.

예제 파일 : Sample\Part04\Sec03\index.html

```
Source    ❶
          <div class="siteLink">
              <h3><img src="images/main/h3_relation.gif" alt="관련 사이트" /></h3>
              … 생략 …
```

예제 파일 : Sample\Part04\Sec03\css\main.css

```
Source    .event h3, .siteLink h3 {
              padding-top:15px;
              margin: 0 0 8px 10px;
          }
          /* ―――――― 관련 사이트 ―――――― */
          .siteLink {
              margin-bottom:33px;――――――――――――――――――――――――― 다음 콘텐츠인 인기 사이트 영역과 간격
              background:url(../images/main/eventbox_bg.gif) no-repeat 0 100%;――― 공통 배경 이미지 하단에 정렬하여 그
                                                                                라데이션 표현
          }
```

▲ 중간 확인

❷ 셀렉트 박스는 디자인 시안을 바탕으로 너비값을 지정합니다. 간혹 셀렉트 박스에 멋지고 화려한 디자인을 적용하려는 경우가 있습니다. 그러나 셀렉트 박스와 같은 폼 요소는 서식 제어 요소로, 웹 브라우저마다 각기 다른 스타일을 가지거나 스타일 적용이 제한되기 때문에 width 속성과 height 속성 이외의 스타일 정보는 지정하지 않는 것이 좋습니다.

예제 파일 : Sample\Part04\Sec03\index.html

Source
```
<div class="siteLink">
        … 생략 …
    <form name="" action="" method="post">
        <fieldset>
        <legend>관련 사이트 링크</legend>
        <select name="siteLink" title="사이트 선택">
            <option value='http://www.jeumedia.com'>제우미디어</option>
        … 생략 …
        </select>
        <input type="image" class="goBtn" src="images/main/btn_go.gif" alt="이동" />
        … 생략 …
```

예제 파일 : Sample\Part04\Sec03\css\main.css

Source
```
.siteLink fieldset {
    margin:0 10px;
    padding-botten:13px;
}
.siteLink select {
    width:120px;
    height:21px;
    font-size:1em;
}
```

▲ 관련 사이트 완료

9. 인기 사이트 영역

메인 페이지의 마지막 콘텐츠인 인기 사이트 영역입니다. 먼저 .siteFavorite와 ❶ 제목 요소에 라운드 형태의 그라데이션 이미지를 배경으로 지정합니다. 그리고 ❸ 더보기 요소의 위치를 absolute 방식으로 배치할 때 기준이 되도록 .siteFavorite에는 position:relative를 지정합니다. ❶ 제목 요소의 위치는 앞서 작성한 신규 이벤트 제목이나 관련 웹 사이트 제목과 동일한 방법으로 배치합니다.

Source ①

```
<div class="siteFavorite">
    <h3><img src="images/main/h3_favorite.gif" alt="인기 사이트" /></h3>
    … 생략 …
```

Source

```
.event h3, .siteLink h3 , .siteFavorite h3 img {
    padding-top:15px;
    margin: 0 0 8px 10px;                    ------- 상속자 추가. h3 요소는 배경 이미지 적용이 필요하여
}                                                    margin값은 img로 상속받도록 지정
.siteFavorite {
    position:relative;
    background:url(../images/main/eventbox_bg.gif) no-repeat 0 100%;
}
.siteFavorite h3 {
    background:url(../images/main/eventbox_bg.gif) no-repeat 0 0;
}
```

중간 확인을 한 결과 제목 이미지에 적용된 margin 영역만큼 배경 박스 영역은 늘어나 보이지만 목록 콘텐츠는 배경 이미지 영역이 충분히 확보되지 않아 배경 이미지와 콘텐츠가 겹쳐 보인다는 문제점을 발견하였습니다. 이 문제를 해결하기 위해 ❷ 순위 목록의 간격을 늘리겠습니다.

▲ 중간 확인

순위 목록은 ol 요소로 마크업했지만 Reset CSS가 적용되어 목록 앞에 있는 순위를 나타내는 숫자가 보이지 않습니다. 그러나 디자인 시안대로 목록의 순위가 이미지 형태로 나타나도록 하기 위해 앞에서 배운 CSS Sprite 기법을 이용하여 '1, 2, 3, 4' 등의 순위를 배경 이미지로 적용하겠습니다. 그리고 순위 변동 사항 이미지도 li 요소 내에서 오른쪽으로 배치하기 위해 li 요소에 position:relative값을 선언하여 li 요소 안에 있는 span 요소의 기준이 되도록 지정하겠습니다. position:relative 선언을 통해 li 요소가 span 요소의 배치 기준이 되는 컨테이닝 블록으로 설정되었다면 span 요소는 position:absolute와 top과 right 속성에 위치값을 지정하여 배치합니다.

Source ❷

```
<div class="siteFavorite">
    … 생략 …
    <ol class="ranking">
        <li class="no1"><a href="#">W3C</a> <span class="order"><img src="images/main/icon_up.gif" alt="
        상승" /></span></li>
```

<li class="no2"><a href="#">CSS ZEN GARDEN</a> <span class="order"><img src="images/main/icon_down.gif" alt="하락" /></span></li>
<li class="no3"><a href="#">WEB STANDARDS</a><span class="order"><img src="images/main/icon_stop.gif" alt="변동없음" /></span></li>
<li class="no4"><a href="#">웹 접근성 연구소</a><span class="order"><img src="images/main/icon_up.gif" alt="상승" /></span></li>
</ol>
… 생략 …

예제 파일 : Sample\Part04\Sec03\css\main.css

Source

```
.siteFavorite .ranking {
    margin:5px 15px 0px 10px; ─────────────── 목록의 여백 설정
}
.siteFavorite .ranking li {
    position:relative; ─────────────── 순위 변동 이미지 정렬을 위해 지정
    padding: 2px 18px 1px 18px; ─────────────── 배경 이미지 표시 영역 및 리스트 사이 간격 표현
    background:url(../images/main/icon_site.gif) no-repeat 0 0; ──── 공통으로 사용될 순위 이미지
}
.siteFavorite .ranking .order {
    display:block;
    position:absolute; ─────────────── 순위 변동 이미지 오른쪽 정렬
    top:5px;
    right:3px;
}
```

▲ 중간 확인

li 요소에 할당된 class명을 사용하여 순위를 나타내는 배경 이미지
의 위치를 조정합니다. 이때 배경 이미지는 실제 간격에 padding
값 2px을 더한 위치로 지정합니다.

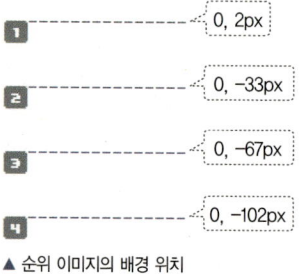

▲ 순위 이미지의 배경 위치

📁 예제 파일 : Sample\Part04\Sec03\css\main.css

```
Source    .ranking li.no1 {
              background-position:0 2px;
          }
          .ranking li.no2 {
              background-position:0 -33px;
          }
          .ranking li.no3 {
              background-position:0 -67px;
          }
          .ranking li.no4 {
              background-position:0 -102px;
          }
```

▲ 중간 확인

마지막으로 ❸ 더보기 링크를 absolute 방식으로 배치합니다. 이때 더보기 링크 영역이 이동하면서 순위 목록 영역에 지정한 배경 이미지 위치가 목록 콘텐츠와 겹치기 때문에 목록 영역에 padding 속성을 추가하여 마무리합니다.

📁 예제 파일 : Sample\Part04\Sec03\index.html

```
④
Source    <div class="siteFavorite">
          … 생략 …
          <p class="more"><a href="#2"><img src="images/main/icon_more.gif" alt="더보기" /></a></p>
          </div>
```

📁 예제 파일 : Sample\Part04\Sec03\css\main.css

```
Source    .siteFavorite .more {
              position: absolute;
              top:12px;
              right:15px;
          }
          .siteFavorite .ranking {
              margin:5px 15px 0px 10px;
              padding-bottom:18px;-------------------------------------------- 하단 배경 표현을 위해 여백 추가
          }
```

▲ 완성

10. CSS 유효성 검사

CSS의 경우 1개의 파일이 아닌 여러 개가 사용되는 경우가 많으므로, 유효성 검사를 할 때 URI 방식으로 검사하면 연결된 CSS 파일들이 자동으로 검사됩니다. 따라서 로컬 파일을 하나씩 올려서 검토하는 것보다 확인하기가 쉽습니다. 단, 조건 주석문으로 연결한 ie6.css는 유효성 검사에 포함되지 않습니다.

메인 페이지에 관련된 import.css, reset.css, layout.css, base.css, main.css를 따로 검사하지 않고 웹 서버에 업로드한 후 생성된 URI로 Validation 검사를 진행해 보겠습니다.

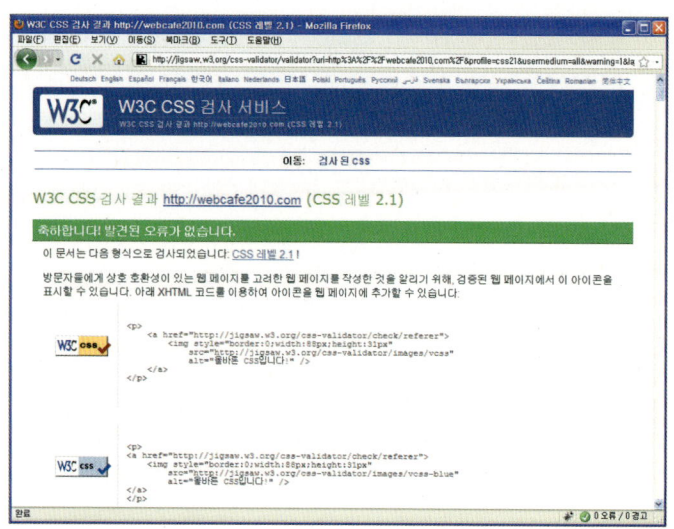

▲ CSS 유효성 검사 - URI 방식

유효성 검사의 초록색 화면은 언제 보아도 즐겁습니다. 유효성 검사 화면 아래를 살펴보면 검사 대상이 된 CSS 파일과 코드들을 확인할 수 있습니다.

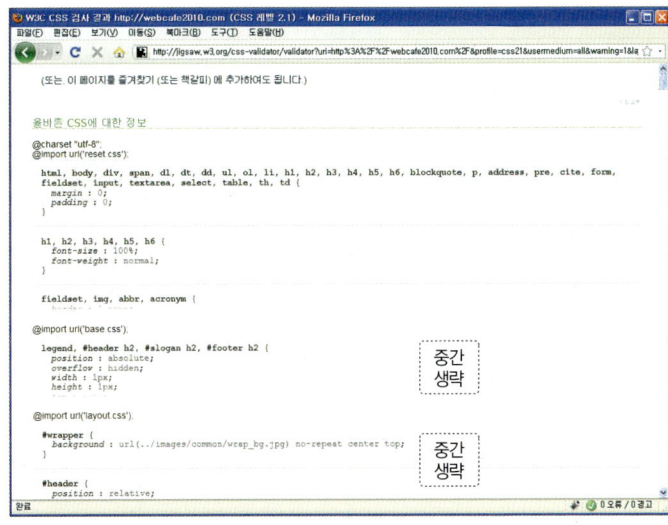

11. 크로스 브라우징 점검

완성된 메인 페이지가 다른 웹 브라우저에서도 잘 보이는지 확인해 보겠습니다. 먼저 확인해 볼 웹 브라우저는 인터넷 익스플로러 6, 7입니다.

▲ 인터넷 익스플로러 7

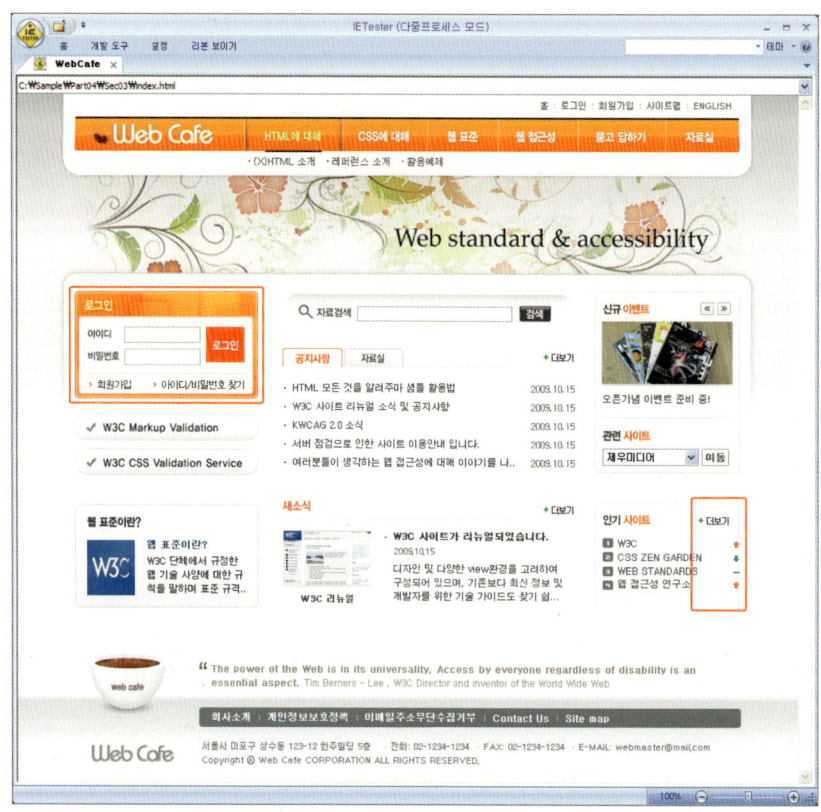

▲ 인터넷 익스플로러 6(IE Tester)

대부분 문제가 없지만 두 가지 부분이 공통적으로 잘못 표현되고 있습니다. 첫째, 로그인 영역에서 아이디와 비밀번호 입력 폼 사이의 간격에 상하 여백이 추가되어 회원가입, 아이디/비밀번호 찾기 링크의 위치가 아래로 내려가 보입니다.

이 현상은 인터넷 익스플로러 6에서 발생하는 상하 1px 마진 추가 버그입니다. 먼저 이 문제를 해결하기 위해 ie6.css 파일에 상하 마진을 제거하기 위한 코드를 추가합니다.

📁 예제 파일 : Sample\Part04\Sec03\css\ie6.css

Source

```
.login .id, .login .pw {
    margin-top:-1px;
    margin-bottom:-1px;
}
```

▲ IE Tester로 확인한 로그인 영역

이번에는 인터넷 익스플로러 7에서 발생하는 문제를 해결하기 위해 ie7.css 파일을 추가로 생성하고 index.html에 조건 주석문을 삽입하여 인터넷 익스플로러 7인 경우에만 적용되도록 하겠습니다.

예제 파일 : Sample\Part04\Sec03\index.html

```
Source    <!--[if IE 7]>
          <link rel="stylesheet" type="text/css" href="css/ie7.css">
          <![endif]-->
```

인터넷 익스플로러 7에서도 여백과 관련된 버그로 인해 회원가입, 아이디/비밀번호 찾기 링크의 위치가 아래로 내려가 보입니다. 이 문제는 인터넷 익스플로러 6과 유사하게 margin-bottom:2px; 을 ie7.css에 지정하여 텍스트 입력 폼 하단에 생기는 여백 문제를 해결하겠습니다.

예제 파일 : Sample\Part04\Sec03\css\ie7.css

```
Source    .login .id, .login .pw {
              margin-bottom:-2px;
          }
```

▲ IE Tester로 확인한 로그인 부분

둘째, 인기 사이트 영역 하단의 배경 이미지가 제대로 표현되지 못하는 문제가 있습니다. 이는 인터넷 익스플로러 6, 7에서 공통으로 나타나는 현상으로, 서브 템플릿에서 자식 요소의 콘텐츠 영역을 제대로 인식하지 못해 발생한 것입니다. 이 문제를 해결하기 위해서는 해당 부모 요소에 height:1% 를 추가하면 됩니다.

📁 예제 파일 : Sample\Part04\Sec03\css\main.css

Source	

	.siteFavorite {
	    position:relative;
	    height:1%; -- 인터넷 익스플로러 7의 문제
	    background:url(../images/main/eventbox_bg.gif) no-repeat 0 100%; 해결을 위해 추가
	}

그 다음으로는 인터넷 익스플로러 6에서 인기 사이트의 순위 변동을 알려 주는 이미지들의 위치가 지정한 것과 다르게 오른쪽으로 치우쳐 보인다는 문제가 있습니다. 이 또한 인터넷 익스플로러 6에서 지정한 위치를 제대로 인식하지 못해 발생하는 버그 중 하나입니다. 이러한 현상은 상위(부모) 요소의 상대(relative) 또는 절대(absolute) 위치 지정을 제대로 해석하지 못하기 때문에 발생합니다. 결국 right, bottom과 같은 속성은 예상과 다르게 아래쪽이나 오른쪽으로 치우쳐 보이게 됩니다. 이 문제를 해결하기 위해 *.siteFavorite .ranking li { height:1px; }과 같은 인터넷 익스플로러 전용 스타일을 작성하여 해당 영역을 인터넷 익스플로러 6이 인식할 수 있도록 도와주거나 인터넷 익스플로러 전용 zoom 속성을 추가해 주는 방법 등이 있지만 zoom 속성은 유효한 CSS 속성이 아니므로 유효성 검사에서 통과하지 못합니다. 여기서는 zoom 속성 대신 height:1px;을 추가하여 해결해 보겠습니다.

📁 예제 파일 : Sample\Part04\Sec03\css\ie6.css

Source	

	.siteFavorite .ranking li {
	    height:1px;
	}

인터넷 익스플로러 6, 7의 수정이 완료되었습니다. 다시 한 번 CSS 유효성 검사를 한 후 최종적으로 다른 웹 브라우저에서도 제대로 보이는지 확인하고 마무리합니다.

▲ 파이어폭스 3.5

▲ 인터넷 익스플로러 6

▲ 인터넷 익스플로러 7

▲ 인터넷 익스플로러 8

▲ 오페라 10

▲ 사파리 4

▲ 크롬 4

여기서
잠깐

크로스 브라우징 검사를 위한 디버깅 도구 익스프레션 웹 슈퍼프리뷰

IE Tester 외에도 인터넷 익스플로러의 다양한 버전별 렌더링 결과를 비교하고 수정할 수 있는 도구로 인터넷 익스플로러 용 익스프레션 웹 슈퍼프리뷰(Expression Web SuperPreview)가 있습니다. 익스프레션 웹 슈퍼프리뷰는 크로스 브라우징 환경에서 웹 사이트가 인터넷 익스플로러 6, 7, 8 버전에서 정상적으로 보이는지 확인하거나 다양한 도구들(자, 가이드, 확대 툴 등)을 통해 인터넷 익스플로러 버전별로 발생하는 화면 렌더링 차이를 쉽게 해결할 수 있도록 도와줍니다.

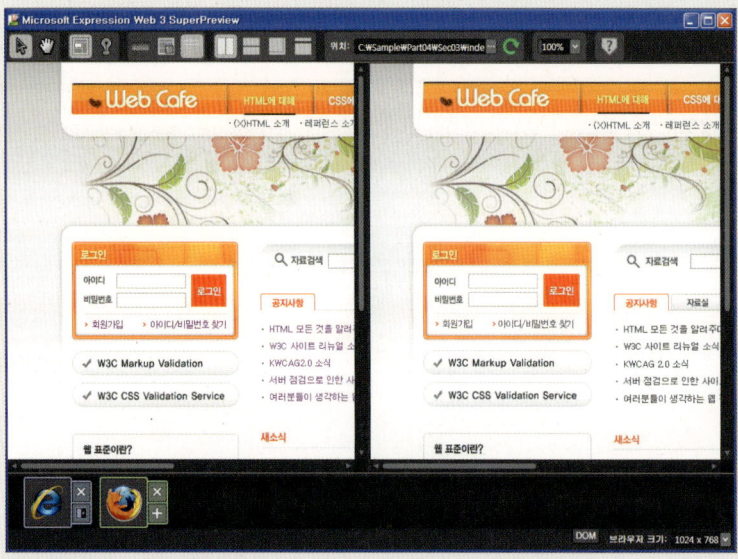

▲ 익스프레션 웹 슈퍼프리뷰에서 익터넷 익스플로러 6과 파이어폭스 3.6 렌더링 결과 비교

익스프레션 웹 3 다운로드

http://www.microsoft.com/korea/expression/products/Web_Overview.aspx

04 서브 콘텐츠 디자인

앞에서 완성한 서브 템플릿 페이지를 활용하여 4개의 콘텐츠 페이지를 만들어 보겠습니다. 지금부터 작성할 4개의 콘텐츠 페이지들은 앞에서 폴더를 설계한 것처럼 서로 다른 폴더 안에 위치하도록 해야 하지만, 여기서는 4개의 콘텐츠 페이지를 index.html과 같은 폴더에 작성하겠습니다. 그러나 작업의 규모가 크고 복잡하다면 관리와 유지 보수의 편의성을 위해 정해진 폴더에 작업할 것을 권합니다. 이미 앞에서 어려운 메인 페이지와 서브 템플릿 페이지를 작성해 보았기 때문에 이제부터는 좀 더 편안하게 작업할 수 있을 것입니다.

지금부터 콘텐츠 페이지 작업은 구조 설계, 마크업, CSS 디자인 순서로 진행됩니다. 앞에서 배웠던 내용을 상기하면서 차근차근 학습하기 바랍니다.

▲ 서브 템플릿 화면

1. 구조 설계

첫 번째로 작업할 콘텐츠는 주 메뉴의 'HTML에 대해'의 하위 메뉴로, 텍스트로 구성되어 있는 페이지입니다. 왼쪽의 사이드 영역에는 해당 콘텐츠 페이지의 메뉴가 배치될 수 있도록 이미지를 준비하고, 서브 메뉴도 디자인 시안을 기준으로 수정하겠습니다.

(X)HTML 소개 페이지는 다음과 같은 콘텐츠들로 구성되어 있습니다.

❶ 제목 ❷ 문단(본문) ❸ 예제 코드 ❹ 제목 ❺ 문단(본문) ❻ 예제 코드

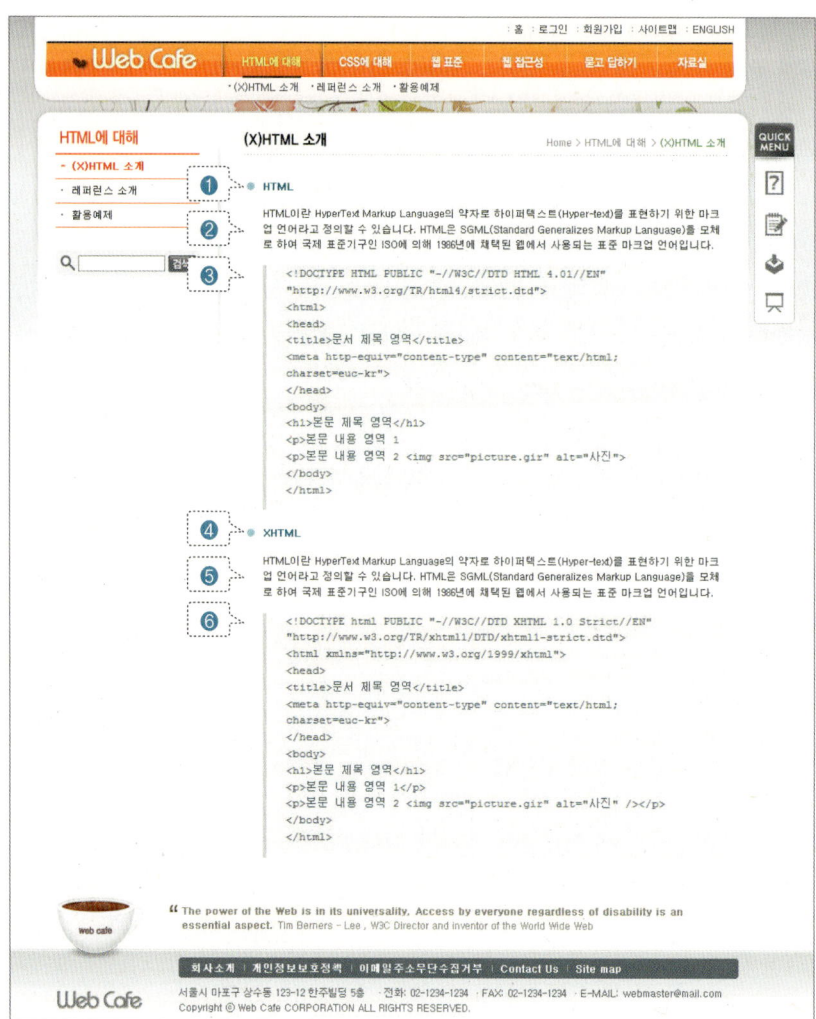

▲ XHTML 소개 디자인

위 구조에서는 제목과 문단 텍스트 설명이 반복되고 있습니다. 이때 제목은 '(X)HTML 소개'가 h1 요소로 마크업되어 있기 때문에 'HTML'과 'XHTML'은 중제목의 의미를 가지는 h2 요소로 마크업하겠습니다. 또 문단 텍스트 설명의 경우에는 단락을 의미하는 p 요소를, 예제 코드는 code 요소를 사용하여 해당 콘텐츠에 적절한 의미를 부여합니다.

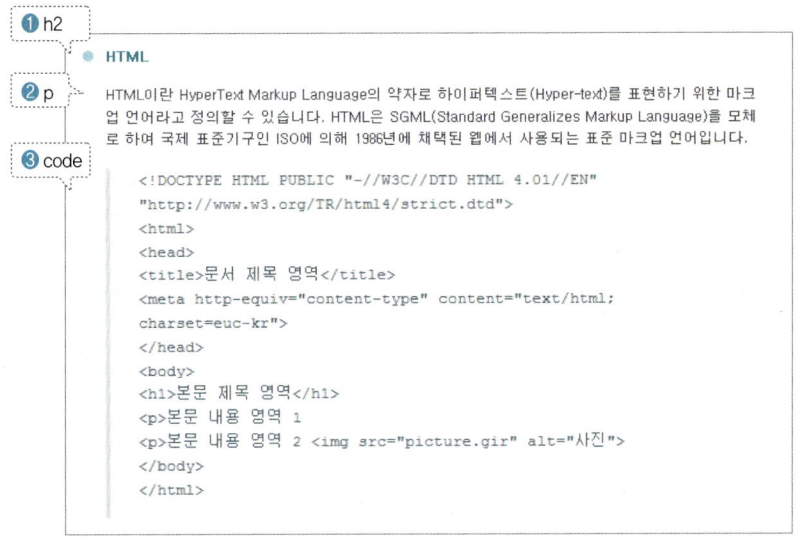

▲ (X)HTML 소개 페이지의 콘텐츠 구성 요소

❶ 'HTML' 콘텐츠를 중제목 성격의 h2 요소로 마크업하고 아래 콘텐츠를 설명하는 텍스트 영역인 p 요소에는 추후 디자인 적용 시 텍스트의 여백 및 기본 스타일이 동일하게 적용될 수 있도록 하기 위해 class를 할당하겠습니다. 그리고 ❸ 예제 코드에 사용한 code 요소는 독립적으로 사용하지 않고, 하나의 문단이라는 것을 나타내기 위해 p 요소 안에 하위 요소로 마크업합니다. code 요소 안에 사용되는 """, "〈", "〉" 등과 같은 부호의 경우 """, "<", ">" 형태의 문자 참조 형식으로 작성하고, 코드 내에서 줄바꿈할 때는 br 요소를 사용하겠습니다.

code 요소 대신 pre 요소를 사용하면 사이 띄우기나 줄바꿈 등의 표현을 하기가 편리하지만, 예제 내용 중에서 DTD 선언은 특수한 콘텐츠이기 때문에 철자, 형식, 사이 띄우기 모두 동일해야 하는데, pre 요소의 경우 상황에 따라 변수가 있을 수 있으므로 pre 요소가 아닌 p 요소와 code 요소를 조합하여 작성해야 합니다.

지금까지 각 콘텐츠별로 살펴본 내용을 바탕으로 HTML 구조를 정리하고, 필요한 class 또는 id를 할당하겠습니다. 특히 동일한 스타일을 적용해야 하는 콘텐츠의 경우 id보다는 class를 이용하여 스타일을 재사용할 수 있도록 설계하는 것이 좋습니다.

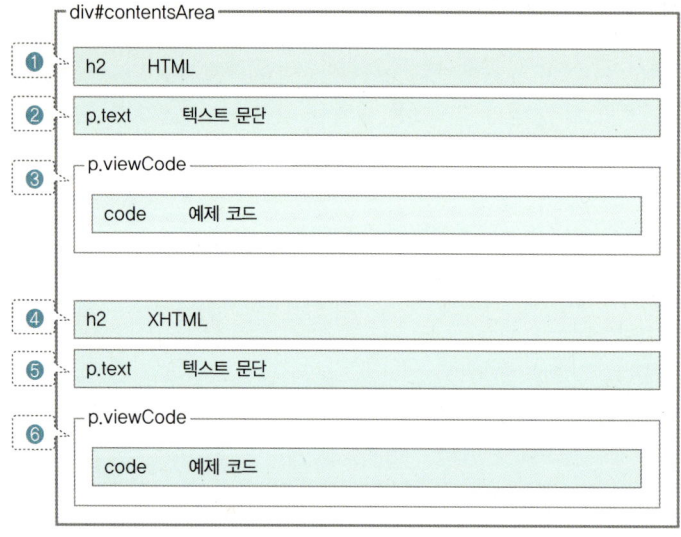

▲ '(X)HTML 소개' 페이지 구조

2. 마크업

Sec04 폴더의 layout_sub.html 문서를 열고 introduce.html로 재저장하여 '(X)HTML 소개' 페이지를 생성합니다. '(X)HTML 소개' 페이지를 생성했다면 사이드 영역에 서브 메뉴와 서브 콘텐츠 영역의 대제목인 h1 요소 콘텐츠 및 현재 페이지의 경로를 수정합니다.

'(X)HTML 소개' 콘텐츠 영역에는 앞서 설계한 내용대로 마크업합니다.

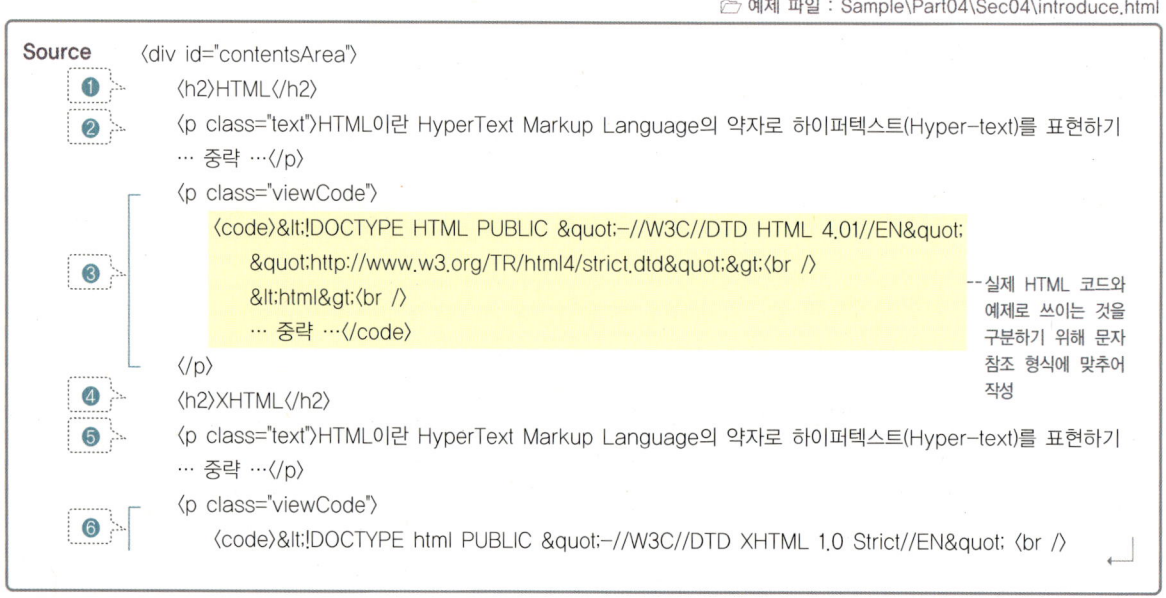

🗀 예제 파일 : Sample\Part04\Sec04\introduce.html

```
                    &quot;http://www.w3.org/TR/xhtml1/DTD/xhtml1-strict.dtd&quot;&gt;<br />
                    &lt;html xmlns=&quot;http://www.w3.org/1999/xhtml&quot;&gt;<br />
                    &lt;head&gt;<br />
                    … 중략 …</code>
            </p>
    </div>
```

문서 제목도 현재 페이지에 맞게 수정합니다.

☞ 예제 파일 : Sample\Part04\Sec04\introduce.html

| Source | `<title>(X)HTML 소개 | WebCafe</title>` |

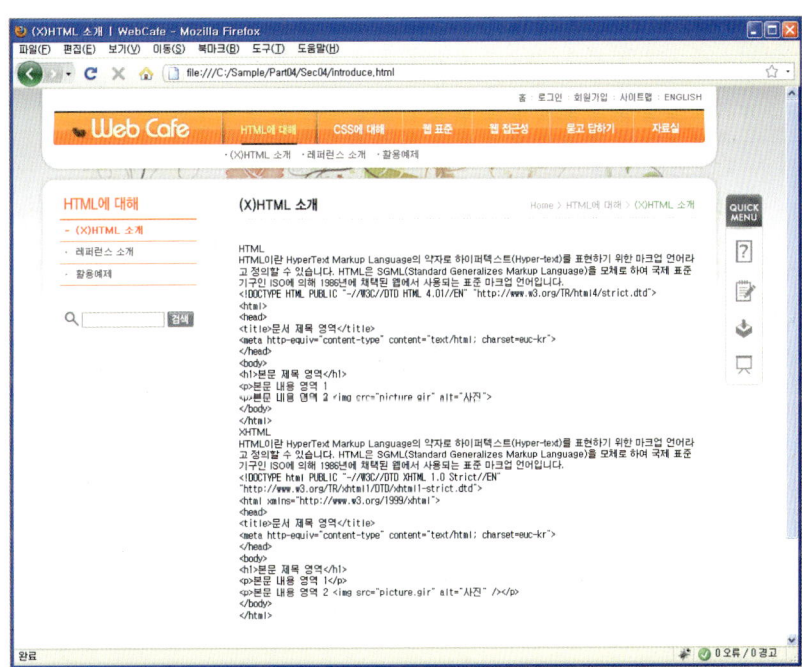

▲ import.css가 적용된 introduce.html

introduce.html 문서에는 import.css로 인해 레이아웃 및 기본 스타일이 적용되어 있지만, 만약 CSS 스타일을 제거한 상태를 확인하고자 한다면 '보기' 메뉴의 '문서 스타일'에서 '스타일 제거'를 선택하거나 추가로 설치한 Web Developer 도구 모음의 'CSS 오류 없음' 버튼의 하위 메뉴인 '스타일 사용 안 함', '모든 스타일'을 선택하면 됩니다.

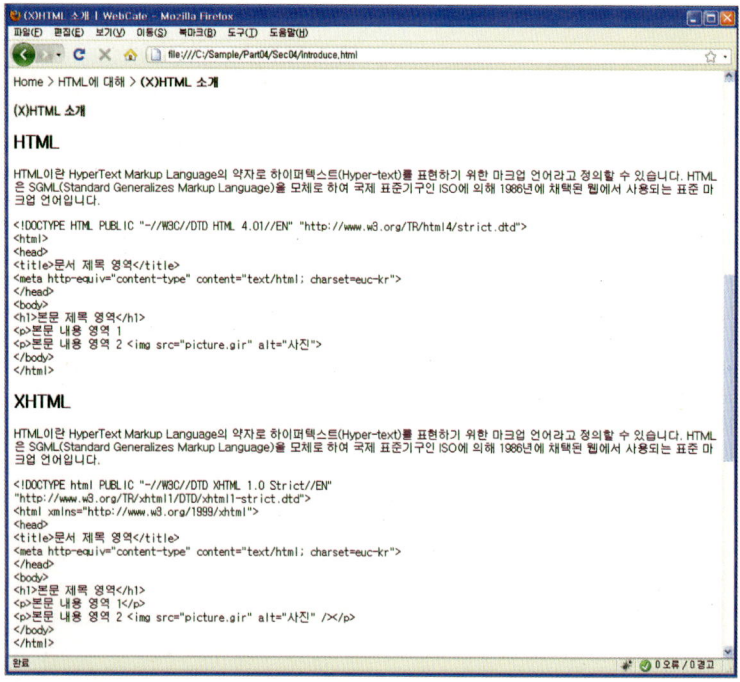

▲ CSS 스타일을 제거한 마크업 문서

3. CSS 디자인

앞에서 완성된 마크업을 확인해 보면 reset.css의 영향을 받아 글꼴이 기본 크기로 나타납니다. 해당 콘텐츠 페이지는 reset.css의 기본 스타일 이외에 다른 스타일을 적용해야 하므로 각 요소마다 디자인 시안에 맞도록 스타일을 적용해 보겠습니다.

먼저 'introduce.css'를 생성한 후, 다음과 같이 introduce.html 문서에 연결합니다.

〈link rel="stylesheet" type="text/css" href="css/introduce.css" /〉

introduce.css에 ❶ 제목의 아이콘을 배경 이미지로 적용하고, ❷는 단락의 여백과 행간 등의 스타일을 디자인 시안을 기준으로 지정합니다. 그리고 ❸의 오른쪽 회색선은 border 속성을 사용하고, 배경색을 지정하여 디자인 시안과 동일하게 맞춥니다.

🗁 예제 파일 : Sample\Part04\Sec04\css\introduce.css

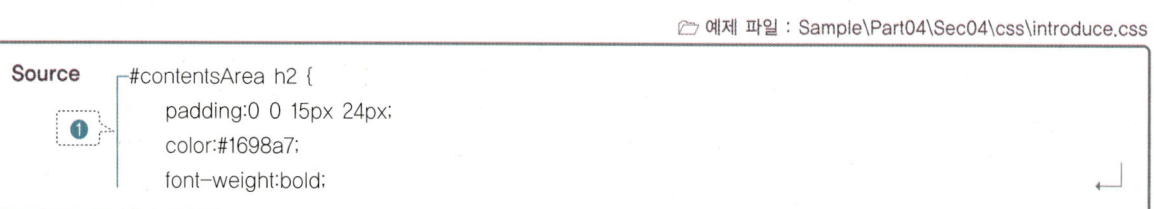

```
#contentsArea h2 {
    padding:0 0 15px 24px;
    color:#1698a7;
    font-weight:bold;
```

```
              background:url(../images/common/icon_h2.gif) no-repeat 4px 2px;
          }
      #contentsArea .text {
          padding:0 0 15px 24px;
②         line-height:1.4;
          color:#595959;
      }
      #contentsArea .viewCode {
          margin-bottom:20px;
          margin-left:24px; ──────────────────────────────────── 예제 code 속성과 설정해 둔
          padding:14px;                                          영역과의 여백 표현
          background:#f7f7f7;
          border-left:4px solid #dadada;
③     }
      .viewCode code {
          padding-right:15px;
          line-height:1.5;
          color:#587174; ────────────────────────────────────── code 속성의 전달력을 높이기
          font-family:"Courier New", Courier, monospace;          위해 폰트 글꼴과 여백 지정
      }
```

동일한 class명을 가지고 있는 ❹, ❺, ❻에도 스타일이 적용된 것을 확인할 수 있습니다.

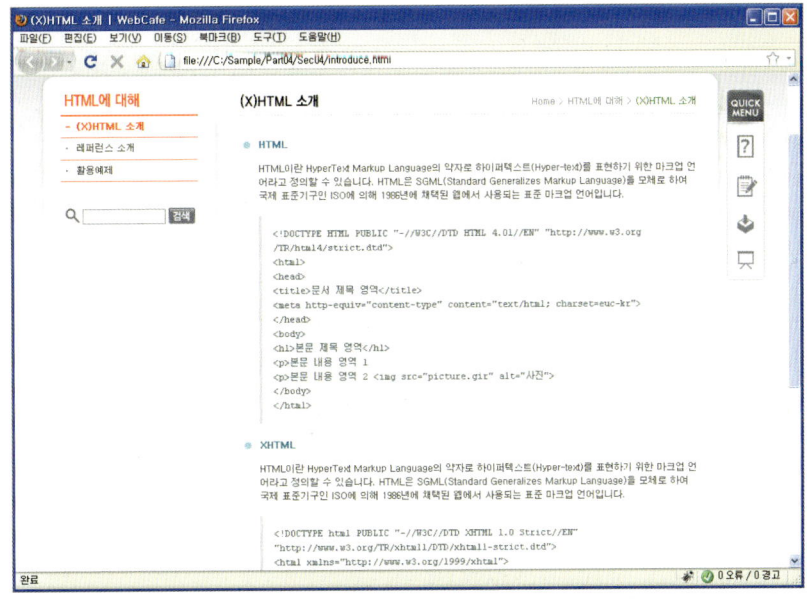

▲ introduce.html 디자인 완성

1. 구조 설계

이미지와 이미지 제목, 날짜 정보를 가진 이미지 게시판의 목록입니다. 자주 쓰는 표현 중의 하나로, 갤러리라고도 합니다. 예전에는 콘텐츠 배치에만 신경을 쓴 결과 가로 3개, 세로 3개로 배치되는 이미지 목록을 3×3 구조 또는 여백도 하나의 칸(cell)로 생각한 5×3 구조의 테이블로 많이 만들었습니다. 그러나 이러한 디자인 의존적인 테이블은 사용하지 않는 것이 바람직합니다.

이미지 갤러리는 이미지 목록과 페이징 콘텐츠 2개로 구성되어 있습니다.

▲ 이미지 자료 디자인

❶ 이미지 목록
❷ 게시판 페이징(다른 페이지 이동 링크)

❶ 이미지 목록은 순서가 없는 목록을 사용합니다. 이때 이미지 목록은 '이미지/이미지 제목/날짜'의 3개 콘텐츠로 구성되어 있으며, 이 세 가지 콘텐츠는 목록 안에 p 요소를 추가하여 이미지와 텍스트 정보를 구분하고, 텍스트 정보인 제목과 날짜는 br 요소로 줄바꿈합니다. 날짜 영역의 경우 span 요소를 추가하여 디자인을 적용할 수 있도록 준비합니다.

❷ 페이징 콘텐츠는 다른 목록을 더 볼 수 있도록 이동 기능을 제공하는 링크들입니다. 이 콘텐츠를 링크 목록으로 본다면 ol 요소를 사용하기도 하지만 각 페이지 번호를 하나씩 분리하는 것은 과도한 표현이 될 수도 있습니다. 따라서 ol 요소가 아닌 p 요소를 이용하여 링크 목록들을 마크업하겠습니다. 페이징 콘텐츠 중에서 이전/다음 등의 이동 버튼 이미지와 숫자 이미지에는 class를 부여하여 여백 등과 같은 스타일을 지정합니다.

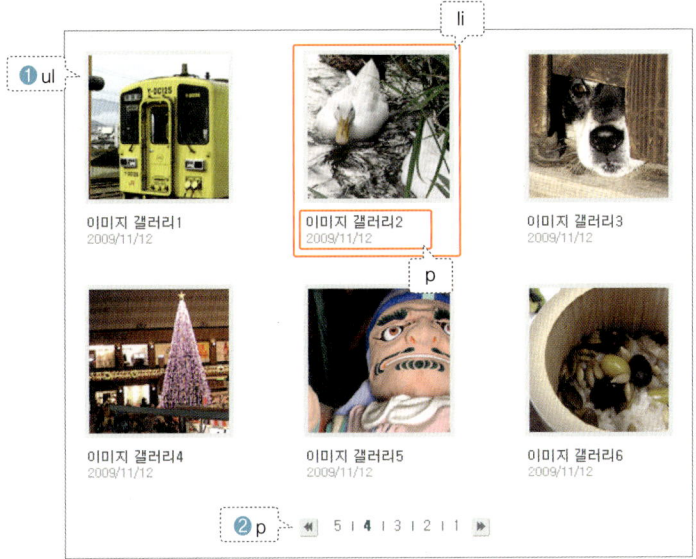

▲ 이미지 자료 마크업

설계한 대로 class를 부여한 구조는 다음과 같습니다.

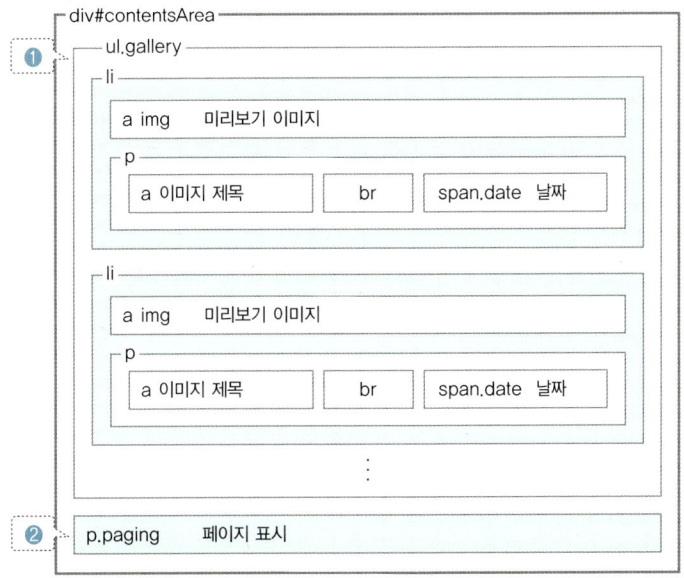

▲ 이미지 자료 구조

2. 마크업

Sec04 폴더의 layout_sub.html 문서를 열고 gallery.html로 재저장하여 '이미지 갤러리' 페이지를 생성합니다. '이미지 갤러리' 페이지를 생성한 후에는 사이드 영역에 서브 메뉴와 콘텐츠 영역의 대제목인 h1 요소 콘텐츠 및 현재 페이지의 경로를 수정하고 앞서 설계한 구조대로 마크업합니다.

📁 예제 파일 : Sample\Part04\Sec04\gallery.html

```
Source    <div id="contentsArea">
            <ul class="gallery">
              <li><a href="#"><img src="images/pds/imgpds_01.gif" alt="" /></a>
❶              <p><a href="#">이미지 갤러리1 </a><br />
                  <span class="date">2009/11/12</span></p>
              </li>
              … 같은 코드 5개 추가 됨 …
            </ul>
            <p class="paging">
              <a href="#" class="btnPage"><img src="images/board/btn_prev.gif" alt="이전10개" /></a>
              <span class="num"><a href="#" class="firstItem">5</a>
❷            <strong>4</strong> <a href="#">3</a> <a href="#">2</a>
                                        ┈┈┈ 여러 개의 페이지 번호 중에서 현재 페이지 상태를 알려
                                             줄 수 있도록 해당 번호는 강조 요소를 추가하여 마크업
              <a href="#">1</a></span>
              <a href="#" class="btnPage"><img src="images/board/btn_next.gif" alt="다음10개" /></a>
            </p>
          </div>
```

그리고 상단 문서 제목도 이미지 자료로 수정합니다.

📁 예제 파일 : Sample\Part04\Sec04\gallery.html

```
Source    <title>이미지 자료 | WebCafe</title>
```

마크업을 완성한 후 CSS 스타일을 제거한 채 확인해 보면 페이징 콘텐츠 중에 강조된 번호를 볼 수 있습니다. 이는 단순히 스타일을 굵게 적용하기 위한 것이 아니라 현재 페이지의 위치를 강조하기 위해 strong 요소를 사용한 것입니다.

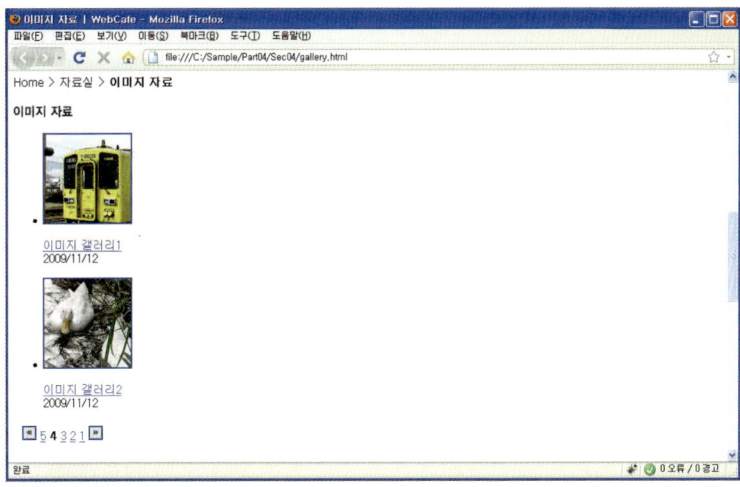

▲ CSS 스타일을 제거한 마크업 문서

Reset CSS를 적용하여 불릿 모양과 링크 요소들의 스타일이 초기화된 상태에서 콘텐츠 영역에 디자인 시안을 기준으로 CSS를 작성해 보겠습니다.

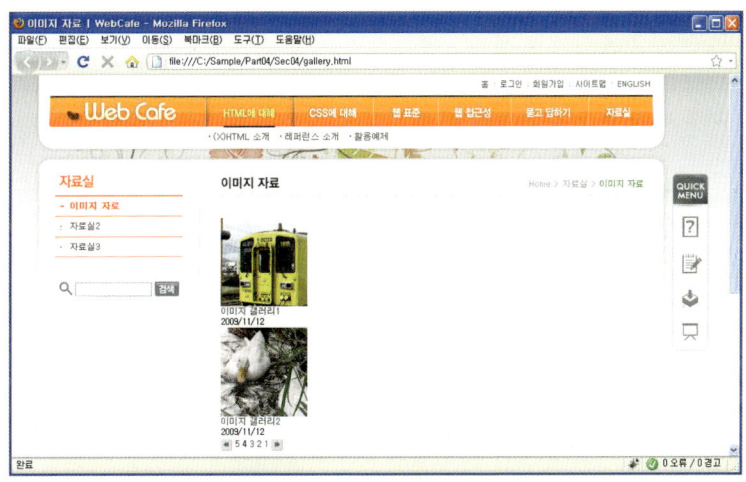

▲ import.css가 적용된 gallery.html

3. CSS 디자인

이미지 자료는 board.css를 생성하여 게시판 형태로 반복 재사용되는 스타일들을 관리할 수 있도록 작업합니다.

'board.css'를 생성한 후, 다음과 같이 gallery.html 문서에 연결합니다.

```
<link rel="stylesheet" type="text/css" href="css/board.css" />
```

디자인 시안대로 만들기 위해 이미지 목록 항목인 li 요소 모두에 float:left를 지정하여 컬럼 형태로 배치합니다. 그리고 이미지 주변의 테두리 효과에는 border 속성을 사용합니다. 이때 동적 가상 클래스(dynamic pseudo-classes)인 :hover를 활용하여 사용자가 특정 이미지 목록에 접근하면 테두리 색상이 변하도록 작성하고, 이미지 제목과 날짜에는 텍스트와 여백 스타일을 지정합니다.

예제 파일 : Sample\Part04\Sec04\css\board.css

Source

```
/* ———— 갤러리 ———— */
.gallery {
    margin-left:15px;
}
.gallery li {
    float:left;
    display:inline;
    height:167px;
    margin:0 30px 28px 30px;
}
.gallery li p {
    margin:0 2px;
    padding-top:9px;
}
.gallery li p .date {
    font-size:0.92em;
    color:#9b9b9b;
}
.gallery li a img {
    border:4px solid #e3e3e3;
}
.gallery li a:hover img, .gallery li a:focus img {
    border:4px solid #8be2df;
}
```

- margin-left:15px; → 왼쪽에 여백을 두어 콘텐츠 영역 가운데 있는 것처럼 보이도록 표현하기 위해 추가
- float:left; display:inline; → 인터넷 익스플로러 6의 더블 마진 버그를 해결하기 위해 추가
- height:167px; → 기본 높이를 설정하여 목록이 한 줄 이상으로 나타나는 경우 정렬되어 보이도록 합니다.
- .gallery li a:hover img, .gallery li a:focus img { border:4px solid #8be2df; } → 선택된 이미지 테두리 색상을 변경하여 나타냅니다.

▲ 이미지 목록 요소에 스타일을 적용한 결과

첫 번째 노란 기차 이미지 목록에 마우스를 올려놓으면 :hover 클래스 스타일에 지정한 밝은 청록색 테두리로 변경되는 것을 확인할 수 있습니다.

마지막으로 페이지 링크들은 text-align 속성을 이용하여 가운데 정렬하고, 이전/다음 목록 이동 버튼에 적용한 class값을 통해 여백을 조정합니다. 이때 페이징 번호와 번호 사이에 보이는 수직 구분선(Vertical Bar)은 배경 이미지를 사용하여 표현합니다.

▲ 페이징 세부 디자인

예제 파일 : Sample\Part04\Sec04\css\board.css

Source ❷

```
/* ———— 버튼/페이징 영역 ———— */
.paging {
    clear:both; ------------------------------------------------- 이미지 목록의 float 해제
    margin-top:5px;
    text-align:center;
}
.paging .num a, .paging .num strong { ----------------------- Num class명을 가진 요소 안의 a 요소들에 bar 배경
    padding:5px 6px 5px 9px;                                    이미지 적용
    text-decoration:none;
    background:url(../images/board/paging_bar.gif) no-repeat 0 7px;
    color:#707070;
    line-height:1.2em;
}
.paging .num a:hover, .paging .num a:focus {
    color: #336666;
}
.paging .num strong { ------------------------------------- 선택된 현재 페이지 숫자 디자인. reset.css에서
    font-weight:bold;                                        strong 요소의 font 스타일을 normal로 지정하였으
    color: #336666;                                          므로 bold로 재정의
}
.paging .num .firstItem { --------------------------------- 첫 번째 숫자 링크에는 bar 배경 이미지가 보이지 않
    background-image:none;                                   도록 조정
}
```

▲ gallery.html 디자인 완성

게시판 목록(묻고 답하기)

1. 구조 설계

대부분의 웹 사이트에서 자주 볼 수 있는 콘텐츠 중의 하나인 게시판 목록으로, WebCafe에서의 주 메뉴인 묻고 답하기의 하위 메뉴 중에서 묻고 답하기 게시판입니다. 게시판은 대부분의 웹 사이트 내에서 동일한 디자인과 형식을 가지게 되므로 처음 만드는 게시판을 템플릿처럼 활용할 수 있도록 설계하는 것이 필요합니다.

게시판 목록은 총 5개의 콘텐츠로 구성되어 있습니다.

❶ 게시물 현황
❷ 게시물 목록
❸ 버튼
❹ 페이징
❺ 게시물 검색

▲ 묻고 답하기 디자인

❷ 게시물 목록을 먼저 살펴보면 table 요소를 사용하면 안된다는 생각 때문에 게시판을 dl 요소 또는 ul 요소의 목록을 사용하여 마크업하기도 하는데, 이는 올바른 방법이 아닙니다. ul 요소의 경우에는 No, 제목, 등록일, 조회수 등의 제목 콘텐츠와 연결되는 해당 게시물 내용을 마크업할 수 있는 방법이 없기 때문에 모두 독립적인 목록 형태로 구성해야 합니다. 또 게시판은 table 요소를 사용하여 마크업하는 것이 가장 바람직합니다. scope 속성이나 id, headers 속성들을 적절히게 활용하면 웹 접근성이 높은 콘텐츠를 구현할 수 있기 때문에 군이 다른 요소를 사용하기 위해 노력할 필요가 없습니다. table 요소는 무의미하고 무분별하게 사용하는 것을 경계해야 하는 것이지 정작 필요한 콘텐츠에까지 사용하지 말아야 하는 것은 아닙니다.

지금부터 콘텐츠를 순차적으로 마크업해 보겠습니다. ❶은 게시물 현황으로 독립된 단락 요소인 p 요소를 사용합니다. 간혹 ❶의 게시물 현황을 테이블의 caption으로 처리하는 경우가 있는데 게시물 현황은 고정적으로 제공되는 표 제목이 아니라 현재 보여지고 있는 페이지 정보와 전체 목록 데이터의 정보를 유동적으로 나타내야 하기 때문에 테이블 내의 콘텐츠로 접근하는 것은 옳지 못합니다.

❷는 게시물 목록으로 table 요소를 사용하여 마크업하며 테이블의 제목 셀은 th 요소를 사용합니다. 또 summary, caption 및 thead, tbody, scope 등의 요소와 속성들을 적절하게 활용하여 좀 더 의미 있고 접근성 높은 콘텐츠가 구현될 수 있도록 하겠습니다.

❸은 글쓰기 버튼으로 form 관련 요소를 사용합니다. ❹는 페이징 콘텐츠로 앞 장에서 만든 갤러리의 페이징과 같은 디자인이기 때문에 마크업과 CSS 디자인을 동일하게 사용합니다.

마지막으로 ❺의 검색 영역은 입력 폼으로 select 요소를 이용한 콤보 박스와 input 요소를 이용한 텍스트 박스 및 버튼 등을 마크업합니다. 이때 select 요소와 input 요소를 fieldset으로 그룹화하고 legend 요소로 폼 요소의 제목을 작성합니다.

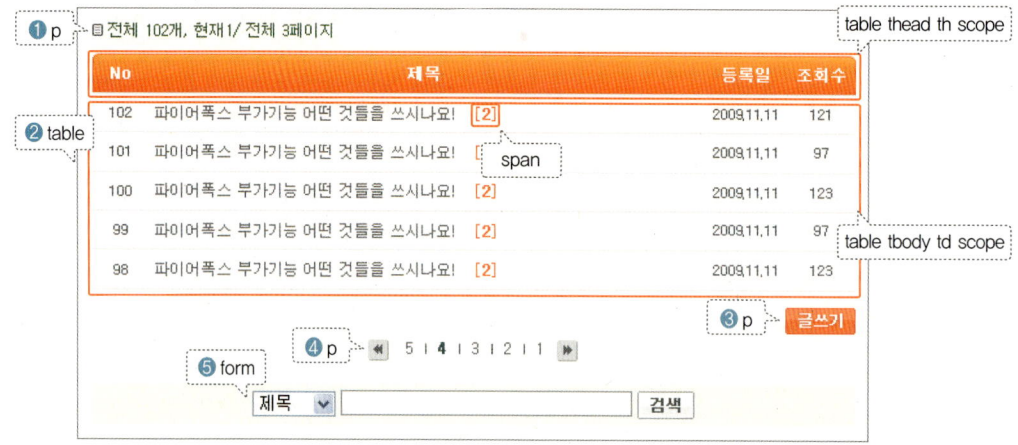

▲ 묻고 답하기 마크업

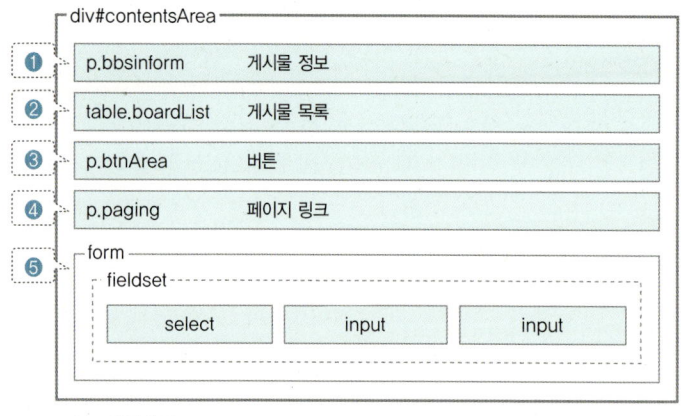

▲ 묻고 답하기 구조

2. 마크업

Sec04 폴더의 layout_sub.html 문서를 열고 qna.html로 재저장하여 '묻고 답하기' 페이지를 생성합니다. '묻고 답하기' 페이지를 생성한 후에는 사이드 영역에 서브 메뉴와 콘텐츠 영역의 대제목인 h1 요소 콘텐츠 및 현재 페이지의 경로를 수정합니다.

qna.html 문서에 ❶ 게시물 현황과 ❷ 게시물 목록을 마크업합니다. 이때 ❷ 게시물 목록 테이블의 각 셀(td)에는 가로 너비나 여백 등의 스타일 적용을 예상하여 미리 class를 부여합니다.

예제 파일 : Sample\Part04\Sec04\qna.html

```
Source    <div id="contentsArea">
❶           <p class="bbsInform">전체 <strong>102</strong>개, 현재<strong>1</strong>
            / 전체 <strong>3</strong>페이지</p>

            <table width="100%" border="1" cellspacing="0" cellpadding="0" class="boardList"
            summary="10개의 게시물 번호, 제목, 등록일, 조회수 정보 전달">
            <caption>묻고 답하기 목록</caption>
              <thead>
              <tr>
                <th class="first">No</th>
                <th>제목</th>
                <th>등록일</th>
                <th class="end">조회수</th>
              </tr>
              </thead>                                      --- 미리 class값 지정
              <tbody>
              <tr>
                <td class="num">102</td>
                <td class="bbstitle"><a href="#">파이어폭스 부가기능 어떤 것들을 쓰시나요! </a>
                   <span class="replyNum">[<strong>2</strong>]</span></td>
                <td class="date">2009.11.11</td>
                <td class="view">121</td>
              </tr>
              … 반복 …
              </tbody>
            </table>
          </div>
```

게시판의 경우 summary 속성과 caption 요소를 동일하게 작성하는 경우가 있지만, summary 속성과 caption 요소의 역할은 다르므로 동일한 정보가 들어갈 수밖에 없다면 둘 중 하나만 사용하는 것이 중복 정보 제공을 피할 수 있습니다. summary 속성과 caption 요소 이외에 scope 속성을 추가하여 헤더 셀과 내용 셀의 관계를 설정하여 스크린 리더와 같은 응용 프로그램에서 테이블의 정보를 이해하기 쉽게 전달할 수 있도록 구현합니다. 스크린 리더에서 scope 또는 id, headers 속성을 사용하면 설정된 값에 따라 내용 셀(td)이 어떤 제목 셀(th)의 데이터와 연관되어 있는지를 알려 줍니다.

```
Source    <table width="100%" border="1" cellspacing="0" cellpadding="0" class="boardList"
               summary="10개의 게시물 번호, 제목, 등록일, 조회수 정보 전달">
          <caption>묻고 답하기 목록</caption>
          <thead>
              <tr>
                  <th class="first" scope="col">No</th>
                  <th scope="col">제목</th>
                  <th scope="col">등록일</th>
      ❷          <th class="end" scope="col">조회수</th>
              </tr>
          </thead>
          <tbody>
              <tr>
                  <td class="num" scope="row">102</td>
                  <td class="bbstitle"><a href="#">파이어폭스 부가기능 어떤 것들을 쓰시나요! </a>
                      <span class="replyNum">[<strong>2</strong>]</span></td>
                  <td class="date">2009.11.11</td>
                  <td class="view">121</td>
              </tr>
          … 생략 …
```

다음 ❸ 글쓰기 버튼을 작성하고, ❹ 페이징은 앞 장의 예제를 그대로 사용합니다.

```
Source    … 생략 …
          <p class="btnArea">
      ❸      <a href="#"><img src="images/board/btn_write.gif" alt="글쓰기" /></a>
          </p>
          <p class="paging">
              <a href="#" class="btnPage"><img src="images/board/btn_prev.gif" alt="이전10개" /></a>
              <span class="num"><a href="#" class="firstItem">5</a>
      ❹      <strong>4</strong> <a href="#">3</a> <a href="#">2</a>
              <a href="#">1</a></span>
              <a href="#" class="btnPage"><img src="images/board/btn_next.gif" alt="다음10개" /></a>
          </p>
```

마지막으로 ❺ 검색 영역의 입력 폼 요소들을 마크업합니다. 이 검색 폼 디자인을 살펴보면 입력 폼 요소들과 연결된 label 요소들이 없습니다. 이런 경우 웹 접근성을 높이기 위해 label 요소를 추가로 작성하고 디자인상 화면에서 보이지 않도록 숨김 처리를 할 수도 있고, label 요소 대신 title 속성을 이용하여 각 입력 폼을 설명할 수도 있습니다. 스크린 리더를 사용하여 해당 콘텐츠에 접근하는 경우에 숨김 레이블 정보와 title 속성 정보 모두 잘 읽어 주어 시각장애인에게도 유용합니다.

📁 예제 파일 : Sample\Part04\Sec04\qna.html

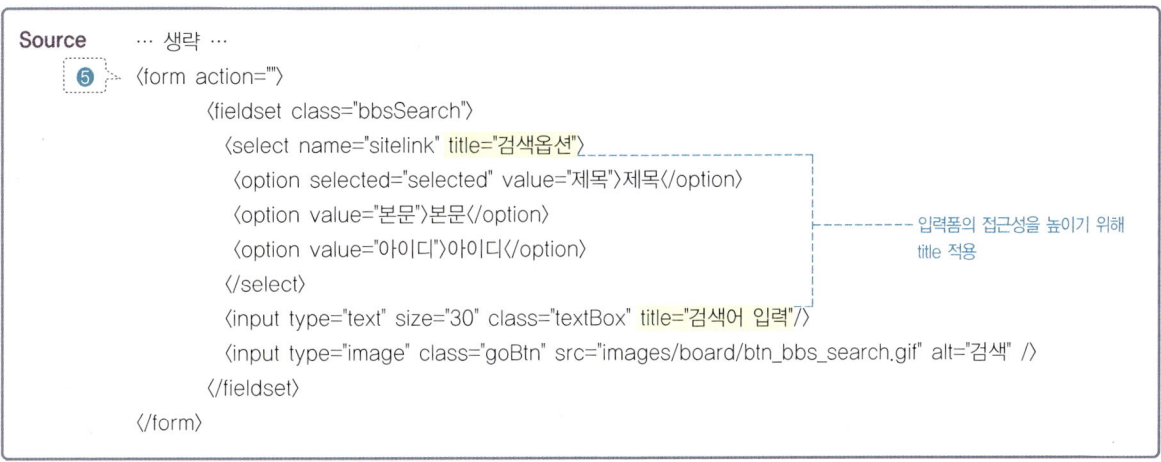

Source

```
… 생략 …
⑤  <form action="">
        <fieldset class="bbsSearch">
            <select name="sitelink" title="검색옵션">
            <option selected="selected" value="제목">제목</option>
            <option value="본문">본문</option>
            <option value="아이디">아이디</option>
            </select>
            <input type="text" size="30" class="textBox" title="검색어 입력"/>
            <input type="image" class="goBtn" src="images/board/btn_bbs_search.gif" alt="검색" />
        </fieldset>
    </form>
```

입력폼의 접근성을 높이기 위해
title 적용

앞에서와 같이 문서 제목을 묻고 답하기로 수정합니다.

📁 예제 파일 : Sample\Part04\Sec04\qna.html

Source `<title>묻고 답하기 | WebCafe</title>`

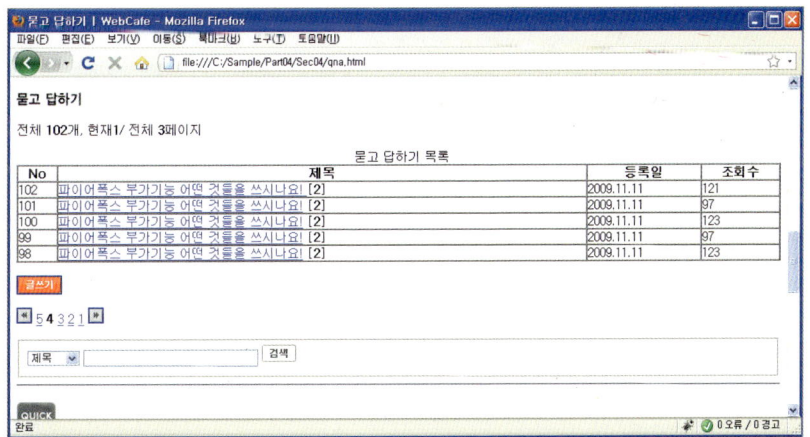

▲ 묻고 답하기 마크업 완성

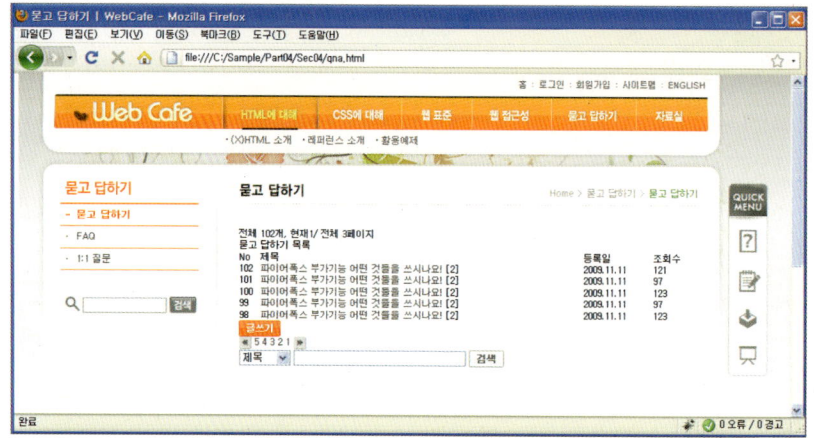

▲ import.css만 적용된 qna.html

import.css를 적용했을 때 테이블에 테두리가 보이지 않는 이유는 table 요소에 border:0;값을 재
지정하였기 때문입니다.

3. CSS 디자인

앞에서 이미지 갤러리를 위해 생성한 board.css 파일에 일반 게시판 스타일을 추가하여 작업합니다.

❶ 요소는 디자인 시안과 동일한 텍스트 색상을 적용하고 아이콘은 배경 이미지를 사용합니다. ❷
게시판 테이블은 앞에서 부여한 class를 사용하여 각 셀의 너비를 지정하고 caption 요소는 시각적
으로 보이지 않도록 합니다.

테이블 제목 행의 양쪽 모서리에 라운드 처리가 되어 있는 배경은 게시판 영역보다 여유 있게 제작
해 놓은 이미지를 사용하여 게시판의 너비가 늘어나도 디자인이 흐트러지지 않도록 합니다. 이 밖에
border 속성을 재설정하여 경계선을 나타내고 셀과 텍스트의 간격과 글꼴도 디자인 시안과 동일하
게 적용합니다.

▲ 가로 650px의 제목 셀 배경 이미지

📁 예제 파일 : Sample\Part04\Sec04\css\board.css

```
Source    .bbsInform {
              margin-bottom:10px;
❶ ❷          padding-left:12px;
              background:url(../images/board/icon_list.gif) no-repeat 0 2px;
```

```
        color:#3c6b05;
    }
.boardList caption {
    position:absolute;
    overflow:hidden;
    width:1px;                        - - - - - - - - - - - - - - - - - - - - - - - - - - - - - - - - - 기존 숨김 콘텐츠와 동일한 속
    height:1px;                                                                                성을 적용하여 caption 요소를
    font-size:0;                                                                               숨깁니다.
    line-height:0;
}
.boardList td, .boardList th {
    padding:8px 4px 6px 4px;
    border-bottom:1px solid #e8e8e8;
}
.boardList th {
    color:#ffffff;
    text-align:center;
    font-weight:bold;
    background:url(../images/board/bg_board_title.gif) no-repeat top center; - - - 각 th 셀마다 만든 배경 이미지
    background-color:#fb6000;                                                        의 중앙 부분이 적용되도록 설정
}
.boardList th.first {
    background:url(../images/board/bg_board_title.gif) no-repeat top left;  - - - 첫 번째 제목 셀에 지정한 class.
}                                                                                배경 이미지를 왼쪽 정렬하여 왼
.boardList th.end {                                                               쪽 라운드를 표현
    background:url(../images/board/bg_board_title.gif) no-repeat top right; - - - 배경 이미지를 오른쪽 정렬하여
}                                                                                제목 셀의 오른쪽 라운드를 표현
.boardList .num, .boardList .date, .boardList .view {
    font-size:0.92em;
    text-align:center;
    color:#626262;
}
.boardList .num {
    width:35px;
}
.boardList .bbstitle {
}                                        - - - - - - - - - - - - - - - - - - - - - - - - - - - - - - - 현재 4개의 td 중 데이터의 길이
.boardList .date {                                                                가 가변적인 게시물 제목 셀의
    width:55px;                                                                   너비 설정을 따로 하지 않고 설
}                                                                                정한 3개의 너비값을 뺀 나머지
.boardList .view {                                                               값이 게시물 제목 셀의 너비가
    width:45px;                                                                   됩니다. 테이블이 길이가 늘어나
}                                                                                면 3개의 셀은 고정되고 게시물
.boardList .replyNum {                                                           제목 셀의 너비가 늘어납니다.
    margin-left:10px;
    color:#ff5300;
}
```

```
.boardList .replyNum strong {
    font-weight:bold;
}
```

❸ 영역은 안에 들어가는 데이터들의 정렬과 간격을 조정하고, ❹ 페이징은 이미 board.css에 들어 있으므로 추가로 작업하지 않습니다.

🗁 예제 파일 : Sample\Part04\Sec04\css\board.css

Source
```
.btnArea {
    margin-top:12px;
    text-align:right;
}
```

마지막으로 ❺ 검색 영역에 옅은 회색의 배경색을 지정하고 가운데 정렬하여 마무리합니다.

🗁 예제 파일 : Sample\Part04\Sec04\css\board.css

Source
```
.bbsSearch {
    margin-top:17px;
    padding:5px;
    text-align:center;
    background:#f6f6ee;
}
```

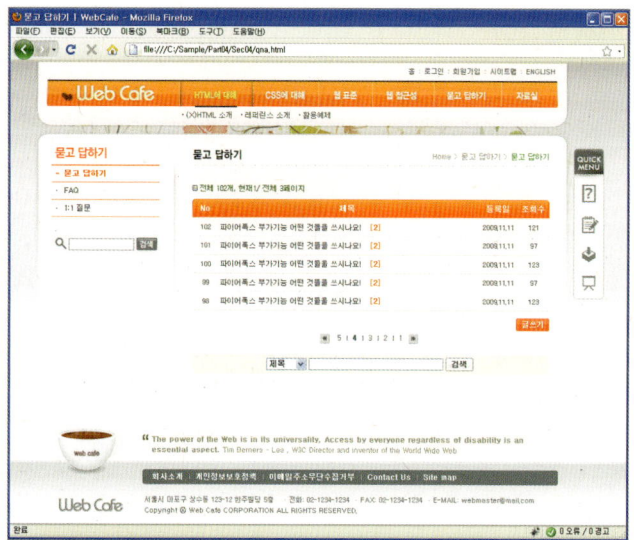

▲ qna.html 디자인 완성

1. 구조 설계

회원가입 시 기본 정보를 입력하는 입력 폼 페이지입니다. 레이블과 입력 폼, 안내 문구 등으로 구성되어 있습니다. 이 페이지는 많이 사용되는 페이지 형식 중 하나로 웹 접근성을 고려하여 작성하는 것이 중요합니다.

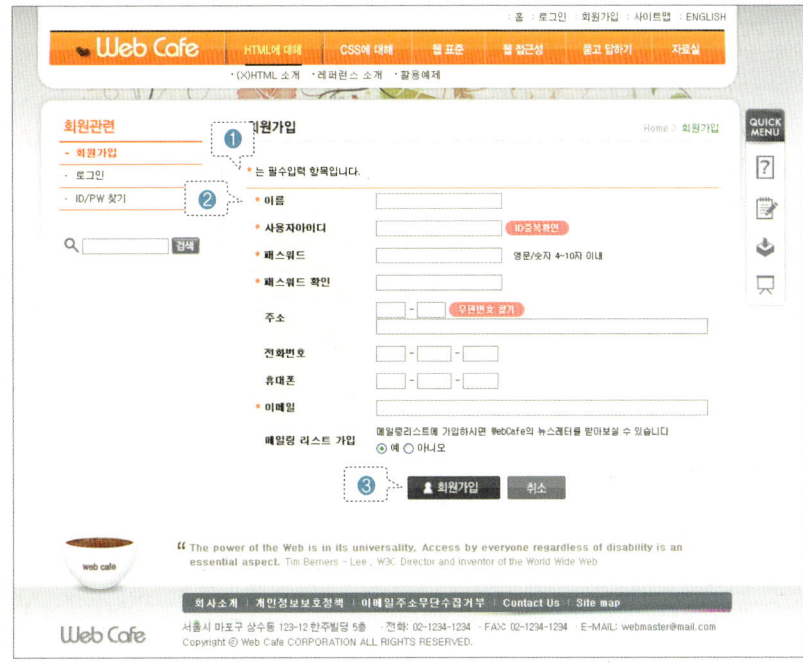

① 안내 사항 텍스트
② 징보 입력 **폼**
③ 버튼 영역

▲ 회원가입 디자인

회원가입 페이지는 크게 3개의 영역으로 구성되며 ①, ③은 단락 요소로 마크업합니다. ②의 경우 테이블과 폼 관련 요소를 이용하겠습니다.

② 입력 폼 양식은 레이블과 입력 폼의 구조로 간혹 정의형 목록을 사용하는 사례를 볼 수 있는데, 이 경우 정의형 목록을 사용하면 입력 폼 요소와 레이블을 주종 관계로 설정하게 되기 때문에 의미상 적절하지 못한 마크업으로 볼 수 있습니다. 가장 권장할 만한 마크업 방법은 테이블을 사용하거나 요소별로 독립된 단락을 사용하는 것입니다. 상황과 디자인 형태에 따라 마크업은 달라질 수 있지만 콘텐츠 본래의 의미를 이해하는 것이 중요합니다.

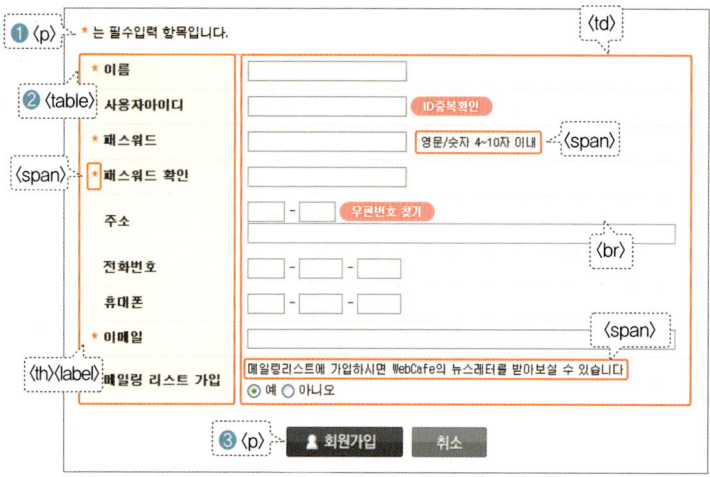

▲ 회원가입 마크업

회원가입 콘텐츠의 구조는 다음과 같습니다. 전체적인 구조는 간략하지만 ❷ 테이블 안에 입력 폼 콘텐츠들을 마크업할 때 적절한 요소를 사용하고 의미를 살릴 수 있도록 작성합니다.

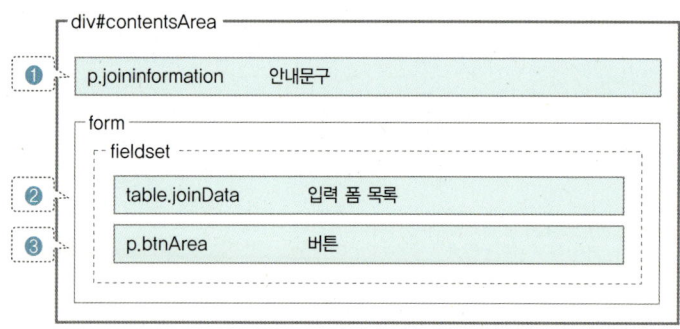

▲ 회원가입 구조

2. 마크업

회원가입 영역의 마크업 시 주의할 사항은 디자인된 순서만이 아닌 콘텐츠의 우선순위를 생각해야 한다는 것입니다. 패스워드 입력 폼의 경우 필수 정보 입력 표시와 같이 입력 폼 뒤에 '영문/숫자 4~10자 이내'라는 패스워드 작성 규칙이 적혀 있습니다. 눈에 보이는 순서대로 입력 폼 다음에 작성 규칙 안내가 나오도록 하면 일반 사용자에게는 문제가 없지만 순차적으로 콘텐츠에 접근하는 시각장애인의 경우 작성 규칙을 알지 못한 채 임의대로 패스워드를 작성한 후 패스워드 작성 규칙에 접근하게 되기 때문에 다시 패스워드를 수정해야 하는 상황이 발생합니다. 이런 문제를 해결하기 위해 안내 문구, 입력 폼 순서로 마크업하고 CSS를 사용하여 안내 문구를 입력 폼 뒤에 위치하도록 하는 것이 좋습니다.

Sec04 폴더의 layout_sub.html 문서를 열고 join.html로 재저장하여 '회원가입' 페이지를 생성합니다. '회원가입' 페이지를 생성한 후에는 사이드 영역에 서브 메뉴와 서브 콘텐츠 영역의 대제목인 h1 요소 콘텐츠 및 현재 페이지의 경로를 수정합니다.

앞에서 설계한 구조와 디자인 시안을 기준으로 의미에 맞게 마크업합니다.

📁 예제 파일 : Sample\Part04\Sec04\join.html

Source

❶

```
<div id="contentsArea">
    <p class="joinInformation"><img src="images/member/icon_check.gif" alt="필수" />
        는 필수입력 항목입니다.</p>
    <form action="" method="post">
        <fieldset>
        <legend>회원가입 정보 입력</legend>
        <table width="100%" border="1" cellspacing="0" cellpadding="0" class="joinData"
         summary="총 9개의 입력항목">
            <caption>회원가입 정보 입력 폼</caption>
            <tbody>---------------------------------------  thead를 분리할 수 있는 구조가 아니기
                                                           때문에 전체는 tbody로 구성됨.
                <tr>
                    <th scope="row"><img src="images/member/icon_check.gif" alt="필수" />
                        <label for="username">이름</label></th>    헤딩의 진행 방향은 수직 방향으로 합니다.
                    <td><input type="text" name="username" id="username" class="textBox" /></td>
                </tr>
                <tr>
                    <th><img src="images/member/icon_check.gif" alt="필수" />
                        <label for="userid">사용자아이디</label></th>
                    <td><input type="text" name="userid" id="userid" class="textBox" />
                        <a href="pop_idcheck.html" onclick=""><img src="images/member/btn_idckeck.gif"
                        alt="ID중복확인" /></a></td>
                </tr>
                <tr>
                    <th><img src="images/member/icon_check.gif" alt="필수" />
                        <label for="passwd">패스워드</label></th>
                    <td class="inform"><p class="password">영문/숫자 4~10자 이내</p>
                        <input type="password" name="passwd" id="passwd" class="textBox" /></td>
                </tr>                                        안내 문구가 입력 폼보다 먼저 오도록
                <tr>                                        작성합니다.
                    <th><img src="images/member/icon_check.gif" alt="필수" />
                        <label for="repassword">패스워드 확인</label></th>
                    <td><input type="password" name="repassword" id="repassword" class="textBox" /></td>
                </tr>
                <tr>
                    <th><label for="zipcd" class="gap">주소</label></th>
```

❷

```
                     <td><input type="text" class="textBox" name="zipcd" id="zipcd" maxlength="3"
                        size="3" title="우편번호 앞자리" /> -
                     <input type="text" class="textBox" name="zipcd2" maxlength="3" size="3"
                        title="우편번호 뒷자리" />
                     <a href="pop_addrcheck.html" onclick="">
                     <img src="images/member/btn_addrckeck.gif" alt="우편번호 찾기" /></a><br />
                     <input type="text" name="address" maxlength="100" size="57" class="textBox" />
                  </td>
               </tr>
               <tr>
                  <th><label for="telno" class="gap">전화번호</label></th>
                  <td><input type="text" name="telno" maxlength="3" size="3" title="전화번호첫째자리"
                     id="telno" class="textBox" /> -
                  <input type="tex" name="telno2" maxlength="4" size="4" title="전화번호중간
                     자리" class="textBox" /> -
                  <input type="text" name="telno3" maxlength="4" size="4" title="전화번호끝자리"
                     class="textBox" />
                  </td>
               </tr>
```
┕ 1개 이상의 입력 폼이 있는
   경우 label을 사용할 수 없
   으므로 title을 이용하여 역
   할을 설명해 줍니다.

```
         … 생략 …
```
라디오 버튼을 선택하기 전에 안내 문구 배치
```
               <tr>
                  <th><label for="receivecd" class="gap">메일링 리스트 가입</label></th>
                  <td class="mailing">
                  <p class="newsletter">메일링리스트에 가입하시면 WebCafe의 뉴스레터를
                     받아보실 수 있습니다.</p>
                  <input name="receivecd" type="radio" id="receivecd" value="Y" checked="checked" />

                  <label for="receivecd">예 </label>
                  <input type="radio" name="receivecd" id="receivecd2" value="N" />
                  <label for="receivecd2">아니오</label>
                  </td>
               </tr>
            </tbody>
         </table>
         <p class="btnArea">
            <input type="image" src="images/member/btn_join.gif" alt="회원가입" />
               <a href="#"><img src="images/member/btn_cancel.gif" alt="취소" /></a>
         </p>
      </fieldset>
   </form>
</div>
```
❸ --- 버튼은 데이터 전송을 위
   한 input 형식과 일반 링
   크 형식의 두 가지가 사
   용됩니다.

문서 제목을 다음과 같이 수정합니다.

📂 예제 파일 : Sample\Part04\Sec04\join.html

| Source | ⟨title⟩회원가입 | WebCafe⟨/title⟩ |

여기까지 작성한 마크업 문서를 웹 브라우저로 확인한 모습은 다음과 같습니다.

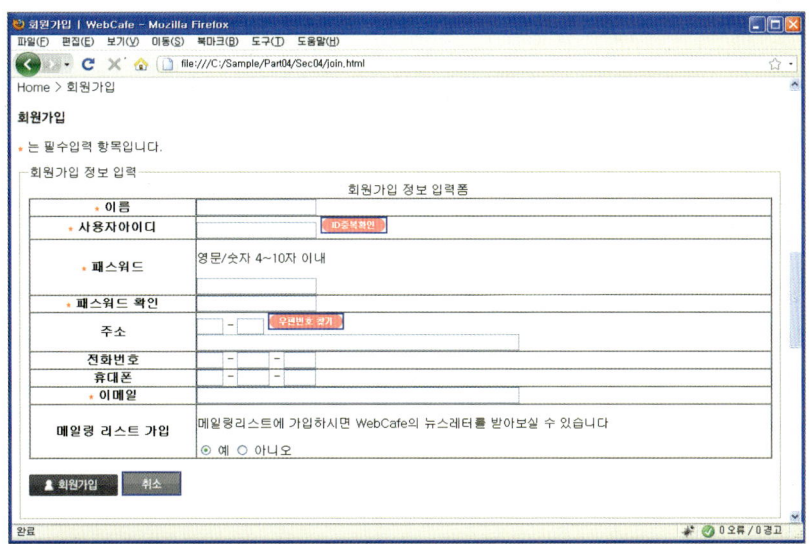

▲ CSS 적용을 해제한 마크업 문서

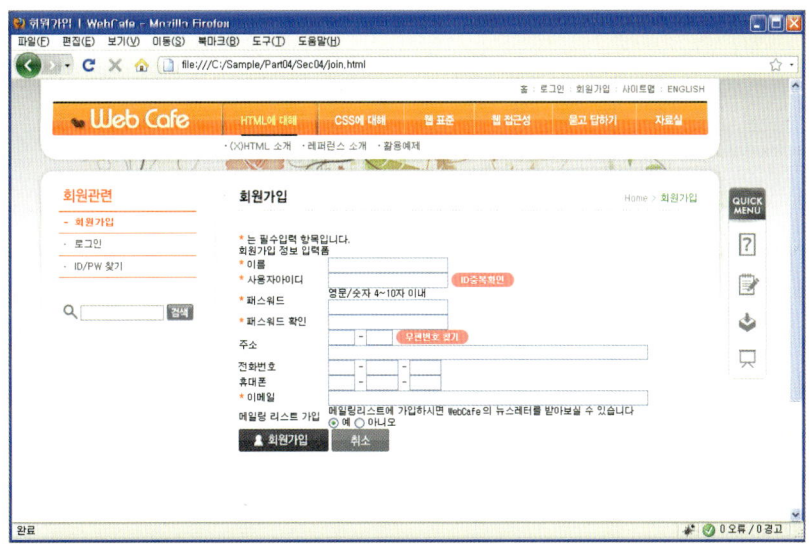

▲ import.css가 적용된 join.html

3. CSS 디자인

회원가입 콘텐츠의 디자인은 콘텐츠 간의 간격이나 크기 위치 및 정렬 등을 디자인 시안을 기준으로 작성합니다. 디자인 시안에는 없지만 테이블의 caption 요소의 경우 기존 숨김 콘텐츠 처리 방법과 동일하게 선언하여 디자인상 나타나지 않도록 합니다. 비밀번호와 비밀번호 안내 문구의 배치는 absolute 방식을 사용할 수도 있지만 여기서는 float 속성을 이용하여 배치하겠습니다. 이 밖에도 테이블의 테두리 및 배경도 디자인해 보겠습니다.

로그인, 회원가입, 비밀번호 수정 등 회원 관리와 관련하여 스타일을 적용하기 위해서는 member.css 라는 파일을 생성한 후 다음과 같이 join.html 문서에 연결합니다.

```
<link rel="stylesheet" type="text/css" href="css/member.css" />
```

🗁 예제 파일 : Sample\Part04\Sec04\css\member.css

```
Source
❶  .joinInformation {
        margin-bottom:10px;
    }
❷  input.textBox {
        border:1px solid #969696;
        height:17px;
        margin-bottom:1px;
        padding:0 2px;
    }
    .joinData {
        border-top:1px solid #e9804e;
    }
    .joinData caption {
        position:absolute;
        overflow:hidden;
        width:1px;
        height:1px;
        font-size:0;
        line-height:0;
    }
    .joinData th, .joinData td {
        border-bottom: 1px solid #e8e8e8;
        color:#3f3e3e;
    }
    .joinData th {
        padding:6px 10px;
```

```
 ↳         background:#fffcef;
           font-weight:bold;
       }
       .joinData td {
           padding:6px 15px;
       }
       .joinData .gap {
           padding-left:12px;
       }
       .joinData td.inform {
           position:relative;
       }
       .joinData .password {
           float:right;
           margin-top:5px;
           margin-right:130px;- - - - - - - - - - - - - - - - - - - - - - - - - - - -  배치 방법은 absolute 등과 같은
           font-size:0.92em;                                                다른 방법도 있지만 float 방식으
       }                                                                    로 오른쪽 정렬한 후 margin 여
                                                                           백을 이용하여 배치합니다.
       .joinData .newsletter {
           font-size:0.92em;
           margin-bottom:5px;
       }
      ┌.btnArea {
      │    margin-top:20px;
      │    text-align:center;
 ③    │ }
      └.btnArea a, .btnArea input {- - - - - - - - - - - - - - - - - - - - - - - - 버튼 영역의 콘텐츠의 링크 버튼
           margin-left:5px;                                                    과 입력 폼 버튼 사이의 간격
       }
```

CSS 속성 지정 순서

CSS 코드를 작성할 때 속성을 지정하는 순서가 정해져 있는 것은 아니지만 속성의 작성 규칙을 정해 놓고 작업하면 편리합니다. 예를 들어 float 속성을 지정하는 경우, 반드시 다른 모든 속성보다 먼저 선언되어야 한다든가 width 다음에는 반드시 height 속성이 와야 한다는 등의 규칙을 정해 놓고 CSS 코드를 작성하면 여러 명이 협업을 할 때 발생할 수 있는 문제점을 사전에 예방하고 유지 보수의 효율성을 높일 수 있습니다.

member.css를 작성한 후 디자인이 제대로 적용되었는지 웹 브라우저로 확인합니다.

▲ join.html의 디자인 완성

크로스 브라우징 점검

이제 마지막 단계만 남았습니다. 마크업 및 디자인을 모두 완성한 4개의 콘텐츠 페이지들의 마크업 및 CSS 유효성 검사를 앞에서 배운 대로 확인한 후 크로스 브라우징 점검을 해 보겠습니다.

먼저 인터넷 익스플로러 7에서의 모습입니다.

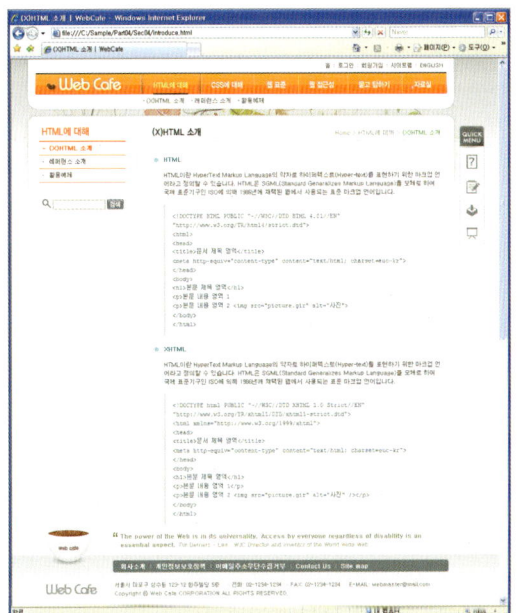

▲ (X)HTML 소개

▲ 이미지 자료

▲ 묻고 답하기

▲ 회원가입

인터넷 익스플로러 7에서는 특별한 문제점이 보이지 않습니다. 다음으로 IE Tester를 이용해서 인터넷 익스플로러 6을 확인해 보겠습니다.

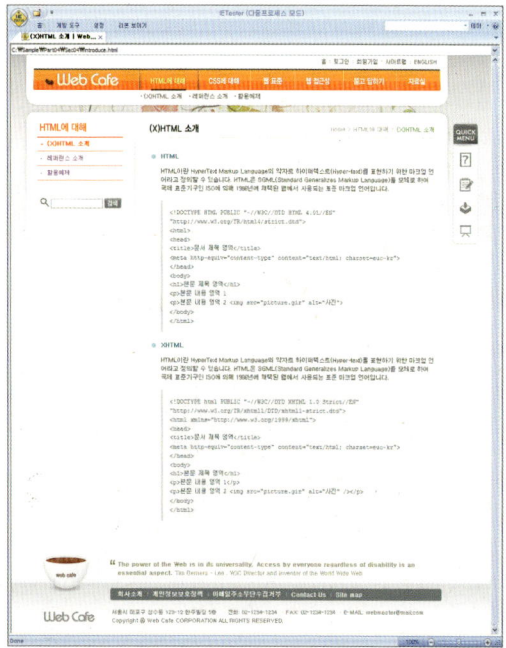

▲ (X)HTML 소개

▲ 이미지 자료

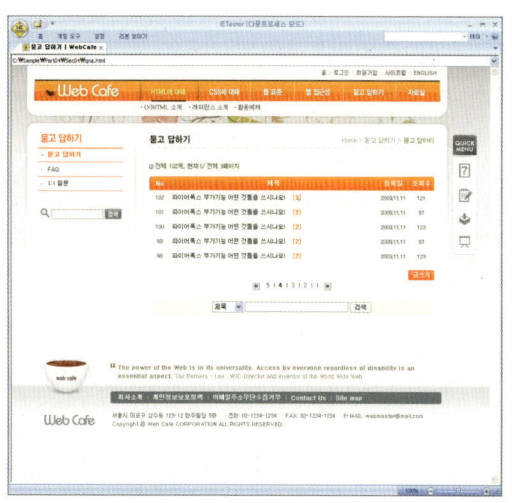

▲ 묻고 답하기

▲ 회원가입

IE Tester를 통해서 보면 다른 페이지는 문제가 발생하지 않았지만 회원가입 페이지의 비밀번호 입력 폼과 안내 텍스트가 겹쳐져 두 줄로 보이는 현상이 나타났습니다.

인터넷 익스플로러 6에서 발생하는 현상은 영역의 너비를 제대로 인식하지 못해 발생한 문제로, 왼쪽 여백값을 인터넷 익스플로러 6일 때만 다르게 적용되도록 하겠습니다. ie6.css에서 아래의 CSS 코드를 추가합니다.

📂 예제 파일 : Sample\Part04\Sec04\css\ie6.css

Source	.joinData .password {
	    margin-right:70px;
	}

주 메뉴와 탭 메뉴 제어를 위한 자바스크립트

지금까지 구조와 표현의 분리 관점에서 XHTML과 CSS를 이용하여 웹 페이지를 완성했다면 이번에는 자바스크립트를 이용하여 동작을 제어해 보겠습니다.

WebCafe 사이트 메인 페이지에서 자바스크립트를 이용하여 동작을 제어할 부분은 주 메뉴와 공지사항 및 자료실 영역인 탭 메뉴 영역입니다. 먼저 주 메뉴의 경우 상위 메뉴에 마우스를 올려놓거나 키보드 포커스가 생성되었을 때 숨어 있던 하위 메뉴가 나타나도록 하고, 탭 메뉴의 경우 해당 탭을 클릭하면 탭 메뉴에 따른 하위 목록이 보이고 다른 탭 메뉴의 하위 항목은 보이지 않도록 설정합니다. 자바스크립트 실습을 위해 script 폴더에 있는 index.html 문서를 에디트플러스를 이용하여 연 다음, 미리 작성해 놓은 menuTab.js 파일을 연결하기 위해 head 요소에 아래와 같이 script 요소를 삽입합니다.

📂 예제 파일 : Sample\Part04\Sec04\script\index.html

```
<script type="text/javascript" src="js/menuTab.js"></script>
<script type="text/javascript">
        window.onload = function(){
        initMain();
    }
</script>
```

script 요소를 삽입한 후에 index.html 문서를 확인해 보면, 주 메뉴와 탭 메뉴 모두 자바스크립트를 이용한 동적 제어가 가능해졌음을 알 수 있습니다.

▲ 자바스크립트를 이용한 주 메뉴 제어

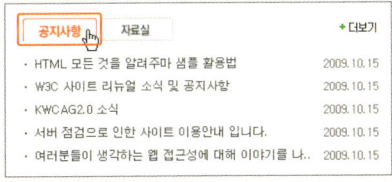

▲ 자바스크립트를 이용한 탭 메뉴 제어

만약 자바스크립트 코드를 추가하여 완성한 결과와 비교해 보고자 한다면 index_script.html 문서를 확인하면 됩니다.

그러나 헤더 영역의 배경으로 사용한 PNG 형식의 이미지를 인터넷 익스플로러 6에서 제대로 렌더링하기 위해 추가한 CSS filter 효과로 인해 인터넷 익스플로러 6에서 주 메뉴의 링크 영역이 filter로 처리된 배경 영역의 아래로 인식되어 마우스를 올려놓았을 때 자바스크립트를 이용한 제어에 문제가 발생하는 것을 알 수 있습니다.

▲ 인터넷 익스플로러 6에서 동작하지 않는 주 메뉴

이러한 문제는 또 다른 자바스크립트를 삽입하거나 마크업 및 CSS 코드를 일부 수정하는 방법을 통해 해결할 수 있습니다. 여기서는 마크업 및 CSS 코드를 일부 수정하는 방법으로 문제를 해결해 보겠습니다.

먼저 index.html 문서 #header 영역을 div 요소를 이용하여 한 번 더 그룹화 하고, id 속성을 이용하여 headerWrap이라고 지정합니다. 그런 다음, layout.css에서 #header에 지정된 속성을 #headerWrap로 변경합니다. 그리고 인터넷 익스플로러 6에만 적용하기 위해 사용한 CSS 핵인 ie6.css에서도 #header에 지정한 배경 및 filter 속성을 #headerWrap으로 변경하면 인터넷 익스플로러 6에서도 주 메뉴를 정상적으로 제어할 수 있습니다.

인터넷 익스플로러 6에서 자바스크립트를 이용한 주 메뉴 제어가 정상적으로 이루어질 수 있도록 하기 위해 수정한 코드는 index_ie6.html 및 layout_ie6.css, ie6_filter.css 에서 확인할 수 있습니다.

index_ie6.html 문서에 추가된 마크업 코드

예제 파일 : Sample\Part04\Sec04\script\index_ie6.html

```
<div id="headerWrap">
    <div id="header">
        헤더 영역
    </div>
</div>
```

layout_ie6.css 파일에 수정된 CSS 코드

예제 파일 : Sample\Part04\Sec04\script\css\layout_ie6.css

```
#headerWrap {
    margin:0 auto;
    width:940px;
    height:105px;
    background:url(../images/common/bg_menubox.png) no-repeat 0 0;
    }
#header {
    position:relative;
    }
```

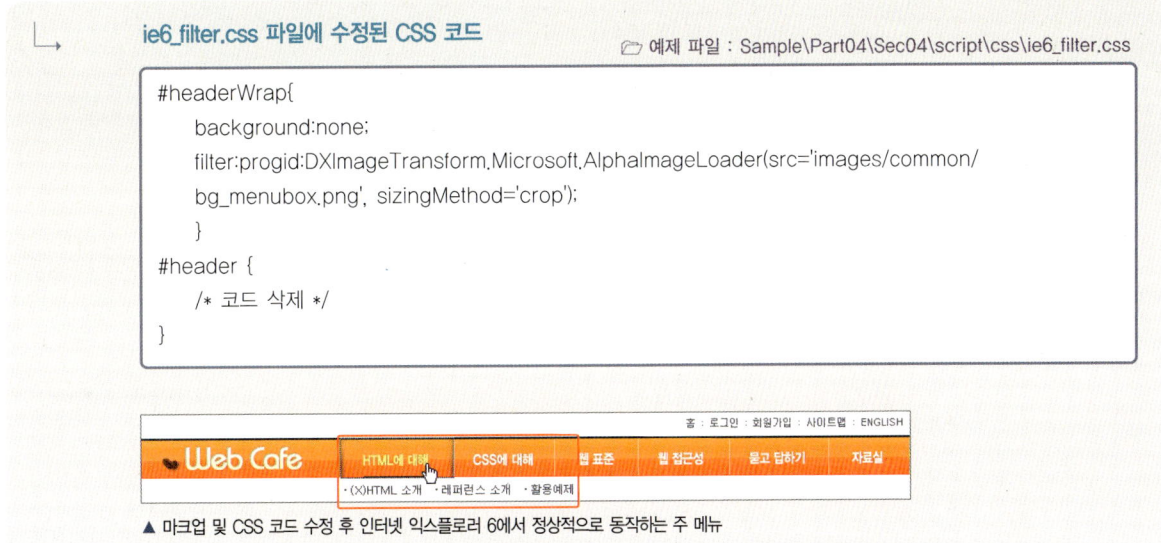

ie6_filter.css 파일에 수정된 CSS 코드

🗁 예제 파일 : Sample\Part04\Sec04\script\css\ie6_filter.css

```
#headerWrap{
    background:none;
    filter:progid:DXImageTransform.Microsoft.AlphaImageLoader(src='images/common/
    bg_menubox.png', sizingMethod='crop');
    }
#header {
    /* 코드 삭제 */
}
```

▲ 마크업 및 CSS 코드 수정 후 인터넷 익스플로러 6에서 정상적으로 동작하는 주 메뉴

◉ **마치며**

여기까지 힘든 여정이 끝났습니다. 디자인 시안부터 구조 설계, 마크업, CSS 디자인에 유효성 검사와 크로스 브라우징 점검까지 여러 단계에 걸쳐 웹 사이트를 완성하고 보니 왠지 뿌듯함이 느껴지지 않나요? 어렵고 멀게만 느껴졌던 웹 표준이 이제 조금은 가까워졌을 것입니다. 그러나 Part 04에서 학습했던 내용들이 결코 정답이라고 생각하지 말고 더 나은 방법에 대한 고민을 통해 더욱 풍요롭고 아름다운 웹을 만들어 가기를 바랍니다.

● 웹 표준 핵심 가이드북 XHTML+CSS ●